AF551733

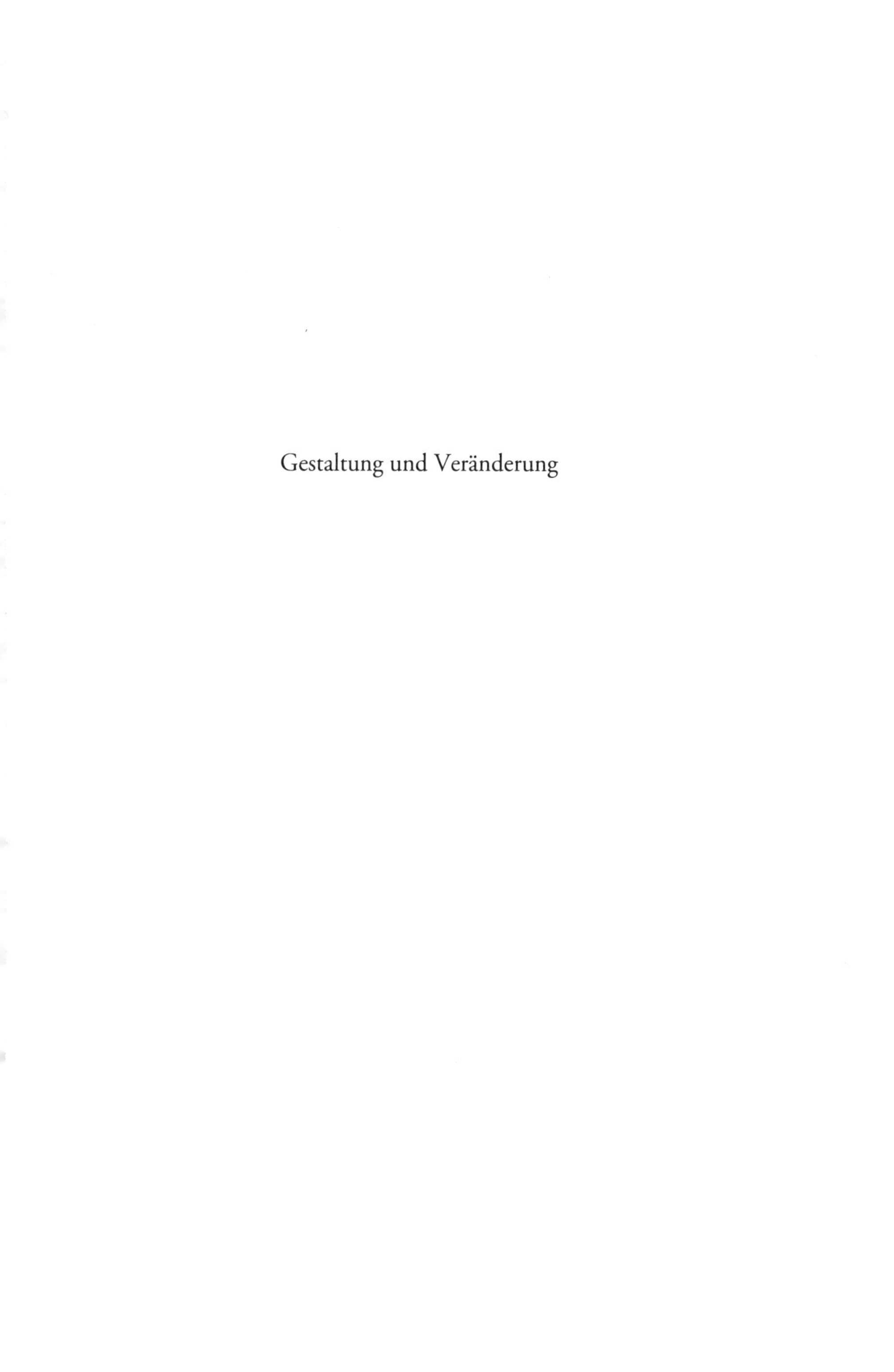

Gestaltung und Veränderung

Der Autor

Egon Krenz, geboren 1937, nach Lehrer-Studium Funktionär der Freien Deutschen Jugend, deren Chef er von 1974 bis 1983 war. Danach Mitglied der Partei- und Staatsführung der DDR. Im Herbst 1989, in der Nachfolge Erich Honeckers, Generalsekretär des ZK der SED, Staatsratsvorsitzender und Vorsitzender des Nationalen Verteidigungsrates der DDR. Im Dezember 1989 Rücktritt von allen Funktionen. Seit 1990 parteilos. Publizistisch aktiv, Autor von Büchern, die es meist in die Bestsellerlisten schaffen.

EGON KRENZ

Gestaltung und Veränderung

Erinnerungen

edition ost

Für Erika

Inhalt

Wo ist denn Ihre Klingel, Herr Krenz?

Gerade war der erste Band meiner Erinnerungen erschienen, da überraschte mich der *NDR* mit der bemerkenswerten Sendung: »Klingeln bei Egon Krenz«. Der 19 Jahre alte Christoph Cyrulies aus Leipzig, so berichtet der Sender, habe »einfach beim einst mächtigsten Mann der DDR geklingelt«. Für einen Geschichtsvortrag habe der Schüler dem letzten Staatschef der DDR einen Besuch abgestattet.

Als er im Sommer 2021 mit seinem Rad nach Dierhagen im Landkreis Vorpommern-Rügen unterwegs war, »kreisen seine Gedanken um die bevorstehende Begegnung: Wird Egon Krenz ihm die Tür öffnen? Wie wird er reagieren? Wird er überhaupt mit ihm sprechen?«

Cyrulies aus Leipzig weiß, der (damals) 85-Jährige war mal Staatsratsvorsitzender der DDR. »Da rutscht einem das Herz schon in die Hose«, erinnert er sich an den Moment der ersten Begegnung. Sein Resümee: »Nicht zuletzt durch das Gespräch mit Egon Krenz ist mir deutlich geworden, dass es bis heute, mehr als ein Vierteljahrhundert nach diesen denkwürdigen Ereignissen, immer noch offene Fragen gibt, deren Beantwortung für unser Geschichtsverständnis sehr wichtig ist […]. Wer, wenn nicht Egon Krenz, ist dafür kompetent!«

Was im Film berichtet wurde, kann ich als zutreffend bestätigen. Nur ein Detail war falsch: Eine Klingel gibt es bei mir nicht. Wer zu mir will und ich nicht gerade Besuch habe oder aushäusig bin, für den steht meine Tür offen. Seit dieser *NDR*-Sendung ist die Frage mancher Besucher nach der Klingel so etwas wie ein Passwort geworden, mich zu sprechen.

Zugegeben, dass macht mir mein Leben nicht leichter. An manchen Tagen stehen mehr Gäste vor der Tür, als ich empfangen kann. Sie wollen in der Regel mit mir über ein neues Buch reden, ein Autogramm und eine Widmung haben, oder nur ein Selfie machen. Dazu kommen einige Hundert Briefe und Mails.

Sie alle zu beantworten, übersteigt leider inzwischen meine Kraft. Nicht zu antworten, macht mir ein schlechtes Gewissen. Ich erleichtere es, indem ich allen an dieser Stelle sehr herzlich für die oft anrührende Aufmerksamkeit danke. Auch den Weggefährten danke ich, die mir ihre eigenen Autobiografien schicken, die für die Enkel bestimmt sind. »Denn«, so schrieb einer, »was die heute in der Schule über die DDR lernen, ist haarsträubend«.

Alle Altersklassen sind unter den Schreibern vertreten – von 14 bis 94 Jahre alte Leserinnen und Leser aus Deutschland Ost und Deutschland West, aber auch aus den USA, Kanada, Portugal, den Niederlanden, Frankreich, Italien, Ungarn, England und Schweden schrieb man mir.

Ein über neunzig Jahre alter Leser aus Gransee ließ mich wissen: »Alles, was Sie beschreiben, habe ich so ähnlich erlebt.« Und ein 85-jähriger Professor aus Chemnitz meinte: »Stolz können wir sein, was wir geschaffen haben und auch darauf, so gewesen und geblieben zu sein.« Ein Kulturpolitiker schrieb: »Ich verfolgte Ihren chancenlosen Versuch, die DDR zu retten. Ich möchte mich bei Ihnen entschuldigen, weil ich Sie lange Zeit zu den ›Betonköpfen‹ zählte. Meinen falschen Eindruck konnte Ihr Buch korrigieren.«

Ein Pfarrer aus Düsseldorf bedankte sich für ein »sehr persönliches Gespräch, das in bleibender Erinnerung bleibt«. Er sei auf das nächste Buch »gespannt«. Ein 22-Jähriger aus einem kleinen Dorf in Norden Baden-Württembergs bekundete sein Interesse für die DDR-Geschichte, die nach seiner Wahrnehmung im Westen entstellt werde. Und ein ehemaliger Schüler der Erweiterten Oberschule (EOS) äußerte, man habe in der DDR im Fach Staatsbürgerkunde gehört, »was Kapitalismus ist«. Damals hielt er es für übertrieben und wollte es nicht glauben. Seit 1990 wisse er, dass es eher untertrieben war.

Besonders beeindruckt hat mich die Zuschrift einer fast neunzigjährigen Frau aus Magdeburg. Ihr Brief enthielt nur einen einzigen Satz: »Ihr Buch, lieber Herr Krenz, hat mir gut getan.«

DDR-Kritiker nennen so etwas Nostalgie. Nostalgie oder auch Ostalgie sind Modeworte, die benutzt werden, um unsere Erinnerung und Besinnung an Werte der DDR zu denunzieren. Diesen Leuten ist nicht bewusst: Ostdeutsche – also Bürger der DDR – haben nicht nur Trümmer des Zweiten Weltkrieges beseitigt, Städte und Dörfer wieder bewohnbar gemacht, wertvolle kulturhistorische Bauten restauriert, sondern auch zahlreiche neue Betriebe, Straßen, Stadtteile und Städte mit modernen Wohnungen, Schulen, Kinderkrippen und Kindergärten, Ambulatorien, Krankenhäusern, Sport- und Kulturstätten geschaffen. Nicht zu vergessen, dass jene historischen Gebäude, in denen die heute Regierenden sich feiern, von der DDR wiederaufgebaut worden waren, etwa das Schauspielhaus in Berlin und die Semperoper in Dresden. Nicht minder bedeutend: dass diese Ostdeutschen unendlich viel getan haben für die Aussöhnung mit den Völkern des Ostens, deren Staaten damals von Hitlerdeutschland überfallen, ausgeplündert und zerstört worden waren.

Ich erinnere mich an den Besuch von Erich Honecker 1987 in der Villa Hügel in Essen. Dort traf er führende Vertreter der westdeutschen Wirtschaft, darunter Berthold Beitz von der Krupp AG und Otto Wolff von Amerongen vom Deutschen Industrie- und Handelskammertag. Etwa dreihundert Vertreter der Großindustrie und der mittelständischen Wirtschaft buhlten um Honeckers und damit um die Gunst der DDR. Nicht, weil unsere Wirtschaft so marode und das Land am Ende war, wie später behauptet wurde, sondern um Geschäfte mit uns zu machen. Die aber macht man gemeinhin nur mit prosperierenden Wirtschaften und zahlungsfähigen Partnern.

Professor Kurt Starke, ein auch international bekannter Soziologe, Sexualwissenschaftler und Jugendforscher, mit dem ich seit Jahrzehnten befreundet bin, schrieb mir vor einiger Zeit: »Je mehr ich über unser gewesenes Land nachdenke und je öfter ich in den vergangenen Jahren mit Ost-West-Unterschieden in meinen Untersuchungen zu tun hatte, desto mehr sehe ich mich in der Erkenntnis bestätigt, dass die DDR ein Unikat von bleibender historischer Bedeutung ist.«

Unikat ist ein treffendes Wort für das, was die DDR war. Sie war nach der Wiederbelebung kapitalistischer Verhältnisse in Westdeutschland und dem Aufstehen alter Nazis die einzig vernünftige Alternative zu einem Deutschland, das für zwei Weltkriege und die grausame faschistische Diktatur verantwortlich war, in der Juden, Kommunisten, Homosexuelle, Sozialisten, Antifaschisten aller Art verfolgt, vertrieben, in Lager gesperrt und ermordet worden waren. In denen die Menschenwürde und die Menschenrechte mit SA-, SS- und Soldatenstiefeln getreten worden waren. Als in den Nachkriegsjahren im Westen alte Nazis erneut Lehrer, Juristen, Beamte, Politiker, Militärs und Geheimdienstchefs werden durften, erfolgte im Osten eine antifaschistisch-demokratische Umwälzung. 7.136 Großgrundbesitzer und 4.142 Nazi- und Kriegsverbrecher wurden entschädigungslos enteignet. 520.000 ehemalige Nazis aus öffentlichen Ämtern entfernt. Am 30. Juni 1946 stimmten mehr als 72 Prozent der Bürger Sachsens in einem Volksentscheid für die Enteignung der Nazi- und Kriegsverbrecher. (Diese wie auch andere im Buch verwandte Zahlen entnahm ich der 1984 im Dietz Verlag Berlin erschienen »Illustrierten Geschichte der DDR«.)

In Ostdeutschland kam Junkerland tatsächlich in Bauernhand; kein Nazi durfte mehr Lehrer sein. In Schnellverfahren wurden 43.000 Frauen und Männer zu Neulehrern ausgebildet, die zwar manchmal – wie es damals hieß – nicht genau wussten, ob man Blume mit oder ohne »h« schreibt, aber den Mut besaßen, dem Rat Brechts zu folgen: »Um uns selber müssen wir uns selber kümmern.« Nazis durften kein Recht mehr sprechen, Volksrichter wurden gewählt, Arbeiter-und-Bauern-Fakultäten (ABF) sorgten dafür, dass das bislang existierende Bildungsprivileg beendet wurde und heute als »bildungsferne Schichten« Bezeichnete an Hochschulen studieren konnten. Und Gleichberechtigung zwischen den Geschlechtern hielt Einzug, die Diskriminierung von Homosexuellen wurde mit der Streichung des § 175 aus dem Strafgesetzbuch beendet.

Angesichts der kriegerischen Auseinandersetzungen in der Welt und des militärischen Engagements der Bundesrepublik sollte ebenfalls daran erinnert werden: Die DDR hat nie einen Krieg geführt und ist damit eine Ausnahme in der deutschen Geschichte. Kein NVA-Soldat setzte je seinen Fuß auf fremdes Territorium, um an Kampfeinsätzen teilzunehmen.

Allein das rechtfertigt, sich der DDR mit Achtung und Respekt zu erinnern. Ein Drittel Deutschlands war hier dem Zugriff des deutschen Kapitals entzogen, und das mehr als vierzig Jahre lang. Das ist aus dessen Sicht die eigentliche Sünde der DDR, die ihr – und damit uns, die wir sie aufbauten und verteidigten – niemals vergeben werden wird. Nach 1933 wechselten die Nazis elf Prozent der Eliten der Weimarer Republik aus. Nach 1945 wurden in Westdeutschland dreizehn Prozent der Nazikader entfernt. Nach dem Anschluss der DDR an die Bundesrepublik schickte die neue Herrschaft 85 Prozent der DDR-Eliten in die Wüste. Sie verloren ihre Arbeit, ihr Einkommen, ihre Zukunft. Nicht zu reden von den vielen Werktätigen aus den über achttausend volkseigenen Betrieben, die die Trauhandanstalt übernahm und asozial abwickelte.

Aus das sollten sollten wir nicht vergessen.

Solche Zusammenhänge von Politik, Kapital und wirtschaftlichen Interessen werden verschleiert. Man muss sie und die Geschichte aber kennen, um zu verstehen, warum heute so viele Menschen im Osten beispielsweise gegen Waffenlieferungen an die Ukraine sind. Für Deutschland ist von Russland noch nie eine Gefahr ausgegangen, aber zweimal hat Deutschland im 20. Jahrhundert Krieg gegen Russland bzw. die Sowjetunion geführt. Die Mauer in Berlin ist weg. Sie wurde nach Osten verschoben – sie steht nicht mehr zwischen NATO und Warschauer Vertrag, sondern zwischen der NATO und Russland. Sie ist dort, wo die Frontlinie im Prinzip an jenem 22. Juni 1941 verlief, als die Sowjetunion von Deutschland überfallen wurde. Diese »Grenzziehung« ist das Gegenteil von dem, was 1989 auf den Straßen der DDR gefordert wurde.

Ein Wort findet sich in fast allen Briefen an mich: *Angst.* Angst vor einem Dritten Weltkrieg, in den uns die deutsche Regierung durch ihre pro-amerikanische Politik führen könnte. Dass die Bundesregierung das Streben der USA, einzige Weltmacht zu bleiben, höher stellt als deutsche Interessen, hat ebenfalls zum sinkenden Ansehen der gegenwärtigen Ampel-Koalition beigetragen.

Die deutsche Außenministerin hat verantwortungslos und folgenlos davon gesprochen, dass der Westen einen Krieg gegen Russland führe, dessen Ziel darin bestünde, »Russland zu ruinieren«. Sprache ist bekanntlich Ausdruck des Denkens. Zwar war es bisher »nur« eine Boulevardzeitung, die mit der Schlagzeile erschien: »Deutsche Panzer stoßen gegen russische Stellungen vor«, aber allein die Tatsache, dass in Deutschland Nazijargon öffentlich verbreitet wird, macht auch mir Angst. Deutsche Panzer haben in den Schlachten vor Moskau, Leningrad, Stalingrad und bei Kursk schon einmal russische Erde umgepflügt und Tod und Verwüstung hinterlassen: Mehr als 1.700 Städte und 70.000 Dörfer wurden vernichtet und die gesamte Infrastruktur im europäischen Teil der Sowjetunion zerstört. Sollen also deutsche Panzer wieder gegen Russland rollen?

Die schreckliche Kriegsbilanz sollte deutsche Regierungen für alle Zeiten daran hindern, Waffen in Krisengebiete zu liefern. Für verantwortungsvolle Politik müsste es in dieser Situation oberstes Gebot sein, alles dafür zu tun, dass das Töten und Zerstören beendet wird, dass die Waffen schweigen und die Gefahr gebannt wird, dass ein Krieg einen Weltbrand entfacht. Statt Streit um Waffenlieferungen wäre eine Offensive der Diplomatie notwendig.

Die in unserem Land herrschende Russophobie erinnert mich an meine Kindheit, als die Nazis kurz vor Ende des Zweiten Weltkrieges große Plakate klebten, auf denen die Russen als Untermenschen dargestellt wurden.

Seit 1951 habe ich fast an jedem 8. Mai zum Tag der Befreiung am Treptower Ehrenmal mit Gleichgesinnten Blumen niedergelegt. Immer den Rotarmisten im Blick, der das Hakenkreuz zertritt und seinen schützenden Arm um ein Kind hält. 2023 habe ich zum ersten Mal unter starker Polizeikontrolle mit ansehen müssen, wie einem jungen Russen verboten wurde, ein Duplikat des roten Siegerbanners, das 1945 auf dem Reichstag gehisst wurde, auf das Gelände des Ehrenmals zu tragen. Ich erinnerte mich an ein Lied, das ich als Zehnjähriger in der DDR-Schule gelernt hatte:

Tausende Panzer zerwühlten das Land,
hinter sich Tod und Verderben.
Weiten sowjetischer Erde verbrannt,
Städte in Trümmer und Scherben.
Doch allen Hass, alle Not überwand
Siegreich die Sowjetunion
Brüderlich reicht sie die helfende Hand
Auch unserer deutschen Nation.

Ob die Russen uns ein zweites Mal die Hand reichen, ist angesichts des Russenhasses, den führende Politiker und Medien verbreiten, nur schwer vorstellbar. Ich wundere mich, wie viel vermeintliche »Russlandexperten« es in Deutschland gibt, die, wenn man sie in den Medien hört, eher Anti-Russland-Experten sind. Sie mögen sich viel über Russland angelesen haben, ihnen fehlt aber das Einfühlungsvermögen in die russische Seele. In schwierigen Situationen haben sich die Russen immer zusammengeschlossen, Embargos und Sanktionen getrotzt und die Wirtschaft weiter entwickelt. Es ist höchste Zeit, dass die deutsche Regierung die einfache Wahrheit begreift, dass man das größte Flächenland der Erde nicht einfach beiseite schieben kann. Ohne oder gar gegen Russland wird es weder Frieden in Europa noch in der Welt geben.

Im zweiten Band meiner Autobiografie berichte ich auch darüber, dass sowjetische Politiker mit Kritik an der DDR nicht sparten. Ich schreibe über Gespräche zwischen Breschnew und Honecker, die gelegentlich kontrovers verliefen. Ich habe das immer mit einem gewissen Unverständnis wahrgenommen. Mein Verhältnis zur Sowjetunion und heute zu Russland war und ist von hohem Respekt für die historischen Leistungen des Landes und die Opfer im Großen Vaterländischen Krieges gegen den deutschen Faschismus bestimmt. Einig waren sich unsere Länder stets darüber, dass wir engste Bündnispartner waren – bis Gorbatschow dieses Bündnis einseitig beendete. Wir waren überzeugt, dass die DDR ohne die UdSSR nicht lebensfähig sei. Hätten wir diese Hilfe nicht gehabt, wären wir keine vierzig Jahre alt geworden.

Und wo auch immer die sowjetische Führung – vor dem Verrat Gorbatschows – bei uns eingriff, ging es ihr in der Regel um die politische Stabilität der DDR. Sie wusste, dass die DDR ein zuverlässiger Vorposten der sozialistischen Gemeinschaft war. Würde dieser fallen, hätte das Folgen auch für die Sowjetunion. Nur wem das bewusst war, verstand die gelegentlichen Scharmützel, die möglicherweise im Nachhinein als unfair interpretiert werden können.

Wir mussten auch lernen, dass die Beziehungen DDR-BRD letztlich nur ein Anwendungsfall der Beziehungen UdSSR-USA war. Die Sicht aus Moskau auf die Welt war immer weiter und die Entscheidung ausgewogener als die aus Berlin. Nur aus dieser Perspektive lassen sich manche Interessenunterschiede zwischen der UdSSR und der DDR erklären.

Realitäten ignorieren auch sogenannte Qualitätsmedien, die ihre Redaktionen in der alten BRD haben. Sie stellen mitunter in Abrede, dass ich erlebt hätte, was ich tatsächlich erlebt habe, tun in ihrer Arroganz so, als kennten sie beispielsweise meinen Lebenslauf besser als ich selbst. In der DDR lebten 1990 etwas mehr als sechzehn Millionen Menschen mit sechzehn Millionen Biografien, meine ist eine von diesen. Wir müssen uns wegen unseres Lebens nicht entschuldigen. Dass es in Politik und Medien noch immer Versuche gibt, DDR-Bürgern erklären zu wollen, wie sie gelebt haben oder hätten leben sollen, beweist, dass die deutsche Einheit mental noch lange nicht vollzogen ist.

Zum ersten Band meiner Erinnerungen meldete sich beispielsweise in der *Süddeutschen Zeitung* Norbert F. Pötzl, Jahrgang 1948, langjähriger *Spiegel*-Redakteur. Sein Kommentar: »Ergötzen können sich daran nur unerschütterliche DDR-Nostalgiker, die dem vermeintlichen Arbeiter- und Bauernstaat nachtrauern. Davon«, höhnte er, »gibt es jedoch offenbar in Ostdeutschland noch so viele, dass ein Machwerk wie dieses die Bestsellerliste stürmen kann«. Frei nach Heinrich Heine antworte ich darauf: Ich kenne die Weise, ich kenne den Text, ich kenne auch den Verfasser.

Vor über zwanzig Jahren besuchte er mich in meiner Berliner Wohnung. Vier Stunden lang gab ich ihm detailliert und differenziert Auskunft über Erich Honecker. Am 16. Januar und am 10. April 2002 reagierte ich aus der Haftanstalt Plötzensee kritisch auf sein Manuskript über Honecker auf die Passagen, in denen ich vorkam. Er hatte zum Beispiel meine Erzählung über meine erste Begegnung mit Erich Honecker in seine westdeutsche Sprache übersetzt: Da habe der Pimpf Egon vor seinem Führer gestanden. In diesem Moment wurde mir klar, nichts, aber auch gar nichts hatte dieser Mann von der DDR verstanden. Weder war ich jemals Hitlerjunge noch die DDR mit dem Faschismus verwandt.

Ich schrieb Pötzl: »Noch immer sprechen wir unterschiedliche Sprachen. Wenn Sie beispielsweise für mich das Wort ›Pimpf‹ (Seite 27) verwenden, mag das für Sie umgangssprachlich als Synonym für ›kleiner Junge‹ stehen. Für mich sind Pimpfe ›Hitlerjungs‹. Auch in der Neuen Rechtschreibung von Bertelsmann wird dieser Begriff mit ›Angehöriger des Jungvolks‹ umschrieben.«

Ich frage mich manchmal, woran es liegt, dass intelligente Menschen nach Jahrzehnten staatlicher Einheit noch immer ein DDR-Bild aus den Hochzeiten des Kalten Krieges pflegen. Ist das vorsätzliche Boshaftigkeit oder Unwillen von der Art, wie sie dem ersten Bundeskanzler nachgesagt wurde? Konrad Adenauer soll, wenn er mit dem Zug nach Westberlin reiste, an der Grenze stets die Vorhänge zugezogen haben, um die »asiatische Steppe« nicht zu sehen. Für ihn begann hinter der Elbe Sibirien.

Als das Grundgesetz für die Bundesrepublik vorbereitet wurde, erklärte einer seiner Väter, »alles deutsche Gebiet außerhalb der Bundesrepublik ist als Irredenta anzusehen«, also als Territorium unter fremder Herrschaft, »deren Heimholung mit allen Mitteln zu betreiben« wäre. Nachzulesen im Protokoll der Sitzungen der Unterausschüsse des Verfassungskonvents vom Herrenchiemsee vom 10. bis 23. August 1948. Wer sich diesem Diktum nicht unterwerfe, hieß es weiter, sei »als Hochverräter zu behandeln und zu verfolgen«.

Eine solche Aufforderung verstehe ich als Szenario für den Umgang des – noch nicht einmal gegründeten – westdeutschen Staates mit den Ostdeutschen und deren Staat, der ebenfalls noch nicht existierte, dessen Bildung man allerdings vermutete. Die Untaten, die dieser DDR nach 1990 zugeschrieben worden sind, waren folglich noch gar nicht begangen. Und trotzdem stand schon der »Hochverrat« im Raum, der verfolgt werden sollte.

Es ist wohl der Antikommunismus, der nach Thomas Mann die Grundtorheit des 20. Jahrhunderts war, der solche Bilder und Fehlurteile noch immer hervorbringt.

Die DDR war für mich die Heimstatt des deutschen Antifaschismus. Ein Globke, ein Filbinger, ein Oberländer, ein Kissinger oder wie die ehemaligen NSDAP-Mitglieder alle hießen, die in der Bundesrepublik an exponierter Stelle tätig waren, hätten in der DDR nie eine Chance auf ein hohes Amt gehabt. (Und falls dies doch geschah und ihre Vita bekannt wurde, entfernte man sie umgehend aus ihren Funktionen.) Ich habe mir oft die Frage gestellt: Warum kamen Geistesschaffende und Künstler aus dem Exil in den Osten und mieden den Westen? Bertolt Brecht, Anna Seghers, Arnold Zweig, Johannes R. Becher, Stefan Hermlin, Friedrich Wolf, Max Lingner, Lea Grundig, Theo Balden, Wieland Herzfelde, Helene Weigel, Hanns Eisler, Bodo Uhse, Erich Weinert, Ernst Busch, Ludwig Renn, Wolfgang Langhoff, Eduard von Winterstein, Hedda Zinner, Gustav von Wangenheim ließen sich hier nieder. Haben sie sich nicht gerade deshalb für die DDR entschieden, weil sie hier die Möglichkeit sahen, Krieg und Faschismus endgültig aus dem Leben der Menschen zu verbannen? »Nie wieder Krieg, nie wieder Faschismus!« kam nicht als Weckruf aus den Westzonen, er wurde dort auch nicht zum Staatscredo. Dieser Appell wurde Maxime im Osten: »Die Vernichtung des Nazismus mit all seinen Wurzeln ist unsere Losung. Der Aufbau einer neuen Welt des Friedens ist unser Ziel!« Dieser Schwur von Buchenwald war das Fundament, auf dem die Deutsche Demokratische Republik am 7. Oktober 1949 gegründet wurde und sich zum Ziel setzte: Niemals wieder darf von deutschem Boden Krieg ausgehen.

Pötzls »Pimpf Egon« ist gar nicht so weit entfernt von der Aussage des Herrn Döpfner, im Osten gäbe es nur »Kommunisten oder Faschisten«. Es handelt sich kaum um die Auffassung eines einzelnen Verirrten. Von derart infamem Klartext oder in subtilerer Schreibweise vorgetragen, ist die Medienlandschaft noch immer voll. Arrogante Attacken, die die Lebensleistungen der Menschen in der DDR ignorieren und der Nation einreden wollen, dass die systematische Benachteiligung der Ostdeutschen wegen ihrer vermeintlichen Demokratiefeindlichkeit und kulturellen »Verzwergung« begründet ist und bleibt. Wer so redet, hat die deutsche Einheit bis heute nicht vollzogen.

Selbst Angela Merkel, die sechzehn Jahre an der Spitze der Bundesregierung stand, monierte am Ende ihrer Kanzlerschaft den Umgang mit ihren ostdeutschen Landsleuten und damit mit ihr selbst. Am 3. Oktober 2021 fragte sie diplomatisch-höflich, wie es sich in ihrem Amte geziemte: »Müssen nicht Menschen meiner Generation und Herkunft aus der DDR die Zugehörigkeit zu unserem wiedervereinigten Land auch nach drei Jahrzehnten Deutscher Einheit gleichsam immer wieder neu beweisen, so als sei die Vorgeschichte, also das Leben in der DDR, irgendwie eine Art Zumutung?« Und damit es auch der letzte Westdeutsche begriff, was sie meinte, erzählte sie beim Festakt in Halle vor handverlesenem Publikum: »In einem im letzten Jahr von der Konrad-Adenauer-Stiftung herausgegebenen Buch mit vielen Beiträgen und Positionen zur Geschichte der CDU heißt es in einem der dort veröffentlichten Aufsätze über mich: ›Sie, die als Fünfunddreißigjährige mit dem Ballast ihrer DDR-Biographie in den Wendetagen zur CDU kam, konnte natürlich kein von der Pike auf sozialisiertes CDU-Gewächs altbundesrepublikanischer Prägung sein.‹

Die DDR-Biografie, also eine persönliche Lebensgeschichte von in meinem Fall 35 Jahren […] ›Ballast‹? Dem Duden nach also eine ›schwere Last, die‹ – in der Regel – ›als Fracht von geringem Wert zum Gewichtsausgleich mitgeführt wird‹ oder als ›unnütze Last, überflüssige Bürde‹ abgeworfen werden kann? – Das war der Duden.

Ich erzähle das hier nicht, um mich zu beklagen. Denn ich bin nun wirklich die Letzte, die Grund hätte, sich zu beklagen – so viel Glück, wie mir persönlich in meinem Leben beschieden ist.

Ich erzähle es auch nicht als Bundeskanzlerin. Ich möchte es vielmehr als Bürgerin aus dem Osten erzählen, als eine von gut 16 Millionen Menschen, die in der DDR ein Leben gelebt haben, die mit dieser Lebensgeschichte in die Deutsche Einheit gegangen waren und solche Bewertungen immer wieder erleben – und zwar als zähle dieses Leben vor der Deutschen Einheit nicht wirklich. Ballast eben, bestenfalls zum Gewichtsausgleich tauglich, im Grunde aber als unnütze Last abzuwerfen. Ganz gleich, welche guten und schlechten Erfahrungen man mitbrachte: Ballast.«

Nun könnte man gern Angela Merkel fragen, warum sie erst 2021 sich getraute, dieses Thema von einer solchen Bühne anzusprechen. Oder warum sie – in Kenntnis dieser Umstände – keine andere Politik in Bezug auf Ostdeutschland in den vier Legislaturperioden betrieben habe, in der sie Regierungsverantwortung trug?

Das wären jedoch nur rhetorische Fragen. Denn wir kennen die Antwort, weil wir allein an diesem Vorgang sehen, wie viel »Macht« im Bundeskanzleramt real wohnt und wer tatsächlich »die Macht« in diesem kapitalisischen Land ausübt.

Vom Volke jedenfalls geht die Macht, wie es immer heißt, jedenfalls nicht aus …

Egon Krenz,
Dierhagen, im Sommer 2023

An der Spitze der FDJ

Bevor ich am 9. Januar 1974 zum 1. Sekretär des FDJ-Zentralrates gewählt wurde, verbrachte ich einige schlaflose Nächte. So sehr ich mich darauf freute, an der Spitze der Freien Deutschen Jugend stehen zu dürfen, war ich zugleich unglücklich darüber, meine Traumfunktion aufgeben zu müssen. Ich war gern Vorsitzender der Pionierorganisation »Ernst Thälmann«. Rückblickend meine ich, dies war meine schönste Zeit als FDJ-Funktionär. Ich hatte ständig Kontakt mit Kindern, besuchte sie in Schulen, Arbeitsgemeinschaften, Pionierhäusern und Ferienlagern, lernte die aufopferungsvolle Arbeit der Freundschaftspionierleiter und Lehrer kennen. Das hat mein Wissen über ihr Denken und Fühlen bereichert.

Es war schon etwas Besonderes für mich: Bei den Pionieren begann ich in frühen Kinderjahren mich für Politik zu interessieren und in gesellschaftlichen Zusammenhängen zu denken. Dort erlebte ich die Kraft der Gemeinschaft – wir nannten das damals Kollektiv –, entwickelte im Gruppen- und Freundschaftsrat Verantwortungsgefühl, lernte im Gedankenaustausch und Meinungsstreit zu argumentieren. Das hat mir viel für meinen Weg ins Leben gegeben.

Fast 25 Jahre später, Anfang 1971, hatte ich die Pionierorganisation als Sekretär des FDJ-Zentralrats übernommen. Diese Arbeit bereitete mir viel Freude. Die Pionierorganisation war inzwischen eine gesellschaftliche Größe geworden. Hinzu kam: Die meisten Eltern waren glücklich, dass ihre Kinder an den Nachmittagen sinnvoll beschäftigt waren. Kein Kind musste auf der Straße herumlungern. Zweifellos gab es auch Eltern, die dies nicht schätzten und es ihren Kindern aus politischen Gründen nicht gestatteten, zu den Pionieren zu gehen. Das führte nicht selten zu Konflikten zwischen ihnen und ihren Kindern, die gern dabei gewesen wären. Wer das Pionierleben heute allerdings auf Fahnenappelle und Versammlungen reduziert, irrt sich. Am 4. November 1989 wünschte sich die Schauspielerin Steffi Spira für ihre Urenkel, »dass sie aufwachsen ohne Fahnenappell, ohne Staatsbürgerkunde ...«

Ihr Wunsch, geäußert auf der Kundgebung auf dem Berliner Alexanderplatz, sollte sich schon bald erfüllen – allerdings vermutlich auf von ihr nicht gewünschte Weise. Mit dem Fahnenappell, der Staatsbürgerkunde und dem Wehrunterricht, die oft in der Kritik standen, verschwand nämlich auch das gesamte Bildungssystem, das nicht nur in Finnland beachtet und geschätzt wurde. Sein größter Vorteil bestand in der Einheitsschule. Die Schulpflicht von der 1. bis zur 10. Klasse für alle Kinder führte zur Erhöhung des Bildungsniveaus der Heranwachsenden. Die zweijährige Abiturstufe für leistungsstarke Schüler war eine Voraussetzung für ein erfolgreiches Hochschulstudium. Weitere Möglichkeiten ergaben sich durch die Verbindung von Berufsausbildung und Abitur. Die Einheitlichkeit bezog sich auch auf die Vorschulzeit. Dem Alter entsprechend wurden die Kinder auf die Schule vorbereitet.

Die systematische Wissensvermittlung in der Schule wurde durch das polytechnische Prinzip unterstützt. Das Vordringen der polytechnischen Bildung bis in die Betriebe hat die Verbindung von Schule und Leben gefördert. Das Ziel war, auf der Grundlage eines soliden, mathematisch-naturwissenschaftlichen Wissens und Könnens die Schüler in die gesellschaftlichen und wissenschaftlich-technischen Zusammenhänge der Produktion einzuführen. Der polytechnische Unterricht sollte kein Ersatz einer Berufsausbildung sein, doch er schuf günstige Voraussetzungen für den Facharbeiternachwuchs.

Das einheitliche Bildungswesen schloss keineswegs die Begabten- und Talenteförderung aus. Die Kinder- und Jugendsportschulen (KJS), die Spezialschulen für Mathematik und Naturwissenschaften, für Musik und Sprachen beweisen es. Darüber hinaus gab es diverse Sonderschultypen für Kinder, die aufgrund körperlicher oder geistiger Beeinträchtigungen nicht in der Lage waren, eine der gängigen Bildungseinrichtungen zu besuchen.

Dass heutzutage so viele Schüler in der 4. Klasse noch nicht das Einmaleins oder das Alphabet kennen, wäre in der DDR-Schule undenkbar gewesen.

Ich idealisiere unser Bildungssystem nicht. Es gab manche Kritik der Elternschaft, der Lehrer und selbst der Schüler der oberen Klassen. Ich erlebte auf der anderen Seite wiederholt, dass Spezialisten und Schulfunktionäre aus anderen Staaten in die DDR kamen, um unsere Erfahrungen im Bildungswesen zu studieren und daraus zu lernen. Ich erinnere mich stundenlang Gesprächspartner eines dieser wissensdurstigen Finnen gewesen zu sein.

Mir ist gar nicht so wichtig, ob Finnland viel von uns übernommen hat oder nicht, ob das dortige Schulwesen auf dem unseren fußte oder nicht. Wesentlich für mich war die Aufgeschlossenheit der Finnen, von uns zu lernen. Diese Lernwilligkeit war nicht nur westdeutschen Bildungspolitikern fremd, sondern generell der bundesdeutschen Politik. In den neunziger Jahren forderte die PDS eine *Skandinavisierung* des bundesdeutschen Schulsystems, was letztlich bedeutete, über diesen Umweg die DDR-Erfahrungen in das gegenwärtige Schulwesen einfließen zu lassen. Den Mut, diese Forderung direkt auszusprechen, hatte die Partei des Demokratischen Sozialismus nicht.

Im Vergleich mit dem gegenwärtigen dreigliedrigen Bildungssystem in der Hoheit der Bundesländer war die Einheitsschule der DDR ein epochaler gesellschaftlicher Fortschritt. Auf Veranstaltungen, bei denen ich mit Absolventen der DDR-Schule ins Gespräch komme, fragen diese hartnäckig und gelegentlich auch mit großer Empörung, warum heutzutage neu erfunden oder als neu ausgegeben werde, was es doch in der DDR bereits gegeben und sich bewährt habe, etwa die Ganztagsschulen.

Zur Schule gehörte auch die Freizeit. Dafür standen den Schülern beispielsweise 142 Pionierhäuser, 192 Stationen Junger Naturforscher und Techniker, 57 Touristenstationen und 48 Zentrale Pionierlager zur Verfügung, in denen Hunderttausende Kinder erholsame Ferien erleben konnten. Anfang der neunziger Jahre machte ich eine Radtour entlang der Ostseeküste und besuchte jene Orte, in denen es einst Zentrale Pionierlager gegeben hatte. Inzwischen waren Immobilienhaie aus dem Westen über sie hergefallen. Entweder wurden kostspielige Ferienwohnungen für Begüterte errichtet oder man tat nichts und wartete ab, dass die Grundstückspreise weiter stiegen. Unterdessen verkamen die Anlagen und Bauten ungenutzt. Eine traurige und kinderfeindliche Bilanz, die ich mir in meiner Zeit als Pioniervorsitzender nicht hatte vorstellen können.

Die Zerschlagung des DDR-Bildungssystems und seiner materiellen Basis gehört zu den unverzeihlichen Sünden auf dem Wege zur staatlichen Einheit.

Zu den politisch wichtigen Ereignissen in meiner Zeit als Pioniervorsitzender gehörte für mich 1973 die Einführung der roten Halstücher für Thälmann-Pioniere. Ich hatte dies damit begründet, dass es pädagogisch wie politisch nützlich sei, Pioniere in der 4. bis 7. Klasse auch optisch von den Jungpionieren in der 1. bis 3. Klasse zu unterscheiden. Die Thälmann-Pionire sollten rote, die Jungpioniere weiter blaue Halstücher tragen.

Die Vorgeschichte lag zwanzig Jahre zurück. Ich erfuhr sie von Margot Honecker, die zu Beginn der fünfziger Jahre als Margot Feist die Pionierorganisation geleitet hatte; sie war, wie bekannt, von 1949 bis 1954 meine Vorgängerin.1952 hatte das Zentralkomitees der SED der Pionierorganisation den Namen »Ernst Thälmann« verliehen. Zusammen mit der

Namensgebung und der Verleihung Roter Ehrenbanner auf dem Pioniertreffen in Dresden sollten auch erstmals rote Halstücher verliehen werden. Diese, so verriet mir Margot Honecker, waren bereits produziert. Doch dann kam aus der Parteiführung rotes Licht statt roter Tücher. Nein, hatte es plötzlich geheißen. Die Pionierorganisation werde von der FDJ geführt, deren Farbe sei blau: blaue Fahnen, blaue Blusen – also blaue Halstücher. Wären sie rot, könnte man irrtümlich annehmen, die Pionierorganisation unterstünde der Partei.

Beide Honeckers waren allerdings der Meinung, das sei nur ein Vorwand gewesen. Einige Politbüromitglieder waren vielmehr der Ansicht, man müsse nicht alles nachmachen, was es in der Sowjetunion gebe. Dort trugen seit 1922 die Pioniere rote Halstücher.

Meine Nachfolgerin als Pioniervorsitzende wurde Helga Labs, eine ausgebildete Lehrerin. Sie hatte im Bezirk Karl-Marx-Stadt die dortige Pionierorganisation geleitet und war seit vier Jahren 1. Sekretär der FDJ-Bezirksleitung, ehe sie der Ruf nach Berlin ereilte.

Am 9. Januar 1974 löste ich Günther Jahn als 1. Sekretär des Zentralrats der FDJ ab. Er hatte den Jugendverband seit 1967 erfolgreich geleitet. In dieser Zeit habe ich von ihm eine Menge gelernt. Was wir voneinander hielten, haben wir uns immer offen gesagt. Zum Nachtreten gab es keinen Anlass. Wir blieben bis zu seinem Tod 2015 persönlich eng verbunden, auch wenn wir oft heftig um Details miteinander stritten.

Günther war schlagfertig und wurde in der Kunst des Witzeerzählens nur noch von Werner Eberlein übertroffen. So erinnere ich mich einer Begebenheit aus dem Jahr 1969. Die Nationale Front wollte den 20. Jahrestag der Gründung der DDR begehen. Eine halbe Stunde vor Beginn der Zusammenkunft suche ich den Präsidiumsraum auf. Dort saß, mutterseelenallein, der 76-jährige Staats- und Parteichef Walter Ulbricht. »Kommen Sie ruhig rein, Genosse Jahn«, rief er mir zu – er hatte mich augenscheinlich nicht erkannt oder verwechselt. Ich korrigierte aus Höflichkeit nicht … Als ich Günther davon berichtete, scherzte er: »Ich hätte gesagt: ›Einen Augenblick, Genosse Honecker, ich komme gleich!‹«

1974 übernahm ich die FDJ von Jahn in einem sehr guten Zustand. Die Stimmung der X. Weltfestspiele der Jugend und Studenten vom Vorjahr (28. Juli bis 5. August 1973) wirkte nach. Hunderttausende junge DDR-Bürger hatten zusammen mit mehr als 25.000 Delegierten aus 134 Ländern ein Fest des Friedens, der antiimperialistischen Solidarität, der Freundschaft und der Lebensfreude gefeiert. Noch heute bekomme ich Gänsehaut, wenn ich an den letzten Abend denke, als sich auf dem Marx-

Engels-Platz in Berlin 750.000 Festivalteilnehmer zur größte Kundgebung, die es je in der DDR-Hauptstadt gegeben hatte, versammelten. Angela Davis, deren Mut und Standhaftigkeit erst kürzlich US-amerikanische Gefängnismauern gesprengt hatten, sprach den Appell an die Weltjugend. Als sie mit dem Bekenntnis endete: »Verstärken wir unsere Aktionen und die Einheit gegen Imperialismus, für nationale Unabhängigkeit, Demokratie, sozialen Fortschritte und für den Frieden« gab es einen Sturm der Begeisterung. Alle sangen das Lied »Wir sind überall auf der Erde«, das inzwischen zur Hymne des Festivals geworden war. Damals hatten wir noch den historischen Optimismus, dass es gelingen könne, Frieden und Fortschritt auf der ganzen Welt zu schaffen.

Reinhold Andert und Hartmut König hatten den Text geschrieben, Wolfram Heicking lieferte die Musik. Ich höre unverändert gern dieses Lied mit der ultimativen Aufforderung: »Wir bleiben dabei: Auf der Erde / auf der Erde / muss Frieden sein / wird Frieden sein.«

Angela Davis stand bis vor Kurzem noch auf der Liste der zehn meistgesuchten Verbrecher in den USA. Ihr drohte die Todesstrafe. Als sie in Kalifornien im Gefängnis einsaß, gab es in der DDR eine der größten Solidaritätsaktion unserer Geschichte: Freiheit für Angela Davis. Als sie befreit war, führte ihre erste Reise in unsere Republik.

Die Schriftstellerin und Lyrikerin Gisela Steineckert erinnerte sich später: »Angela Davis kam, und Egon hat uns sein Haus, nein, seinen Sitz Unter den Linden, im obersten Stock, neben der immer laufenden Her- und Abfahrt, zur Verfügung gestellt [...] Er hat nur gesagt, macht's euch gemütlich. Leute, um einen Tisch herum, ziemlich unbequeme Stühle, aber mir gegenüber Angela. Ich gebe zu, dass sie für mich ein Vorbild war und ich eifersüchtig darauf achtete, dass dem nichts falsch Heldenhaftes, oder Kritisches hinzugefügt wurde. Ich sehe sie noch vor mir – sie sah aus wie eine hübsche Dreißigjährige.« Die farbige Bürgerrechtlerin und Kommunistin war Jahrgang 1944.

Ich war dabei, als Angela Davis anschaulich davon berichtete, dass Lastwagen Solidaritätskarten aus der DDR säckeweise ins Gefängnis brachten und wie dies die Haltung der Gefängnisaufseher zu ihr beeinflusste. Sie war davon überzeugt, dass die Solidarität der DDR und ihrer Jugend zu ihrer Freiheit beigetragen hatte.

Die Festivaltage beherrschten politische Ereignisse in Chile und Vietnam. Die Gefahr, dass in dem südamerikanischen Land ein faschistischer Putsch mit Unterstützung der USA gegen den sozialistischen Präsidenten Allende erfolgreich sein könnte, war allgegenwärtig. Als am 7. August der während des Festivals am 1. August 1973 verstorbene Walter Ulbricht bei einem Staatsakt gewürdigt wurde, war auch Gladys Marin zugegen. Ich kannte die Vorsitzende des Kommunistischen Jugendverbandes seit 1968, als ich Chile besucht hatte. Sie machte mich mit dem seinerzeitigen Senator Salvador Allende bekannt. Seither verfolgte ich besonders aufmerksam die politische Entwicklung im Andenland. Allende und die Unidad Popular gewannen 1970 die Wahlen.

Nach dem Staatsakt für Walter Ulbricht trafen wir uns zu einem Gedankenaustausch. Als wir uns verabschiedeten , standen Gladys Tränen in den Augen. Sie wisse nicht, was sie in ihrer Heimat erwarte, sagte sie, und hielt es nicht für ausgeschlossen, dass es ein Abschied für immer sein könnte. Wir umarmten uns. Ihre Ahnungen hatten nicht getrogen. Am 11. September 1973 putschte das Militär, die Strippen jedoch hatten die USA und ihr Geheimdienst CIA gezogen. General Pinochet, ein Faschist reinsten Wasser, war der Meinung, dass die Demokratie hin und wieder in Blut gebadet werden müsse. Dem Blutbad fielen schon in den ersten Wochen etwa fünfzehntausend Chilenen zum Opfer, darunter Präsident Allende, sein Freund Pablo Neruda, der Dichter und Nobelpreisträger, sowie der Sänger Víctor Jara.

Viele tauchten unter oder retteten sich ins Exil. Wochenlang hörten wir nichts von Gladys Marin, ihren beiden Kindern und dem Ehemann. Wir wussten nicht, ob sie noch lebten oder ermordet worden waren wie so viele. Schließlich übermittelte mir ein Genosse unserer Aufklärung einen Gruß von ihr. Er kam aus Chile, wo er an der Ausschleusung des Generalsekretärs der Sozialistischen Partei nach Argentinien beteiligt gewesen war.

Viele Chilenen fanden Asyl in der DDR. Nach einigen Wochen kam auch Gladys Marin nach Berlin. Sie hatte Aufnahme in den Niederlanden gefunden. Bei unserer Reise durch Städte und Dörfer der DDR schlug ihr eine Welle der Sympathie entgegen. Es lebe die internationale Solidarität, hieß es immer wieder, und dieser Ruf kam von Herzen.

Kurze Zeit später besuchte uns Joan Jara, die Witwe von Víctor Jara, dem populären Musiker und Theaterregisseur, der mit vierundvierzig Gewehrschüssen am 16. September 1973 ermordet worden war. Es war für mich ein außerordentlich bewegender Momente, als ich Joan Jara die postum an ihren Mann verliehene Artur-Becker-Medaille übergeben durfte.

Die Entwicklung im geteilten Vietnam hingegen deutete auf einen Sieg der Volksbefreiungskräfte im Süden des Landes; zu Beginn des Jahres war bereits der Aggressor USA aufgrund des internationalen Drucks und wegen des erfolgreichen Widerstandes des vietnamesischen Volkes gezwungen worden, mit Nordvietnam einen Waffenstillstand zu schließen und seine Truppen aus dem ganzen Land abzuziehen. Die USA hatten erklärt, Vietnam in die Steinzeit zurückzubomben zu wollen: Sie warfen vier Mal so viele Bomben ab wie während des Zweiten Weltkrieges in Europa – mit einer Zerstörungskraft von etwa sechshundert Hiroshima-Atombomben. Sie hinterließen einundzwanzig Millionen Bombenkrater, geschätzte dreieinhalb Millionen Landminen und etwa dreihunderttausend Tonnen nicht explodierter Kriegsmunition sowie vierundzwanzigtausend Quadratkilometer kontaminiertes Gelände. Die Streitkräfte der USA hatten fünfzig Millionen Liter des hochgiftigen Agent Orange zur Entlaubung der Wälder versprüht. Daran leiden noch heute die Menschen. Insgesamt verloren etwa vier Millionen Zivilisten, etwa dreizehn Prozent von Vietnams Bevölkerung, ihr leben, dazu kamen noch über eine Million Soldaten. Die Amerikaner verloren um die sechzigtausend Mann. Und wozu?

Am 1. Mai 1975 wurde auch Saigon befreit und nach Jahresfrist Norden und Süden zur Sozialistischen Republik Vietnam vereint. Als wir 1975 auf der Maitribüne in Berlin standen, sang der Oktoberklub ein Lied, das über Nacht entstanden war:

Alle auf die Straße
Rot ist der Mai
Alle auf die Straße
Saigon ist frei

Wenn es in der DDR ein besonders starkes Gefühl gab, das bei Kindern und Jugendlichen fest verwurzelt war, dann das der internationalen Solidarität. Solidarität mit fremden Völkern und mit einzelnen Persönlichkeiten. Dazu bedurfte es keiner »Anordnung« von Partei oder Staat. Dieses Mitmenschlichkeit habe ich als Kind und als Heranwachsender wiederholt verspürt. Ich denke dabei an Manolis Glezos (1922-2020), der während der Besetzung Griechenlands durch Nazideutschland die Hakenkreuzfahne von der Akropolis herunterholte; 1967, als faschistische Obristen putschten und Glezos inhaftierten, solidarisierten wir uns mit ihm und den anderen griechischen Patrioten.

In Erinnerung ist mir Raymonde Dien (1929-2022), eine junge Französin, die sich 1950 auf die Bahngleise legte, um einen Waffentransport der Kolonialmacht Frankreich nach Indochina zu blockieren. Sie wurde dafür ins Gefängnis gesteckt. Internationale Solidaritätsaktionen befreiten sie, 1951 war sie Gast bei den III. Weltfestspielen der Jugend und Studenten in Berlin. Ich konnte sie damals in der Pionierrepublik in der Berliner Wuhlheide umarmen.

Unvergessen ist mir unser kollektiver Protest gegen das Todesurteil für das jüdische Ehepaar Ethel und Julius Rosenberg. Ein US-Gericht befand sie Anfang der fünfziger Jahre der Spionage für die Sowjetunion für schuldig, es war die Hochzeit des Kalten Krieges. Trotz weltweiter Proteste – Papst Pius XII., der französische Philosoph Jean-Paul Sartre, Nobelpreisträger Albert Einstein, Pablo Picasso, der deutsche Filmpionier Fritz Lang (»Metropolis«), Bertolt Brecht und die mexikanische Malerin Frida Kahlo gehörten zu den Protestierern – starben beide Rosenbergs am 19. Juni 1953 auf dem elektrischen Stuhl in New York.

Unzählige Ereignisse in der Welt und in Deutschland forderten die DDR-Bürger zur Parteinahme: die nie heilenden Wunden von Hiroshima und Nagasaki, US-Invasionen von Vietnam über Kuba bis Grenada, Befreiungskriege in Angola, Mocambique und in weiteren afrikanischen und asiatischen Staaten … Immer waren wir solidarisch mit den Opfern imperialistischer Politik. So mit Patrice Lumumba (1925-1961), dem Vorkämpfer der afrikanischen Unabhängigkeitsbewegung, ermordet als Premierminister des unabhängigen Kongo; mit Ernesto »Che« Guevara (1928-1967) und Fidel Castro (1926-2016), die dem US-Imperialismus mehr als nur die Stirn boten; mit Nelson Mandela (1918-2013) in rassistischem Gewahrsam auf Robben Island; mit Martin Luther King (1929-1968), dem afroamerikanischen Bürgerrechtler, der durch Mörderhand starb; mit Mikis Theodorakis (1925-2021), dem weltberühmten griechischen Musiker und Antifaschisten, der sowohl von den deutschen Okkupanten wie von den griechischen Obristen eingekerkert worden war; mit Salvador Allende, mit Pablo Neruda und Luis Corvalan, die ein neues Chile wollten und Opfer der Militärdiktatur wurden …

Ende Januar 1974 beschloss die Volkskammer der DDR ein Gesetz zur Förderung der Jugend, das dritte bereits. Der Entwurf war Monate vor den Weltfestspielen veröffentlicht worden und Lesestoff für Festivalgäste besonders aus dem kapitalistischen Ausland. Durch die Diskussion wurde es wesentlich verbessert. Das Jugendforschungsinstitut Leipzig hatte etwa achthundert Vorschläge analysiert. Sein Direktor, Prof. Walter Friedrich, informierte mich, dass unter den Wortmeldungen auch viele Jugendliche waren, die sich als christlich oder konsessionell gebunden bezeichneten. Einer jener Christen war Hans Moritz. Ich hatte ihn zu Beginn der sechziger Jahre kennengelernt.

1962 lud der polnische Studentenverband zu einer internationalen Studentenkonferenz nach Warschau, um über Europäische Sicherheit zu diskutierten. Zur FDJ-Delegation, die ich leitete, gehörte auch Hans Moritz.

Die Gastgeber hatten uns beide in ein Hotelzimmern gesteckt. Wir diskutierten Tag und Nacht. Moritz bestärkte mich in meiner Überzeugung, dass man als gläubiger Mensch durchaus auch ein loyaler DDR-Bürger sein konnte. Als es um die Vorschläge für das Jugendgesetz ging, traf ich mich mit ihm. Hans Moritz war inzwischen Direktor der Sektion Theologie an der Karl-Marx-Universität in Leipzig. Man solle alles, was der DDR-Verfassung entspreche, auch im Gesetz berücksichtigen, meinte er. So haben wir es auch gehalten.

Auch später traf ich mich gelegentlich mit jungen Christen, mit Bausoldaten aus Prora und Theologiestudenten. Diese Begegnungen waren in der Regel offen und von wechselseitigem Vertrauen bestimmt, was aber nicht darüber hinwegtäuschte, dass es im Alltag durchaus Spannungen mit jungen Christen gab, die ihre Interessen nicht von der FDJ vertraten sahen. Es gab auch Auseinandersetzungen mit Personen, die ihr politisches Zuhause westlich unserer Staatsgrenze sahen. Wir waren als Jugendverband bestrebt, sie nicht auszugrenzen. Dennoch blieb unser Verhältnis zur Jungen Gemeinde schwierig. Wir verteidigten die Rolle der FDJ als einheitlichen Jugendverband und verwiesen darauf, dass 1946 alle Parteien, einschließlich die Kirchen, auf die Gründung eigener Jugendorganisationen verzichtet hatten. Die FDJ verstand sich als Interessenvertreter aller Jugendlichen. Das wurde nicht von allen so gesehen.

Das Jugendgesetz bot viele Möglichkeiten, Probleme anzupacken, die vorher nur ungenügend im Blickpunkt der Politik gestanden hatten. Mit hohem ökonomischem Aufwand entstand zum Beispiel der neue Industriezweig Jugendmode. Vorbei war die Zeit, da die politische Führung über Jeans die Nase rümpfte. Da hatte man die vom Schriftsteller Ulrich Plenzdorf in seinem Theaterstück »Die neuen Leiden des jungen W.« etwas falsch verstanden: »Jeans sind eine Einstellung und keine Hose.« Ich hatte in einer Rede vor dem Zentralrat die Auffassung des Jugendverbandes artikuliert: »Wie viel Nieten eine Hose hat, ist Sache der Mode. Uns ist wichtig, dass keine Niete in der Hose steckt.«

Was hatten wir nicht alles versucht, um dem Westeinfluss in der Jugendkultur zurückzudrängen? Auf Rock'n'Roll reagierten wir mit der DDR-Kreation »Lipsi«, Ringelsocken und Schuhe mit Kreppsohle ließen wir so wenig zu wie lange Haare, die mit den Pilzköpfen, den Beatles, aufkamen. »Gammler« nannte man allerdings abfällig auch in der Bundesrepublik jene Jugendlichen, die sich angeblich außerhalb der sozialen Norm bewegten. Wie auch immer: Gewinnen konnte die FDJ keine Kampagne gegen Mode- und Musikströmungen, die aus dem Westen kamen.

Zumindest aber konnten wir den Standpunkt durchsetzen, dass vom Habitus junger Leute nicht auf deren Persönlichkeit oder gar Haltung zur DDR geschlossen wurde. Mit ihrem Modeverhalten artikulierten die meisten Jugendlichen keine politische Protesthaltung, sie sahen die Mode in der Regel ideologiefrei. Gleichzeitig wussten wir natürlich, dass sie viel Geld für modische Kleidung ausgaben. Wir setzten uns dafür ein, in der Republik ein Netz von Verkaufsläden für Jugendmode aufzubauen. In diesen Jumo-Läden wurden eigene Erzeugnisse angeboten, deren Herstellung vom Staat subventioniert wurden. Die DDR importierte gegen Devisen Maschinen aus dem Westen, um Jeans zu produzieren. Für Denim und Indigo fehlte jedoch das Geld. Wenn wir auch die Erfahrung machen mussten, dass junge Leute lieber das Original und nicht Nachgemachtes präferierten, so haben sehr viele dennoch mangels internationaler Marken wie Levis, Wrangler oder Mustang zur DDR-Produktion gegriffen.

Die FDJ nahm sich verstärkt der Alltagsprobleme der Jugend an: Wohnungen und zinslose Kredite für junge Eheleute zum Einrichten dieser Wohnungen, Tanzmusik und Jugendclubs in Wohngebieten, Wandern und Touristik. Auch das sensible Thema Reisen gehörte dazu. Wir bauten ein von der FDJ geleitetes Jugendreisebüro auf. »Jugendtourist« wurde von Klaus Eichler geleitet, einem unserer erfahrensten Jugendfunktionäre. Das Unternehmen organisierte Reisen innerhalb der DDR und ins Ausland, ins sozialistische wie ins kapitalistische. Nicht nur handverlesen, wie der Vorwurf aus dem Westen lautete. Im großen Maßstab. Über 2,3 Millionen Menschen, ausländische Gäste eingeschlossen, reisten durchschnittlich im Jahr mit »Jugendtourist«. Der Austausch mit Polen betrug jedes Jahr über 300.000 Jugendliche. Auch der Reiseverkehr mit der Bundesrepublik nahm zu, was augenscheinlich den dortigen Verfassungsschützern ein Dorn im Auge war. Der Jugendaustausch mit der DDR tauchte regelmäßig in ihren Berichten auf, was seiner Förderung nicht eben dienlich war. Der Reiseverkehr hatte keine politische, sondern eine ökonomische Grenze. Wir konnten nur so viele Jugendliche in den Westen schicken, wie von dort zu uns kamen. Das Interesse der Ostdeutschen an Westdeutschland war schon damals größer als umgekehrt.

Im Inland entstanden neue Jugendherbergen und -hotels. Dort konnten junge Leute, auch Familien mit Kleinkindern, für kleines Entgelt großen Urlaub machen. Die Übernachtung in einer Jugendherberge beispielsweise kostete 25 Pfennig pro Person. Dennoch waren die Bedürfnisse auch hier größer als die Möglichkeiten.

Fast jeder in der DDR wusste, dass die großzügige Jugendpolitik eng mit Honeckers Namen verbunden war. Es gab Ökonomen, die kritisierten die sozialpolitischen Maßnahmen generell und speziell für junge Leute als Verschwendung. Manche meinten gar, sie seinen »Opium gegen jedes vernünftige ökonomische Denken.«

Nachträglich betrachtet stimmte das vielleicht sogar. Damals aber sah ich es nicht so. Ich freute mich über jede soziale Verbesserung für die Bürger. Was die Jugend betraf, ließ sich Honecker ohnehin nicht beirren und beeinflussen: Er setzte auf sie. Und setzte sich damit nicht nur der Kritik, sondern auch eines gewissen Spotts aus. Ich erinnere mich, dass mein Jüngster einmal aus der Schule nach Hause kam und sagte: »Erich Honecker hat sich den Arm gebrochen.«

Das überraschte mich, weil ich nichts davon mitbekommen hatte und fragte also nach: »Wie denn das?«

»Erich Honecker hat sich zu sehr auf die Jugend gestützt und ist dabei gestürzt.«

Die siebziger Jahre gehören zu den erfolgreichsten der DDR. Das ist nicht nostalgische Erinnerung, sondern wissenschaftlich belegt. Seit es existierte, seit 1966, hielt ich enge Kontakte zum Zentralinstitut für Jugendforschung (ZIJ) in Leipzig. Ich gehörte zudem dem Beirat für Jugendforschung beim Amt für Jugendfragen des DDR-Ministerrates an, seitdem dieser bestand. Für ZIJ-Chef Walter Friedrich (1929-2015) war es selbstverständlich, die FDJ-Führung über die Ergebnisse ihrer soziologischen Untersuchungen zu informieren. Er tat dies ungeschminkt und ohne Rücksicht darauf, ob die Resultate in die politische Linie passten oder nicht. Das rief die Kritiker im Politbüro auf den Plan, die Soziologie als störend empfanden. Deshalb wurde beispielsweise Ende 1978 das von Walter Ulbricht nach dem VI. Parteitag der SED 1963 ins Leben gerufene Meinungsforschungsinstitut beim ZK der SED aufgelöst und sein Archiv vernichtet. Es hieß, die Informationslinien der Partei und des Staates seien effektiver. Das war aber leider nicht der Fall. In diesen Informationslinien herrschte nicht Empirie, sondern Schönfärberei.

Angriffe gab es auch auf das Institut für Jugendforschung in Leipzig. Die Akademie für Pädagogische Wissenschaften beispielsweise sah im ZIJ einen Konkurrenten. Sie reklamierte die alleinige Hoheit über Untersuchungen an den Schulen. Wiederholt gab es auch Attacken aus Abteilungen des SED-Zentralkomitees, insbesondere dann, wenn Forschungsergebnisse aus dem ZIJ von Westmedien willkürlich zitiert wurden, um die Jugendpolitik der DDR zu diskreditieren. Besonders Siegfried Lorenz,

Wolfgang Herger und später auch Eberhard Aurich setzten sich gegen solche Versuche erfolgreich zur Wehr. Der an jenem ZK-Institut tätige Heinz Niemann schrieb in seiner »Kleinen Geschichte der SED«, 2020 in der *edition ost* erschienen, dazu lakonisch: »Auch das in Leipzig tätige Zentralinstitut für Jugendforschung sollte geschlossen werden, was aber Egon Krenz, 1. Sekretär des FDJ-Zentralrats, in seiner Funktion als Kandidat des Politbüros zu verhindern wusste.« Bis 1990 konnte das ZIJ arbeiten.

Vom Institut für Jugendforschung erhielten wir differenzierte Einblicke in das Denken und Fühlen junger Leute. Wir bekamen zum Beispiel durch die Untersuchungen bestätigt, dass sich zwischen achtzig und neunzig Prozent der 14- bis 30-Jährigen zur DDR als ihrem Vaterland bekannten.

Manch einer mag im Rückblick an diesen Zustimmungswerten zweifeln. Es ist aber ein Fehler, das Verhältnis der Bürger zu ihrem Staat nur vom Ende der DDR aus zu bewerten. Es war nun wahrlich nicht so, dass die SED über vierzig Jahre lang gegen die Mehrheit des Volkes regiert hätte. Fast zweihundert Studien des ZIJ, die im Ergebnis anonymer schriftlicher Befragungen entstanden waren, bestätigten, dass zu jener Zeit die Mehrheit der jungen Leute ein positives, loyales, durch eigene Lebenserfahrungen emotional gestütztes Verhältnis zur DDR hatten. Als Motive ihrer positiven Bewertung der DDR gaben sie über Jahrzehnte an: die Sicherheit des Arbeitsplatzes und der eigenen Entwicklung, die Friedenspolitik der DDR, die Möglichkeiten von Bildung, Qualifizierung und kultureller Betätigung, Sichwohlfühlen in der Familie, unter Freunden, im Betrieb, erlebte Solidarität und Übertragung von Verantwortung für die Gemeinschaft. Geht man davon aus, dass Jugendliche einen gewissen Querschnitt der Gesellschaft widerspiegeln, so ist der Schluss nicht abwegig: In allen Bevölkerungsschichten haben sich in den siebziger Jahren bedeutende Mehrheiten mit den Zielen und der Politik der DDR identifiziert.

Was die Wissenschaftler auf ihre Art nüchtern formulierten, drückte Reinhold Andert vom Oktoberklub mit dem »Lied vom Vaterland« sehr poetisch aus. Ich lernte ihn bei etlichen Auftritten des Oktoberklubs kennen und bin bis heute mit ihm befreundet. Andert hat eine bemerkenswerte Biografie. Von einem Bischöflichen Vorseminar und einer Lehre als Orgelbauer kam er zum Studium der Philosophie und Geschichte an die Humboldt-Universität Berlin. Danach, bis 1972, war er als Assistent für Philosophie an die Hochschule für Musik »Hanns Eisler« in Berlin tätig. Er wurde von einem Gottesdiener zu einem marxistischen Wissenschaftler und später zu einem politischen Künstler und Dialektiker, wie man unschwer an seinen Liedtexten erkennen konnte.

Kennst du das Land mit seinen alten Eichen?
Das Land von Einstein, von Karl Marx und Bach.
Wo jede Antwort endet mit dem Fragezeichen.
Wo ich ein Zimmer hab' unterm Dach.
Wo sich so viele wegen früher oft noch schämen,
Wo mancher Vater eine Frage nicht versteht,
Wo ihre Kinder ihnen das nicht übelnehmen,
Weil seine Antwort im Geschichtsbuch steht.
Hier schaff' ich selber, was ich einmal werde,
Hier geb' ich meinem Leben einen Sinn.
Hier hab' ich meinen Teil von uns'rer Erde.
Der kann so werden, wie ich selber bin.

Kennst du das Land, wo die Fabriken uns gehören,
Wo der Prometheus schon um Fünf aufsteht,
Hier kann man manche Faust auf manchen Tischen hören
Bevor dann wieder trotzdem was nicht geht,
Wo sich auf Wohnungsämtern Hoffnungen verlieren,
Und ein Parteitag sich darüber Sorgen macht,
Wo sich die Leute alles selber reparieren,
Weil sie das Werkzeug haben, Wissen und die Macht
Hier schaff' ich selber, was ich einmal werde,
Hier geb' ich meinem Leben einen Sinn.
Hier hab' ich meinen Teil von uns'rer Erde.
Der kann so werden, wie ich selber bin.

In diesem Lande lernte ich das Laufen.
Ich lernte richtig sprechen, richtig denken.
Ich lernte, nur das Brauchbare zu kaufen.
Und, dass es Freude macht, auch etwas zu verschenken.
Hier lernte meine Mutter das Regieren,
Als sie vor einem Trümmerhaufen stand.
Ich möchte dieses Land niemals verlieren
Es ist mein Mutter- und mein Vaterland

Als der Ernst-Busch-Chor fünfzig wurde und dies im April 2023 mit einem Festkonzert im Berliner Kino Babylon beging, sang Reinhold Andert dieses Lied. Vielen stand das Wasser in den Augen.

Zu meinen ersten Auslandsreisen als 1. Sekretär des FDJ-Zentralrats gehörte die Teilnahme am Kongress des Leninschen Komsomol. Ich reiste im April 1974 mit Siegfried Lorenz – seit 1966 Leiter der Abteilung Jugend im ZK der SED –, Frank Bochow (1937-2012), seit Mitte der sechziger Jahre Sekretär für internationale Verbindungen im Zentralrat der FDJ, und Heide Hinz. (Heide Hinz war ein politisches Talent. Sie hatte als junge Versicherungsangestellte die Interessen ihrer Altersgefährten vertreten, war in ehrenamtlichen Funktionen der FDJ aktiv und Finanzmitarbeiterin in der FDJ-Bezirksleitung Schwerin geworden. Schon bald wurde sie deren 2. Sekretär. Ihre Mitstreiter delegierten sie zu einem Einjahreslehrgang an die Parteihochschule nach Moskau, was der jungen Mutter durchaus Probleme bereitete. Sie meisterte diese gemeinsam mit ihrem Mann Jürgen. Die Schweriner Bezirksleitung der FDJ wählte Heide nach ihrer Rückkehr zum 1. Sekretär. Nach erfolgreicher Arbeit wurde sie später Sekretär der SED-Bezirksleitung, verantwortlich für Kultur und Volksbildung. Das im Schweriner Schloss beheimatete Zentrale Poetenseminar der FDJ beispielsweise war ihr eine gute Schule gewesen. Schriftsteller hatten ihr wiederholt für ihren Einsatz für die Poetenbewegung der FDJ gedankt.)

Auf dem XVII. Komsomol-Kongress in Moskau lernte ich nicht nur die Wertschätzung des DDR-Jugendverbandes in der internationalen Arena kennen, sondern auch Leonid Breschnew. Der Generalsekretär des ZK der KPdSU war damals agil und hatte sich durch seine politischen Vorschläge und sein Handeln einen Namen als Mann des Friedens gemacht. Als Angehöriger der Roten Armee sammelte er im Großen Vaterländischen Krieg Erfahrungen, die seine Überzeugungen ausmachten. Auch auf diesem Komsolmolkongress erklärte er den Kampf um und für den Frieden zur wichtigsten Aufgabe der Sowjetunion. Breschnews Engagement für das Zustandekommen der Konferenz für Sicherheit und Zusammenarbeit in Europa (KSZE), die er initiiert hatte, wurde 1975 mit der Unterzeichnung der Schlussakte durch dreiunddreißig Staatschefs sowie der Präsidenten der USA und Kanadas gekrönt.

Als ich zu Beginn der sechziger Jahre 1. Sekretär der FDJ-Bezirksleitung in Rostock war, unternahm man an der Universität in Greifswald die ersten Schritte zur Erforschung der Geschichte der FDJ. Schon während seines Studiums hatte Karl-Heinz Jahnke (1934-2009) zur Geschichte der deutschen Arbeiterjugendbewegung geforscht. Als in München noch Hans und Sophie Scholl in der westdeutschen Nachkriegsöffentlichkeit wegen ihres Widerstandes gegen Hitler diskreditiert wurden, schrieb Karl-Heinz Jahnke bereits bewegende Geschichten über die Widerstandsgruppe der Weißen Rose, die in der DDR hoch geachtet war. Jahnke war seit Mitte der sechziger Jahre als Dozent für Neue und neueste Geschichte in Greifswald tätig und wechselte nicht zuletzt auf unseren Wunsch an die Universität in Rostock, wo er seit 1973 eine Professur hatte. Zusammen mit Werner Lamberz – erst als Zentralratssekretär und dann als Leiter der ZK-Abteilung für Agitation und Propagada – war ich im Zentralrat für die Einrichtung einer Forschungsstelle zur FDJ-Geschichte verantwortlich. Jahnke hatte dort den Hut auf.

Von ihm und seinen Mitarbeitern wurde eine geschlossene Geschichte der FDJ vorgelegt, für die sich deren erster Vorsitzender naturgemäß besonders interessierte.

Ich trug das Manuskript in das Büro von Erich Honecker. Nach einigen Tagen kam es mit persönlichen Anmerkungen zurück, die verrieten, dass er Seite für Seite gelesen hatte. Mit schwarzem Filzstift hatte er quer über das Deckblatt geschrieben »Geschichte muss Geschichte bleiben«.

Das bezog sich auf Stalin. Der Generalissimus hatte 1950 zum ersten Deutschlandtreffen der Jugend in Berlin ein Telegramm geschickt und dabei die Rolle der jungen deutschen Friedenskämpfer für den Aufbau eines einheitlichen, friedliebenden und demokratischen Deutschlands hervorgehoben. Stalin war seit dem XX. Parteitag der KPdSU 1956 jedoch umstritten, also hatten wir seinen Namen bei der Endredaktion gestrichen.

Er kam auf Empfehlung Honeckers mit diesem Telegramm wieder in den Text hinein: »Geschichte muss Geschichte bleiben«.

Eines Tages, ich glaube es war 1974, kam Heinz Keßler, damals noch Stellvertreter des Verteidigungsministers und Chef des Hauptstabes, zu mir in den Zentralrat. Es gebe, wie er sagte, ein »Kaderproblem«. Ein Absolvent der Militärakademie in Leningrad sollte im Ministerium eine Vertrauensstellung übernehmen, was aber nur möglich sein würde, wenn für seine Frau eine ihrer Qualifikation entsprechende Arbeit gefunden werde. Sie habe ebenfalls in Leningrad studiert. Ob nicht die FDJ …?

Was für ein Glücksfall: Eine Historikerin war uns herzlich willkommen! Dr. Inge Pardon baute in der Folgezeit das Archiv im Zentralrat nach wissenschaftlichen Kriterien auf. Sie machte ihren Weg über verschiedene Funktionen der FDJ und der SED bis hin zur Leiterin des Zentralen Parteiarchivs der SED. Ihr ist maßgeblich zu danken, dass dieses nationale Kulturgut in der Wendezeit gerettet werden konnte. Es wurde in eine unselbstständige Stiftung des öffentlichen Rechts im Bundesarchiv überführt, in die *Stiftung Archiv der Parteien und Massenorganisationen der DDR* (SAPMO).

Mir ist diese Episode auch deshalb berichtenswert, weil Inge Pardon nach 1990 – zusammen mit ihrem 2023 verstorbenen Mann Michael – zu einer außergewöhnlichen sowjetischen Persönlichkeit forschte. Professor Sergej Iwanowitsch Tulpanow (1901-1984), ihr Doktorvater in Leningrad, war einst eine Schlüsselfigur der Nachkriegsgeschichte in Deutschland. Ihm war nicht nur zu danken, dass im sowjetisch besetzen Teil Deutschlands rasch wieder Universitäten öffneten und die DEFA gegründet worden war. Der Oberst, später General der Sowjetarmee, unternahm als Leiter der Informationsabteilung der Sowjetischen Militäradministration (SMAD) alles Menschenmögliche, dass aus dem Naziland zumindest im Osten ein antifaschistisches Deutschland werden konnte. Er stand mit an der Wiege der DDR und stets an der Seite des sozialistischen Deutschlands. Die Pardons setzten Tulpanow das ihm gebührende und längst überfällige Denkmal.

Dem Text der beiden Geschichtsforscher entnahm ich folgende Begebenheit: Die Mutter von Heinrich Graf von Einsiedel, der als Leutnant bei Stalingrad abgeschossen worden und in sowjetische Kriegsgefangenschaft gekommen war, richtete am 25. Januar 1947 einen Brief an den Russen Tulpanow. »Es schreibt Ihnen die Enkelin des bedeutenden Staatsmannes Bismarck, dessen Vermächtnis immer ein ewiger und unzerstörbarer Frieden mit Russland war. Sogar auf dem Sterbebett, nachdem Wilhelm II. unter dem Einfluss finsterer Mächte meinen Großvater in den Ruhestand gezwungen hatte, hat dieser wiederholt: ›Nie gegen Russland!‹«

Menschen wie der deutschfreundliche Tulpanow stellten Weichen, sorgten für Versöhnung und Verständnis zwischen den Völkern und prägten auch Persönlichkeiten wie die beiden Autoren, die bis zu seinem Tod mit ihm in Verbindung standen – und bis heute mit der Familie in Verbindung stehen. Sie taten das ohne jegliches Kalkül und Berechnung.

Auch ich spekulierte in den siebziger Jahren, die ich inzwischen für die besten in meinem politischen Leben halte, nicht über meinen Zukunft. Ich gehörte nicht zu jenen, die die die Schritte für ihren Aufstieg planten und welche Funktion dabei am vorteilhaftesten wäre. Meine Tätigkeit in der FDJ und in der Partei waren für mich zudem weit mehr als eine Form des Broterwerbs. Vielleicht erscheint es mit dem Wissen von heute manchem als weltfremd, wenn ich sage: Es war auch mein Glaube an sozialistische Ideale, der es mir verbot, mit dem Ellenbogen jene aus der Bahn zu stoßen, die mich bei der Erreichung eines Vorhabens störten. Ich verachtete aus gleichem Grunde Emporkömmlinge, die nur nach ihrem persönlichen Vorteil trachteten. Leider gab es zu viele von ihnen – auch in unseren eigenen Reihen.

Die Vorstellung, dass ich jemals in die Parteiführung kommen würde, lag lange außerhalb meiner Fantasie. Honecker war als FDJ-Vorsitzender 1950 Kandidat des Politbüros geworden, seine Nachfolger hingegen – Karl Namokel (von 1955 bis 1959), Horst Schumann (von 1959 bis 1967) und Günther Jahn (von 1967 bis 1973) gehörten nicht dem Politbüro an. Warum sollte ausgerechnet ich mit dieser Serie brechen?

Insofern war ich überrascht, als sich Freunde am Ende des IX. Parteitages 1976 bei mir erkundigten: »Wann hat Erich dir gesagt, dass du Kandidat des Politbüro wirst?«

Gar nicht, antwortete ich wahrheitsgemäß.

Ich erfuhr es tatsächlich vom ihm erst am 22. Mai 1976, als er mich auf der 1. Tagung des neuen Zentralkomitees nominierte.

Zugegeben, es gab zuvor Gerüchte, weil Erich einige Personalentscheidungen getroffen hatte, die meine unmittelbare Umgebung betrafen. Mein Freund Siegfried Lorenz, der bis Anfang 1976 die Jugendabteilung des Zentralkomitees geleitet hatte, wurde beispielsweise 1. Sekretär der SED-Bezirksleitung in Karl-Marx-Stadt, Honeckers Volkskammer-Wahlkreis. Siggis neue Funktion galt als Ausdruck hoher Anerkennung seiner bisherigen Tätigkeit. (Manchmal wird kolportiert, die Delegierung eines Abteilungsleiters des ZK in einen Bezirk sei eine Degradierung gewesen. Das ist Unsinn. Als Abteilungsleiter gehörte man dem zentralen Parteiapparat an, man war faktisch Angestellter – als 1. Sekretär einer Bezirksleitung kam man in eine andere politische Liga, es handelte sich überdies um eine Wahlfunktion. Eine solche Delegierung war keine Seltenheit. Hans Modrow – bis dahin Leiter der Abteilung Agitation – wechselte 1973 nach Dresden, Kurt Tiedke 1979 und Werner Eberlein 1983 wurden nach Magdeburg geschickt; Hans Albrecht war bereits 1968 nach Suhl gegangen und blieb dort 1. Sekretär der Bezirksleitung bis zum Herbst 1989.)

Für Siegfried Lorenz und mich stellte die Entscheidung 1976 einen Einschnitt dar. Wir unterhielten bis dato enge Arbeitsbeziehungen, trafen uns regelmäßig dienstlich und auch privat. Nunmehr würden uns einige hundert Kilometer trennen. Und wir arbeiteten auf verschiedenen Feldern. Dennoch blieben wir verbunden, berieten uns, wo wir es für notwendig hielten.

Weitere Personalien: Der 2. Sekretär des FDJ-Zentralrats, Wolfgang Herger, wurde Leiter der Jugendabteilung im Zentralkomitee. Darüber war ich sehr glücklich. Er blieb damit dem Jugendbereich erhalten und stand inhaltlich in Kontinuität zu Siegfried Lorenz. Erich Postler, mit dem ich schon seit 1961 im Zentralrat zusammengearbeitet hatte, wurde mein neuer Stellvertreter. Wo immer wir auch tätig waren, nie hätte einer von uns die Frage gestellt, wer Koch und wer Kellner war. Wir waren Genossen und dazu persönliche Freunde. So ist es geblieben – bis heute.

In jener Zeit kamen die ersten Vertreter einer neuen Generation in die FDJ-Führung. Zu ihnen gehörte Ellen Harter, heute Brombacher, eine junge Frau mit einer außerordentlichen Biografie. Ihre Eltern hatten im Widerstand gegen Hitler gestanden, der Vater war im KZ, die Mutter in der Emigration in Belgien gewesen. Ellen wurde in Westerholt in Westdeutschland geboren und besuchte dort bis 1959 die Volksschule. Als in der Bundesrepublik die Verfolgung der Kommunisten nach dem Verbot der KPD sich fortsetzte, ging der Vater in die DDR, die Mutter folgte mit Tochter Ellen später nach. Ich lernte Ellen 1965 kennen, als ich an der Parteihochschule und sie – mit achtzehn Jahren – an der Komsomolhochschule in Moskau studierte. Wir haben manchmal bis nach Mitternacht miteinander diskutiert. Schnell erkannte ich ihr politisches Talent. Sie wurde 1. Sekretär der FDJ-Bezirksleitung von Berlin und später Sekretär der SED-Bezirksleitung, zuständig für Kultur und Volksbildung in der Hauptstadt.

Auch Ellen veränderte sich mit den Jahren, beugte sich jedoch nie. Nach 1990 durfte sie im vereinten Deutschland nicht einmal als Küchenhilfe in einem Berliner Kindergarten arbeiten, das könne man den Eltern nicht zumuten, hatte es in der Kündigung des Stadtbezirks geheißen. Politisch blieb sich Ellen immer treu, seit Jahren ist sie Sprecherin der Kommunistischen Plattform innerhalb der Partei Die Linke. Ich fühle mich bis heute mit Ellen und der von ihr vertretenen KPF eng verbunden.

Die Opfer des Kalten Krieges in der Bundesrepublik, die durch Berufsverbote und Gefängnisstrafen belegt worden waren, warten übrigens bis heute auf Rehabilitierung.

Natürlich gab es 1976 Hinweise auf meine mögliche Berufung als Kandidat des Politbüros, also in das höchste politische Führungsgremium der Partei. So erinnere ich mich an die Begegnung mit Michail Andrejewitsch Suslow (1902-1982). Er leitete als Breschnews Stellvertreter die Delegation der KPdSU zum IX. Parteitag der SED. Suslow gehörte bereits dem Zentralkomitee unter Stalin an, als ZK-Sekretär galt er als Graue Eminenz und Königsmacher, weil er alle Generalsekretäre – von Malenkow über Chruschtschow bis Breschnew – in ihr Amt begleitet hatte. In einer Sitzungspause am 21. Mai trat er an mich heran. Ich las auf meinem Platz im Präsidium in den Unterlagen. »Darf ich Sie kurz stören, Genosse Krenz«, fragte er mit bekannter russischer Höflichkeit.

Ich erhob mich schnell und antwortete in seiner Sprache: »Es ist mir eine Ehre, Genosse Suslow.«

Suslow überreichte mir eine Uhr mit einer Gravüre vom XXV. Parteitag der sowjetischen Bruderpartei und sagte, es sei ein Geschenk des Generalsekretärs, der mich herzlich grüße.

Ich bedankte mich und vermutete, dass sich Suslow mit dieser Geste für die Manifestation der Jugend bedanken wollte. Am Vorabend hatten über dreitausend junge Musikanten ein beeindruckendes Programm mit nationalen und internationalen Liedern vorm Palast der Republik geboten, welcher unmittelbar vor dem Parteitag – nach nur 32 Monaten Bauzeit – eröffnet worden war. Dieser Klangkörper war von Generalmusikdirektor Hans-Helmut Hunger (1920-2014) im Auftrag des Zentralrats vor sieben Jahren als Zentrales Musikcorps der FDJ gebildet worden. Es hatte inzwischen viele politische und kulturelle Höhepunkte gestaltet. Bis zum 1. April 1990, als es »im Zuge der deutschen Wiedervereinigung«, wie es lakonisch hieß, aufgelöst werden sollte, setzte es immer wieder musikalische Akzente auf Großveranstaltungen in der DDR.

Neben mir im Parteitagspräsidum saß Heinz Matthes (1927-1988), Vorsitzender der Arbeiter-und-Bauern-Inspektion und seit vierzehn Jahren Mitglied des ZK. Darum war er auch im Deuten von symbolischen Gesten bewandert. Als Suslow gegangen war, sagte er und wies dabei auf die Pulte in der ersten Reihe des Präsidiums.»Sieh mal, da liegen kleine Schachteln, von denen du eben eine persönlich übergeben bekommen hast. Sie liegen auf den Plätzen aller Genossen des Politbüros. Ich wette, dass du morgen ins Politbüro gewählt wirst!«

Gewettet habe ich nicht. Aber tags darauf wurde ich tatsächlich Kandidat des Politbüros.

Auf dieser Ebene schien es nicht üblich, dass man zuvor gefragt wurde, ob man bereit sei, eine solche Aufgabe zu übernehmen. Die Bereitschaft wurde grundsätzlich vorausgesetzt. Es war auch nicht üblich, dass sich Kandidaten für einen solchen Posten bewarben oder Kampfabstimmungen zwischen mehreren Kandidaten erfolgten. Der erste Mann der Partei bestimmte die Richtlinien der Politik, folglich auch, mit wem er diese verwirklichen wollte. Ich wäre auch nie auf die Idee gekommen, mich dieser Politik zu verweigern. Alternativen, wie etwa einen dritten Weg zwischen Sozialismus und Kapitalismus, waren für mich nie ein Thema.

Als Honecker auf der Sitzung meinen Namen nannte, fühlte ich mich wie vom Blitz getroffen. Nachdem ich mich gefangen hatte, stand ich auf und dankte für den starken Beifall. Es war ein außergewöhnlicher Moment in meinem Leben. Ich gehörte nun einem Parteigremium mit neunzehn Mitgliedern und neun Kandidaten an, das zwischen den Tagungen des Zentralkomitees die wichtigsten innen- und außenpolitischen Entscheidungen vorbereitete oder auch traf. Vierzehn der neunzehn Angehörigen dieses Gremiums hatten einst aktiv gegen den Faschismus gekämpft. Sie hatten Jahre ihres Lebens in Nazi-Zuchthäusern, in Konzentrationslagern, in der Illegalität oder im Exil zubringen müssen. Mancher hatte in den Internationalen Brigaden oder in der Roten Armee mit Worten und mit Waffen gegen den deutschen Imperialismus gefochten. 1945 gehörten sie zu den Ersten, die nach den Schrecken des Krieges einen Neuanfang wagten. Es waren Kommunisten oder Sozialdemokraten. Nun gehörten wir alle zu einer Partei. Mit dabei auch der Sohn des ersten deutschen Reichspräsidenten Friedrich Ebert. Friedrich Ebert jr. (1894-1979) war 1945/46 einer der Initiatoren der Vereinigung von Kommunisten und Sozialdemokraten und von 1948 bis 1965 Oberbürgermeister Berlins gewesen. Die bewegten Biografien meiner Gefährten im Politbüro bestimmten in hohem Maße mein Verhältnis zu ihnen: Es war von hohem Respekt geprägt.

Heute weiß ich, dass allein die Vergangenheit – und selbst wenn diese noch so rühmens- und bewundernswert war – nicht hinlänglich genügte, einen Staat zu leiten. Wir Jüngeren guckten zu lange auf unsere politischen Lehrer wie auf Denkmäler. Darin mag einer der Gründe für die Zurückhaltung gelegen haben, sie zu kritisieren, wenn es notwendig gewesen wäre. Das beziehe ich vor allem auf mich. Leider kommen solche Einsichten immer zu spät.

Wir beschlossen auf dem Parteitag 1976 ein neues Programm und ein neues Statut. In beiden Dokumenten war die Verpflichtung enthalten, »gegen Schönfärberei aufzutreten und gegen die Neigung, sich an Erfolgen zu berauschen«. Doch wir selbst übersahen nicht selten, dass dies nur funktionierte, wenn die Parteiführung dafür selbst ein Beispiel gab.

Wir verwechselten gelegentlich das Ideal mit der Wirklichkeit. Zwischen dem, was beispielsweise das Politbüro einerseits als Festtagsstimmung bei Demonstrationen am 1. Mai oder bei FDJ-Manifestationen wahrnahm, und dem Alltag der Menschen auf der anderen Seite bestanden erhebliche Unterschiede. Wir neigten in der Folgezeit dazu, das Leben im Lande aus der Sicht von Tribünen und Präsidiumstischen zu beurteilen und gaben uns mancher Selbsttäuschung hin. Allzu oft ließen wir uns etwa bei der Auswahl von Kadern blenden von Worten der Ergebenheit. Das förderte Heuchelei, die nicht zu einer Partei wie der unseren passte.

Die Quittung dafür erhielten wir 1989.

Im Westen wurde meine Wahl ins Politbüro aufmerksam registriert. Die *Frankfurter Allgemeine Zeitung* ließ ihre Leser wissen: »Egon Krenz ist ein Paradefall für den Apparatschik neuen Typs.«

Sie vergaß auch nicht den Hinweis: »Als der Krieg 1945 zu Ende ging, war er gerade acht Jahre alt, zu jung für die Hitlerjugend.«

Da ich mich nie auf die Gnade meiner späten Geburt berufen habe, kam mir dieser Vergleich richtig dumm vor. Die Zugehörigkeit zu faschistischen Organisationen war in der DDR wahrlich keine Empfehlung für die Wahl ins Politbüro.

Im neuen Parteiprogramm war auch die Rede von der »kommunistischen Erziehung der Jugend«. Ich gehörte damals wahrscheinlich zu jenen, die am häufigsten über diese Aufgabe sprachen, weil ich von ihrer Richtigkeit überzeugt war. Heute denke ich darüber differenzierter. Damit wurde die wissenschaftlich begründete These Walter Ulbrichts abgeschwächt, dass der Sozialismus eine relativ selbständige Gesellschaftsformation sei und die SED sich erst anschicke, das »entwickelte gesellschaftliche System des Sozialismus« zu vollenden. Von Kommunismus war nicht die Rede.

In der FDJ verbanden wir zudem den »Thälmannschen Geist« mit der kommunistischen Erziehung. Das war zwar ein notwendiger Rückgriff auf die besten Traditionen der deutschen Arbeiterbewegung, es war jedoch nicht zwingend auf die Zukunft und die Einbeziehung aller Schichten der Jugend gerichtet. Vielleicht sollte die Hervorhebung der Person Thälmanns dazu beitragen, das Bild Ulbrichts in der Geschichte zu überdecken, woran Erich Honecker erkennbar arbeitete.

Was auch immer die Beweggründe waren: Davon unberührt bleibt meine Haltung zu Ernst Thälmann. Der Einwand rechter wie gelegentlich auch linker Historiker ist mir bekannt: Thälmann habe Fehler gemacht. Ja, wer macht denn keine?! Bedeutender als seine Irrtümer ist, dass die KPD unter seiner Leitung eine Massenpartei wurde und über fünf Millionen Deutsche bei der Wahl des Reichspräsidenten dem KPD-Vorsitzenden ihre Stimme gaben. Unverändert beachtlich, weil zutreffend, war seine Warnung: Wer Hindenburg wählt, wählt Hitler, und wer Hitler wählt, wählt Krieg!

Fundamentaler als Thälmanns Irrtümer war seine Standhaftigkeit. Er gab das Wertvollste, was er hatte, sein Leben, für ein nazifreies Deutschland.

Es spricht gegen die Bundesrepublik Deutschland, dass im vereinten Land der Name des Hitlergegners Thälmann von vielen Straßen und Plätzen getilgt wurde, während Straßen und Plätze unverändert nach Hitlers Steigbügelhalter, dem Kriegsverbrecher Paul von Hindenburg, benannt sind und bleiben. Jährlich wird in Deutschland der mutigen Männer des 20. Juli 1944 gedacht, die ein Attentat auf Hitler wagten. Das war auch in der DDR so. Wer aber Stauffenbergs gedenkt, darf Thälmann nicht aus der kollektiven Erinnerung streichen und den kommunistischen Widerstand gegen das Naziregime herabwürdigen.

Als ich ins Politbüro kam, hoffte ich zunächst, mein tägliches Leben nicht allzu sehr ändern zu müssen. Zum Teil gelang mir das. Ich zog nicht in die Waldsiedlung nach Wandlitz. Meine Familie und ich blieben in unserer Neubauwohnung. Wir fühlten uns in Berlin-Köpenick sehr wohl. Die Plattenbausiedlung war modern und bot alles, was den Alltag erleichterte: eine Kaufhalle, einen Kindergarten, zwei Schulen, einen Jugendklub ... Ich joggte weiterhin an jedem Morgen, startete Dreiviertelsechs und lief mutterseelenallein bis an den Müggelsee und zurück. Auf dem Wege zum Kindergarten, wohin ich – wann immer es möglich war – meinen jüngsten Sohn Carsten brachte, traf ich Spaziergänger, von denen ich nicht nur zu hören bekam, welche Waren in der Kaufhalle des Wohngebiets fehlten. Aus solchen Begegnungen und Gesprächen erfuhr ich viel, sie waren mir eine wichtige Informationsquelle.

Bald wurde mir ein Begleiter von der Hauptabteilung Personenschutz des Ministeriums für Staatssicherheit zugeteilt. Ich hatte Glück. Hauptmann Heinz Sprunk war ein sympathischer, kluger, sportlich durchtrainierter und einsatzbereiter junger Mann. In all den Jahren, in denen er mich begleitete, haben wir uns gut miteinander verstanden, wir waren eben Genossen. Noch heute macht es mich wütend, wenn ich erlebte, wie dieser gut ausgebildete Adjutant, neudeutsch heißt das wohl Bodyguard, und die meisten Mitarbeiter des Ministeriums für Staatssicherheit aus der Gesellschaft ausgegrenzt und aus dem öffentlichen Dienst verbannt wurden. Nicht weil sie gegen Gesetze verstoßen hatten, sondern einzig deshalb, weil sie der DDR verlässlich und treu gedient hatten.

Hauptmann Sprunk blieb zunächst mein einziger Begleiter, während alle anderen im Politbüro mindestens zwei Personenschützer hatten. Diese Entscheidung vom Minister für Staatssicherheit hielt ich für vernünftig. Erich Mielke hatte festgelegt, dass ich nur von einem Sicherheitsmann bewacht werde, zumal er die Entscheidung, den 1. Sekretär des FDJ-Zentralrats ins Politbüro aufzunehmen – er gehörte seit 1976 als Vollmitglied diesem Gremium an –, ohnehin für übertrieben hielt. Mielke meinte, ein

Kraftfahrer und ein Personenschützer müssten reichen, zwei wären nicht ausgelastet. Honecker sah dies anders. Für ihn gab es im Politbüro keine Personen mit erster oder zweiter Sicherheitsstufe. So ordnete mir Minister Mielke weitere Sicherheitsbegleiter und Kraftfahrer zu.

Wer es in den Jahren auch immer war – wir kamen in der Regel gut miteinander klar. Die Männer hielten sich an unsere Abmachung: Ich werde nur dann abgeschirmt, wenn meine Sicherheit bedroht sein würde, bei meinen Begegnungen mit Jugendlichen werde ich nicht beschnitten. Das gelang meist, leider nicht immer. Meine Sicherheitsbegleiter, die wie ich das blaue Hemd der FDJ trugen, sah ich als Partner. Dafür unter anderem beauftragt, die oft geheimen Papiere, die ich mit mir führte, zu schützen und dafür zu sorgen, dass sie nicht in falsche Hände gelangten. Es war vielleicht etwas leichtsinnig von mir, nachts im Allende-Viertel ohne Begleiter aus dem Auto und mit dem Aktenkoffer in unsere Wohnung in die 6. Etage zu steigen. Glücklicherweise bin ich zu keinem Zeitpunkt angegriffen, niemals bedroht, beschimpft oder sonstwie attackiert worden.

Wenn wir privat unterwegs waren, gehörten Begleiter und Kraftfahrer zur Familie.

Hingegen hatte ich Probleme mit den Autos, die meine Genossen aus dem Politbüro seit 1976 fuhren. Die Volvos aus dem kapitalistischen Schweden hatten die sowjetischen Tschaikas abgelöst. Das war mir suspekt. Ja, die Fahrzeuge waren moderner, schnittiger und sparten zudem Sprit – im Vergleich zu den in Erwägung gezogen tschechischen Tatras. Nicht wenige Bürger nahmen das jedoch als Signal wahr: Die Führung ersetzt sozialistische durch kapitalistische Technik. Ein modernisierter »Sachsenring« aus eigener Produktion wie Ende der fünfziger/Anfang der sechziger Jahre oder eventuell ein Tatra aus der ČSSR hätten es nach meiner Überzeugung auch getan. Wenn ich mit dem Volvo fuhr, beschlich mich ein unwohles Gefühl. Deshalb benutzte ich ihn zunächst nur, wenn ich in Partei- oder Staatsangelegenheiten unterwegs war, nicht als 1. Sekretär des Zentralrats der FDJ. Mir schien, wenn ich im Blauhemd aus der Staatskarosse stieg (von denen wir 135 in Schweden für je etwa hunderttausend D-Mark gekauft hatten), wurde ich von manchem der jungen Leuten nicht mehr als einer der Ihren wahrgenommen, sondern als jemand von denen »da oben«.

Ich versuchte, diesem Eindruck entgegenzuwirken, indem ich häufig an die Basis fuhr, mich mit Jugendbrigaden vor Ort traf, Forscher aus der Neuererbewegung »Messe der Meister von Morgen« besuchte, in Jugendforen auftrat, Gast bei Spitzensportlern war, an Sportfesten teilnahm und dadurch überdies einen großen Freundeskreis in verschiedenen Bereichen der Gesellschaft gewann. Ich lernte Künstler, Schlagersänger und Rockbands der DDR kennen, hatte Begegnungen im kleinen Kreis mit Liedermachern, Musikern und Managern … Mit einigen bin ich nach wie vor befreundet.

In jener Zeit entstand eine Freundschaft mit Gisela Steineckert, die inzwischen mehr als ein halbes Jahrhundert währt. Ihre Drehbücher, Hörspiele, Songtexte, Gedichte und Prosa machten sie republikweit und auch international bekannt. Ich lernte sie kennen, als sie während der X. Weltfestspiele 1973 ihre große Liebe Wilhelm Penndorf heiratete. Damals unterstützte sie mit Texten und Ratschlägen den Oktoberklub und die landesweite Singebewegung, nicht zu vergessen das alljährliche Festival des politischen Liedes (seit 1970) und das Poetenseminar, das im gleichen Jahr im Schweriner Schloss Premiere hatte. Gisela übernahm Funktionen im Schriftstellerverband und wurde Präsidentin des Komitees für Unterhaltungskunst … Von dieser Freundschaft habe ich profitiert. Gisela hat mich vor mancher Fehlentscheidung in Kulturfragen bewahrt.

Die inzwischen über Neunzigjährige lebt noch immer in der 25. Etage eines Wohnhaus in der Leipziger Straße in Berlin, und schreibt täglich, was ich bei Besuchen dort stets erfreut feststellen kann. Inzwischen hat sie mehr als sechstausend Texte für die bekanntesten Schlagersänger geschrieben. Ohne sie jedenfalls wäre die Unterhaltungskunst der DDR wesentlich ärmer gewesen. Auf der Liste meiner Lieblingslieder stammen zwei aus ihrer Feder, wie man so sagt. Das poetische Liebeslied »Als ich fortging«, dessen Text sie 1987 geschrieben hatte, wurde im Westen als eine Art Fluchtballade interpretiert, was Gisela immer zurückgewiesen hat. »Nichts ist von Dauer, wenn's keiner recht will«, hieß es darin. Nach 1990 hieß es, dass damit die DDR gemeint gewesen sei.

Und das andere ist »Das Lied vom einfachen Frieden«, an dessen Text Gisela anderthalb Jahre gefeilt hatte. Ich bat damals die großartige Gisela May, dieses wunderbare Lied zusammen mit einem Kinderchor während einer Gala zum Fest des »Roten Oktober« in Berlin zu singen. Es war ein einzigartiger Kunstgenuss, der einem die Augen mit Wasser füllte.

Zu meinen »Informanten« aus dem realen Leben gehörten auch Familienangehörige und deren Freunde. Mein Schwager Heinz Brusch, Bruder meiner Frau Erika, leitete das bekannte Berliner Unternehmen Bergmann-Borsig, er wiederum war befreundet mit Eckhard Netzmann, Generaldirektor des Kombinats Schwermaschinenbau »Ernst Thälmann« (SKET) in Magdeburg und Stellvertretender Minister für Schwermaschinen- und Anlagenbau. Von beiden erfuhr ich viel über den Zustand unserer Wirtschaft, was leider in keinem Informationsbericht an das Politbüro stand.

Gelegentlich traf ich mich mit Wirtschaftskapitänen, um mich sachkundig zu machen. So konsultierte ich beispielsweise Karl Döring, Generaldirektor des VEB Bandstahlkombinat in Eisenhüttenstadt. Das war nicht nur ein sehr erfolgreicher, dynamischer Fachmann, sondern auch ein kritischer Geist. Von ihm erfuhr ich viel Wissenswertes, worüber der Wirtschaftssekretär Günter Mittag nie informierte. Entweder weil er's nicht wusste oder weil er diese Wahrheiten nicht wahrhaben wollte.

In Binz auf Rügen leitete Hannelore Bayer, eine langjährige Freundin, eine Jugendherberge. Sie saß gleichsam an der Quelle, wo junge Menschen in der Freizeit politische Auffassungen diskutierten. Mit ihr und all den guten Bekannten und Freunden tauschte ich mich regelmäßig aus.

Gern unterhielt ich mich auch mit Solveig Leo, die nach dem Studium der Agrarwissenschaften von Thüringen in den Nordbezirk Schwerin gekommen war. Dort, in Banzkow, waren die Arbeits- und Lebensbedingungen noch schwerer als in ihrem Heimatbezirk. Sie arbeitete als Vorsitzende der Landwirtschaftlichen Produktionsgenossenschaft (LPG) und wurde bereits mit vierundzwanzig Jahren von Walter Ulbricht 1969 als »Held der Arbeit« ausgezeichnet.

Nachdem die bewährten Strukturen der DDR-Landwirtschaft zerschlagen worden waren, wählten die Banzkower sie als Vertreterin der Linken zu ihrer Bürgermeisterin. Von 1992 an leitete Solveig Leo siebzehn Jahre erfolgreich die Gemeinde. Die neue Obrigkeit anerkannte das durch die Verleihung des Bundesverdienstkreuzes. Leute von Solveigs Format gehörten zeitlebens zu meinen Beratern. Mit ihr und all den guten Bekannten und Freunden tauschte ich mich regelmäßig aus. So bekam ich selbst als Mitglied der Staats- und Parteiführung viele praxisnahe und nützliche Informationen direkt von der Basis.

Ich las auch Berichte des Ministeriums für Staatsicherheit über den Zustand unserer Volkswirtschaft. Sie waren realistischer als jene, die wir auf dem Parteiweg erhielten. An dieser Stelle möchte ich eine Lanze brechen für viele Inoffizielle Mitarbeiter (IM), die in Industriebetrieben und in Genossenschaften arbeiteten und den Finger am Puls des Lebens hatten. Sie werden heute zu Unrecht als »Spitzel« diffamiert. Von ihnen erfuhr das MfS, was in der Wirtschaft lief oder wo es klemmte.

Summa summarum: Ich glaube, die Lage im Lande gut gekannt zu haben. Ich bemühte mich als FDJ-Chef so gut es ging, das Denken und Fühlen Jugendlicher nicht in erster Linie aus Berichten und den Medien, sondern im Alltag zu erfahren. Ich konnte (und wollte) mich 1989ff. darum nicht herausreden, dieses oder jenes *nicht* gewusst zu haben. Allerdings füge ich zu meiner Entlastung an: Das Wissen über die Lage war das eine – etwas anderes, darauf konstruktiv zu reagieren. Die Bedingungen zur Veränderung wurden nicht allein durch uns bestimmt. Es herrschte Kalter Krieg, also Klassenkampf …

Nachdem ich nun dem Politbüro angehörte, musste ich meine politische Arbeit straffer organisieren, um beiden Funktionen gerecht zu werden. Als Kandidat des PB durfte ich mich zwar nicht an Abstimmungen im Politbüro beteiligen, aber dort wurde nur selten abgestimmt. Insofern hatte ich faktisch die gleichen Rechte und vor allem Pflichten wie jedes andere Mitglied auch. Ich erhielt beispielsweise an jedem Freitagabend eine Mappe mit den Vorlagen für die Sitzung des Politbüros, die in der Regel am Dienstagvormittag stattfand. Oft handelte es sich um Papiere von mehr als tausend Seiten. Als Neuer nahm ich die Sache ernst und las jedes Blatt. Ich brauchte meist das gesamte Wochenende dazu.

Für meine Familie war das belastend. Torsten und Carsten sahen ihren Vater nun noch seltener. Wann immer ich konnte, gingen wir dennoch auf den Fußballplatz. Als sie noch jünger waren, ließen wir nie den Weihnachtsmarkt auf dem Alex in Berlin aus. Im Sommer fuhren wir in die Berliner Umgebung zum Baden. Theater- und Konzertbesuche ließ ich mir auch nicht nehmen. Mit meiner Frau sah ich wohl fast jede Ballettpremiere in Berlin; ich bewunderte die großartige Primaballerina Jutta Deutschland und hatte manches Gespräch mit Tom Schilling, dem künstlerischen Leiter und Chefchoreographen der Komischen Oper. Das war nun allenfalls reduziert möglich.

1975 war meine Mutter verstorben, meine Wahl ins Politbüro hatte sie nicht mehr erlebt. Obwohl sie mir einst geraten hatte, die Finger von der Politik zu lassen, wäre sie vermutlich stolz auf mich gewesen. Sie hatte noch bis drei Jahre vor ihremTod in der kleinen Wohnung gelebt, die ich mit ihr bis zu meinem sechzehnten Lebensjahr geteilt hatte. Ohne WC, ohne fließend Wasser aus der Wand, folglich auch ohne Warmwasser und Abfluss, aber mit Ofenheizung. Das Leben für die Hochbetagte, auch wenn sie zeitlebens anderes nicht kannte, war beschwerlich. Sie war jedoch zu bescheiden, um einen Antrag für eine Neubauwohnung zu stellen. Ich tat es für sie, allerdings viel zu spät. Sie bekam 1972 eine schöne Wohnung im Neubaugebiet von Damgarten, nur wenige hundert Meter entfernt von jener Glashütte, in der sie als junge Kriegerwitwe 1915 mit Säugling in einem kleinen Zimmer unter einem undichten Dach gewohnt hatte. Fast fünfundsechzig Jahre später bekam sie nun die beste Wohnung ihres Lebens. Ihr Glück währte nicht lange. Mit zweiundachtzig Jahren verließ sie uns.

Mehr als zwanzig Jahre später erfuhr ich, dass sowohl der Bundesnachrichtendienst als auch der Bundesverfassungsschutz ziemlich früh Spitzel auf mich angesetzt hatten und Nachrichten über mich zu sammeln begonnen hatten. Beim Ableben meiner Mutter kamen neue Berichte hinzu.

Meine Halbschwester Maria Krenz, die Tochter aus der ersten Ehe meiner Mutter, lebte seit 1945 in Westerland auf Sylt, Mutter und ich hatten sie nach dem Krieg einmal besucht. Maria lehnte schon bald jeden Kontakt mit mir ab, weil sie fürchtete, dass ihr Mann, der bei den Briten auf dem Flugplatz tätig war, wegen der Ostverwandtschaft seine Arbeit verlieren könnte. Das respektierte ich. Meine Mutter war aber auch ihre Mutter – also musste ich entscheiden, wie und wann ich sie über den Tod von Anna Krenz, geborene Koltermann, informierte. Ich schickte Maria Krenz auf Sylt erst kurz vor der Beerdigung ein Telegramm, um – was ganz in ihrem Sinne sein würde – ein persönliches Zusammentreffen mit mir in Ribnitz-Damgarten auf dem Friedhof zu vermeiden.

Als ich in den neunziger Jahren Einsicht in meine Akten beantragte, bekam ich diese zwar nicht zu Gesicht, dafür aber einen Brief, in dem meine »Untaten« aufgelistet waren – darunter jene vermeintliche Herzlosigkeit gegenüber meiner Halbschwester. Da stellte sich mir zwangsläufig die Frage, *wie* der westdeutsche Geheimdienst an diese »brisante« Nachricht gekommen war. Nicht zu reden davon: warum überhaupt?

Am 25. Mai 1976 nahm ich erstmals an einer Sitzung des Politbüros teil. Zu meinem Erstaunen brachte Honecker zwei Bücher zur Sitzung mit. Ihr Autor war Zbigniew Brzeziński (1928-2017), ein namhafter US-Politikberater und Stratege mit polnischen Wurzeln. »Between two ages: America's Role in the Technetronic Era« hieß das englischsprachige Werk und war vor Jahren in den USA erschienen; offenbar gab es keine deutsche Ausgabe. Honecker empfahl uns, die Bücher zu lesen. Darin würden wir erfahren, wie Amerika in den sozialistischen Ländern nationalistische und antisowjetische Tendenzen schüren wolle. Brzezinski behandle darin die Konzeption für die Differenzierungspolitik in den sozialistischen Ländern. Es ginge um die Liberalisierung des öffentlichen Lebens in den sozialistischen Staaten durch die Instrumentalisierung der Menschenrechte. Außerdem sollten die sozialistischen Länder in der Umarmung der USA und ihrer Verbündeten erdrückt werden. Zu diesem Zweck müsse man die Verhandlungen der Europäischen Gemeinschaft (EG) mit dem Rat für Gegenseitige Wirtschaftshilfe (RGW) verzögern, um bessere Bedingungen für den Westen zu erreichen.

Erich Honecker meinte, unter der Losung von der »Verbesserung des Sozialismus« wolle man die Warschauer Vertragsstaaten gegeneinander aufbringen, sie spalten. Dazu denke man in den USA über eine Neuauflage des Marshallplanes für die sozialistischen Länder nach, damit diese sich dem Druck der USA beugten. »Bei allem, was wir tun«, so warnte Honecker, »dürfen wir die Absicht unserer Gegner nicht vergessen. Wir müssen ihr widerstehen.«

Natürlich hatte er Brzezińskis Buch nicht gelesen, weil es auf Englisch erschienen war. Aber er hatte offenkundig eine solide Annotation erhalten. Und der Ratschlag, das Buch zu lesen, konnte allenfalls an Albert Norden (1904-1982) gerichtet gewesen sein, denn der war einst im amerikanischen Exil. Und an Werner Lamberz (1929-1978) – der beherrschte mehrere Sprachen, darunter natürlich auch Englisch, ich hingegen nur Russisch.

Dann sprach Honecker über die Arbeitsweise des Politbüros. Er begrüßte mich als Gleicher unter Gleichen und erinnerte daran, dass die Sitzungen des Politbüros unter der Leitung von Walter Ulbricht oft achtzehn Stunden und länger gedauert hätten. Jetzt verfüge die Partei aber über sehr gute Fachleute, die die Vorlagen qualifiziert vorbereiteten. Das ermögliche es, die Sitzungen wesentlich zu verkürzen.

Ich hielt dies für einleuchtend. Jahre später sagte mir Willi Stoph, dass der Generalsekretär mit dem Argument, die Sitzungen effektiver zu machen, Schritt für Schritt die Meinungsäußerungen im Politbüro eingeschränkt habe.

Damals jedenfalls war ich noch beeindruckt, wie schnell Honecker Entscheidungen vorbereiten ließ und sie auch selbst traf.

Als ich nach meiner ersten Politbüro-Sitzung nach Hause kam, fragte meine Frau, wie es gewesen sei. Ich schilderte meine Beobachtungen.

»Und«, fragte sie weiter, »worüber habt ihr diskutiert?«

»Diskutiert wurde nicht. Die Vorlagen waren von Ministern, Wissenschaftlern, Abteilungsleitern und anderen Experten unterschrieben. Es wurde lediglich entschieden, ob sie bestätigt oder abgelehnt werden sollten.«

Meine Frau, die am Berliner Institut für Lehrerbildung tätig war, zeigte sich enttäuscht. Bei ihr an der Basis könne man so nicht arbeiten. Die Kollegen dort wollen einbezogen werden in den Prozess der Meinungsbildung. In eine Diskussion gehörten auch alternative Vorschläge.

Ich beschwichtigte sie. In der Zentrale, so meinte ich damals noch, würden Entscheidungen auf Grund von exakten wissenschaftlichen Analysen vorbereitet und getroffen werden.

Ein Gespräch mit Kossygin

Bald spürte ich in neuer Funktion die Härte des politischen Alltags. Anfang Juli 1976 fand in Berlin eine Tagung des Rates für Gegenseitige Wirtschaftshilfe (RGW) statt. Honecker hatte die ausländischen Gäste zu einem Abendessen in das Gebäude des Staatsrates geladen. Gewöhnlich ging ich zu solchen Veranstaltungen dreißig bis vierzig Minuten früher. So umging ich die Notwendigkeit, jedem Anwesenden die Hand geben zu müssen. Dies überließ ich denen, die nach mir kamen.

Der sowjetische Ministerpräsident Alexej Kossygin (1904-1980) und unser Premierminister Horst Sindermann (1915-1990) redeten, als ich eintraf, in der großen Empfangshalle des Staatsrates erregt aufeinander ein. Als mich Sindermann sah, winkte er mich zu sich und stellte mit Hilfe des Dolmetschers mich als »Benjamin im Politbüro« vor. Offensichtlich erhoffte sich der Vorsitzende des Ministerrates durch meine Anwesenheit einen Themenwechsel. Doch der sowjetische Gast ließ nicht locker und bezog mich nun in den kontroversen Disput mit ein.

»Hören Sie sich das an, Genosse Krenz. Es ist auch Ihre Schuld, wenn die Republik Schaden nimmt«, sagte der sowjetische Premier.

Ich war irrtiert, denn ich wusste nicht, worüber sich die beiden bisher unterhalten hatten.

»Ihr wollt von uns Erdöl, Getreide, Rohstoffe. Und was macht ihr damit? Verschenkt es. Erhöht die Löhne, verbessert die Renten, führt kürzere Arbeitszeiten ein, gebt den jungen Leuten zinsfreie Kredite und erweitert den Erholungsurlaub statt in die Industrie zu investieren. Und was noch viel schlimmer ist: Ihr verkauft unsere Lieferungen gegen Devisen an den Westen.« Kosygin kritisierte damit ganz offensichtlich einen kürzlich veröffentlichten Beschluss des Politbüros und der Regierung über neue sozialpolitische Maßnahmen nach dem IX. Parteitag, die aus Moskauer Sicht durch Leistungen der DDR-Volkswirtschaft nicht gedeckt würden. »Auch unsere Leute in der Sowjetunion möchten besser leben. Wir haben den Krieg gewonnen. Nach dem Lebensstandard jedoch zu urteilen, habt ihr ihn gewonnen – und wir haben ihn verloren.«

In der kurzen Pause für den Dolmetscher schaute mich Kossygin an, als wolle er meine Reaktion prüfen. Dann fragte er: »Habt ihr keine Skrupel, dass ihr euch die Devisen auch noch bei eurem kapitalistischem Nachbarn borgt?«

Ministerpräsident Sindermann warf entschuldigend ein: »Die Sowjetunion kann uns ja nicht helfen.«

Der bisher ruhige russische Premier geriet durch diesen Einwurf aus der Fassung. »Was sollen wir noch tun?!«, rief er aus. »Wachen Sie auf, Genosse! Wenn Sie uns valutaträchtige Waren liefern, bekommen Sie auch Valuta für Ihre Waren. Es geht aber nicht, dass die DDR ihre Qualitätswaren in den Westen liefert und von uns für minderwertige Waren Valuta verlangt.«

Ich weiß nicht, wie das Gespräch geendet hätte, wenn nicht Honecker gekommen wäre. Er umarmte Kossygin. Die Auseinandersetzung war beendet, die Runde löste sich auf. Wir gingen in den Bankettsaal. Dort war von Freundschaft und einer neuen Qualität unserer Zusammenarbeit die Rede, nicht von ihren Schwierigkeiten.

Das Gespräch mit Alexej Kossygin beschäftigte mich noch lange. Ging es doch um die Frage, ob die auf dem VIII. Parteitag beschlossene Einheit von Wirtschafts- und Sozialpolitik unter den veränderten außenwirtschaftlichen Bedingungen noch durchgehalten werden könne. Sie war deshalb so brisant, weil wir erst vor wenigen Wochen auf dem IX. Parteitag beschlossen hatten, den Kurs von 1971 fortzusetzen. Wir freuten uns, dass das Wirtschaftswachstum der DDR den Bürgern erhöhte Einnahmen, zunehmende unentgeltliche Leistungen und einen wachsenden Verbrauch an Konsumgütern und Leistungen bei stabilen Verbraucherpreisen brachte.

Doch wir verdrängten, dass die DDR seit 1971 für rund achtzehn Milliarden Valutamark aus westlichen Industrieländern mehr importierte, als wir dorthin exportierten. Wir verbrauchten augenscheinlich mehr als wir produzierten. Moskau hatte davon Kenntnis und war sehr beunruhigt. Unsere sowjetischen Freunde warnten, weil sie nicht ohne Grund fürchteten, die DDR könne in die ökonomische und damit auch politische Abhängigkeit des Westens gelangen. Wohl deshalb hatte Kossygin die diplomatische Linie verlassen und seine Sorgen über uns so offen angesprochen.

Mit ähnlichen Fragen schlugen wir uns auch in Jugendversammlungen herum. Jede D-Mark, die Verwandte aus dem Westen mitbrachten, jedes Päckchen, das sie schickten, erst recht jedes Westauto – die DDR importierte 1977 erstmals zehntausend VW Golf und bot sie im Handel an –, jeder Farbfernseher, den man gegen harte Währung im Intershop erwerben konnte, nicht zuletzt die Warenflut in der Werbung im Westfernsehen – das alles schien Ausdruck einer ökonomische Überlegenheit des kapitalistischen Systems zu sein, der wir – oberflächlich betrachtet – nichts Vergleichbares entgegenzusetzen hatten.

Wenn DDR-Bürger von ihren Reisen aus Ungarn, Rumänien oder Bulgarien zurückkamen, beklagten sich viele, dass sie mit der Mark der DDR gegenüber Besitzern der Westmark Bürger zweiter Klasse seien. Für D-Mark bekam man auch in der DDR alles, sie wurde mit den Jahren faktisch zur zweiten Währung hierzulande. Ich sah sehr wohl die negativen politischen Folgen, die daraus erwuchsen. Ein Land mit zwei Währungen bekäme immer Schwierigkeiten, seine eigenständige nationale Identität zu behaupten.

Einige Mitglieder des Politbüros wollten darum die illegale Einfuhr der D-Mark verbieten, die Intershops schließen und den Reiseverkehr mit der Bundesrepublik wesentlich einschränken. (Die Geschäfte in der DDR, in denen mit Devisen eingekauft werden konnte, existierten seit den fünfziger Jahren; in den sechziger Jahren gab es bereits um die hundert davon, die vor allem für Nicht-DDR-Bürger gedacht waren. Im Dezember 1973 änderten wir jedoch das Devisengesetz, seither durften DDR-Bürger bis zu 500 DM besitzen und im Intershop einkaufen.)

Diese Überlegungen einzelner Politbüromitglieder zu Restriktionen entsprachen dem Wunsch der sowjetischen Freunde. Ihre Realisierung hätte jedoch die Abgrenzung zur Bundesrepublik Deutschland verschärft und wäre auch zum Nachteil vieler DDR-Bürger gewesen. Unter der Bedingung, dass die Mark der DDR nicht konvertierbar war, sah auch ich keine andere Möglichkeit als die Leistungskraft der eigenen Volkswirtschaft zu stärken, wohl wissend, dass dieser Weg unbequem war. Mir wurde aber erstmals das grundsätzliche Problem bewusst, vor dem dass Politbüro und der Generalsekretär objektiv standen: einerseits erkannte man Aufgaben, Fehler und Unzulänglichkeiten – aber andererseits konnte man sie nicht abstellen, verändern oder überwinden, weil es die Bedingungen nicht erlaubten. Wir hatten es mit dem dialektischen Wechselverhältnis von Anspruch und Wirklichkeit zu tun.

Seit jenem Zusammentreffen mit Kossygin machte ich mir fortan Notizen über meine Gespräche und Informationen aus dem Politbüro, auf die ich heute zurückgreife. Zudem verglich ich in den neunziger Jahren im Bundesarchiv einliegende Akten mit meinen eigenen Beobachtungen und Aufzeichnungen. Die Ergebnisse fasste ich in über zwanzig Heften zusammen.

Sie erlauben es mir, Vorgänge und Bewertungen mit wörtlichen Zitaten zu belegen (oder zu widerlegen). Ich verfüge zudem noch über alle meine Terminkalender, aus denen ich meine Verpflichtungen auch inhaltlich rekonstruieren kann.

Einige Wochen nach der Begegnung mit dem sowjetischen Ministerpräsidenten Kossygin lud mich Honecker zu einem Gespräch ein. Er überraschte mich mit einer ungewöhnlichen Frage. »Was werden junge Leute sagen, wenn wir wieder die Funktion des Generalsekretärs mit der des Vorsitzenden des Staatsrates vereinen?«

Bevor ich antworten konnte, erzählte er mir, dass bei seinem Krimtreffen Breschnew ihm geraten habe, den Vorsitz im DDR-Staatsrat zu übernehmen. Breschnew denke darüber nach, auch in Moskau die Funktion des Staatsoberhaupts mit der des Generalsekretärs der KPdSU zu vereinen, sagte Honecker. Dazu brauche die Sowjetunion aber eine neue Verfassung, die für 1977 vorbereitet werde. Es sei nützlich, so habe der KPdSU-Generalsekretär ihm gesagt, wenn diese Ämter zuvor in den anderen sozialistischen Länder zusammengeführt werden würden. Das würde es erleichtern, auch in der Sowjetunion so zu verfahren.

Ich hielt die Begründung für logisch, dass der erste Mann der Partei auch der erste Mann des Staates sein müsse. In der Verfassung der DDR war die führende Rolle der SED verankert. Honecker wurde international und auch von der Bevölkerung der DDR geachtet, de facto nahm er schon jetzt die Funktion eines Staatsoberhauptes wahr. Er unterzeichnete völkerrechtlich verbindliche Verträge, so die Schlussakte von Helsinki 1975. Selbst Bundeskanzler Schmidt adressierte seine Post nie an den Ministerpräsidenten der DDR, Horst Sindermann, was ja seiner protokollarischen Ebene entsprochen hätte, sondern an Generalsekretär Erich Honecker.

Ich antwortete, dass es aus meiner Sicht nur eine Formfrage sei, wenn Honecker Staatsratsvorsitzender werden würde. Jeder in der DDR wisse, dass er als Generalsekretär auch der erste Mann im Staate sei.

Was ich zu jenem Zeitpunkt nicht wusste: Der Generalsekretär hatte damit in der eigenen Familie Probleme. Seine Ehefrau Margot hatte, als sie von dieser Absicht hörte, dem Politbüro einen Brief geschrieben. Sie sei dagegen, dass beide Funktionen miteinander vereint werden würden. Sollte dies allerdings schon feststehen, könne sie ihr Amt als Minister für Volksbildung nicht mehr souverän ausüben. Sie wolle nicht die Rolle einer begleitenden Gattin des Staatschefs wahrnehmen. Eine First Lady könne und wolle sie nicht sein. – Als das Schreiben im Politbüro erörtert wurde, schwieg Honecker. Alle, die sprachen, lehnten das Gesuch von Margot ab. Kurt Hager wurde beauftragt, sie zu bitten, ihren Brief zurückzuziehen.

So geschah es.

Margot Honecker blieb Ministerin und wurde nicht zum Anhängsel ihres Mannes degradiert. Bei Staatsbesuchen begleitete sie ihn nicht, sie beteiligte sich auch nicht an den sogenannten Frauenprogrammen bei Treffen von Staatschefs. Dazu später mehr.

Während Honecker an jenem Nachmittag mit mir sprach, ließ er Kaffee servieren. Ein Zeichen, dass das Gespräch länger dauern sollte. Ich hatte mich nicht getäuscht. Die Staatsratssache war nur die Einleitung. Honecker fragte: »Was wollte Kossygin neulich von dir?«

Ich hatte das Gefühl, dass er von Sindermann wusste, was Kossygin im Foyer des Staatsrates erregt mitgeteilt hatte. Offensichtlich wollte er mich, den FDJ-Funktionär, mit diesen komplizierten ökonomischen Problemen nicht allein lassen.

Ich gab ihm die Unterhaltung wieder, wie ich sie im Gedächtnis behalten hatte, ohne dabei für Kossygin Partei zu ergreifen.

Honecker hinter seinem Schreibtisch hörte interessiert zu. Er nahm dann seine Brille ab, schaute mich lange an und sagte nur: »Ach so.«

Er hatte mich fest im Blick, beobachtete genau, wie ich reagierte.

»Und«, hob er wieder an, »hat Kossygin dir auch verraten, welche Alternative er für uns sieht?«

»Nein«, sagte ich.

»Da siehst du: Sie reden über uns, aber verstehen nicht unsere Lage. Wenn wir in unseren Läden so wenig Waren hätten wie sie in Moskau, könnten wir die DDR gleich aufgeben. 1971 waren sie dafür, dass wir unsere Politik änderten. Jetzt halten sie uns vor, Ulbricht habe schuldenfrei gewirtschaftet, Honecker aber mache Schulden.«

Er machte eine Pause. »Sie wissen nicht, wovon sie reden. Auf dem VIII. Parteitag konnten wir, konnte niemand wissen, dass die Rohstoffpreise explodieren würden. Erdöl und Erdgas sind bedeutend teurer geworden. Damals kostete Erdöl auf dem Weltmarkt zwei Dollar pro Barrel, heute schon fast zwanzig. Wir können doch wenige Wochen nach unserem IX. Parteitag nicht erneut unsere Politik ändern? Wo soll das hinführen? Wissen die in Moskau, dass sie mit dem Schicksal der DDR spielen? Eine Politik der Lohn-Preis-Spirale wie im Westen ist bei uns nicht akzeptabel. Sie würde zu einem neuen 17. Juni führen.« Und er setzte unmissverständlich hinzu: »Preiserhöhungen wird es mit mir nicht geben!«

Der einzige Weg, um die Lücke zu schließen, sei »die Steigerung der Arbeitsproduktivität mit Hilfe von Wissenschaft und Technik. Aber dafür brauchen wir die Rohstoffe aus der Sowjetunion.«

Und unmissverständlich erklärte er: »Auch bei uns gibt es Leute, denen die ganze Richtung nicht passt. In der Plankommission sitzen Provokateure, die den VIII. Parteitag revidieren wollen. Sie geben ihre Hiobsbotschaften nach Moskau.«

Er war offensichtlich sehr verärgert, weil der Vorsitzende der Staatlichen Plankommission, Gerhard Schürer (1921-2010), Änderungen am vorliegenden Sozialprogramm des VIII. Parteitages mit der Begründung vorgeschlagen hatte, dass es »nicht finanzierbar« sei und »zur Devisenverschuldung der DDR sowie zur Senkung der produktiven Investitionen im Lande führen« werde.

Im Unterschied zu Honecker hielt ich Gerhard Schürer allerdings nicht für einen »Provokateur«, sondern für einen klarsichtigen Planer, der genau rechnete und keineswegs »Hiobsbotschaften« nach Moskau gesandt hatte. Auch gegenüber der Sowjetunion vertrat er diszipliniert und treu die Interessen der DDR. Und zwar immer in kameradschaftlicher Weise mit den sowjetischen Partnern.

Nie zuvor hatte ich so deutlich bemerkt, dass sich Honecker derart durch sowjetische Einsprüche persönlich angegriffen fühlte. Er verband seinen Namen mit der Einheit von Wirtschafts- und Sozialpolitik – und das nicht nur in diesem Moment und in diesem Jahr. Eine andere Politik würde es mit ihm nicht geben, hatte er gesagt, und daran hielt er stoisch fest. Das sollte ihn in der zweiten Hälfte der achtziger Jahre uneinsichtig machen für notwendige Veränderungen, einschließlich die der Preise.

In der Annahme, die ökonomischen Probleme durch straffe Leitung beherrschen zu können, schlug Honecker dem Politbüro vor, neue Kommissionen und Arbeitsgruppen zu bilden. Wir fassten am 2. November 1976 einen Beschluss, der seinen Schatten bis zum Ende der Republik werfen sollte, mithin der DDR zum Verhängnis wurde: Günter Mittag, der nach dem VIII. Parteitag von seiner Funktion als Sekretär des Zentralkomitees entbunden und zum 1. Stellvertreter des Ministerpräsidenten berufen worden war, kehrte nach fünf Jahren in seine frühere Funktion zurück.

Er wurde zudem Leiter der Wirtschaftskommission des Politbüros, der Arbeitsgruppe Zahlungsbilanz, der Arbeitsgruppe BRD, des Koordinierungsbüros für den Handel mit der BRD und einer Arbeitsgruppe für die Ausgestaltung der Hauptstadt Berlin.

Außerdem wurden »leitende Genossen zentraler staatlicher Organe dem Mitglied des Politbüros und Sekretär des ZK, Günter Mittag« unterstellt. Dazu gehörte auch der exzellente Volkswirtschaftler Alexander Schalck-Golodkowski, Staatssekretär im Ministerium für Außenhandel. Neben dieser staatlichen Funktion firmierte er faktisch fortan auch als Abteilungsleiter des SED-Zentralkomitees.

Ich sah das Ganze damals als eine rein organisatorische Frage und hatte, wie die anderen Sitzungsteilnehmer auch, keine Einwände gegen die Vollmachten, die Günter Mittag eingeräumt wurden. Lediglich mein Nachbar Werner Felfe, seit dem IX. Parteitag Politbüromitglied, flüsterte mir zu: »Egon, das ist die Entmachtung der Regierung!«

Ich maß dieser Bemerkung kaum Bedeutung bei. Die folgenden Jahre bewiesen jedoch: Felfe (1928-1988) hatte leider damit Recht. Die Wirtschaftskommission, also Mittag, beschnitt nicht nur die Vollmachten der Regierung, sondern entschied selbst bei wichtigen strategischen Fragen am Politbüro vorbei.

Wir befanden uns in einer merkwürdigen Lage: Auf den Parteitagen hatten wir beschlossen, die Selbstständigkeit der staatlichen Organe als Ausdruck sozialistischer Demokratie zu stärken. In der Praxis geschah genau das Gegenteil: Die Regierung wurde von einem Einzelnen reglementiert.

Erklärbar schien mir das damals nur, weil die Ökonomie nicht Erich Honeckers Stärke war. Er glaubte wohl, dass Dr. rer. oec. Mittag dieses Defizit kompensieren würde, schließlich hatte er zu Beginn der sechziger Jahre gemeinsam mit dem seinerzeitigen Vorsitzenden der Staatlichen Plankommission Erich Apel (1917-1965) das *Neue Ökonomische System der Planung und Leitung* (NÖSPL) konzipiert. Honeckers Vertrauen in Mittag stärkte dessen ohnehin kraftstrotzendes und uneingeschränktes Selbstbewusstsein. Honecker erkannte aber nicht, dass Mittag kein Wirtschaftsstratege, sondern eher ein Kommandeur war. Er kommandierte Minister und Kombinatsdirektoren, als wären diese gestandenen Persönlichkeiten seine Untergebenen. Das Politbüro verkümmerte unter Mittags Einfluss zu einem Bestätigungsorgan für Entscheidungen der Wirtschaftskommission.

Von Sosa bis zur Druschba-Trasse

Wo immer ich für die FDJ auch tätig war – in Bergen auf Rügen, in Rostock oder in Berlin –, immer waren mir Jugendobjekte und Jugendbrigaden besonders wichtig. Dem lag die Erfahrung zugrunde, dass auf diesem Wege das Grundprinzip »Der Jugend Vertrauen und Verantwortung« am besten verwirklicht wurde. Dort rang man um kameradschaftliche Zusammenarbeit und gegenseitige Hilfe, herrschten hohe Leistungsbereitschaft und eine vorbildliche Arbeitsmoral. Noch heute schicken mir Kollektive ihre Brigadetagebücher oder Chroniken, laden mich Aktivisten von Jugendobjekten zu Traditionstreffen ein, auf denen sie Erinnerungen austauschen. Nicht selten verschaffen sie dort auch ihrem Herz Luft, wenn sie in heutigen Darstellungen die Objekte, an denen sie mitgewirkt haben, diskreditiert sehen und sich selbst dadurch diffamiert fühlen. Bleibendes wird kleingeredet und über den üblichen ideologischen Leisten geschlagen. Ihr Stolz auf das Geleistete wird als Nostalgie geschmäht.

Die Geschichte der FDJ-Jugendobjekte begann mit »Max braucht Wasser!«, mit der Verlegung einer fünf Kilometer langen Kühlwasserleitung von der Saale zur Maxhütte Unterwellenborn. In der Thüringer Gemeinde befand sich 1948/49 der einzige Roheisenproduzent in der Sowjetischen Besatzungszone. Mit den heutigen technischen Möglichkeiten wäre es kein Problem, binnen drei Monaten eine Leitung auf felsigem Grund zu verlegen, durch die stündlich dreieinhalbtausend Kubikmeter Wasser fließen würden. Abr damals … Dem Aufruf der FDJ folgten etwa zweitausendsiebenhundert Freiwillige. Mädchen und Jungen vollbrachten in den Wintermonaten höchste Leistungen bei mangelnder Verpflegung, schlechter Bekleidung, in primitiven Unterkünften und mit anderen Entbehrungen. Sie führten auch einen Kampf gegen Skeptiker und Pessimisten, die der Jugend nicht zugetraut hatten, ein solches Vorhaben zu realisieren.

Im Gründungsjahr der DDR wurde zum ersten Zentralen Jugendobjekt gerufen: zum Bau einer Talsperre in Sosa. Eine Talsperre in diesem sächsischen Industriegebiet war ein Traum seit Beginn des Jahrhunderts von über einhunderttausend Menschen. Die Talsperre sollte die Hochwassergefahr bannen und für Trinkwasser sorgen. Nicht das Kaiserreich, nicht die Weimarer Republik, nicht das Nazireich hatten dies vermocht. Erst die junge und wahrlich nicht reiche DDR baute dieses Stauwerk. Es erhielt den Namen »Talsperre des Friedens«. Das war weit mehr als nur ein Symbol. Die Talsperre sorgte auch dafür, dass dem Uranbergbau – betrieben von der sowjetisch-deutschen Aktiengesellschaft Wismut (SDAG) – ausreichend Wasser zur Verfügung stand. Die Erbauer der Talsperre trugen folglich mit dazu bei, dass die Sowjetunion das Atomwaffenmonopol der USA brechen und zur Nuklearmacht werden konnte.

Als die FDJ Anfang der fünfziger Jahre die Patenschaft über den Aufbau Stalinstadts (heute Eisenhüttenstadt), der »ersten sozialistischen Stadt Deutschlands«, und des dortigen Eisenhüttenkombinats »J. W. Stalin« übernahm, bestanden bereits sehr gute Kontakte zwischen dem DDR-Jugendverband und dem Komsomol in der Sowjetunion. Vorteilhaft war diese Verbindung besonders beim Aufbau des Kernkraftwerkes Nord in Lubmin bei Greifswald, einem Gemeinschaftsvorhaben der DDR und der UdSSR, das Ende der sechziger Jahre begonnen wurde. Es gab deutsch-sowjetische Komplexbrigaden, die nicht nur Produktionsaufgaben lösten, sondern auch wichtige wissenschaftlich-technische Lösungen fanden.

Bis 1976 verwirklichte die FDJ 4.802 Projekte als Exportaufgabe für die UdSSR, und das in eigener Regie. Wir nannten sie Jugendobjekte der deutsch-sowjetischen Freundschaft. Zum Beispiel übernahmen junge Arbeiter des Überseehafens Rostock und junge Seeleute gemeinsam mit Komsomolzen Verantwortung für den Transport von Export- und Importwaren auf dem Wasserweg zwischen Häfen der DDR und der UdSSR.

Auch Schüler und Studenten wollten nicht nachstehen. Es gab »Lager für Arbeit und Erholung«, in denen Schüler sich nicht nur gut erholten, sondern auch gemeinsam arbeiteten. Studenten aus der DDR bewährten sich in den Semesterferien auf Baustellen der UdSSR, und Komsomolzen waren auf Jugendbaustellen der DDR im Einsatz. Noch heute haben viele miteinander enge Kontakte, sie schlossen Freundschaft in den »Studentenbrigaden« und den »Lagern für Arbeit und Erholung«.

Die Anzahl der Jugendbrigaden stieg zwischen 1971 und 1981 von knapp sechzehntausend auf gut vierzigtausend an, die fast eine halbe Million Mitglieder zählten. Die Brigaden besaßen gesellschaftliches Gewicht. Auf Vorschlag des FDJ-Zentralrats beschloss der Ministerrat, jährlich einen »Tag der Jugendbrigaden« zu begehen; er wurde am 21. Mai 1977 zum ersten Mal gefeiert. Am Abend dieses Tages nahmen viertausend junge Arbeiterinnen und Arbeiter sowie Genossenschaftsbäuerinnen und -bauern mit ihren Ehepartnern aus der ganzen DDR im »Palast der Republik« am »Ball der Jugendbrigaden« teil.

Im Juni 1974 beschloss der Rat für Gegenseitige Wirtschaftshilfe, eine Erdgasleitung von Orenburg im Süden des Uralgebirges bis in die Karpaten an der Westgrenze der Sowjetunion zu bauen. Sie sollte als Gemeinschaftswerk »Sojus« heißen. Die sozialistischen Staaten wollten gemeinsam eine Pipeline von 2.743 km Länge und 1,42 Meter im Durchmesser verlegen. Durch Steppe und Sümpfe, über Flüsse, Seen und Hochgebirge. Ein gewaltiges Vorhaben. Allein hätte keines der beteiligten Länder diese Aufgabe angehen können. Im Einzelnen wurde festgelegt, dass die Sowjetunion für die Erschließung der Lagerstätten sorgte und das Erdgas transportfähig machte. Polen, die ČSSR, die DDR, Ungarn und Bulgarien bekamen jeweils einen Abschnitt zugewiesen. Rumänien verpflichtete sich, technische Ausrüstungen für die Erschließungsarbeiten im Gebiet von Orenburg zu liefern.

Der Bauabschnitt IV, der der DDR übertragen wurde, betrug 518 km und schloss bei Krementschuk auf dem linken Dneprufer an. Er endete in der Nähe des kleinen Städtchen Bar in den Vorkarpaten. Dort begann dann der ungarische Abschnitt.

In ihrem Abschnitt verlegte die DDR eine Rohrleitung, die elf Eisenbahnlinien und achtundsechzig Straßen kreuzte. Ebenfalls überwunden werden mussten neunundvierzig Wasserhindernisse. Es wurden vierhunderttausend Stahlrohre und mehr als einhundertzwanzigtausend Tonnen Beton verarbeitet sowie zwanzig Millionen Kubikmeter Erde bewegt. Mit jeder Verdichterstation wurden auch einhundertvierzig Wohnungen errichtet, in der Stadt Tscherkassy bauten wir ein sechzehngeschossiges Wohnhochhaus nahe der Dispatcherzentrale. Die Trassenbauer legten auch einhundertzwanzig Kilometer Straße an, die vor allem für den Transport der sechzig Tonnen schweren Aggregate für die Verdichterstationen gebraucht wurden.

Der Bau dieser Pipeline war eine der größten Herausforderungen für die FDJ und die größte Auslandsinvestition der DDR.

Als die ersten der fünftausend Jugendlichen in Berlin verabschiedet wurden, wurde der Begriff »Druschba-Trasse« geboren. In den Dörfern und Städten entlang der Pipeline öffneten die sowjetischen Menschen den Trassenerbauern ihre Herzen. Sie boten ihnen als Zeichen ihrer Gastfreundschaft nicht nur Brot und Salz. Sie nahmen sie als Freunde in ihre Gemeinschaft und ihre Familien auf. In den Wohnlagern, in denen die blaue Fahne der FDJ wehte, entstanden Gedenkstätten für Helden des Großen Vaterländischen Krieges; Brigaden kämpften um die Namen von Semjon Budjonny, Nikolai Ostrowski, Arkadi Gaidar, Soja Kosmodemjanskaja, Oleg Koschewoi ... Das waren Personen, die direkt oder indirekt mit der Geschichte der Sowjetukraine verbunden waren. Es ist eine Tragödie, dass diese Antifaschisten in der gegenwärtigen Ukraine durch Faschisten wie Bandera und seine nationalistischen Banden verdrängt wurden.

Damals entstand auf dem Territorium, auf dem erst drei Jahrzehnte zuvor der deutsche Faschismus gewütet hatte, in gemeinsamer Arbeit eine Industrieader der sozialistischen ökonomischen Integration. Das Gemeinschaftswerk war ein lebendiges Beispiel deutsch-sowjetischer Freundschaft.

Und es war ein ökonomischer Gewinn für die DDR. Die Sowjetunion sicherte der DDR für zwanzig Jahre kostenfrei Erdgas zu. Nun, gratis war das nicht – wir bezahlten mit unseren Bauleistungen und dem Baumaterial, aber wir sicherten uns damit die Energieversorgung für zwei Jahrzehnte. Nach 1990 profitierte die Bundesrepublik davon.

Mit Siegfried Lorenz besuchte ich am 23. Januar 1976 zum ersten Mal die Trassenbauer. Es war ein kalter Wintertag, das Thermometer zeigte minus 20 Grad. Es hatte frisch geschneit. Der Wind blies den Schnee auf dem freien Feld zu Wehen auf. Bei solchem Wetter, so sagt man in meiner norddeutschen Heimat, würde man keinen Hund vor die Tür schicken. Ich aber sah einen Mann, der mit dem Rücken auf dem vereisten Boden lag und scheinbar ungerührt seine Schweißnaht zog. Ich dachte unwillkürlich an Pawel Kortschagin, den Helden aus dem Buch »Wie der Stahl gehärtet wurde« von Nikolai Ostrowski, das ich in der Grundschule gelesen hatte. Der in der Ukraine geborene Revolutionär und Schriftsteller war seit 1926 ans Bett gefesselt und blind. In Kenntnis dieses Schicksals hat mich stets dessen Lebensmotto bewegt: »Das Kostbarste, das der Mensch besitzt, ist das Leben. Es wird ihm nur einmal gegeben, und leben soll er es so, dass er im Sterben sagen kann: Mein ganzes Leben, meine ganze Kraft habe ich dem Herrlichsten in der Welt, dem Kampf um die Befreiung der Menschen, gewidmet.«

Ich bin überzeugt: Die Trassenbauer, die ich kennenlernte, teilten diese Überzeugung. Und handelten entsprechend.

Uns begleiteten Dieter Ostertag, der Leiter des FDJ-Stabes, und Juri Klugmann, FDJ-Sekretär des Linearen Teils. Beide waren, wie ich spürte, Jugendfunktionäre aus Leidenschaft.

Vor Ort hatten die Schweißer mit weißer Farbe auf ein Rohr geschrieben: »Wir sind die Fans von Egon Krenz.«

Das war mir peinlich. Während der Weltfestspiele 1973 hatte ich mit Erich Honecker die Pionierrepublik in der Berliner Wuhlheide besucht, da hatte eine Singegruppe uns mit eben jenem Spruch begrüßt. Honecker nahm's sportlich, mir war es unangenehm, weshalb ich in einer Beratung darum bat, auf solche Sympathiebekundung künftig zu verzichten. Und nun wieder! Die beiden vom FDJ-Stab hoben die Schulter, das sei nicht angeordnet, sondern wohl eine spontane Aktion der Schweißer gewesen. Ich glaubte ihnen – und freute mich heimlich.

Zum zweiten Mal war ich mit Wolfgang Herger am 2. Juli 1977 an der Trasse. Hinter uns lagen wunderbare und inhaltsreiche Tage eines Festivals mit dem Komsomol in Wolgograd. Auf dem Rückflug nach Berlin machten wir Zwischenstation in Kiew und fuhren von dort an unseren Bauabschnitt. Diesmal bei unerträglicher Hitze, unter der auch die »Trassniks« litten. Diesmal hatten wir etwas mehr Zeit. In unserer Delegation waren auch Künstler, die an Foren teilnahmen und an verschiedenen Orten entlang der Trasse Konzerte gaben.

Der Bauingenieur Werner Heinze, Mitte Dreißig und Betriebsdirektor in Bitterfeld, bevor er für fünf Jahre an die Trasse ging, leitete den kompletten Bauabschnitt der DDR. Von ihm erfuhren wir, dass inzwischen vierunddreißig Jugendbrigaden den Namen eines Helden des Großen Vaterländischen Krieges trugen.

1978 strömte das erste sowjetische Gas durch dieses wirtschaftliche und politische Großprojekt. Und bereits kurz danach riefen wir zum nächsten FDJ-Projekt in der Sowjetunion auf: zum Bau einer Erdgastrasse in Urengoi in Sibirien.

Später, bis 2022, floss der größte Teil des russischen Erdgases für Deutschland durch Nord Stream 1.

Mit der Sprengung dieser und der nie in Betrieb genommenen Pipeline Nord Stream II wurde mehr als nur Gasleitungen zerstört. Es wurde auch das einst sehr gute Verhältnis zwischen Russen und Deutschen, an dem die Trassenbauer der FDJ überzeugend und erfolgreich mitgewirkt hatten, nachhaltig beschädigt, .

Druck von allen Seiten

Am 3. Oktober 1976 standen Wahlen zum Deutschen Bundestag an. In der DDR-Führung sorgten wir uns um die Fortsetzung der sozialliberalen Koalition. Sowohl aus praktischen wie aus ideologischen Gründen zogen wir die Sozialdemokraten den Konservativen vor. Mit der SPD hatten wir den Grundlagenvertrag vereinbart und die Konferenz über Sicherheit und Zusammenarbeit in Helsinki vorbereitet. Bundeskanzler Helmut Schmidt war für uns berechenbar. Wir trauten ihm zu, dass er Brandts Entspannungspolitik fortführen würde. Seit der Begegnung Honeckers mit Schmidt 1975 in Helsinki empfand unser Generalsekretär sogar persönliche Sympathie für ihn. Auch aus der Tradition der Arbeiterbewegung fühlten wir uns den Sozialdemokraten näher als den Konservativen. Trotz anderslautender Behauptungen hatte die SED ihre sozialdemokratischen Wurzeln nicht vergessen.

Aus Berichten unserer Aufklärung wussten wir, dass sich in Bonn Sozial- und Freidemokraten gegenseitig misstrauten. Genscher war ein Unsicherheitsfaktor. In der Koalition gab es heftige Spannungen. Sie bewegte sich auf dünnem Eis. Wir wollten in der praktischen Politik nichts tun, was der SPD bei Wahlen schaden würde.

Das war leichter gedacht als getan. Denn auch wir standen unter Druck.

Im Sommer war Honecker auf der Krim zur traditionellen Visite bei Breschnew. Ich weiß nicht mehr, wie viele dieser Zusammenkünfte es gab. Sie waren in den siebziger Jahren jedenfalls üblich. Sommer für Sommer. Honecker erhielt dort stets »Hinweise«. Diesmal verlangte der KPdSU-Generalsekretär, dass der Besucherverkehr zwischen beiden deutschen Staaten drastisch eingeschränkt werden sollte. Die Sowjetunion und die anderen sozialistischen Staaten, so Breschnew, seien beunruhigt über die »Reiseströme zwischen der BRD und der DDR«. Der Westen wolle die DDR in der Umarmung erdrücken. Die DDR unterschätze diese Gefahr.

Honecker erwiderte: »Leonid Iljitsch, du kritisierst uns wegen des hohen Besucherverkehrs. Man darf jedoch nicht vergessen, dass er im Interesse des gesamten Vertragswerkes mit der BRD ist. Es darf auch nicht übersehen werden, dass das Reiseproblem zu einer Existenzfrage der Koalitionsregierung in der BRD geworden ist. Jede Einschränkung des Besucherverkehrs würde die Regierung Schmidt in Gefahr bringen. Das würde sich gegen die gemeinsam vereinbarte Linie mit der Sowjetunion richten. Alle Maßnahmen gegen den Besucherverkehr werden immer auf Kosten der SPD/FDP-Koalition gehen.«

Leonid Breschnew konterte schroff: »Mich interessiert die DDR, nicht Schmidt. Erich, du willst einfach nicht sehen, dass die BRD durch die gegenseitigen Besuche vielfältige Einflussmöglichkeiten in der DDR erhielt. Das ist zu eurem und zu unserem Schaden.«

Der KPdSU-Generalsekretär spielte einen vermeintlichen Trumpf aus. Die westdeutschen Geheimdienste wüssten über die Vorgänge im SED-Politbüro Bescheid. »Erich, bei euren Wirtschaftsleuten im Politbüro gibt es einen Agenten, der für Bonn arbeitet.«

Dieser Vorwurf verletzte Honecker. Er wollte Genaueres wissen. Bekam jedoch keine Antwort. Honecker war sich nicht im Klaren, ob Breschnew Tatsachen oder nur Vermutungen geäußert hatte. Oder war es ein Versuch, ihn auf diese Weise in der Westpolitik zu disziplinieren? Honecker war verunsichert. Auf jeden Fall säte die Vorhaltung Misstrauen.

Möglich, dass dies auch ein Motiv dafür war, weshalb von nun an der Minister für Staatssicherheit stärker in die Auswahl von Parteifunktionären einbezogen wurde. Denkbar, dass auch die Rückkehr Mittags aus dem Ministerrat ins Politbüro und der Wechsel des ZK-Sekretärs Werner Krolikowski (1928-2016) auf den Posten des 1. Stellvertreter des Ministerpräsidenten im November 1976 damit zusammenhingen. Ich weiß es nicht.

Nach der Wende vermuteten bestimmte Medien, Mittag sei der Agent des Westens gewesen. Ich habe keine Beweise dafür. Honecker hat mich in den achtziger Jahren gelegentlich gefragt, ob ich glaube, dass Breschnew Belege für seine Behauptung vom Spion im Politbüro habe. Ich verneinte jedes Mal. Nein, das glaubte ich nicht. Ich konnte (und wollte) mir auch nicht vorstellen, dass einer aus der Führung für den Westen arbeitete.

Heute bin ich mir da nicht mehr so sicher.

Am 28. Juli 1976 erhielt Honecker Post von Helmut Schmidt. Der Bundeskanzler hatte darin in 25 Punkten seine Vorstellungen über das Verhältnis zur DDR formuliert. Es war aus unserer Sicht ein Programm, um die »besonderen innerdeutschen Beziehungen« zu unterstreichen. Als Realpolitiker wusste Schmidt natürlich, dass die DDR darauf nicht eingehen konnte. Wohl deshalb ließ er Honecker auch intern mitteilen, warum er den »innerdeutschen Forderungskatalog« formuliert habe: Er wolle im Wahlkampf nicht als »lahme Ente« erscheinen. Das eine war, was man dachte – das andere, was man dem Wahlvolk sagte.

Günter Gaus (1929-2004) hatte den Auftrag des Bundeskanzlers, Erich Honecker in einem Gespräch mündliche Erläuterungen zu diesem Brief zu geben. Doch Honecker konnte den Ständigen Vertreter zunächst nicht empfangen. Das KPdSU-Politbüro hielt Schmidts Brief für so grundsätzlich, dass es dazu erst selbst Stellung zu nehmen wünschte, bevor der Gaus von Honecker empfangen wurde. In Moskau war man der Meinung, dass Berlin den Westdeutschen nicht ausreichend bewusst machte, dass die DDR kein Inland der BRD sei. Außerdem würde Außenminister Genscher (FDP) so auftreten, als sei er der alleinige Vertreter deutscher Politik.

Bevor Honecker Schmidt antwortete, gab er seinem Partner in Bonn über die Medien zu verstehen, dass sich die Bundesrepublik im Wahlkampf nicht verleiten lassen solle, die Beziehungen zur DDR zu belasten. Als Anlass für diese »Warnung« nahmen wir die Weigerung der Bundesrepublik, einen geflüchteten Doppelmörder auszuliefern. Im Dezember des Vorjahres war der NVA-Soldat Werner Weinhold desertiert und hatte die Grenzsoldaten Klaus-Peter Seidel und Jürgen Lange an der Staatsgrenze bei Hildburghausen erschossen. Die DDR hatte sich in einem ähnlichen Fall gegenüber der Bundesrepublik kooperativ verhalten. Ein Oberfeldwebel der Bundeswehr hatte sich nach einem Gewaltverbrechen durch Flucht in die DDR der Strafverfolgung entziehen wollen. Die DDR kam dem Auslieferungsbegehren der Bundesrepublik nach.

Weinhold jedoch wurde nicht ausgeliefert und stattdessen vom Landgericht Essen wegen Totschlags angeklagt, im Dezember 1976 aber freigesprochen, für die Untersuchungshaft erhielt er Entschädigung. Das interpretierten wir als Signal der bundesdeutschen Justiz an die DDR: Das Erschießen von DDR-Grenzsoldaten ist kein Mord, sondern Notwehr. Die Grenze muss nicht respektiert werden, Mord an Grenzsoldaten bleibt straffrei.

Wir nahmen den Prozess und schließlich das Urteil als Schüsse gegen die Entspannung und reagierten, wie das in den Zeiten des Kalten Krieges üblich war, nach dem biblischen Sühnegesetz: Aug' um Auge, Zahn um Zahn.

Die Propaganda schaukelte sich auf beiden Seiten hoch. Honecker rief schließlich Schmidt an. Er wies ihn auf die negativen Folgen des skandalösen Urteils von Essen für die deutsch-deutsche Entspannung hin. Die Staatsanwaltschaft (!) ging in Revision, der Bundesgerichtshof hob das Urteil auf und verwies zur Neuverhandlung ans Landgericht Hagen. Im Dezember 1978 wurde Weinhold zu fünfeinhalb Jahren verurteilt. Das war gewiss eine vergleichsweise milde Strafe, aber immerhin: es war eine. Wenngleich der Schaden, den das Bonner Verhalten den gegenseitigen Beziehungen der beiden Staaten zugefügt hatte, so leicht nicht zu reparieren war.

Erich Honecker hatte im Vorfeld des Prozesses im Sommer 1976 öffentlich erklärt: »Schmidt hat die Grenzverletzungen nachträglich sanktioniert.« Der westdeutsche Regierungschef fühlte sich dadurch brüskiert, reagierte jedoch politisch klug und ließ Erich Honecker mitteilen, dass er »Grenzverletzungen stärker als bisher entgegenwirken werde«. Er sehe in der Veranstaltung von Kraftakten an der Grenze zur DDR jedenfalls kein Mittel, um die Beziehungen zwischen den beiden deutschen Staaten zu normalisieren.

Dies war das Zeichen, auf das wir gewartet hatten.

Honecker empfing auf Bitten des Bundeskanzlers nunmehr Staatssekretär Gaus.

Ob Zufall oder nicht, das wissen die Götter: Wenige Stunden vor dieser Begegnung überbrachte UdSSR-Botschafter Abrassimow die Antwort der sowjetischen Führung auf den Kanzlerbrief vom 28. Juli: Ablehnung der bundesdeutschen Konzeption auf der ganzen Linie!

Die BRD wolle »nationalistischen Druck« auf die DDR ausüben, hieß es darin. Die 25 Forderungen des Bundeskanzlers seien eine Provokation. Die Absicht Bonns bestehe darin, »die ungesetzliche Praxis einer systematischen Einmischung der BRD in die inneren Angelegenheiten der DDR zu legalisieren und neue Kanäle für ein feindseliges Eindringen in die Republik, für die Unterminierung ihrer Sicherheit und das ideologische Aufweichen zu öffnen«.

Schmidts Brief stehe, so Moskau, im Zusammenhang mit dem Vorschlag Genschers, dass ein internationaler Gerichtshof die Angelegenheiten erörtern solle, die ausschließlich in die Kompetenz der DDR fielen. Die Versuche, die Grenze zwischen der DDR und der BRD infrage zu stellen, seien ein Anschlag auf die Grenzen der sozialistischen Gemeinschaft.

Die Forderungen des Bundeskanzlers seien keine Grundlage für die Zusammenarbeit. Kontakte zur DDR könnte es nur auf den Gebieten geben, die nicht die innere Sicherheit der DDR beträfen.

Zudem meinte Moskau in einem zweiten Dokument feststellen zu müssen, dass sich Bundeskanzler Helmut Schmidt »zum Vasallen der USA« gemacht habe. Dies bezog sich auf die Tatsache, dass nach einem erheblichen Stimmengewinn der KP Italien bei den Parlamentswahlen eine Regierungsbeteiligung der Kommunisten in Rom drohte, worauf die USA, Frankreich, Großbritannien und eben auch die Bundesrepublik Deutschland erklärt hatten, Italien im Falle einer Regierungsbeteiligung der Kommunisten keine weitere wirtschaftliche Unterstützung zu gewähren und Sanktionen androhten.

Nun hatten wir – so dachten wir jedenfalls – das Gegenstück zur Tschechoslowakei 1968. Vergleiche hinken. Niemand drohte Italien mit dem

Einmarsch verbündeter Truppen, doch auch dort sicherte ein Militärbündnis – die NATO – Macht und Einfluss in einem seiner Mitgliedsländer. Gleichwohl: Wie seinerzeit der Warschauer Vertrag so zeigte acht Jahre später der Nordatlantikpakt seine Grenzen auf, will heißen: die Führungsmacht USA sicherte ihre Hemisphäre.

Die internationalen Spannungen schlugen voll auf das Klima der deutsch-deutschen Beziehungen durch. Im Sommer 1976 schien der Geist von Helsinki auf beiden Seiten verflogen. In der Bundesrepublik wurde so getan, als sei die Schlussakte lediglich dazu da, in den sozialistischen Ländern die politischen Menschenrechte einzufordern, während den ökonomischen und sozialen Rechten im eigenen Land wenig Aufmerksamkeit galt. Zudem wurden die Sicherheitsfragen in Korb I so behandelt, als hätten sie auf der KSZE überhaupt keine Rolle gespielt.

Die Auswirkungen auf die innenpolitische Situation der DDR ließen nicht lange auf sich warten. Die sowjetischen Verbündeten kritisierten uns, weil wir angeblich ungenügenden Widerstand gegen die einseitige Auslegung der Schlussakte von Helsinki durch die BRD-Regierung leisteten. Moskau bestand darum darauf, dass die DDR den Besucherverkehr mit der BRD einschränkte und die Möglichkeiten für die Berichterstattung westlicher Medien aus der DDR begrenzte.

Wir befanden uns in einer politischen Zwickmühle. Nach außen zeigten wir Selbstbewusstsein. Tatsächlich waren wir durch eine Kette von ungünstigen nationalen und internationalen Ereignissen stark verunsichert.

Das begann mit der Dürre im Sommer 1976. Wir brauchten dringend Getreide. Die Versorgung der Bevölkerung mit Brotgetreide war gefährdet. Auch die Viehbestände hatten reduziert werden müssen. Die soziale Lage der Bauern und die Fleischversorgung der Stadtbevölkerung waren in Gefahr. Woher aber Getreide bekommen? Der Westen verkaufte nur gegen Devisen. In jenem Jahr wurde Getreide für uns zur »strategischen Waffe«. Zudem waren unsere Devisen wie immer knapp. Und die Sowjetunion? Sie hatte selbst größte Schwierigkeiten. Was blieb uns in dieser Situation?

Wir zeigten politisches Wohlverhalten zum Osten wie zum Westen in der Hoffnung, dass uns eine Seite Getreide verkaufte. Unser politischer Opportunismus, im ökonomischen Interesse zwischen Ost und West zu schwanken, stieß innerhalb der Partei und auch der Bevölkerung auf Kritik. Die DDR-Bürger zogen das klare Wort einer undurchsichtigen Taktik vor. Wir sahen aber keinen anderen Weg.

Wieder einmal sprang die Sowjetunion ein, obwohl ihre eigene Lage schlecht war. Sie lieferte der DDR zu günstigen Bedingungen eine Million

Tonnen Getreide. Natürlich war damit die Erwartung verbunden, den Forderungen nach Abgrenzung der DDR zur Bundesrepublik konsequenter gerecht zu werden.

Und dann passierte auch noch anderes.

Ein Pfarrer, ein Sänger und ein Manifest

Als ich am 18. August 1976 beim Honecker-Stellvertreter Paul Verner zu einer Besprechung war, rief der Generalsekretär von der Krim bei ihm an. Er war wie in jedem Sommer auf Einladung Breschnews für zwei Tage dort. Wenn Honecker telefonierte, schrie er gelegentlich in den Hörer. Auch jetzt. So konnte ich fast jedes Wort verstehen.

»Was gibt es Neues?«, wollte Honecker von Verner aus der Ferne wissen. Dieser nannte mehrere Punkte, die er sich offensichtlich in Erwartung des Anrufes notiert hatte. Als er sich schon verabschieden und das Telefonat beenden wollte, fiel ihm noch wie nebenbei ein: »Erich, da hat sich irgendwo bei Halle ein Pfarrer verbrannt.«

Schweigen.

Dann fragte Honecker: »Weiß man warum?«

Verner sagte, dass es keine genauen Anhaltspunkte gebe. Manfred Stolpe, Leiter des Sekretariats des Bundes der Evangelischen Kirchen in der DDR, habe im Staatssekretariat für Kirchenfragen lediglich mitgeteilt, dass der Mann wiederholt »durch ungewöhnliche Aktionen« aufgefallen sei. Die Kirche habe ihm schon vor längerer Zeit geraten, in einer anderen Gemeinde eine Pfarrstelle anzunehmen, in der man die Auftritte des Pfarrers nicht kenne. Oder er solle in den Westen gehen. Der Mann sei, so heiße es, so etwas wie eine gescheiterte Existenz.

»Na gut«, meinte Honecker, »jeder Tod ist bedauerlich. Aber für sein Leben ist jeder selbst verantwortlich, auch ein Pfarrer. Macht aber eine Meldung für die Medien, damit es keine Spekulationen gibt.«

Verner darauf: »Erich, die Kirche will das nicht. Stolpe hat informiert, dass man in der Kirche nicht zu allen Fragen Stellung nehmen wolle.«

»Auch gut«, antwortete Honecker.

Ich war überrascht, wie gut er den Personalbestand der Kirche kannte, denn Honecker fuhr fort: »Schließlich gibt es bei uns fast viertausend evangelische Pfarrer und dreizehnhundert katholische Seelsorger. Wenn sich einer von ihnen umbringt, ist dies kein Weltereignis. Wir sollten den Wunsch der Kirche berücksichtigen. Also, Paul, mach‘s gut.«

Damit hätte die ganze Angelegenheit erledigt sein können, wenn es den Kalten Krieg zwischen beiden deutschen Staaten nicht gegegebn hätte. Irgendeiner aus Kirchenkreisen informierte die Medien in der Bundesrepublik. Eine bundesdeutsche Zeitung machte den Selbstmörder in Zeitz zum »Streiter für die Freiheit der unterdrückten Kirche in der DDR«. Oskar Brüsewitz (1929-1976) habe sich verbrannt, um ein Zeichen gegen den Kommunismus und Bolschewismus zu setzen, hieß es schwülstig.

Einige Tage später gaben auch wir unsere Zurückhaltung auf. Im Zentralorgan *Neues Deutschland* erschien ein Artikel, der nach Ansicht kirchlicher Kreise religiöse Gefühle vieler Menschen verletzte. Der Selbstmord des Kirchenmannes wurde nunmehr zu einem Prüfstein sowohl für uns als politische Führung als auch für die realistischen Kräfte in der evangelischen Kirche. Seine politische Instrumentalisierung barg die Gefahr, bereits Errungenes in den Beziehungen zwischen Staat und Kirche zu gefährden.

Wir legten Wert auf die strikte Trennung von Staat und Kirche, traten aber immer dafür ein, die religiösen Gefühle der Gläubigen zu achten. Es gab unter uns wie überall auch Engherzige. Sie haben manchem Gläubigen auch Steine in den Weg gelegt. Leider. Man konnte uns viel unterstellen, nicht aber den Willen zum Kirchenkampf. Den hat es – soweit ich dies aus meiner politischen Tätigkeit unmittelbar beurteilen kann – nicht gegeben. Trotz tiefer ideologischer Gegensätze, die wir weder verwischen noch verharmlosen wollten, gab es unsererseits immer den festen Willen, alles zu tun, damit Christen und Nichtchristen harmonisch zusammenleben konnten. Doch wie so oft wurde unser Bemühen von Dritten, in diesem Fall den bundesdeutschen Medien, negativ beeinflusst.

Ihre Hetze gegen die DDR rief auch bei uns Funktionäre auf den Plan, die meinten, die DDR-Führung und besonders Honecker als Person räumten der Kirche einen zu großen Spielraum ein.

Im Politbüro wurde in diesen Tagen diskutiert, ob es nicht an der Zeit sei, den Kirchen zu sagen: Kümmert euch um eure Gemeinden, um die leeren Gotteshäuser, um die Taufen, Konfirmationen und Beerdigungen, verbessert eure Arbeit in der Diakonie, in den kirchlichen Krankenhäusern, in den Alters- und Pflegeheimen, in euren Kinderheimen und Kindertagesstätten, steht den Menschen in schwierigen Situationen bei – aber mischt euch nicht in die Angelegenheiten des Staates!

»Ich lass mir doch von Springer und seinen Jüngern unsere Kirchenpolitik nicht kaputt machen. Wir müssen mit den Kirchenleuten auf allen Ebenen reden, sie für unsere Friedenspolitik gewinnen, nicht auf Konfrontation gehen. Die Schreihälse vom westdeutschen Fernsehen, die uns dabei stören wollen, merken wir uns. Beim nächsten Mal fliegen sie aus der DDR«, beendete Honecker die Diskussion im Politbüro.

Auch in Kirchenkreisen gab es besonnene Leute. Auf dem Kirchentag in Halle im September 1976 sagte Bischof Werner Krusche (1917-2009): »Wir sollten aus Bruder Brüsewitz nicht einen Helden, einen Märtyrer oder einen Heiligen machen.«

Das war in unseren Augen der erhoffte kirchliche Hinweis, nicht der Linie der bundesdeutschen Medien folgen zu wollen.

Aussagen wie diese förderten zudem die Gesprächsbereitschaft zwischen Staat und Kirche. Sie führten schließlich zu jenem 6. März 1978, an dem sich der Vorstand der Konferenz der Evangelischen Kirchenleitungen in der DDR und Erich Honecker zum ersten Mal zu einem offiziellen Gespräch trafen. Bischof Albrecht Schönherr (1911-2009) bemerkte dabei, das die Kirche »nicht gegen, nicht neben, sondern im Sozialismus« tätig sein wolle.

Die Bereitschaft der evangelischen Kirche, sich gerade jetzt verstärkt mit der DDR zu arrangieren, hatte viele Gründe. Es hing auch mit der Rivalität zwischen ihr und der katholischen Kirche zusammen.

Das Politbüro wurde von einem Dekret der Päpstlichen Bischofskongregation informiert, das vorsah, eine unabhängige Bischofskonferenz für das Territorium der DDR unter Vorsitz von Alfred Kardinal Bengsch (1921-1979) zu installieren. Für uns war dies ein Zeichen des Vatikans, dass nunmehr die katholische Kirche der DDR und der BRD voneinander unabhängig waren. Wir erklärten daraufhin unsere Bereitschaft, diplomatische Beziehungen zum Vatikan aufzunehmen, der Errichtung einer Nuntiatur in der Hauptstadt der DDR zuzustimmen und einen Botschafter der DDR beim Vatikan zu ernennen. Wir stellten dem Vatikan in Aussicht, finanzielle Zuschüsse für die karitative Tätigkeit der katholischen Kirche und zur Besoldung der katholischen Pfarrer zu geben, Bauwünsche der Kirche in der DDR zu unterstützen und die Kontaktmöglichkeiten von DDR-Bischöfen mit Bischöfen im sozialistischen Ausland zu fördern. All das – so dachten wir jedenfalls – könnte dazu beitragen, der Konzeption von den »besonderen innerdeutschen Beziehungen« entgegenzuwirken.

Wir hatten aber die Pläne ohne Konsultation mit Moskau gemacht. Unsere sowjetischen Freunde meinten, der Kontakt der DDR zum Vatikan sei nicht zeitgemäß. Die meisten sozialistischen Länder wollten keine Beziehungen zum Vatikan. Würde die DDR aus der Reihe tanzen, erreichte der politische Gegner ohne Gegenleistung, was er immer und überall wolle: zwischen den sozialistischen Ländern zu differenzieren.

Solange der Vertreter des Vatikans nicht Doyen des diplomatischen Corps in Moskau sei, meinten unsere Verbündeten, könne auch die DDR-Hauptstadt ohne Nuntius auskommen.

Das sollte bis zum Ende der DDR so bleiben.

Kaum war die Brüsewitz-Affäre vorbei, kam das Biermann-Abenteuer. Wir hatten zwar pausenlos erklärt, wir würden nicht über jeden Stock springen, den unser politischer Gegner uns hinhielt. Doch wir taten es.

Als ich am Morgen des 16. November 1976 in den Sitzungssaal des Politbüros kam, lagen auf dem Tisch vor unseren Plätzen mehrere Blatt Papier, die wir noch vor der Sitzung lesen sollten. »Die zuständigen Behörden der DDR haben Wolf Biermann, der 1953 aus Hamburg in die DDR übersiedelte, das Recht auf weiteren Aufenthalt in der Deutschen Demokratischen Republik entzogen. Diese Entscheidung wurde auf Grund des ›Gesetzes über die Staatsbürgerschaft der Deutschen Demokratischen Republik – Staatsbürgerschaftsgesetz – vom 20. Februar 1967‹, Paragraph 13, nach dem Bürgern wegen grober Verletzung der staatsbürgerlichen Pflichten die Staatsbürgerschaft der DDR aberkannt werden kann, gefasst.

Biermann befindet sich gegenwärtig in der Bundesrepublik Deutschland. Mit seinem feindseligen Auftreten gegenüber der Deutschen Demokratischen Republik hat er sich selbst den Boden für die weitere Gewährung der Staatsbürgerschaft der DDR entzogen. Sein persönliches Eigentum wird ihm – soweit es sich in der DDR befindet – zugestellt.«

Noch bevor ich dazu kam, auch die anderen Blätter zu lesen, wollten einige aus dem Politbüro von mir wissen, ob ich diesen Biermann kenne. Ich konnte berichten, dass ich ihn Anfang der sechziger Jahre im Blauhemd der FDJ bei Lyrikabenden erlebt hatte, als er kämpferische Gedichte vortrug und revolutionäre Lieder sang. Er war damals auch Kandidat der SED. Die FDJ habe ihn gefördert, auch dann noch, als er größere Versäumnisse im Studium an der Humboldt-Universität hatte. Wir taten es vor allem, weil er aus einer Hamburger Kommunistenfamilie stammte. Seine Eltern hatten gegen Hitler gekämpft. Biermanns Großvater Karl Dietrich stammte wie die Familie Feist aus Halle; Karl Dietrich war RFB-Chef in Hamburg, Gotthard Feist der in Halle. Und wenn sich die Roten Frontkämpfer in Hamburg trafen, nächtigten die Hallenser bei den Dietrichs. Margot Feist besuchte 1943 »Oma Meume« in Hamburg, als ihr Vater im Naziknast saß.

Im Hause Dietrich lernte sie damals auch den damals sechsjährigen Sohn von Emma Biermann kennen, den Enkel von Oma Meume …

Seit jener Zeit waren Wolf Biermann und Margot Honecker miteinander bekannt. Biermann, sagte ich, »ist mir Anfang der sechziger Jahre vorgekommen wie Jewtuschenko, der in Moskau Verse gegen Bürokratie, Gleichgültigkeit und die Folgen des Personenkults um Stalin vortrug ...«

Der für Medien zuständige Werner Lamberz und der für Kultur verantwortliche Kurt Hager betraten kurz vor 10 Uhr den Sitzungssaal. Sie kamen, wie sie sagten, direkt vom Generalsekretär. Was sie dort über die Angelegenheit Biermann besprochen hatten, erfuhren wir zunächst nicht.

Hager, der engen persönlichen Kontakt zu Künstlern und Schriftstellern pflegte, schien sichtlich bedrückt. Während er sofort auf seinen Platz ging, blieb Lamberz bei unserer Runde stehen und mischte sich in die Diskussion ein: »Biermann mag charakterlich ein Lump sein, aber dichten kann er. Er ist grenzenlos selbstgefällig, aber doch wohl so etwas wie ein Talent.« Man solle ihn nicht unterschätzen.

Von uns unbemerkt, war Honecker inzwischen in den Raum gekommen und hatte an der Stirnseite des Präsidiumstisches Platz genommen.

»Die Sitzung ist eröffnet. Gibt es Einwände gegen die Tagesordnung?«, fragte er. »Keine. Gut. Dann lasst uns über aktuelle Fragen reden.«

Also über Biermann.

»Es war unvermeidbar, Biermann die Staatsbürgerschaft der DDR abzusprechen. – Es liegt euch eine Erklärung des Innenministers vor. Biermann hatte aus familiären Gründen eine Reise in die Bundesrepublik beantragt. Das Innenministerium hatte unter Auflagen zugestimmt. Ihm war aufgetragen, sich in der Bundesrepublik entsprechend der Verfassung der DDR zu verhalten. Er versprach es. Tatsächlich hat er während eines öffentlichen Auftritts in der BRD dazu aufgerufen, die verfassungsmäßige Ordnung der DDR zu beseitigen. Er hat seine Reise zu politischer Hetze missbraucht. Da er 1953 aus der BRD zu uns kam und nie um die Staatsbürgerschaft der DDR gebeten hatte, soll er jetzt auch dort bleiben. Damit gehen seine Rechte, die er aus der Staatsbürgerschaft gegenüber der DDR ableiten kann, verloren.«

Honecker beließ es bei staatsrechtlichen Erwägungen. Er vermied jede ideologische Rechtfertigung und benutzte wiederholt den Begriff »staatsbürgerliche Treuepflicht«.

»Unsere Gesetze sehen vor«, so Honecker, »dass bei grober Verletzung staatsbürgerlicher Pflichten die Staatsbürgerschaft aberkannt werden kann.« Aber hatte er nicht selbst gesagt, dass Biermann um die Staatsbürgerschaft der DDR nie nachgesucht habe. Folglich besaß er sie auch nicht. Konnte man aber jemandem etwas entziehen, was er nicht besaß?

Honecker schloss seine Ausführungen mit einer Formulierung, die er gegenüber Politikern der Bundesrepublik später oft wiederholte: »Jeder

Staat entscheidet selbst über die Einreise von Personen, zumal wie im Fall Biermann diese Person nie die Staatsbürgerschaft der DDR beantragt hatte. Es liegt also auch in unserer souveränen Entscheidung, wer Staatsbürger der DDR sein kann. Ich bitte euch, der Erklärung nachträglich zuzustimmen.«

Erst in diesem Augenblick wurde mir bewusst, dass die Staatsbürgerschaft bereits aberkannt worden war. Es ging Honecker nur noch um die förmliche Zustimmung des Politbüros. Wahrscheinlich wäre alles ohne weitere Diskussion über die Bühne gegangen, wenn nicht Kurt Hager gefragt hätte: »Erich, war denn das notwendig?«

Es knisterte, niemand sagte ein Wort, bis Hager unaufgefordert fortfuhr: »Biermann ist es nicht wert, dass wir uns deshalb mit den Künstlern anlegen und unsere Kulturpolitik ändern. Wir machen ihn erst groß, wenn wir ihm solche Aufmerksamkeit widmen. Wir sollten ihn ignorieren. Das trifft diesen Gernegroß mehr als alles andere.«

Ich blickte in die Runde. Lamberz nickte zustimmend.

Alle anderen hielten sich mit Bekundungen zurück, schauten auf Honecker. Der wirkte unsicher, wie ich ihn bisher noch nie erlebt hatte. Nach kurzer Zeit begann er leise und bedacht, als müsste er jedes Wort auf die Goldwaage gelegt: »Kurt, ginge es nur um Biermann, hättest du Recht. Wenn es um Fragen der Kultur geht, bleiben wir dabei: Es gibt keine Tabus, solange die Künstler auf dem Boden des Sozialismus stehen. Bei Biermann geht es nicht um Kultur. Es geht um die Frage, ob wir tatenlos zusehen, wie vom Boden der Bundesrepublik aus eine innere Opposition in der DDR aufgebaut wird. Biermann und Havemann sollen die geistigen Köpfe sein. Dem müssen wir entgegenwirken.«

Dann wandte er sich an alle. »Ihr wisst, wie kritisch die sowjetischen Genossen unsere gegenwärtige Politik gegenüber Bonn beurteilen. Sollen wir uns wegen Biermann mit der Sowjetunion anlegen? Der Eurokommunismus zeigt auch unter unseren Intellektuellen Wirkung. Sie meinen, es gebe einen dritten Weg zwischen Sozialismus und Kapitalismus. Der Eurokommunismus mag für Italien, Spanien und Frankreich gut sein, für uns jedoch taugt er nicht. Darüber bin ich mir auch mit Berlinguer und Marchais einig. Es ist für uns unmöglich auf Distanz zur Sowjetunion zu gehen, wie das die Eurokommunisten können. Der dritte Weg, den man uns aufzwingen will, ist schon von der Sozialdemokratie besetzt. Unser Weg ist an der Seite der Sowjetunion. Das müssen alle wissen. Sonst sind wir verloren. Es ist eine Existenzfrage für die DDR, dass diejenigen, die uns beseitigen wollen, immer wissen müssen, dass sie in der DDR dafür keine

Chance erhalten. Eine innere Opposition gegen den Sozialismus lassen wir nicht zu.«

Dieser Argumentation entzog sich niemand von uns. Honecker hatte eine Einzelfrage, die scheinbar die Kulturpolitik berührte, in den internationalen Kontext eingeordnet. Er wollte auf diese Weise drei Signale zugleich senden. In Richtung politischer Gegner in der DDR: Eine innere Opposition lassen wir nicht zu. In Richtung Bundesrepublik: Hört auf, die Schlusserklärung von Helsinki zur Charta für die Einmischung in die inneren Angelegenheiten der DDR umzudeuten. In Richtung Moskau: Wir wehren uns gegen die ideologische Diversion aus Bonn.

Abgesehen von den Medienreaktionen war Honecker sich sicher, dass die Bundesrepublik wegen der Biermann-Entscheidung nicht den ökonomischen Hebel ansetzen werden würde. Die Wirtschafts- und Handelsbeziehungen mit der BRD würden weiterhin florieren.

Wir – das heißt auch ich – stimmten der vorliegenden Erklärung zu.

Lamberz mahnte noch, man müsse jetzt mit den Schriftstellern sprechen und alles tun, dass sie diese Position verstehen und sie zu ihrer eigenen machen.

Mittag hingegen warf herablassend ein, man dürfe die Sache nicht übertreiben. Man solle diesen Dichter nicht überschätzen. »Unter den Werktätigen ist Herr Biermann unbekannt.« Er habe viele Leute gefragt: »Kennen Sie Wolfgang Biermann?« Alle hätten geantwortet: »Selbstverständlich«. Gemeint hätten sie aber nicht den Sänger, sondern den Generaldirektor des Kombinates VEB Carl Zeiss in Jena, der den gleiche Namen trug.

Mittag hatte zwar die Lacher auf seiner Seite. Doch so einfach war es nun wahrlich nicht. Das eigentliche Problem war: Wir haben die Folgen unserer Entscheidung nicht zu Ende gedacht.

Biermann als Person war tatsächlich vielen gleichgültig. Man konnte ihn mögen oder auch nicht. Seine politischen Auffassungen waren ein Kunterbunt von bewussten Empfindungen der Defizite im gesellschaftlichen Leben der DDR einerseits und undifferenzierten Angriffen auf Werte der DDR andererseits. Sein Denken hatte nicht jene Qualität, die die zur Differenzierung fähigen, mit der DDR verbundenen Künstler veranlasst hätte, ihre Bindungen an unser und ihr Land infrage zu stellen.

Die Angelegenheit war grundsätzlicher, die sie bewegte zu fragen: Was ist das für ein Staat, der einen unbequemen Dichter ausbürgert?

Wir hatten zwar nie von »Ausbürgerung« gesprochen, tatsächlich aber wurde die Verweigerung der Wiedereinreise Biermanns von vielen Künstlern so verstanden. Als ich mich mit dem Filmregisseur Konrad Wolf (1925-1982), dem Präsidenten der Akademie der Künste, in der Nähe von Berlin traf, sagte er: »Egon, dir mag der Begriff des Ausbürgerns weniger sagen als mir. Du hast den Faschismus nicht mehr erlebt. Aber die Menschen, die von den Nazis aus Deutschland vertrieben wurden wie wir – und dazu gehört auch fast die Hälfte aller Genossen des Politbüros –, hätten nicht zulassen dürfen, dass jemand aus der DDR ›ausgebürgert‹ wird. Sage Erich, er möge sich seiner eigenen Vergangenheit erinnern.«

Der Vizepräsident des DDR-Schriftstellerverbandes, Hermann Kant (1926-2014), übte Kritik, zurückhaltend zwar, aber öffentlich im *Neuen Deutschland*: »Ich will nicht verhehlen, dass ich Herrn Biermann ganz gut ausgehalten habe und auch weiterhin ausgehalten hätte; mich braucht man nicht vor ihm zu schützen.«

Wenige Tage nach dieser Politbürositzung, am 17. November 1976, besuchte Honecker den Bildhauer Ludwig Engelhard, um sich die Entwürfe für ein Marx-Engels-Denkmal in Berlin anzusehen. Kurz vor seiner Abfahrt in den Norden der Republik rief ich ihn an. Ich informierte ihn, was mir Konrad Wolf gesagt hatte.

Honecker zeigte sich betroffen. »Wir müssen noch einmal darüber reden«, meinte er.

Werner Lamberz sagte mir später, dass Honecker »darüber nachdenke, wie wir aus der unangenehmen Biermann-Sache wieder herauskommen«.

Hager und Kulturminister Hans-Joachim Hoffmann (1929-1994), die Honecker bei seinem Ausflug nach Gummlin auf der Insel Usedom begleiteten, erörterten dieses Thema mit ihm ebenso wie Werner Lamberz, der neben Kurt Hager wohl am klarsten sah, dass der Entzug der Staatsbürgerschaft eine ungeeignet Methode der politischen Auseinandersetzung war.

Ich will nicht ausschließen, dass auch Margot Honecker, die vielleicht aus menschlicher Verbundenheit an Biermanns Seite stand, den Generalsekretär in diesem Sinne beeinflusste.

Die Sache war im Fluss, Honecker »dachte nach«. Doch auf der Strecke irgendwo zwischen Gummlin und Berlin bekam er in seinem Dienstauto über Funk die Nachricht, dass zwölf DDR-Schriftsteller und -Künstler eine Protestresolution gegen das Einreiseverbot von Biermann verfasst hatten. Stephan Hermlin hatte zu allem Ärger diesen Protestbrief nicht nur entworfen, sondern auch den westlichen Agenturen übergeben. Dass er sie vorher der Zeitung *Neuen Deutschland* angeboten hatte, wo sie lediglich ein Pförtner entgegennehmen wollte, erfuhr Honecker erst viel später.

Nachdem die Resolution im anderen deutschen Staat veröffentlicht worden war, begann ein Szenario, das typisch war für die Zeit des Kalten Krieges: Die Angelegenheit wurde zu einer Prestigefrage.

Gegenüber den Westmedien wollte niemand von uns Schwäche zeigen. Wäre Stephan Hermlin statt zu den Westmedien zum Staatsratsvorsitzenden gegangen, hätte wahrscheinlich die Chance bestanden, den Schaden zu begrenzen. Honecker und Hermlin waren seit ihrer Jugend und ihrem gemeinsamen antifaschistischen Widerstand miteinander befreundet. Wenn Hermlin meinte, dass es im Verhalten von Partei und Staat gegenüber den Künstlern eine Ungerechtigkeit gab, ging er in der Regel zu Honecker. Er fand oft Gehör. In der Regel bekam er auch Recht. Ebenso wäre es vermutlich im Fall Biermann gewesen.

Nun aber standen die Westmedien dazwischen.

Sie begannen eine heftige Kampagne gegen die DDR. Es kam zu einer schmerzlichen Polarisierung unter den Schriftstellern und Künstlern. Einige verließen in der Folgezeit unser Land, andere gingen in die innere Emigration.

Die meisten, das berichtete man im Westen allerdings nicht, bekannten sich zur DDR als ihrer politischen Heimat. Die deutsche Schriftstellerin Anna Seghers (1900-1983), die aus dem Exil nicht nach Mainz zurückkehrte, wo sie geboren worden war, sondern nach Berlin, wo sie eine gesellschaftliche Perspektive sah, schrieb an das Politbüro: »Dem Brief in Sachen Biermann, den einige Schriftsteller an eine westliche Agentur gaben, habe ich niemals zugestimmt. Die Behauptung westlicher Zeitungen, ich hätte die Zustimmung nachträglich gegeben, ist falsch und dient der Verwirrung. Die Deutsche Demokratische Republik ist seit ihrer Gründung das Land, in dem ich leben und arbeiten will.«

Gemeinsam mit der damals für Kultur Zuständigen im FDJ-Zentralrat, Christel Zillmann, diskutierte ich in jenem Herbst fast täglich mit namhaften Schauspielern wie Jutta Hoffmann, mit Schriftstellern, die im FDJ-Verlag *Neues Leben* veröffentlichten, mit Musikern wie Paul Dessau, Malern und Bildhauern. Am letzten November-Wochenende besuchten wir Ernst Busch (1900-1980), den berühmten Volkssänger, in seinem Haus in Pankow. Niemand sang eindrucksvoller als er das Solidaritätslied von Brecht oder auch die Hymne der internationalen Antifaschisten bei der Verteidigung der Spanischen Republik: »Spaniens Himmel breitet seine Sterne …« Er war von Hitlerdeutschland 1937 ausgebürgert worden. Ich wusste, dass auch die Partei, deren Politbüro ich angehörte, ihm manches Unrecht zugefügt hatte.

Ungeachtet dessen empfing er uns wie alte Freunde. Als wir auf Biermann zu sprechen kamen, ging er in sein Privatstudio, nahm das Mikrofon und rezitierte Bertolt Brecht:

... und was immer ich auch noch lerne
Das bleibt das Einmaleins.
Nichts habe ich jemals gemein
Mit der Sache des Klassenfeinds
Das Wort wird nicht gefunden
Das uns beide jemals vereint:
Der Regen fließt von oben nach unten
Und du bist mein Klassenfeind.

Mich beeindruckte das sehr. Biermann interessierte ihn nicht als Person. Busch ordnete die Kampagne ein in die Auseinandersetzung, die zwischen den Befürwortern der DDR und ihren Gegnern in der Bundesrepublik stattfand. Mir gefiel das. Busch ragte in der Qualität seiner politischen und künstlerischen Aussage weit über Biermann hinaus.

Selbst die Unterzeichner der Protestresolution hatten erklärt, dass sie sich nicht mit jedem Wort und jeder Handlung Biermanns identifizierten. Manfred Krug meinte sogar, das könne man nicht einmal mit der Hälfte dessen, was Biermann von sich gegeben habe. Krug hielt Biermann zwar für den »Begabtesten«, aber auch für den »Unverschämtesten« unter den Liedermachern.

Ich habe viele Jahre gebraucht, um mir einzugestehen, dass es ein Fehler war, jemanden aus der DDR rauszuwerfen. Als Kommunisten hätten wir das aus grundsätzlichen Erwägungen nicht tun dürfen. Der Sozialismus, den wir wollten, musste Platz haben für alle. Wir entschieden eigentlich gegen unsere eigene Weltanschauung, gegen unsere Moral und die eigene Geschichte. Wir hätten es auch nötig gehabt. Wir hätten Biermann erdulden können. Wir hätten mit den kritischen Geistern die Diskussion aushalten können und müssen.

Der in der Folge eingetretene Verlust so vieler streitbarer und deshalb wichtiger Mitdenker war für die DDR äußerst schmerzhaft. Unser Fehler war nicht nur taktischer Natur. Er war grundsätzlicher Art.

Wir hingen der Illusion an, der sozialistische Mensch würde sich bewusst für den gesellschaftlichen Fortschritt entscheiden. Sein Denken und Handeln werde von einer einheitlichen, dem Leben zugewandten Ideologie geprägt. Das funktionierte mit den Jahren immer weniger. Zudem gab es bei uns oft eine vereinfachte Auffassung von Kunst und Kultur. Darin spiegelte sich der alte Konflikt wider, den ich schon als Schüler aus dem Literaturunterricht kannte. In den vierziger Jahren des 19. Jahrhunderts stritten Freiligrath und Herwegh über die politische Rolle des Dichters. Die Maxime Ferdinand Freiligraths lautete: »Der Dichter steht auf einer höheren Warte als auf den Zinnen der Partei.« Während Georg Herwegh ihm entgegen hielt: »Partei! Partei! Wer wollte sie nicht nehmen, die doch die Mutter aller Siege war!«

Wir verstanden selbst die Poesie im Sinne des Schriftstellers Friedrich Wolf als Waffe in den Kämpfen der Zeit. Wir reduzierten sie leider undialektisch auf diese Funktion. Hinter dem Vorwand der Parteilichkeit versteckte sich manchmal inhaltliches Unverständnis, mangelndes Einfühlungsvermögen in die Künstlerseele. Das führte bei manchen Mitstreitern nicht selten zu Vor- und Fehlurteilen gegenüber Künstlern. Ich wünschte, diese Haltung wäre rückgängig zu machen gewesen.

1982 hatte ich mit dem international anerkannten Maler und Grafiker Willi Sitte (1921-2013) eine Kontroverse, die aus einer solchen Haltung entstand. Sitte war nicht nur ein großartiger Künstler, sondern auch ein kompromissloser Streiter für hohe Ansprüche an die Kunst. In der FDJ-Führung waren wir unzufrieden, dass es in der DDR kaum Denkmäler von Persönlichkeiten aus der Geschichte der deutschen Arbeiterbewegung gab. Wir appellierten an die bildenden Künstler, ein Denkmal des ersten Präsidenten der DDR, Wilhelm Pieck, zu gestalten. Ein Kollektiv aus Karl-Marx-Stadt begeisterte uns. In unserer Freude, dass nun bald in der Pionierrepublik am Werbelinsee ein Pieck-Denkmal stehen würde, ließen wir nach der Meinung von Willi Sitte seine ästhetischen Einwände unberücksichtigt. Unser politischer Wille war erfüllt. Wer daran herumnörgelte, galt als nicht kompetent.

Wir reichten die Schöpfer des Denkmals – entgegen dem Einwand von Kulturminister Hoffmann – für die Auszeichnung mit dem Nationalpreis ein. Damit hatten wir den Bogen überspannt. Der Verband Bildender Künstler kritisierte, dass die ästhetischen Maßstäbe, die an ein Denkmal zu setzen sind, nicht erfüllt seien. Eine Würdigung mit dem Nationalpreis setze diese höchste staatliche Auszeichnung für Kunst und Kultur in den Augen der Künstler herab.

Als das Kollektiv trotz aller begründeten Einwände den Nationalpreis erhielt, warf mir Willi Sitte in einem Brief Machtmissbrauch vor. Er sprach von einem großen Schaden im Vertrauensverhältnis der bildenden Künstler zu mir auch als Person.

Ich trug diesen Brief in meiner Brusttasche des FDJ-Hemds wie ein schlechtes Gewissen bei mir. Du musst die Sache mit Willi Sitte aus der Welt schaffen, sagte er mir. Nach Monaten trafen wir uns zu einem Gespräch. Wir klärten nicht nur mein Fehlverhalten in der Vergangenheit. Wir schlossen Freundschaft, die bis zu seinem Tod hielt.

Oft kam es zu solch kameradschaftlichen Begegnungen zwischen Politikern und Künstlern leider nicht. Manche von uns Funktionären verharrten nicht selten besserwisserisch auf den Vorrang der Politik, schätzten individuelle künstlerische Betrachtungsweisen gering. Aus minder wichtigen Anlässen entstanden Verärgerungen, Standpunkte verhärteten sich bis hin zur bedauerlichen Ausreise von Künstlern aus der DDR, von Namhaften und auch von weniger Begabten. Natürlich blieb uns nicht verborgen, dass manche Literaten nicht wegen ihrer künstlerischen Eignung im Westen willkommen waren, sondern wegen ihrer politischen Haltung gegen die DDR. Vorbei war es meistens mit den literarischen Ehren, wenn der für den Westen einzig interessante Dissidentenstatus bei Übersiedlung in die BRD wegfiel.

Als es galt, einen neuen Verantwortlichen für Kulturfragen im Zentralrat der FDJ auszuwählen, fiel die Wahl auf Hartmut König. Frank Bochow (1937-2012) hatte ihn ursprünglich für die internationale Arbeit gewinnen wollen, die Hartmut auch gern und erfolgreich machte. Doch die Kultur war ihm auf den Leib geschrieben. Ich kannte ihn seit 1967. Er war Mitbegründer der FDJ-Singebewegung und selbst aktiv im Oktoberklub. Er schrieb Texte wie den beliebten Song »Sag mir, wo du stehst« und sang zur Gitarre; ein Mann also, der nicht nur etwas von der Kultur verstand, sondern auch selbst Kultur machte. Das half der FDJ, ihr Ansehen bei den Kulturschaffenden zu stärken.

Wenn beispielsweise Manuskripte des Jugendverlages *Neues Leben* öffentlich kritisiert wurden, stellte sich Hartmut in der Regel mit überzeugenden Argumenten vor die Autoren. Wenn irgendeiner von uns hartgesottenen Funktionären junge Künstler sektiererisch beurteilte, war König mit seinem Sachverstand zur Stelle. Wenn es um Texte von Rockgruppen ging, debattierte er sachkundig mit. Unser Urteil in Kulturfragen wurde auf diese Weise nicht nur fundierter. Wir befreiten uns sukzessive von Dogmatismus und Subjektivismus. Das trug der FDJ viel Widerspruch ein etwa von 1. Sekretären von SED-Bezirksleitungen, von denen einige in Sachen Kultur ziemlich engherzig waren. Wir standen diesen Streit durch. Auf diese Weise ließ sich durch den Zentralrat der FDJ manch diffiziles Problem aus der Welt schaffen.

Für den Jahreswechsel 1977/78 hatten meine Frau, die Kinder und ich uns mit Freunden im Erholungsheim der FDJ in Pieros bei Berlin verabredet. Am Silvesterabend erhielt ich per Kurier eine konfuse Nachricht: Ein »Bund Demokratischer Kommunisten Deutschlands«, hieß es, habe ein Manifest ausgearbeitet. Darin würden die gesellschaftlichen Verhältnisse in der DDR scharf kritisiert. Der Bund fordere die deutsche Einheit. Er nehme in Anspruch, die erste organisierte Opposition in der DDR zu sein.

»Komm«, winkte jemand in unserer Runde ab, »der Diensthabende von *ADN* hat sich einen Silvesterscherz erlaubt.«

Das nahm auch ich an. Wenn es diesen »Bund« wirklich gäbe, wäre er im Politbüro irgendwie und irgendwann erörtert worden. Teil der zitierten Agenturmeldung war die Ankündigung, dass der *Spiegel* in seiner ersten Ausgabe für 1978 das »Manifest der demokratischen Kommunisten« veröffentlichen werde.

Am ersten Arbeitstag des neuen Jahres griff ich zum *Spiegel*, der zu unserer »Giftmappe« gehörte – so nannten wir die Aktentasche, in der uns Westzeitungen und Zeitschriften zur Information übermittelt wurden. Der Text des Manifestes, so behauptete das Hamburger Nachrichtenmagazin, solle von »mittleren und höheren SED-Funktionären« ausgearbeitet worden sein. Das schien mir schon deshalb zweifelhaft, weil sich niemand namentlich zu dem Pamphlet bekannte. Oppositionelle Kritiker unserer Politik wie Harich, Havemann, Biermann oder Bahro hatten öffentlich mit ihren Namen zu ihren Äußerungen gestanden.

Diesmal war die Sache anonym.

Nachdem ich das »Manifest« gelesen hatte, war mir klar: So schreibt niemand in der SED, der seine Sinne beisammen hat. Nicht etwa, dass die auf dreißig Schreibmaschinenseiten formulierten Thesen nicht interessante Gedanken enthielten. Nein, vieles war einfach unrealistisch, stammte aus der Mottenkiste der fünfziger Jahre und war wohl weder mit der Führungsmacht im Osten noch mit den drei Alliierten im Westen zu realisieren: Abzug aller fremden Truppen aus Deutschland, Neutralitätsgarantie durch die UNO, totale Abrüstung, Assoziierung mit der EWG und dem RGW, Zulassung aller BRD- und DDR-Parteien in ganz Deutschland, Konstituierung einer gesamtdeutschen Nationalversammlung …

Mit wem wollten die »demokratischen Kommunisten« das verwirklichen? Ich hielt das Gelesene für Blödsinn. Eine innere Opposition, die ein so plumpes Papier vorstellte, meinte ich, würde uns das Leben verdammt einfach machen. Auf diesen Nonsens fielen die wenigsten DDR-Bürger rein. Für mich stand zweifelsfrei fest: Das vermeintliche »Manifest« war ein Machwerk.

Ich fühlte mich in meiner Meinung bestätigt, als ich erste Reaktionen aus höchsten Kreisen der SPD hörte. Scharf distanzierte sich der SPD-Verbindungsmann zwischen Herbert Wehner und Erich Honecker. Der ihm nahestehende *Parlamentarisch-Politische Pressedienst der SPD* bezeichnete das Manifest als einen »Neujahrscocktail« nach dem Motto »man nehme eine Portion Rosa Luxemburg und Rudolf Bahro, eine Prise Marx und Lenin, Anton Ackermann (deutscher Weg zum Sozialismus) und Tito einen kräftigen Schuss Walter Ulbricht, übergieße das Ganze mit einer Tunke aus Eurokommunismus und Maoismus.«

So sah ich es auch.

Ich glaubte, wir würden schnell wieder zur Tagesordnung übergehen können. Die Schmähschrift würde keine lange Überlebensdauer haben. Ich irrte. Ob hinter der Schrift die Störenfriede standen oder aber ob die Schrift erst Störenfriede auf den Plan rief, sei dahingestellt. Tatsächlich waren sich das offizielle Moskau, Berlin und Bonn in seltener Übereinstimmung einig, dass das *Spiegel*-Manifest die Entspannungspolitik störte. Nur über die Herkunft gab es unterschiedliche Vermutungen.

Beim MfS hieß es, die Ausarbeitung stamme vom BND. Das beleidigte Kanzler Schmidt, weil ihm der Dienst unterstand. Also griff er zum Telefon und rief Honecker an. Er werde im Deutschen Bundestag zur »Lage der Nation« sprechen, sagte er und sich bemühen, »würdig und gelassen« über das Verhältnis »zwischen unserem Staat und Ihrem Staat DDR« zu reden. Nun wolle er fragen, ob Honecker sich vorstellen könne, »dass einer meiner engsten politischen Mitarbeiter, der gleichzeitig einen großen, in der Weltöffentlichkeit bekannten Namen hat, wenn der sich mit einem entsprechend hochrangigen Mann aus Ihrer Hierarchie träfe, um mal im persönlichen Gespräch offen miteinander zu reden?«

Honecker wich aus. Er ahnte, dass der Mann mit dem »bekannten Namen« Hans-Jürgen Wischnewski, wegen seiner guten Kontakte in die arabische Welt »Ben Wisch« genannt, hieße. Wischnewski (1922-2005) war seit Ende 1976 Staatsminister im Bundeskanzleramt.

Schmidt: »Ich darf wohl sagen, wenn er nicht mein Staatsminister wäre, wäre er sonst noch einen Rang höher, nämlich Bundesminister vom Protokoll her. Und zum anderen hat er ein ungeheures Ansehen in der öffentlichen Meinung Deutschlands. Das hängt zusammen mit den Mogadischu-Geschichten.«

Honecker verstand, dass Wischnewski den Schaden für die deutsch-deutschen Beziehungen, der bereits durch das »Manifest« entstanden war, begrenzen sollte. Das Anpreisen des »Helden von Mogadischu« empfand er als Aufforderung, Schmidts Krisenmanager zu empfangen.

Das wollte Honecker aber auf keinen Fall.

Dafür gab es zwei Gründe. Zum einen: Schmidt hatte dem Generalsekretär noch kurz vor Weihnachten einen längeren Brief geschrieben. Darin hatte dieser vorgeschlagen, die Arbeiten der Grenzkommission zur Markierung der Staatsgrenze zwischen beiden Staaten in Übereinstimmung mit dem Grundlagenvertrag abzuschließen, konkrete Verhandlungen über den Bau einer Autobahn zwischen Westberlin und Hamburg aufzunehmen, die Gespräche zwischen der Regierung der DDR und dem Senat von Westberlin über den Teltow-Kanal und den Straßengrenzübergang im Norden von Berlin zu einem positiven Ergebnis zu bringen, die Transitstraßen auszubauen und den Reiseverkehr in beiden Richtungen zu entwickeln. Schmidt schloss den Brief mit den Worten: »Ich bin deshalb auch zu einem offiziellen Besuch in der DDR bereit. Ein solcher Besuch würde sich in die Reihe der Konsultationen einfügen, die ich mit dem ungarischen Parteichef Janos Kadar und mit dem polnischen Parteichef Edward Gierek geführt habe.«

Für Honecker war daraus ein Problem entstanden. Breschnew sollte und wollte die BRD besuchen, der Termin wurde mehrfach verschoben. Die sowjetische Seite bestand darauf, dass Honecker den Brief von Schmidt nicht eher beantwortete, bis der Breschnew-Besuch erfolgt war. Ohne diese Antwort aber konnte Honecker sich nicht mit Wischnewski treffen, wie Schmidt angeregt hatte.

Zum Zweiten wollte der Generalsekretär mit keinem hochrangigen Mann aus Bonn sprechen, bevor er sich nicht wusste, wer hinter dem »Manifest« stand. Ungewollt hatte Schmidt die Zweifel Honeckers noch genährt: »Ich bin mir nicht darüber klar«, hatte er am Telefon gesagt, »welche Stelle die Störmanöver oder welche Personen die Ursache der Störmanöver sind. Ich bin mir nicht sicher, ob das Personen sind, die sich zum Teil auf dem Boden, auf dem Territorium unseres Staates befinden, oder ob es sich um Personen handelt, die sich sowohl dort als auch hier befinden. Ich bin mir auch völlig im Unklaren darüber, welcher Staatsangehörigkeit diese Personen sein könnten. Man kann sich da vielerlei Dinge denken, ohne irgendeinen Anhaltspunkt in der Hand zu haben. Ich habe Verständnis dafür, dass die Führung der SED und die Führung der DDR auf diese Störmanöver reagieren müssen. Ich erlaube mir aber zu sagen, dass ich Ihre Reaktion für zu weitgehend halte, weil sie Ihnen ausgelegt werden kann als Nervosität ...«

Gut gesagt, doch Schmidt wusste nicht, dass inzwischen die sowjetischen Deutschlandpolitiker aktiv geworden waren. Auf einer Besprechung mit Hermann Axen in Moskau sagten sie ihm ohne Umschweife, dass das *Spiegel*-Manifest Auftakt der bürgerlichen Propaganda zum 10. Jahrestag der Prager Ereignisse von 1968 sei. Man müsse die Genossen der DDR fragen, so ZK-Sekretär Ponomarjow: Warum seid ihr bei der Zurückweisung dieser Verleumdungskampagne so zurückhaltend? Hängt das mit euren guten Kontakten zum Westen zusammen? Oder mit eurer Sympathie für den Eurokommunismus in der Französischen und der Italienischen Kommunistischen Partei? Oder gar mit der deutschen Karte, die ihr gelegentlich spielt?

So grundsätzlich hatte ich unsere Moskauer Freunde bisher noch nicht erlebt. Zu den sowjetischen Teilnehmern der Beratung in Moskau gehörten übrigens Sagladin, Tschernajew, Bogomolow und andere, die nach dem Ende der Sowjetunion in ihren Büchern mitteilten, dass sie schon immer Fürsprecher der deutschen Einheit gewesen seien, während die Führer der SED Hardliner gewesen sein sollen. Nachträglich kann man sich über solche »Freunde« nur wundern.

Damals stellten die sowjetischen Genossen nicht nur Fragen, sondern beantworteten diese auch selbst. Axen notierte: »Leonid Iljitsch hat mehrfach mit Erich darüber gesprochen, dass Schmidt den Nationalismus verbreitet und die BRD ihre subversiven Kontakte zur DDR ausbaut. US-Präsident Carter erweist sich als Provokateur großen Stils. Das Machwerk im *Spiegel* trägt die Handschrift von Brzeziński. Es gibt dort auch einige unzweideutige Passagen, die maoistische Züge tragen. Die chinesische Führung zielt auf eine Spaltung der Bruderländer hin. Man darf nicht vergessen, dass das *Spiegel*-Manifest diesem Ziel dient.«

Nachdem das gesagt worden war, folgte die praktische Konsequenz auf dem Fuße. Der für die sozialistischen Länder zuständige ZK-Sekretär Konstantin Russakow (1909-1993) fragte Hermann Axen (1916-1992): »Wie viel Korrespondenten der BRD sind in der DDR akkreditiert?«

Ohne die Antwort abzuwarten, fuhr er fort: »In der UdSSR sind es vierzehn. In der DDR sind es meines Wissens fünfundzwanzig oder dreißig, auf jeden Fall viel zu viele.«

Damit war klar: Das Büro des *Spiegel* in Berlin wird geschlossen.

Die Bundesregierung legte dies als Nervosität der DDR-Führung aus. Für uns war dies angesichts der Bewertung des »Manifests« in Moskau unter den möglichen Maßnahmen eine minimale Reaktion. Moskau sah einerseits, dass wir uns gegen die vom Westen angezettelte Hetzkampagne wehrten. Die DDR-Bevölkerung andererseits war nicht betroffen. Die wirtschaftliche Kooperation der DDR mit der Bundesrepublik nahm keinen Schaden. Der Handel ging weiter. Der Swing wurde nicht verändert.

Hinter vorgehaltener Hand äußerten selbst in der DDR akkreditierte bundesdeutsche Journalisten Verständnis für die Schließung des *Spiegel*-Büros. Sie formulierten zwar pflichtschuldig eine Protestresolution, die sie im DDR-Außenministerium abgaben. In persönlichen Gesprächen bei Empfängen in Botschaften hörte ich dagegen: »Seien Sie versichert, Herr Krenz, mit dem Protest befriedigen wir unsere Chefs zu Hause. Persönlich denken wir ganz anders darüber.« Solche Sprüche gehörten offensichtlich zum Ritual dieser Leute. Doppelzüngigkeit förderte Karrieren.

Als Schmidts Unterhändler Hans-Jürgen Wischnewski am letzten Januarwochenende 1978 nach Berlin kam, wollte er testen, ob die DDR nach den Ereignissen um Brüsewitz, Biermann, Bahro und dem *Spiegel*-Manifest noch bereit war, weitere Schritte auf dem Entspannungsweg zu gehen. Zumindest atmosphärisch kam uns Wischnewski entgegen. In Bezug auf das *Spiegel*-Manifest meinte er, es handle sich um »eine Provokation gegen die Entspannung. Die Verfasser des Papiers sind Kräfte, die sowohl etwas gegen die DDR als auch gegen die Bundesrepublik haben.« »Ben Wisch« schmeichelte Honecker, indem er bekannte: »In Bonn ist man der Meinung, dass es in der DDR für die Fortsetzung der Entspannungspolitik keinen besseren Partner gibt als Erich Honecker.«

Ob er wohl wusste, dass gerade solche Auffassungen in Moskau nicht gern gehört wurden?

Wischnewski übermittelte den Wunsch Helmut Schmidts, noch 1978 die DDR besuchen zu wollen. Ob die Bonner nicht wussten, dass diese Frage gerade zu jenem Zeitpunkt Honecker in arge Bedrängnis bringen würde? Der aber war gar nicht im Lande. Die sowjetischen Freunde hatten ihn zusammen mit Mielke und Mittag an diesem Wochenende zu einem zweitägigen Jagdausflug in die Wälder um Minsk eingeladen. Sicher war sicher. Honeckers Bereitschaft, im persönlichen Gespräch mit Vertretern der anderen Seite Kompromisse zu schließen, war auch den Freunden bekannt. Eine Begenung mit Wischnewski sollte es auf jeden Fall verhindert werden. So sprachen am 28. Januar 1978 Hermann Axen und Außenminister Oskar Fischer (1923-2020) mit ihm; dem Gespräch wohnte auch der ZK-Abteilungsleiter Herbert Häber (1930-2020) bei.

Jahre später, im Sommer 1985, ich war inzwischen Stellvertreter von

Honecker geworden, besuchte ich ihn im Urlaub auf Vilm, einer kleinen Insel unweit der Küste Rügens. Wir verabschiedeten dort den Oberkommandierenden der Gruppe der sowjetischen Streitkräfte in Deutschland, der in Moskau andere Aufgaben übernahm. Anschließend saßen wir entspannt im Freien. Honecker ließ für jeden von uns einen eisgekühlten Wodka bringen. In dieser gelösten Atmosphäre kam er wie spontan auf das sogenannte »Manifest« zu sprechen: »Erinnerst du dich noch«, fragte er, »wie Ponomarjow und Russakow das Manifest hochspielten?«

»Sogar im Detail«, antwortete ich.

Honecker meinte daraufhin, er habe damals mit mir darüber nicht sprechen wollen, weil er fürchtete, mich in Gewissenskonflikte zu bringen. In der FDJ sei es wichtiger gewesen, die jungen Leute zur Geradlinigkeit zu erziehen. Jetzt, da ich eine höhere Verantwortung trüge, müsse ich wissen, dass es leider auch unter Kommunisten Intrigen gebe und wir in Moskau nicht nur Freunde hätten.

Dann formulierte er seine Vermutung, über die ich erschrak: »Wer immer das ›Manifest‹ dem *Spiegel* zugespielt hat – die eigentlichen Autoren saßen in Moskau. Es waren die gleichen Leute, die schon Anfang 1978 Breschnews Entspannungspolitik korrigieren wollten. Sie versuchten, die damals geplante Reise von Leonid nach Bonn zu verhindern. Sie wollten auch nicht, dass Helmut Schmidt zu uns in die DDR kommt. Ihnen passte nicht, dass wir uns bemühten, nach dem Tod von Mao Zedong unsere Beziehungen zu China zu normalisieren. Ihnen gefiel nicht, dass wir freundschaftliche Kontakte zu den sogenannten eurokommunistischen Parteien unterhielten. Mit dem ›Manifest‹ wollten sie uns disziplinieren. Es ist ihnen auch gelungen.«

Offensichtlich, so dachte ich in diesem Moment, ist der Generalsekretär selbst Opfer jener Westmedien geworden, die von den »Falken« und den »Tauben« im Politbüro der KPdSU halluzinierten.

Und wer waren »die«?

Ich konnte mir damals ein solches Ränkespiel nicht vorstellen und schwieg. Ich fand das abwegig, was mein Genosse Erich beim Wodka von sich gab.

Sommerzeit, Autobahn und nationaler Hochmut

Am 27. März 1977 berief Honecker kurzfristig eine außerordentliche Sitzung des Politbüros ein. Sitzungsort: Kinosaal in der Waldsiedlung Wandlitz.

So etwas hatte ich bisher nicht erlebt. Die Waldsiedlung diente den Genossen des Politbüros als Wohnsitz. Tagungen waren unerwünscht. Es musste etwas Besonderes passiert sein. Von Berlin-Köpenick bis zum Tagungsort brauchte ich damals mit dem Auto fast eine Stunde. Die ganze Zeit beschäftigte mich die Frage: Was ist so wichtig, dass das Politbüro so eilig und noch dazu an einem Sonntag mobilisiert wird?

Als die Sitzung um 10 Uhr begann, nannte Erich Honecker als einzigen Tagesordnungspunkt: Gespräch des Generalsekretärs mit dem Bundeskanzler der BRD, Helmut Schmidt.

»Schmidt hat die Schnapsidee«, sagte Honecker und schaute neugierig in die Runde, »dass wir uns in New York am Rande der nächsten UN-Vollversammlung treffen«.

»Na großartig«, riefen einige sarkastisch. »Der will uns nur mit der Sowjetunion entzweien.«

Ich verstand zunächst die Aufregung nicht. Wäre doch großartig, wenn Honecker in die USA reiste und sich dort mit Schmidt träfe, dachte ich. Zwar hatte Honecker bereits mit dem Wort »Schnapsidee« eine gewisse Distanz zum Vorschlag ausgedrückt, doch mit einem eigenen Urteil hielt er hinterm Berg. Stattdessen berichtete er von seinem Telefongespräch mit Breschnew. »Leonid Iljitsch ist strikt dagegen.« Die sowjetischen Genossen sähen darin einen Versuch der BRD-Regierung, sich um die völkerrechtliche Anerkennung der DDR herumzumogeln. »Wer mit Honecker in Berlin nicht reden will, soll es ganz sein lassen«, habe Breschnew gesagt. Und weiter Breshnew: »Ich werde bald nach Bonn fahren. Vorher ist ein Treffen zwischen dir und Schmidt unangebracht.«

Dieser Standpunkt wurde von allen im Politbüro unterstützt.

Nur Honecker war unzufrieden. Später erfuhr ich, dass er die Absage an Schmidt nicht wollte. Er hätte den Termin gern wahrgenommen.

Seit diesem kategorischen »Nein« Breschnews fühlte er sich in seiner Handlungsfreiheit eingeschränkt. Das mag erklären, warum er in vielen Fragen, die die Bundesrepublik und Berlin-West betrafen, gelegentlich von einem Extrem ins andere fiel, von bedingungsloser Abgrenzung einerseits bis zu unnötigen Zugeständnissen andererseits. Unsere sowjetischen Verbündeten wurden zunehmend misstrauischer.

Die Zeit war vorbei, da Honecker bedingungslos zu den Ratschlägen der sowjetischen Freunde »ja« sagte.

Schmidt muss diese Grundstimmung Honeckers geahnt haben. Er schrieb ihm einige Wochen später einen für Politiker dieser Ebene unkonventionellen Brief. Das Schriftbild vermittelte den Eindruck, als habe Schmidt ihn selbst auf der Schreibmaschine getippt. Er hatte ihn handschriftlich korrigiert, Honecker sogar mit zwei »n« geschrieben.

Der Bundeskanzler erklärte dem Generalsekretär, wie wichtig gute persönliche Beziehungen zwischen ihnen beiden seien. Offensichtlich hatte er erfahren, dass sein Vorschlag als »Schnapsidee« aufgenommen worden war. So fühlte er sich bemüßigt, Honecker zu erklären: »Mein Vorschlag für unsere persönliche Begegnung anlässlich der nächsten Vollversammlung der Vereinten Nationen in New York war sehr ernst gemeint. Die Vereinten Nationen sind nach meiner Auffassung ein besonders geeigneter Platz. Hier könnte ein Treffen in dem entsprechenden internationalen Rahmen stattfinden [...]. Wenn ein Treffen in New York von Ihnen diesmal nicht wahrgenommen werden kann, so bedauere ich das, bin aber gern bereit, bei der Suche nach anderen Wegen mitzuhelfen.«

Er kam Honecker entgegen. »Aus gegebenem Anlass«, schrieb er, »möchte ich diesen Brief nutzen, um Ihnen zu sagen, dass die Vereinbarungen zwischen unseren beiden Staaten natürlich dem allgemeinen Völkerrecht entsprechen müssen. Dabei haben wir ebenso den Vertrag über die Grundlagen der Beziehungen zwischen der Bundesrepublik Deutschland und der Deutschen Demokratischen Republik vom 21. Dezember 1972 und das Vierseitige Abkommen über Berlin vom 3. September 1971 zu berücksichtigen; beide sind Bestandteil des Völkerrechts.

Außerdem gehe ich davon aus, dass Ihnen die durch das Grundgesetz festgelegte Rechtslage bei uns bekannt ist. Das Bundesverfassungsgericht hat in seinem Urteil vom 31. Juli 1973 festgestellt: ›Die Deutsche Demokratische Republik ist im Sinne des Völkerrechts ein Staat und als solcher Völkerrechtssubjekt.‹ Im Übrigen bin ich der Auffassung, dass – unabhängig davon, ob Sie oder ich in dem einen oder anderen Falle Nein sagen müssen – dafür Sorge getragen werden muss, dass das Tischtuch zwischen uns nicht beschädigt wird.« Honecker freute sich über diese Botschaft. Der Hinweis auf den völkerrechtlichen Charakter unserer Beziehungen würde reichen, den Vorwurf der sowjetischen Freunde zu entkräften, er, Honecker, ließe sich auf irgendwelche »gesamtdeutsche Geplänkel« ein.

Er wollte sich revanchieren und machte spontan zwei Zugeständnisse, die er später bereute. Er ließ auf »seinem Kanal« der bundesdeutschen Seite mitteilen, dass er den Wunsch von Schmidt, auch in der DDR 1979 die Sommerzeit einzuführen, unterstützen werde. Außerdem gebe er dem Bau der Nordautobahn von Berlin nach Hamburg eine Chance.

Das Politbüro stimmte dem aber so nicht zu. Ich habe damals lange gebraucht, um zu verstehen, was dahintersteckte. Honeckers Stellung im Politbüro war unangefochten. Er hätte gegebene Versprechen gegenüber der Bundesrepublik auch einlösen können.

Nicht offen, jedoch sehr gezielt, machten diese Vorgänge zwei unterschiedliche Denkweisen im Politbüro deutlich. Honecker ging es um Entspannung, aber verständlicherweise auch um dringend benötigte Devisen für unsere Volkswirtschaft. Stoph war es darüber hinaus wichtig, nichts, gar nichts zu unternehmen, was die sowjetischen Partner verärgerte.

Was aber verärgerte die Freunde an den beiden Aussagen Honeckers zur Autobahn und zur Sommerzeit?

Die DDR würde das Vierseitige Abkommen über Westberlin verletzen, wenn sie mit der Bundesrepublik über Fragen der Stadt spreche oder gar verhandele. Moskau war der Meinung, dass die Autobahn nicht nur eine Frage des Verkehrs sei. Sie bringe Berlin näher an Hamburg und damit näher an die NATO, näher an die Bündnis-Grenze. Zudem könne die Autobahn in Kriegszeiten auch als Start- und Landebahn für NATO-Flugzeuge dienen. So der Einwand aus der sowjetischen Führung.

Honecker widersprach.

Nachdem selbst Verteidigungsminister Heinz Hoffman (1910-1985) es nicht geschafft hatte, seinen sowjetischen Kollegen von der Notwendigkeit der Autobahn zu überzeugen, wandte sich Honecker direkt an Breschnew. Daraufhin lenkten auch die sowjetischen Militärs ein. Der DDR allerdings wurde aufgetragen, dass sie ihre ökonomischen Forderungen an die BRD erhöhte. Bonn schluckte selbst das. Auch der Ausbau des Grenzüberganges im Norden von Berlin wurde von Bonn finanziert. Allerdings »verschleiert«. Es hieß, man könne der oppositionellen Union eine direkte Finanzierung nicht zumuten.

Von Schmidt mussten wir zudem verlangen, dass er die Westalliierten über den Bau der Nordautobahn informiert. Er tat es.

Bonn wollte die Ergebnisse der Verhandlungen über die Autobahn in einer Note an die Regierung der UdSSR mitteilen. Das hätte bedeutet, die Autobahn wäre nie gebaut worden. Denn Moskau hätte damals der BRD unter keinen Umständen bestätigt, dass die DDR und die BRD Fragen entschieden hatten, die Westberlin betrafen. Das wusste man in Bonn auch, deshalb war der Vorschlag zu dieser Note augenscheinlich ein Störmanöver in Bonn. Es bedurfte monatelanger Verhandlungen zwischen dem Ständigen Vertreter der Bundesrepublik in der DDR, Günter Gaus, und DDR-Staatssekretär Alexander Schalck-Golodkowski, damit wieder alles ins Lot kam und die Autobahn in Angriff genommen werden konnte. Sie wurde bis 1982, binnen vier Jahren, fertiggestellt. Das *Handelsblatt* bezeichnete die neue Autobahn als ein »Geschenk für Hamburg«, das sich die Bundesrepublik 1,25 Milliarden D-Mark kosten ließ, das *Neue Deutschland* einen wichtigen Schritt im Entspannungsprozess zwischen den beiden deutschen Staaten. Allerdings machte die *Frankfurter Allgemeine Zeitung* am 9. Oktober 1980 auf ein Problem aufmerksam, das wir inzwischen alle kennen: »Während in der DDR Rodungs- und Bautrupps seit gut anderthalb Jahren – natürlich unbehelligt von Protesten aus der Bevölkerung – die Trasse vorantreiben, hagelte es im Holsteinischen von Beginn an Proteste gegen die ›Nordtrasse‹. Klagen vor dem Verwaltungsgericht und Baustopps waren die Folge.« Nun fürchtete man im Westen, es »könnte für Bonn eine peinliche Situation entstehen, wenn die neue Autobahn auf der östlichen Seite des Grenzzauns endet« (*Hamburger Abendblatt*, 9. Oktober 1980). Am 20. November 1982 wurde die A 24 dem Verkehr übergeben

In der Fragen »Sommerzeit« konnte Honecker sein Versprechen auch nach längeren Gesprächen nicht erfüllen. Das Politbüro entschied anders. Schmidt hatte nach mündlichem Hin und Her einen Brief an Honecker nur zu diesem Thema geschrieben. »Für die Bundesregierung ist es von hohem Wert zu erfahren, welche Haltung die DDR zur Frage einer Sommerzeit einnimmt.« Und weiter: »Es liegt im Interesse gutnachbarschaftlicher Zusammenarbeit in Europa, wenn möglichst vermieden würde, dass Zeitunterschiede zwischen den einzelnen Staaten in Europa entstehen.« Honecker sah dies auch so.

Im Westen wünschte man eine Sommerzeit einzuführen, das heißt den Tag eine Stunde zu verlängern, indem man die Uhren eine Stunde zurückstellte.

Doch in Moskau vermutete man wohl nicht zu Unrecht –, dass es in erster Linie um die Sommerzeit in Westberlin ging. Auf den dortigen

Bahnhöfen der Deutschen Reichsbahn gäbe es die Normalzeit der DDR und, bei einer möglichen Zeitumstellung im Westen, die um eine Stunde differierende Sommerzeit. Schmidt, so die Überlegung der sowjetischen Deutschlandpolitiker, würde nicht wagen, unterschiedliche Zeiten zwischen dem Bundesgebiet und Westberlin einerseits und der Deutschen Reichsbahn in Westberlin und der DDR anderseits in Kauf zu nehmen. Also: Zeigt dem Bonner Kanzler, wer in Westberlin das Sagen hat.

Zudem waren die Pläne der Bundesrepublik bekannt geworden, dass in Westberlin drei Abgeordnete in das Europäische Parlament gewählt werden sollten. Sie würden behandelt werden wie Vertreter eines Bundeslandes der BRD. Das betrachteten die Sowjetunion und die DDR als bisher schwerwiegendste Verletzung des Vierseitigen Abkommens seit seinem Abschluss am 3. September 1971. Westberlin war kein Bestandteil der Bundesrepublik, folglich auch kein Bundesland.

Unsere Reaktion darauf: Künftig werden die Einwohner Berlins, der Hauptstadt der DDR, ihre Abgeordneten für die Volkskammer direkt wählen und nicht mehr wie bisher indirekt über das Berliner Parlament. Auf Empfehlung der sowjetischen Seite wurden den drei Westberliner Europaabgeordneten verboten, in die DDR ein- oder durchzureisen.

Eine weitere Rückwirkung war nunmehr die Zustimmung zur Einführung der Sommerzeit. So kam es, dass das Politbüro am 24. Mai 1978 Helmut Schmidt mitteilen ließ, dass der Ministerrat der DDR seinen bereits früher gefassten Beschluss bekräftigte, eine Sommerzeit für die DDR nicht einzuführen.«

Honeckers Schwanken in den deutsch-deutschen Angelegenheiten blieb nicht ohne Folgen. Auch bei dem 1978er Treffen auf der Krim bekam er eine gehörige Abreibung wegen seiner Eigenmächtigkeiten gegenüber der BRD. Es schmerzte ihn, dass ausgerechnet sein Freund Leonid Iljitsch zu ihm sagte: »Echte Sorge um die nationalen Interessen hat nichts mit nationalem Hochmut gemein. Ab und zu tritt dieser jedoch bei dir, lieber Erich, und einigen deiner Genossen auf.«

Übrigens: Im Sommer 1979 erklärte die DDR-Regierung, im April 1980 die Sommerzeit einzuführen. Das war mit Bonn keineswegs abgestimmt und sollte unsere Souveränität zeigen. Daraufhin beschloss der Bundestag Ende Oktober 1979 eilends das »Gesetz zur Einführung der Sommerzeit«. Im Herbst 1980 beschlossen wir jedoch, 1981 keine Zeitumstellung vorzunehmen, weil die Sommerzeit keinerlei Einsparungen gebracht, sondern nur zusätzliche Kosten verursacht habe.

Von der Krim nach Gera

Wieder war Sommer. Wieder flog Honecker zur Krim. Honecker hatte auf der Mai-Tagung des höchsten Gremiums des Warschauer Vertrages gewarnt, dass die persönlichen Gespräche auf der Krim nicht den kollektiven Meinungsaustausch aller Bündnisstaaten ersetzen dürften. Sollte das Bündnis den neuen Anforderungen der achtziger Jahre entsprechen, so der Generalsekretär, müsste auch die gemeinsame Strategie kollektiv beraten werden. Diese Kritik nahmen ihm die Freunde übel. Sie setzten angesichts des Ausscherens Rumäniens bei Kollektivberatungen mehr auf die bilaterale Beratung mit den einzelnen Bündnispartnern.

Das Treffen 1980 mit Breschnew bekam eine besondere Bedeutung. In Polen brodelte es. Es kam zu einem Generalstreik, Initiator war eine »unabhängige Gewerkschaft« namens Solidarność. Diese wurde offiziell zugelassen, die Polnische Vereinigte Arbeiterpartei (PVAP) verlor faktisch ihre führende Rolle. Ein Warnsignal.

In jenen Tagen war unserem Politbüro eine Studie aus Großbritannien zugespielt worden. Sie begründete, dass die Länder des RGW infolge eines »dreifachen Drucks« (Akkumulierung von Kredit-Rückzahlungen, wachsende Investitionsanforderungen, zunehmende Konsumansprüche der Bevölkerung) in Verbindung mit den Rüstungsbelastungen in eine Existenzkrise geraten werde. Die Sowjetunion werde dadurch ihre Führungsfähigkeit verlieren, weshalb die osteuropäischen Länder sich im wachsendem Maße dem Westen annähern würden, lautete die Prognose. Den Regierungen der NATO-Staaten wurde in der Studie empfohlen, den wachsenden nationalen Widerstand in den Ländern Osteuropas gegen die sogenannte sowjetische Vorherrschaft zu fördern.

Der Westen solle aus den Ereignissen in Ungarn (1956), der ČSSR (1968) und Polen (1970) lernen, stufenweise und nicht frontal gegen diese Länder vorzugehen. Die Hauptlosung sollte nicht die »Vernichtung«, sondern die »Verbesserung des Sozialismus« sein.

Präferiert wurden drei taktische Linien in dieser Studie:

Erstens, Verschärfung der internationalen Kritik an der Sowjetunion, sie in Weltkonflikte und dadurch in neue Rüstungsausgaben hineinziehen.

Zweitens, Differenzierung zwischen den osteuropäischen Ländern.

Drittens, Isolierung der sozialistischen Länder von den Staaten der Dritten Welt.

Diese Studie wurde leider nie im Politbüro diskutiert. Ein verhängnisvoller Fehler, wie sich später zeigen sollte.

Anders verhielt sich offensichtlich Moskau. Dort bliesen die Verantwortlichen zum Handeln. Schon im Vorfeld des Spitzentreffens auf der Krim ließ uns die sowjetische Führung wissen: Der Rat für Gegenseitige Wirtschaftshilfe (RGW) könne seine Ziele gegenüber der Europäischen Wirtschaftsgemeinschaft (EWG) nur durchsetzen, wenn er einheitlich aufträte. Voraussetzung sei, dass sich alle RGW-Staaten völlig frei machten von der Verschuldung in freikonvertierbaren Währungen. Der Internationale Währungsfond (IWF) sei eine Organisation des amerikanischen Imperialismus. Er machte den RGW-Ländern Versprechungen, um sie unter seinen Einfluss zu bringen. Der IWF verlangte von seinen Mitgliedern nicht nur die Vorlage der Zahlungsbilanzen und anderer interner Dokumente, sondern erteilte ihnen auch Empfehlungen über die Höhe der in ihren Ländern zu zahlenden Löhne, ihrer Binnen- und Außenhandelspreise. Bekäme der IWF Einfluss auf die sozialistische Welt, berührte dies die Lebensinteressen der Sowjetunion.

Eine Drohung?

Ich empfand das nicht so. Es war das berechtigte und legitime Interesse der Führungsmacht Sowjetunion, seine Bündnispartner an sich zu binden, meinte ich.

Es gab einen weiteren Grund, dass das diesjährige Treffen auf der Krim für uns einen besonderen Stellenwert bekam. Helmut Schmidt und sein Außenminister Genscher waren kurz zuvor in Moskau gewesen. Noch im Mai hatte Breschnew am Rande der Trauerfeierlichkeiten für den verstorbenen jugoslawischen Präsidenten Josip Broz Tito (1892-1980) gegenüber Honecker gewitzelt, dass es noch nicht klar sei, ob Schmidt vom amerikanischen Präsidenten die Erlaubnis für diesen Besuch in Moskau erhalte. Er sei sich dennoch sicher, dass der Bundeskanzler nach Moskau kommen werde. Die Großkonzerne der Bundesrepublik würden den Forderungen aus den USA nach einem ökonomischen Boykott der Sowjetunion nicht nachgeben, sich nicht von Carter die Geschäfte verderben lassen. Gleichzeitig mahnte Breshnew die DDR, nicht zu vergessen, dass Schmidt zwei Gesichter habe. Der wirkliche Schmidt trete einerseits für die Solidarität mit den USA ein und andererseits habe er gesagt, dass der Einsatz sowjetischer Truppen in Afghanistan lediglich Verteidigungszwecken diene. Die sowjetische Intervention sei nicht darauf gerichtet, zum Persischen Golf vorzudringen. Es sei deshalb ein Fehler des amerikanischen Präsidenten, sich zu weigern, den Rüstungsbegrenzungsvertrag SALT II zu ratifizieren. Das bereite den Boden für Differenzen zwischen den USA und Westeuropa. Carter habe die Gewohnheit, so soll Schmidt gesagt haben, die Interessen des Landes den Interessen des Präsidenten unterzuordnen. Schmidt sehe seine Aufgabe darin, Carter vor weiteren großen Fehlern zu bewahren. »Wir«, so der KPdSU-Chef zu Honecker in Belgrad, »müssen diese Differenzen für uns nutzen.«

Letztlich war da noch ein Thema, über das endlich Klarheit geschafft werden musste: Wie sollen sich die Beziehungen der DDR zur Bundesrepublik Deutschland entwickeln?

1978, kurz nachdem Breschnew die Bundesrepublik besucht hatte, informierte uns Außenminister Andrej Gromyko über die Gespräche in Bonn. Dabei war es zu einer harten Konfrontation zwischen Gromyko und Honecker gekommen. Gromyko kritisierte pauschal die Politik der DDR gegenüber Bonn, diese sei zu lasch. Er hielt uns ein umfangreiches Sündenregister vor. Moskau sei besorgt, dass jährlich etwa acht Millionen Besucher aus dem Westen in die DDR kämen. Es gäbe im zwischenstaatlichen Verkehr fünfunddreißig Millionen Telefongespräche, zweihundertfünfzig Millionen Brief- und dreißig Millionen Paketsendungen. Angesichts der nationalistischen Politik der BRD sei das viel zu viel.

Die Visagebühren für Westbürger und die Höhe des Mindestumtausches für Westdeutsche und Westberliner seien zu niedrig. Schädlich sei auch, dass sich DDR-Bürger mit Valuta aus dem Westen versorgten, die sie dann in den Intershopläden umsetzten. So entstehe der Eindruck, dass es in der DDR eine zweite Währung gebe.

Als Erich Honecker auf Gromykos Auslassungen entgegnete, das sei alles Ergebnis der Entspannungspolitik, antwortet der sowjetische Außenminister scharf: »Wir haben unsere Seele nicht gegen die Anzahl der Besucher verkauft. Wenn die Zahlen der Einreisen steigen, so hat die DDR das Recht, das zu korrigieren.«

Der sowjetische Außenminister kritisierte die Schaltung weiterer Telefonleitungen zwischen beiden deutschen Staaten, den Import von PKW aus der BRD und den Verkauf von Fernsehgeräten, mit denen die DDR-Bürger Westkanäle empfangen würden. Er warf der DDR ferner vor, wenig gegen die westlichen Geheimdienste zu unternehmen. Sie seien überall präsent, in der Armee, in den Grenztruppen, im Ministerium für Staatssicherheit, selbst in der Partei. Die Wachsamkeit gegen die Machenschaften aus der Bundesrepublik sei ungenügend. Wörtlich: »Für die sowjetischen Genossen hat es den Anschein, dass ein Teil der Bevölkerung der DDR – man weiß nicht genau welcher Teil – vergiftet ist, dass dieser Teil der Bevölkerung nicht von Klassenpositionen aus auf die BRD sieht. Man ist geneigt, die BRD als reichen Verwandten zu betrachten, dem man sich an den Hals werfen kann.«

Das war Honecker zu viel. Er reagierte sarkastisch: »Wir können alles ändern. Man muss sich nur über das Echo klar sein.«

Gromyko ließ sich aber auf keine Diskussion ein. Er bestand darauf: In den Beziehungen zur BRD darf nicht mehr geschehen als in den Beziehungen der DDR zu anderen NATO-Staaten. Andernfalls würden gesamtdeutsche Beziehungen entstehen, die die Sowjetunion energisch zurückweise. Die DDR möge Maßnahmen treffen, um den Besucherstrom aus dem Westen zu reduzieren und alle Überreste der sogenannten innerdeutschen Beziehungen liquidieren. Sie möge umgehend festlegen, wie der Umlauf von DM in der DDR eingeschränkt und der Missbrauch der Transitwege durch Westbürger verhindert werden kann. Die Sicherheitsorgane sollten dabei konsequenter vorgehen.

Honecker versuchte, dem Gespräch die Schärfe zu nehmen. »Wir werden die Vorschläge prüfen. Ich sage jedoch auch, administrative Maßnahmen helfen nicht weiter. Würden wir alle Hinweise berücksichtigen, käme es zu internationalen Spannungen, an denen niemand von uns interessiert sein kann.«

Honecker war mit diesem Gespräch, um es diplomatisch zu formulieren, sehr unzufrieden. Er wollte nicht, dass das seit 1971 Erreichte in den Beziehungen zur BRD zur Disposition gestellt wurde. Er bemühte sich seit Jahren schon, dass Breschnew und sein Außenminister für mehrere Tage in die DDR käme, um ihnen zu zeigen, wie das Leben an der Frontlinie der beiden Militärblöcke verlaufe. Er vermutete, dass man in Moskau die DDR nur nach den Berichten der Westpresse beurteilte und setzte auf das Verständnis von Breschnew für die besondere Situation, in der sich die DDR befand. Wenn dieser sie denn persönlich in Augenschein nehme.

Breschnew war in jener Zeit über Honecker verärgert. Irgendwann hatte unser Generalsekretär eine delikate Frage aufgeworfen, die mit der Besatzung zusammenhing. Die Sowjetunion hatte immer erklärt, dass die DDR keine Stationierungskosten für die sowjetischen Truppen zu tragen habe. Doch diese Truppen, damals fast sechshunderttausend Militärangehörige und deren Familienmitglieder, erhielten von uns Mark der DDR, um Lieferungen und Leistungen zu bezahlen. Diese Beträge bekamen wir von der UdSSR in transferablen Rubeln erstattet. Dafür galt ein

Umrechnungskurs, der für die DDR ökonomisch eindeutig ungünstig war. Die Freunde zahlten für 11,06 Mark einen Rubel, vor Jahren waren es sogar 14,81 Mark. Dabei blieb noch unberücksichtigt, dass die DDR Wohnungen für die sowjetischen Streitkräfte baute, staatliche Liegenschaften unentgeltlich zur Verfügung stellte und für Wasser, Licht und Gas nur symbolische Preise berechnet wurden. Honecker hatte das einmal als »verdeckte Besatzungskosten« bezeichnet.

Zudem beschwerte er sich über die für die DDR nachteilige Lastenverteilung bei der Wismut, jener Sowjetisch-Deutschen Aktiengesellschaft (SDAG), die Uranerz förderte. Von 1946 bis Ende 1977 hatte die Wismut einhundertachtundfünfzigtausend Tonnen Erz aus der Erde geholt und in die Sowjetunion geliefert. Die zahlte einen Festpreis, der weder den realen Produktionsaufwand noch den Weltmarktpeis berücksichtigte, denn der lag erheblich höher.

Breschnew hatte den Hinweis zunächst mit der Bemerkung abgewehrt: »Ein bisschen muss sich die DDR schon an der Erhaltung des Friedens beteiligen.«

Auch im Politbüro meinten einige, so Heinz Hoffmann, Werner Felfe, Werner Jarowinsky und auch ich, es sei angesichts der Aufwendungen der Sowjetunion für die Verteidigung nicht gerechtfertigt, der UdSSR dafür auch noch Rechnungen aus der DDR zu präsentieren. Ich verstand die sowjetische Haltung.

Honecker ließ jedoch nicht locker. Er forderte zudem, dass der Kurs der Mark der DDR zum transferablen Rubel generell verändert werden müsse. Durch die ständigen Preiserhöhungen in Ungarn, Bulgarien, Rumänien und Polen war der Kurs unserer Mark zu den Währungen dieser Länder nicht mehr ökonomisch begründet. Breschnew kritisierte unser Vorpreschen in diesen Fragen, weil die Lage innerhalb des RGW dafür nicht günstig sei.

Mit dieser Last flog Honecker 1980 auf die Krim.

Als wir ihn in Schönefeld verabschiedeten, war er guter Dinge. Zurück kam er wie geschlagen.

Vier Stunden habe er mit Breschnew konferiert, berichtete er. Drei davon habe er sich anhören müssen, was Breschnew ihm vorlas. Es war ein Vortrag, der einige Tage zuvor im Politbüro der KPdSU beschlossen worden war. Meinen Aufzeichnungen entnehme ich, dass das KPdSU-Politbüro darin eine äußerst kritische Haltung zu unserer Politik einnahm.

Soweit ich es aus eigenem Wissen beurteilen kann, war es die bis dato härteste Schelte, die wir zu hören bekamen. Mag sein, dass die sowjetische

Seite es Honecker heimzahlen wollte, weil er in Sachen Afghanistan auf Distanz gegangen war. Unsere Bruderpartei verhielt sich bei solchen Gelegenheiten wie ein Pädagoge. Harte Kritik leitete sie meist mit lobenden Worten ein. So war es alter Brauch, dass Breschnew zu Beginn jedes Gespräches bescheinigte, dass die Sowjetunion die DDR niemals im Stich lassen werde. Die DDR habe Errungenschaften, die auch die Sowjetmenschen stolz machen würden.

»Ihr habt die richtige Losung: Man darf nicht über seine Verhältnisse leben«, setzte Breschnew fort. »Doch, Erich, ihr haltet euch nicht daran. Von 1971 bis 1975 stieg das Realeinkommen der Bevölkerung um siebenundfünfzig Prozent, während die Arbeitsproduktivität nur um fünfundfünfzig und das Nationaleinkommen nur um einundfünzig Prozent wuchsen. Wichtige Aufgaben des Fünfjahrplanes wurden nicht erfüllt, das Lebensniveau aber stieg und steigt weiter. Ihr lebt auf Kosten eurer Kinder.«

Breschnew hatte keineswegs Unrecht, doch wir ignorierten diese Tatsachen. Zu den Versäumnissen jener Zeit zählte, dass es nie eine wirkliche Analyse der volkswirtschaftlichen Lage der DDR gab, aus der realistische Pläne hätten abgeleitet werden können. Stattdessen beschlossen wir viele Einzelmaßnahmen, die mehr nach Aktionismus als nach einer zukunftsträchtigen Konzeption aussahen. Dazu gehörten auch eine Menge Abmachungen mit westlichen Konzernen für eine Gestattungsproduktionen in der DDR.

Genau an diesem Punkt griff Breschnew an. »Wir wissen, dass ihr mit der BRD im Wettstreit um den höchsten Lebensstandard liegt. Doch Bonn kann euch jederzeit erpressen! Eure Verschuldung bei kapitalistischen Banken wächst von Jahr zu Jahr. Eure Exportüberschüsse werden durch die Zinstilgung aufgebraucht. Niemals dürft ihr vergessen, dass die BRD nicht an der Festigung der DDR interessiert ist. Sie will euch erwürgen. Dort nehmen Erscheinungen des Nationalismus und des Revanchismus zu. Ihr aber behauptet, dass sich eure Beziehungen zur BRD gut entwickeln. Welch ein Fehleinschätzung durch euch, Erich!«

Ungeschminkt brachte der Generalsekretär der KPdSU auf den Punkt, was ihm Sorgen machte. »Sagen wir es offen, worum es geht: Die BRD gibt euch Valuta, ihr versprecht ihr menschliche Erleichterungen. Ihr öffnet den Westdeutschen faktisch gegen D-Mark alle Kanäle der Beeinflussung. Uns beunruhigt, wie ihr euch dem Westen anbiedert. Auf der Jagd nach Westmark verlassen viele bei euch ihren Klassenstandpunkt.

Bei euch gibt es schon zwei Kategorien von Bürgern: solche, die über Westmark verfügen, und solche, die keinen Zugang dazu haben. Euer

›Forum-Scheck-System‹ hat nichts an der Tatsache verändert, dass die D-Mark eure zweite Währung ist. Damit setzt ihr den Kurs der Mark der DDR selbst herab.«

Die KPdSU-Führung verband mit dieser Einschätzung auch unmissverständliche Forderungen. »Ihr dürft für die ökonomischen Verlockungen aus der BRD keinen politischen Preis bezahlen. In Bonn sinnt man darüber nach, wie es komme, dass trotz Zuspitzung der internationalen Lage sich die sogenannten innerdeutschen Beziehungen verbessern.« Breshnew dazu: »Ich sage euch: Ihr müsst das Eindringen der BRD in die DDR verhindern. Die Kontakte mit der BRD müssen verbunden werden mit der Forderung nach Anerkennung der Staatsbürgerschaft der DDR, mit der Regelung des Grenzverlaufs nach internationalem Recht, nach Umwandlungen der Ständigen Vertretungen in Botschaften, nach Aufgabe aller innerdeutschen Elemente in den beiderseitigen Beziehungen.«

Und wie nebenbei forderte er Honecker zu einer unlösbaren Aufgabe auf. »Rede mit Gierek«, sagte er, »die DDR und Polen sollen die gleiche Spurbreite bei der Eisenbahn einführen, die wir in der Sowjetunion haben.« Das wäre ein Beitrag zur Abgrenzung, denn die beiden deutschen Staaten hätten dann nicht mehr das gleiche Eisenbahnnetz.

Als Honecker dem Politbüro darüber berichtete, spürte ich bei allen tiefe Betroffenheit.

Honecker forderte zur Diskussion auf. Niemand hatte das Bedürfnis. Offensichtlich ging es mehreren wie mir: Es war viel Wahres daran, was Breschnew gesagt hatte, aber eben auch manches Absurde. Niemand vermochte zu sagen, was innen- und außenpolitisch geschehen würde, folgten wir dieser Linie.

Es war unsere feste Absicht, bei schlechter politischer Großwetterlage keine Kohlen ins Feuer zu werfen. Wir hatten die vielleicht naive Vorstellung, die Beziehungen der DDR zur BRD könnten den Konflikt der beiden Supermächte mildern. Ich jedenfalls übersah damals, dass es ja Absicht der sowjetischen Führung war, die DDR so einzusetzen, wie es ihren Interessen entsprach: mal zur Minderung der Spannung, mal aber auch, um Macht in Mitteleuropa zu zeigen.

Mir schien, dass wir alle der Meinung waren, das Gehörte erst einmal zu verdauen. Keine übereilten Reaktionen! Erleichtert stimmten wir darum dem Vorschlag Honeckers zu, dass er dem Politbüro den Entwurf eines Grundsatzprogramms für unsere Beziehungen zur BRD vorlegen werde. Danach wollte er darüber auf einer Tagung der SED in Gera sprechen. Das war die Geburtsstunde der Geraer Rede vom 13. Oktober 1980.

Doch dazu später.

Mir machten Breschnews Ausführungen zu schaffen. Der Vorwurf, dass wir auf Kosten unserer Kinder lebten, beschäftigte mich schon deshalb, weil ich der Jüngste im Politbüro war. Allein aus biologischen Gründen würde ich zu jenen gehören, die das auszulöffeln hätten. Das regte mich an, mich von nun an stärker mit ökonomischen Fragen zu beschäftigen. Ich stand nach wie vor fest hinter Honeckers Politik. Ich vermutete aber, Mittag könnte den Generalsekretär über unsere wirkliche Lage falsch informieren und ihn in eine Richtung führen, die uns von der Sowjetunion trennte. Dies machte mich misstrauisch.

Die D-Mark als zweite Währung beschäftigte uns auch in der FDJ. Besonders junge Leute, die in der Regel kein Westgeld besaßen, kritisierten diesen Zustand. Erst vor einigen Wochen, ich war gerade mit Günter Mittag in Dierhagen in Urlaub, hatte ich erlebt, wie janusköpfig der Umgang mit den Intershop-Läden war. Im Sommer besuchte ich in der Regel meine Freunde Lisbeth und Siegfried Wunderlich in einer Bungalowsiedlung bei Ahrenshoop auf dem Fischland. Hier erfuhr ich meist, was in keinem Informationsbericht stand. Meine frühere Pionierleiterin und ihr Mann regten sich auf, weil direkt vor dem Gebäude einer Oberschule in einem Neubaugebiet in Ribnitz ein Valutaladen eingerichtet werden sollte. Mit den Westprodukten vor dem Schulgebäude – so ihr berechtigtes Argument – würden mühsam aufgebaute politische Einsichten zunichte gemacht.

Als ich danach beim Abendbrot im Gästehaus Günter Mittag traf, sagte ich ihm, was meine Freunde mir berichtet hatten. »Ich werde diesen Laden vor einer Schule verhindern, und wenn ich Margot anrufe«, sagte ich zu ihm, noch nicht wissend, dass er es war, der die Liste der Intershop-Läden bestätigt hatte. Ich hatte ins Volle getroffen.

Wenige Stunden später sagte er mir: »Du brauchst Margot nicht anzurufen. Ich habe schon veranlasst, dass der Laden woanders hinkommt.« Vor Margot hatte er Respekt.

Fast zur gleichen Zeit belegte mich mein Freund Siegfried Lorenz mit einer deftigen Kritik. »Wieso hast du im Politbüro diesen Läden zugestimmt?«, wollte er von mir wissen.

»Habe ich nicht. Eine solche Frage stand nie auf der Tagesordnung.«

»Um so schlimmer«, sagte Lorenz. »In der Zentrale wird etwas festgelegt. Und wir in den Bezirken müssen für die Dummheiten in Berlin geradestehen. Und dann stellt sich auch noch heraus, dass das Politbüro nicht einmal Bescheid weiß.«

Diese Läden, die uns einige Millionen D-Mark einbrachten, waren eine schlechte Visitenkarte für unsere Republik. Breschnew hatte Recht, bei der Jagd nach Westgeld verließen nicht wenige ihren politischen Standpunkt. Die Diskussionen darüber fanden an der Basis statt. Als ich Honecker in einem Brief darüber berichtete, nahm er mich nach einer Sitzung des Politbüros zur Seite. »Wäre ich noch FDJ-Vorsitzender, dann würde ich genau so denken wie du. Moralisch einwandfrei ist das mit den Läden nicht. Doch sage mir, wie wir es anders machen sollen? Das Geld kommt wesentlich durch die Besucher aus dem Westen zu unseren Bürgern. Sollen wir diese Besuche verbieten? Oder sollen wir unseren Bürgern das Geld abnehmen, das ihnen ihre Verwandten mitbringen? Oder sollen wir zusehen, wie sie es nach Polen oder in die ČSSR bringen und dort umsetzen? Willst du das? Dann fallen wir zurück in die Zeit vor dem Grundlagenvertrag.«

Wer wollte das schon? Ich jedenfalls nicht.

Es war verdammt kompliziert, unter den Bedingungen einer nicht konvertierbaren DDR-Währung offensiv Politik gegenüber der BRD zu betreiben.

Schon wenige Tage nach der Rückkehr unseres Chefs von der Krim lag dem Politbüro ein Entwurf zum »Mindestumtausch« vor. Ihm zufolge sollten »zu einem geeigneten Zeitpunkt die Mindestumtauschsätze für Besucher aus der BRD auf 25,00 DM pro Tag und für Kinder auf 7,50 DM« erhöht werden. Auf keinen Fall sollte das aber vor den Wahlen zum Deutschen Bundestag geschehen. Das wäre, so Honecker, eine Ohrfeige für Schmidt und Wahlmunition für Franz Josef Strauß, den Kanzlerkandidaten der CDU/CSU.

In der Hoffnung, dass sich die Freunde in Moskau die Sache doch noch anders überlegen könnten, schlug Erich Honecker vor, den Beschluss mit Moskau zu konsultieren.

Von dort kam nur eine kurze Rückmeldung: Genosse Breschnew habe beim Krimtreffen seine Meinung gesagt.

So kam es, dass unmittelbar nach den Wahlen zum Deutschen Bundestag am 9. Oktober 1980 die Mindestumtauschsätze erhöht wurden. Vier Tage später, am 13. Oktober, hielt Honecker seine Geraer Rede, die im Westen umgehend als »Abgrenzungsrede« bezeichnet werden sollte. Sie wurde als Kurskorrektur der DDR und Abkehr von der bisherigen Entspannungspolitik aufgefasst.

Tatsächlich jedoch hatte Honecker lediglich zusammengefasst, was die sowjetischen Freunde seit Jahren von ihm verlangten. Dass er es nach dem Krimtreffen 1980 tat, hatte auch damit zu tun, dass inzwischen an unserer

Ostgrenze, in der Volksrepublik Polen, die politischen Verhältnisse immer unsicherer und instabiler wurden. Honecker befürchte einen politischen Zweifrontenkrieg. Die DDR als Staat zwischen Polen und der Bundesrepublik würde uns in große Schwierigkeiten bringen. So wurde der Kurs nach Westen verbal schärfer. In erster Linie ging es dabei um das Prinzip der Nichteinmischung. Wir bestanden darauf, dass die BRD anerkannte, dass dieses Prinzip im bilateralen Verhältnis beider deutscher Staaten und in den Beziehungen zu Drittstaaten galt.

Bei einem Besuch in Mocambique hatte ich selbst erlebt, wie die Bundesrepublik ihre ökonomische Stärke nutzte, um die Beziehungen zur DDR zu behindern. Als mich der mocambiquanische Präsident Samora Moises Machel (1933-1986) in Maputo empfing, teilte er mir mit, dass er gerade den Botschafter der Bundesrepublik Deutschland verabschiedet habe. Die Bundesrepublik habe seinem Land einen Kredit von fünfzig Millionen D-Mark für fünfzig Jahre mit zehn Prozent Zinsen angeboten. Bedingung sei, die Beziehungen zur DDR nicht weiter auszuweiten. Machel hatte dies zurückgewiesen. »Sie wollen uns fünfzig Millionen geben, sie kennen unsere Schwierigkeiten und denken, wir sind politische Prostituierte und käuflich. Die Kapitalisten denken so. So korrumpieren sie viele Staaten.«

Das sollte durch die Anerkennung des Prinzips der Nichteinmischung ausgeschlossen werden.

Als Voraussetzung für die Lösung humanitärer Fragen wie des Reiseverkehrs nannte Honecker vier Bedingungen: die Anerkennung (später wurde aus Anerkennung Respektierung) der Staatsbürgerschaft der DDR; die Auflösung der sogenannten »Erfassungsstelle Salzgitter«; die Regelung des Grenzverlaufs auf der Elbe entsprechend dem internationalen Recht und die Umwandlung der Ständigen Vertretungen in Botschaften und Austausch von Botschaftern, was dem Völkerrecht entspricht.

Honecker fürchtete das Risiko, dass durch unannehmbare Forderungen das seit Abschluss des Grundlagenvertrages Erreichte kaputtgemacht werden könnte. Deshalb war sein späterer Umgang mit dem Forderungskatalog mehr als halbseiden. Nicht, weil er einen »Westdrall« hatte. Offensichtlich wusste er inzwischen selbst, dass die ehrgeizigen Ziele unserer auf dem VIII. Parteitag verkündeten Sozialpolitik ökonomisch nicht mehr abzusichern waren. Wir brauchten die Handels- und Wirtschaftsbeziehungen mit der BRD. Honecker hatte die Forderungen in Gera mehr unter Druck und zur Absicherung seiner Politik gegenüber Moskau erhoben. Immer wenn das offizielle Bonn die DDR politisch zu überfordern drohte, brachte

Honecker die »Abgrenzugsforderungen« ins Spiel. Das erschwerte die politische Arbeit an der Basis enorm. Dort kannte niemand die Hintergründe des Zickzacks in unserer Westpolitik. Wir versäumten, in den Grundorganisationen der SED, in den Gewerkschafts- und Jugendversammlungen darüber offen zu reden. Es schien so, als ließen sich Westkooperation und Abgrenzung nicht unter einen Hut bringen. Unsere Westpolitik blieb für viele Bürger oft ein Rätsel.

Von Breschnew erhielt Honecker für seine Geraer Rede und die Erhöhung des Mindestumtausches auf dem Krimtreffen 1981 viel Lob. Natürlich.

Vermutlich aus Angst vor der Strafjustiz der Bundesrepublik übergab Werner Krolikowski (1928-2016) – seit 1971 Politbüromitglied und von November 1976 bis November 1988 Erster Stellvertretender Vorsitzender des Ministerrates der DDR – den Strafverfolgungsbehörden zu seiner Entlastung Berichte, die er angeblich seit 1976 nach Moskau geschickt haben wollte. Darin waren Behauptungen wie diese zu lesen: Honeckers Politik sei abenteuerlich. Das Zusammenwirken von Honecker und Mittag müsse als »parteifeindliche Fraktion« beurteilt werden. Honeckers Führungsstil sei ein »Regime der persönlichen Macht«. Er betriebe »Erfolgspropaganda« und »Schönfärberei«. Er trage die Verantwortung, dass die Planwirtschaft am tatsächlichen Bedarf der Bevölkerung vorbeiproduziere. Honecker habe absichtlich Schulden im Westen gemacht, um mehr Freiheit von Moskau zu bekommen. Der DDR-Sozialismus sei ein »Pump-und-Pomp-Sozialismus von Honecker«.

Was immer daran wahr gewesen sein mag, aber seit 1976 habe er das gesehen und nach Moskau gemeldet?

Ich hatte solche Weisheiten damals nicht. Ich bezweifle auch, dass Krolikowski sie hatte. Wenn doch, dann bleibt die Frage offen: Was war das für ein Mensch, der sich als Interessenvertreter des Volkes ausgab und im täglichen Verhalten ein ganz gewöhnlicher Kleinbürger und mieser Charakter war? Fast fünfzehn Jahre wollte er gewusst haben, dass die DDR ins Verderben lief. Im Politbüro hat er darüber nie einen Ton verloren. Schweigen in lebenswichtigen Sachen der DDR aus persönlichen Karrieregründen, das war für mich widerlich und inakzeptabel.

Von solchen Figuren, wie sich nach 1989 zeigt, gab es leider einige im Zentralkomitee. Sie haben den Glauben an eine Gesellschaft ohne Lüge und Heuchelei schwer erschüttert, denn viele vertrauten uns.

Keine Gangway in Warschau

Über vier Jahre sind inzwischen vergangen, seit ich dem Politbüro angehörte. Bis Dezember 1980 blieben wir in unserer Wohnung in Berlin-Köpenick, nun musste ich mit meiner Familie in die Waldsiedlung Wandlitz umziehen. Dorthin, wo die anderen Genossen aus dem Politbüro zu Hause waren, aber in Berlin arbeiteten. Meine Neubauwohnung in Berlin war bequemer und großzügiger als die Dienstwohnung in Wandlitz. Ich sah aber keinen Grund, mich gegen die Auflage zu wehren. Nur meine Kinder wollten nicht mit. Sie fürchteten, die Beziehungen zu ihren Freunden in Berlin könnte ndarunter leiden. Torsten, der Große, war froh, dass er zum Studium nach Rostock ging und nur gelegentlich zu Besuch kam.

Am Sonnabend, dem 16. Mai 1981, bat mich Honecker, ihm den Entwurf meiner Rede, die ich auf dem FDJ-Parlament halten wollte, in seine Wohnung zu bringen. Nachdem ich an der Haustür geklingelt hatte, öffnete Margot. Ich erklärte ihr den Grund meines Besuches. Sie sagte: »Erich ist nicht zu Hause. Ich weiß auch nicht, wo er ist.«

»Wirklich nicht?«, frage ich zweifelnd nach.

»Wirklich nicht«, sagt sie.

Das war eigenartig. Ich hatte noch nie erlebt, dass Honecker eine Vereinbarung nicht eingehalten hätte. Vergessen? Unmöglich. Sein Gedächtnis war nach wie vor brillant.

Wo ich anschließend auch nachfragte – bei Paul Verner, bei Heinz Hoffmann –, niemand wusste, wo der Generalsekretär war. Bestimmt Mielke, dachte ich, der war schließlich für Honeckers Sicherheit verantwortlich. Ich rief ihn an. »Erich sagt dir doch sonst immer alles. Diesmal etwa nicht?« Er blieb mir die Auskunft schuldig. Honecker schien wie vom Erdboden verschluckt und niemand wollte davon Kenntnis haben.

Am Montag rief mich Honecker an. Höflich, wie ich ihn kannte, erkundigte er sich: »Kannst du mir verzeihen, dass ich Sonnabend nicht da war?« Bevor ich antwortete, sagte er: »Hast du jetzt Zeit für mich? Komm doch bitte gleich mal rüber.«

Natürlich hatte ich Zeit.

»Du kennst doch eine Menge Leute aus der Jugendbewegung in Polen, die jetzt im Zentralkomitee der PVAP sind«, begann er.

Ich nannte einige Namen, auch solche, die inzwischen dem Politbüro und der Regierung des Nachbarlandes angehörten.

»Großartig«, sagte er und bat mich erst jetzt Platz zu nehmen.

Nun verriet er auch den Grund seiner Abwesenheit am Wochenende. Er sei gemeinsam mit Gustáv Husák (1913-1991) zu einer vertraulichen Beratung bei Leonid Iljitsch im Kreml gewesen. Die Polen, Rumänen, Bulgaren und Ungarn sollten nichts davon erfahren. Breschnew habe sich mit ihnen gleichsam konspirativ über die Lage in Polen beraten wollen. Husak sei wegen der Ereignisse 1968 in der ČSSR dabeigewesen.

Ernst sei es in Polen. Seit fast einem Jahr werde dort gestreikt. Die Partei habe keine Linie. Ihre Führung sei uneins. Die Ereignisse wären ein Zusammenspiel äußerer und innerer Feinde des Sozialismus. Die Konterrevolution regiere bereits. Die polnische Führung schrecke davor zurück, alle notwendigen Mittel zur Sicherung der Macht einzusetzen. Der Westen wolle Polen aus der sozialistischen Gemeinschaft brechen …

So repetierte Honecker die Lageeinschätzung Moskaus.

Für uns seien zwei Prämissen verbindlich. Erstens: Polen muss ein sozialistisches Land bleiben. Wo der Sozialismus einmal gesiegt habe, lässt er sich nicht mehr verdrängen. Zweitens: Eine Situation wie 1968 in der ČSSR müsse vermieden werden. Falls das schief gehe, hätte Breschnew gesagt, habe Kulikow Pläne für den Ernstfall.

»Natürlich hat die Sowjetunion als Führungsmacht des Warschauer Vertrages dazu ein Recht«, sagt Honecker. »Wer den Warschauer Vertrag zerstören will, spielt mit dem Feuer. Er verändert das globale Kräfteverhältnis. Außerdem würde dadurch die direkte Verbindung zwischen der Gruppe der Sowjetischen Streitkräfte in Deutschland und ihrer sowjetischen Heimat unterbunden werden. Das kann Moskau nicht riskieren.«

Die DDR würde sich wegen der Geschichte nicht an militärischen Aktionen beteiligen. So wie es die DDR auch nicht 1968 in der ČSSR getan hätte.

Honecker schaute in seine Notizen, die vor ihm lagen. »Es darf erst gar nicht zu militärischen Aktionen kommen. Sie hätten katastrophale Auswirkungen auf die ganze Welt.«

Andropow und Ustinow hätten sich kürzlich an der sowjetisch-polnischen Grenze in Brest mit der polnischen Führung getroffen. Und Suslow sei nach Warschau gefahren, um dem Politbüro der polnischen Partei den sowjetischen Standpunkt zu übermitteln. Die sowjetischen Genossen hätten kein Vertrauen mehr zu Parteichef Stanisław Kania und Verteidigungsminister Wojciech Jaruzelski, diese seien unentschlossen. Einige Mitglieder des Politbüros der KPdSU meinten zwar, dass man sich auf die Politbüromitglieder Stefan Olszowski und Tadeusz Grabski verlassen könne, doch sicher seien auch sie nicht. Eine Gefahr sei Mieczysław Rakowski. Wenn er an die Macht käme, ginge die PVAP einen sozialdemokratischen Weg. Die sowjetischen Genossen hätten darum beschlossen, sich direkt an das Zentralkomitee der polnischen Partei mit dem Vorschlag zu wenden, Kania und Jaruzelski abzulösen.

An diesem Punkt stockte Honecker. »Das mit Jaruzelski ist auf jeden Fall ein Fehler. Man kann nicht beide wegnehmen. Ich habe das auch Breschnew gesagt. Er hat sich dazu nicht geäußert. So«, endete Honecker, »jetzt weißt du Bescheid. Fliege nach Warschau und rede mit deinen Jugendgenossen. Wir müssen wissen, welche Pläne sie haben. Nur dann können wir ihnen helfen. Die marxistischen Kräfte sollen sich vereinen. Sie sollten auf der bevorstehenden ZK-Tagung einen Ersten Sekretär wählen, der der Konterrevolution die Stirn bietet.«

Ich wandte ein, dass in wenigen Tagen das X. Parlament der FDJ stattfinden würde, ich meinen Rechenschaftsbericht noch überarbeiten müsse und deshalb nicht wegkönne.

»Dann fliegst du eben Pfingsten. Das Plenum in Warschau findet nach dem 10. Juni statt. Wir müssen unseren Beitrag leisten, dass in Warschau politische Lösungen gefunden werden«. Fast beschwörend, so als sei ich dafür zuständig, sagt er: »Egon, wir können keinen Bürgerkrieg in Polen gebrauchen. Ein Bürgerkrieg in Polen wäre auch ein Krieg gegen uns. Außerdem haben wir egoistische Interessen. Die Polen schulden uns über eine Million Tonnen Steinkohle und neunzigtausend Tonnen Koks für 1980. Sie müssten uns laut Vertrag jetzt täglich zwanzigtausend Tonnen Steinkohle liefern. Wegen ihrer Streiks bekommen wir nicht einmal ein Zehntel davon. Wir müssen jetzt Kohle im Westen kaufen. Du weißt, was uns das kostet.«

Honecker hatte genau im Kopf, was wir den Polen allein in den letzten Monaten an Hilfe gegeben hatten: einhunderttausend Tonnen Getreide, anderthalbtausend Tonnen Fleisch und eintausend Tonnen Butter im Gesamtwert von dreihundert Millionen Valutamark – und außerdem zweihundertfünfzig Millionen Valutamark in frei konvertierbarer Währung, die sie nicht zurückzahlen brauchten. Nein, verstecken brauchten wir uns wegen mangelnder Solidarität wahrlich nicht.

Nun hatte ich zum dritten Mal als FDJ-Chef einen heiklen außenpolitischen Auftrag des Generalsekretärs zu erfüllen. Es waren Aufgaben, die Honeckers eigenwilliges, eigenständiges Herangehen an die Außenpolitik widerspiegelten. In allen drei Fällen wich er von der sowjetischen Position ab. 1978 sollte ich auf der Generalversammlung des Weltbundes der Demokratischen Jugend (WBDJ) in Berlin – gegen den Willen der sowjetischen Freunde – durchboxen, dass der Platz Chinas in den Leitungsgremien der Weltorganisation trotz Abwesenheit des chinesischen Jugendverbandes erhalten blieb. Honecker war seit 1976, nach dem Tod von Mao Zedong , der Meinung, dass wir alles für einen Neuanfang mit den Chinesen unternehmen müssten. Die Jugend sollte damit beginnen. Die sowjetischen Genossen hielten mit dem Argument dagegen, dass die chinesische Politik antisowjetisch und abenteuerlich sei. Chinesische Organisationen hätten in den internationalen Jugend- und Gewerkschaftsverbänden nichts verloren, schon gar nicht eine Leitungsfunktion verdient.

Die FDJ setzte in der Weltversammlung dennoch durch, dass für den chinesischen Jugendverband ein Platz reserviert blieb, um jederzeit wieder an der Arbeit dieser weltweiten Vereinigung teilnehmen zu können.

1980 sollte ich in einer Zeit, als die sowjetischen Freunde uns ermahnt hatten, keine Zugeständnisse an die BRD zu machen, in Bonn einen großzügigen Jugendaustausch anbieten. Voraussetzung war, dass die Bundesrepublik an den Olympischen Spielen in Moskau teilnehmen würde. Meine Mission blieb erwartungsgemäß erfolglos, weil in der BRD-Regierung die Interessen des US-Präsidenten Carter mehr galten als der Wunsch der westdeutschen Sportler, in Moskau zu starten.

Nun war mir also aufgetragen, meine Warschauer Freunde zu gewinnen, dass sie einen neuen Parteichef durchsetzten und unterstützten, der für politische Lösungen im Sinne des Sozialismus stand. Und zwar in einem Moment, da im Westen spekuliert wurde, ob Honecker in der Polenfrage ein Hardliner sei oder nicht.

Honecker vertrat in erster Linie DDR-Interessen. In westdeutschen Zeitungen war in jenen Tagen zu lesen, dass die DDR vor der Entwicklung in Polen Angst habe, weil sie ein Überschwappen der »Demokratiebewegung« fürchtete. Anlass für diese Spekulation war unsere Entscheidung, den pass- und visafreien Reiseverkehr einzuschränken. Ich schloss allerdings nicht aus, dass es Menschen in der DDR gab, die mit Sympathie auf Solidarność schauten, jener Oppositionsbewegung, die sich im Sommer 1980 auf der Danziger Lenin-Werft aus dem Streik entwickelt hatte.

Mir bereiteten andere Dinge mehr Sorgen, besonders das Aufbrechen alter Vorurteile. Von polnischer Misswirtschaft war die Rede. Die Polen seien faul, wollten gut leben, aber nicht arbeiten. Sie würden unsere Waren »wegkaufen«, sie sollten darum dort bleiben, wo sie waren. Das grenzte bereits an Feindseligkeit, die ich für längst überwunden hielt.

Nun musste ich zur Kenntnis nehmen, wie stark über Jahrzehnte gewachsene und in der Vergangenheit geschürte Ressentiments waren. Ich kannte sie bis dato nur aus Erzählungen meiner Mutter aus Zeiten vor dem Ersten Weltkrieg, als polnische Schnitter auf deutschen Gütern für einen Hungerlohn arbeiten mussten.

Ich setzte mich dafür ein, dass solche Antipathien den Reiseverkehr mit Polen nicht störten. Zumindest auf dem Gebiet des Kinder- und Jugendaustausches funktionierte das auch.

Wie würde nun mein »Pfingstausflug« nach Warschau ausgehen? Ich bereitete mich auf die Gespräche vor, indem ich alles las, was seit Sommer 1980 im Politbüro zu Polen behandelt worden war. Seit August hatte es keine Sitzung gegeben, auf der wir nicht über Polen gesprochen hatten. In Warschau saß ein ausgezeichneter Mann von uns. Botschafter Günter Sieber (1930-2006) verfügte über enge Kontakte zu Personen in allen politischen Lagern bis in die polnische Führung sowie in die Kirche und die Opposition. Selbst in der Umgebung von Lech Wałęsa, dem Kopf von Solidarność, gewann er Informationen. Unter Sieberts Leitung entstand eine solide Analyse über Ursachen und Verlauf der polnischen Ereignisse.

Als wir darüber wieder einmal im Politbüro diskutierten, gab es einen spontanen Wortwechsel zwischen mehreren Genossen. Das Reizwort hieß »Preiserhöhung«. Äußerer Anlass für die Massenstreiks in Polen war bekanntlich die erhebliche Anhebung der Fleischpreise. Für Honecker ein Grund, die bei uns für Wirtschaft Verantwortlichen zu warnen, über Preiserhöhungen in der DDR auch nur nachzudenken. Er stehe für Preisstabilität. »Ihr seht, was bei den Dummheiten von Gierek passieren kann«, begründete er seine Ablehnung jedweder Veränderung unserer Preispolitik. Honecker glaubte, dass Preiserhöhungen den Sozialismus erschütterten.

Diese vereinfachte Auffassung, die er als Lehre aus dem 17. Juni 1953 verinnerlicht hatte, hinderte uns daran, Preissubventionen abzubauen, wo es aus ökonomischen und sogar aus Gründen der sozialen Gerechtigkeit notwendig gewesen wäre. Bei uns galten seit Jahrzehnten die gleichen niedrigen Preise. Für ein Brötchen zahlte man fünf Pfennig. Eine Kilowattstunde Strom war für acht, der Kubikmeter Gas für sechzehn Pfennige zu haben. Für eine Fahrt mit der Straßenbahn oder dem Bus zahlte man zwanzig Pfennige, für die Beförderung eines Briefes ebenso viel. Ein Quadratmeter Wohnfläche kostete zwischen 0,85 und 1,20 Mark Miete … Politische Ereignisse bestimmten unsere Preispolitik mehr denn ökonomische Gesetze. Das öffnete dem Subjektivismus bei Entscheidungen im Politbüro Tür und Tor. So schlugen wir manchen Purzelbaum.

Als beispielsweise 1976/77 die Weltmarktpreise für Kaffee erheblich anstiegen und unsere Devisenlage es nicht zuließ, mehr Geld für Kaffeeimporte auszugeben, schlugen Fachleute vor, den Kaffeeverbrauch durch höhere Verbraucherpreise einzuschränken. Das wurde abgelehnt. Dafür wurde »Kaffee-Mix«, ein Gemisch aus Bohnen- und Malzkaffe, eingeführt. Das war nicht nur aus Geschmacksgründen ungenießbar, sondern verstopfte auch überall die Kaffeemaschinen. Das Zeug verärgerte die Leute und blieb liegen. Als 1977 in einem Dokument der Regierung stand, dass die Versorgung mit dem Substitut »entsprechend dem Bedarf« zu erfolgen habe, schrieb Honecker handschriftlich in die Vorlage: »Da kein Bedarf besteht, ist die Produktion von Kaffee-Mix einzustellen.« Das war eine realistische Einschätzung und die einzig richtige Schlussfolgerung.

Der zuvor aufgewandte materielle und politische Einsatz für die subjektive Entscheidung, Kaffee-Mix überhaupt zu produzieren, war höher gewesen, als der Import von Kaffeeebohnen uns vielleicht gekostet hätte.

So wichtig es war, Klarheit bei der Preispolitik zu haben – aus der polnischen Krise wurden diesbezüglich und auch in anderer Hinsicht leider keine Lehren gezogen. Die Aufhebung der Kontrolle der Massenmedien durch die Partei, der Zugang der Kirchen zu den Massenmedien, unrealistische soziale Forderungen, selbst die Ablösung des Parteichefs wegen eines angeblichen Herzinfarkts wurden von uns lediglich als Zurückweichen vor der Konterrevolution bewertet. Wir hätten sie aber durchaus als Anregung, als Anlass zum Nachdenken für auch bei uns notwendige Veränderungen nehmen müssen.

Als ich am zweiten Pfingstfeiertag 1981 auf dem Flugplatz Schönefeld eintraf, um mit einer Sondermaschine der Interflug nach Warschau zu fliegen, wurde ich überrascht, wer da noch alles erschienen war: Minister, Gewerkschaftsfunktionäre, Generaldirektoren großer Kombinate, Wissenschaftler und Kulturfunktionäre. Sie alle sollten mit ihren polnischen Kollegen über die Situation im Nachbarland diskutieren und ihren Beitrag leisten, dass das Zentralkomitee der polnischen Bruderpartei PVAP eine neue, Moskau und uns genehme Führung wählte. Angesichts der Tatsache, dass eine denkbare Alternative zu diesem friedlichen Einmischungsversuch militärische Maßnahmen des Bündnisses wie 1968 hätten sein können, kamen mir keinerlei Skrupel wegen unseres Einsatzes.

Stanisław Kania, seit September 1980 in der Nachfolge Giereks Erster Sekretär, hatte bei seinem Besuch in der DDR gesagt, dass die polnische Führung über zuverlässige Informationen darüber verfüge, dass die »USA auf eine beschleunigte gewaltsame Konfrontation in Polen hinarbeiteten.

Die USA wollen eine solche Situation schaffen, die die Sowjetunion in die Lage bringe, unmittelbar militärisch einzugreifen. Damit wollen die USA die Kräfte der sozialistischen Länder in Europa binden, und könnten so die Gelegenheit nutzen, vor ihrer Haustür Kuba zu überfallen.«

Der polnische Parteichef hatte Honecker in einem vertraulichen Gespräch gebeten, ihn detailliert zu informieren, wie es der DDR 1961 gelungen war, ihre Maßnahmen zur Sicherung der Staatsgrenze bis zur letzten Minute geheimzuhalten. Die polnische Führung schien sich auf alle Eventualitäten eingerichtet zu haben.

Ich saß im Flugzeug. Es war ein herrlicher Frühsommertag. Der Blick auf die Erde war klar. Ich sah die Konturen der Eisenbahnlinien, auf denen sich die Güterwagen stauten. Durch die langen Streiks in Polen stockte der Warenverkehr von und in die Sowjetunion. Das verursachte erhebliche ökonomische Schäden. Wir hatten daher dem Vorschlag der sowjetischen Freunde zugestimmt, schneller als ursprünglich geplant den Landweg durch eine Seebrücke zwischen Mukran auf Rügen und Klaipėda in Litauen zu ersetzen. Neben dem ökonomischen Effekt besaß diese Verbindung natürlich auch militärische Bedeutung.

Mir ging an jenem Tage viel durch den Kopf. Schon als Kind hatte ich Argumente für die Oder-Neiße-Grenze vertreten. Sie war für mich legitim und endgültig, weil Hitlerdeutschland den Polen unvorstellbares Leid zugefügt hatte. Bei vielen Besuchen in Polen, privat oder dienstlich, waren mir Land und Leute ans Herz gewachsen. Seit zehn Jahren zog mich Honecker gelegentlich zu bilateralen Gesprächen hinzu. Ich lerne dabei Edward Gierek, der seit 1970 der Erste Sekretär der Polnischen Vereinigten Arbeiterpartei war, als einen energischen und sachkundigen, streitbaren und moderaten Politiker kennen. Sehr im Unterschied zuWładysław Gomułka (1905-1982), den Vorgänger Edward Giereks (1913-2001) im Amt des Ersten Sekretärs. Gomułka galt bei uns als polnischer Nationalist. Als er 1969 in der DDR weilte, hatte er im kleinen Kreis geäußert, dass nach seiner Einschätzung die DDR höchstens noch zehn Jahre bestehen würde. Niemand wusste, worauf er sich bei dieser Voraussage stützte. Sie trug ihm auf jeden Fall das Missfallen unseres Politbüros ein.

Gierek dagegen galt als guter Verbündeter unseres Landes. Ihn und Honecker verband eine echte Politikerfreundschaft.

Inzwischen war aber er von den eigenen Genossen davongejagt worden. Gierek bezog Prügel für alles, was in den letzten Jahren schiefgelaufen war. Honecker hielt weiter zu ihm. Er brach den persönlichen Kontakt mit Gierek nicht ab. Er kritisierte die neue Führung in Warschau, und sagte dies auch laut in Moskau: Die Absicht, Gierek wie einen gewöhnlichen Verbrecher vor ein Staatstribunal zu stellen, löse die Probleme Polens nicht. Er formulierte drastisch: »Wir brauchen keine Rückkehr zu den Stalinschen Schauprozessen!«

Noch vor ein paar Monaten hatte ich erlebt, wie Gierek und Honecker kontrovers diskutierten. Bei einem Treffen 1979 hatte unser Generalsekretär Gierek vorgeworfen, nicht sehen zu wollen, dass die ökonomische Umarmung Polens durch den Westen einhergehe mit der Wahl Karol Józef Wojtyłas (1920-2005) zum Papst der römisch-katholischen Kirche im Oktober 1978. »Ihr unterschätzt die Rolle der Kirche bei euch und seht nicht, welche politische Rolle dem Papst gegen Polen zugedacht ist«, hatte Honecker gemahnt.

Gierek wehrte sich. Er belehrte Honecker über taktische Manöver der polnischen Führung gegenüber der Kirche und über die Kirchengeschichte.

Ein Auszug aus meinen Notizen über die Antwort von Gierek gibt einen originären Einblick in das damalige Denken:

»Welche Haltung müssen wir zu der Wahl eines Polen zum Papst einnehmen? Wir konnten hier keine andere Meinung zum Ausdruck bringen als unser Volk. Das heißt, die Tatsache, dass der Papst ein Pole ist, macht uns stolz. Johannes Paul II. ist polnischer Staatsbürger. Obwohl er das Oberhaupt des Vatikanstaates ist, hat er auf seine polnische Staatsbürgerschaft nicht verzichtet. Wir haben nach unserer Verfassung nicht das Recht, ihm die Staatsbürgerschaft abzuerkennen. Wir können deshalb auch nicht zu seinem Wunsch, Polen zu besuchen, nein sagen. Aber wir diskutieren mit ihm über den Termin seines Besuches. Der erste Termin, den er vorschlug, war der 9. Mai. Das hängt mit den Feierlichkeiten aus Anlass des Heiligen Stanislaus zusammen. Der Heilige Stanislaus war ein Bischof, ein Märtyrer, der durch den polnischen König hingerichtet wurde. Tatsächlich ist dieser Bischof vor 900 Jahren gevierteilt worden. In unserer Geschichtsauffassung ist er für Verrat an Polen hingerichtet worden, in der kirchlichen Version aber dafür, dass er den Mut gehabt haben soll, den polnischen König zu kritisieren.

Es geht der Kirche darum, das, was vor 900 Jahren passiert ist, heute in Gestalt der Menschenrechte aufzuwärmen. Reagan hat einen einfachen Kodex entwickelt, dem sich der Papst angeschlossen hat. Er besteht darin, dass die USA oberster Richter für alle und alles sind, auch für Polen.

Wir haben dem Papst gesagt: Wir sind nicht dagegen, dass Sie uns besuchen. Aber wir können nicht damit einverstanden sein, dass Sie zum 900. Jahrestag der Hinrichtung des Heiligen Stanislaus nach Polen kommen. Wem nutzt das? Ist es in Ihrem Sinne, wenn Polen in solche und solche Bürger geteilt wird?

Im Ergebnis des Dialogs ist nun festgelegt, dass der Papst am 2. Juni in Polen eintreffen wird. Das wird für uns keine leichte Zeit werden. Die Kirchenhierarchie verhält sich aber vernünftig.«.

Dann kam eine Schlussfolgerung, die wohl ziemlich blauäugig war. Sie zeigte zudem, wie wir – Polen wie Deutsche – uns einer Illusionen hingaben. »Die Menschen werden den Papstbesuch schnell vergessen. Zwischen dem 15. und 18. Juni 1979 wird das SALT II-Abkommen unterzeichnet. Spätestens ab diesem Datum wird die Aufmerksamkeit der Weltöffentlichkeit nicht mehr auf den Papstbesuch, sondern auf SALT II gerichtet sein.«

Es kam anders. Der Papstbesuch war Auftakt für einen langen politischen Prozess, von dem sich die Volksrepublik nicht mehr erholte. Dieser hatte auch Auswirkungen auf die DDR. Gierek hat das politisch nicht überlebt. Im September 1980 wurde er als Parteichef abgesetzt, im Dezember aus dem Zentralkomitee ausgeschlossen, ein Jahr später aus der Partei verstoßen, kurzzeitig sogar interniert. Nach 1989 wurden viele nach ihm benannten Straßen umbenannt …

Wir landeten am frühen Nachmittag des zweiten Pfingstfeiertages 1981 in Warschau. Niemand hatte uns bei der polnischen Führung angemeldet. Vierzig Minuten warteten wir, bis der Flughafen mit uns Kontakt aufnahm. Eine weitere Dreiviertelstunde verging, bis man uns eine Gangway schickte. Deutliche Zeichen, dass wir nicht willkommen waren. Wie sollten wir auch? Ich dachte daran, was wohl passieren würde, wenn ein polnisches Flugzeug mit Emissären der dortigen Führung mit einem ähnlichem Auftrag, wie wir ihn hatten, in Berlin-Schönefeld landen würde? Wahrscheinlich hätte ihre Maschine nicht einmal eine Landegenehmigung erhalten.

Um so erstaunter war ich, dass mich am nächsten Tag alle meine polnischen Freunde ohne Vorbehalt empfingen. Einige kamen in die DDR-Botschaft, andere sprachen mit mir in ihren Büros. Sie waren sich der komplizierten Situation ihres Landes bewusst. Sie kannten Breschnews Brief an das Zentralkomitee ihrer Partei. Auch ihnen schien bewusst, dass Kania nicht der Richtige für die Funktion des Ersten war. Ein neuer Mann musste gewählt werden. Sie hatten zudem Verständnis für unsere Sorgen.

So verschieden im Detail die Analyse auch war, in einem Punkt waren sie sich einig: Es durfte zu keiner militärischen Lösung kommen! Deshalb sei jeder Druck von außen, ob von Ost oder West, schädlich, resümierten sie. Ich spürte auch zum ersten Mal derart unmittelbar, wie angespannt die polnisch-sowjetischen Beziehungen waren. Meine Freunde verwiesen darauf, dass das Verhältnis Polens zur UdSSR wegen verschiedener historischer Vorgänge stark belastet war. Gerüchte und Stimmungen taten ein Übriges. Man diskutierte die Rechtmäßigkeit der polnisch-sowjetischen Grenze, stritt über den deutsch-sowjetischen Nichtangriffspakt von 1939, über die Auflösung der Kommunistische Partei Polens 1938 durch die Komintern auf Geheiß Stalins, weil der Mehrheit der Parteimitglieder unterstellt worden war, in eine antisowjetische Spionage- und Sabotageorganisation verwickelt gewesen zu sein. Dreißig der siebenunddreißig ZK-Mitglieder waren hingerichtet worden. Und schließlich gab es noch die offene Wunde Katyn, wo im Frühjahr 1940 über viertausend kriegsgefangene polnische Offiziere vom NKWD hingerichtet worden waren. Über all diese Dinge, die zwischen Polen und Russen standen, war nie offen gesprochen worden, wodurch antisowjetischen Kräften das Feld agitatorisch überlassen wurde. Angesichts all dieser ungeklärten Ereignisse in der Vergangenheit und deren – richtiger oder fallscher – Interpretation im In- und Ausland wäre ein Einmarsch sowjetischer Truppen wie 1939, so meine Gesprächspartner übereinstimmend, eine Katastrophe.

Als ich wieder in Berlin war, wurde ich vom Flugzeug mit Blaulicht gleich zu Honecker gebracht. Dem Generalsekretär lagen die Berichte anderer Genossen bereits vor. Nun ließ er sich ausführlich über meine Visite in Warschau informieren. Ich nannte ihm Namen und Funktion jener, mit denen ich gesprochen und was ich von ihnen erfahren hatte. Honecker hörte aufmerksam zu und machte sich gelegentlich Notizen. Einmal unterbrach er mich. »Hast du den Eindruck, dass deine Gesprächspartner Vertrauen zu Kania haben?«

»Nein. Sie vertrauen aber Juruszelski.«

»Das entspricht auch meiner Erkenntnis«, sagte Honecker. Das Problem sei nur, dass Jaruzelski angeblich nicht Erster Sekretär werden wolle. Die Krise in Polen sei eine Gesellschaftskrise. Sie sei so tief, dass es Jahre dauern werde, bis unsere Bruderpartei wieder Fuß fassen würde, meinte Honecker. Wir könnten nur Ruhe bewahren und dazu beitragen, dass sich die marxistischen Kräfte in der polnischen Partei durchsetzten.

Honecker machte sich ganz in diesem Sinne bei Breschnew stark. So war niemand von uns überrascht, als im Herbst 1981 Kania durch Verteidigungsminister Wojciech Jaruzelski (1923-2014) ersetzt wurde.

In der Nacht vom 12. zum 13. Dezember kam die wohl für uns alle unter den gegebenen internationalen Bedingungen beste Nachricht: Die polnische Führung hatte im Lande den Ausnahmezustand verhängt und die Bildung eines Militärrates zur Nationalen Rettung Polens erklärt. Das alles war eine innenpolitische Angelegenheit Polens. Jaruzelski hat mutig die Souveränität Polens verteidigt und möglicherweise die Welt vor einer militärischen Auseinandersetzung bewahrt.

Ich empfand Genugtuung, dass die DDR dazu ihren Beitrag geleistet hatte. Selbst die Regierenden unseres westlichen Nachbarn honorierten dies. Ex-Regierungssprecher Klaus Bölling schrieb in seinen 1987 erschienenen Erinnerungen »Die fernen Nachbarn. Erfahrungen in der DDR«: »Es ist Honeckers Verdienst, dass er sich schließlich auf die Seite derer stellte, die von einer Warschauer oder Danziger Bartholomäus-Nacht immer dringender abrieten.«

Mit Jaruzelski – für mich ein aufrechter polnischer Patriot, ein Freund der DDR und ein sehr angenehmer und intelligenter Mensch – blieb ich bis zu seinem Tod in Verbindung. Wir telefonierten gelegentlich. In den neunziger Jahren standen wir beide vor Gericht, er in Polen und ich in Deutschland. Als mein Prozess begann, rief er mich an und versicherte mir seine Solidarität.

Sein oder Nichtsein

»Egon, du bist doch Lehrer. Sag mir bitte, was Russakow gemeint hat, als er mir sagte, dass sich die Sowjetunion heute in einer Lage befindet wie vor Brest-Litowsk?«, fragte mich Honecker, als wir uns Ende Oktober 1981 auf dem Wege in den Sitzungssaal des Politbüros trafen. Der Generalsekretär spielte damit auf ein Gespräch an, das er am 21. Oktober mit Breschnews Sonderbotschafter Konstantion Russakow (1909-1993) geführt hatte. Der war gekommen, um uns mitzuteilen, dass die Erdöllieferungen aus der Sowjetunion für die DDR künftig um mehr als zwei Millionen Tonnen im Jahr gekürzt werden müssten. Zur Begründung hatte er angeführt, dass ein »großes Unglück« über die Sowjetunion gekommen sei, »in einem Ausmaß, wie es eines seit der Existenz der Sowjetunion noch nicht gegeben hat«. Wenn die DDR nicht bereit sei, »die Folgen dieses Unglücks gemeinsam mit uns zu tragen, dann bestehe die Gefahr, dass die Sowjetunion ihre gegenwärtige Stellung in der Welt nicht halten könne«, habe Russakow vorgetragen. Das Land befinde sich in einer ähnlich schwierigen Situation wie 1918, als es um den Abschluss des Friedensvertrages von Brest-Litowsk gegangen sei.

Die Bedeutung des Brester Friedens war mir aus der Geschichte gut bekannt. Es ging damals um Leben oder Tod von Sowjetrussland. Ich vermochte aber keinerlei Parallelen zwischen der Lage Sowjetrusslands 1918 und der Situation in der Sowjetunion 1981 herzustellen. Leben oder Tod der Sowjetunion? Diese Frage hielt ich für abwegig. Honecker ging es ähnlich. »Entweder sie verschweigen uns etwas, oder sie spielen uns Theater vor«, beendete er unsere kurze Unterhaltung.

Nachdem ich noch vor der Sitzung des Politbüros die Niederschrift über das dramatische Gespräch gelesen hatte, war ich ziemlich durcheinander. Zunächst glaubte ich, es hatten sich zwei Politiker über Dinge unterhalten, die sie lieber den Ökonomen überlassen sollten. Sie rechneten »Einheitsbrennstoff« in Erdöl, Erdgas, Steinkohle, Koks und Elektroenergie um. Verhandelten wie Krämer über Erdöl und Uran, über Lieferungen von Erdölprodukten und Konsumgüter. Stritten um die Frage, wer den größeren Vorteil von welchen gegenseitigen Lieferungen hatte, wer mit wem solidarisch ist und so weiter. Honecker listete dem sowjetischen

Gast auf, dass die DDR 1981 fast fünf Millionen Tonnen Uran in die UdSSR exportiert. Er ging so weit, dass er dies in »Einheitsbrennstoff« umrechnete und daraus schlussfolgerte, »dass wir mehr Einheitsbrennstoff in die Sowjetunion liefern als von dort empfangen«. Zudem würde sich die Sowjetunion nicht an der Finanzierung der Stationierungskosten beteiligen. Honecker erinnerte seinen Gesprächspartner daran, dass von den Erdöllieferungen aus der Sowjetunion allein eine Million Tonnen in Form von Benzin, Düsentreibstoff, Dieselkraftstoff und Schmierstoff an die Gruppe der sowjetischen Streitkräfte in Deutschland gehe.

Russakow konterte, dass die »Wahnsinnspolitik von Reagan« der Sowjetunion Ausgaben abfordere, die für sie allein nicht mehr zu tragen seien. Er ergänzte, dass fünfzig bis fünfundfünfzig Prozent der Uranmenge aus der DDR für militärische Zwecke zum Nutzen *aller* sozialistischen Länder verwendet würden und die DDR zudem noch zehn Prozent als Kernbrennstoff zurückerhielte. Der sowjetische Gesprächspartner bedauerte, dass es am »Vorabend des 75. Geburtstages von Leonid Iljitsch Breschnew zu einer Verschlechterung der Beziehungen zwischen der UdSSR und der DDR« gekommen sei. Die Sowjetunion habe der DDR immer geholfen. Sie müsse jetzt aber gegen Devisen im Westen Getreide und Zucker kaufen. Dafür müsse sie den Export von Erdöl in kapitalistische Länder erhöhen. Das ginge nur, wenn sie ihre Ausfuhren in die sozialistische Länder reduzierte.

Honecker blieb trotz dieser Offenbarung unbeeindruckt. Er erklärte, die Entscheidung der Sowjetunion, weniger Erdöl zu liefern, richte sich ausschließlich gegen die DDR. »Wir stehen dem revanchistischen Westen gegenüber, der mit fünf Fernsehkanälen und über fünfunddreißig Rundfunkstationen pausenlos auf uns einstürmt. Und in unserem Rücken haben wir die polnische Konterrevolution«, belehrte er Russakow. Die Auswirkungen der Kürzung der Erdöllieferungen aus der Sowjetunion seinen weder politisch noch ökonomisch zu beherrschen. Die DDR könne unter diesen Bedingungen ihre Zahlungsbilanz mit der Sowjetunion nicht ausgleichen, die Verschuldung bei den kapitalistischen Ländern nicht reduzieren und ihre Exportverpflichtungen in die Sowjetunion nicht erfüllen. Fazit: »Eine Reduzierung um zwei Millionen Tonnen Erdöl gibt einen solchen Rückschlag, dass die Stabilität der DDR nicht mehr gewährleistet ist.« Honecker bat Breschnews Sonderbotschafter, er solle diesen fragen, ob es zwei Millionen Tonnen Erdöl wert seien, die DDR zu destabilisieren?

Mir machte diese Zuspitzung Angst. Ich achtete, dass Honecker die Interessen der DDR verteidigte. Er wagte viel. Seine Hinweise auf die Wismut und die Gruppe der sowjetischen Streitkräfte in Deutschland haben die sowjetischen Freunde als »nationalen Überheblichkeit« zurückgewiesen. Bis zum Ende der DDR haben sie ihm das angekreidet. Mit jedem Jahr seiner Amtsführung versuchte er, sich ein Stück mehr Selbständigkeit von Moskau zu erobern. Geschickt nutzte er, dass Breschnew durch seine verminderte Arbeitsfähigkeit nicht mehr so handlungsfähig war wie früher. Ich sah das mit zwiespältigen Gefühlen. Ich gehörte zu denen in der DDR-Führung, die überzeugt waren, ohne Sowjetunion kann die DDR nicht existieren. Wegen zwei Millionen Tonnen Erdöl sollte nach meiner Überzeugung nicht die Grundfrage nach der Qualität der gegenseitigen Beziehungen gestellt werden.

Wir wussten damals, dass die sowjetische Führung offensichtlich einen Kassensturz gemacht hatte. Die ökonomische Lage der UdSSR war besorgniserregend. Russakow hatte emotional dramatisiert: »Genosse Breschnew sagte mir, wenn du Genossen Honecker sprichst, sage ihm, dass ich geweint habe, als ich unterschrieb« (gemeint war die Kürzung der Erdöllieferung). Russakow sah die Sowjetunion in der Rolle eines »Bittstellers« und hoffte, dass dies nicht die »Würde« der Sowjetmenschen verletzte.

Was war geschehen? Die UdSSR hatte sich auf eine neue Runde des Wettrüstens mit den USA eingelassen. Sie stand mit ihren Truppen in Afghanistan. Sie half in Kuba, Angola, Mocambique, in Jemen, Vietnam, Laos, Kambodscha ... Sie musste drei Missernten hintereinander überstehen. Es fehlte an Getreide, Kartoffeln, Zucker, an Lebensmittel aller Art. Die Viehbestände waren dezimiert, die Reserven aufgebraucht. »Die Sowjetunion liegt fast an letzter Stelle im Vergleich des Lebensstandards aller sozialistischen Länder. Wir sagen offen: Es geht nicht mehr, wir können nicht weiter zurück«, schlussfolgerte Russakow.

Trotz aller Probleme auf dem Weltmarkt hatte die UdSSR der DDR stets eine bevorzugte Stellung eingeräumt. 1971 bezahlten wir pro Tonne Erdöl vierzehn Rubel, 1978 waren es schon fast achtundfünfzig, aber immer noch weniger als auf dem Weltmarkt, wo 1971 die Tonne etwas über achtzehn Dollar und 1978 bereits dreiundneunzig Dollar kostete. Der Import aus der UdSSR war alles in allem ein gutes Geschäft für die DDR.

Das Problem lag woanders: Unsere Verarbeitungskapazitäten für Erdöl lagen über den bezogenen siebzehn Millionen Tonnen Rohöl. Zur Auslastung dieser Kapazitäten mussten wir Öl dazukaufen. Wir hatten auch Maßnahmen zur tieferen Spaltung des Erdöls in Angriff genommen, um höhere Erlöse beim Export zu erzielen. Es gefiel den Freunden zudem nicht, dass wir Erdölprodukte in die BRD und nach Westberlin lieferten. Diese Devisen hätten sie selbst gern mitgenommen.

Es war schon eigenartig, was sich nach dem Gespräch Honeckers mit Russakow im Politbüro abspielte. Günter Mittag lastet von nun an alle Unzulänglichkeiten unserer Wirtschaftsentwicklung dieser sowjetischen Entscheidung an. Sie war plötzlich auch die Hauptursache für unsere zunehmenden Verpflichtungen auf dem kapitalistischen Weltmarkt.

Die Moskauer Entscheidung war – trotz allen Verständnisses – für die DDR folgenschwer.

Die Leistungen unserer Volkswirtschaft sollten weiter steigen, obwohl uns wichtige Roh- und Werkstoffe fehlten. Es musste eine völlig neue Energiestruktur zugunsten der Rohbraunkohle geschaffen werden. Wir produzierten Braunkohle wie noch nie: über zweihundertsechzig Millionen Tonnen im Jahr. Dreihundert Millionen Tonnen sollten es bis 1985 werden.

Im Zentralkomitee rechneten uns die Ökonomen vor, dass die Brennstoffkosten für eine Tonne Dampf aus Braunkohle zwölf Mark betrage, aus Heizöl aber fünfundsechzig. Jetzt erinnerten wir uns an das Wort des russischen Wissenschaftlers Mendelejew, der vor Jahrzehnten gesagt hatte: »Erdöl verbrennen bedeutet, Geldscheine zu verheizen.«

Es wurde die Aufgabe gestellt, keine Heizöl mehr zur Wärmeerzeugung einzusetzen. Doch niemand sagte, was es ökonomisch bedeutete, mehr als drei Viertel der benötigten Primärenergie mit eigenen Rohstoffen – also mit Braunkohle – zu erzeugen. Kraftwerke mussten umgestellt oder neue gebaut werden. Braunkohle und Asche wurden durch die Republik gefahren. Die Umwelt wurde zusätzlich belastet. Wichtige Investitionen in anderen Bereichen mussten zurückgestellt werden. Neu- und Erweiterungsbauten wurden weitgehend gestrichen. Investitionen sollten in der Hauptsache nur noch Rationalisierungsinvestitionen sein. Als verhängnisvoll erwies sich die Festlegung, Erhaltung und Modernisierung von Wohnbauten in die Verantwortung der Kommunen zu legen, ihnen fehlten Mittel und Personal. Kein unwesentlicher Grund, weshalb wertvolle Altbausubstanz in den Städten zerfiel.

Wir lagen in der Arbeitsproduktivität über dem Niveau von Italien, mit Großbritannien etwa auf gleicher Höhe, hatten aber gegenüber Frankreich und der BRD einen Rückstand von rund dreißig Prozent. Insofern hatte Honecker Recht: Es ging auch um die Existenz der DDR. Wenn es nicht gelingen würde, eine höhere Arbeitsproduktivität zu erreichen, dann konnte die sozialistische Gesellschaft nicht obsiegen.

Ohne Sowjetunion aber, das vergaß Honecker manchmal, war die DDR verloren.

Auf Umwegen zum Gipfel

Nachdem Honecker jahrelang von Moskau gestoppt worden war, sich mit Helmut Schmidt zu treffen, änderte er im Oktober 1979 sein taktisches Vorgehen. Moskau hatte immer argumentiert, solange sich die Bundesrepublik weigert, die DDR Staatsbürgerschaft anzuerkennen bzw. zu respektieren, darf die DDR keine Zugeständnisse machen.

Honecker strebte nun danach, einem deutsch-deutschen Spitzentreffen das Anrüchige einer »innerdeutschen« Begegnung zu nehmen. »Was meinst du«, fragte er mich am 6. Oktober 1979 nach dem Fackelzug der FDJ zum DDR-Jubiläum, »wenn wir zur Unterstützung der Abrüstungsvorschläge von Leonid Iljitsch eine Unterschriftensammlung durchführen?«

»Das ist eine gute Idee. Über das eindeutige Ergebnis wird man sich im Westen wundern«, antwortete ich.

»Und in Moskau wird man sich freuen. Man wird zur Kenntnis nehmen müssen, wie einmütig sich unsere Bevölkerung für die sowjetische Friedenspolitik ausspricht und die Bonner Raketenpläne ablehnt«, meinte Honecker. Er bat mich, eine kurze Willenserklärung des Volkes der DDR gegen die Stationierung neuer amerikanischer Raketen in Europa zu entwerfen.

Am anderen Tag bekam er meinen Entwurf. Offensichtlich hatte er solche Erklärungen auch von anderen Mitgliedern des Politbüros erbeten. Keine gefiel ihm. Er legte darum dem Politbüro einen eigenen Entwurf vor. Dieser enthielt die volle Unterstützung der DDR für die Forderungen des sowjetischen Staatsoberhauptes zur Rüstungsbegrenzung, Abrüstung und Entspannung. – Innerhalb weniger Wochen unterschrieben über dreizehn Millionen Bürger der DDR die Willenserklärung gegen neue Raketen in Europa.

Damit im Rücken trat Honecker gegenüber Moskau selbstbewusst dafür ein, Schmidt und seine Regierung in diese Politik einzubinden.

»Einbinden« wurde das Zauberwort. Wir meinten, die DDR besäße die Kraft, der Bundesrepublik klarzumachen, dass bei Stationierung neuer amerikanischer Raketen in Europa die Entspannungspolitik von Willy Brandt gefährdet sei. Wer stationiere, schließe Zusammenarbeit aus. Der sei es auch nicht wert, die Früchte der bisherigen Entspannungspolitik zu genießen. Er setze alles auf Spiel, was seit 1973 erreicht worden sei.

Honecker ließ Arbeitspapiere für eine Zusammenkunft mit Bundeskanzler Schmidt ausarbeiten, die diesen Akzent enthielten. Ende Oktober 1979 beschäftigte sich das Politbüro damit. Um einen möglichen Widerstand gegen ein deutsch-deutsches Gipfeltreffen in den eigenen Reihen zu verhindern, sagte er zur Begründung der Arbeitspapiere: »Ich will sie direkt an Leonid Iljitsch schicken. Soll er sich selbst überzeugen, dass wir kein gesamtdeutsches Geschwätz wollen.«

Die Arbeitspapiere stellten zum ersten Mal den Wert eines Gipfeltreffens heraus. »Alles ist möglich«, sagte Honecker, »wenn sie uns behandeln wie jeden anderen Staat auf der Welt und vor unserer Haustür keine neuen Atomraketen stationieren.« Honecker wollte ein schnelles Treffen. Er bevorzugte Ende November 1979, noch vor dem SPD-Parteitag, der sich vom 3. bis 7. Dezember 1979 mit den Raketenstationierung in der BRD beschäftigen wollte. Dieser Termin hätte wahrscheinlich wegen der Einflussmöglichkeiten Honeckers auf die SPD-Politik das Einverständnis aus Moskau befördert. Schmidt hatte aber wissen lassen, dass er einen Termin in Leipzig im Zusammenhang mit der Frühjahrsmesse 1980 bevorzuge. Wir vermuteten wegen des gewünschten Bades in der Menge. Das hätte aber neues Misstrauen unserer sowjetischen Freunde hervorgerufen.

Wir wollten das Treffen an einem Ort, an dem keine »gesamtdeutschen Emotionen« geschürt werden konnten. Wir planten es im Gästehaus der Regierung in Dierhagen an der Ostsee. Doch Schmidt hatte einen privaten Wunsch: Er wollte das Grab seines verstorbenen Sohnes Helmut Walter besuchen, der mit knapp sieben Monaten 1945 verstorben war. Er hatte ihn wegen seines Militärdienstes nie gesehen. Das Grab befand sich in Schönau bei Berlin. Schmidt übermittelte uns seinen Wunsch, während des Treffens das Grab zu besuchen. Dem Rechnung tragend, schlugen wir einen Ort in der Schorfheide vor. Bis ins Detail wurde das alles nach Moskau geschickt. Honecker war guter Dinge, dass es diesmal mit dem Gipfel funktionieren könnte.

Schmidt ließ sich jedoch so schnell nicht festlegen. Die Berlin- Initiative von Breschnew passte ihm nicht. Man könne an so grundsätzliche Dinge wie die Raketenstationierung »nicht gefühlsmäßig herangehen«, meinte der Kanzler. In einer mündlichen Botschaft teilte er Honecker mit: »Nach dem bisherigen Stand ist ein Beschluss der NATO über die Produktion und Stationierung der Mittelstreckenraketen Pershing II und Cruise Missiles nicht mehr zu verhindern.«

Wir fassten das als Ablehnung der Breschnew Vorschläge auf. Das schnelle Gipfeltreffen war wieder in weite Ferne gerückt. Die Deutschlandpolitiker in Moskau triumphierten über den Irrtum Honeckers. Er habe, wie Moskau das angeblich voraussah, von Schmidt »eine Ohrfeige bekommen«. Die Arbeitspapiere unseres Politbüros lagen bei Breschnew. Sie wurden vorerst nicht beantwortet. Es drohte eine neue Zeit der deutsch-deutschen Sprachlosigkeit.

Nun griff Herbert Wehner ein. Er hatte seit dem Treffen mit seinem Jugendgenossen Erich 1973 in seinem Notizbuch die Telefonnummer 48288020. Diese kannten nur die Mitglieder des Politbüros und die Stellvertreter Honeckers im Staatsrat. Es war der private Telefonanschluss des Staatsoberhaupts der DDR. Der SPD-Politiker nutzte diese Nummer nur dann, wenn es besonders schwierig wurde. So war es einige Tage vor dem Westberliner SPD-Parteitag im Dezember 1979.

An einem Abend, als Honecker schon sein Büro verlassen hatte, klingelte in seiner Wandlitzer Wohnung dieser Apparat. Wehner informierte Honecker über die diffizile Lage von Schmidt. Es könne passieren, so Wehner, dass der Kanzler den Parteitag politisch nicht überstehe. »Wenn der Parteitag einen Beschluss gegen die Raketen fasst, dann ist die Glaubwürdigkeit von Schmidt im Bündnis aufgebraucht. Dann muss er zurücktreten.« Das, so der Fraktionsvorsitzende der SPD-Bundestagsfraktion, könne nicht im Interesse der DDR sein. Er werde Schmidt bitten, noch vor dem Parteitag mit Honecker zu telefonieren. Er wolle nur, dass Honecker vorbereitet sei und Verständnis für die fast ausweglose Situation von Schmidt habe, der zwar Kanzler sei, aber nicht SPD-Vorsitzender.

Honecker versprach, darüber nachzudenken.

Schmidt meldete sich am 28. November 1979 bei Honecker. Er schilderte seine Sorgen mit der SPD. Zwar sei der Beschluss zur Stationierung nicht mehr zu verhindern, sagte er zu Honecker, aber er wolle sich bemühen, dass noch ein zweiter Beschluss gefasst werde. Danach soll die Zeit bis 1983 genutzt werden, um mit der Sowjetunion erneut über Produktion und Stationierung von Mittelstreckenraketen zu verhandeln. Wenn die Gespräche erfolgreich seien, so Schmidt, könne auf die Stationierung verzichtet werden.

Honecker beschwor den Kanzler, sein politisches Schicksal nicht mit den amerikanischen Raketen und deren Stationierung in Westeuropa zu verbinden.

Am 29. November 1979 rief Honecker zu einer Sondersitzung des Politbüros, um über das Telefonat mit Schmidt zu informieren.

Er war euphorisch. Es sei ein Erfolg, dass Schmidt Verhandlungen über die Raketenfrage in Aussicht gestellt habe. Darüber müsse Breschnew umgehend informiert werden. Der für internationale Fragen zuständige Hermann Axen wurde beauftragt, nach Moskau zu fahren und dabei auch an die eingereichten Arbeitspapiere über den beabsichtigten Schmidt-Besuch in der DDR zu erinnern.

Es dauerte fast zwei Monate, bis Axen einen Termin bekam.

Am 23. Januar 1980 empfing ihn auch nicht Breschnew, sondern lediglich Suslow. Ich hätte nicht in der Haut von Axen stecken mögen. In der Regel foppte Honecker ihn, wenn er von Verhandlungen mit ausländischen Partnern nicht mit dem gewünschten Ergebnis nach Hause kam. Er meinte dann meist: »Hermann, du hast das nicht richtig erklärt.«

Um die Schwierigkeit seiner Moskauer Mission wissend, legte Axen dem Politbüro vorab seinen schriftlichen Fahrplan vor. Ich habe mir ihn in meinem Arbeitsbuch notiert, so dass ich die wesentlichen Auszüge hier wiedergeben kann:

Axen: »Unter dem Gesichtspunkt, den Einfluss der DDR auf die BRD zu verstärken, hält es das Politbüro der SED für zweckmäßig, das vereinbarte Arbeitstreffen zwischen Erich Honecker und dem Kanzler der BRD, Helmut Schmidt, durchzuführen, um dabei Druck auf die Regierung der BRD auszuüben. Das Politbüro kommt deshalb zu dieser Auffassung, weil Mitteilungen aus bestimmten Kanälen besagen, dass die USA-Regierung nicht mit den Reiseplänen von Helmut Schmidt in die DDR und nach Moskau einverstanden ist. Außerdem gibt es im Parteivorstand der SPD Meinungsverschiedenheiten, weil einige Mitglieder nicht bereit sind, die Entspannungspolitik zu opfern.

In diesem Zusammenhang betrachtet, scheint uns das Treffen mit Schmidt nützlich. Andere Fragen, etwa die sogenannten innerdeutschen, sollten bei diesem Arbeitstreffen nicht zur Diskussion stehen. [...]

Das Politbüro des ZK der SED bittet das ZK der KPdSU um eine möglichst baldige Entscheidung in dieser Frage. Da Helmut Schmidt die Absicht hat, ein solches Treffen im Zusammenhang mit der Leipziger Messe zu veranstalten – woran die DDR überhaupt nicht interessiert ist –, beabsichtigen wir, das Treffen Ende Februar in einem Gästehaus der Regierung der DDR durchzuführen.«

Axen machte seinem Gesprächspartner deutlich, dass das Treffen möglichst bald stattfinden müsse. Nur so könne verhindert werden, dass US-Präsident Carter neue Tatsachen schaffte, die die internationale Lage verschärften und die BRD-Regierung dafür einspannte. Honecker könne auch auf Schmidt einwirken, dass die BRD an den Olympischen Spielen in Moskau teilnehme, hieß es weiter.

Unsere sowjetischen Freunde ließen sich von dieser Argumentation nicht beeindrucken. Zwar sagte Suslow die Weiterleitung des Anliegens an Genossen Breschnew zu, doch er ließ keinen Zweifel daran, dass es aus Moskauer Sicht in der Sache bei einem klaren »Nein« bleiben würde. In der gegenwärtigen Situation würde ein Treffen mit Schmidt der Bundesrepublik einseitige Vorteile bringen. Wörtlich: »Die Politiker der BRD spielen mit den Amerikanern zusammen. In dieser Situation könnte ein Treffen mit Schmidt so aufgefasst werden: Eine Sache ist, dass die BRD mit den Amerikanern zusammenspielt. Und etwas ganz anderes ist es, dass die DDR und die BRD ihre ›innerdeutschen Beziehungen‹ entwickeln.«

Axen bemühte sich sehr, diese Bedenken zu zerstreuen. »Schmidt trifft sich mit Gierek, Kádár, Shiwkow und Husák. Um die DDR aber darf er einen Bogen machen. Das ist für uns diskriminierend. So wird die DDR isoliert«, widersprach Axen dem Breschnew-Stellvertreter.

Suslow erwiderte, worum es der Sowjetunion ging: »Die BRD sieht zusammen mit den USA ihre Aufgabe darin, die Sowjetunion international zu isolieren. In dieser Situation wäre das Treffen mit Schmidt ein Signal der DDR, dass die Sowjetunion isoliert werden *kann.*«

Ich hätte mich mit dieser Antwort abgefunden. Sie war deutlich und appellierte an die DDR, sich nicht von der Sowjetunion zu entfernen. Anders Axen. Er blieb standhaft. Er wollte nicht mit der Meinung Suslows nach Hause fahren. Er wollte die Antwort des ersten Mannes der Sowjetunion mit nach Berlin nehmen. Er wartete einen ganzen Tag.

Dann teilte Ponomarjow mit, dass sich das Politbüro der KPdSU mit der Anfrage Honeckers und dem Arbeitspapier zum Schmidt-Besuch beschäftigt habe. Außenminister Gromyko habe darauf hingewiesen, dass Schmidt auch die Volksrepublik Polen und die ČSSR besuchen wolle. Beide Länder hätten dies in Solidarität mit der Sowjetunion abgelehnt. Nach Prüfung aller Fakten habe das Politbüro des ZK der KPdSU beschlossen, »dass ein Treffen zwischen Erich Honecker und Helmut Schmidt jetzt und in absehbarer Zeit nicht zweckmäßig ist.«

Honeckers Enttäuschung war groß. Da half auch nicht, dass die sowjetische Führung sich noch nicht entschieden hatte, ob Schmidt nach Moskau eingeladen werde oder nicht.

Erst nachdem sich Breschnew und Honecker Anfang Mai 1980 am Rande der Trauerfeierlichkeiten für den jugoslawischen Staatspräsidenten Tito trafen, kündigte der sowjetische Parteiführer an, dass der Bundeskanzler wahrscheinlich Ende Juni Moskau besuchen könne. »Schmidt«, so Breschnew, »bemüht sich noch immer um eine Reiseerlaubnis aus den USA.«

Honecker, der seinerseits weiter auf die Zustimmung der Sowjets zu einer Begegnung mit Schmidt wartete, hoffte auf grünes Licht, wenn der Kanzler bei seinem Besuch in Moskau die Sowjetführung beeindrucken würde. Vorerst aber gab der KPdSU-Generalsekretär seinem Genossen aus der DDR auf den Weg: »Nein, Erich, die Gespenster des Kalten Krieges sind nicht aus den Schluchten Afghanistans und nicht von den Hochebenen Irans aufgetaucht, sie sind in den Korridoren des Weißen Hauses unterwegs.«

Einige Wochen später lud mich Honecker zu einem Gespräch ein. Dabei erfuhr ich, warum er trotz des eisigen Gegenwindes aus Moskau so erbittert um ein Treffen mit Schmidt kämpfte. Zweifelsohne war es zunächst das Bemühen, Schmidt zu überzeugen, dass die deutschen Staaten keine amerikanischen Atomraketen brauchen. Doch da war noch etwas anderes im Spiel. Klaus Gysi (1912-1999), in den siebziger Jahren Botschafter in Italien, hatte in jener Zeit in Rom interne Kontakte zu amerikanischen Politikern aufgebaut, die dem US-Präsidenten nahestanden. Sie hatten signalisiert, dass Carter bereit sei, das DDR-Staatsoberhaupt in die USA einzuladen. Voraussetzung sei, dass es vorher zu einem deutsch-deutschen Gipfel komme.

Das wäre der i-Punkt für die internationale Anerkennung der DDR gewesen: der DDR-Staatsratsvorsitzende zu Gast im Weißen Haus.

Ob Moskau von diesen Plänen wusste, kann ich nur vermuten. Angesichts der Verflechtung unserer Sicherheitsorgane und der Internationalen Abteilungen der Zentralkomitees von KPdSU und SED gehe ich davon aus, dass nichts von uns in Moskau geheim blieb. Honecker in den USA und Boykott der Olympischen Spiele von Moskau durch die USA – das passte nicht zusammen. Da würden beide Parteiapparate nicht mitmachen. Das verstand, so dachte ich jedenfalls, jedes Kind. Ich nahm an, dass von nun an auch der Schmidt-Besuch in der DDR für lange Zeit vom Tisch sei und es sich nicht lohne, wegen dieses Besuches einen Dauerstreit mit den Freunden zu führen.

Honecker ließ jedoch nicht locker.

Während er im August wieder auf dem Weg zur Krim war, um sich mit Breschnew zu treffen, beschloss das Politbüro in seiner Abwesenheit am 12. August 1980, dass das Treffen mit Schmidt am 28. oder 29. August 1980 am Werbellinsee stattfinden solle. Zur Überraschung von uns allen lag der Politbüro-Vorlage ein *Non-Paper* für die Übergabe an den Bundeskanzler bei. In neun Punkten wurden darin großzügige Angebote gemacht: für Reisen in dringenden Familienangelegenheiten, für die

Erweiterung des Jugendtourismus, für Einreiseverbesserungen in grenznahe Kreise, für die Erleichterung von Einreisegenehmigungen in die DDR, für die Erhöhung der Freigrenzen für die Mitnahme von Geschenken bei Einreisen in die DDR und bei Ausreisen aus der DDR sowie für die Verlängerung der Zulassung von Grenzübergangsstellen für den Transitverkehr zwischen der BRD und Westberlin.

Am 12. August 1980 meldete das *Neue Deutschland* unter dem Aufmacher »Freundschaftliche Begegnung zwischen Leonid Breshnew und Erich Honecker« auf der ersten Seite, dass » der Leiter der Ständigen Vertretung der DDR in der BRD, Botschafter Moldt, dem Staatsminister beim Bundeskanzler, Huonker, die Einladung des Generalsekretärs des Zentralkomitees der Sozialistischen Einheitspartei Deutschlands und Vorsitzenden des Staatsrates der Deutschen Demokratischen Republik, Erich Honecker, an den Bundeskanzler der Bundesrepublik Deutschland, Helmut Schmidt, zu einem Arbeitsbesuch in der Deutschen Demokratischen Republik« übergeben habe. »Der Arbeitsbesuch findet am 28. und 29. August 1980 in der DDR am Werbellinsee statt. Dem Bundeskanzler und seiner Begleitung steht das Jagdschloss Hubertusstock zur Verfügung.« Zwei Tage später wurde mitgeteilt, dass die Einladung angenommen worden sei.

Was war geschehen?

Ende Juni 1980 hatten Schmidt und Genscher die UdSSR besucht. Honecker erhielt danach aus Moskau die Mitteilung, dass nunmehr auch an ein Treffen mit Schmidt in der DDR gedacht werden könne, wenn er dies mit Breschnew vereinbarte. Wörtlich: »Wir müssen an die bevorstehenden Wahlen zum Deutschen Bundestag im Herbst denken. Es liegt nicht in unserem Interesse, dass die jetzige Bonner Koalition von der Macht verdrängt wird.«

Das war auch unsere Überzeugung. Wahlhilfe für die SPD leisteten wir nicht zum ersten Mal. Honecker folgte dem Rat des Moskauer Apparats gern und ließ alles für Schmidts Empfang vorbereiten. Er brauchte nur noch das »Da« Breschnews.

Das bekam er aber nicht. Beim Besuch auf der Krim fiel er ein weiteres Mal auf die Nase. Breschnew sagte ihm, noch sei aus sowjetischer Sicht die Zeit für ein Treffen mit dem Bundeskanzler nicht reif.

Honecker war die ganze Sache inzwischen peinlich. Der Besuch war faktisch perfekt eingefädelt, das Aufenthaltsprogramm schon gedruckt. Selbst die exakte Ankunftszeit des Kanzlersonderzuges an der Grenzübergangsstelle Herrenburg stand fest. Die Unterbringung des Bundeskanzlers sollte im Jagdschloss Hubertusstock erfolgen. Die FDJ hatte ihre Jugendhochschule am Bogensee geräumt, damit dort ein Pressezentrum für die große Zahl der zu erwartenden Journalisten eingerichtet werden konnte. Angesichts der festen Vereinbarungen genierte Honecker sich, Schmidt nach Breschnews Absage auszuladen.

In dieser Situation erfuhren wir über die Medien, dass Helmut Schmidt einen Abstecher nach Rostock machen wolle. Dort aber hatte die FDJ ein Freundschaftstreffen mit Kuba. Es wurden Zehntausende junge Leute erwartet. Ich bekam von Honecker den Auftrag, in den Medien mitzuteilen, dass für einen Besuch des Bundeskanzlers im Norden der Republik wegen des Jugendtreffens kein Platz sei. Das blieb so gut wie ungehört. Der Besuchstermin kam näher. Und immer noch keine Lösung.

Die Rettung kam unerwartet aus Bonn. Der Bundeskanzler griff zum Telefon und teilte Honecker mit, dass er wegen der Ereignisse in Polen nicht in die DDR kommen könne. Honecker war erleichtert. Mielke lästerte, Honeckers Leute im Bundeskanzleramt hätten Schmidt gedrängt, bei der Absage des Besuchs Honecker zuvorzukommen. Wie es auch sei. Die beiden deutschen Chefs durften miteinander nicht reden, weil es ihren jeweiligen Großmächten nicht gefiel. Sie waren beide zufrieden, dass die Absage des Termins ihnen keinen persönlichen Ärger brachte. Die deutsch-deutschen Gespräche gingen intensiv weiter. Das Neue Deutschland meldete am 23. August: »Bundeskanzler Helmut Schmidt hat das für kommende Woche in der DDR geplante Arbeitstreffen mit dem Generalsekretär des ZK der SED und Vorsitzenden des Staatsrates der DDR, Erich Honecker, abgesagt. Regierungssprecher Staatssekretär Klaus Bölling teilte am Freitag in einer nach vierstündiger Beratung beim Kanzler in Hamburg verlesenen Erklärung mit, die jüngsten Ereignisse in Europa ließen ein Treffen zum gegenwärtigen Zeitpunkt nicht geeignet erscheinen.«

Gaus und Schalck, ab 1981 auch Bölling und Schalck, sorgten dafür, dass angesichts der Eiszeit zwischen den Großmächten die Wirtschaftsinteresse der beiden deutschen Staaten nicht unter die Räder kamen. Die Bosse vom Rhein kamen immer öfter an die Spree und gingen in den Wäldern um Berlin gelegentlich mit Honecker auf die Jagd. Das schuf wohl ein Vertrauen besonderer Art. Generalsekretär und Kanzler telefonierten derweil miteinander immer dann, wenn die Unterhändler in den Gesprächen nicht weiterkamen oder aber neue Impulse brauchten. Im Politbüro hatten wir den Eindruck, dass die beiden sich mochten. Honecker veranlasste einige Gesten der DDR, die im Zusammenhang mit den Wahlen zum Abgeordnetenhaus in Westberlin am 10. Mai 1981 dazu beitragen sollten, die

Wahl des SPD-Politikers Vogel zum Regierenden Bürgermeister zu erleichtern. Dazu gehörten auch Maßnahmen, die jegliche Zwischenfälle an der Grenze zu Westberlin ausschließen sollten. Wenn es um die Unterstützung der Wahl von SPD-Politikern ging, waren wir großzügiger als wir sein durften. Alles, was Westberlin betraf, mussten die sowjetischen Freunde entscheiden. Als sie von den Gesten Honeckers gegenüber Vogel erfuhren, erhielt unser Chef nicht nur einen gehörigen Rüffel. Er wurde auch gedemütigt. Die DDR hatte sich in Bezug auf die Öffnung eines Grenzübergangs für den Transitverkehr von Westberlin in die BRD großzügig gezeigt. Prompt ließ die sowjetische Botschaft in der DDR erklären, dies liege außerhalb der Kompetenz der DDR. Wenn der Grenzübergang Staaken offenbleiben soll, müsse der von Stolpe-Dorf geschlossen werden.

Den Freunden ging es weniger um den konkreten Fakt. Mehr darum, der DDR die Grenzen ihrer Macht für Berlin zu zeigen.

In dieser in den deutschen Angelegenheiten eher lautlosen Zeit wechselte Bonn den Leiter seiner Ständigen Vertretung in der DDR, oder wie wir sagten, seinen Botschafter, aus. Warum? Das haben wir so richtig nie erfahren. Günter Gaus (1929-2004) war der erste offizielle Vertreter der Bundesrepublik in der DDR überhaupt. Er legte aber immer Wert auf die Formulierung: *bei* der DDR. Günter Gaus war ein Intellektueller. Nicht alle im Politbüro mochten ihn. Gespräche mit ihm waren geistig fordernd und anspruchsvoll. Manchmal konnte man ihn auch mit seiner Tochter unter den Gästen des Festivals des Politischen Liedes erleben.

Es hatte für mich schon etwas Besonderes an sich, wenn im alten Berliner Friedrichstadtpalast die Tochter neben ihrem berühmten Vater gleich ihren Altersgefährten aus der DDR beim Singen der Internationale die rechte Hand zur Faust geballt erhob. Ich hatte nicht den Eindruck, dass dies dem Vater peinlich war. Das machte ihn mir sympathisch, obwohl er politisch der Vertreter eines von mir nicht geliebten Staates war.

Als mich Günter Gaus einmal im Zentralrat der FDJ besuchte, hatten wir einen sehr inhaltsreichen Gedankenaustausch, ob es wohl im Sozialismus einen Generationenkonflikt geben könne. Ich verneinte, gestand höchstens ein gewisses Generationsproblem ein, keinen Generationengegensatz. Ich meinte, im Sozialismus seien die Grundinteressen von jung und alt identisch.

Er widersprach. Die Tatsachen gaben ihm ja wohl auch recht.

Sein eitler Nachfolger Klaus Bölling (1928-2014) erreichte weder das Format noch das Ansehen seines Vorgängers Günter Gaus. Honecker machte sich gelegentlich lustig über ihn. Kurz bevor Bölling akkreditiert wurde, fragte mich Honecker: »Hast du im FDJ-Archiv Material über den Schönling?«

Ich verstand nicht. »Über wen?« fragte ich zurück.

»Na, über Bölling. Er erzählt überall, er habe nach 1945 für mich gearbeitet. Ich kann mich daran nicht erinnern«, erzählte Honecker.

Ich ließ im Archiv der FDJ forschen. Wir fanden nichts. Honecker erhielt später aus dem Parteiarchiv der SED etwas, was auf eine Arbeit von Bölling in einer Zeitschrift der FDJ schließen ließ, nicht aber darauf, dass er in Honeckers unmittelbarer Nähe gearbeitet hätte.

»Macht nichts«, kommentierte der Generalsekretär, »soll Bölling im Glauben bleiben, mir Reden geschrieben zu haben. Der schreibt, wenn es drauf ankommt für jeden Reden. Du kannst gelegentlich durchblicken lassen, dass ich mich so richtig an ihn nicht erinnern kann.«

Nun war dieser Mann aber Diplomat der Bundesrepublik in der DDR. Als Honecker ihn im März 1981, kurz nach dem Parteitag der sowjetischen Bruderpartei und nur wenige Wochen vor unserem X. Parteitag, zu sich bat, um ihm eine mündliche Botschaft an den Bundeskanzler zu übermitteln, wäre es fast zu einem Eklat gekommen. Der Ständige Vertreter verstand nicht die Absicht Honeckers, den Bundeskanzler vorab mit wichtigen strategischen Fragen vertraut zu machen, die die SED auf ihrem bevorstehenden Parteitag behandeln würde. Voller Erregung berichtete Honecker in der darauffolgenden Sitzung des Politbüro, dass »der Bölling nicht einmal zuhören kann. Statt die mündliche Botschaft zur Kenntnis zu nehmen und sie an seinen Chef weiterzuleiten, kommentierte er sie als wäre er selbst der Bundeskanzler. Was bildet der sich ein? Ich habe ihm gesagt«, so Honecker, »dass es dem Kanzler obliege, sich ein Urteil zu bilden, nicht ihm.« Honecker zog aus seinen Worten Konsequenzen. Von nun an nutzte er öfter als früher nur seine direkten Kanäle zum Bundeskanzler. An Bölling vorbei. Es passt zu meinem Bild von dieser Persönlichkeit, dass er aus Selbstgefälligkeit die Veränderung Honeckers ihm gegenüber nicht einmal mitbekam.

Honeckers Treffen mit dem Bundeskanzler wurde 1980/81 viele Monate in der Schwebe gehalten. Willi Brandt besuchte im Juni 1981 Moskau. Breschnew verwies den SPD Vorsitzenden darauf, dass der Bundeskanzler zu Honecker erst reisen kann, sobald er selbst seinen Staatsbesuch in der Bundesrepublik absolviert habe.

Eine schwierige Planung für uns. Den genauen Termin der Breschnew-Reise wollte Moskau noch nicht nennen. Honecker versuchte ihn während seines Krimtreffens dem sowjetischen Staatschef zu entlocken. Der reagierte jedoch lapidar: »Mein Besuch in der BRD ist, wie du weißt Erich, für Ende des Jahres geplant. Wir werden uns mit dem Termin nicht beeilen. Es wäre aber unvernünftig, die BRD den Amerikanern auszuliefern. Man muß mit der gegenwärtigen Regierungskoalition weiterarbeiten. Wenn wir gegenüber den westdeutschen Politikern größere Härte an den Tag legen, fangen sie an, besser zu verstehen, dass man unsere Interessen nicht ungestraft schmälern darf.« Honecker hatte inzwischen gelernt. Er wartete nun diszipliniert ab, bis der KPdSU-Generalsekretär uns seine Reisepläne mitgeteilt hatte.

Im Herbst 1981 beendete Helmut Schmidt die deutsch-deutsche Denkpause. Am 30. Oktober zwischen 10 und 11 Uhr rief er Honecker an. Er wollte von ihm etwas Persönliches über den sowjetischen Partei- und Staatschef erfahren. Schließlich stand inzwischen fest, dass Breschnew am 23. und 24. November nach Bonn kommen würde.

Honecker antwortete, der Mann aus dem Kreml habe »Vertrauen in die Redlichkeit« des Kanzlers. Er verschwieg ihm natürlich, dass die eigentliche Sympathie des KPdSU-Generalsekretärs nicht dem Kanzler, sondern Willy Brandt galt. »Brandt hat gegen Hitler gekämpft. Schmidt hat als deutscher Offizier Leningrad belagert. Brandt ist unser Genosse, Schmidt dagegen ein Bruder Carters«, hatte Breschnew vor einiger Zeit bei einem Jagdausflug zu Honecker gesagt.

Honecker mochte diese Vergleiche nicht. Er glaubte, dass seien immer noch die alten Anspielungen auf die Guillaume-Affäre, die Brandt angeblich gestürzt habe. Wohl auch deshalb bemühte sich Honecker, Helmut Schmidt das Gefühl zu geben, Breschnew vertraue ihm.

Der eigentliche Grund des Anrufs war aber ein anderer: Nun, da klar war, wann der sowjetische Gast an den Rhein kommt, wollte Schmidt endlich wissen, wann er Honecker besuchen dürfe. Er messe dem Treffen große Bedeutung bei und lege Wert auf die Feststellung »ohne Vorbedingungen«. Er schlug Honecker vor, »dass wir uns um Weihnachten herum treffen«. In der Öffentlichkeit könne man ja durchblicken lassen, dass »das Treffen wahrscheinlich im Februar oder März 1982 sein wird«. Auf diese Weise bekommen wir »die Hetzhunde vom Halse«, wie Schmidt die Journalisten seines Landes nannte.

Für Honecker war der von Schmidt favorisierte Termin nicht annehmbar. Er hatte für den 19. Dezember eine Einladung zum 75. Geburtstag Breschnews, um den »Obersten Kommandierenden der Streitkräfte des Warschauer Vertrages« zum wiederholten Mal mit dem Ehrentitel »Held der DDR« auszuzeichnen.

Endlich war es so weit: Nach vielen Hindernissen und Umwegen, nach zwei Treffen im Ausland – 1975 bei der KSZE-Konferenz in Helsinki und 1980 zur Beerdigung von Präsident Tito in Belgrad – trafen sich die mächtigsten Männer der beiden deutschen Staaten vom 11. bis 13. Dezember 1981 nun auf deutschem Boden, in der DDR. Honecker hatte sich lange darauf vorbereitet.

Wie sehr er auch persönlich an guten Ergebnissen interessiert war, spürte ich bei einer zufälligen Begegnung am frühen Morgen des 13. Dezember. Ich war wie immer um diese Zeit bei meinem morgendlichen Fünf-Kilometer-Rundlauf innerhalb der Waldsiedlung Wandlitz. Honecker wollte wohl noch etwas frische Luft schnappen, bevor er mit seinem Dienstwagen zum Jagdschlosse Hubertusstock fuhr, wo der Bundeskanzler genächtigt hatte. Als er mich joggen sah, rief er mir zu, ich solle mal Pause machen. »Hast du schon gehört, dass Jaruszelski den Kriegszustand in Polen ausgerufen hat?«

Ich hatte, und antwortete unbefangen: »Ein Glück. So wird Schlimmeres verhindert.«

»Ja, ja«, sagt er, »die Frage ist nur, ob der Schmidt das auch so sieht?« Honecker fürchtete, der Bundeskanzler könne die neue Situation in Polen zum Anlass nehmen, um abzureisen.

Anderenseits: Er hatte inzwischen Vertrauen zu Juruszelski und war erleichtert, dass die Polen ihre Sache selbst in die Hand nahmen. Er freute sich, dass es nun keine Lösung geben würde wie 1968 in der ČSSR. Honecker war überzeugt, dass der polnische General mit seinem mutigen Schritt einem möglichen sowjetischen Eingreifen zuvorgekommen war. Doch das sollte nicht sein Treffen mit Schmidt stören.

Fünf Jahre später, im April 1986, sollte Gorbatschow Honecker untersagen, den Gegenbesuch in Bonn zu machen. In seinem Ärger darüber vertraute Honecker mir an, er sei überzeugt, dass der zeitliche Zusammenfall der Ausrufung des Kriegsrechtes in Polen 1981 mit dem deutsch-deutschen Gipfel ein Störmanöver aus Moskau gewesen sei.

Wie auch immer, im Dezember 1981 jedenfalls reiste Schmidt wegen Polen nicht ab. Honecker hat ihm das nie vergessen. Helmut Schmidt war für ihn fortan ein Ehrenmann. Dies bezog er auch auf Henri Nannen, den Herausgeber des *Stern*. Der veröffentlichte einen Leitartikel unter der Überschrift »Ein Lump, wer da noch heuchelt«. Heuchelei sei es, meinte er, darauf zu setzen, dass es den Polen gelingen könnte, sich aus dem Warschauer Vertrag heraus zu streiken. Und wörtlich: »Wo doch die Siegermächte in Jalta nicht nur mit der Unterschrift Stalins, sondern auch mit den Unterschriften des amerikanischen Präsidenten Roosevelt und des britischen Premierministers Churchill die Welt in eine östliche und eine westliche Einflusszone aufgeteilt hatten. Und Polen liegt nun einmal in jenem Teil der Welt, den die Westalliierten den Sowjets konzedierten.«

Gedanken über solche globalen Zusammenhänge haben sicher auch den Bundeskanzler getrieben, als er sich entschied, zu bleiben und nicht abzureisen.

Nur zwei Tage vergingen, bis wir im Politbüro Ablauf und Inhalt des Gipfels in Form eines Protokolls erhielten. Keiner im Politbüro sollte sagen können, er sei nicht rechtzeitig informiert worden. »Ob da alles drinsteht?« fragte mich mein rechter Sitzungsnachbar spitzzüngig. Es war Werner Felfe, bis 1981 noch Erster Sekretär der SED-Bezirkssekretär von Halle, inzwischen Sekretär des Zentralkomitees. Wie ich, aus der FDJ kommend und dem Generalsekretär fest verbunden. Zwischen uns gab es Offenheit. Ich verstand zunächst seine Frage nicht. Das Protokoll sei zu glatt, ergänzte er. Ich sah das anders. Schmidt ging es wie Honecker: Jeder von ihnen musste vor seiner eigenen Führungsmacht bestehen. Das zeigte schon die erste Begegnung. Als Honecker auf die Agenturmeldungen über die Landung des Flugzeuges des Bundeskanzlers auf dem Berliner Flughafen Schönefeld hinweist, reagiert Schmidt unverzüglich mit der Bemerkung, dass die NATO seinen Besuch in der DDR begrüße. Dieses Thema ist ihm so wichtig, dass er es immer wieder anspricht. So als er zu seinem Gastgeber sagt: »Wir wissen doch beide voneinander, dass wir manches anders machen würden, wenn wir allein wären auf der Welt. Wir sind in viele Zusammenhänge eingebunden, die wir nicht ändern können.« Nur einmal versuchte Honecker seinem Gesprächspartner anzudeuten, dass er gegenüber Moskau auch in schwierigen Situationen die nationalen Interessen der DDR vertritt. Auf seine Vorbehalte zur Militäraktion der UdSSR in Afghanistan eingehend, sagte er. »Wir haben damals, um die Wende von 1979 zu 1980, kühles Blut bewahrt. Das hat gute Auswirkungen auf den Frieden gehabt.« Die DDR und die Bundesrepublik hatten wahrlich wenig Gemeinsamkeiten. Eine aber war, dass sich beide nach außen wichtiger machten, als sie tatsächlich waren. Intern aber wussten sie, dass sie international nur dann eine Rolle spielen, wenn sie bedingungslos dem Kurs ihrer jeweiligen Führungsmacht folgen.

Als Honecker nach seinem Treffen mit dem Bundeskanzler ins Politbüro kam, beobachte ich ihn schärfer als sonst. Er war er gut gelaunt. Regelrecht aufgeräumt. Er hatte allen Grund dazu. Schmidt und er konnten damals gut miteinander. Sie hatten die Schwierigkeiten des Gipfels gemeistert. Selbst in komplizierten Statusfragen hatte der Bundeskanzler für die Zukunft Bewegung angedeutet. In einem der Vieraugengespräche meinte er, dass es nach einem Gegenbesuch Honeckers in Hamburg zur Normalität werden sollte, dass »weitere Treffen in Berlin und Bonn stattfinden.«

Der Bundeskanzler war sich der Brisanz der Frage Berlin bewusst. Deshalb bat er Honecker auch, »diese Bemerkung nicht ins Protokoll aufzunehmen«. Beide hatten versucht, Vertrauen zueinander zu schaffen. Schmidt hatte von gleich zu gleich verhandelt. Er wollte vom Treffen den von Westmedien verbreiteten Eindruck nehmen, dass sein Besuch ein Gnadenerweis für die DDR sei.

Honecker stellte bei seinem Bericht im Politbüro in den Mittelpunkt, dass er Schmidt aufgefordert habe, sein politisches Schicksal nicht mit der Stationierung neuer amerikanischer Raketen zu verbinden. Niemand im Politbüro zweifelte daran. Es gab aber Nuancen.

Verteidigungsminister Heinz Hoffman warf ein: »Beim Lesen des Protokolls hatte ich stellenweise den Eindruck, Schmidt hat die fehlerhaften Berichte seiner Geheimdienste vorgetragen. In arroganter Weise hat er über Trägerraketen und Sprengköpfe gesprochen, als wäre er Hauptinspektor in den Raketenarsenalen der Sowjetunion gewesen. Seine Zahlenspiele stimmen nicht. Sie sollen nur dazu beitragen die Wahrheit vom weltweiten militärischen Gleichgewicht zu verdecken.«

Diesen Standpunkt teilten fast alle von uns. Einige riefen dazwischen: »Sehr richtig!«

Honecker ging kommentarlos darüber hinweg. Er wollte sich den positiven Gesamteindruck des Treffens von niemandem zerreden lassen. Als er hervorhob, dass Schmidt korrekt von »Bürgerinnen und Bürger der DDR« gesprochen habe, meldete sich Ministerpräsident Stoph zu Wort.

»Erich«, sagt er, »wir müssen klar sehen, dass Schmidt sich in keiner für uns wichtigen Frage bewegt hat. Er will Raketen stationieren. Er ist nicht bereit, die Staatsbürgerschaft der DDR zu respektieren. Er verteidigt die Erfassungsstelle Salzgitter. Er hat keine Anstalten gemacht, den Grenzverlauf auf der Elbe entsprechend dem internationalen Recht zu regeln.«

Und Willi Stoph erinnerte daran, dass Willy Brandt im Zusammenhang mit dem Abschluss des Grundlagenvertrages 1972 uns vertraulich mitgeteilt hatte, dass es noch nicht möglich gewesen sei, Botschafter zwischen beiden deutschen Staaten auszutauschen, dies aber versprochen habe. Es sollte in drei bis vier Jahren geschehen. »Nun sind schon fast zehn Jahre vergangen. Nichts ist geschehen«, sagte Stoph nüchtern.

»Und es wird auch nicht geschehen, selbst wenn wir weiter Zugeständnisse an Schmidt machen.«

Honecker fühlte sich offensichtlich angegriffen. Dennoch meinte er konziliant: »Einer darf den anderen nicht überfordern. Außerdem habe ich dem Schmidt gesagt, dass unrealistische Anliegen seinerseits nicht angebracht sind.« Er bezog sich auf die Anfrage von Schmidt, ob es möglich sei, eine »Stichstraße von der Nordautobahn nach Lüchow-Dannenberg über die Elbe zu bauen«.

Verteidigungsminister Hoffmann nannte allein die Frage eine Provokation. Jeder wisse, dass es sich hier um ein sensibles militärisches Sperrgebiet handele. Die sowjetischen Freunde haben es abgelehnt, hier bauen zu lassen. Das wisse man bei der NATO schon lange. »Man will uns nur in Widerspruch zur Sowjetunion bringen«, sagte Heinz Hoffmann.

Insgesamt lobte das Politbüro Honeckers Gespräche mit dem Bundeskanzler als wichtigen Beitrag zur Entspannung. Deutlich wurde aber auch, dass einige Regierungsmitglieder, die dem Politbüro angehörten – Stoph, Neumann, Hoffmann, Mielke und Krolikowski –, fürchteten, wir würden in unserer Politik gegenüber Bonn zu weich werden.

Ich widerspreche dennoch der Behauptung von Bölling, dass es in dieser Zeit im Politbüro »Falken« und »Tauben« gegeben habe. Es meldeten sich keine Fraktionen zu Wort, die sich gegen den Generalsekretär gestellt hätten. Alle waren ihm gegenüber loyal. Es ging vielmehr um eine differenzierte Antwort auf die diffizile Frage, wieviel Freiheit sich die DDR bei der Gestaltung ihrer Beziehungen zu Bonn nehmen konnte? Was vertrug die Sowjetunion, ohne misstrauisch zu werden?

Während Honecker dies von Zeit zu Zeit testete, fürchteten andere, es könne der DDR schaden, ihre Beziehungen zur BRD ohne Zustimmung aus Moskau zu gestalten.

Am 13. Dezember besuchten Honecker und Schmidt Güstrow im Norden der DDR. Der Bundeskanzler verehrte Ernst Barlach (1870-1938) und wünschte dessen Atelierhaus auf dem Güstrower Heidberg zu besuchen. In den Vorgesprächen hatten die im Bundeskanzleramt für Sicherheit Zuständigen auf die besondere Gefährdung ihres Chefs hingewiesen. Seit den Terroranschlägen 1977 in der BRD auf Arbeitgeberpräsident Schleyer und der konsequenten Anti-Terror-Haltung von Schmidt im Zusammenhang mit der entführten Lufthansa-Maschine und deren Erstürmung in Mogadischu galt der Bonner Regierungschef international als besonders gefährdete Person. In diesem Zusammenhang geriet auch die DDR ins Visier. Wir hatten nach Kräften zum Erfolg des Unternehmens in Mogadischu beigetragen. Honecker hatte dazu extra unseren Verteidigungsminister nach Aden in die Demokratische Volksrepublik Jemen geschickt, wo das Flugzeug der Lufthansa zwischengelandet war. Wir nutzten unsere exzellenten Beziehungen zu Jemen und zu Somalia, um die höchsten Repräsentanten dieser Länder zu bitten, alles zu tun, damit die Passagiere in der Lufthansa-Maschine nicht zu Schaden kämen. Das wussten die führenden Leute in der Bundesrepublik. Wohl deshalb hatte Schmidt in einer Rede vor dem Bundestag auch der DDR ausdrücklich für die Zusammenarbeit bei dieser Aktion gedankt.

Als nun bekannt wurde, dass Schmidt die DDR besuchen werde, gab es Androhung von Terroranschlägen en masse. Daraufhin hat die Sicherungsgruppe Bonn bei unseren Sicherheitsorganen die höchste Sicherheitsstufe für den Kanzler gefordert. Es stellte sich heraus, dass diese in der Bundesrepublik wesentlich schärfer war als in der DDR. So kam es, dass Bürger in Güstrow nicht an offenen Fenstern stehen durften und selbst die Gullys versiegelt wurden – so etwas kannten wir bis daher nicht. Die Stadt glich einer Festung. Dies wurde von den westlichen Medien genüsslich genutzt, um der DDR zu unterstellen, sie fürchte ihre Bevölkerung und die Wiederholung von Erfurt.

Nicht nur Erich Mielke hatte den Brandt-Besuch 1970 in Erfurt schlechter Erinnerung, als Hunderte auf dem Bahnhofsvorplatz »Willy, Willy« skandiert hatten. Doch hätte die Bundesregierung nicht in vergleichbarer Situation die gleichen Sicherheitsvorkehrungen getroffen? Wurden wir nicht mit anderen Maßstäben gemessen? Wir mussten die angedrohten Gewaltakte gegen den Bundeskanzler ernst nehmen. Auch auf Bitten aus Bonn. Ein Jahr zuvor hatte es ein Sprengstoffattentat in München gegeben, bei dem zwölf Menschen getötet und über zweihundert verletzt worden waren. Ein solches Blutbad im Zusammenhang mit dem Besuch des Bundeskanzlers in der DDR wäre eine Katastrophe gewesen.

Wir haben die Sicherheitsmaßnahmen schlecht kommuniziert. Eine offizielle Mitteilung des Presseamtes beim DDR-Ministerrat an die Güstrower, dass die außergewöhnlichen Sicherheitsmaßnahmen auf Grund der aktuellen Bedrohung des Bundeskanzlers von Bonn gefordert worden sei, hätte den westlichen Medien den Wind aus den Segeln genommen und den einheimischen Ärger nicht erst entstehen lassen.

Kurz vor der Abfahrt des Sonderzuges aus Güstrow holte Honecker aus seiner Manteltasche ein Bonbon und reichte ihn durch das geöffnete Zugfenster dem Bundeskanzler. Die Medien rätselten, was das wohl bedeutet habe. Erich Honecker war mit dem Besuch einfach nur zufrieden, er war glücklich.

Schmidt hatte zu Honecker gesagt, »dass in Deutschland und in der Welt viele zwischen den Zeilen zu lesen versuchen: Können die beiden miteinander? Machen sie es anständig?« Er gab sich selbst die Antwort: »Ich denke, wir haben uns angestrengt«.

Menschlich hatten beide tatsächlich einen guten Draht zueinander gefunden. Schmidt hatte damals sogar vom »Talent Honeckers zu strategischem Denken« gesprochen, womit er im Bezug auf die Außenpolitik durchaus Recht hatte. Wenn es um konkrete Zahlen gegangen sei, habe Honecker sie im Kopf gehabt, er selbst habe sich dagegen oft bei seinen Mitarbeitern erkundigen müssen.

Aber selbst einen so starken Charakter wie Helmut Schmidt überfiel ein Jahrzehnt später die gleiche Krankheit wie einen großen Teil der altbundesdeutschen politischen Elite: Sie hatten plötzlich vergessen, was sie einst über die DDR und ihre Führung gesagt hatten. Wie ich 2002 aus einem Artikel der *Süddeutschen Zeitung* unter der Überschrift »Deutsches Mittelmaß« erfuhr, soll Schmidt nach 1990 über Honecker das Gegenteil gesagt haben: »Mir ist nie klar geworden, wie dieser mittelmäßige Mann sich an der Spitze des Politbüros so lange hat halten können.«

Das brachte Bölling in einer Rezension einer Honecker-Biografie eines ihm gleichgesinnten Journalisten unter: Norbert F. Pötzl. Ich nahm die Besprechung am 9. Oktober 2002 nur deshalb zur Kenntnis, weil eben jener Pötzl mich vor Jahren mehrere Stunden über Honecker befragt hatte. Ich staunte nicht schlecht, wie er, der Honecker nie getroffen hatte, besser über ihn Bescheid zu wissen meinte als ich, der über zwanzig Jahre eng mit ihm zusammengearbeitet hatte. Diese arrogante, anmaßende Besserwisserei gehört offensichtlich zur DNA einer großen Schar westdeutscher Eliten.

Bis zum Ende der DDR blieb das Thema gegenseitiger Besuche der Spitzen beider deutscher Republiken ein Streitobjekt zwischen Berlin und Moskau. Nachdem Honecker 1987 ohne Gorbatschows Zustimmung in die BRD gereist war, hat Moskau seine deutschlandpolitischen Ziele neu definiert.

Aber ich meine, das wäre auch ohne uns geschehen.

Damals dachte ich so

Zur Tradition der FDJ gehörten ihre Kulturkonferenzen. Sie sollten auf bessere Voraussetzungen hinwirken, unter denen junge Leute mit dem Reichtum von Kultur und Kunst vertraut werden und in denen ihrer Erlebnisfähigkeit sowie eigenen künstlerischen Versuchen Raum gegeben wurde. Für eine sinnvolle Freizeitgestaltung in Stadt und Land galt es, günstige ideelle und materielle Bedingungen zu schaffen. Dabei sollten Jugendklubs und künstlerische Bewegungen unterstützt sowie Begegnungen mit Künstlern gefördert werden. Das war auch das Anliegen der Kulturkonferenz, die fast zum Ende meiner Tätigkeit als 1. Sekretär des Zentralrates fiel. Sie fand im Oktober 1982 in Leipzig statt.

Zur Vorbereitung auf die Konferenz hatte der Zentralrat der FDJ alle Künstlerverbände, die Akademie der Künste sowie den Kulturbund zu Aussprachen eingeladen. Mit deren Leitungen sowie weiteren Spitzen- und Nachwuchskünstlern führten wir einen angeregten Dialog. Ich nahm an jedem dieser Treffen teil und gewann den Eindruck, dass unser inhaltliches Anliegen geteilt und das anschließende »Fest junger Talente und junger Künstler« als willkommene Bühne für eine gewiss bemerkenswerte Leistungsschau des Nachwuchses aller Genres erachtet wurde.

An die Konferenz hefteten sich nicht wenige Erwartungen, denn sie fiel in eine Zeit, in der unter Künstlern die Diskussionen um ihre Gestaltungsfreiräume erregter wurden. Wohl auch als Spätfolge der Ausbürgerung Wolf Biermanns, aber auch wegen verschärfter Auseinandersetzungen um Aufführungs- oder Druckgenehmigungen, im Spannungsfeld der Debatten mit DDR-Künstlern, die ihre Ansichten gern in den Westmedien verbreiteten, manchmal ihren Lebensmittelpunkt im kapitalistischen Ausland hatten, war der kulturpolitische Ton rauer geworden.

Natürlich habe ich im Politbüro bemerkt, welche Verunsicherungen das auslöste. Die Folge war, dass die Mehrheit der Parteiführung eine Verschärfung der ideologischen Prämissen im Kunstbetrieb für nötig erachtete und meinte, der für den Bereich zuständige Sekretär des ZK, Kurt Hager, agiere angesichts der Lage mit zu weicher Hand. Die FDJ hatte immer enge und vertrauensvolle Beziehungen zu DDR-Künstlern, schuf öffentlichkeitswirksame Begegnungs- und Veranstaltungsformen, vermied auch schwierige Diskussionen nicht, und wenn wir mal ideologisch ein bisschen vorpreschten, dann kam Stephan Hermlin trotzdem zu unserem Poetenseminar in Schwerin oder Heiner Müller zum »FDJ-Treff Rosa-Luxemburg-Platz«, mit dem wir proletarische Akzente zum 750. Jahrestag Berlins setzten. Also: Wir entschieden uns für klare Worte und waren entschlossen, in der Sache auch Streit nicht zu scheuen.

Hartmut König hatte die Konzeption für die Konferenz und das Talentefest in der Kulturkommission des Politbüros vorgetragen und später den Entwurf seines Referats erarbeitet. Darin legte er sich in dem wahrscheinlich am meisten diskutierten Teil auch mit drei Großen der DDR-Literatur an. Er kritisierte die Entwicklung des Romanhelden Stanislaus Büdner in Strittmatters »Wundertäter III«, persiflierte Volker Brauns Darstellung der Arbeiterin »Schmitten« und lehnte Heiner Müllers »Macbeth«-Inszenierung in der Berliner Volksbühne ab, in welchem König die Geschichte als ein unvermeidliches Schlachthaus dargestellt schien. Die Beispiele hatte Hartmut frei gewählt, und weder unser Sekretariat noch Erich Honecker, der das Redemanuskript vorab lesen wollte, beanstandete sie. Das heißt: Alle Vermutungen, Hartmut König hätte sich lediglich als Lautsprecher im Blauhemd an Autoren abgearbeitet, die aus Sicht der Partei eine Gelbe Karte bekommen sollten, waren unzutreffend. Obwohl viele, wohl auch Erwin Strittmatter, genau dies annahmen. Vielmehr strich Erich Honecker im Manuskript noch eine kritische Bemerkung zu Stefan Heym mit der Bemerkung: »Lasst mal den alten Mann in Frieden!«

Weniger die Kritik an sich als deren anmaßenden Ton, der den Leistungen der drei Autoren für die DDR-Literatur nicht gerecht wurde, bedauerte Hartmut König später. Das negative Echo unter Teilen der Künstlerschaft bedrückte ihn. In seinen Memoiren schrieb er, noch als stellvertretender Kulturminister habe er sich wie ein ideologisch vorlauter Kleiner Muck gefühlt, »der für seine linksdrehenden Spurtpantoffeln die Dämpfungslasche finden muss, wenn er sich auf der Piste nicht die Haxen brechen will«.

Hartmut hat später auch mit den drei Großen über die Passagen des Referats geredet. Am längsten mit Heiner Müller, der am Ende Schnurren aus seiner FDJ-Zeit erzählte und fragte, ob er den Jugendverband nicht mal einen Tag lang leiten könnte. Hartmut konnte bei mir nicht nachfragen, es gab ja noch keine Handys, aber er antwortete in meinem Sinn. Die Destruktion wäre vermutlich zu gründlich ausfallen, und das würde wohl keiner genehmigen.

Wie Hartmut erzählte, gefiel dem Zigarrenraucher seine Antwort.

Auch in meinem Schlusswort fehlte ideologische Schärfe nicht, wenn ich sagte: »Eindeutig vorbei an unserer Auffassung von einer vielseitigen Kultur und Kunst gehen jene Werke, die die Weltoffenheit, in der wir leben, als Einladung zum geistigen Pluralismus missverstehen; Werke, in denen die Geschichte durch den Schmutz gezogen und in denen die Entwicklung der DDR verfälscht wird; Werke, in denen der Mensch ein Sandkorn ist, von den Stürmen der Zeit mal hierhin, mal dorthin getrieben, immer hilf- und ahnungslos. Nein, ein solches fatalistisches Verhältnis [...] hat keinen Platz in unseren Begriffen von Kultur und Kunst.«

Und ich legte noch einen drauf: »Für derartige Positionen gibt es bei uns in der Freien Deutschen Jugend keinen Ton, kein Blatt Papier, keinen Pinselstrich Farbe!«

Später hat mich der Journalist Hans-Dieter Schütt öffentlich für diese Sätze kritisiert, dabei aber leider vergessen zu erwähnen, dass er selbst als mein persönlicher Mitarbeiter sie mir damals in mein Redemanuskript geschrieben hatte. Ich habe das damals mit aufrichtiger Überzeugung vorgetragen. Mögen andere mit der gleichen Leidenschaft, in der sie einst schrieben, heute ihre alten Ansichten verwerfen. Mir wäre es nur lieb, wenn sie ehrlich bekennen würden: Damals dachte ich so.

Erst Strauß, dann Lindenberg – was macht die DDR so flexibel?

»Flexibel« sei die DDR, schrieb eine bundesdeutsche Tageszeitung Ende 1983. Sie bezog sich auf zwei Besucher in der DDR: Im Sommer war Franz-Josef Strauß Erich Honeckers Gast, im Herbst sang Rockstar Udo Lindenberg im Palast der Republik in Berlin. Auch wenn beide Ereignisse ungleich waren, etwas Ungewöhnliches war ihnen schon gemeinsam: Strauß, für uns Jahrzehnte Sinnbild des Kalten Kriegers, hatte noch im Frühjahr die DDR des Mordes an einem Transitreisenden beschuldigt. Lindenberg, unter der Jugend äußerst populär, besang in seinem Song vom »Sonderzug nach Pankow« unseren Staatsratsvorsitzenden als »Oberindianer«.

Niemand im Westen traute uns die Souveränität zu, den Bayern und den Norddeutschen als »Bündnispartner« in einer Koalition der Vernunft zu gewinnen. Auch viele DDR-Bürger waren überrascht.

Wie kam es zu unserem Sinneswandel? Mit dem Erscheinen Reagens auf der Bühne der Weltpolitik nahmen auch in der DDR Ängste über einen möglichen Krieg zu. Der amerikanische Präsident belebte einen einfachen Kodex: Die USA sind der oberste Richter für alle und alles!

Seine Doktrin von der Möglichkeit »eines begrenzten Kernwaffenkrieges« förderten bei vielen Menschen Unsicherheit über die Zukunft. Im Politbüro hatten wir uns dafür entschieden, dass die Erhaltung des Friedens Vorrang vor allen anderen Fragen hat. Frieden war für uns das erste Menschenrecht. Dafür wollten wir mit allen zusammenarbeiten, die das gleiche Ziel verfolgten. Über Trennendes hinweg, ungeachtet unterschiedlicher politischer Programme, weltanschaulicher Positionen und religiöser Bekenntnisse. Man mochte über das militärstrategische Gleichgewicht zwischen den USA und der UdSSR denken, wie man wollte, fest stand, es war auch ein Gleichgewicht des Schreckens. Solange es besteht, würde es keine Macht wagen, als erste einen Krieg zu beginnen. Sie würde ihre eigene Vernichtung riskieren. Das Gleichgewicht der Waffen und die gleiche Sicherheit für alle waren uns im Interesse der Friedenssicherung heilig. Wir sahen die Gefahr, dass die Stationierung neuer amerikanischer Kernwaffen mittlerer Reichweite in der BRD das militärische Gleichgewicht verändert. Dies würde Gegenmaßnahmen der DDR, der ČSSR und der UdSSR verursachen. Wir wollten sie nicht. Für das Ziel, dass von deutschem Boden nie wieder Krieg ausgeht, waren wir bereit, uns mit »dem Teufel zu verbünden« wie Honecker es einmal formulierte. Das machte uns so flexibel, dass Staatsoberhäupter, Regierungschefs, Vertreter von Kirchen und gesellschaftlichen Organisationen aus Ost und West mit DDR Vertretern reden wollten. Sie standen bei Honecker Schlange. So auch Strauß und Lindenberg.

Dass Strauß verständigungsbereit wurde, hatte seine Geschichte. Nach der Wahl Helmut Kohls 1982 zum Bundeskanzler gab es zwischen dem CDU-Vorsitzenden Kohl und seinem CSU-Gegenspieler Strauß harte Auseinandersetzungen über das Verhältnis der Bundesrepublik zur DDR. Anlässlich der Beisetzungsfeierlichkeiten für Breschnew im November 1982 traf sich Honecker mit Bundespräsident Karl Carstens (1914-1992) in Moskau. Kohl hatte es vorgezogen, zu Hause zu bleiben. Der Bundespräsident überbrachte Honecker die Botschaft, Kohl setze in der Deutschlandpolitik auf »Kontinuität und Dialog«. Deshalb erneuere er auch die Einladung von Altkanzler Schmidt an Honecker, so schnell wie möglich die Bundesrepublik zu besuchen.

Honecker hörte das gern. Er ging mit dieser Botschaft in das erste Gespräch mit dem gerade gewählten neuen KPdSU-Generalsekretär Juri Andropow (1914-1984). Der kannte sich in den deutsch-deutschen Angelegenheiten bestens aus. Viele Jahre hatte er das Komitee für Staatssicherheit (KGB) geleitet. Er verfügte über alle notwendigen Geheimdienstinformationen. So auch darüber, dass Honecker Pläne verfolgte, die ihm von Breschnew verweigerte Reise in die Bundesrepublik nachzuholen. Aus Bonner Quellen war ihm zudem bekannt, dass man dort Honeckers Eitelkeit ausnutzen wolle, um seine Reiseabsichten zu fördern. Auf diese Weise, so hoffte man im Westen, habe man ein Dauerthema, an dem sich Interessen der DDR und der UdSSR reiben würden.

Höflich und bestimmt, wie der neue Mann im Kreml war, holte Juri Andropow Honecker in die Realität zurück. Die Bundesrepublikunterstütze die USA, eine militärische Überlegenheit über die UdSSR zu erlangen. Die DDR dürfe ihre Politik gegenüber der BRD nicht von diesen weltpolitischen Entwicklungen trennen. In Europa sei eine gefährliche Situation entstanden. »Im Falle der Stationierung neuer amerikanischer Raketen gibt es zum ersten Mal nach dem Ende des Zweiten Weltkrieges die Möglichkeit, vom Boden der Bundesrepublik aus einen neuen Krieg gegen die UdSSR zu entfesseln.« Das dürfe nicht durch Zugeständnisse der DDR an die BRD belohnt werden. »Wenn die Amerikaner in Westdeutschland die Raketen stationieren, dann sind die Beziehungen der DDR mit Bonn zu Ende. Dann könnt ihr euch nur noch über Raketenzäune unterhalten«, resümierte Andropow.

Kohl sei nach Meinung der sowjetischen Deutschlandkenner unfähig für einen Ausgleich zwischen Ost und West. Er sei der Mann des amerikanischen Präsidenten in Europa. Der ehemalige Präsident des Jüdischen Weltkongresses Nahum Goldmann habe Ronald Reagan treffend einen »zweitklassigen Schauspieler« genannt, »der einen drittklassigen Präsidenten erstklassig spiele«. Auch Kohl sei von seinem intellektuellen Potenzial nur dritte Wahl, charakterisierte Andropow den neuen Bundeskanzler. Man könne wohl nur darauf vertrauen, dass die westdeutschen Wirtschaftskreise nicht zuließen, dass ihre Geschäfte mit der Sowjetunion kaputtgemacht würden. Nur deshalb würde Kohl ankündigen, die bisherige Politik der Bundesrepublik gegenüber der DDR weiterzuführen. Allerdings sei da noch Strauß, der versuchen werde, die Ostpolitik zu kippen. Er werde Kohl das Gesetz des Handelns diktieren.

Die nationalistischen und revanchistischen Töne aus Bonn würden stärker werden. Für die DDR sei Vorsicht angesagt. Eine Reise von Erich Honecker zu Kohl wäre ein »unfreundlicher Akt uns gegenüber«, sagte der KPdSU-Generalsekretär.

Honecker berichtete dem Politbüro mündlich über die Aussprache mit Andropow und, wie er sagte, »über das interessante Gespräch mit dem ehemaligen Mitglied der NSDAP, Bundespräsident Carstens«. Damit niemand von uns falsche Schlüsse aus den Moskauer Ratschlägen ziehen würde, kommentierte der Generalsekretär noch: »Wir lassen uns nicht Angst machen. Wir machen unsere Entspannungspolitik weiter. Wir können uns schließlich nicht aussuchen, wer Bundeskanzler ist. Wir müssen mit Kohl oder Strauß auskommen, vielleicht aber auch mit beiden.«

Letzteres erschwerte der CSU-Vorsitzende erheblich. Er nutzte die Unerfahrenheit Kohls in internationalen Angelegenheiten, um einen Generalangriff auf den Grundlagenvertrag zwischen beiden deutschen Staaten zu führen. Was er 1973 vor dem Bundesverfassungsgericht nicht durchsetzen konnte, versuchte er jetzt gegen Kohl zu erreichen: Weg von der Entspannungspolitik Willy Brandts! Hin zu einer Wende auch in der Politik gegenüber der DDR.

Als Anlass diente ihm der Tod eines Transitreisenden. Zwar waren die Reisemöglichkeiten eingeschränkt, dennoch kamen jährlich etwa sieben

Millionen Bundesbürger in die DDR. 1,2 Millionen DDR-Bürger reisten in den Westen. Bei diesem Umfang des Reiseverkehrs kam es gelegentlich vor, dass auch Reisende starben. Seit dem 1. Januar 1981 bis April 1983 waren es 397 Bundesbürger und 260 DDR-Bürger. Stets wurde sachlich die Todesursache festgestellt und dokumentiert. Die Angehörigen wurden benachrichtigt, und bei den Formalitäten so verfahren, wie das international üblich war. Anders am 10. April 1983. Am Grenzübergang Drewitz verstarb ein Bürger der Bundesrepublik infolge eines Herzinfarkts. Der weltweit anerkannte Gerichtsmediziner Prof. Otto Prokop (1921-2009) bezeugte: »Die Todesursache ist eindeutig ein Herztod.«

Strauß dagegen behauptete wider besseres Wissen: »Es war Mord.«

Es entstand eine feindselige Stimmung gegen die DDR, wie ich sie seit den fünfziger Jahren nicht mehr erlebt hatte. DDR-Bürger, die in die Bundesrepublik einreisten, wurden beschimpft, unsere Reisegruppen von *Jugendtourist* vom Bundesgrenzschutz schikaniert, DDR-Sportler, die an einem Eishockey-Turnier in Dortmund teilnahmen, als »Mörder« und »Schweine« betitelt. In jenen Tagen regierte in den Medien der Bundesrepublik der primitivste Hass gegen alles, was aus der DDR kam. Nichts war von dem sonst so oft beschworenen Satz zu merken: »Wir sind doch alle Deutsche.« Wer aus der DDR kam wurde, wie ein Gangster behandelt.

Strauß gefährdete mit seinen Anschuldigungen nicht nur den Reise- und Transitverkehr. Er stellte angesichts der Eiszeit, die es wegen des Wettrüstens zwischen den USA und der UdSSR ohnehin gab, auch die Reste der Entspannungspolitik zwischen beiden deutschen Staaten in Frage. Selbst der in Bonn erscheinende *Parlamentarisch-Politische Pressedienst* veröffentlichte einen Artikel mit der Überschrift »Ein Toter, der Strauß ins Konzept passt«. Die Strauß-Attacken, so hieß es dort, seien kein »Temperamentausbruch eines für seine Zügellosigkeit bekannten Politikers. Sie machen die Zielsetzung klar: Selbst ein Teilerfolg von Strauß ist geeignet, die Bewegungsspielräume von Kohl einzuengen.«

Der Höhepunkt der Kampagne war erreicht, als Günter Mittag mit einer Staatsdelegation der DDR die Hannover Messe besuchte. Nachdem er mit namhaften Industriellen und den Fraktionsvorsitzenden aller im Bundestag vertretenen Parteien gesprochen hatte, wollte Bundeskanzler Kohl ihn am 18. April 1983, 14 Uhr, in Bonn treffen. Eine Stunde vor dem geplanten Gespräch ging der Kanzler vor Strauß in die Knie.

Genau um 13.02 Uhr klingelt bei Honecker das Telefon.

Das Gespräch zwischen beiden offenbarte die Unsicherheit des Bundeskanzlers. Einerseits musste Kohl Rücksicht auf Strauß nehmen. Andererseits wollte er den Gesprächsfaden mit der DDR nicht abreißen lassen. Er teilte Honecker mit, dass er Günter Mittag nicht empfangen könne, weil er sonst in eine »ungute Situation« käme. Im gleichen Atemzug sagte er, dass er gerade von einer Reise aus Amerika zurückgekommen und sein Interesse an einem Besuch von Erich Honecker in Bonn sehr groß sei.

Als Honecker davon dem Politbüro berichtete, sagte einer: »Das ist die hohe Schule Kohlscher Diplomatie: Man lädt Mittag aus, um Honecker einzuladen.«

In Wirklichkeit hatte Kohl vor den Strauß-Attacken in der Öffentlichkeit Angst. Das brachte er im Gespräch mit Honecker auch unverblümt zum Ausdruck. Er sei in einer Lage, meinte Kohl, in der es nicht klug wäre, mit Herrn Mittag zu sprechen. In einigen Wochen könne das anders sein. Dann wolle er den Abgesandten Honeckers gern empfangen. »Einen Anlass«, so Kohl, »finden wir ja leicht. Es ist keine Kunst, das zu konstruieren.«

So habe ich sie oft erlebt, die Politiker der alten Bundesrepublik. Nach außen spielten sie den starken Mann, waren bemüht, den Medien ihre Entschlossenheit zu zeigen und sich als Verfechter von Recht und Freiheit zu präsentieren. Im direkten Gespräch wirkten sie jedoch lammfromm.

Strauß schien zunächst sein Ziel zu erreichen. Kurz vor der Regierungserklärung des neuen Bundeskanzlers am 4. Mai 1983 hatte der Bayer den Pfälzer auf eine öffentliche Konfrontation mit der DDR festgelegt. Auch wir standen nun vor der Frage: Wie weiter mit der BRD?

Honecker fragte sich wiederholt: Kann uns die Sowjetunion ökonomisch helfen, oder sind wir auf die Kooperation mit dem Westen angewiesen? Das war neben der Friedensfrage unser größtes Problem. Davon wurden auch die Beziehungen zur BRD bestimmt.

Die kurze Zeit der Ratlosigkeit war schnell beendet. Neun Tage nach dem Telefonat zwischen Kohl und Honecker wurde UdSSR-Botschafter Abrassimow bei Honecker vorstellig. Er hatte Order aus Moskau, dass die DDR mit Härte auf die Bonner Ausfälle reagieren solle.

Anderntags teilte der SED-Generalsekretär dem Bundeskanzler mit, dass er die Bundesrepublik nicht besuchen werde.

Am 3. Mai erschien im *Neuen Deutschland* ein von Honecker redigierter Grundsatzartikel zu den Beziehungen der DDR zur Bundesrepublik, der inhaltlich auf der Abgrenzungslinie seiner Ausführungen in Gera lag. Für uns war dies die Ouvertüre für den mehrtägigen Besuch einer Partei- und Staatsdelegation unter Leitung Honeckers in der Sowjetunion. So konnte er in Moskau darauf verweisen, dass die DDR nicht erpressbar sei.

Mit dieser Linie war das Politbüro einverstanden. Der gewiefte Taktiker Honecker jedoch war pragmatischer als wir alle. Er hatte auf seinen internen Kanälen eine persönliche Mitteilung von Strauß erhalten. Darin bedauerte der CSU-Vorsitzende, dass seine Äußerungen zum »natürlichen Tod eines Transitreisenden zu Missverständnissen« geführt habe.

Honecker sah jetzt die Stunde gekommen, die Widersprüche zwischen Kohl und Strauß für uns auszunutzen und baute an Stelle der gestörten Beziehungen Berlin-Bonn eine funktionierende Gesprächslinie Berlin-München auf.

Er setzte dabei viel auf' Spiel.

Ohne Wissen des Politbüros und des sowjetischen Partners schickte er Staatssekretär Alexander Schalck als Emissär nach Bayern. Zur gleichen Zeit, als Honecker mit Generalsekretär Andropow im Kreml konferierte und in Bonn die Regierungserklärung von Kohl diskutiert wurde, plauderten in Bayern Strauß und Schalck miteinander, als wäre dies die normalste Sache der Welt.

Bald danach wurde ein in Ost und West irritierender Vorgang bekannt: Franz-Josef Strauß hatte eine Kreditvereinbarung zwischen Banken der DDR und der Bundesrepublik eingefädelt. Der sogenannte Milliardenkredit war zwar nicht, wie im Westen oft behauptet wurde, der Retter der DDR-Wirtschaft. Er war eine vertrauensbildende Geste. Mehr nicht. Die Finanzsituation im RGW-Bereich war wegen der hohen Westverschuldung Polens und Rumäniens äußerst angespannt. Im RGW gab es die »Internationale Bank für Wirtschaftliche Zusammenarbeit« (IBWZ) und die »Internationale Investitionsbank« (IIB). Von beiden hatten wir beunruhigende Nachrichten erhalten. Sie waren immer häufiger mit Boykottmaßnahmen der USA und anderer NATO-Staaten gegenüber der UdSSR konfrontiert.

Auch Banken der Bundesrepublik verhielten sich zunehmend negativ in Bezug auf die Bereitstellung kurzfristiger Kredite an sozialistische Länder Europas. Es gab Tage, an denen die IBWZ zur Finanzierung von nur zehn Millionen Dollar etwa fünfzig kapitalistische Banken ansprechen musste, ehe sie erfolgreich war. Es kam vor, wie zum Beispiel am 23. Februar 1983, dass ein kurzfristiger Bedarf der Bank von sechzehn Millionen Dollar und elf Millionen DM lediglich mit zwei Millionen Dollar durch kapitalistische Banken abgedeckt werden konnte.

Der DDR wurde in dieser Situation von der IIB ein Kredit für ein lebenswichtiges Investitionsvorhaben in der UdSSR verweigert. Es handelte sich um das Objekt »Eisenerz/UdSSR«. Die Internationale Investitionsbank war nicht in der Lage, der DDR dafür einen Kredit von 120 Millionen Dollar auszureichen. Auf Nachfrage der DDR in Moskau hörten wir: »Die UdSSR kann keine Kredite mehr vergeben. Die sowjetische Bevölkerung versteht nicht mehr, warum wir an andere Länder Kredite vergeben, aber die Regale in den eigenen Geschäften leer sind.«

In dieser Situation war der Milliardenkredit, den Strauß eingefädelt hatte, ein Signal an die kapitalistischen Banken: Die DDR ist kreditwürdig. Darin bestand die eigentliche Bedeutung für die DDR – in der nachdrücklichen Verbesserung unserer Bonität.

Ein politisches Junktim mit anderen Fragen wie zum Beispiel dem Grenzregime der DDR gab es offiziell nicht. Wohl aber begann ein fast freundschaftliches Verhältnis von zwei Politikern, die sich jahrzehntelang als politische Feinde gegenübergestanden hatten. Dies trug wesentlich dazu bei, dass sie einander Gehör schenkten und die Wünsche der Gegenseite wohlwollend prüften. So veranlasste Honecker gegen den Willen der sowjetischen Militärs den Abbau der Minen an der Grenze zu Bayern.

Politisch honoriert wurde beiden dies nicht. Strauß erhielt auf dem CSU-Parteitag im Juli 1983 als Parteivorsitzender die wenigsten Stimmen seiner Karriere. Honecker bezahlte mit dem schrittweisen Entzug des Vertrauens durch die sowjetischen Freunde.

Trotz Gegenwindes aus Bonn, München und Moskau vereinbarten Honecker und Strauß für den 24. Juli 1983 ein Treffen im Gästehaus des DDR-Staatsrates. Als dies bekannt wurde, übermittelte Moskau, dass Strauß weder bei seinen Besuchen in Polen noch in der ČSSR auf hoher Ebene empfangen werde. Man erwarte dies auch von der DDR-Führung.

Honecker ließ sich nicht unter Druck setzen. Nicht von Moskau. Nicht von Willi Stoph, der vorsichtig riet, den Bündnispartner in Moskau nicht allzu sehr zu reizen. Honecker empfing Strauß wie ein Staatsoberhaupt. Hinterher war er begeistert vom Realitätssinn des Bayern, der ein »politisches Kaliber gegen den Feigling Kohl« sei.

Noch am Abend ihres Treffens rief mich Honecker zu Hause an und informierte mich vom Wunsch des CSU-Vorsitzenden, dass eine Gruppe der Jungen Union in die DDR eingeladen werde, um mit der FDJ über Abrüstung zu diskutieren.

»Kannst du veranlassen«, fragte er mich, »dass die jungen Parteifreunde von Strauß schon morgen eine Einladung erhalten?«

Natürlich konnte ich.

Das Gesprächsprotokoll wurde dem Politbüro unmittelbar vor der nächsten Sitzung zugestellt. Bevor Honecker kam, wurde heftig diskutiert. Konrad Naumann brachte dabei seine Distanz zum Ausdruck: »In der Berliner Parteiorganisation sind viele durcheinander. Sie wollen wissen, wieso wir von Strauß einen Kredit annehmen?«

Ähnlich ging es mir in der FDJ. Selbst in meinem engsten Führungskreis wurde ich attackiert und verlangt, mich für mehr Offenheit und Transparenz einzusetzen. Viele durchlebten ein Wechselbad der Gefühle. Im Mai war Strauß noch Kalter Krieger Nummer Eins gewesen. Im Juli avancierte er bei uns zum Entspannungs- und Realpolitiker. Sicher, Honecker hatte mit Strauß eine Menge erreicht: Strauß bekannte sich zum Grundlagenvertrag. Er hatte seine Ausführungen mit den Worten eingeleitet: »Pacta sunt servanda – Verträge sind einzuhalten.« Das war viel für einen Mann, der sich einst als Gegner dieser Verträge profiliert hatte. Er sei es gewesen, so offenbarte er Honecker, der nach dem Machtantritt Kohls die Entscheidung durchgesetzt habe, dass man in der Union anerkenne, dass es »Bürger der DDR« gibt. Indem er sich noch einmal entschuldigte, den Tod eines Transitreisenden als »Mord« bezeichnet zu haben, dankte er Honecker für »die jetzige Handhabung der Grenzkontrollen durch die Organe der DDR«. Auch im Namen des Bundeskanzlers erklärte er, »wie wohltuend dies empfunden werde«.

Ihn und Honecker verbinde die Erfahrung von zwei Weltkriegen. Die alles überragende Frage sei deshalb die Verhinderung eines dritten Weltkrieges. Er ließ keinen Zweifel daran, »dass das sozialistische Wirtschaftssystem auf Dauer nicht funktionieren kann. Die Wirtschaft ist eben kein ideologisches Experimentierfeld. In diesem Jahrhundert tritt die Ideologie in den Hintergrund. Deshalb sei er mit Erich Honecker einer Meinung: Man muss eine neue Runde des atomaren Wettrüstens verhindern.«

Allein diese Aussage, so erklärte Honecker im Politbüro, rechtfertige das Treffen mit Strauß. Ich sah dies genauso.

Doch der Preis, den wir für die »Verbrüderung« mit Strauß zahlten, war sehr hoch: Viele Mitglieder der SED verstanden unsere Politik nicht mehr. Sie interessierte weniger die taktischen Winkelzüge. Sie wollten wissen, was da zwischen den beiden deutschen Staaten tatsächlich ablief. Sie forderten mehr Informationen. Sie kritisierten, dass sie vom Milliardenkredit nur Kenntnis aus den Westmedien erhalten hatten.

Ich schlug daher vor, das Gesprächsprotokoll den Leitungen der Blockparteien, den Kreis- und Bezirksleitungen sowie den Grundorganisationen der SED zu übergeben. Mein Vorschlag wurde abgelehnt.

Honecker meinte nicht, mir diese Ablehnung erklären zu müssen. Er schickte mir einen Tag nach der Sitzung des Politbüros lediglich eine Agenturmeldung mit der handschriftlichen Bemerkung: »Für Egon zur

Information. E.H.« In der Meldung hieß es: »Auch das Thema des ›Mindestumtausches‹ habe Strauß bei Honecker angesprochen. Strauß räumte ein, ihm sei erst bei seiner Reise bewusst geworden, welches Riesengeschäft manche Leute aus der Bundesrepublik im großen Ausmaß, manche im kleineren, unter Ausnutzung des Schwarzmarktkurses machen. Er habe sich die Preise in den Läden und Gaststätten der DDR angesehen. Solche niedrigen Preise und der Schwarzmarktkurs würden von manchem missbraucht, um sich zu bereichern. Wenn man in der Bundesrepublik Lösungen dafür fände, wäre die Frage des Mindestumtausches sehr schnell vom Tisch«.

Honecker schrieb darunter: »Der Mann hat's verstanden.«

Es hat mich damals schon aufgewühlt, wie sich die beiden älteren Herrschaften in einem verhältnismäßig kurzen Zeitraum freimachten von alten Vorurteilen und Wege suchten, dass ihre Kinder und Enkel im Frieden leben könnten. Das war angesichts des Kalten Krieges, in dem beide Seiten standen, ein mutiger Schritt. Niemand schien den anderen übers Ohr hauen zu wollen. Was beide vereinbarten, wurde realisiert.

War das schon der Anfang einer Koalition der Vernunft? Mir schien es damals so. Wohl deshalb stellte ich mich trotz der Bedenken unserer sowjetischen Freunde und einiger versteckter Kritiker im Politbüro auf die Seite Honeckers. Dies war auch die Zeit, als viele aus dem Westen an die Tür der DDR klopften: Spitzenpolitiker aller Parteien der Bundesrepublik, Industrielle, alle Jugendorganisationen, Künstler und Militärs, Juristen und Journalisten. Auch viele bekannte Schlagersänger.

Das ärgerte Rocker Udo Lindenberg. Er meinte in einem seiner Lieder, der »Palast der Republik« sei nur für die »Schlageraffen« reserviert, die ihren Schrott dort zum Vortrag brächten. »Nur der kleine Udo, der darf das nicht.« Auch einige meiner Freunde im Zentralrat der FDJ verstanden die Zurückhaltung der dafür zuständigen staatlichen Stellen der DDR nicht. Sie meinten, Lindenberg sei ein deutschsprachiger Rocker, der zudem aktiv in der Friedensbewegung sei. Sie überhäuften mich mit Texten, Tonbändern und Schallplatten von Lindenberg. Sie wollten mein Einverständnis, dass die FDJ Lindenberg einlädt.

Wäre mir das noch vor ein oder zwei Jahren passiert – ich hätte mit einem »Ja« überhaupt kein Problem gehabt. Schließlich hatten wir uns seit den Weltfestspielen 1973 in Berlin stark gemacht für die Förderung der Rockmusik. Wir veranstalteten Werkstattwochen und große Konzerte unter freiem Himmel. Wir gaben monatlich Poesiealben heraus. So nannten wir die Lyrikbändchen, die in unserem FDJ-Verlag *Neues Leben* verlegt wurden. Wohl einmalig in Deutschland, dass Gedichte von alten Meistern und jungen Talenten in hohen Auflagen und niedrigen Preisen herausgegeben wurden. Sie enthielten nicht wenige gesellschaftskritische Texte. Warum sollten wir nicht auch mit Lindenberg ins Gespräch kommen?

Jetzt, 1983, war ich mir nicht mehr so sicher. Ich stellte mir die Frage: Wird eine solche Einladung an der Basis noch verstanden? Schließlich ist Lindenberg mit einer Parodie respektlos mit unserem Staatsoberhaupt umgegangen. Manche mögen diese Überlegung heute nicht mehr verstehen. Fakt ist aber, Anfang und Mitte der achtziger Jahre war Honecker eine große Autorität. Er stand für die Friedenspolitik der DDR. Nicht wenige Bürger meinten, mit seinem »Sonderzug nach Pankow« habe sich Lindenberg selbst den Eintritt in den »Palast der Republik« verbaut.

Grünes Licht kam jedoch schneller als ich glaubte. Nach einer Sitzung des Politbüros fragte mich Honecker: »Sag mal, Egon, was ist das für einer, dieser Lindenberg?«

Ich antwortete in Anspielung auf den »Sonderzug« etwas lax: »Der, der den leckeren Cognac mit dir trinken will.«

Honecker lachte. »Kennst du den ganzen Text?«, fragte er.

Ich hatte ihn nicht auswendig drauf und gab kurz den Inhalt wieder. Zum Schluss fügte ich an: »Er nennt dich ›Honni‹ und ›Oberindianer‹.«

Aufmerksam beobachtete ich seine Reaktion. Er verstand den Spaß. »Ach«, sagte Honecker, »das ist ja ganz lustig. Deshalb sagt mein Enkel jetzt manchmal ›Honni‹ zu mir … Ich hab einen Brief von Lindenberg bekommen. Hier hast du ihn. Mach mir mal bitte eine Antwort.«

Ich las das Schreiben. Lindenberg bot Honecker die Friedenspfeife an. Nie habe er den Staatsratsvorsitzenden diskreditieren wollen. Er schreibe und singe grundsätzlich keine Lieder für die Kalten Krieger gegen die DDR und würde gern bei uns auftreten.

Wolfgang Herger, Hartmut König und ich sprachen darüber. Es entstand die Idee, nicht bis zum »Festival des politisches Liedes«, das jährlich im Februar stattfand, zu warten. Wir schlugen Lindenberg vor, schon im Oktober zu kommen. Wir planten im Palast der Republik eine große Kundgebung gegen die Stationierung neuer Raketen. Er wäre dort in guter Gesellschaft. Aus den USA kämen Harry Belafonte und Dean Reed, aus Kanada Perry Friedmann, aus der Sowjetunion Janna Bitschewskaja, aus Irland die Gruppe »Sands Family«, aus Chile die Gruppe Quilapayún, aus der DDR der Oktoberklub, der Kreuzchor, die Rockband Enno fünfundfünfzig (geschrieben NO55) und weitere Rockgruppen.

Lindenberg reagierte sofort, seine Manager nannten es eine »Sensation«. Niemand dort hatte mit einer Einladung gerechnet.

Kaum war alles klar, da mischten sich Medien aus der Bundesrepublik ein. Diejenigen, die vorher die DDR gescholten hatten, sie leide Lindenberg nicht, zogen jetzt über den »kleinen Udo« her. Eine große Tageszeitung schrieb, er habe mit der »Stasi einen klaren Plan abgesprochen. Er darf gegen Raketen singen, aber nur, wenn er auf seinen Honecker-Song verzichtet.« Unsinn! Wir wunderten uns nicht über diese Gehässigkeit. Wir waren es gewohnt, dass im Westen die Meinung vorherrscht, es gebe in der DDR kein normales Leben ohne das Ministerium für Staatssicherheit.

Dabei hatte Mielke von unserem Plan, Lindenberg in die DDR einzuladen, erst aus dieser Zeitungsmeldung erfahren. Er hat auch nie richtig mitbekommen, ob Honecker seine Hand im Spiel hatte. Da ich die Sache vorantrieb, ließ er uns gewähren. Er ahnte wohl, dass ich Honeckers Rückendeckung hatte. Was mit Lindenberg vereinbart wurde, verantwortete ausschließlich der Zentralrat der FDJ. Niemand von außen hat uns da Vorschriften gemacht, schon gar nicht, welche Lieder gesungen oder nicht gesungen werden würden.

Im Westen wurde verbreitet, die DDR fürchte Lindenberg, weil dieser auch gegen die Stationierung sowjetischer Raketen sei. Das war schon lange nicht mehr unser Problem. 1982/83 hatte es in der DDR unter jungen Leuten eine zugespitzte Auseinandersetzung über Pazifismus gegeben. Anlass war, dass Jugendgruppen der evangelischen Kirche mit Berufung auf ihr religiöses Bekenntnis ein Abzeichen mit der Aufschrift »Schwerter zu Flugscharen« trugen. Nicht wenige Nichtchristen fühlten sich davon provoziert. Sie empfanden das als Aufforderung an die DDR, einseitig abzurüsten. Angesichts der Rüstungspolitik des Westens werteten sie dies als Parteinahme für die USA und die BRD. Dies um so mehr als die schwedische Regierung vorgeschlagen hatte, in Mitteleuropa eine atomwaffenfreie Zone zu schaffen. Während Honecker anbot, das gesamte Territorium der DDR dafür zur Verfügung zu stellen, lehnte Bundeskanzler Kohl den Plan schroff ab. Trotzdem bestanden manche Kirchenleute auf der zweifellos richtigen Losung vom Frieden schaffen ohne Waffen. Wir meinten nur, sie sei an die falsche Adresse gerichtet. Wenn sich beide Weltmächte davon leiten ließen, wäre die DDR mit der weltweiten Abrüstung einverstanden. Einseitige Schritte betrachteten wir nicht als förderlich.

Als es in einigen Schulen aber nicht nur politische Diskussionen gab, sondern auch administrative Schritte gegen das Tragen des Abzeichens »Schwerter zu Pflugscharen« mit dem Hinweis auf das Zitat des Propheten Micha in der Bibel, waren wir uns im Zentralrat der FDJ einig: Es darf nicht kommen wie 1953! Damals hatte die FDJ einen Kampf gegen die

Junge Gemeinde geführt, der die religiösen Gefühle junger Christen verletzte. Der FDJ-Führung von 1982/83 lag ein Kirchenkampf fern. Wir hatten aus 1953 gelernt. Dies um so mehr, da wir auch die christlich orientierten Pazifisten zu unseren Weggefährten zählten. Ich führte in diesen Wochen viele Gespräche mit jungen Christen. Wir machten deutlich, dass unser Ziel das gleiche sei: Weg mit dem verhängnisvollen Raketenbeschluss von Brüssel! Nur auf diesem Wege könne verhindert werden, dass auf deutschem Boden neue Raketen stationiert werden würden, gleich, ob amerikanische oder sowjetische. Bei diesen Gesprächen entstand die Idee, ein Abzeichen zu entwerfen, das auf einem gelben Kreis eine schwarze Rakete zeigt, die von einem roten Kreuz durchgestrichen ist und darunter der Text: Weg mit dem NATO-Raketenbeschluss! oder auch: Gegen NATO-Waffen Frieden schaffen!

Mir war bewusst, dass auch dieser Text parteiisch war. Diesmal nicht gegen die DDR, sondern gegen die Verursacher der neuen Runde des Wettrüstens. Ich glaubte, wir hatten damit eine gemeinsame Formel gefunden, der Christen und Nichtchristen, soweit sie auf dem Boden der DDR standen, zustimmen könnten. Meine Ernüchterung folgte auf den Fuß. Die Kritik kam aus einer unerwarteten Ecke. Am 1. Mai war wie alljährlich die Partei- und Staatsführung der DDR auf der Tribüne in der Berliner Karl-Marx-Allee aufgereiht. Fünfzehntausend FDJ-Mitglieder von Berlin marschierten in bester Stimmung mit dem Abzeichen mit der durchgestrichenen Rakete auf der Brust an der Tribüne vorbei.

Plötzlich kam dort Bewegung auf. Mielke nahm an, die FDJ-Mitglieder trügen ein kirchliches Abzeichen mit der Aufschrift »Frieden schaffen ohne Waffen«. Er ging hinter der ersten Reihe, in der neben den Politbüromitgliedern auch die Vorsitzenden der Blockparteien und der sowjetische Botschafter standen, auf und ab. Auf jeden einzelnen redete ein: »Dafür ist Egon Krenz verantwortlich.« Selbst Honecker belegte er.

Der ließ sich jedoch nicht abhalten, weiter den Demonstranten zuzuwinken. Er meinte nur: »Rege dich nicht auf, frag Egon, was das ist.«

Ich versuchte aufzuklären. Keine Chance.

Das Abzeichen sei nicht im Politbüro bestätigt, meinte Mielke. Er überzeugte Achim Herrmann, es im Fernsehen nicht zu zeigen.

Niemand da oben außer mir wusste, welches Abzeichen die jungen Leute tatsächlich auf ihren Blauhemden trugen. Mielke und andere urteilten, als sei da unten die Konterevolution erschienen. Wolfgang Herger und ich ließen uns nicht beeindrucken. Schon kurze Zeit später hatten wir uns durchgesetzt.

Auf einer Veranstaltung trugen Tausende das Abzeichen mit der durchgestrichenen Rakete. Als Honecker, den wir als Gast eingeladen hatten, eintraf, übergab ich ihm und den anderen aus dem Politbüro dieses Symbol. Er sagte laut, so dass es auch Mielke hören konnte: »Eine tolle Idee.« Die FDJ hatte sich damit nicht nur mit einem Abzeichen durchgesetzt. Beim gemeinsamen Mittagessen mit Vertretern der ausländischen Delegationen zog Honecker mich in ein Gespräch über diese Angelegenheit: »Es ist gut, was ihr als FDJ macht. Lasse dich von niemandem ins Bockshorn jagen. Mielke soll auf die Staatsfeinde aufpassen, nicht auf die FDJ-ler.« Es gelte, meinte Honecker, alle für den Kampf gegen die Raketen zu gewinnen. Dabei dürfe es keine Enge geben.

Honecker hatte sich für den Grundsatz »Von deutschem Boden darf nie wieder ein Krieg ausgehen« von einigen Dogmen frei gemacht. Dieser Grundsatz entsprach seiner inneren Überzeugung.

Das geschah wenige Monate vor dem Auftritt Lindenbergs in Berlin. Wir hatten keine Probleme, als der Rocker aus Hamburg während seines Auftritts im Palast der Republik verkündete: »Aller Raketenschrott muss aus der Bundesrepublik und aus der DDR verschwinden. Wir wollen keine Pershing II und auch keine SS 20.« So deutlich konnten wir das zwar mit Rücksicht auf unsere Bündnispartner im Warschauer Vertrag selbst nicht formulieren. Dennoch ging es über unsere Medien in die Welt hinaus.

Die Angst vor neuen Raketen auf deutschem Boden war groß. Unsere Partnerschaft mit allen, die gegen ihre Stationierung waren, unabhängig von ihrem politischen Standort und ihrer Weltanschauung, war ehrlich und ohne jede taktische Plänkelei. Dass wir diese Haltung des Friedens nach außen nicht mit gleicher Konsequenz auch für den Frieden und die Zusammenarbeit nach innen vertraten, hat unserer Glaubwürdigkeit geschadet.

Damals, als die Welt noch in zwei Gesellschaftssysteme gespalten war, wollten uns einige Pfarrer bewegen, unserer Politik die Bergpredigt zugrunde zu legen. Manchmal glaubte ich, es sein nur ihr Idealismus, der sie trieb. Nachdem die gleichen Pfarrer aber schon wenige Jahre später guthießen, als sich die Bundesrepublik an Kriegen beteiligte, waren es wohl weniger religiöse als viel mehr politische Gesichtspunkte, die sie gegen die DDR-Politik vorbrachten.

Die Friedenskundgebung am 25. Oktober 1983 wurde ein großer Erfolg. Auch für Rockmusik herrschte eine gute Atmosphäre. Im Palast der Republik gab es »Rock für den Frieden«, was eigentlich ein nationaler Wettstreit der besten Rockgruppen des Landes war. Es gab das Festival des Politischen Liedes mit internationaler Beteiligung, das für die meistenTeilnehmer der Höhepunkt des Jahres war. Es gab tolle Musik und Treffen mit Freunden, die einfach Spaß gemacht oder zumindest für's »Da sind wir aber immer noch« motiviert haben. Dieter Süverkrüp, einer der Gründungsväter der Liedermacherbewegung der alten Bundesrepublik, hat es weniger pathetisch ausgedrückt: »Mir reicht, dass es euch gibt.«

Zudem gab es diverse Tourneen und Gastspiele. Ich finde, je älter die DDR wurde, desto vernünftiger und aufgeschlossener waren wir im Bereich der Jugendkultur. Ich habe Udo nie unter Druck gesetzt, ein bestimmtes Lied nicht zu singen. Richtig ist aber auch, was ich erst später erfuhr, Hartmut König hatte ihm bei einem Vorgespräch unter vier Augen vorgeschlagen, den Sonderzug nach Pankow lieber nicht zu bringen, weil er für einige als Angriff auf Honecker missverstanden werden könnte. Lindenberg sagte: »Ganz locker, keine Panik.« König verstand es so, dass er das Lied stecken lassen würde, weil sich dessen Sinn mit seinem Auftritt ja erfüllt hätte.

Lindenberg war auf dieser Veranstaltung zwar nicht der Nabel der Welt, wie Zeitungen aus der alten Bundesrepublik weismachen wollten, sondern einer unten vielen bekannten Künstlern. Dennoch wurde er in der Westpresse wie ein Verräter an den Werten der freien Welt abgekanzelt. Von »peinlicher Ranschmeiße an die DDR« (*Stern*) bis »totale Gesinnungsaufgabe« (*Die Welt*) ging die Denunziation. Eine Zeitung nannte ihn gar »Popclown, als Hiwi der Waffen-SS 2.0«.

Die Kalten Krieger in den Medien waren enttäuscht. Sie hatten Zwischenfälle erwartet, Randale von jungen Leuten gegen die DDR. Nichts war wirklich passiert, außer der Tatsache, dass viel mehr Jugendliche in den Palast wollten als der große Saal Plätze hatte. Dagegen deuteten die Medien im Westen jeden Ruf eines Fans auf Udo in einen Schmähruf gegen die DDR um. Dieses Verhalten war dann auch der wirkliche Grund, weshalb es später nicht zu der geplanten Tournee von Lindenberg durch die DDR kam. Udo und ich fanden dennoch einen Draht zueinander. Er brachte zwar nicht den im »Sonderzug nach Pankow« versprochenen Cognac mit. Dafür lud ich ihn auf Vorschlag seines Managers Rau zu einem Glas Buttermilch ein.

Als ich vier Wochen später zum Mitglied des Politbüros gewählt wurde, schrieb er mir: »Wie ich in der Zeitung lese, bist du in deinem Verein befördert worden. Darauf müssten wir anstoßen.«

Es kam nicht mehr dazu. Meine Zeit in der FDJ war vorbei.

Erich Honecker wird Siebzig

Schon vor Monaten hatte Honecker festgelegt, dass er zu seinem runden Geburtstag keine offiziellen Veranstaltungen wünscht. Er werde engste Kampfgefährten empfangen, mehr nicht. Dennoch bereiteten Kollektive und Einzelpersönlichkeiten Überraschungen für ihn vor. Meist waren es Arbeitsbrigaden, die ihm über besondere Leistungen berichteten. Frei nach dem Sinngedicht von Brecht »Die Teppichweber von Kujan-Bulak …« , in dem es heißt: »Sie nützten sich, indem sie Lenin ehrten und ehrten ihn, indem sie sich nützten, und hatten ihn also verstanden.«

Die FDJ bereitete ein Geschenk vor, das eine Art Geschichtsbuch werden sollte. Freunde und Kampfgefährten berichteten über persönliche Begegnungen mit Honecker. 46 Autoren, die ihm in seinen verschiedenen Lebensabschnitten begegnet waren, vermittelten anschaulich über Eindrücke: Jugendfreunde aus dem Saarland, Genossen aus dem Kommunistischen Jugendverband, illegale Kämpfer gegen den Faschismus, Häftlinge aus dem Zuchthaus Brandenburg, Mitbegründer der FDJ, einschließlich damalige Sekretärin und Kraftfahrer, sowie Weggefährten beim Aufbau der DDR. Darunter viele bekannte Namen wie die Schriftsteller Stephan Hermlin, Hermann Kant, Günter Görlich, Gerhard Holtz-Baumert; Weltmeister Täve Schur und Olympiasiegerin Ilona Slupianek, Fliegerkosmonaut Siegmund Jähn, die Parteivorsitzenden der CDU und der LDPD, Gerald Götting und Manfred Gerlach, der sowjetische Kulturoffizier Sergej Tulpanow … Mit Jugendbrigadieren, Schülern und Studenten schrieben sie Lobeshymne auf Honecker. Ihre Berichte wurden in hellbraunes Leder gebunden und erhielten den Titel »Wann wir schreiten Seit' an Seit'«.

Das erste Exemplar wurde dem Jubilar am 25. August 1982, seinem Geburtstag, überreicht. Honecker war darüber nicht sonderlich erfreut, diese Lobhudelei sei ihm peinlich, gab er zu verstehen. Er bat mich, dass das Buch nicht vervielfältigt werde. Er hatte wohl Recht, wenngleich dadurch manche geschichtliche Episode für die Öffentlichkeit verloren ging. Mir zum Beispiel gefiel das, was Stephan Hermlin aufgeschrieben hatte. »Im Jahr 1950 oder 1951 teilte mir Erich Honecker mit, die Freie Deutsche Jugend werde einen Kongress junger Schriftsteller, Maler, Komponisten und Theaterleute abhalten; ein Referat von mir, das dann diskutiert werden sollte, sei erwünscht. ›Aber‹, fügte er hinzu, ›es wäre schön, wenn du nicht länger als eineinhalb Stunden sprechen würdest.‹

Ich musste lachen. Schon damals war es üblich, dass Redner kein Ende finden konten. [...]

›Noch eins‹, sagte er zum Schluss, ›du wirst verstehen, dass ich deine Rede vor dem Kongress lesen möchte.‹ Ich war einverstanden, und wir verabredeten Zeit und Ort.

Pünktlich war ich in seinem Zimmer im Haus der FDJ Unter den Linden. Er las, während die anderen Sekretäre ihm über die Schulter blickten. Ich vertrieb mir derweil die Zeit mit einem Buch. Schließlich sagte er: ›Ich bin einverstanden. Ich habe keine Einwände gegen deinen Text. Das heißt ...‹ Sein Gesicht wurde nachdenklich. ›Hier am Schluss nennst du einige Namen berühmter Künstler und Schriftsteller, die du der Jugend als Vorbilder empfiehlst. Du nennst zum Beispiel Picasso. Kann man das eigentlich?‹ [...]

Ich erklärte mich: Picasso teile das Schicksal fast aller großen Künstler, er sei seiner Zeit voraus, nachahmen könne man ihn nicht, aber lernen könne und müsse man aus seinem ewigen Suchen nach der künstlerischen Wahrheit.

Erich Honecker überlegte einen Moment lang. ›Ich verstehe: Das ist deine Meinung. Und deine Meinung sollst du auch sagen. – Übrigens‹, setzte er hinzu. ›von diesen Dingen verstehst du wahrscheinlich mehr als wir.‹

Ich hatte Erich Honecker immer gern gehabt. In diesem Augenblick wurde er mir noch lieber. Er war dafür. dass man seine Meinung sagt. Und er glaubte nicht, dass ein politischer Führer notwendigerweise auf allen Gebieten ein Experte sein müsse.

Meine Rede dauerte dann wirklich nur dreißig Minuten. Sie ist bis heute meine längste geblieben.«

Günter Schabowski (1929-2015), seit dem Vorjahr Politbüromitglied, hatte als Chefredakteur des *Neuen Deutschland* ein in Leinen gebundenes Buch drucken lassen, dessen Cover nur zwei goldgeprägte Initialen trug: »A. Z.« Unter diesem Kürzel publizierte Honecker gelegentlich im Zentralorgan. »A. Z. ist nicht nur glänzender Kommentator; er beweist immer wieder auch sein Talent als Agitator vermittels Tatsachen, als Nachrichtenmacher und als ›Headliner‹. Eine Vielseitigkeit, die bei den Professionellen der Zunft durchaus nicht immer vereint anzutreffen ist.«

Das meinte Schabowski keineswegs ironisch.

Eine Ad-hoc-Entscheidung

Es war an einem Sonnabend. Ende September 1983. Als ich vom Einkaufen kam, traf ich in der Waldsiedlung Erich Honecker. Er radelte auf einem alten Damenfahrrad heran, stellte es an einen Baum und fragte: »Egon, hast du Lust zum Spaziergang?«

Natürlich hatte ich. Er war müde geworden vom stundenlangen Lesen der Vorlagen für eine Sitzung des Politbüros. Eine Arbeit, die er überaus genau nahm. Schon zwei Jahre später änderte sich dies. Das Alter forderte schrittweise seinen Tribut. Noch jedenfalls machte ihm in punkto Aktenkenntnis kaum jemand etwas vor. Er wollte nach getaner Arbeit etwas Luft schnappen, sich auch ein bisschen unterhalten. Während wir durch den Wald schlenderten, redeten wir über Gott und die Welt. Richtiger gesagt: Er sprach und ich hörte ihm zu. Wer Honeckers monotone Sprechweise auf Kundgebungen kannte, wäre erstaunt gewesen, wie lebendig und spannend er im kleinen Kreis erzählen konnte.

Er ließ mich kaum zu Wort kommen. Dabei hatte ich mir vorgenommen, die Gelegenheit beim Schopfe zu packen. Ich wollte ihn fragen: Meinst du nicht auch, dass es für mich Zeit ist, aus der FDJ auszuscheiden?

Ich kam nicht zum Zuge. Honecker war ins Schwärmen geraten. Sein Lieblingsthema dieser Wochen war Franz-Josef Strauß. Er lobte ihn über den grünen Klee. Nach dem Treffen mit ihm im Sommer habe der Bayer sich »hochanständig« verhalten. Er sei Realist. »Kohl würde den am liebsten auf den Mond schießen«, meinte er. Die Differenzen zwischen den beiden müssten wir stärker nutzen, um Druck auf die CDU auszuüben, damit sie die von uns mit der SPD vereinbarte Entspannungspolitik weiterführt.

Ich entgegnete, es gebe Schwierigkeiten, den Leuten bei uns, besonders den jungen, zu erklären, warum Strauß quasi über Nacht vom Kalten Krieger zum Entspannungsbefürworter geworden sein soll.

Honecker stockte, guckte mich an und meinte: »Egon, diese Meckerei passt nicht zu dir.«

»Meckern« nannte er meinen Einwand. Er wollte nicht wahrhaben, dass viele Menschen nicht in den Kategorien dachten wie wir Berufspolitiker. Taktisches Lavieren war und ist in der Politik gang und gäbe. Im Alltag nicht, schon gar nicht bei jungen Leuten. Noch im April hatte

Strauß gegen die DDR gepöbelt. So unerträglich, dass dies für uns Anlass war, Honeckers geplanten Besuch in der Bundesrepublik abzusagen. Nicht einmal ein halbes Jahr später sollten nun alle das Gegenteil glauben. Es nahmen uns nur Wenige ab, dass Strauß sich zum Friedensengel entwickelt haben sollte.

Als wir nach anderthalb Stunden vor dem Haus Nummer 11, Honeckers Wohnung, angekommen waren, verabschiedete er sich.

»Erich, ich muss dich dringend in einer persönlichen Angelegenheit sprechen. Kannst du mir einen Termin geben?«

Er schien verwundert zu sein. Schließlich hatten wir gerade miteinander gesprochen. »Gut, Dienstag nach der Politbürositzung«.

Lange hatte ich darüber nachgedacht, wie ich es Honecker beibringe, dass ich aus der Jugendarbeit auszuscheiden wollte. Die FDJ war sein Lieblingskind. Er hatte sie 1946 gegründet und immer seine schützende Hand über sie gehalten. Es würde nicht leicht werden, ihn von Veränderungen an der Spitze »seiner« FDJ zu überzeugen. Für den fast Zweiundsiebzigjährigen war ich noch immer der junge Mann mit dem Blauhemd, auch wenn sich meine grauen Haare nicht mehr verbergen ließen. Fünfundzwanzig Jahre Altersunterschied trennten uns. Ich wollte nun unbedingt eine Entscheidung über mein Ende als 1. Sekretär des Zentralrats der FDJ.

Wolfgang Herger und ich hatten lange nachgedacht, wer mein Nachfolger werden könnte. Nach gründlicher Überlegung schlugen wir Eberhard Aurich vor. Er war zehn Jahre jünger als ich und hatte in verschiedenen Funktionen eine Menge Erfahrung gesammelt, zuletzt als 2. Sekretär des Zentralrats. Er hatte den Beruf eines Betonfacharbeiters mit Abitur erlernt, ein Hochschulstudium als Lehrer für Deutsch und Staatsbürgerkunde absolviert, sich als FDJ-Bezirkschef von Karl-Marx-Stadt und in politischen Auseinandersetzungen bewährt. Er kannte die FDJ von innen und von außen, war ein parteitreuer Weggefährte. Ihm trauten wir zu, den Jugendverband gut leiten zu können.

In die engere Wahl für meine Nachfolge hatte ich ursprünglich auch Hartmut König einbezogen. Honecker hatte mir jedoch schon vor Monaten zu verstehen gegeben, dass wir König auf keinen Fall aus dem Kulturbereich nehmen sollten. Er habe das Zeug zum Kulturminister, vielleicht könnte er sogar Nachfolger von Kurt Hager werden.

Nun wartete ich auf Honeckers Zustimmung zu meinem Ausscheiden, und ich war neugierig, welche Aufgabe mir übertragen werden würde.

Nach den Sitzungen des Politbüros stimmte Honecker mit dem Regierungschef die wichtigsten Termine der folgenden Woche ab. Koordinierung der Partei- und Staatsarbeit nannten sie das. Während er an diesem Tag noch mit Stoph über Versorgungslücken stritt, blieb ich auf meinem Platz am Sitzungstisch und las Materialien aus einer Umlaufmappe. Der Inhalt der Mappen mit einem dicken roten Querstrich war nur zum Lesen im Sitzungssaal bestimmt. Die Umlaufmappen durften im Unterschied zu den Aktentaschen mit den Vorlagen für das Politbüro nicht mit nach Hause genommen werden. Sie enthielten streng vertrauliche Partei- und Staatsangelegenheiten. Dazu gehörten Wortprotokolle von Gesprächen mit Spitzenpolitikern aus dem Westen, Notizen über wichtige Entscheidungen und Informationen des Nationalen Verteidigungsrates, Erkenntnisse über Mitglieder der Bundesregierung, Informationen über das Funktionieren der vertraulichen Kanäle Honeckers zum Bundeskanzler und zu den Chefs der im Deutschen Bundestag vertretenen Parteien, Briefe von Staatsoberhäuptern und Informationen des Ministeriums für Staatssicherheit. Wer von meinen Genossen aus dem Politbüro nach 1989 vor Gericht oder in der Öffentlichkeit behauptete, er sei nicht gut informiert gewesen, sagt schlicht die Unwahrheit.

Über Informationsmangel konnte sich niemand von uns beklagen, wenn er denn las, was vorhanden war. Manches, was in den Umlaufmappen lag, wurde nach einer vorher festgelegten Zeitspanne in der Allgemeinen Abteilung oder im Büro des Politbüros unter Verschluss gehalten. Oder in den Reißwolf befördert. Darunter auch Aufzeichnungen Honeckers über seine inoffiziellen Kontakte zu bundesdeutschen Politikern und Wirtschaftsbossen. Vieles von dem fehlt heute als schriftlicher Beleg dafür, wie vertrauensselig unsere Westpartner einst waren, wie eng die führenden Leute beider deutscher Staaten zusammengearbeitet haben und was die Vertreter der Gegenseite ausplauderten, um unser Vertrauen zu gewinnen. Die Quellen aus den Führungsetagen aller Parteien der Bundesrepublik sprudelten ergiebig, die Bonner Politiker plauderten mehr, als die Genossen des MfS nachrichtendienstlich erarbeiteten.

Nachdem sich Willi Stoph von Erich Honecker verabschiedet hatte, war ich mit meinem Chef allein im Sitzungssaal.

Während er noch seine Akten ordnete, trat ich an ihn heran und erklärte ohne Umschweife: »Erich, es wird Zeit, dass ich bei der FDJ ausscheide. Ich bin jetzt fast fünfundzwanzig Jahre dabei. Eberhard Aurich, mein Stellvertreter, hat sich bewährt. Er kann bedenkenlos die FDJ leiten.«

Honecker tat, als sei er von meinem Vortrag überrascht. Aber er reagierte seltsam. »Da bin ich aber froh, dass du dich nicht scheiden lassen willst.«

Ich war verdutzt. War ihm wieder eines der üblen Gerüchte zugetragen worden, die irgendwer seit Jahren über mich und mein Privatleben verbreitete? Ich fasste mich jedoch und fragte zurück: »Wieso sollte ich? Meine Ehe ist in Ordnung. Meine Familie bedeutet mir alles.«

Ein Wechsel an der Spitze der FDJ schien für Erich kein akutes Thema zu sein. Er setzte sich auf seinen Sitzungssessel und ließ mich einige Zeit warten. Ich war auf seine Antwort gespannt. Mir machte meine Arbeit im Jugendverband zwar noch immer Spaß. Doch mit sechsundvierzig Jahren war ich dem Jugendalter längst entwachsen. Manchmal schien mir das Wort »Berufsjugendlicher« extra für mich erfunden worden zu sein. Mein zweiundzwanzigjähriger Sohn Carsten hätte mich theoretisch jeden Tag zum Großvater machen können. Ein Opa an der Spitze der FDJ – das wäre eine Lachnummer geworden.

Honecker war nicht der Mann, der sich Entscheidungen gern aufdrängen ließ. Kaderfragen entschied er unkonventionell. Manchmal leider auch aus dem Bauch heraus. Es kam auch vor, dass er sie aus Unentschlossenheit oder aus Angst vor Experimenten auf die lange Bank schob. Nicht immer hatte er in Personalfragen eine glückliche Hand. Er fürchtete, Personalveränderungen könnten die Stabilität politischer Verhältnisse berühren. Sein Verständnis von Kontinuität hinderte ihn oft an einer vertretbaren Risikobereitschaft bei der Auswahl begabter junger Leute für Leitungsfunktionen in der obersten Ebene. Je länger jemand in der Funktion, so sein Denken, umso größer seine Erfahrungen, um so erfolgreicher seine Arbeit. Mit der FDJ wollte er keine Experimente eingehen. Er versuchte, mich davon zu überzeugen, noch zu bleiben.

»Du bist doch anerkannt bei der Jugend. Du kannst doch noch ein bisschen machen«, antwortete er auf mein Anliegen.

»Wenn du mich noch weiter in der FDJ lässt«, sagte ich, »werde ich länger ihr Vorsitzender sein als du es gewesen bist«.

Da wurde er hellwach. Er wusste aus eigener Erfahrung, dass es von einem bestimmten Alter an nicht mehr einfach ist, den Zugang zu Jugendlichen zu finden, ihre Sprache zu sprechen und zu verstehen. Aber ihn störte wohl auch die Vorstellung, jemand könne länger FDJ-Chef sein als er selbst es war. Zählt man seine Arbeit als Vorsitzender des antifaschistischen Jugendausschusses seit 1945 dazu, hatte Honecker über zehn Jahre an der Spitze der Jugendbewegung gestanden. Mir fehlten dazu noch drei Monate.

»Gut« sagte Honecker. Es klang diesmal so, als habe er das schon lange geplant: »Ich schlage vor, du wirst Mitglied des Politbüros und Sekretär des Zentralkomitees!«

»Wie bitte?«, fragte ich zurück.

»Ja, da staunst du«, antwortete Honecker und ging.

So endete mein Kadergespräch, auf das ich Jahre gewartet hatte. Mit dem Ergebnis hatte ich nicht gerechnet. Ich hatte vermutet, ich würde wie meine Vorgänger Horst Schumann und Günther Jahn zunächst Parteisekretär in einem Bezirk werden. Am liebsten in Rostock. Ich sagte damals oft zu meinen Freunden: Lieber mit dem Trabi auf Rügen als mit dem Tschaika in Berlin. Gleich in die höchste Verantwortung, hinein ins Zentrum der Macht? Das war eine Überraschung. Honecker vertraute mir, das wusste ich. Dennoch kam diese Entscheidung für mich unerwartet. Sollte ich mich freuen oder eher vor der Verantwortung fürchten? Ich war in diesem Moment unfähig, mir diese Frage selbst zu beantworten.

Vor allem ging mir durch den Kopf: Kannst du denn das überhaupt? Ich kannte zwar aus sieben Jahren Zugehörigkeit zum Politbüro vieles und hatte politische Erfahrungen auch außerhalb der Jugendarbeit gesammelt, dennoch: gleich in diese hohe Funktion. Das hatte ich nicht erwartet.

Nicht überrascht war ich, dass Honecker über mich entschieden hatte, ohne eine Antwort abzuwarten.

Seit meiner frühesten Jugend war ich gewohnt, mein Leben in den Dienst der Partei zu stellen. Sie war mein Leben. Was sie sagte, war für mich bindend. Meine Frau hat dies respektiert. Im Rückblick sage ich das allerdings auch mit einem Schuldgefühl gegenüber meiner Familie.

Als ich 1953 als Kandidat in die Partei ging, hatte ich die Grundentscheidung meines Lebens getroffen. Wollte ich sie nicht ändern, und das hatte ich nie vor, waren alle späteren Entscheidungen folgerichtig davon abgeleitet. Politische Einsicht war für mich Voraussetzung dafür, frei entscheiden zu können. Nachdenken über Freiheit war für mich mit Idealen über eine Gesellschaft mit sozialer Gerechtigkeit verbunden. Manche tun dies heute als Deformation des Denkens ab. So habe ich das nie verstanden. Freiheit hatte für mich mit Wissen und Verantwortung zu tun. Schon als Student hatte ich mir die Ansicht von Aristoteles zu eigen gemacht: »Als unfreiwillig gilt also, was unter Zwang und auf Grund von Unwissenheit geschieht. Dementsprechend darf als freiwillig das gelten, dessen bewegendes Prinzip in dem Handelnden selbst liegt, wobei er ein volles Wissen von den Einzelumständen der Handlung hat.«

Was ich in meinem politischen Leben auch tat, ich tat es mit Wissen und aus Überzeugung. Ich bin von niemand »verführt« worden, so zu denken und zu handeln, wie ich gedacht und gehandelt habe. Auch nicht durch Honecker, obwohl er über Jahre mein »Ziehvater« war, wie das heute wohl heißt. Für mein Denken und Handeln mache ich niemand anderen verantwortlich als mich selbst. Ich fühle mich nicht als Opfer einer Ideologie, einer Partei oder gar einer Person.

Erstaunt war ich allerdings, was Honecker mit mir vorhatte. Seit Gründung der FDJ hatte es bis dahin vier 1. Sekretäre des Zentralrates gegeben. Niemand vor mir war unmittelbar nach seiner Tätigkeit im Jugendverband Mitglied des Politbüros und Sekretär des Zentralkomitees geworden. Selbst Honecker musste erst ein Jahr zur Schulung nach Moskau.

Als ich am 25. November 1983 vom Zentralkomitee einstimmig zum Mitglied des Politbüros und Sekretär des ZK gewählt worden war, kam ich aus der FDJ-Zentrale ohne Zwischenschritt ins Führungszentrum der Partei. Ich war der Jüngste dort und – wer kann es mir verdenken? – auch ein bisschen stolz darauf.

Oft werde ich gefragt, was Honecker zu dieser Entscheidung veranlasst haben könnte. Er stand damals im zweiundsiebzigsten Lebensjahr; als er 1971 Walter Ulbricht ablöste, war er achtundfünfzig. Wiederholt hatte er mir gesagt, ihm werde es nicht wie Ulbricht gehen: Altersstarrsinn sei gefährlich in der Politik. Er werde rechtzeitig zurücktreten, noch bevor andere merkten, dass er alt geworden sei. Ein guter Vorsatz.

Später verhielt er sich nicht anders als andere Politiker. Sie wollen nicht wahrhaben, dass die Zeit über sie hinweggegangen ist. Vermutlich ist es eine menschliche Schwäche, nicht zu akzeptieren, dass man besser gehen sollte, ehe man zur Belastung für andere wird. Am Stuhl zu kleben und nicht freiwillig aus dem Amt zu scheiden ist keine Frage des politischen Systems. Dieses Beharrungsverhalten ist in jedem System zu beobachten. Nur wenige Politiker besitzen Souveränität, Charakter und Größe, ihren Hut zu nehmen, bevor sie zum allgemeinen Ärgernis werden.

Als Honecker mich in die engere Parteiführung holte, plante er noch, seine Parteifunktion vor seinem fünfundsiebzigsten Geburtstag in jüngere Hände zu legen. Darauf hat er Jahre hingearbeitet. Er nahm neue Leute ins Politbüro auf: Achim Böhme, Werner Felfe, Herbert Häber, Joachim Herrmann, Werner Krolikowski, Werner Lamberz, Inge Lange, Siegfried Lorenz, Konrad Naumann, Günter Schabowski, Harry Tisch, Werner Walde – alles Mittvierziger oder Mittfünfziger. Und dann war da noch Günter Mittag, den er als Nachfolger für Willi Stoph erwog. Jeder, der mit offenen Augen im Politbüro saß, sah, dass Honeckers Favorit für die Nachfolge im Amt des Generalsekretärs ganz offensichtlich Werner Lamberz hieß. Dieser begabte, sprachgewandte und politischen Charme ausstrahlende Mann hätte wohl auch die Unterstützung aller im Politbüro und im Zentralkomitee gehabt. Und dazu noch die aus Moskau. Denn er war es, der den Brief einer Gruppe aus dem Politbüro an den KPdSU-Generalsekretär mit der Bitte um Unterstützung für Honecker 1971 formuliert und überbracht hatte.

Doch dann kam jener 6. März 1978, der seinem Leben ein unvorhergesehenes Ende setzte. Ich sehe Erich Honecker noch vor mir, als wäre es erst vor Kurzem gewesen: Er saß wie abwesend auf seinem Platz, nachdem er uns am frühen Morgen des 7. März 1978 auf einer Sondersitzung des Politbüros informiert hatte, dass Werner Lamberz, der ZK-Abteilungsleiter Paul Markowski und weitere Genossen in Libyen tödlich verunglückt seien. Diese Nachricht traf uns alle tief. Honecker trauerte, wie ich es später nur beim Tod seiner kleinen Enkelin erlebte. Er war außerstande, die Trauerrede für seinen Freund Lamberz zu halten. Er ordnete eine schnelle und lückenlose Aufklärung der Umstände des Todes an.

Lamberz hatte sich als Sonderbotschafter Honeckers am 6. März 1977 in einem Zelt in den Weiten des Landes mit Revolutionsführer Gaddafi getroffen. Die DDR wollte Libyen für eine gemeinsame Initiative bei der friedlichen Lösung der zwischen Äthiopien und Eritrea bestehenden Konflikte gewinnen. Das Unglück passierte unmittelbar nach dem Start des Hubschraubers, der Lamberz vom Konferenzort zurück nach Tripolis bringen sollte. Nach 1990 wurde das Gerücht verbreitet, Lamberz sei Opfer eines Attentates des Ministeriums für Staatssicherheit der DDR geworden. Solche Gedanken sind absurd. Sie können nur aus kranken Hirnen sprießen. Nie ganz ausgeräumt werden konnte jedoch trotz intensiver Aufklärung der Verdacht der sowjetischen Spezialisten, dass der US-amerikanische Geheimdienst seine Hände im Spiel hatte. Das Attentat habe vermutlich Gaddafi gegolten, mit dessen Hubschrauber Lamberz geflogen war. Wie sehr Honecker Lamberz schätzte, wurde mir noch Jahre später klar. Als ich im März 1989 eine Zuarbeit für eine von Gorbatschow gewünschte Analyse über die Aktivitäten der SED zur friedlichen Regelung des Eritrea-Problems ausgearbeitet hatte, gab Honecker mir das Material mit der handschriftlichen Bemerkung zurück: »Die Information ist ungenau, um nicht mehr zu sagen. Es fehlen die Aktivitäten des Genossen Werner Lamberz.« Wie es auch sei, der Tod von Lamberz war für die DDR ein großer Verlust. Die SED verlor einen ihrer Besten. Honecker musste zudem neu über seine Nachfolge nachdenken. Möglich, dass er mich aus diesen Gründen ohne Umwege in seine direkte Umgebung holte.

Gesprochen hat er darüber nie mit mir.

Als Kronprinz auf der Teststrecke

Kaum war ich in mein neues Amt berufen worden, erhielt ich auch schon ein Etikett. Nicht von den eigenen Leuten. Die machten sich damals noch keinen Kopf darüber. Es waren wie so oft die westlichen Medien, die mehr wussten als ich selbst. Sie kürten mich schnell zum »Kronprinzen«. Die *Frankfurter Allgemeine Zeitung* spekulierte am 1. Juni 1984: »Dass Honecker den 47 Jahre alten Krenz an anderen Mitbewerbern vorbei auf die nach dem Generalsekretär wichtigste Position in der Partei bugsiert hat, beweist nicht nur, dass Honecker tatsächlich Chef der SED ist, es macht auch deutlich, dass er in Krenz seinen Kronprinzen sieht.« Im anderen deutschen Staat glaubten Journalisten bemerkenswerte Parallelen in Honeckers und meinem Lebenslauf entdeckt zu haben. Es waren meist Äußerlichkeiten. Zum Beispiel, wie viel Jahre jeder von uns FDJ-Chef war, bevor er Vollmitglied des Politbüros wurde. In einem Punkt allerdings kamen sie zu einer aufschlussreichen Erkenntnis, so im *Stern* in der Ausgabe vom 9. August 1984: »Hat sich der gebürtige Saarländer Honecker noch eine gefühlsmäßige Bindung an den Westen Deutschlands bewahrt, ist Krenz, dessen pommersche Geburtsstadt heute zu Polen gehört, frei von gesamtdeutschen Mentalitäten. Für ihn ist die DDR sein sozialistisches Vaterland.«

Dies, hieß es, könne einmal nachteilig für die Beziehungen der DDR zur Bundesrepublik und für die Einheit Deutschlands werden. Jemand, der nach ihrer Meinung keine emotionale Bindung zu Deutschland habe wie ich, dem war aus bundesdeutscher Sicht nicht zu trauen. So erhielt ich noch ein weiteres Etikett: Hardliner. Beide haben sich über Jahre gehalten.

Im Sommer 1984 hatte Gräfin Dönhoff, Mitherausgeberin der Wochenzeitung *Die Zeit*, Honecker gebeten, mit mir ein Interview führen zu können. Honecker hatte zugestimmt. Doch dann kam statt der Gräfin der Chefredakteur Theo Sommer. Der hatte sich eine Woche lang mit DDR-Politikern getroffen und unter anderem die Fragen gestellt: »Was sagt Ihnen der Begriff Deutschland? Welches Verhältnis wünschen Sie sich mit Bonn?«

Im Gespräch mit mir ließ er keine Frage aus, bei der er annahm, sie könnte mich eventuell in Schwierigkeiten bringen. »Woran denken Sie, wenn Sie Vaterland sagen?«, wollte er wissen. Diese Frage hatte er Interviewpartnern verschiedenen Alters gestellt. Er wunderte sich, dass über

Generationen hinweg alle antworteten: »An die DDR. Sie ist unser Vaterland.«

Ob es zwischen Honecker und mir in der Betrachtung der deutschen Frage Unterschiede gebe, fragte Sommer, und ich antworte mit »Nein«.

Allerdings war ich mir da so sicher nicht. Während der Saarländer Honecker immer wieder Emotionen zeigte, wenn es um seine geliebte Heimat ging, war ich frei von gesamtdeutschen Gefühlen.

Damals saß ich mit Theo Sommer mehr als drei Stunden allein in meinem Zimmer, die Atmosphäre war nahezu freundschaftlich. Es gab viele Berührungspunkte in Sachen »Koalition der Vernunft«. Er war von Honeckers Dialogbereitschaft beeindruckt. So ganz nebenbei ließ er mich wissen, dass das weiße Hemd mit Krawatte und dem gutsitzenden Anzug besser zu mir passe als die blaue Uniform der FDJ. Ich verabschiedete mich von ihm in der Vermutung, nach Günter Gaus einen zweiten Starjournalisten der Bundesrepublik als guten Bekannten zu haben. Ich sollte mich täuschen: Nach 1990 kannte mich Theo Sommer nicht mehr, bei Begegnungen wich er mir aus. Und er veröffentlichte Artikel, die den Erkenntnissen von 1984 diametral entgegenstanden.

Bald wurde es für bundesdeutsche Medien zur Gewohnheit, irgendwelche Geschichten über mich zu erfinden. So veröffentlichte *Bild am Sonntag* eine ganze Zeitungsseite mit der Überschrift »Der neue Honecker«. Und dann hieß es: »Witze erzählt er, Udo kennt er, und eisenhart ist er. Wie er lebt? Villa, Kaviar, Luxus-Auto. Am Verhandlungstisch: zynisch, hart, verlässlich. Er kontrolliert Polizei, Armee und Stasi.«

Darauf bauten die Medien auch 1989 ihre Berichterstattung über mich auf. Ich kann nicht einmal sagen, dass mich das geärgert hätte. Es war mir gleichgültig, was man im Westen über mich schrieb. Manchmal nannten sie – wie etwa die *Bild am Sonntag* am 19. Mai 1985 – sogar Wahres: »Seine Frau ist hübsch und selbstbewusst.«

Gefragt habe ich mich allerdings, ob in den bundesdeutschen Redaktionsstuben bekannt war, wie ihre Veröffentlichungen Entscheidungen auf der Chefetage beeinflussten? Obwohl wir genau wussten, wie die Medien jenseits von Elbe und Werra funktionierten, hat sich der eine oder andere von uns doch von ihnen beeindrucken lassen. Ob sie die DDR lobten oder über sie herfielen, ihre Schlagzeilen hatten gewisse Auswirkungen. Auf diese Art und Weise wurde ich mehr als jeder andere im Politbüro über Jahre zum Gegenstand politischer Spekulationen. Hieß es in der Westpresse, ich sei »ein Muster ideologischer Linientreue« und »unterstütze Honecker vorbehaltlos«, was damals die Wahrheit war, oder »Honecker sei noch rüstig genug, um die Funktion noch lange auszuüben«, stand ich bei Veranstaltungen auf Tribünen neben dem Generalsekretär oder saß wie beim politischen Gipfel im Juni 1984 in Moskau direkt an seiner Seite. Er freute sich, wenn man ihm im Westen nachsagte, er bestelle rechtzeitig sein Haus. Wurde daraus aber der Schluss gezogen, »Krenz habe sich zum einflussreichsten Politiker hinter Honecker entwickelt«, habe seine »eigene Handschrift« und keine »Berührungsängste zum Klassenfeind«, wie ein Magazin schrieb, wurde ich wieder in das Alphabet eingeordnet und stand dann zwischen Kleiber und Mittag.

Eine Pressesache? Dachte ich auch. Doch keineswegs. Im Westen knüpfte man daran neue Spekulationen. Misstrauisch wurde der Generalsekretär vor allem, wenn die Medien den Altersunterschied betonten und Honeckers baldigen Rückzug aus der Politik prophezeiten.

Über seinen Nachfolger wollte er selbst bestimmen, er merkte aber kaum, wie ihn die Medien der Bundesrepublik dabei beeinflussten.

Am 29. April 1985 schrieb das Nachrichtenmagazin *Der Spiegel*, Honecker wolle auf dem Parteitag 1986 sein Amt als Generalsekretär an mich abgeben und nur noch Vorsitzender des Staatsrates sein. Der sogenannte DDR-Experte der Hamburger *Zeit*, Joachim Nawrocki, hingegen äußerte am 6. Dezember 1985 das Gegenteil. Denkbar war für ihn, dass Honecker mich zum Vorsitzenden des Staatsrates machen würde und selber als Generalsekretär »die Zügel« in der Hand behalten wollte.

Erich Honeckers Misstrauen wuchs. Je nachdem, ob bundesdeutsche Medien ihn schon auf dem Altenteil oder mich bereits in seiner Funktion sahen – ich war mal »Kronprinz«, mal derjenige, der eine »lange Teststrecke« vor sich hatte. Später auch der durch »schwere Krankheiten Angeschlagene«.

Mein Selbstbewusstsein und auch meine Gesundheit waren stark genug, mich darüber hinwegzusetzen und meine Arbeit zu machen. Ich gehörte nicht zu denen, die sich durch unfreundliche Berichte in bundesrepublikanischen Medien irritieren ließen. Ich achtete allerdings streng darauf, mich in der Öffentlichkeit nicht anders zu verhalten als meine Genossen aus dem Politbüro. Es ist zwar kurios, aber das führte auch dazu, dass ich wie die anderen meine Redetexte im Politbüro bestätigen ließ und nicht selten meine Gewohnheit aus FDJ-Zeiten aufgab, Ansprachen frei, ohne Redemanuskript zu halten. Niemand sollte einen Vorwand bekommen, anhand meiner Reden vermeintliche Abweichungen von der Parteilinie zu entdecken.

Meine Reden wurden dadurch keineswegs besser.

Mein erster Arbeitstag in neuer Funktion war der 5. Dezember 1983. Ein Montag. Auf der halbstündigen Autofahrt von Wandlitz ins Büro ging mir vieles durch den Kopf. Am Wochenende hatte ich mich bei meinen Freunden aus der FDJ verabschiedet. In meiner Rede hatte ich auch Brechts Gedicht vom »Lob der Partei« erwähnt, in der er fragte »Wer aber ist die Partei?«.

»Sitzt sie in einem Haus mit Telefonen? Sind ihre Gedanken geheim, ihre Entschlüsse unbekannt? Wer ist sie?« Und gab die Antwort: »Wir sind sie. Du und ich und ihr – wir alle. In deinem Anzug steckt sie, Genosse, und denkt in deinem Kopf. Wo ich wohne, ist ihr Haus.«

So ähnlich dachte auch ich. Die Partei war nach meinem Verständnis dort, wo der einzelne ihre Ansichten verbreitet und durchsetzt. In der FDJ hatte ich die Erfahrung gemacht, dass ihre Stärke von den Ideen und dem Einsatz ihrer Mitglieder abhing. Realität oder Wunschtraum? Natürlich wusste auch ich, dass eine Partei, die regiert, nicht wenige Karrieristen in ihren Reihen hat. Leute, die ihren Vorteil und ihr Vorankommen suchen. Auch Mitläufer und Schwätzer waren dabei. Funktionäre, denen ihr Ansehen bei ihren Vorgesetzten wichtiger war als die Kenntnis der Probleme ihrer Mitglieder.

In der Umgangssprache wurde der Sitz des ZK der SED am Friedrichwerderschen Markt in Berlins Mitte »Großes Haus« genannt. Dort wurden die Entscheidungen für unser Land getroffen, tagte zweimal jährlich, am Ende des ersten und des zweiten Halbjahrs, das Zentralkomitee. Dienstags kam das Politbüro und mittwochs das Sekretariat zusammen. Dort hatte auch der Generalsekretär der Partei sein Büro. Seit 1960 war der Parteichef – mit kurzen Unterbrechungen – zugleich auch Staatsoberhaupt der DDR.

Das Große Haus beherbergte den »Generalstab der SED«, wie manche den Apparat des ZK auch nannten. Rund zweitausend politische und technische Mitarbeiter waren verantwortlich, die Beschlüsse der Führung vorzubereiten und deren Durchführung zu kontrollieren. Es waren Menschen mit sehr unterschiedlichen Lebensläufen. Nur wenige arbeiteten des Geldes wegen hier, wobei die Gehälter in staatlichen Verwaltungen höher waren als im Parteiapparat. Die Mehrheit der Mitarbeiter teilte die gemeinsame Weltanschauung und das Bemühen, die DDR zu stärken.

Nach dem Kriege bildeten in erster Linie Kämpfer gegen den Faschismus oder in der Sowjetunion geschulte Kriegsgefangene den politischen Apparat der Parteizentrale. Mit den Jahren kamen gut ausgebildete Hochschulkader ins Haus. Zunächst kaum spürbar, später aber umso deutlicher zeigten sich auch im Apparat des ZK Altersunterschiede. Für die Nachkriegsgeneration galt alles als Fortschritt, was besser als im kapitalistischen Deutschland war. Die in der DDR ausgebildeten Funktionäre ließen sich nicht mehr nur von der Vergangenheit leiten, sondern von unseren gewachsenen Möglichkeiten. Dabei spielten Wissenschaft und Technik eine immer größere Rolle.

Es waren nicht Grundfragen des gesellschaftlichen Systems, die die Unterschiede auslösten. Es waren wesentlich Bildung und Erfahrung. Die Älteren hatten ihre politischen Lehrjahre in der Illegalität, im Lager oder im Exil absolviert. Ob sie wollten oder nicht – dieses harte, gefährliche Leben hatte sie gelehrt, jedem und jeder zu misstrauen, der nicht zu ihnen gehörte. Man durfte nur wissen, was für die eigene Arbeit notwendig war. Das war der beste Schutz vor Verrat und die sicherste Möglichkeit zu überleben. Eine solche Haltung nährte zwangsläufig Vorsicht, Wachsamkeit und Argwohn. Und das blieb. Auch wenn es nicht mehr am Platze war: Wir standen zwar im Klassenkampf, aber kämpften nicht unmittelbar um Leben und Tod.

Diese Grundeinstellung bestimmte auch das Verhältnis zur Macht. Wer nicht für uns war, war gegen uns. Etwas dazwischen existierte für viele von dieser Generation nicht. Ihnen fiel es schwer, sich den neuen, veränderten gesellschaftlichen Bedingungen zu stellen. Es ging nicht mehr um die Eroberung, allenfalls um die Behauptung der Macht – aber nicht *gegen* die, sondern *mit* den Menschen, die hier lebten. Denn wir bauten den Sozialismus für und mit allen auf, nicht nur für uns. Auch mit Andersdenkenden, die nicht dadurch automatisch Feinde des Staates waren, nur weil sie keine überzeugten Sozialisten oder gar Kommunisten waren. Sie sollten wir mit Fakten und Argumenten gewinnen wie alle anderen auch. Selbst die bereits Überzeugten. Stattdessen bekamen auch sie oft zu hören: »Die Partei hat es so beschlossen, basta.«

So verkam allmählich der von Marx formulierte Anspruch, die Kommunisten haben »theoretisch vor der übrigen Masse des Proletariats die Einsicht in die Bedingungen, den Gang und die allgemeinen Resultate der proletarischen Bewegung voraus«, in einfache Rechthaberei.

Der Dichter Louis Fürnberg (1909-1957) meinte, dass immer Recht habe, wer gegen Lüge und Ausbeuterei kämpfe. Diese Tatsache wurde zunehmend verkürzt auf das simple Verdikt: »Die Partei hat immer Recht!«

Und wer war »die Partei«? Der ein oder andere im Parteiapparat meinte, er selbst sei »die Partei«. Und benahm sich auch so.

Die Mehrheit der jüngeren Generation von Parteiarbeitern war weniger für ideologische Klischees empfänglich. Ihr ging es mehr um die Einheit von

Politik, Ideologie, Wirtschaft, Wissenschaft und Kultur. Sie setzte sich dafür ein, Mängel schonungslos aufzudecken, ohne Rücksicht auf den Klassenfeind. Sie berief sich immer häufiger auf Lenins Lehren. »Eine Partei verdient keine Achtung«, hatte Lenin geschrieben, »wenn sie nicht den Mut hätte, ihre Krankheit beim richtigen Namen zu nennen, rücksichtslos die Diagnose zu stellen und Heilmittel ausfindig zu machen«.

In den siebziger und achtziger Jahren kam auch mancher Opportunist in den Parteiapparat, Leute, die das Sprungbrett für einen Aufstieg suchten. Darin unterschied sich das Große Haus kaum von Institutionen des Staates.

In unserem Land waren unterschiedliche Strukturen entstanden: der Partei-, der Staats- und der Sicherheitsapparat. Und diese begannen sich mit den Jahren zu verselbständigen. Das ZK wurde daher zu einem »Arbeitgeber« wie jede andere Institution. Um 17 Uhr war Arbeitsschluss. Die meisten Genossen strömten aus dem Haus wie aus einem gewöhnlichen Bürobau. Viele zog es nicht mehr auf Versammlungen, sondern auf ihre Datsche. Oder zur Jagd. »Die Partei« steckte für sie nicht mehr in ihrem Anzug, nicht mehr in ihrem Kopf, nicht mehr in dem Haus, das sie bewohnten, wie Brecht geschrieben hatte. »Die Partei« wurde für sie zum Großen Haus mit Telefonen, zum Befehlsgeber. Teile des Parteiapparats, in dem sich Tausende hingebungsvoll für die neue Gesellschaft einsetzten, bekamem immer mehr Züge einer bürokratischen Behörde. Diese führte nicht mehr – aber sie mischte sich in alles ein: in die Aufgaben des Staates, der Gewerkschaften, der Massenorganisationen. Obwohl die Arbeitsordnung des Zentralkomitees eben dies untersagte.

Heute weiß ich nicht mehr genau, welche dieser Gedanken mir schon damals, bei meiner ersten Fahrt in mein neues Amtsgebäude, kamen und was Einsichten sind, die mir erst nach dem Ende der SED bewusst wurden. Wie auch immer: Ich hielt damals die Partei für stabil und fähig, das Land voranzubringen. Diese Überzeugung bestimmte auch meinen Arbeitsstil.

Mein neues Büro lag auf der zweiten Etage jenes Gebäudes, das einst dem Reichsfinanzministerium gehört hatte. Es war kein luxuriöses Haus. Eher strahlte es preußische Nüchternheit aus. Ich benutzte wie alle ZK-Sekretäre nicht das Hauptportal am Marx-Engel-Platz. Durch dieses schritten die Mitarbeiter und Besucher. Mein Dienst-Volvo brachte mich auf den geräumigen Innenhof, nur wenige Schritte vom Eingang zum Fahrstuhl entfernt, der mich zusammen mit meinem Sicherheitsbegleiter in den zweiten Stock hievte. Vorbei an einem Posten des Wachregiments des Ministeriums für Staatssicherheit, der die Personalien von Besuchern kontrollierte, kam ich in die Politbüro-Etage. Unweit des Fahrstuhls hing ein ausdrucksstarkes Gemälde des Malers Willi Sitte. Es zeigte Ernst Thälmann, den von den Nazis 1944 im KZ Buchenwald ermordeten Vorsitzenden der Kommunistischen Partei Deutschlands. Dies gab dem Vestibül nicht nur einen würdigen Anstrich, sondern machte sichtbar, dass die SED und deren Führung sich in der Tradition dieses mutigen Mannes sahen. Von dort stieß man direkt auf das Zimmer 2010, das Arbeitszimmer Erich Honeckers. Das befand sich in der Mitte der vorderen Fensterfront. Rechts und links gingen Korridore in das Bürolabyrinth. Hinter den Türen aus hellem Holz lagen die Arbeitszimmer der Sekretäre Hermann Axen, Horst Dohlus, Werner Felfe, Kurt Hager, Joachim Herrmann, Werner Jarowinsky, Inge Lange und Paul Verner. Auch die Sicherheitsbegleiter und die persönlichen Mitarbeiter der ZK-Sekretäre hatten dort ihre Arbeitszimmer.

Nur Günter Mittag arbeitete im vierten Stock. Dort befanden sich auch die Wirtschaftsabteilungen, die er dirigierte.

Über meine Zuständigkeit im Politbüro des ZK der SED hatte ich an jenem Dezembermorgen 1983 nur geringe Vorstellungen. Noch bevor ich sie von Honecker erfuhr, hatten bereits die BRD-Medien mir meine Arbeitsgebiete »zugeteilt«: Sicherheit, Kader und Westarbeit.

In der Partei galt nach wie vor der Grundsatz: »Die Kader entscheiden alles.« Honecker hatte als Generalsekretär die Richtlinienkompetenz. Er behielt auch die Verantwortung für die Kaderabteilung. Wer sie anleitete, hatte nicht nur den Parteiapparat unter politischer Kontrolle, sondern auch die wichtigsten Personalfragen des Staates und der Massenorganisationen. Über die Kaderabteilung konnte Honecker auch die Auswahl der Kandidaten für das Zentralkomitee, die Zusammensetzung der Abteilungen des Zentralkomitees wie auch die Besetzung der wichtigsten Funktionen in den Kreisen und Bezirken steuern. Diese Schlüsselfunktion gab Honecker nicht aus der Hand, auch nicht an mich. Die Kaderabteilung unterstand bis zuletzt dem Generalsekretär.

Darum war das diesbezügliche Orakel in der Westpresse reiner Unsinn.

Mit dem Gedanken, mir die Zuständigkeit für die Westarbeit der SED zu übertragen, hatte Honecker tatsächlich gespielt. Ihm imponierte, dass ich in meiner FDJ-Zeit gute Kontakte zu interessanten Politikern der Bundesrepublik geknüpft hatte. Er freute sich über den unkonventionellen und zum Teil freundschaftlichen Umgang. Er wusste, dass ich dadurch viel Wissenswertes über interne Vorgänge in den Führungsetagen der anderen deutschen Republik erfuhr. »Mit denen ist Egon per Du«, pflegte er zu sagen, wenn er im Politbüro meine Kontakte zu Wolfgang Roth, HeidKmarie Wieczorek-Zeul, Karsten Voigt, Konrad Gilges, Gerhard Schröder, Oskar Lafontaine und anderen hervorhob. Er meinte, dies könne für die Zukunft nützlich sein.

Honecker ließ aber die Idee fallen, mir die Westabteilung zu unterstellen, als er mich für Sicherheitsfragen veranwortlich machte. Diese Funktion hätte in Verbindung mit den Westbeziehungen leicht missverstanden werden können. Eine solche Personalunion wäre nicht gut gekommen.

Einen »Sicherheitssekretär« hatte die aktuelle SED nicht. Diese Funktionsbezeichnung stammte noch aus den fünfziger Jahren. Ulbricht leitete damals die Sicherheitskommission des Zentralkomitees. Honecker übernahm sie nach dem Schulbesuch in Moskau, als er ZK-Sekretär wurde. Bei Gründung des Nationalen Verteidigungsrates im März 1960 wurde diese Kommission jedoch aufgelöst. Honecker wurde nunmehr Sekretär des Nationalen Verteidigungsrates (NVR). Damit lagen bei Verteidigungsfragen die Aufgaben des Staates und der Partei in einer Hand.

Nach Honeckers Wahl zum ersten Mann der Partei 1971 übertrug er die Funktion an Generalleutnant Fritz Streletz, Stellvertreter des Chefs des Hauptstabes der NVA und Chef der operativen Verwaltung. Doch die Funktion des Sekretärs des Nationalen Verteidigungsrates war fortan ohne inhaltliche Vollmachten. In allen wesentlichen Sicherheitsfragen hatte der Vorsitzende des Verteidigungsrates, Erich Honecker, das letzte Wort, Streletz war lediglich für die Koordinierung der laufenden Arbeit des Gremiums zuständig.

Als ich im Dezember 1983 Mitglied des NVR wurde, änderte sich an dieser Aufgabenstellung nichts. Der Verteidigungsrat war ein zentrales Verfassungsorgan der DDR, mit dessen Hilfe der Staatsrat die Landesverteidigung organisierte. Er bestand aus seinem Vorsitzenden, den die Volkskammer wählte, und mindestens zwölf Mitgliedern, die der Staatsrat berief. Ulbricht hatte Anfang der sechziger Jahre versucht, die Vorsitzenden der befreundeten Parteien, die in der Regel auch Stellvertreter des Vorsitzenden des Staatsrates waren, als Mitglieder des Verteidigungsrats zu berufen. Dagegen hatte KPdSU-Chef Chruschtschow sein Veto eingelegt. Wenn Ulbricht diese Absicht verwirklichte, so Chruschtschow, würde die DDR zum unsicheren Partner im Warschauer Vertrag werden. Man wisse schließlich nicht genau, wie sich Nichtkommunisten, die noch dazu aus dem Bürgertum kämen, im Kriegsfall verhalten würden.

Ulbricht und später auch Honecker haben diese Position zwar nie geteilt, akzeptierten sie jedoch.

Der Verteidigungsrat traf sich zwei bis drei Mal jährlich im Verteidigungsministerium in Strausberg. Mielke versuchte immer wieder, das Ministerium für Staatssicherheit als Tagungsort durchzusetzen. So wollte er die führende Rolle seines Ministeriums in Sicherheitsfragen unterstreichen. Honecker legte aber Wert darauf, dass der Verteidigungsrat kein Organ für die innere Sicherheit, sondern im Sinne des Wortes ein Verteidigungsrat war. Dessen Rolle glich dem des Bundessicherheitsrates. Beschlüsse über einen inneren Notstand – wie beispielsweise die Notstandsgesetzgebung in der BRD – gab es in der DDR nicht. Die DDR kannte auch keinen Ausnahmezustand. Selbst das in der Verfassung verankerte Recht der DDR, den Verteidigungszustand auszurufen, war durch die Zugehörigkeit zum Warschauer Vertrag eingeschränkt. Als Teil des Bündnisses unterlag die DDR den Beschlüssen des Politisch Beratenden Ausschusses. Im Kriegsfalle wäre auch die Nationale Volksarmee dem Oberkommandierenden der Gruppe sowjetischer Streitkräfte in Deutschland unterstellt worden. Oberster Befehlshaber der Militärkoalition war der jeweilige Generalsekretär des Zentralkomitees der KPdSU, zuletzt also Gorbatschow.

Wegen solcher und anderer Überlegungen, auf die ich noch zu sprechen kommen werde, wurden mir operative Aufgaben der Sicherheit der DDR nicht übertragen. Ich war als Sekretär des Zentralkomitees zuständig für die Abteilung für Sicherheitsfragen des ZK. Die Abteilung war zuständig für die politische Arbeit und die Tätigkeit der Parteiorganisationen in den Schutz- und Sicherheitsorganen der DDR.

Indem mir das Zentralkomitee nicht nur die Abteilungen für Jugend und Sport zuordnete, sondern auch die für Sicherheitsfragen sowie Staat und Recht, war wohl jedermann in der Partei klar, dass Honecker mich auf eine schwierige Teststrecke gestellt hatte. Dafür brauchte ich auch persönliche Mitarbeiter, die loyal, aber keine bloßen Ja-Sager waren. Am liebsten hätte ich Brigitte Zimmermann, die mir im Zentralrat einige Jahre half, Reden zu schreiben, auch ins ZK mitgenommen. Sie war nicht nur klug und geradlinig, Sie widersprach, wann immer sie es für notwendig hielt. Sie war nicht obrigkeitshörig. Als einmal eine Arbeitsgruppe eine Grundsatzrede für mich ausgearbeitet hatte, die ich bestätigen wollte, kam sie in mein Büro, warf den Entwurf mit der Bemerkung auf meinen Schreibtisch: »Wenn du dich blamieren willst, kannst du diese Rede gern halten, aber dann ohne mich.« Solche streitbare Atmosphäre liebte ich, weil nur so Qualität reifen kann. Meist hatte ich bei der FDJ solche Weggefährten. Ausnahmen bestätigen die Regel. Doch Brigitte Zimmermann war inzwischen Chefredakteurin der beliebten *Wochenpost* geworden und hatte keine Lust, zu mir zurückzukommen.

Mit aus dem Zentralrat kam Egon Dobias, ein belesener und durchsetzungskräftiger Landsmann aus dem Norden der Republik. Ihm war zu danken, dass die Eingaben der Bevölkerung nicht nur ausgezeichnet registriert und beantwortet wurden, sondern dass wir zu jenem Bereich im Zentralkomitee gehörten, der den meisten Eingabeschreibern auch helfen konnte.

Etwas schwieriger war die Suche nach einem Journalisten, den man heute wohl Redenschreiber nennen würde. Ich entschied mich für Hans-Gert Schubert, Redakteur der FDJ-Zeitung *Junge Welt*. Er war erstaunt darüber und nahm an, ich kennte seine Kaderakte nicht. Dabei wusste ich genau Bescheid. Mitarbeiter des Ministeriums für Staatssicherheit hatten mich zuvor informiert, dass er Anfang der sechziger Jahre als Freund von Peter Sodann, der damals eine Gefängnisstrafe erhalten hatte, ins Visier der Justiz geraten war. »Mäcki« hatte Sodanns Studentenkabarett »Rat der Spötter« angehört, das wegen »staatsgefährdender Hetze« 1961 verboten worden war.

An dieser Stelle muss ich mit einem Vorurteil aufräumen. All zu oft wird behauptet, das MfS habe über Personalfragen entschieden. Das ist jedoch falsch. Das MfS hat auf Sicherheitsprobleme aufmerksam gemacht. Entschieden haben die jeweiligen politischen Leitungen oder Einzelleiter. Wer keinen Charakter hatte, ist den Informationen widerspruchslos gefolgt. Wer sich einen Kopf gemacht hatte, legte sich auch mit den Informanten an. Mir ging es immer um die konkrete Person. In diesem Fall bin ich davon ausgegangen, dass seit 1961 mehr als zwanzig Jahre vergangen waren und Schubert in der Jugendzeitung eine solide Arbeit geleistet hatte. Er kam danach bis in die Politbüroetage und wurde später mein persönlicher Mitarbeiter des Generalsekretärs. Trotz der MfS-Information.

Zu meinem 80. Geburtstag schrieb er mir: »Ich danke dir für dein Vertrauen, mich – einen ehemaligen Leipziger Studenten-Spötter und 1961 als üblen Konterrevolutionär diffamierten Studenten, der auch Jahre danach mit diesem Kainsmal zu leben hatte – in deinen unmittelbaren Arbeitsbereich zu berufen (wenn auch anfangs gegen meinen Willen). Das hat meine Lebenskraft gestärkt.«

Ein Blick in Honeckers Panzerschrank

Kurz vor Weihnachten, am 19. Dezember 1983, wies mich der Generalsekretär in mein Arbeitsgebiet ein. Als ich kurz nach 9 Uhr bei ihm erschien, war er dabei, den Inhalt seines Panzerschrankes auszupacken. »Hier«, sagte er, »lies das erst einmal. Danach sprechen wir.«

Ich wollte die Papiere nehmen und in mein Büro gehen.

»Nein, so ist das nicht gemeint. Es sind Akten, die du nur bei mir lesen kannst. Auch Aufzeichnungen solltest du dir nicht machen. Alles, was du vor dir hast, ist geheim und existiert nur einmal.«

Ich machte mich über die zum Teil vergilbten Schriftstücke her. Es waren Notizen von Pieck und Ulbricht über deren Treffen mit Stalin und mit anderen Sowjetführern, Niederschriften über Gespräche Ulbrichts mit Funktionären der SPD über die Vereinigung beider Arbeiterparteien, Stichpunkte von Pieck, Ulbricht und Grotewohl für und von Beratungen mit den Chefs der sowjetischen Militäradministration in Deutschland, Aufzeichnungen von Ulbricht über ein Gespräch mit Stalin über die deutsche Wiedervereinigung, Kaderakten von Angehörigen des früheren Politbüros der KPD und der SED, einschließlich die Akte Wehner, handschriftliche Aufzeichnungen über Agenten Berijas in der DDR, die 1952/53 versuchten, die Existenz der DDR in Frage zu stellen. Auch Dokumente über die Sicherheit des Landes, vertrauliche Briefe von Breschnew über langfristige politische Pläne gegenüber der BRD. Einige persönliche Schreiben von Strauß, Wehner und Schmidt an Honecker waren ebenfalls dabei. Selbst Honeckers handschriftlicher Lebenslauf und seine Gestapo-Akte …

Alles war für mich außergewöhnlich spannend. Wissenswert allemal. Doch Sensationelles entdeckte ich nicht. Eher fand ich ein weiteres Mal die nüchterne Erfahrung bestätigt, dass auch die große Politik reines Menschenwerk war. Subjektiv gefärbt, wesentlich abhängig von der persönlichen Lauterkeit der Leute, die an der Spitze stehen, von ihrer Geradlinigkeit, ihrer Intelligenz, ihrem Charakter oder eben dem Gegenteil davon.

Je mehr ich mich in die Papieren vertiefte, desto bewusster wurde mir, welche Absicht Honecker damit verfolgte, mir einen Blick in seinen Panzerschrank zu gestatten. Ihm ging es nicht nur um die Demonstration von

Vertrauen. Da war noch etwas anderes. Ihm war ein Gedanke wichtig, der in meinem Leben bisher kaum eine Rolle gespielt hatte. Honecker unterschied streng zwischen seiner inneren Verbundenheit zur Sowjetunion, wie sie seit seinem Eintritt in den Kommunistischen Jugendverband gewachsen war, und der Haltung zu politischen Führern. Nicht wenigen begegnete er mit Misstrauen, mit Skepsis und Argwohn, aufgrund seiner politischen Erfahrungen schien er nicht jedem Politbüromitglied der KPdSU über den Weg zu trauen. Das artikulierte er auch. »Was uns auch noch immer erwartet – wir vertreten die Interessen der DDR. Wenn notwendig auch gegen den Willen der sowjetischen Politiker.«

Den Dokumenten entnahm ich, und Honecker bestätigte meinen Eindruck, dass es im KPdSU-Politbüro immer zwei Linien in bezug auf die DDR gab. Die einen betrachten uns vorurteilsfrei als gleichberechtigten Partner, als brüderlichen Verbündeten – die Vertreter der anderen Linie sahen uns als Objekt in der globalen Auseinandersetzung der Sowjetunion mit den USA. Vertreter beider Linien suchten immer wieder Bundesgenossen in unserem Politbüro. Wenn in Moskau eine bestimmte Linie sich gegen die andere durchgesetzt hatte, wurden jene Genossen auf unserer Seite, die eine andere Auffassung vertraten, welche mehr der anderen, nun zurückgedrängten Linie entsprach, einfach fallengelassen wie eine heiße Kartoffel. Und das war noch die milde Reaktion.

Erich Honecker nannte Namen und Beispiele. Im Aufruf der KPD vom 11. Juni 1945, der mit Stalin abgestimmt worden war, hatte es geheißen, dass es falsch sei, Deutschland das Sowjetsystem aufzuwingen. Einer der maßgeblichen Autoren – Anton Ackermann (1905-1973) – wurde von der Parteiführung beauftragt, dies argumentativ zu untersetzen. Im Frühjahr 1946 veröffentlichte die erste Ausgabe der theoretischen Zeitschrift der SED, die *Einheit*, seinen Beitrag mit der Beantwortung der Frage: »Gibt es einen besonderen deutschen Weg zum Sozialismus?«

In Moskau dominierten jedoch inzwischen jene Kräfte, die diese Frage absolut verneinten und darauf bestanden, dass in ihrem Einflussgebiet nur der eine Weg zum Sozialismus zulässig sei, nämlich der sowjetische. Damit war Ackermann scharfer Moskauer Kritik ausgesetzt.

Oder, so Honecker weiter: Wilhelm Zaisser (1893-1958), einst auch Funktionär der KPdSU und nunmehr Minister für Staatssicherheit, wie auch Rudolf Herrnstadt (1903-1966), Mitarbeiter der sowjetischen Militäraufklärung (GRU) und Chefredakteur des *Neuen Deutschland*, waren 1953 von sowjetischen Verbindungsleuten inspiriert worden, Walter Ulbricht politisch auszuschalten. Als dies nicht funktionierte, wurden sie als parteifeindliche Gruppierung verstoßen. Ähnlich sei es später auch mit Karl Schirdewan (1907-1998) gewesen.

Mitte der fünfziger Jahre habe Sowjetbotschafter Michail G. Perwuchin eine Plattform von Intellektuellen der DDR zur Herstellung der deutschen Einheit unterstützt. Als sich jedoch Moskaus Interessen änderten, wurden Perwuchins Jünger zu Staatsfeinden erklärt, unter ihnen der Philosoph Wolfgang Harich (1923-1995).

»Und jetzt?«, fragte Honecker rhetorisch. »Einige in Moskau versuchen, Mitglieder unseres Politbüros gegen mich auszuspielen. Erst haben sie uns den Grundlagenvertrag mit Bonn eingeredet. Jetzt, wo wir ihn verwirklichen, hetzen sie mich und kritisieren die Treffen mit Schmidt und Strauß.«

Eine solche Darstellung unserer Beziehungen zur Sowjetunion war mir bisher fremd. Ich muss Honecker wohl zweifelnd angesehen haben, was Honecker bemerke. Er beeilte sich, eine praktische Schlussfolgerung zu formulieren: »Die SED muss einheitlich handeln. Es darf keine Fraktionen geben.«

Ob dies hieß: »Egon, halte dich von jeder Fraktion fern. Lass dich nicht mit irgendwelchen Abenteurern ein«? Ich wusste es damals so wenig wie heute. Mir wäre ohnehin nie in den Sinn gekommen, mich einer imaginären »Fraktion« gegen Honecker anzuschließen.

Allerdings räume ich ein: Wer Honeckers öffentliche Auftritte und Äußerungen zur Sowjetunion kannte, hätte ihm eine derart ambivalente Einstellung zur sowjetischen Politik niemals zugetraut. Sie passte so gar nicht in das Bild von einem Mann, dem im Westen schon mal nachgesagt worden war, er wolle die DDR zu einer Sowjetrepublik machen.

Mir war nicht wohl bei dem Gedanken, dass Honeckers Pragmatismus einmal dazu führen könnte, unser Bündnis mit der Sowjetunion zu lockern. Ich blieb auch nach Kenntnis der geheimsten Dokumente und ihrer eigenwilligen Deutungen durch Honecker der Meinung, dass die DDR nur eine Zukunft an der Seite der Sowjetunion habe.

An jenem Dezembertag 1983 näherte sich Honecker jedenfalls auf historischen Umwegen und mit vielen Ausflügen in die internen Auseinandersetzungen in der Parteiführung meinen gegenwärtigen Aufgaben im Politbüro. »Du wirst dich vielleicht erinnern«, sagte er, »dass ich auf dem letzten Plenum zur Diskussion gesprochen habe.«

»Natürlich«, antworte ich. Während der 7. Tagung des Zentralkomitees am 24./25. November 1983 hatte er weder das Referat noch das Schlusswort gehalten, was für einige Verwunderung sorgte. Er hatte sich zur Diskussion gemeldet. Das Protokoll wies ihn als sechsten Diskutanten aus. So etwas hatte es bis dato nicht gegeben. Honecker begründete mir nachträglich sein Motiv: »Ich wollte niemanden im Politbüro in Verlegenheit bringen. In Moskau hat man sich noch nicht entschieden, wie auf die Stationierung der amerikanischen Mittelstreckenraketen in Europa geantwortet werden soll. Das wollen und müssen wir ausnutzen, um Fakten zu schaffen. Wir brauchen eine breite Friedensbewegung gegen die Raketen«, holte er aus. »Wenn ich meine Rede dem Politbüro zur Bestätigung vorgelegt hätte, wäre sie zwei Stunden später in Moskau bekannt gewesen. Wir wären dann, wie so oft in der Vergangenheit, nur zum Nachplappern Moskauer Vorgaben verurteilt gewesen. Niemals hätte man in Moskau akzeptiert, dass wir auf die Stationierung geantwortet hätten: ›Jetzt erst recht alles gegen die Raketen!‹.« Er lächelte: »Nachdem nun alle Mitglieder des Zentralkomitees meine Rede bestätigt haben, kann im Politbüro niemand mehr rumoren – es sei denn, sie stellten sich gegen das ganze Zentralkomitee.«

Honecker hatte ohne Wissen und ohne Billigung der sowjetischen Verbündeten eine eigene Friedensstrategie der DDR entwickelt. Das war angesichts der aktuellen Situation riskant. Immerhin hatten die Amerikaner bereits mit der Stationierung ihrer Mittelstreckenraketen in Europa begonnen. Bundeskanzler Kohl machte sich zum europäischen Wortführer der Raketenbefürworter. Die Sowjetunion stand deshalb auf dem Standpunkt: Wenn die BRD sich weiter so verhält, werden sich die beiden deutschen Staaten künftig nur noch über »Raketenzäune« hinweg unterhalten können. Honecker fürchtete, dass wir so in einen Atomkrieg schlittern könnten. Er wollte, dass wir nie wieder einen Krieg erleben sollten.

Dafür nahm Honecker die Auseinandersetzung mit der sowjetischen Führung in Kauf.

Mir ist bis heute nicht klar, worauf er seine Überzeugung gründete, dass sich die DDR aus dem Streit der Großen raushalten könnte. Er sah die Notwendigkeit, das weltweite militärstrategische Gleichgewicht zu bewahren. Honecker befürwortete verbal die Gegenmaßnahmen des Warschauer Vertrages, meinte aber zugleich, es sei im nationalen Interesse der DDR, wenn wir uns da neutral verhielten.

So formulierte er über die Raketen in Ost und West, dass sie »bei uns keinen Jubel auslösten«. Er setzte an die Stelle eines von der Sowjetunion prophezeiten »Raketenzaunes zwischen den beiden deutschen Staaten« eine Politik des Dialogs und der »Koalition der Vernunft«. Dafür entwickelte er drei Punkte: Die Stationierung muss unverzüglich gestoppt werden! Die bereits stationierten Systeme müssen abgebaut werden! Die Rüstungsspirale muss angehalten werden!

Und dann kam der ihm wichtige Satz: Den Kampf für die Abwendung eines nuklearen Weltkrieges müssen wir »Jetzt erst recht!« fortsetzen.

Diese Politik trug Honecker viel Zustimmung bei der eigenen Bevölkerung wie auch im Westen ein.

Der Generalsekretär machte mich während unseres Arbeitsgesprächs auch mit Sorgen bekannt, die ich bisher nicht kannte. Erneut sprach er die Spannungen im Politbüro an. »Egon, du musst wissen, dass es auch in unserem Politbüro Leute gibt, die nicht verstehen wollen, dass sich mit der Entspannung die Bedingungen für unsere Arbeit geändert haben. Hinter vorgehaltener Hand kritisieren einige immer wieder meine Treffen mit Schmidt und Strauß. Dahinter stecken Leute aus Moskau.«

Ärgerlich sei auch, dass selbst ein so verdienstvoller Mann wie Heinz Hoffmann in einer Lektion an der Parteihochschule unnötigerweise über gerechte und ungerechte Kriege philosophiert habe. Er habe dabei irgendwelche Dummheiten erzählt, über Möglichkeiten schwadroniert, wie ein Atomkrieg siegreich zu führen wäre. Der Kölner Erzbischof Joseph Kardinal Höffner habe dies zum Anlass genommen, um die Friedensfähigkeit der DDR infrage zu stellem. Das habe auch die katholische Kirche bei uns irritiert.

»Ich habe dem Kardinal vertraulich mitgeteilt, dass Hoffmanns Meinung nicht die Auffassung der DDR sei«, sagte Honecker. Hoffmann habe ihm das übel genommen. Der Generalsekretär habe kein Recht, seinen Verteidigungsminister bei einem ausländischen Kardinal anzuschwärzen, habe Hoffmann ihm gesagt. Er, Honecker, meine aber, dass man mit den Lebensfragen der Menschen nicht leichtfertig umgehen könne. Einen Atomkrieg dürfe niemand rechtfertigen, auch ein so hervorragender Mann wie Heinz Hoffmann nicht.

Als ich einwarf, Hoffmann habe eigentlich nur gesagt, was der Militärstrategie der Staaten des Warschauer Vertrages entspreche, guckte Honecker mich an und erwiderte: »Das mag ja sein. Doch so schafft man keine Koalition der Vernunft!«

Diese Zusammenhänge müsse ich kennen, meinte der Generalsekretär, um auch eine mich betreffende Entscheidung verstehen zu können. Hoffmann und Mielke seien bei ihm gewesen. Sie hätten meine Wahl zum Sekretär des Zentralkomitees sehr begrüßt – aber kritisiert, dass ich Verantwortung für Sicherheitsfragen übertragen bekäme. Sie meinten, sie wären zu alt, um sich auf einen jungen Vorgesetzten einzustellen. »Ich habe ihnen zugestanden, dass ich weiterhin für sie zuständig bin. Ich hatte zwar vor, dass du wie ich seinerzeit auch Sekretär des Nationalen Verteidigungsrates wirst, aber jetzt kann ich das Vorhaben nicht verwirklichen. Arbeite dich ein. Später werden wir sehen«, schloss Honecker.

Mich beeindruckte die Offenheit meines Chefs. Er vertraute mir – und ich ihm. Offensichtlich teilte er mir seine politischen Sorgen in der Hoffnung mit, mich als Verbündeten aus der nachfolgenden Generation zu gewinnen. Ich fühlte mich einbezogen und war bereit, mich auch in den heiklen Fragen auf seine Seite zu stellen.

Ob geplant oder zufällig – Honecker bekam einen Zettel von seiner Sekretärin gereicht. »Genosse Honecker, Kohl will dich am Telefon sprechen!«

Ich stand auf und wollte gehen. Honecker forderte mich zum Bleiben auf. Ich solle sehen und hören, wie solche Kontakte funktionierten.

Ich sah auf die Uhr. Es war kurz nach 14 Uhr, als eines der Telefone auf Honeckers Schreibtisch klingelte. Nicht der geheime WTsch-Apparat. Der war nur für Gespräche mit der eigenen Führung und den Chefs der Bruderländer bestimmt. (WTsch war das russische Kürzel von **высокие частоты** für Hochfrequenz, was das Abhören verhindern sollte.)

Kohl und Honecker, wie ich merkte, telefonierten über den normalen Postanschluss, über Honeckers Telefonnummer 2071854. Irgendwie war es amüsant, über Lautsprecher den beiden wichtigsten Männern der deutschen Staaten zuzuhören, wie sie versuchten, zumindest zeitweilig ihre spürbare gegenseitige Befangenheit abzulegen.

»Ja, hier Kohl«, meldet sich der Kanzler.

»Guten Tag, Herr Bundeskanzler, hier ist Honecker.«

Wie oft im normalen Leben begannen auch diese beiden zunächst über das Wetter zu reden. In Berlin sei es trübe und neblig. In Bonn hätten sie Frühlingswetter.

Die Beziehungen der beiden Staaten dagegen waren frostig. NATO und Warschauer Vertrag warfen sich gegenseitig vor, jeweils mehr Mittelstreckenraketen als die andere Seite zu besitzen. Das nahm manchmal komische Züge an. Die beiden Staats- und Regierungschefs führten sich wie Raketenspezialisten auf. So, als hätten sie selbst die Raketen des anderen Militärblocks gezählt. Sie jonglierten mit Begriffen wie »strategische Bomber«, »see- oder landgestützte Raketen«, »Kernwaffenwaffentragende Mittelstreckenflugzeuge«, »Mittel- und Kurzstreckenwaffen«, »strategisches Potenzial« usw., als wären sie Fachleute auf diesem Gebiet.

Politiker der USA und der NATO behaupteten, die Sowjetunion sei überlegen. Deshalb müsse »nachgerüstet« werden. Die Staaten des Warschauer Vertrages standen auf dem Standpunkt, die NATO führe durch falsche Zahlen, durch das Verschweigen westlicher Waffensysteme und das Vermischen von unterschiedlichen Verhandlungsebenen die Öffentlichkeit in die Irre, um in Europa militärische Überlegenheit zu erreichen. Die DDR wollte den Kreis der gegenseitigen Beschuldigungen durchbrechen. Wir gingen davon aus, dass das Potenzial auf jeder Seite reiche, um die jeweils andere zu vernichten. »Wir verzichten auf die von der Sowjetunion angedrohten Gegenmaßnahmen, wenn ihr nicht stationiert.«

So jedenfalls hatte sich das unser Generalsekretär gedacht. Und er war enttäuscht, dass Kohl ihn nicht begriff. Der Bundeskanzler hatte in einem Brief am 14. Dezember 1983 so getan, als existierte Honeckers Angebot zur »Koalition der Vernunft« nicht. Dem Kanzler waren die amerikanischen Interessen wichtiger als ein Versuch, die beiden deutschen Staaten aus der Aufrüstung herauszuhalten. Er wiederholte in seinem Brief alte Phrasen, die man in jeder Westzeitung nachlesen konnte. Das hatte Honecker verärgert.

Ich war gespannt, ob das Telefongespräch die verhärteten Fronten zwischen den beiden etwas aufbrechen würde. Er habe in seinem »Weihnachtsbrief« an Honecker geschrieben, meinte der Kanzler, dass er größten Wert darauf lege, dass »wir die langfristig angelegte Zusammenarbeit auf der bewährten vertraglichen Grundlage fortsetzen«. Offensichtlich hatte Kohl vor sich auf seinem Schreibtisch einen Zettel mit Stichworten liegen, was er Honecker am Telefon sagen wollte. Er zitierte wie in einem Vortrag längere Passagen aus der Rede Honeckers auf der 7. Tagung des Zentralkomitees, um dann zu schlussfolgern: »Das entspricht absolut meiner Vorstellung.«

Ich fand erstaunlich, dass der CDU-Vorsitzende dem SED-Generalsekretär Gedankengleichheit bescheinigte, obwohl er Honecker das Gegenteil geschrieben hatte. Zwischen dem Inhalt des Briefes und dem Telefonat bestand ein gravierender Unterschied. Möglicherweise hatte der Kanzler in der Zwischenzeit begriffen, dass sein Schreiben in Form und Inhalt in keiner Weise der Botschaft Honeckers von einer »Koalition der Vernunft und des guten Willens« gerecht geworden war. Nun holte er mündlich nach, was er schriftlich versäumt hatte. Eine Methode übrigens, die ich oft erlebte. Schriftliches hätte öffentlich bekannt werden können. Doch was man DDR-Politikern mündlich mitteilte, blieb in der Regel vertraulich. Dessen war man sich im Westen sicher.

An jenem Nachmittag machte Kohl Gutwetter und ging Honecker um den Bart. Von neuen Kontakten außerhalb jeder Öffentlichkeit war die Rede. Honecker möge sich dafür einsetzen, dass der Ost-West-Dialog erweitert werde.

Kohl sah sich plötzlich mit Honecker gemeinsam als Makler zwischen beiden Weltmächten. Nebenbei ließ er Honecker wissen: »Meine Einladung für Sie gilt selbstverständlich. Wann immer Sie darauf zurückkommen wollen, lassen Sie mich das wissen.«

Kohl wusste natürlich, dass er damit eine wunde Stelle traf. Angesichts der Raketenstationierung überforderte er Honecker mit der erneuten Einladung zum Besuch der Bundesrepublik. Wäre es nach Honecker gegangen, er wäre gerade jetzt gefahren. Doch damit wären die Beziehungen der DDR zur Sowjetunion in einem Maße belastet worden, das nicht riskiert werden durfte. Ohnehin war das Verhältnis unserer befreundeten Staaten äußerst gespannt. Die DDR war inzwischen eine Art Mekka der friedlichen Begegnungen von Politikern aus Ost und West geworden. Honecker traf sich mit den Ministerpräsidenten Kanadas, Schwedens, Griechenlands und Italiens, mit dem Präsidenten Finnlands und dem Bundeskanzler Österreichs. Bundesdeutsche Politiker begannen ihre Pilgerfahrten in die DDR.

Jeder von ihnen wollte mit Honecker fotografiert werden. Dies sei für den Wahlkampf in der Bundesrepublik wichtig, meinten sie. Die Sowjetunion sah dies alles mit Unbehagen. Sie fühlte sich durch die Westpolitik Honeckers in ihrer Strategie gegenüber den USA gestört.

Honecker hatte während des Telefonats nur wenige Notizen vor sich liegen. Sehr eindringlich appellierte er an den Bundeskanzler, sein politisches Schicksal nicht wie sein Vorgänger Schmidt mit der Raketenstationierung zu verknüpfen. Kohl reagierte darauf sehr persönlich. Er habe noch als Flakhelfer das Ende des Krieges erlebt, sein Bruder sei gefallen, sein Schwager von den Nazis eingesperrt. Er habe selbst erlebt, was das Schicksal einer deutschen Familie in dieser Zeit ausmachte. »Sie sprechen hier mit einem Mann, der nichts unternehmen wird, um Sie in eine ungute Lage zu bringen. Mein Interesse ist, dass das, was mühsam aufgebaut wurde und was unendlich schwierig und nur mit kleinen Schritten fortzuentwickeln ist, fortentwickelt wird«, erläuterte Kohl. Er bat Honecker, dass der Faden zwischen ihnen nicht abreißt und schon gar kein Tischtuch zerschnitten wird.

Das waren völlig andere Töne als in dem »Weihnachtsbrief«, Honecker war von dieser Wende überrascht. Verströmte der Kanzlerbrief noch eisige Kälte, so erlebte ich an diesem 19. Dezember 1983 einen kollegialen Umgang der beiden miteinander. Man wünschte sich gegenseitig einen »guten Rutsch ins neue Jahr«.

Nachdem Honecker den Hörer aufgelegt hatte, sagte er: »Hast du gemerkt, der ist neidisch auf Strauß und Weizsäcker. Wir müssen die verschiedenen Strömungen in der CDU/CSU nutzen, um unsere Politik zu gestalten. Leider sehen das unsere Freunde in Moskau anders.«

Honecker erzählte, dass sie ihn gewarnt hätten, sich mit dem Regierenden Bürgermeister von Westberlin, Richard von Weizsäcker, zu treffen. Moskau sei der Ansicht, dass das Statusfragen Westberlins berühre, die nicht in die Zuständigkeit der DDR fallen würden. »Die mit ihrem Dogmatismus haben nicht begriffen, dass dieser Mann für die Funktion des Bundespräsidenten in Aussicht genommen ist«, ergänzte Honecker. Er habe sich gegen ihren Widerstand mit von Weizsäcker getroffen. Und siehe da, das Gegenteil von dem, was man in Moskau befürchtete, sei eingetreten. Aus den Reihen der CDU habe es heftige Kritik an Richard von Weizsäcker gegeben. Die CDU mache Weizsäcker den gleichen Vorwurf wie die Sowjetunion der DDR.

Es seien Fragen des Status von Westberlin verletzt worden. »Entscheidend ist«, sagte Honecker, »dass mein Treffen mit Weizsäcker in unserer Hauptstadt stattfand. Die Ständige Vertretung der Bundesrepublik, die ja auch Westberlin vertreten möchte, durfte nicht teilnehmen. Das war für uns ein Sieg. Besser kann man gar nicht unterstreichen, dass Westberlin nicht zur Bundesrepublik gehört. Von Weizsäcker kam als Realpolitiker zu mir. Kohl hat aus diesem Grunde so lange gezögert, von Weizsäcker für die Wahl zum Bundespräsident vorzuschlagen«, meinte Honecker.

Noch Stunden diskutierte Honecker mit mir über außenpolitische Fragen. Die Außenpolitik war sein Steckenpferd. Innenpolitik war schon zu diesem Zeitpunkt seine Sache nicht so sehr. Er überließ die Ökonomie Günter Mittag und die Parteiarbeit Horst Dohlus. Das war ein grober Fehler und eine Verletzung der viel beschworenen Kollektivität des Politbüros. Sie sollte sich mit zunehmendem Alter Honeckers verstärken. Am Abend meines Einführungsgespräches verabschiedete ich mich gegen 18 Uhr in bester Stimmung von Honecker und ging in mein Büro zurück. Ich war beeindruckt.

Gleichzeitig befiel mich ein Gefühl der Unsicherheit. Honecker hatte mir in zwei Grundfragen, die für die DDR von existenzieller Bedeutung waren, eine völlig andere innere Überzeugung offenbart, als er sie nach außen vertrat. Es betraf die Abgrenzung zur Bundesrepublik einerseits und unser Bündnis mit der Sowjetunion andererseits.

Beides war ihm zu weitgehend.

Ihm schwebte eine DDR vor, die Mittler zwischen dem Westen und der Sowjetunion hätte sein können. Er hatte leider nicht den Mut, solche Grundfragen im Politbüro oder in Moskau zur Diskussion zu stellen.

Heute bin ich mir nicht mehr so sicher: War es strategischer Weitblick, dass Honecker bestimmten Leuten in der Moskauer Führung nicht traute? Waren es seine Lebenserfahrungen, die ihn gelehrt hatten, grundsätzlich misstrauisch zu sein?

Oder hatte seine mit den Jahren gewachsene Eitelkeit über ihn gesiegt?

Es schien mir nicht Zufall zu sein, dass gerade 1983/84 in der bundesdeutschen Öffentlichkeit die Frage diskutiert, wurde: Ist Honecker ein kommunistischer deutscher Patriot oder einfach nur ein deutscher Kommunist?

Altbundeskanzler Schmidt sah ihn »weniger als Funktionär Moskauer Prägung« und charakterisierte seinen Gesprächspartner vom Werbellinsee mit den Worten: »Seine Hoffnung auf Entspannung und Abrüstung war echt. Je älter er wurde, desto deutscher wurde sein Empfinden.«

Selbst Alfred Dregger (1920-2002) von der CDU meinte einige Zeit später, er als deutscher Demokrat habe viel Gemeinsames mit Honecker als deutschem Kommunisten.

Vielleicht war Honecker tatsächlich von seiner saarländischen Heimat stärker geprägt als wir, seine Genossen, dies jemals ahnten. Er hat es bis zum Ende der DDR nicht vermocht, den Widerspruch zwischen seinem ambivalenten Verhalten zu verschiedenen sowjetischen Führungen und seinem zwiespältigen Handeln in den deutschen Dingen zu lösen. Dazu war er viel zu sehr Realpolitiker. Zumindest in der Außenpolitik.

Wachablösung im 25. Jahr der DDR: Nach Erich Honecker, Karl Namokel, Horst Schumann und Günter Jahn tritt am 9. Januar 1974 Egon Krenz an die Spitze des Jugendverbandes.
Zum Republikgeburtstag gab es einen Fackelzug der FDJ. Von der Tribüne grüßten Leonid Breschnew (Zweiter von links) und Erich Honecker, Willi Stoph (links außen) und Berlins Oberbürgermeister Friedrich Ebert, Sohn des gleichnamigen Reichspräsidenten (rechts)

Pionier- und Kindertag während der X. Weltfestspiele der Jugend und Studenten in Berlin mit Volksbildungsministerin Margot Honecker, 1. August 1973. Unten: An der Erdgastrasse »Druschba« in der sowjetischen Ukraine, 1976. An seiner Seite: Anatolij Kornienko, 1. Sekretär des Komsomol der Ukraine

Friedensmanifestation vor der Ruine der Frauenkirche in Dresden beim VII. Pioniertreffen 1982, an der zwanzigtausend Pioniere, FDJler und Dresdner Bürger teilnahmen. Enthüllt wurde eine metergroße Bronzetafel mit der Inschrift: »Die Frauenkirche Dresden – im Februar 1945 zerstört durch anglo-amerikanische Bomber. Ihre Ruine erinnert an Zehntausende Tote und mahnt die Lebenden zum Kampf gegen imperialistische Barbarei für Frieden und Glück der Menschheit.«

Abschluss der FDJ-Liedertournee im Palast der Republik, 25. Oktober 1983: »Wir wollen Frieden, Frieden und nochmals Frieden!« Viertausend Besucher feierten u. a. Harry Belafonte, Udo Lindenberg und Shanna W. Bitschweskaja

E N T W U R F

des Rechenschaftsberichts des Zentralrates der FDJ auf dem X. Parlament der Freien Deutschen Jugend

"Die Verantwortung der Jugend bei der weiteren Gestaltung der entwickelten sozialistischen Gesellschaft in der DDR und die Aufgaben der FDJ"

Vorschläge Erich Honeckers für den Entwurf des Rechenschaftsberichts an das X. Parlament der FDJ im Juni 1976

Die Volkskammerfraktion der FDJ. Man kann nachzählen – unter den 42 Abgeordneten auf dem Foto sind 26 Frauen. Welche Bundestagsfraktion kann mit dieser Quote konkurrieren?

AUSWEIS

Name Egon Krenz

Geburtstag 19. 3. 1937

Wohnort Berlin

MITGLIED DER VOLKSKAMMER DER DEUTSCHEN DEMOKRATISCHEN REPUBLIK

Berechtigt zur FREIEN FAHRT auf allen öffentlichen Verkehrsmitteln

Nr.

Namenszug

Berlin, den 25. Juni 1981

Präsident

Werner Lamberz im Gespräch mit Boris Pastuchow, 1. Sekretär des Komsomol von 1977 bis 1982. Das Politbüromitglied Lamberz gehörte zu den profiliertesten Politikern der DDR. Er starb im März 1978 in Libyen bei einer außenpolitischen Mission

Das Büro des Zentralrats der FDJ beim Generalsekretär nach der Wahl zum 1. Sekretär, rechts neben Honecker Helga Labs, die nunmehrige Vorsitzende der Pionierorganisation »Ernst Thälmann«. Sie wird diese Funktion bis 1985 ausüben

Gespräch mit Lehrlingen zu Beginn des Lehrjahres 1974.
Unten: Gemeinsamer Besuch mit Siegfried Lorenz, 1. Sekretär der Bezirksleitung der SED Karl-Marx-Stadt, im VEB Lößnitzer Bekleidungswerke, seit 1975 auf Jugendmode spezialisiert, 21. Juni 1978

Katarina Witt gehörte zu den siegreichen Olympioniken 1988 – sie bedankte sich mit Hut und handschriftlichem Gruß. In der Mitte: DTSB-Präsident Manfred Ewald. Unten: Gedankenaustausch mit dem populärsten Sportreporter der DDR, Heinz-Florian Oertel

Jedermann an jedem Ort – zwei Mal in der Woche Sport. Auch im Urlaub auf der Insel Krim in der Pionierrepublik »Artek«, dem zentralen Pionierlager der Sowjetunion

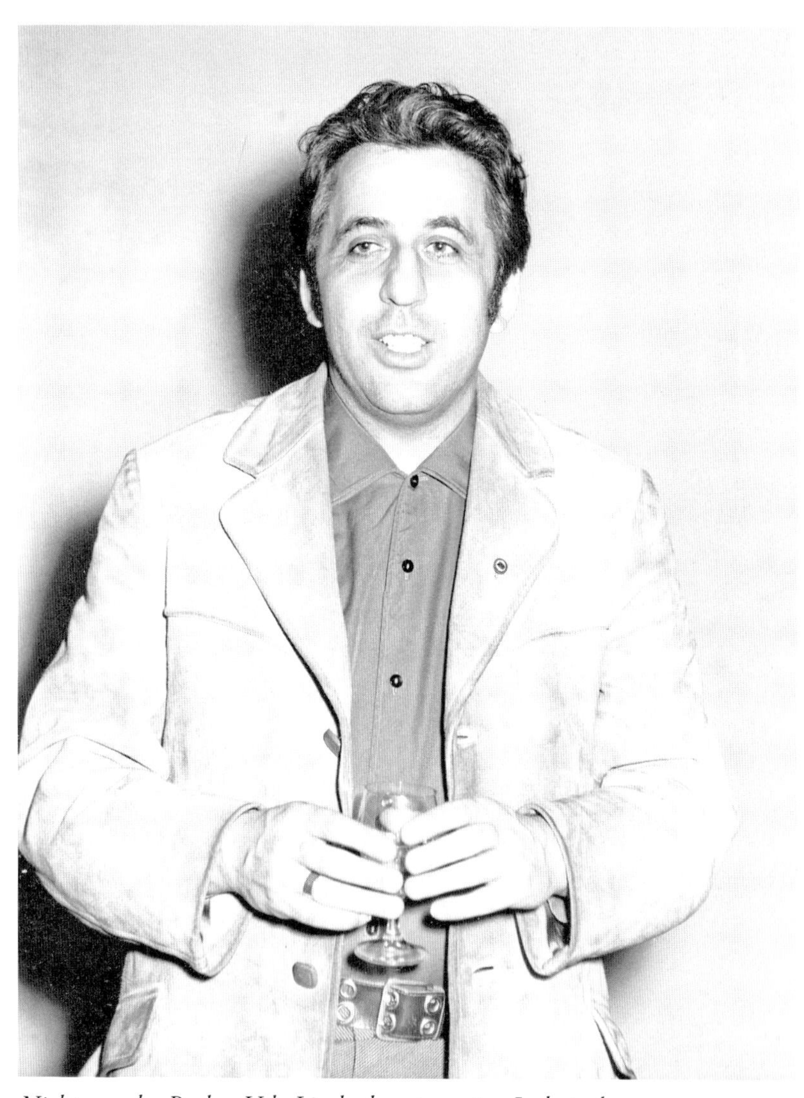

Nicht nur der Rocker Udo Lindenberg trug eine Lederjacke …
Nach der ersten Begegnung schickte er regelmäßig Platten mit handschriftlichen Bemerkungen: »Hallo Egon Krenz, Auf Wiedersehn in Moskau 30.5.85«, »Hallo Egon Krenz, wie geht's denn jetzt weiter mit uns? Bis hoffentlich schon bald. Gruß Udo Lindenberg. 11.9.85«, und schließlich: »Für Egon. Alles Liebe + keine Panik. Udo«

Udos Schallplatten (Vinyl!) aus den achtziger Jahren. Oben: Smalltalk mit Shanna Bitschewskaja und Udo Lindenberg

Seltene und schöne Momente: Schiffsreise mit Erika in heimatlichen Gewässern – unterwegs auf dem Saaler Bodden, 1986

Mit Erika unterwegs bei einem Volksfest in Fuhlendorf bei Barth, das zum Rostocker Volkskammer-Wahlkreis von Egon Krenz gehört. Rechts: Gemeinsam in Nordkorea

Vor dem endgültigen Wechsel ins Große Haus: Rechenschaftslegung auf dem XI. Parlament der FDJ im Palast der Republik, 1981

Eine verlorene Hoffnung

Im Februar 1984 verstarb KPdSU-Generalsekretär Juri Andropow, fünfzehn Monate nach dem Tod seines Vorgängers Leonid Breschnew. In seiner kurzen Amtszeit hatte Andropow bemerkenswerte Akzente der Veränderung in seiner Heimat gesetzt, die ich mit Sympathie verfolgt hatte. Er war ein hochgebildeter Mann, ein scharfer Analytiker und erfahrener Stratege. Als ich ihn 1982 persönlich kennenlernte, war ich fasziniert von seiner Bescheidenheit und der Freundlichkeit im Umgang mit anderen Menschen.

Als er das erste Mal in neuer Funktion mit Honecker telefonierte, teilte er unverblümt mit, dass er den langjährigen Sowjetbotschafter in der DDR, Pjotr Abrassimow, abberufen werde. »Ihr braucht einen Internationalisten, keinen Statthalter von uns«, hatte er zu Honecker gesagt. Neuer Botschafter in der DDR werde ein Jugendfreund unseres Generalsekretärs: Wjatscheslaw Kotschemassow. Der war im sowjetischen Jugendverband Komsomol Funktionär, als Honecker Vorsitzender der FDJ war. Offensichtlich versprach sich Andropow von dem persönlichen Verhältnis der beiden »Jugendfreunde« positive Auswirkungen auf die Beziehungen unserer Staaten und Parteien.

Leider war Andropow nur noch wenig Lebenszeit beschieden. In einem Gespräch mit einem langjährigen russischen Freund, der damals die Gespräche vom Russischen ins Deutsche übersetzte, hörte ich später eine andere Version. Demnach hatte Honecker um die Abberufung Abrassimows – der hinter vorgehaltner Hand in Berlin der »Regierende Botschafter« genannt worden war – bei Andropow nachgesucht. Wie auch immer, Abrassimow wurde tatsächlich nach Moskau zurückbeordert.

Als Andropow starb, war ich gerade zwei Monate in meiner Funktion. Gemeinsam mit Honecker, Stoph, Sindermann und Mittag nahm ich an der Beisetzung in Moskau teil. »Ich werde Egon international bekannt machen«, hatte Honecker im Politbüro gesagt, als er mich für die Delegation vorschlug. Das war neuer Nährboden für Spekulationen.

Es war eiskalt in Moskau, als wir Andropow das letzte Geleit gaben. Ich kannte diese Winterkälte aus meiner Studentenzeit. Vorsorglich hatte ich mir warme Kleidung angezogen. Neben mir auf einer Seitentribüne des Lenin-Mausoleums standen Indira Gandhi, Alexandro Pertini, Margaret Thatcher, Olaf Palme, Helmut Kohl, George Bush und viele andere, die ganz offensichtlich in der Kälte bibberten. Als der offene Sarg mit dem Toten an uns vorbeigetragen wurde, fröstelte auch ich, allerdings nicht wegen der Kälte. Mich überfiel plötzlich so etwas wie Besorgnis und Ängstlichkeit.

Ich sah, wie der neue erste Mann der Sowjetunion, Konstantin Tschernenko, sich quälte, mit seinen Genossen aus dem Politbüro, die den Sarg auf ihren Schultern trugen, Schritt zu halten. Als er vor dem Mikrofon auf dem Lenin-Mausoleum stand, schien er außerstande, die Gedenkworte für seinen Vorgänger abzulesen. Seine Hände zitterten, seine Stimme versagte und seine Füße trugen ihn kaum noch. Nicht wegen der Trauer, nein, er selbst war erkennbar krank. Seine Gefährten aus dem Politbüro mussten ihn im wahrsten Sinne des Wortes stützen, als er hinter dem Mausoleum an der Grabstelle stand. Meine Unsicherheit schlug im Angesicht dieses Mannes regelrecht in Bestürzung um. Wie sollte es mit diesem hinfälligen, alten Mann an der Spitze der Sowjetunion weitergehen? Was sollte aus dem Land werden, das nach den Jahren der Breschnew-Stagnation endlich eine starke, vitale Führung dringlicher denn je brauchte?

Handlungsunfähigkeit in Moskau bedeutete auch Handlungsunfähigkeit unserer Gemeinschaft, letztlich auch der DDR.

Mit der Wahl Tschernenkos wurde auch die auf Reformen orientierte Politik Andropows beerdigt. Es sollte sich bald herausstellen, dass mit seinem Tod die Hoffnung gestorben war, die Sowjetunion könne wieder Fuß fassen. Mir wäre zwar nie in den Sinn gekommen, dass die Sowjetunion schon in weniger als zehn Jahren Geschichte sein würde. Aber das Wissen, dass an der Spitze der sozialistischen Weltmacht erneut ein schwerkranker Greis stand, machte mir Angst.

Am Abend hatte ich ein Gespräch mit einem Sachbearbeiter der für DDR-Angelegenheiten zuständigen Abteilung des Zentralkomitees der KPdSU. Er malte ein düsteres Bild von der Sowjetunion. Sie befände sich in einem krisenähnlichen Zustand, sagte der Genosse. Die Militärausgaben überstiegen die Möglichkeiten des Landes um ein Mehrfaches. Die Versorgungslage sei schlecht. Bislang sei die sowjetische Führung einer möglichen Zuspitzung der Lage »von unten« zuvorgekommen. Glücklicherweise gebe es keine Streikbewegung. Auch sei »kein Walesa in Sicht«. Der Unterschied zu Polen 1980 bestehe unter anderem darin, dass Gierek von der Streikbewegung in seinem Land überrascht worden sei, während Juri Andropow die sowjetische Führung auf die bedrohliche Situation vorbereitet habe. Der habe im Politbüro die Frage gestellt: entweder Fortführung der bisherigen Politik, die die Sowjetunion in eine Katastrophe führen würde – oder aber tiefgreifende Veränderungen unter strikter Führung und Kontrolle der KPdSU. Jedoch bei Wahrung der Kontinuität. Unter Leitung Andropows habe man alles für die letzte Variante getan. »Mit dem Tod Andropows schwinden unsere Hoffnungen auf wirkliche Veränderungen«, meinte mein Gesprächspartner.

Nach diesem Gespräch hatte ich eine schlechte Nacht. Das lag nicht nur daran, dass die Wand zwischen Honeckers und meinem Schlafzimmer so dünn war und mich sein Schnarchen am Einschlafen hinderte. Die Beobachtungen am Tage hatten mich stark aufgewühlt. Selbstverständlich war mir nicht unbekannt, dass die Sowjetunion durch die Stagnation unter Breschnew mehr als ein Jahrzehnt verloren hatte. Dass sich unsere sowjetischen Freunde aber in einer derart prekären Situation befanden, hatte ich in dieser Schärfe nicht gewusst. Vielleicht hatte ich es auch nicht wahrhaben wollen.

Beim Rückflug nach Berlin saß ich mit Honecker, Stoph und Mittag in einer Kabine unseres Sonderflugzeugs. Eigentlich sollte ich der vierte Mann beim Skat sein. Ich war aber wohl mehr ein Spielverderber. Nicht nur, weil ich der Falschspielerei der anderen nicht gewachsen war, sondern weil mich das Erlebte nicht losließ. Immer wieder nahm ich Anlauf, über mein Abendgespräch zu informieren. Es gelang mir nur bruchstückhaft. Honecker hörte zwar zu, aber es schien ihn nicht sonderlich zu interessieren. Das lag vielleicht auch an seinem grundsätzlichem Misstrauen gegenüber Mitarbeitern des KPdSU-Apparats, die für die DDR-Angelegenheiten zuständig waren. Sie waren es schließlich gewesen, die Breschnew über viele Jahre die Vorwürfe und Kritiken gegen ihn zu Papier gebracht hatten, welche dann bei den Krimtreffen vorgetragen worden waren. Mittag wollte jedoch weiterspielen und unterbrach mich mehrmals mit dem Zwischenruf: »Wer ist mit dem Reizen dran?«

Dies veranlasste Stoph zu der sinnigen Antwort: »Egon reizt dich ja schon seit dem Start.«

Ich ließ tatsächlich keine Ruhe. Ich wollte meine Information loswerden. Honecker legte daraufhin sein Skatblatt auf den Tisch und meinte wohlwollend: »Egon, lass dich von denen nicht verrückt machen. Die haben schon die sowjetische Militäradministration, den sowjetischen Hohen Kommissar und später die sowjetischen Botschafter falsch beraten. Ich habe so viele Wendungen in der Sowjetunion erlebt. Es wird dies bestimmt nicht die letzte sein. Was uns betrifft, denke immer daran: Wenn Tschernenko krank ist, brauchen wir ihn nicht zu fragen.«

Aus Honeckers Worten sprachen seine jahrzehntelangen Erfahrungen mit dem sowjetischen Apparat. Angesichts des kranken Generalsekretärs in Moskau erhoffte er sich nun auch einen größeren eigenen politischen Spielraum gegenüber der Bundesrepublik.

Er war bereit, ihn zu nutzen.

Zu Tisch

Gewöhnlich trafen sich die Sekretäre des Zentralkomitees an Arbeitstagen gegen 13 Uhr zum Mittagessen. Nach 1989 haben manche von ihnen oder auch solche, die davon nur gehört hatten, gemeint, Honecker habe hier Selbstgespräche geführt. Klar, wer zu feige war, dort seine eigene Meinung zu sagen, mag das so sehen. Ich habe diese Gespräche als gute Gelegenheit empfunden, ohne Tagesordnung auch über das zu reden, was mir wichtig schien. Dass Honecker die Runde zum Anlass nahm, um sich freizusprechen von Dingen, die ihn belasteten, empfand ich als normal. Auf diese Weise wurde er auch private Sorgen los, über die er auf keiner Sitzung gesprochen hätte.

Gelegentlich nutzte Honecker die Mittagsrunde zu Klarstellungen, etwa bei Nachreden, die in westlichen Zeitungen oder auch bei vermeintlich gut informierten Gerüchtemachern im eigenen Haus über seine zerrüttete Ehe mit Margot oder über ein angebliches Verhältnis mit seiner Ärztin verbreitet wurden. Dass ihm nichts Menschliches fremd war, wussten alle, die ihn seit seinen FDJ-Zeiten kannten. Doch dunkle Punkte in seiner Lebensführung, nein, solches ist mir in seiner unmittelbaren Umgebung nie bekannt geworden. Seine Ehe mit Margot mag ihre Probleme gehabt haben, nach so vielen Ehejahren sicher nicht ungewöhnlich. Beide standen zudem im Blickpunkt der Öffentlichkeit. Sie war zudem fünfzehn Jahre jünger als er. Ich habe beide sehr lange und sehr gut gekannt, aber eine Zerrüttung nie bemerkt.

Politisch ging es bei den Mittagsrunden oft um Vorgänge in der Bundesrepublik oder in der Sowjetunion. Dieses Spannungsfeld zwischen unserer Führungsmacht auf der einen und dem Feindstaat auf der anderen Seite beherrschte unsere Gespräche oft.

Der Speisesaal für Mitarbeiter befand sich in der sechsten Etage. Dort konnte das Betriebsessen eingenommen werden. Es wurden Wahlessen zu moderaten Preisen angeboten, die vom Staat und von der Gewerkschaft finanziell gestützt waren – so wie auch in anderen Betrieben und Einrichtungen der DDR üblich. Praktisch war es eine Selbstbedienungsgaststätte. Zudem gab es auf der siebten Etage ein Restaurant. Hier konnte á la carte bestellt werden. Bedient wurde wie in einer Gaststätte. Die Preise lagen über dem Betriebsessen. Es ergab sich Anfang der neunziger Jahre, dass ich anlässlich einer Vorladung zu einem Untersuchungsausschuss des Deutschen Bundestages im Bonner Bundeshaus speiste. Die dortigen Preise für Bundestagsabgeordnete waren weit niedriger als jene, die wir im ZK-Gebäude bezahlten.

Obwohl es formell keine Festlegung dafür gab, speisten die meisten Mitarbeiter auf der sechsten Etage. Die Abteilungsleiter und ihre Gäste, die Genossen des Politbüros, die Regierungsmitglieder oder die Chefs von Massenorganisationen bevorzugten die siebte Etage. Es gab Genossen, denen die »Siebte« suspekt war. Dazu gehörte auch mein Freund Wolfgang Herger, der seit 1976 Abteilungsleiter war. Ihm wurden auf der »Siebten« zu viele Gerüchte produziert und zu viel getratscht. Er wollte die Mittagspause lieber mit seinen Mitarbeitern verbringen. Das würde besser zu einer Partei wie der unseren passen, meinte er. Die Einteilung des Parteiapparates in unterschiedliche Kategorien missfiel ihm.

Auf der »Siebten« war für das Politbüro eine Tafel reserviert. Eine protokollarische Sitzordnung gab es nicht, wohl aber eine traditionelle. Honecker hatte seinen Platz, wie einst sein Vorgänger Ulbricht, an der oberen Stirnseite. Wir anderen reihten uns rechts und links von ihm ein. Diejenigen, die schon lange dabei waren, saßen in der Nähe des Chefs. Wer später hinzukam, setzte sich an das Ende des Tisches. Bestellt wurde nach einer Speisekarte, deren Speisefolge sich wöchentlich wiederholte. Honecker nahm gewöhnlich Makkaroni mit Schinken, gegrillte Würstchen mit Stampfkartoffeln und gebratenem Speck, Kassler oder geschmorte Rippchen, oft auch eine heiße Vorsuppe. Wir anderen taten es ihm in der Regel nach. Ich ließ lediglich den Kassler weg. Ich bin kein Freund davon. Jeder bezahlte, was er bestellt hatte. Geschenkt wurde keinem etwas, auch nicht Honecker, der manchmal sein Portemonnaie vergessen hatte. Er bezahlte auf Heller und Pfennig nach.

Manche von uns kamen täglich, manche nur gelegentlich oder gar nicht zum Essen. Konrad Naumann habe ich nur selten gesehen. Sein Nachfolger Günter Schabowski dagegen entwickelte ein perfektes Nachrichtensystem, um den Genossen Generalsekretär nicht zu verpassen. Wenn Honecker sein Arbeitszimmer verließ, um in die siebte Etage zu fahren, informierten Schabowski die von ihm instruierten Posten. Er ließ dann alles stehen und liegen, setzte sich beflissen in Bewegung, holte meist den Chef noch ein, ehe dieser den Speisesaal betreten hatte und schritt mit ihm durch die Tür. Am Tisch begann er unaufgefordert zu berichten, wie groß das Vertrauen der Berliner zum Generalsekretär sei und wie schlecht die

Berliner über Gorbatschow dachten. Er wollte Honecker gefallen. Schabowski schaffte es auch. Er erhielt für solche Nachrichten viel Lob.

Häufig nahm Honecker mich nach dem Essen zur Seite, um noch dieses oder jenes zu besprechen. Irgendwann, es muss im April 1984 gewesen sein, legte er seinen rechten Arm über meine Schulter und flüsterte so leise, dass uns ein Dritter nicht hätte hören können. Dies machte er dann und wann, wenn er mir einen besonderen Auftrag übertrug. Aus seiner Vertraulichkeit schloss ich, dass ich mal wieder in irgendeiner Sache vorgeschickt werden sollte.

»Hast du gelesen?«, fragte er und sprach ohne Unterbrechung weiter, »die drei Westmächte beschuldigen uns der Störung ihres Flugverkehrs von und nach Berlin.«

»Ist doch nicht unsere Angelegenheit, dafür sind doch die Freunde zuständig.«

»Richtig«, sagte er, »doch die Öffentlichkeit weiß das nicht. Für sie sind wir die Schuldigen, wenn der Luftverkehr gestört wird. Rede mit dem Oberkommando in Wünsdorf, dass die mit ihren Kinkerlitzchen aufhören.«

»Kinkerlitzchen« nannte er die Rechte der Sowjetunion im Luftverkehr, die sie seit Kriegsende ausübte. Und ausgerechnet ich, der die alliierten Rechte praktisch nur aus der Geschichte, zum Teil aus dem Potsdamer Abkommen kannte, sollte in dieser Sache vorstellig werden? Ich fühlte mich unwohl. Ich war auch nicht davon überzeugt, dass jetzt die Zeit sei, uns mit Moskau zusätzlich anzulegen. Soweit ich mitbekommen hatte, handelte es sich bei den »Kinkerlitzchen« um eine Veränderung der Höhe der den Westallierten zugestandenen drei Flugtrassen von Westberlin ins Bundesgebiet. Bislang befanden sich die Luftkorridore in der Höhe zwischen dreihundertfünfzig und zweitausendneunhundert Metern, nunmehr sollten sie sich zwischen sechshundertfünfzig und dreitausendzweihundert Metern bewegen. Die Gründe waren mit nicht klar.

Dennoch versuchte ich mein Glück.

Ich bat den Chef des Hauptstabes der NVA, Generaloberst Fritz Streletz, um Unterstützung. Er informierte den Chef des Stabes der Gruppe der sowjetischen Streitkräfte in Deutschland, Generaloberst Swiridow, über unser Anliegen. Dieser nahm es zur Kenntnis und versprach, dass künftige Aktivitäten der Luftstreitkräfte der UdSSR über Berlin mit »den deutschen Freunden« abgesprochen würden.

Ich glaubte, das würde genügen. Honecker war es aber zu wenig. Er suchte nach einem Weg, die Überreste der Nachkriegszeit abzuschaffen.

Sein Kommentar zu mir: »Die fühlen sich bei uns noch immer als Besatzungsmacht.«

Ich sah die Sache nicht so verbittert und hoffte, dass sich der Auftrag damit erledigt hatte. Doch in Moskau hatte unser Vorstoß ein Echo hervorgerufen. Mich suchte der sowjetische Botschafter auf. Er zeigte sich erstaunt über unsere Intervention und übergab mir ein formloses Blatt Papier. Es war eine Mitteilung aus Moskau an Erich Honecker. Darin wurde sehr prinzipiell mitgeteilt: Durch Beschluss des Alliierten Kontrollrates vom 30. November 1945 seien den USA, Großbritannien und Frankreich zur Versorgung ihrer in Westberlin stationierten Truppen auf dem Luftwege drei Flugtrassen über dem Gebiet der sowjetischen Besatzungszone zugestanden worden. In diesen drei Flugtrassen mit einer Breite von je zweiunddreißig Kilometern sei das Überqueren des Territoriums der sowjetischen Besatzungszone, später der DDR, in einer bestimmten Höhe erlaubt worden. Außerdem bestehe eine Berliner Kontrollzone für den An- und Abflug von bzw. nach Westberlin. Nunmehr hätten die sowjetischen Behörden festgelegt, dass die Flüge der Westmächte nur noch in einer etwas höheren Flugtrasse zugelassen seien. Dabei handele es sich um sowjetische Angelegenheiten, über die die deutschen Freunde lediglich informiert werden müssten.

Deutlicher konnte die Abfuhr, kein Mitspracherecht beim Flugverkehr über Berlin und DDR-Territorium zu haben, nicht ausfallen.

Honecker gab keine Ruhe.

Er beauftragte mich, einen weiteren Schritt zu unternehmen. Diesmal einen noch grundsätzlicheren. Ich sollte mit der sowjetischen Seite besprechen, dass die in der DDR stationierten sowjetischen Truppen nicht mehr »Gruppe der sowjetischen Streitkräfte in Deutschland« heißen sollten. Deutschland, so argumentierte er, existiere nicht mehr. Es gebe zwei Staaten und demzufolge müsse die Sowjetunion ihre Streitkräfte, die in der DDR stationiert seien, auch so nennen. Also nicht mehr GSSD, sondern »Gruppe der sowjetischen Streitkräfte in der DDR«. Das würde auch früheren Absprachen mit Breschnew entsprechen. (Wenn es sie gegeben haben sollte: Ich kannte sie nicht.)

Moskau reagierte auf diesen Vorschlag zunächst nicht.

Bald danach kam Marschall Wiktor Kulikow (1921-2013) mit seiner Familie in die DDR. Er verbrachte seinen Sommerurlaub bei uns. An einem Wochenende – Honecker war nicht in Berlin – luden er und der Oberkommandierende der Gruppe der sowjetischen Streitkräfte in Deutschland, Armeegeneral Pjotr Luschew (1923-1997), mich und meine

Frau privat nach Wünsdorf, dem Sitz des sowjetischen Oberkommandierenden, ein. Es war ein herrlicher Sommertag. Wir gingen spazieren, angelten, saßen an einer reich gedeckten Tafel sowjetischer Gastfreundschaft und tranken zum Essen auch einen Wodka. In dieser freundschaftlichen Atmosphäre fragte mich der Marschall plötzlich: »Genosse Egon, kannst du nicht auf Genossen Honecker Einfluss nehmen, damit die atmosphärischen Störungen in unserem Verhältnis aufhören?«

Ich tat, als verstünde ich ihn nicht.

»Es geht um unsere Rechte, die im Ergebnis des Zweiten Weltkrieges entstanden und fixiert worden sind. Daran darf nicht gerüttelt werden.«

Der Marschall erläuerte die sowjetische Position: Dass es eine »Gruppe sowjetischer Streitkräfte in Deutschland« gebe, sei den Sowjetsoldaten zu danken, die ihr Blut für die Befreiung Deutschlands gegeben hätten. Die Gruppe sei nicht nur für die DDR zuständig, sondern für Deutschland als Ganzes. Ihre diesbezüglichen Rechte würde sich die Sowjetunion nicht nehmen lassen. Wir sollten nie vergessen, dass dies auch für die DDR wichtig sei. Der Vorschlag, die Bezeichnung der Gruppe zu ändern, sei »nicht zeitgemäß«.

Mir war das klar, aber wie sollte ich Honecker mit Argumenten überzeugen, die er besser kannte als ich?

Ich ließ die Angelegenheit auf sich beruhen. Das war für alle Beteiligten das Beste.

Später wiederholte Honecker seine Forderung nach Umbenennung. Damals gab es eine Reihe negativer Vorkommnisse mit sowjetischen Soldaten in der DDR. Doch auch diesmal lehnte Moskaus ab. 1988 erfolgte die Umbenennung in »Westgruppe der sowjetischen Streitkräfte«, nach dem Untergang der Sowjetunion und bis zum Abzug der Einheiten nannten sie sich offiziell *Westgruppe der Truppen* (WGT, russisch: Западная группа войск – Sapadnaja gruppa wojsk).

Wegen unseres Verhältnisses zu den sowjetischen Freunden saß ich immer öfter zwischen den Stühlen. Am 24. März 1985, es war ein Sonntag, rief mich Sowjetbotschafter Kotschemassow gegen 20.30 Uhr an und teilte mir mit: Gegen 16 Uhr sei ein amerikanischer Offizier in ein militärisches Sperrgebiet im Bezirk Schwerin eingedrungen. Er habe versucht, ein sowjetisches Militärobjekt von strategischer Bedeutung zu fotografieren. Wie es die Befehle für sowjetische Militärangehörige vorsehen, habe der sowjetische Wachsoldat den Eindringling aufgefordert, das Sperrgebiet umgehend zu verlassen. Als dieser der Aufforderung nicht nachkam, wurde ein Warnschuss abgegeben. Der Amerikaner habe versucht, sich durch Flucht der Festnahme zu entziehen. Daraufhin sei ein gezielter Schuss abgegeben worden. Der Amerikaner sei noch am Ort der Handlung verstorben.

Ich sagte dem Botschafter, der Vorfall würde mit Sicherheit zu politischen Reaktionen der USA führen. Zu erwarten sei auch, dass der bedauerliche Zwischenfall in der Bundesrepublik gegen die DDR missbraucht werden würde. Der Botschafter müsse wegen der besonderen Bedeutung Honecker anrufen. Der Generalsekretär sei für ihn jederzeit zu Hause erreichbar.

Kotschemassow erklärte, er wolle dem Generalsekretär nicht die verdiente Freizeit rauben. Er ahnte, dass Honecker wesentlich schärfer reagieren würde als ich.

Obwohl ich den Ärger auf mich zukommen sah, ließ ich mich darauf ein, Honecker selbst zu informieren. Als ich ihn anrief, reagierte er, der mir gegenüber bisher immer die Höflichkeit in Person war, sehr ungehalten. Genau so, wie ich es befürchtet hatte.

»Die können doch bei uns nicht machen, was sie wollen. Das hat doch weltpolitische Auswirkungen. Die Dummen sind wieder wir. Veranlasse sofort, dass eine Pressemeldung veröffentlicht wird.«

Als ich den für Medien zuständigen Abteilungsleiter anrief, sagte der resignierend, Moskau habe Nachrichtensperre über die Sache verhängt. Nicht zum ersten Mal geschah das. Bei unangenehmen Dingen hatten wir nicht die Macht, souverän über Vorfälle mit und bei unseren sowjetischen Verbündeten zu informieren, selbst wenn sich diese auf unserem eigenen Territorium ereignet hatten. Die Bevölkerung der DDR erfuhr wieder einmal zuerst aus westlichen Quellen, was im Osten passiert war.

Honecker beschwerte sich bei Gorbatschow. Doch für die DDR ließ der neue KPdSU-Generalsekretär »Glasnost« nicht zu.

Olympiade und Erdöl

Im Politbüro gehörte auch die Sportpolitik zu meinem Aufgabengebiet. Unter meinen Politbürokollegen gab es einige, die vom Sport eine Menge verstanden, selber Sport trieben oder getrieben hatten und auch solche, die Leitungsfunktionen in Sportverbänden ausübten. Ulbricht hatte einst die Losung herausgegeben: Jedermann an jedem Ort, mehrmals in der Woche Sport. Er selbst spielte Tischtennis, Volleyball, ruderte, schwamm oder lief Ski und Schlittschuh. Sportliche Traditionen hatte auch Alfred Neumann. Er kam aus der Arbeitersportbewegung und war in seiner Jugend selbst Zehnkämpfer in der Leichtathletik gewesen. Honecker liebte zwar mehr die zeitaufwendige Jagd, kam aber aus der Turnbewegung. Er schaffte immerhin noch als über Siebzigjähriger schwierige Übungen am Barren. Mielke war Fußballfanatiker, war fast jeden Morgen in der Schwimmhalle anzutreffen und obendrein Präsident der Sportvereinigung »Dynamo«.

In der Beurteilung des Sports wollten alle »Fachleute« sein und jeder wollte Recht haben.

Die DDR war Sportnation. Unsere Leistungssportler galten als »Diplomaten im Trainingsanzug«. Zu politisch? An die Mär vom unpolitischen Sport glaubte und glaube ich nicht. Auch waren die Wunden, die uns aus dem Westen im Laufe der Jahre zugefügt worden waren, noch nicht vernarbt. Ich hatte erlebt, wie den DDR-Sportlern auf Betreiben von Bundeskanzler Adenauer 1952 die Teilnahme an den Olympischen Spielen in Helsinki verwehrt wurde. Vergessen hatte ich auch nicht, dass nicht wenige Veranstaltungen in der BRD mit Sportlern aus der DDR durch Polizeieinsatz gestört oder abgebrochen wurden. Wenn DDR-Sportler in der alten Bundesrepublik siegten, durften viele Jahre ihre Staatsfahne nicht gehisst und ihre Nationalhymne nicht gespielt werden. Der Alleinvertretungsanspruch der Bundesrepublik hat den Sportlern aus der DDR viel Schaden zugefügt. Dazu gehört auch, dass die Sportorganisation der Bundesrepublik mehrmals den Sportverkehr zwischen beiden deutschen Staaten abgebrochen hat.

Es waren erst einige Wochen nach meinem Arbeitsbeginn im Zentralkomitee vergangen, da kam eine Entscheidung auf mich zu, die mir viel

Sorgen bereitete. 1984 standen wieder Olympische Spiele an. Diesmal in den USA. 1980 hatten die USA, die Bundesrepublik und andere westliche Staaten die Olympischen Spiele in Moskau boykottiert. Das war nicht nur eine bittere Enttäuschung für die Sportler. Für Moskau, erstmals Gastgeber einer Olympiade, war dies eine Demütigung, die man dort nie vergessen würde. Unsere Sportführung fürchtete daher nicht ohne Grund, dass sich der sowjetische Sportverband nun ähnlich verhalten könnte wie 1980 die USA gegenüber Moskau. Die Bundesrepublik hatte sich 1980 den USA ohnehin in Treue gebeugt und die Olympische Charta verletzt. Die DDR wollte dem vier Jahre später nicht folgen. Wir wollten mit aller Macht nach Los Angeles.

Anfang 1984 hatte unsere Sportorganisation den sowjetischen Sportminister Marat Gramow (1927-1998) eingeladen. Wir wollten aus erster Hand erfahren, wie die sowjetische Sportführung über die Teilnahme an den Olympischen Spielen in den USA denke. Ich bekam den Auftrag des Politbüros, mit ihm zu sprechen. Kurz vorher hatte mich Honecker in sein Arbeitszimmer gerufen. Vor ihm lag auf seinem Schreibtisch ein Zettel, auf den er mit blauer Tinte etwas geschrieben hatte, was für mich bestimmt war. »Hier«, sagte er giftig, »dies teilst du deinem Freund Gramow als Meinung des Politbüros mit.«

Ich nahm den Zettel und las:

»1. Die DDR hält jeden Missbrauch des Sports für politische Zwecke für schädlich.

2. Die DDR wird nach Los Angeles fahren.

3. Ein Boykott der Spiele stellt die Zukunft der Olympischen Bewegung in Frage.«

Honecker hatte wohl angenommen, ich würde überrascht sein. Er schaute mich jedenfalls sehr erwartungsvoll an. Ich antwortete: »Erich, ich denke so wie du. Ich bin nur pessimistisch, ob unser Gewicht ausreicht, das durchzusetzen.«

»Dafür bist du ja da«, lautete seine Antwort.

Als ich dem sowjetischen Sportchef sehr prononciert unseren Standpunkt erläuterte, verzog der keine Miene. Er hatte genau verstanden, worum es uns ging: Die DDR will die Olympiateilnahme auf jeden Fall. Nachdem wir schon bei den Winterspielen in Sarajewo mit neun Gold-, neun Silber- und sechs Bronzemedaillen Platz 1 der Nationenwertung erobert hatten, wollten wir bei den Sommerspielen in einem direkten Vergleich mit den USA auf amerikanischem Territorium diesen Erfolg wiederholen. Auch dem sowjetischen Sportführer war klar, dass die DDR die

Chance sah, wenn vielleicht nicht den ersten, dann doch in der Nationenwertung den zweiten Platz vor der Sowjetunion zu erreichen. Wie er selbst dachte, wollte oder konnte er uns nicht zeigen. Es gab noch keinen Beschluss des Politbüros des ZK der KPdSU. Es wurde zu diesem Zeitpunkt wegen Tschernenkos krankheitsbedingter Abwesenheit von Gorbatschow geleitet. Gramow aber versprach: Niemand in der Sowjetunion denke daran, die Spiele zu boykottieren. Die sowjetischen Sportler würden sich siegesgewiss in die »Höhle des Löwen« begeben.

Als ich Honecker dies berichtete, sagte er nur mit einem Anflug von Hohn: »Wer das glaubt, wird selig.«

Die Enttäuschung ließ nicht lange auf sich warten. Sie kam am 8. Mai 1984. Das Zentralkomitee der KPdSU schickte Honecker ein schmuckloses Fernschreiben, das von niemandem unterschrieben war. Darin stand: Das Nationale Olympische Komitee der Sowjetunion habe beschlossen, dass die Teilnahme der sowjetischen Sportler an der XXIII. Sommerolympiade in den USA aus Sicherheitsgründen nicht möglich ist. Die sowjetischen Sportler hätten in der Vergangenheit immer mit dem DDR-Sport Solidarität geübt. Nun erwarte man gleiches von der DDR.

Klartext: Keine Olympiateilnahme der DDR.

Honecker entrüstete sich: »Der Gramow hat uns belogen. Unsere Sportler werden nie verstehen, wenn wir nicht nach Los Angeles fahren.«

Ich antwortete kurz, um ihn nicht weiter zu reizen: »Richtig!«

Honecker sagte, er wisse von Ceausescu, dass Rumänien in die USA fahren werde, selbst wenn andere sozialistische Länder fernblieben. »Der macht es richtig.«

Er ließ sich, ohne sich vorher mit jemandem zu konsultieren, über seinen WTsch-Apparat telefonisch mit dem rumänischen Staatschef verbinden. »Ja, wir fahren!«, bekräftigte der.

Und Honecker antwortete: »Wir auch.«

Mir wurde Angst. Mit Rumänien gegen Moskau? Das war gefährlich.

»Erich«, sagte ich, »halten wir das wirklich durch?«

Meine Frage parierte er mit der Feststellung: »Du bist Sekretär des ZK der SED und nicht der KPdSU.«

Ich widersprach nicht, schlug vor, dass der Leiter der Abteilung Sport im ZK, der Präsident des DTSB und ich alle Argumente zusammentrügen, die gegen den Boykott der Spiele sprechen, und ein Schreiben an Tschernenko entwerfen. Ich hatte immer noch, weiß Gott warum, die heimliche Hoffnung, die sowjetische Führung könne sich angesichts des Drucks aus mehreren Ländern und mit unseren guten Argumenten umstimmen lassen. Außerdem vertraute ich auf Gorbatschow. Er war zwar noch nicht Generalsekretär, aber in seine Zuständigkeit als Sekretär des Zentralkomitees gehörte auch der Sport.

Noch war die sowjetische Absicht, nicht zu den Spielen zu fahren, nicht öffentlich, eine Rücknahme der Entscheidung bedeutete für den Sekretär des ZK der KPdSU Gorbatschow also keinen Gesichtsverlust. Am gleichen Abend übergab Honecker in der Pause einer Festveranstaltung in der Deutschen Staatsoper in Berlin das von uns ausgearbeitete Positionspapier an Sowjetbotschafter Kotschemassow. Es war eine Begründung dafür, dass es aus sportlichen wie politischen Gründen falsch sei, den Spielen 1984 fernzubleiben. Der Sowjetbotschafter versprach, dass dieses Papier trotz des Feiertages am 9. Mai in Moskau am anderen Morgen auf den Schreibtisch von Tschernenko liegen würde.

Die Zeit verstrich. Ich war unruhig. Da ich viele Kontakte zu Sportlern hatte, bekam ich fast täglich die Frage: Fahren wir?

Ich verbreitete stets Optimismus, weiß heute allerdings nicht mehr genau, ob ich selbst daran glaubte oder ob dies nur Zweckoptimismus war. Plötzlich jedenfalls passierte etwas, was ich bis dahin für unmöglich gehalten hätte: Es kam ein Schreiben. Aber nicht etwa von Honeckers Kollegen Tschernenko. Es war auch keine direkte Antwort auf unseren Protest.

Es handelte sich um die Kopie eines Schreibens, das am 22. Mai 1984 der KPdSU-Generalsekretärs an den Generalsekretär der Kommunistischen Partei Frankreichs gesandt hatte. Georges Marchais hatte die sowjetische Führung ebenfalls gebeten, ihre Entscheidung noch einmal zu überdenken.

In seiner Antwort teilte der sowjetische Partei- und Staatschef Tschernenko dem französischen Genossen mit, die USA würden die Olympische Charta verletzen, die olympischen Traditionen missachten und Terror gegen die Sportler aus der Sowjetunion und anderen sozialistischen Ländern schüren. Die Olympischen Spiele wären Bestandteil des Kreuzzuges gegen den Kommunismus, den die Reagan-Administration führe. Unter den Bedingungen einer antisowjetischen Psychose würden sowjetische Sportler an den Spielen nicht teilnehmen können.

Wir waren empört. Nicht nur wegen des Inhalts, sondern über die Weise, wie wir davon erfuhren. Unser Protest war augenscheinlich vom Tisch gewischt worden, weshalb man es in Moskau nicht für nötig erachtete, uns darauf zu antworten.

Dabei teilten wir sogar in einigen Punkten die sowjetische Sorge, schließlich hatte des Staat Kalifornien beschlossen, alles zu tun, damit sowjetischen Sportler nicht an Spielen teilnehmen konnten. Dennoch reichte es nicht für einen Boykott der Spiele. Ich sprach noch einmal mit Kotschemassow, sagte ihm: Wir wollen nicht Gleiches mit Gleichem vergelten. Wir seien 1980 aktiv gegen einen Boykott der Spiele in Moskau gewesen. Genauso trete die DDR jetzt gegen einen Olympia-Boykott in Los Angeles ein. Wieder hoffte ich, unsere Haltung könne in Moskau vielleicht Nachdenklichkeit auslösen.

Doch bald folgte die Ernüchterung. Für die Sowjetunion sei es undenkbar, ließ uns der sowjetische Botschafter wissen, dass sich die DDR aus der sozialistischen Sportfamilie ausschließe.

Um uns nicht gänzlich vor den Kopf zu stoßen, gab es so etwas wie einen Kompromiss. Keinen sportlichen. Auch keinen fairen. Aber ein verlockendes Angebot. Kurz bevor unser Politbüro beschließen sollte, dass die DDR trotz Fernbleibens anderer Staaten nach Los Angeles fahre, brachte Günter Mittag die Information aus Moskau mit: Man habe noch einmal nachgedacht, ob man der DDR die seit langem gewünschte Menge von zwei Millionen Tonnen Erdöl liefern könne. Unter großen Schwierigkeiten wäre dies wahrscheinlich möglich. Es gebe da aber noch die Bitte, dass die DDR sich mit den sowjetischen Sportlern solidarisieren möge.

Wir taten es. Widerwillig zwar, aber Erdöl war eine Existenzgrundlage für die DDR – die Teilnahme an den Olympischen Spielen nicht.

Es war eine Entscheidung gegen unsere Sportler, die sich gern dem friedlichen Wettstreit mit der Sportjugend der Welt gestellt hätten, eine Entscheidung der Politik gegen den vermeintlichen unpolitischen Sport.

Ich erinnerte mich oft an ein Gespräch mit Egon Bahr. Er hatte mir damals gesagt, dass der Olympiaboykott 1980 für die Bundesrepublik Deutschland das vorteilhafteste Entgegenkommen gegenüber den USA gewesen sei. Die USA hatten eigentlich einen ökonomischen Boykott gegen die sozialistischen Länder gefordert, vor allem wollten sie das Röhrengeschäft der Bundesrepublik mit der UdSSR verhindern. Bonn boykottierte Moskau und durfte weiter Geschäfte machen.

Beide deutsche Staaten verhielten sich nicht anders als ihre jeweilige Führungsmacht. Beide Staaten wollten souverän sein. Tatsächlich waren sie es nur insoweit, als es die USA oder die Sowjetunion zuließen. Honeckers Bemühungen, an den Spielen 1984 teilzunehmen, waren ehrenwert. Den Schaden aber hatten die Sportler. Ihre Enttäuschung sowie die der Trainer, Funktionäre und der Millionen Sportanhänger war groß.

Ein brisantes Thema, das meine Aufmerksamkeit verlangte, war die zunehmende Kommerzialisierung und Professionalisierung des Sports. Das Kapital, einmal auf den Plan getreten, ist eben, wie Marx analysierte, bestrebt, einen gesellschaftlichen Bereich nach dem anderen seinen Verwertungsbedingungen zu unterwerfen. Die Medien- und Sportartikelkonzerne, die Pharmaindustrie haben dieses Geschäftsfeld nach ihren Erfordernissen ausgebaut und mit ihrer Gier nach Profit neu geordnet – zum Nachteil der Sportler. Denn vor allem ist die Sache profitabel, wenn sie sich zum Dauergeschäft machen lässt. Das ist auch der entscheidende Punkt beim Doping.

»Auf dem Hauptfeld spielt das Geld. Die oberste aller Drogen. Das Urdoping«, schrieb der Sportjournalist Heinz Florian Oertel (1927-2023), mit dem ich mich oft – auch bei ihm zu Hause – beriet. Von jeder Weltmeisterschaft oder Olympiade schickte er mir eine persönliche Postkarte. Er hatte die Fähigkeit, neben einem Gruß immer auch eine interessante Information mitzuschicken. Ich revanchierte mich stets mit einem Zusammentreffen in der Heimat. Er war mit der DDR aufs Engste verbunden, hatte sich aber darüber hinaus einen kritischen Blick für alles bewahrt, was unsere Entwicklung hemmte. Diese Begegnungen bedeuteten mir sehr viel, weil er mit seinem Universalwissen mein Denken oft über die Grenzen der DDR hinaus lenkte. Nur einen Wunsch wollte ich ihm nicht erfüllen. Oertel betreute im Fernsehen der DDR die populäre Sendreihe »Porträt per Telefon«. Jahrelang versuchte er, mich vor die Kamera zu kriegen. Doch solange Honecker bei Oertel nicht Rede und Antwort gestanden hatte, solange wollte auch ich nicht. Verrückt, wenn ich heute daran denke.

Ein brisantes Thema, das meine sportpolitische Aufmerksamkeit verlangte, war das Doping. Nicht etwa, weil wir, wie es nach 1990 hieß, DDR-weit gedopt hätten. Nein, Doping war und ist ein Weltproblem. Die DDR unterstützte alle Aktivitäten des Internationalen Olympischen Komitees (IOC), den Sport von diesem Übel zu befreien. Wir wollten gleichberechtigte Doping-Kontrollen, Chancengleichheit für alle Länder und Schaden von den Sportlern der DDR abwehren. Keiner sollte dopen dürfen, nicht die Amerikaner, nicht die Sowjets und auch wir nicht. Auch deshalb gaben wir umfangreiche Mittel für ein international anerkanntes Dopingkontrolllabor aus. Wie die bundesdeutsche Justiz nach 1990 gegen Sportfunktionäre, Trainer, Sportärzte vorging, so ermittelte die politische Polizei in Berlin – genannt ZERV, die »Zentrale Ermittlungsstelle für Regierungs- und Vereinigungskriminalität« – auch gegen mich. Sie konnte jedoch keinen Beschluss des Politbüros oder der Regierung finden, um ihre Behauptung zu beweisen, es habe in der DDR »staatlich oder Partei verordnetes Doping« gegeben.

Im Bundesarchiv gefunden wurde allerdings ein Brief von DTSB-Präsident Manfred Ewald an mich, in dem der Begriff »Unterstützende Mittel« enthalten war. Als ich seinerzeit diesen Brief bekam, erbat ich von Fachleuten eine Definition dieser für mich bis dahin unbekannten Bezeichnung. Mir wurde glaubhaft erklärt, dass dies ein Sammelbegriff sei, der alle Mittel umfasse, die zum Training und zur schnellen Wiederherstellung der körperlichen Kraft nach hohen sportlichen Belastungen nötig seien – sportmedizinische Betreuung, Physiotherapie, zusätzliche Einnahme von Vitaminen und Mineralien, gesunde Ernährung, Sauna und anderes.

Ich schrieb damals handschriftlich, nicht aus irgendeinem Verdacht, dass dies nicht stimmen könnte, sondern als Bekräftigung unseres Grundsatzes, dass die Gesundheit über alles gehe, an den Rand des Briefes: »Nichts, was der Gesundheit der Sportler schaden könnte.«

Das war durchaus nicht blauäugig. Wir hatten ein sportmedizinisches System aufgebaut, das sich in der Welt sehen lassen konnte. Es ermöglichte ein umfassendes und weitgehend sicheres sportmedizinisches Kontrollsystem für die Athleten, so dass Schäden für die Sportler nach medizinischem Ermessen weitgehend ausgeschlossen werden konnten. Unter Berücksichtigung dieser Tatsachen konnten die Beschuldigungen der politischen Polizei gegen mich nicht aufrecht gehalten werden. Es kam zu keiner Anklage.

Nach 1990 wurde allerdings aus Aktenbeständen des Ministeriums für Staatsicherheit bekannt, dass auch die DDR keine Insel der Seligen war. In einigen Sportverbänden wurden in der Hauptbelastungszeit des Trainings offensichtlich auch Mittel eingesetzt, die auf der Dopingliste standen. Warum das MfS solche Informationen sammelte und darüber das Politbüro oder die Regierung nie informierte, ist mir nicht bekannt. Fakt bleibt dennoch: Die sportlichen Erfolge der DDR wurden nicht aus einem Dopingarsenal geschöpft. Das war auch an der Praxis seit den Olympischen Spielen 1992 ablesbar: Sportlerinnen und Sportler aus der inzwischen nicht mehr existierenden DDR holten damals für Deutschland bei internationalen Wettbewerben und Olympischen Spielen zwischen sechzig bis siebzig Prozent der Medaillen, in bestimmten Disziplinen teilweise bis zu achtzig Prozent der Goldmedaillen.

Ich werde den Verdacht nicht los, dass die Medien- und Gerichtsschlacht gegen Doping in der DDR eine nachträgliche Revanche für die sportlichen Erfolge der DDR gegenüber der Bundesrepublik war, zumal die Dopingpraxis der alten Bundesrepublik, bei der es sogar Tote gegeben haben soll, völlig ausgeklammert oder heruntergespielt wurde.

Bis sich die Wissenschaft zu Wort meldete. Der Sportwissenschaftler Prof. Helmut Digel, langjähriger Präsident des bundesdeutschen Leichtathletik-Verbandes und Direktor des Instituts für Sportwissenschaften der Universität Tübingen, machte in einem ganzseitigen Interview der *Frankfurter Allgemeinen Zeitung* am 21. November 1997 ein Geständnis: »Die Frage ist: Wie geht man miteinander um, wenn alles aufgedeckt ist? [...] Jeder Insider weiß, dass auch in der BRD in den sechziger, siebziger und achtziger Jahren in einigen Sportarten nahezu flächendeckend gedopt wurde.«

Meine Meinung damals wie heute: Doping gehört verboten – aber überall in der Welt. Ohne Ausnahme!

Am Konferenztisch im Kreml

Äußerlich schienen die Beziehungen der sozialistischen Staaten untereinander harmonisch zu sein. Zu oft aber dominierten noch egoistische Interessen einzelner Länder. Westliche Regierungen nutzten dies geschickt. Kredite an RGW-Länder wurden nach politischen Gesichtspunkten vergeben. Nach dem Grundsatz »Teile und herrsche!« bevorzugten der Internationale Währungsfond, die USA und die BRD mal Polen, mal Ungarn, mal Rumänien, gelegentlich auch die DDR. Valuta wurden faktisch zu einem politischen Kampfmittel, um zwischen unseren Staaten Zwietracht zu säen. So waren die Gesetze des Kapitalismus, die ich hier nur aus sachlichen Gründen anführe. Gewundert habe ich mich über sie nie. So ist es eben, wenn sich politische Feinde gegenüberstehen. Aber abwehren hätten wir sie kollektiv müssen. Schulden müssen einmal zurückgezahlt werden oder aber: Die Schuldner werden erpressbar. Dies machte mir schon aus Altersgründen mehr Sorgen als meinen Genossen, deren Sohn ich hätte sein können.

Ein Großteil des geborgten Geldes ging in die Konsumtion, nicht in notwendige Investitionen. Den erreichten Lebensstandard anzutasten traute sich außer Rumänien kein Land. Neue Kredite mussten her, um im Wettbewerb mit dem Kapitalismus in der Konsumtion nicht weiter zurückzubleiben. Das erhöhte kontinuierlich die Schulden in Valuta. Besonders in Polen und Ungarn. Auch wir waren nicht völlig schuldenfrei, versuchten jedoch, sie stets so zu halten, dass keine Zahlungsunfähigkeit der DDR eintreten konnte.

Die ökonomische Abhängigkeit der sozialistischen Gemeinschaft vom Westen wurde Anfang der achtziger Jahre zu einer akuten Gefahr. Wir befanden uns am Scheideweg: Entweder, es würde gelingen, die eigenen Volkswirtschaften zu intensivieren, die Anforderungen der weltweiten wissenschaftlich-technischen Revolution zu bewältigen und auf diesem Wege das zu erarbeiten, was wir schon verbraucht hatten und künftig verbrauchen würden. Oder aber, der Weg zu einer immer stärkeren ökonomischen Abhängigkeit vom Westen wäre vorprogrammiert. Das allerdings brächte zwangsläufig die politische Erpressbarkeit unserer Gemeinschaft mit sich.

Meine Hoffnung, das abzuwehren, lag in der sozialistischen Integration. So nannten wir die ökonomische und wissenschaftlich-technische

Zusammenarbeit und Verflechtung der Volkswirtschaften der im Rat für Gegenseitige Wirtschaftshilfe (RGW) vereinten sozialistischen Länder. Bedenkt man, dass unsere Staaten über ein Territorium vom Stillen Ozean bis an die Elbe verfügten, so hätten unsere materiellen Ressourcen reichen müssen. Ein umfassendes Programm dafür lag seit Jahren auf Eis. Schon 1980 sollte es durch die Partei- und Staatschefs verabschiedet werden. Breschnew wurde darüber krank und starb. Das gleiche Schicksal ereilte Andropow. Nun kränkelte auch Tschernenko. Die Schwäche unseres Systems lag auch darin, dass so lebenswichtige Entscheidungen einzelner Führungspersönlichkeiten durch Abwesenheit blockiert wurden. Der seit 1980 geplante RGW-Gipfel war wiederholt verschoben worden. Nun sollte er endlich am 12. Juni 1984 in Moskau stattfinden.

Honecker hatte mich in die DDR-Delegation für das Treffen aufgenommen. Schon das war ungewöhnlich. Schließlich war ich nicht für ökonomische Fragen zuständig.

Noch beispielloser war, dass ich – entgegen den geltenden protokollarischen Regeln – am Verhandlungstisch einen Platz direkt links neben Honecker zugewiesen bekam. Nicht Günter Mittag, der für die Zusammenarbeit mit dem RGW zuständig war, sondern ich, der gerade erst das Blauhemd der FDJ ausgezogen hatte. Einige der großen Zeitungen der alten Bundesrepublik veröffentlichten dieses Bild. Sie fanden sich bestätigt, dass nun endgültig klar sei, wer Honeckers Kronprinz sei.

Ich habe mich aufrichtig gefreut, dass ich dabei war, als sich die Spitzenleute der sozialistischen Welt in Moskau trafen. Umso größer war meine Enttäuschung, als ich erlebte, wie spießig alles ablief. Hier, bei den Staats- und Regierungschefs, war alles anders, als ich es als FDJ-Funktionär von internationalen Treffen mit meinen Jugendfreunden gewöhnt war. Wenn sich die Jugendchefs trafen, war das jedes Mal ein freundschaftliches Beisammensein, frei von jeder Gezwungenheit. Jetzt schien mir vieles fremd und unnatürlich.

11.30 Uhr Moskauer Zeit. Die großen Flügeltüren im Georgij-Saal des Kremls öffnen sich. Alle Delegationen erheben sich von ihren Sitzplätzen. Das Politbüro der KPdSU erscheint. Generalsekretär Tschernenko hat Schwierigkeiten, allein zu gehen. Gorbatschow und Tichonow stützen ihn. Als die sowjetische Delegation die Mitte des Saales erreicht hatte, nimmt sie ihre Plätze am Konferenztisch ein. Tschernenko war schwerkrank, japste nach Luft. Er kramte in seinen Akten, fand nicht einmal seinen Redetext für die Eröffnung des Gipfels. Gorbatschow half ihm. Mir schwante nichts

Gutes. Wie sollten wir erfolgreich unsere Zukunftsstrategie erarbeiten, wenn die sowjetischen Spitzenpolitiker nicht einmal die physische Kraft für den ordentlichen Ablauf unserer Tagung haben?

Honecker schaut mich an. Auch ihm schien dies alles unangenehm zu sein. Offensichtlich bemerkte er meinen Zwiespalt. Als wir uns gesetzt hatten, beugte er sich zu mir und flüsterte: »Peinlich, nicht wahr?«

»Ja«, antworte ich.

»Du musst unbedingt aufpassen, dass mir Ähnliches niemals passiert.«

Seine Bemerkung schien mir in diesem Augenblick unbegründet. Honeckers Kondition war gegenüber Tschernenkos fast die eines jungen Mannes. Im Vergleich zu seinen anderen Kollegen aus den Bruderländern war Honecker auffallend agil. Zwei, drei Jahre später änderte sich dies. Da hatte er auch seine guten Vorsätze vergessen. Er selbst und mit ihm ein großer Teil unseres Politbüros war alt geworden. Und er merkte es nicht, wie einst wohl Tschernenko.

Das Protokoll hatte es so gefügt, dass wir in der Mitte des stattlichen Verhandlungstisches der sowjetischen Delegation direkt gegenübersaßen. Links von Tschernenko hatte Gorbatschow seinen Platz, links von Honecker ich den meinen.

Gorbatschow und ich hatten zwei Dinge gemeinsam. Beide waren wir die Jüngsten in unseren Führungen. In Abwesenheit der Generalsekretäre leiteten wir die Sitzungen von Politbüro und Sekretariat. Wir hatten also das Vertrauen unserer Chefs. Sonst wäre eine solche Konstellation nicht möglich gewesen.

Mitarbeiter des Zentralkomitees der KPdSU wollten in einer Konferenzpause eine Begegnung zwischen Gorbatschow und mir arrangieren. Man könne, meinten sie, gemeinsam zu Abend essen. Bevor es jedoch dazu hätte kommen können, wurden wir alle von einer traurigen Nachricht überrascht: Der Vorsitzende der Kommunistischen Partei Italiens, Enrico Berlinguer (1922-1984), war plötzlich verstorben. Die Sowjetunion schickte Gorbatschow zu den Trauerfeierlichkeiten. Unsere Delegation hatte Mühe, Honecker davon abzuhalten, die Konferenz zu verlassen und nach Rom zu fliegen. Er war seit seiner Jugend mit Berlinguer befreundet. Daran änderte sich auch nichts, als Berlinguer eurokommunistische Thesen vertrat, die mit unseren Positionen nicht übereinstimmten.

Wie immer auf gemeinsamen Tagungen nahm die sowjetische Delegation als erste das Wort. Tschernenko kritisierte, dass in den sozialistischen Ländern sich viele ökonomische Probleme nur deshalb angesammelt hätten, weil sie nicht rechtzeitig erkannt worden seien. Nach seiner Meinung sei es gefährlich, »über die eigenen Verhältnisse zu leben und bei der Jagd nach sofortigem Vorteil nicht an die negativen Folgen zu denken«.

Honecker murmelte mir zu: »Jetzt geht die alte Leier wieder los.«

Ich sagte nur: »Der meint nicht uns.«

Honecker bezog die Kritik auf sich persönlich.

Die sowjetische Seite appellierte im Wissen um die Verschuldung der Bruderländer an alle. »Der Imperialismus«, so Tschernenko weiter, »will die sozialistischen Länder untereinander entfremden und Menschen mit schwachen Nerven einschüchtern.« Deshalb sei nationaler Egoismus ein Hemmnis der Entwicklung im RGW.

Eine Einschätzung, die nach meinem Verständnis realistisch war.

Tschernenko entwickelte im Referat einige strategische Leitlinien. Ziel der sozialistischen ökonomischen Integration solle sein, »nicht hinter den in technischer Hinsicht fortgeschrittenen kapitalistischen Staaten, vor allem hinter den USA und hinter Japan, zurückzubleiben«. Nach sowjetischen Berechnungen wäre dafür erforderlich, den Produktionsumfang mindestens zu verdoppeln. Notwendig sei auch, den wissenschaftlich-technischen Fortschritt zu beschleunigen. Als Hauptrichtungen nannte er komplexe Automatisierung, Elektronik, Kernenergie, Biotechnologie, neuartige Werkstoffe und Technologien. Immer wieder mahnte Tschernenko zur Wachsamkeit: »Die sozialistischen Länder dürfen weder technisch-ökonomisch verletzbar sein noch ihre politische Unabhängigkeit in Gefahr bringen.«

Die Thesen klangen gut, doch die Realität war leider anders.

Ein Problem, auf das wir warteten, sprach Tschernenko nicht an: die Preise im Handel der RGW-Staaten untereinander.

Honecker griff deshalb in seiner Rede an. »Wir sprechen uns dafür aus«, sagte er, »auf der Grundlage der gültigen Preisbildungsprinzipien zu arbeiten und sie zu vervollkommnen, vor allem mit dem Ziel der Ausschaltung schädlicher Einflüsse des kapitalistischen Weltmarktes.«

Hinter dieser Aussage standen ökonomische Fakten: Seit 1973 waren zum Beispiel die Weltmarktpreise für Erdöl und erdölabhängige Produkte drastisch gestiegen. 1972 bezahlte die DDR für eine Tonne Erdöl noch vierzehn Rubel. 1980 waren es schon einhundertzweiundachtzig Rubel. Wir hatten nach der Kürzung der sowjetischen Erdöllieferungen und der Preisexplosion auf dem Weltmarkt viel getan, um unseren Erdölverbrauch einzuschränken. Heizöl wurde in Größenordnungen eingespart. Das vorhandene Erdöl wurde tiefer gespalten. Wir konnten auf diese Weise Benzin, Diesel, Heizöl und andere Erdölprodukte auch in den Westen exportieren, was unseren sowjetischen Freunden natürlich missfiel. Zusätzliche Devisen für ihr Erdöl hätten sie lieber selbst erzielt.

Durch den Preisverfall auf dem kapitalistischen Weltmarkt verringerten sich Anfang der achtziger Jahre unsere Valutaeinnahmen in harten Devisen um die Hälfte. Zur gleichen Zeit mussten wir aber beim Kauf des Erdöls in der UdSSR den bisher höchsten Preis pro Tonne bezahlen. Das hing damit zusammen, dass wegen der im RGW geltenden Preisvereinbarungen die aktuellen Weltmarktpreise erst im Verlaufe von fünf Jahren schrittweise wirksam wurden. Wir wollten Preisstabilität auf niedrigstem Niveau. Wir waren der größte Handelspartner der UdSSR. Siebzig Prozent unseres Imports aus der Sowjetunion bestand aus Rohstoffen.

1983 lieferte uns die UdSSR: 17,1 Millionen Tonnen Erdöl, 7,9 Milliarden Kubikmeter Erdgas, 2,2 Millionen Tonnen Walzstahl, 0,9 Millionen Tonnen Roheisen, 1,3 Millionen Kubikmeter Schnittholz, 105.000 Tonnen Aluminium, 395.000 Tonnen Kupfer, 66.000 Tonnen Ferrolegierungen, 12.000 Tonnen Blei, 98.000 Tonnen Zellstoff, 103.000 Tonnen Papier und 85.000 Tonnen Baumwolle …

Diese Rohstoffe bezahlte die DDR mit Produkten aus der Großserienproduktion, besonders des Maschinenbaus und der Elektrotechnik. Jährlich gingen eintausend Reisezugwagen, eintausendzweihundert Kühlwagen, eintausendvierhundert Großdieselmotoren, sechshundert Raupendrehkränen und große Mengen von Chemieanlagen, Schiffen, Kälteausrüstungen, Werkzeugmaschinen, Landmaschinen, optischen und medizintechnischen Geräten sowie Glas- und keramische Erzeugnisse, Textilien, Möbel und andere Konsumgüter in Richtung Sowjetunion …

Da sich auf dem Weltmarkt die Preisstruktur zuungunsten der Fertigprodukte veränderte, fürchteten wir, dass bei einem neuen Preisbildungssystem im RGW die Dollarschwankungen auf unseren Handel noch viel stärker zu unserem Nachteil durchschlügen. Daher unsere Forderung nach Preisstabilität. Die sowjetischen Interessen lagen anders. Die UdSSR hoffte, dass neue Preise dazu beitragen könnten, dass sie höhere Erlöse für ihre Rohstoffe erhielte und weniger für die Fertigerzeugnisse zahlen müsste. Wie im persönlichen Leben zeigte sich auch im Verhältnis der Bruderstaaten: Beim Geld hörte die Freundschaft auf.

Der Marschall, der schon Stalin diente

Am letzten Konferenztag, am 14. Juni 1984, erlebte ich eine ungewöhnliche Überraschung. In einer Pause kam Dmitri F. Ustinow (1908-1984) auf mich zu. Er war Marschall der Sowjetunion und Verteidigungsminister. »Wollen wir ein Glas Tee trinken?« fragte mich der 75-jährige.

»Gern«, antworte ich. Ustinow, ein legendärer Mann mit großem politischem Einfluss in der sowjetischen Führung, hatte mich regelrecht neugierig gemacht. Schon unter Stalin war er Mitglied des ZK der KPdSU geworden. »Ich werde einen Dolmetscher bitten«, sagte ich.

Der Minister lehnte ab. Er vertraue darauf, sagt er, dass wir uns russisch unterhalten könnten. »Also, Genosse Krenz«, begann er das Gespräch, »Sie sind der Jüngste in Ihrem Politbüro. Sie müssen einmal das Erbe übernehmen. Sehen Sie nicht, dass Ihr Führer es schon jetzt verspielt?«

Diese unerwartete Frage verwirrte mich, sie erschütterte mich geradezu. Worauf lief das Gespräch hinaus? Wenn es eine Prüfung meiner Loyalität zu Honecker sein sollte, war sie unnötig. Ich war ihm verbunden. Wollten mich die Freunde vielleicht in einer sehr wichtigen Sache ins Vertrauen ziehen, fragte ich mich.

Während ich überlegte, musterte mich Ustinow, nippte an seinem Teeglas und sagte gelassen: »Meinen Sie nicht, dass die Zeit Ihres Generalsekretärs abgelaufen ist? Wollen Sie dies nicht in Ihrem Politbüro besprechen?«

Ich war einer solchen Situation nicht gewachsen. Ausweichend antwortete ich: »Die Autorität des Genossen Honecker im Politbüro ist groß. Ich kenne niemand, der ihm sein Vertrauen entziehen würde. Selbst wenn ich das Problem im Politbüro aufwerfen würde, alle stünden zu ihm.« Honecker stand in dieser Zeit tatsächlich im Zenit seiner politischen Laufbahn. Selbst wenn ich gewollt hätte, Honecker wäre 1984 nicht zu stürzen gewesen. So überraschend, wie unser Gespräch zustande kam, endete es dann auch. Ustinow war von meiner Antwort sichtlich enttäuscht. Er verabschiedet sich: »Denken Sie über unser Gespräch nach.«

Bevor ich das Gespräch überhaupt verarbeiten konnte, kam Honecker von seinem Treffen mit Tschernenko zurück. Er war nicht weniger erregt als ich. Ich hatte Mühe, ihn zu verstehen. Es waren zwei Gedanken, die er mehrmals wiederholte: Tschernenko habe versprochen, dass die Sowjetunion ihre Rohstofflieferungen an die DDR in den Jahren 1985 bis 1990 auf dem bisherigen Niveau fortsetzt.

»Na, großartig«, fiel ihm Stoph ins Wort.

»Ja«, antwortet Honecker, »Sie lassen sich das aber teuer bezahlen.« »Wir bitten Sie«, habe Tschernenko ihm gesagt, »keine ungerechtfertigten Zugeständnisse an den Klassengegner in der BRD zu machen.« Es sei der Sowjetunion unverständlich, dass die DDR sich »gegenüber den revanchistischen und nationalistischen Tendenzen in der BRD neutral verhält«. Dies widerspreche den gemeinsamen Interessen. Die Sowjetunion sehe keinen Grund für eine Losung wie die von einer »gesamtdeutschen Koalition der Vernunft«.

Das war seit Breschnews Zeiten die deutlichste Absage an unsere Dialogpolitik mit Bonn.

»Tschernenko erwartet«, sagte Honecker enttäuscht, »dass ich meine geplante Reise für 1984 in die Bundesrepublik absage.«

Damals wusste ich nicht, dass dies auch der Intention von Willi Stoph und anderen aus dem Politbüro entsprach.

Honecker jedenfalls reagierte trotzig: »Einen Teufel werde ich tun. Nichts werde ich absagen.«

Axen, Mittag und auch ich bestärkten ihn darin. Dies war für mich auch so eine Art Befreiung von dem unangenehmen Thema, mit dem mich Ustinow belastet hatte.

Nach unserer Rückkehr aus Moskau unterbreitete Honecker dem Politbüro den Vorschlag, mich zum Stellvertretenden Vorsitzenden des Staatsrates zu wählen. Damit gehörte ich nun auch für die Außenwelt sichtbar zum engsten Führungskreis um Erich Honecker. Künftig sollte ich in seiner Abwesenheit auch die Sitzungen des Politbüros, des Sekretariats und des Staatsrates leiten. Honecker schien sich im Sommer 1984 für mich als seinen Nachfolger entschieden zu haben, ohne dass wir darüber je gesprochen hätten.

Ich freute mich über sein Vertrauen. Gleichzeitig stand ich unter einem enormen Druck: Einerseits Honeckers Vertrauen zu genießen und andererseits zu wissen, dass mich jemand in der Moskauer Führung aufforderte, ihn zu hintergehen. Mit dieser »Doppelrolle« wollte und konnte ich schlecht leben. Die Sowjetunion war meine zweite Heimat. Honecker mein politischer Förderer. Ich wollte nicht dazwischenstehen. Ich erwog, einen gesundheitlichen Vorwand zu finden, um gut aus dieser Klemme zu kommen. Ich wollte mich aus dieser verteufelten Situation befreien. Im

Sommerurlaub habe ich darüber lange mit meiner Frau gesprochen. Sie riet mir ab. Es passe nicht zu mir, meinte sie wohl zu Recht, die Flinte ins Korn zu werfen.

Damals konnten wir beide nicht wissen, dass ich noch oft zwischen Honecker und Gorbatschow stehen würde. Als Sozialist konnte und wollte ich nicht begreifen, dass Politik und Moral schwer zu vereinen sind. Ich habe es versucht und bin damit gescheitert. Politische Interessen sind stärker als moralische Grundsätze. Dies scheint unabhängig vom gesellschaftlichen System so zu sein. Jedenfalls solange es Klassen in der Gesellschaft und damit unversöhnliche politische Interessen gibt.

Ein lebensgefährliches Spiel

Honecker verabschiedete sich nach Auswertung der Moskauer Beratung in den Urlaub. Ich blieb zurück und leitete Politbüro und Sekretariat, besser gesagt: die Rumpfgremien, denn die meisten taten es Honecker gleich und machten Ferien.

Am 27. Juli 1984 bekam ich einen brisanten Artikel als Vorinformation für das Politbüros auf den Tisch. Die sowjetische Parteizeitung *Prawda* hatte ihn veröffentlicht. Seine Überschrift »Im Schatten amerikanischer Raketen«. Der Text enthielt grundsätzliche Angriffe auf die Dialogpolitik der DDR. Er war eine öffentliche Reaktion der sowjetischen Führung auf einen Kredit über dreihundertdreißg Millionen Dollar, den die Bundesrepublik an die DDR ausgereicht hatte. Unsere Führungsmacht vermutete, wir hätten im Gegenzug Erleichterungen im gegenseitigen Besucherverkehr versprochen. Sie war empört und fürchtete, wir würden uns gegenüber Bonn in politische Abhängigkeit begeben, aus der wir uns nicht mehr befreien könnten.

Der Kredit war für die sowjetische Führung nur ein Vorwand. Niemand konnte ernsthaft annehmen, dass sich die DDR für 330 Millionen Dollar kaufen ließ. Der Kredit war lediglich eine vertrauensfördernde Maßnahme bei unserem Bemühen, den Boykott westlicher Banken zu unterlaufen. Mehr nicht. Die internationalen Kreditinstitute erhielten durch die Bundesrepublik das Signal: Die DDR ist kreditwürdig. Allein das war für uns wichtig. Nicht das Geld selbst. Es wurde ohnehin auf die hohe Kante gelegt und fiel nach 1990 wieder der Bundesrepublik zu.

Als ich mit der Lektüre fertig war, überkam mich ein merkwürdiges Gefühl. Politische Ohnmacht – das war vielleicht der treffende Ausdruck dafür. Ich verstand die Sorgen der sowjetischen Verbündeten. Tatsächlich bestand die Gefahr latent, dass die Bundesrepublik die DDR in der Umarmung erdrücken würde.

Mich machte der Artikel dennoch wütend. Zwar waren die politischen Pfeile auf Kohl gerichtet, aber jeder politisch Interessierte konnte erkennen, dass die DDR gemeint war. Mich beunruhigte, dass die sowjetische Führung den Streit nun über die Medien austrug. Natürlich wusste ich, dass sie intern viel versucht hatte. Zuletzt im Vieraugengespräch zwischen den beiden

Generalsekretären im Juni. Honecker zeigte aus ihrer Sicht keine Einsicht. Das Politbüro stand zu ihm.

Nun war er in Urlaub. Ich vertrat ihn. Das für Medienpolitik zuständige Politbüromitglied, Joachim Herrmann (1928-1992), wollte den Artikel für unsere Medien sperren lassen. Ich meinte, es sei ein Fehler, einen redaktionellen Kommentar aus dem Zentralorgan der KPdSU in der DDR zu verschweigen. Ich befürchtete neue Spekulationen im Westen über ein vermeintliches Zerwürfnis zwischen der DDR und der Sowjetunion. Nach meinem Verständnis hatten die DDR-Bürger ein Recht zu erfahren, wie die sowjetische Führung über unsere Politik gegenüber der Bundesrepublik Deutschland dachte.

Trotz meiner Argumente ließ Herrmann sich nicht umstimmen. Ich musste Honecker im Urlaub anrufen. Ich tat es ungern, weil ich es für unangemessen hielt, mich wegen der Veröffentlichung eines sowjetischen Artikels in der DDR beim Generalsekretär abzusichern. Es war die einzige Möglichkeit, ein politisches Desaster von uns abzuwenden. Ein Artikel in der *Prawda*, der in bundesdeutschen Medien in großer Aufmachung erschien, und in der DDR verschwiegen worden war – das war für mich einfach undenkbar.

Als ich Honecker am Telefon hatte, sagte er mir, dass Herrmann schon mit ihm telefoniert und sein Einverständnis eingeholt habe, den Artikel in den Medien der DDR *nicht* zu veröffentlichen.

Mich ärgerte, dass diese Entscheidung hinter meinem Rücken getroffen worden war. »Das enttäuscht mich«, sagte ich.

»Wieso«?, fragte Honecker.

»Viele bei uns können russisch«, antwortete ich. »Sie lesen den Artikel im Original. Sie werden nicht verstehen, dass sie ihn nicht im *Neuen Deutschland* wiederfinden.«

Honecker schwieg. Ich hatte oft erlebt: Wenn er sich seiner Sache nicht ganz sicher war, konnte er auch innerhalb von Sekunden eine bereits getroffene Entscheidung im gegensätzlichen Sinne ändern. Ich hoffte, er würde auf mich hören. Und er tat es

»Wenn du meinst, es sei richtig, dummes Zeug zu veröffentlichen, veranlasse es.«

»Dummes Zeug« überhörte ich. Ich freute mich, dass ich mich in der Sache durchgesetzt hatte.

Der Artikel erschien im *Neuen Deutschland*. Das Echo war widersprüchlich. Bei nicht wenigen Parteimitgliedern, die gelernt hatten, auch zwischen den Zeilen zu lesen, überwog Kritik an der Parteiführung der

SED. »So weit ist es nun gekommen, dass die sich öffentlich mit Moskau streiten.«

Diese Reaktion hatte ich vorausgesehen. Jahrzehnte hatten wir ein idealisiertes Bild von der Sowjetunion verbreitet. Was sie sagte, galt für viele von uns als absolute Wahrheit. So waren wir auch lange Zeit von Honecker beeinflusst worden. Die Haltung, die Sowjetunion sei der beste Freund der DDR, war bei vielen fest im Bewusstsein verankert. Öffentlichen Streit »in der Familie«, der ja immer auch vom Westen schadenfroh begleitet wurde, betrachteten viele als gefährlich für unser Land.

In Bonn dagegen polterte Kanzler Kohl, in außenpolitischen Dingen damals noch unerfahren: Der Artikel aus Moskau sei eine unverfrorene Kampagne gegen die Bundesrepublik.

Die *Washington Post* vom 28. Juli 1984 sah es realistischer: »Obwohl der Artikel als scharfe Kritik an der Regierung Kohl kaschiert ist, haben Diplomaten hier eine klare Missbilligung der ostdeutschen Bemühungen entdeckt, in einer Zeit anhaltender Ost-West-Spannungen die Entspannung zwischen den beiden deutschen Staaten zu fördern. [...] Einige Analytiker gehen davon aus, dass die verbesserten Beziehungen zu Bonn wegen der Auswirkungen auf andere Staaten des Sowjetblocks echte Besorgnis in Moskau hervorrufen.«

So war es auch.

Die ersten Aufregungen hatten sich noch nicht gelegt, da schob die *Prawda* einen zweiten, noch schärferen Artikel nach. Äußerlich nahm Honecker die Sache ohne Aufregung auf. Er rief mich am frühen Morgen aus dem Urlaub an. Freundlich und bestimmt sagte er: »Egon, diesmal hast du bei mir kein Glück. Ich werde nicht wieder in die Knie gehen. Diese Unverschämtheit wird bei uns nicht veröffentlicht.«

Ich versuchte seine Motive zu verstehen. Wegen der Nichtveröffentlichung des Artikels äußerte ich auch diesmal Bedenken. Ohne Erfolg. Der Artikel wurde bei uns nicht, in der Bundesrepublik groß veröffentlicht.

Die Spekulationen überschlugen sich. Die *Bild* fragte am 3. August 1984 nach dem zweiten Artikel in großen Lettern: »Stürzt Honecker, bevor er uns besucht?« Sie sah Anzeichen, dass »die Falken im Kreml Egon Krenz als Nachfolger des 71-jährigen Honecker durchsetzen wollen«.

Kremlexperte Professor Wolfgang Leonhard (1921-2014) analysierte im Blatt: »Der kränkelnde Parteichef Tschernenko hat das Heft nicht fest in der Hand. Die Falken – von Außenminister Gromyko und Verteidigungsminister Ustinow geführt – fürchten eine deutsch-deutsche Annäherung. [...] Honecker setzt auf die gemäßigten Kräfte um Ministerpräsident

Tichonow und Politbüromitglied Gorbatschow. Sie wollen den Ost-West-Konflikt mildern. Sie befürworten den Honecker-Besuch.«

Mich bestürzte der Hinweis darauf, dass »die Falken im Kreml« mich in Gegensatz zu Honecker bringen wollten. War da in Moskau jemand unvorsichtig? Gab es KGB-Leute, die bundesdeutschen Diensten signalisiert hatten, dass Ustinow vor einigen Wochen mit mir über diese Angelegenheit gesprochen hatte?

Was da wirklich passierte, werde ich vielleicht nie erfahren, es sei denn, ich darf irgendwann auch meine Akte beim BND einsehen. Ansonsten war die Analyse von Professor Leonhard nicht exakt. Zwar war Tschernenko tatsächlich schwer krank. Er befand sich zur Erholung auf der Krim. Zum Zeitpunkt des Erscheinens beider Artikel wusste er aber nichts von der öffentlichen Polemik gegen die DDR. Auch Gromyko nicht. Er hatte sie erst in der Zeitung gelesen. Eine Fraktion, die Honeckers Deutschland-Politik unterstützt hätte, gab es im Politbüro der KPdSU damals jedenfalls nicht. Den Vorsitz im Politbüro und Sekretariat des ZK der Kommunistischen Partei der Sowjetunion führte schon Michail S. Gorbatschow. Er hatte diese Artikel abgesegnet. Niemand, erst recht er nicht, befürwortete den Besuch Honeckers in der BRD.

Im Sommer 1984 gab es meines Wissens im KPdSU-Politbüro keine »gemäßigten Kräfte« für die deutsch-deutschen Fragen, auf die sich Honecker hätte stützen können. Im Gegenteil: Der Zaun aus Mittelstreckenraketen zwischen den deutschen Staaten sollte ihre Abgrenzung perfekt machen. In der SED-Führung war die Autorität Honeckers keineswegs angeschlagen. In der Frage eines möglichen BRD-Besuches stand das Politbüro, jedenfalls offiziell, hinter ihm. Die Beziehungen zwischen der KPdSU und der SED waren intern auf einem Tiefpunkt.

Das war lebensgefährlich für unser Land.

Honecker brach seinen Urlaub ab. Er forderte eine Aussprache mit der sowjetischen Führung. Bevor er nach Moskau flog, rief er Günter Mittag und mich zu sich. Er übergab uns den Entwurf seiner Ausführungen für die Auseinandersetzung in Moskau. Zu dritt saßen wir in seinem Arbeitszimmer und überarbeiteten Satz für Satz das Manuskript. Erst danach eröffnete er uns, wer ihn nach Moskau begleiten wird: Hermann Axen, Kurt Hager, Erich Mielke und Experten. »Eigentlich wollte ich gemeinsam mit euch fliegen«, meinte er zu Mittag und mir. »Doch wenn die uns in Moskau dabehalten, dann müsst ihr hier die Arbeit machen.«

Ich nahm das als Scherz. Später war ich mir nicht mehr so sicher, ob das von seiner Seite mehr war als Witzelei. Möglich, dass Honecker an das

Schicksal von Alexander Dubček gedacht hatte, der 1968 nach seinem Bruch mit Breschnew mehrere Tage in Moskau festgehalten wurde. Jedenfalls nahm er nur die »Alten« aus dem Politbüro mit, denen in Moskau wegen ihrer antifaschistischen Vergangenheit niemand den Vorwurf machen konnte, sie würden vor dem Klassengegner einknicken.

Im Kreml kam es zu einer äußerst scharfen Konfrontation zwischen der sowjetischen Führung und der unsrigen. Tschernenko war extra von der Krim aus dem Urlaub geholt worden. An seiner Seite saßen Stellvertreter Gorbatschow, Verteidigungsminister Ustinow; KGB-Chef Tschebrikow und Experten. Der sowjetische Partei- und Staatschef kanzelte Honecker ab. Die Deutschland-Apparatschiks in der KPdSU hatten ihrem alternden Chef eine Kanonade von Beschimpfungen aufgeschrieben. Sie stellten die Zuverlässigkeit der DDR als Bündnispartner in Frage. Nach dem Untergang der UdSSR sind die gleichen Leute gewendet, pflegten ihre Beziehungen mit bundesdeutschen Politikern, tun so, als wäre alles, was in vierzig Jahren DDR geschah, ohne ihr Zutun passiert.

Tschernenko beschuldigte Honecker, die gemeinsam abgestimmte Politik der Warschauer Vertragsstaaten verlassen zu haben. Das entnehme ich dem in meinem Privatarchiv befindlichen Protokoll.

Er erinnerte ihn, dass in Deutschland »die Hauptgrenze zwischen zwei Systemen« verläuft, dass hier die vorderste Linie der Auseinandersetzung zwischen Sozialismus und Kapitalismus sei und der Westen seine Angriffe gegen die DDR richte. Wörtlich: »Die hier in militärischer, ökonomischer und ideologischer Hinsicht wirkende Hauptkraft ist die BRD, der Vollstrecker der Politik Reagans auf unserem Kontinent. Die Doppelzüngigkeit und die militärische Tendenz in der Politik der BRD stellen alles in den Schatten, was in Bonn unter Adenauer getan wurde. Bonn und Washington handeln in voller Übereinstimmung. Die USA stationieren neue Raketen in Europa, rufen einen Kreuzzug gegen den Sozialismus aus, stellen die Realitäten der Nachkriegsentwicklung in Frage. Bonn erklärt die deutsche Frage für offen und fordert offiziell die Grenzen von 1937, spricht von besonderen gesamtdeutschen Beziehungen. Es verstärken sich die Aktionen, die darauf gerichtet sind, die sozialistische Ordnung in der DDR zu unterminieren.«

Das war durchaus korrekt. Doch dann die Schlussfolgerung: »Wie sich die Beziehungen zwischen der DDR und der BRD gestalten, [...] berührt direkt die Interessen der Sowjetunion und der sozialistischen Gemeinschaft.«

Das war die Doktrin der eingeschränkten Souveränität.

Zugeständnisse der DDR an Bonn seien nicht gestattet. Gemeint waren auch Erleichterungen im Besucherverkehr, darunter von Kindern aus der BRD in die DDR, und wichtige Präzisierungen am Regime der Grenze zur BRD und Berlin (West). All diese Maßnahmen seien vom Standpunkt der inneren Sicherheit der DDR zweifelhaft. »Was Ihren Besuch in der BRD betrifft, Genosse Honecker, möchten wir Ihnen sagen, dass die sowjetischen Kommunisten es positiv aufnehmen würden, wenn Sie in der entstandenen Lage von dem Besuch Abstand nehmen«, konstatierte der KPdSU-Generalsekretär.

Er begründete dies so: »Die BRD verfolgt gegenüber der DDR eine diskriminierende Linie, verletzt direkt die Interessen der DDR und geniert sich nicht, den Vorsitzenden des Staatsrates der DDR nicht einmal in die Hauptstadt der BRD, Bonn, einzuladen. Das ist demütigend, ist keine protokollarische, sondern eine prinzipielle Frage.« Wenn es zu einer Annäherung mit der BRD käme, würde das allen sozialistischen Ländern großen Schaden zufügen. Es würde die »Sicherheit der Sowjetunion, der gesamten sozialistischen Gemeinschaft berührt«.

Ustinow verschärfte noch: »Mit weiteren Zugeständnissen im Reiseverkehr steigt die Gefahr der Spionage. Wir fragen auch, ob, wenn man das Tor weiter aufmacht, keine Auswirkungen auf die Soldaten entstehen?«

Die sowjetische Führung warf Honecker Verrat an den gemeinsamen Interessen vor. Das war absurd. Über die Einschätzung der Politik von Kanzler Kohl gab es zwischen unseren beiden Parteien kaum Meinungsverschiedenheiten. Die Frage war, ob die DDR durch ihre Politik beitragen könnte, die Lage zu entspannen oder zuzuspitzen.

Darüber zu befinden wollte sich Moskau vorbehalten.

Honecker schlug sich in dieser Diskussion mutig. Er ließ keinen Zweifel, dass die DDR inzwischen erwachsen sei und keine Bevormundung wie in der Besatzungszeit brauche. »Es ist Sache der SED über (meinen) Besuch in der BRD zu entscheiden. […] Es gibt nur wenige Bürger der DDR, die keine Verwandten in der BRD haben. Das muss man sehen. Und was die Kinder betrifft, die aus der BRD zu uns kommen, so werden die uns nicht umstoßen können, und die Rentner, die von uns nach drüben fahren, kommen alle wieder zurück«, konterte Honecker.

Die SED-Delegation versuchte nach Kräften, der Diskussion die Schärfe zu nehmen und grundlosen Verdächtigungen die Realität der Beziehungen zwischen beiden deutschen Staaten entgegenzuhalten. Es wollte nicht gelingen. Kurt Hager wurde von Ustinow scharf unterbrochen, als wäre er dessen Untergebener. Die Atmosphäre erhitzte sich.

Von Gorbatschow, der Honecker vom Flugplatz abgeholt hatte, erhoffte sich dieser Unterstützung. Doch Gorbatschow verhielt sich wie immer ambivalent. Er war einerseits bemüht, der eingetretenen Verhärtung den Charakter einer Krisensituation zu nehmen. Allein das Aussprechen des Begriffes »Krise« durch ihn konnte nur als deutliche Warnung verstanden werden, den Bogen nicht zu überspannen.

Er forderte die DDR zum Einlenken auf, »damit keine Risse entstehen, denn solche sucht der Gegner«, belehrte er Honecker. »Selbst der italienische Botschafter in Washington«, meinte Gorbatschow, »hat aus seinen Gesprächen im State Departement die Schlussfolgerung abgeleitet, dass sich in Osteuropa im Zusammenhang mit dem Besuch des Genossen Honecker (in der BRD) neue Prozesse vollziehen [...], dass die Politik der Differenzierung Ergebnisse zeigt.« Dies müsse in unserem Handeln Berücksichtigung finden.

Überdies gäbe es »Erklärungen der BRD, zum Beispiel vom 13. August (1984) in Westberlin, und dort waren Leute zusammen«, schwadronierte Gorbatschow in Richtung Honecker, »die Sie bei einem Besuch in der BRD empfangen müssten. Der Bundespräsident, Windelen (*Bundesminister für innerdeutsche Beziehungen –E. K.*), Mertens (*ein Hamburger CDU-Parlamentarier – E. K.*) haben erklärt, dass Berlin die Hauptstadt Deutschlands sei.«

Er zitierte bei diesem ernsten Thema aus der *Bild*, was Honecker in Rage brachte. Dort hatte deren langjähriger Chefredakteur und jetzige Regierungssprecher Peter Bönisch erklärt, »dass die deutsche Frage offen sei. Das ist die Politik der BRD.«

Schließlich meinte Gorbatschow: »Als die Raketen aufgestellt wurden, die Sozialdemokraten der Stationierung zustimmten, haben wir erklärt, dass, wenn nichts geschieht, ein neues Element in der Lage entsteht und dass es nicht so weitergehen kann wie vorher. Und was geschieht jetzt? Die Kontakte werden erweitert, der Besuch wird vorbereitet, es werden Kredite gewährt. Dies vereinbart sich nicht mit unseren Erklärungen. [...] Was den Artikel betrifft, so kann man jede seiner Thesen belegen.«

Gorbatschow war der Einzige, der die beiden Artikel so vehement auch im Detail verteidigte.

Für Honecker gab es darum keinen Zweifel: Die Artikel waren von Gorbatschow inspiriert und zensiert worden.

An diesem Augusttag 1984 in Moskau – an die Perestroika war noch lange nicht zu denken – begann der eigentliche Konflikt zwischen Erich Honecker und Michail Gorbatschow: Der Dissens bestand in unterschiedlichen Auffassungen zur Dialogpolitik der DDR gegenüber der Bundesrepublik Deutschland.

Die Schelte im Kreml hat Honecker tief getroffen. Verstanden und angenommen hat er sie nicht. Im Gegenteil: Er reagierte trotzig!

Rumänien beging wenige Tage nach seiner Rückkehr aus Moskau den vierzigsten Jahrestag der Befreiung des Landes vom Faschismus. Staatschef Ceaușescu hatte die Spitzen aller Warschauer Vertragsstaaten eingeladen, Moskau jedoch empfohlen, wegen der Anlehnung des Balkanlandes an den Westen und an die Volksrepublik China nicht an den Feierlichkeiten in Bukarest teilzunehmen. Die Chefs der anderen sozialistischen Staaten Europas hielten sich daran – nur China und die DDR nicht. Honecker reiste zu den Feierlichkeiten nach Bukarest. Er traf sich dort nicht nur mit Ceaușescu. Er führte ausführliche Gespräche mit dem in Bukarest anwesenden chinesischen Staatspräsidenten.

Das empörte die sowjetische Führung. Aus ihrer Sicht befand sich die DDR auf einem gefährlichen Kurs. Sie unterstütze, so hieß es, eine »antisowjetische Allianz«. Damals poussierte bekanntlich die westliche Welt mit dem rumänischen Staatschef. Er stellte sich in vielen außenpolitischen Entscheidungen gegen Moskau. Diese Unabhängigkeit, so meinte die sowjetische Führung, wolle nun auch Honecker beanspruchen.

Honecker ging es nicht um eine Trennung von Moskau.

Er wollte nur auf Augenhöhe wahrgenommen werden.

Spaziergang mit Gromyko

Der fünfunddreißigste Jahrestag der DDR stand vor der Tür. Jubiläen waren bei uns immer mit politischen Kampagnen verbunden. Die einen mochten sie, die anderen hatten sie satt; die einen feierten ein Volksfest, die anderen freuten sich nur über den freien Arbeitstag. Es gab das eine und das andere. Wie auch immer: Es war unser Nationalfeiertag. Als Breschnew noch lebte, war dieser bei den runden Geburtstagen der DDR stets dabei, selbst noch, als er sterbenskrank war. Für ihn und seine Generation war die DDR mit dem Sieg der Sowjetunion über den Faschismus verbunden. Es war Herzblut dabei. Das musste auch gemeinsam gefeiert werden. Nun regierten andere im Kreml und uns bewegte die Frage: Wie wird sich angesichts der entstandenen Krise in den beiderseitigen Beziehungen der neue Generalsekretär zur DDR verhalten?

Würde er nicht kommen, würde dies international als Zeichen gedeutet, dass es im Verhältnis unserer beiden Staaten nicht zum Besten bestellt ist. Das, so vermuteten »Kreml-Astrologen« im Westen, könne nicht im Interesse Moskaus sein. Wir hofften, der erste Mann würde kommen. Honecker schickte mich in dieser etwas brisanten Situation zu einer Festveranstaltung der sowjetischen Botschaft in der DDR. »Verbreite Optimismus«, sagte er, als er mir den Auftrag gab, dort die Festrede zu halten. Ich gab mir redliche Mühe, sprach russisch und dazu noch ohne Manuskript. Ich versuchte, meine Überzeugung rüberzubringen, dass die UdSSR und die DDR für immer zusammengehören. Niemandem dürfe es gelingen, einen Spalt zwischen uns zu treiben. Die Diplomaten, die vor mir saßen, nahmen mir dies als meinen persönlichen Standpunkt durchaus ab. Aber, so erfuhr ich anschließend bei einem Glas Wodka, sie misstrauten den maßgeblichen Genossen der Führung, was zu Deutsch hieß: Zu Honecker habe man kein Vertrauen mehr. Er spiele die deutsche Karte und halte sich nicht an gemeinsame Absprachen.

Ich versuchte diese Befürchtung zu entkräften. Es gebe genügend Genossen im Politbüro, sagte ich, die niemals zulassen würden, dass die DDR von Moskau unabhängige Wege gehe.

Während ich mich abmühte, die Besorgnisse der Freunde zu zerstreuen, wurde Botschafter Kotschemassow von einem seiner Mitarbeiter ans Telefon gerufen. Ein Anruf aus Moskau, hieß es. Nach zehn Minuten kam er unzufrieden zurück. Das Politbüro der KPdSU, so sagte er, habe beschlossen, dass nicht der Generalsekretär, sondern Außenminister Gromyko zu den Feierlichkeiten kommt. Er werde auf seinem Flug von der Herbstsession der UNO Zwischenstation in Berlin machen. Das bedeutete: Gromyko kommt kurz vorbei.

So »nebenbei« war die DDR zu ihren Gründungstagen noch nie abgespeist worden. Honecker fühlte sich gedemütigt. Auch ich war enttäuscht, zumal die vielen in der DDR, die sich als gute Freunde der Sowjetunion fühlten und die von den Querelen an der Spitze keine Ahnung hatten, enttäuscht sein würden.

Nichts gegen Andrei Andrejewitsch Gromyko (1909-1989), doch er war Außenminister, nicht Generalsekretär. In den siebziger Jahren hatte er uns als Abgesandter Breschnews oft grob zur Ordnung gerufen, wenn wir nach sowjetischer Meinung unsere Politik gegenüber Bonn zu selbstständig betrieben. Sein Ton uns gegenüber hatte sich jedoch geändert, nachdem Honecker 1980 in einer Grundsatzrede in Gera die Bedingungen für die deutsch-deutsche Annäherung klar formuliert hatte. Wie aber würde er sich jetzt verhalten, da es im Sommer zwischen uns und der sowjetischen Führung fast zu einem Eklat gekommen wäre?

Vorab ließ er mitteilen, er wolle auf keinen Fall eine Konferenz mit dem Politbüro, sondern ein Vieraugengespräch nur mit Honecker. Der entschied sich für ein Sechsaugengespräch und nahm mich mit.

Gromyko schien keineswegs überrascht, als Honecker nicht allein kam. Während der Begrüßung begründete dieser das wie nebenbei: »Die nächste Generation muss unsere Gedanken kennen.«

»So ist es«, antwortete Gromyko. »Ich überbringe herzliche Grüße der Genossen Tschernenko, Gorbatschow und der anderen Mitglieder des Politbüros.«

Honecker und ich guckten uns an. So etwas hatte es bisher nicht gegeben. Bei der starken Rolle, die in unserem Gesellschaftssystem der Generalsekretär spielt, war es nicht üblich, international schon gar nicht, einen weiteren Genossen hervorzuheben. Dass Gromyko gleichzeitig Grüße von Tschernenko *und* Gorbatschow überbrachte, war für uns ein Zeichen mehr, dass es in Moskau schon eine personelle Doppelherrschaft gab. Und für Honecker war zudem klar: Es war Gorbatschow, der bewirkt hatte, dass der KPdSU-Generalsekretär unserem Jubiläum fernblieb.

Als wir in Honeckers Arbeitszimmer zu dritt konferierten, hatte ich das Gefühl, einem lebenden Lexikon der Weltpolitik gegenüber zu sitzen. Der

Mann hatte Durchblick, seine Argumentation war fundiert. Nichts war zu spüren von seiner ihm oft nachgesagten Verschlossenheit. Nichts von dem Hochmut, mit dem Honecker noch im Sommer von Gorbatschow und Ustinow behandelt worden war. Er zeigte Verständnis für die Situation der DDR an der Trennlinie der beiden gesellschaftlichen Systeme. Fast vier Stunden machte er, ohne ein Blatt Papier vor sich zu haben, eine Exkursion durch die Weltpolitik, gab eine Einschätzung des Kräfteverhältnisses zwischen der UdSSR und den USA. Fragte Honecker, ob die DDR dies auch so sehe? Er ordnete die Beziehungen zwischen der DDR und der BRD wieder dort ein, wo sie aus sowjetischer Sicht immer standen. Sie waren Experimentierfeld für die Beziehungen zwischen den beiden Weltmächten. Nicht die BRD, sondern die USA seien der wichtigste Gesprächspartner der Sowjetunion. Diese Regel sowjetischer Interessenpriorität zog sich wie ein roter Faden durch seine Ausführungen. Aus dieser Sicht, so der sowjetische Gast, müsse die DDR ihr Verhältnis zur BRD ordnen. Auf Grund seiner überzeugenden Argumente schaffte Gromyko, was seinen Moskauer Genossen im Sommer nicht gelungen war: Honecker versprach, »keine Reiselust nach Bonn« zu entwickeln. Alle Pläne für seinen Staatsbesuch in Bonn würden bis auf weiteres auf Eis gelegt.

Gromyko liebte die DDR. Wenn er uns kritisierte, dann in dem Bestreben, Unheil von uns abzuhalten. Ich war sein Ehrenbegleiter, hatte in diesen Tagen sehr viel mit ihm zu tun. Nach der Festveranstaltung zum Jahrestag der DDR bat er mich, mit ihm einen Spaziergang zu machen. Wir gingen vom »Palast der Republik« zur Humboldt-Universität, vor der die Tribüne für den Fackelzug der FDJ aufgebaut war, zu Fuß. Als wir Unter den Linden waren, fragte er: »Sagen Sie, Genosse Krenz, wie weit ist es noch bis zum Brandenburger Tor?«

»Vielleicht tausend Meter«, antwortete ich.

»Dann sind wir hier einem Ort sehr nahe, von dem ein neuer Abschnitt europäischer Geschichte ausging«, referierte er mit seiner tiefen Stimme. Fast festlich ergänzte er: »Einen Kilometer von hier wurde der Schlusspunkt unter Jalta und Potsdam gesetzt.«

Er meinte die Maßnahmen vom 13. August 1961.

»Wir konnten diesen Schritt gehen«, erläuterte er, »weil die Amerikaner mitgespielt haben.« Bei ihren Wiener Gesprächen hätten Chruschtschow und Kennedy übereingestimmt, dass jede Seite die Interessen der anderen achte. Damals hätten die USA eingewilligt, dass ihre Macht am Brandenburger Tor endet. Der »alte Fuchs Adenauer« habe dies gewusst. Er sei erst Tage nach der Grenzbefestigung an das Brandenburger Tor gekommen.

Da war schon alles entschieden. Mit seinem Ausspruch, man stehe auf einer »ganz dünnen Decke«, habe er das internationale Kräfteverhältnis richtig eingeschätzt. »Der Alte wusste von den Amerikanern und von uns, dass die Grenze endgültig ist, dass sie niemand ändern kann. Er hat dies respektiert, widerwillig zwar, aber respektiert.«

Am 13. August 1961, so Gromyko, sei der Status quo für immer besiegelt worden. »Für uns war dies der größte Triumph nach Potsdam«, meinte er. Auch die Westdeutschen hätten damals erkennen müssen, dass sie die europäischen Grenzen nicht verändern können. Sie seien ein Ergebnis des Zweiten Weltkrieges, das mit der Vertragspolitik der siebziger Jahre endgültig sei. Dafür hätten mehr als siebenundzwanzig Millionen Sowjetmenschen mit ihrem Leben bezahlt.

»Vergessen Sie das nie, Genosse Krenz. Unsere Errungenschaft darf nie leichtfertig aufs Spiel gesetzt werden.«

Er sagte dies so nachdrücklich, dass ich lange überlegte, was ihn zu diesem Ausflug in die Geschichte veranlasst haben könnte. Ich bin überzeugt, dass Gromyko keineswegs vorausgesehen hat, dass fünf Jahre später die Mauer fallen würde. Mit ihm als Außenminister wäre dies wohl auch nicht gegangen. Er hatte 1945 Stalin bei der Potsdamer Konferenz, bei der es um die deutsche Nachkriegsordnung ging, gedolmetscht. Für ihn waren die DDR und ihre Grenzen mit dem Sieg der Sowjetunion über den Faschismus verbunden. Er wollte wohl nur, dass dies in Erinnerung der nachwachsenden Generation bliebe.

Atomraketen in der DDR

Anfang der achtziger Jahre hatten wir einen Traum. Wie sich später herausstellen sollte, einen unrealistischen, aber immerhin, es war ein guter Traum: Wir träumten, die DDR könne beitragen, in Ost und West auf neue atomare Raketen zu verzichten. Honecker hat dafür mit hohem Einsatz gespielt. Neue Raketen, so meinten wir, lösen keine Probleme. Sie schaffen nur neue. Wir wollten unsere Maxime, von deutschem Boden darf nie wieder Krieg ausgehen, ohne dieses Teufelszeug erfüllen. Spätestens 1983/84 hatten wir die politische Schlacht um die Aufstellung der Raketen verloren. Trotz weltweiter Proteste hatte die Bundesregierung beschlossen, auf ihrem Territorium zu stationieren. Folglich blieb uns nichts anderes übrig als nachzuziehen. In der DDR wurden nun auch neue Raketensysteme der UdSSR aufgestellt. Nachträglich behaupteten bundesdeutsche Politiker, erst die Stationierung der Raketen in der Bundesrepublik hätte den Weg frei gemacht, der schließlich 1989 zum Zusammenbruch der DDR geführt habe. Das ist purer Unsinn. Keiner konnte damals die spätere Entwicklung in der Sowjetunion voraussehen. Eine UdSSR unter Andropow hätte anders reagiert als unter Gorbatschow. Moskau sprach damals von einem »Raketenzaun«, über den hinweg sich die beiden deutschen Staaten kaum noch verständigen könnten.

Unserer militärische Aufklärung übergab uns 1984 eine brisante Information über die Serie der Herbstmanöver der NATO-Streitkräfte. Die Manöver fanden unter der Tarnbezeichnung »Autumn Forge« statt. Von Norwegen bis in die Türkei, quer durch Europa, fanden 26 Übungen statt. 465.000 Soldaten aus vierzehn NATO-Staaten probten überraschende militärische Handlungen. Allein in der Bundesrepublik waren innerhalb von nur sechs Tagen fünf Armeekorps mit fünfzehn Divisionen, davon sieben Panzerdivisionen, in voller Gefechtsbereitschaft. Achtzig Prozent dieser Truppen befanden sich in Übungsräumen, die zwischen zehn und zweihundert Kilometer von der Staatsgrenze zur DDR und ČSSR entfernt waren. Über Wochen hinweg wurde eine komplizierte militärische Lage an unserer Westgrenze geschaffen. Die Herbstmanöver fanden erstmals bei Vorhandensein einsatzbereiter strategischer Raketen mittlerer Reichweite der USA in Europa statt. In Richtung Berlin war eine Stoßgruppierung in

Stärke von neun Panzerdivisionen und fünf selbständigen Brigaden aus dem Bestand Großbritanniens, der USA, Frankreichs und der BRD vorbereitet. Das entscheidende Übungselement war nicht Verteidigung, wie heute behauptet wird, sondern Angriff.

Sowjetische Militärspezialisten meinten, angesichts des Ausmaßes der Manöver sei es kaum möglich, genau zu beurteilen, ob es sich nur um militärische Übungen oder aber um konkrete Vorbereitungen für eine Aggression handle. Die Gefahr sei gewachsen, aus solchen Manövergruppierungen eine Aggression zu beginnen. Darin lag das eigentliche Sicherheitsrisiko. Schon eine kleine Provokation, von wem auch immer, hätte eine Katastrophe auslösen können. Das war auf beiden Seiten so. Angesichts der ausländischen Truppen, die in den deutschen Staaten stationiert waren, hätten die beiden Regierungen darauf nicht einmal Einfluss gehabt. In diesem Sinne waren sie Gefangene in ihrem jeweiligen Bündnis.

In dieser Zeit lud mich der Oberkommandierende der Gruppe der Sowjetischen Streitkräfte in Deutschland in sein Hauptquartier nach Wünsdorf ein. In seinem Arbeitszimmer hing eine Karte, die durch einen grünen Vorhang verdeckt war. Mein Gesprächspartner zog ihn zurück und erklärte mir die militärstrategische Lage auf deutschem Boden. Ich, der ja wahrlich nicht wenig über militärische Fragen wusste, war erschrocken, als er das militärische Potenzial, das die vier Großmächte in Deutschland hatten, im Einzelnen aufführte. Nichts würde von Deutschland übrigbleiben, wenn es zu einem Krieg käme. Er schloss seine Information mit den russischen Worten: »Dai bog (*Gebe es Gott – E. K.*), dass es niemals dazu kommt, dass hier eine militärische Auseinandersetzung provoziert wird.«

Die Stabskarte enthielt Ausgangs- und Ziellagen, übrigens auch Reaktionen auf mögliche Provokationen, die von Manövern hätten ausgehen können. Nach diesem Besuch war ich mehr denn je überzeugt: Wenn irgend jemand, der am militärischen Hebel sitzt, durchdreht, wäre dies das Ende der Zivilisation. Zumindest im Zentrum Europas. Und dennoch war ich beeindruckt, wie gefühlvoll der ranghöchste General der Sowjetunion in Deutschland sich wünschte, dass seine Vorkehrungen niemals Wirklichkeit werden müssten. »Ich weiß um die zerstörerische Kraft der Waffen. Möge es uns gelingen, dass sie niemals getestet werden«, sagte Michail M. Saizew (1923-2009, der Armeegeneral).

Mit Sorge verwies er auf eine Rede von US-Präsident Reagan. Der hatte am 8. März 1983 die Sowjetunion als »das Zentrum des Bösen in der modernen Welt« bezeichnet. Sein Lebensziel sei, den Sozialismus zu vernichten: »Wir werden ihn abschließen«, hatte der US-Präsident gesagt, »als trauriges, bizarres Kapitel der Geschichte, dessen letzte Seiten eben geschrieben werden. Wir werden uns nicht damit abgeben, ihn anzuprangern, wir werden uns seiner entledigen.«

»Das ist eigentlich eine Kriegserklärung an uns«, sagte der Armeegeneral. »Woher sollen wir wissen«, fragte er rhetorisch, »ob dies nur Propaganda oder die Ankündigung eines neuen Weltkrieges ist?« Saizew gab sich selbst die Antwort: »Wir sind auf alles vorbereitet.«

An der sensibelsten Grenze der Welt standen sich hochgerüstete und gut motivierte Armeen gegenüber. Nimmt man alle Einheiten der UdSSR und unsere bewaffneten Kräfte zusammen, waren auf dem Boden der DDR zeitweilig über eine Million Mann unter Waffen. Auch die NATO sollte im Nachhinein ihre Stärke und ihre tatsächlichen Absichten nicht verniedlichen. Wir hatten vor dem Westen und der Westen hatte vor uns Respekt. Die Feindbilder funktionierten auf beiden Seiten. Die Militärausgaben, die unser Land über Jahrzehnte überforderten, haben wir immer in der Überzeugung beschlossen, uns vor der anderen Seite schützen zu müssen. Niemals gab es Pläne, uns an einer Aggression zu beteiligen. Behauptungen, die Aufgabe unserer Streitkräfte sei es gewesen, einen Krieg um Westberlin zu führen oder bis an den Rhein zu marschieren, sind pure Verleumdung. Bewiesen dagegen ist, dass es die Absicht der USA und der NATO war, die sozialistischen Länder in immer neue Runden des Wettrüstens zu ziehen. Unsere Länder konnten diesen Wettbewerb wegen ihrer schwächeren ökonomischen Position nicht durchhalten. Dass wir uns in die Falle des Wettrüstens locken ließen, trug letztlich dazu bei, dass wir am Ende tot gerüstet wurden.

Der Oberkommandierende der Gruppe Sowjetischer Streitkräfte in Deutschland informierte mich über die Stationierungsorte der neuen Raketen in der DDR: in der Nähe von Königsbrück, Bischofswerda, Waren und Wokuhl. Die operativen-taktischen Atomraketen hätten eine Reichweite von eintausend Kilometern. Vorgesehen seien sie als Gegenmaßnahme zu den auf bundesdeutschem Gebiet neu stationierten Raketen der Amerikaner.

»Genosse Krenz«, sagte Armeegeneral Michail Saizew (1923-2009), als ich mich von ihm verabschiedete, »können Sie Genossen Honecker bitten, die Raketentruppen zu besuchen? Ich glaube, er ist von unseren Gegenmaßnahmen nicht überzeugt.«

Ich versprach es zu versuchen.

Es gelang. Honecker wollte die neuen Raketen selbst in Augenschein nehmen. In den frühen Morgenstunden des 13. Dezember 1984 trafen sich

Honecker und ich am Eingang der Waldsiedlung Wandlitz zur Abfahrt in Richtung Norden. Mit uns fuhren die Minister Heinz Hoffmann und Erich Mielke. Die Fahrt wurde zur geheimnisvollsten Mission, an der ich je beteiligt war. Schließlich waren Stationierungsorte der Raketen geheime militärische Kommandosache. Wir durften nicht einmal unsere eigenen Dienstwagen benutzen. Niemand sollte von unserer Reise erfahren.

Wir stiegen in einen dafür vorbereiteten Transporter mit verdunkelten Scheiben. Mehrfach wurde die Richtung gewechselt. Später stiegen wir in einen sowjetischen Bus, der uns in eine Kaserne brachte. Dort kletterten wir in Militärfahrzeuge der Sowjets. Noch immer im Schutze der Dunkelheit. Wir wurden in einen Wald gefahren, in dem sich die sowjetischen Raketenstellungen befanden. Ich gab mir große Mühe, die Orientierung nicht zu verlieren. Es gelang nicht. Am Ende wusste auch ich nicht mehr, wo wir uns eigentlich befanden.

Honecker hatte sich unterwegs über die Geheimnistuerei lustig gemacht. Er nahm Mielke auf die Schippe und fragte ihn, ob er ihm angesichts des offenen Himmels mit kreisenden Satelliten erklären könne, warum wir uns nicht wie normale Menschen in den sowjetischen Standort begeben könnten.

Mielke versuchte es, aber erntete nur Honeckers Spott.

Die »Raketschniki«, wie sich die sowjetischen Armeeangehörigen nannten, empfingen uns herzlich. Sie ließen Honecker hochleben. Fast die gesamte sowjetische Militärspitze in Deutschland und Vertreter des Generalstabes aus Moskau waren anwesend. Der Oberkommandierende meldete dem Vorsitzenden des Nationalen Verteidigungsrates der DDR: »Genosse Vorsitzender, Vertreter der Raketentruppen der UdSSR sind zu Ihrer Begrüßung angetreten. Wir sind bereit, Ihre Befehle zu erfüllen. Losung des Tages: Alles für die Verteidigung unseres treuen Verbündeten, der Deutschen Demokratischen Republik.«

Der meldende Armeegeneral Saizew wusste natürlich genau, dass nicht Honecker, sondern der KPdSU-Generalsekretär sein oberster Befehlshaber war. Doch die sowjetischen Militärs in Deutschland wussten auch, worauf es Honecker ankam: Er wollte Herr im eigenen Haus sein.

Wo sie konnten, gaben sie ihm dieses Gefühl, um eine freundschaftliche Atmosphäre zu schaffen. An diesem Tag zeigten sie alles, was sie für notwendig hielten. Wir sahen die hochmoderne Raketentechnik.

In den Gesprächen mit den Armeeangehörigen erfuhren wir, dass die meisten zwei Hochschulabschlüsse besaßen: Diplomingenieur und Raketenspezialist. Die Technik entsprach wohl aktuellem Weltniveau. Ihr Einsatz wäre verheerend gewesen. Honecker erkundigte sich wiederholt, ob alle Möglichkeiten des Missbrauchs dieser Waffen ausgeschlossen seien. Der Chef der Raketentruppen bejahte. Selbst der Oberkommandierende in Wünsdorf dürfe keinen Einsatzbefehl geben. Der Code liege in Moskau. Dort wiederum müsse der Generalsekretär persönlich die Entscheidung treffen, bevor der Generalstabschef der Sowjetarmee den Einsatz der Waffen befehlen könne.

Als wir am späten Abend genauso geheimnisvoll abfuhren, wie wir gekommen waren, freute ich mich, dass ich Honecker hatte überzeugen können, die Raketenstellungen zu besuchen. Der Atmosphäre zwischen ihm und der sowjetischen Generalität tat dies gut. Es hatte in letzter Zeit einige besorgniserregende Spannungen gegeben. Vor einigen Monaten hatte ich im Politbüro ein neues Konzept für die Zivilverteidigung eingebracht. Dazu gehörte auch, eine Verordnung aus den sechziger Jahren aufzuheben, die vorsah, in Neubaugebieten Luftschutzkeller zu bauen, um die Bevölkerung vor einem möglichen Atomkrieg zu schützen. Das Politbüro war der Meinung, es sei gefährlich, die Illusion zu schüren, vor einer atomaren Katastrophe könne es wirklichen Schutz geben. Die einzig wirksame Sicherheit, so unsere Position, sei die Verhinderung eines Krieges selbst. Deshalb hatten wir auch beschlossen, die kostspieligen Bunker nicht mehr zu bauen. Zudem wurde festgelegt, den Militärhaushalt der Republik um mindestens zwei Milliarden Mark zu kürzen.

In diese Zeit fiel auch ein Rapport des Verteidigungsministers über die Veränderung des Grenzregimes der DDR. Anfang Dezember 1984 hatte Armeegeneral Hoffmann dem Politbüro gemeldet: Die Sperranlagen mit Splitterminen sind auf einer Länge von vierhundertfünfzig Kilometer vollständig abgebaut worden. Achtunddreißig Kilometer Erdminensperren wurden geräumt . Das trug uns den Vorwurf aus Moskau ein, die militärische Wachsamkeit gegenüber dem Westen zu vernachlässigenn. Verteidigungsminister Ustinow warf der DDR vor, eigenmächtig und damit unberechtigt sowjetische Befehle aufgehoben zu haben. Gemeint war der Befehl von Marschall Konjew aus dem Jahre 1961, an der Staatsgrenze der DDR Minen zu verlegen. Marschall Konjew war damals persönlicher militärischer Beauftragter von Chruschtschow und leitete auf sowjetischer Seite die Grenzbefestigungen der DDR zum Westen. Diesen Befehl hatten wir nun gegen starken Widerstand der sowjetischen Seite faktisch außer Kraft gesetzt.

Das alles belastetet die Stimmung zwischen den Verbündeten und uns. Ich hoffte jetzt auf Besserung.

Ungewohntes Taktieren

Schnell verging die Zeit. Das erste Jahr in der neuen Funktion war mir trotz mancher Irrungen und Wirrungen gut bekommen. Ich war in direkter Nähe des Chefs. Hatte Spielräume wie nur wenige andere im Politbüro. Meine Vorschläge, die ich einbrachte, wurden in der Regel ohne Einwände bestätigt. Die meisten konnte ich mit »Einverstanden, Erich Honecker« abheften. In Honeckers Abwesenheit leitete ich die Politbüro- und Sekretariatssitzungen. Und doch: Ich war nicht zufrieden.

Im Großen Haus war vieles anders als im Jugendverband: Weniger offen, weniger streitbar, weniger freundschaftlich. Einige, die schon Jahrzehnte im zentralen Apparat waren, verhielten sich, als hätten sie Anspruch auf eine Lebensstellung, unabhängig von ihrer Leistung. Sie dachten nicht daran, Platz für Jüngere zu machen.

Zwei Abteilungsleiter, die mir unterstanden, waren bereits im Rentenalter. Herbert Scheibe (1914-1991), Abteilungsleiter für Sicherheitsfragen, hatte wegen seines Widerstandes gegen die Hitlerdiktatur über zehn Jahre in einem Zuchthaus und im KZ Buchenwald gesessen. 1945 war er aktiv an der Selbstbefreiung der Häftlinge in Buchenwald beteiligt. Sofort nach der Befreiung nahm er am Aufbau der Polizei in der sowjetischen Besatzungszone teil und später an der Schaffung der Nationalen Volksarmee. Er hatte es bis zum Chef der Luftstreitkräfte der DDR gebracht. Seit über zehn Jahren leitete der Generaloberst und Absolvent der Militärakademie des sowjetischen Generalstabes nun bereits die Abteilung für Sicherheitsfragen im ZK. Doch er war inzwischen müde geworden. Ich glaubte, er habe sich seine Berentung längst verdient. Er selbst dachte genauso.

Doch beim Zuständigen für die Personalfragen, dessen Unterschrift ich für eine entsprechende Entscheidung im Politbüro benötigte, gab es ein unglaubliches Hindernis: Herbert Scheibe, so der Abteilungsleiter für Kaderfragen, sei noch zwei Jahre jünger als der Generalsekretär. Für Erich wäre es deprimierend, wenn Jüngere vor ihm das Schiff verließen, meinte er.

Ich fand das absurd und sprach mit Honecker.

»Wer soll denn Nachfolger werden?«, fragte er mich.

»Wolfgang Herger.« Er würde frischen Wind in die Abteilung bringen, er sei klug, habe politischen Verstand und sei über zwanzig Jahre jünger als der jetzige Abteilungsleiter. »Wenn du meinst, der kann es, dann reiche eine Vorlage für das Politbüro ein«, schlug Honecker vor.

Das wiederum war schwieriger, als ich mir das mit meiner FDJ-Erfahrung vorstellen konnte. Die Abteilung für Sicherheitsfragen war, soweit meine Erinnerung reicht, immer eine Domäne der bewaffneten Organe. Ihr Chef war ein General. Das entsprach zwar sowjetischer Erfahrung, war aber nach meiner Meinung ein Relikt der Vergangenheit. Da die Minister für Verteidigung, Staatssicherheit und Inneres einen höheren militärischen Dienstgrad hatten als der Militär an der Spitze der Abteilung für Sicherheitsfragen, ergab sich rein militärisch gesehen ein Unterstellungsverhältnis, das mir für den Parteiapparat missfiel. Militärische Befehle mussten in der Armee, Staatssicherheit und bei der Polizei sein. In der Partei aber waren sie ein Übel. Ich schlug also den Zivilisten Dr. Wolfgang Herger vor, einen Philosophen, einen Spezialisten für sozialistische Ethik, den Dienstgrade nicht schreckten.

Das war nun weder nach dem Geschmack von Mielke noch von Hoffmann. Beide versicherten mir, sie würden Herger als Menschen und Politiker sehr hoch schätzen. Doch von einem Zivilisten, noch dazu einem, der nicht einmal selbst gedient hatte, wollten sie die Parteiorganisationen ihrer Ministerien nicht kontrollieren lassen. Dahinter steckte aber wohl mehr. Sie hatten sich daran gewöhnt, »unter sich« zu sein. Ein Nicht-Militär hätte da nur stören können. Es gelang mir dennoch, mich gegen ihren Willen bei Honecker durchzusetzen. Das ist der Abteilung für Sicherheitsfragen gut bekommen.

Für mich hatte das Ganze noch ein Nachspiel. Im Westen wurde kurze Zeit später gemeldet: »Zögling von Krenz in wichtiger Position.« Medien suggerierten, ich holte Vertreter meiner Wahl in wichtige Funktionen, um meine Machtposition gegenüber Honecker zu stärken. Wörtlich: »Darin unterscheidet er (Krenz) sich von Honecker. Als jener nämlich im Jahre 1971 Ulbricht ablöste, übernahm er die unter Ulbricht geformte Parteihierarchie, und erst nach und nach rückten seine FDJ-Freunde in freiwerdende Schlüsselpositionen auf. Krenz hingegen [...] schafft jetzt bereits Fakten.«

Der Vergleich zwischen Honecker und mir war unrichtig. Seine FDJ-Generation war längst in Position, als er SED-Chef wurde. Die bundesdeutschen Medienberichte waren für ihn dennoch Anlass genug, mir einen »väterlichen Rat« zu geben, wie er es nannte. Obwohl die FDJ für ihn die Kaderreserve blieb, wollte er nicht, dass allzu viel meiner Freunde aus FDJ-Zeiten in den zentralen Parteiapparat kamen. Als ich beispielsweise 1984

Günter Böhme als Leiter der Abteilung für Staats- und Rechtsfragen und Klaus Eichler als Präsident des Sportbundes einsetzen wollte, fragte Honecker mich zwar kameradschaftlich, aber doch bestimmt: »Willst du damit nicht noch etwas warten?«

Ich verwies auf Alter und Gesundheit der Auszuwechselnden und antwortete: »Die Arbeit erfordert das.«

»Mag sein«, antwortete er, »doch ich möchte, dass du nicht ins Gerede kommst. Es gibt schon einige Genossen, die meinen, du gehst bei der Auswechselung bewährter Kader zu forsch vor.«

Ich konnte mir nur vorstellen, dass ihm dies Günter Mittag ins Ohr geflüstert hatte. Nun war die Bremse gezogen. Und sie blieb es.

Diese falsche Denkweise hat dazu beigetragen, dass Altgewordene in ihren Funktionen blieben, ohne dass sie dafür noch die notwendige Kraft und manchmal auch die erforderliche Qualifikation hatten. Junge, gut ausgebildete Funktionäre blieben so Jahre in Wartestellung. Rentner, die sich ihre Pension längst verdient hatten, machten ihren Platz nicht frei. Einige hatten auch Angst, man würde sie als Feiglinge beschimpfen, wenn sie mit jüngeren Jahren als Honecker ausscheiden. Honeckers Alter war das Maß. So erstarrte der Parteiapparat, ohne dass es eine erkennbare Gegenwehr gab.

Ich ertappte mich immer öfter dabei, mich ungewollt anzupassen.

Neue Freundschaften

»Bekommst du eine neue Funktion, bekommst du auch neue Freunde«, hatte mir Paul Verner lächelnd gesagt, als er mir zur Wahl als Sekretär des Zentralkomitees gratulierte. »Aber unterscheide zwischen wahren und falschen Freunden.«

Dies war die Erfahrung eines Mannes, der schon mit Herbert Wehner in schwedischer Emigration war und seit Kriegsende in unmittelbarer Nähe zu Erich Honecker stand. Seit geraumer Zeit fühlte er sich von ihm im Stich gelassen. Er litt darunter, dass er nicht mehr zum persönlichen Freundeskreis seines Weggefährten aus den ersten Nachkriegsjahren zählte. Honecker hatte nach und nach den Kontakt mit den einstigen Jugendfreunden eingeschränkt und sich dafür mit Günter Mittag verbündet. »Mittag«, so Verner aus voller Überzeugung, sei ein »falscher Fuffziger«.

Mir passten solche Urteile nicht. Ich glaubte noch naiv an die Einheit und Geschlossenheit des Politbüros. Persönliche Verletzungen müssten dahinter zurücktreten. Für meinen Freundeskreis legte ich die Hand ins Feuer. Dort gab es keinerlei Hinterlistigkeiten. Ich bin bis heute in dieser Überzeugung nicht enttäuscht worden.

Kurz nach meiner Wahl ins Politbüro hatte Familie Junker meine Frau und mich an einem Sonnabend zum Nachmittagskaffee eingeladen. Wir waren seit Jahren befreundet. Bauminister Wolfgang Junker hatte mir geholfen, praktische Einblicke in die Wirtschaftsführung und in unser Bauwesen zu bekommen. Ich schätzte ihn als einen charaktervollen Menschen, guten Fachmann und begabten Politiker. Wir waren zueinander offen, weit mehr als das allgemein üblich war. Ich freute mich nach den Turbulenzen der vergangenen Tage auf ein paar gemütliche Stunden bei guten Freunden. Doch dann, für meine Frau und mich überraschend, kam Besuch: Familie Schalck, Sigrid und Alexander.

Die Junkers hatten beide ebenfalls eingeladen, ohne uns davon etwas zu sagen. Ich wusste zwar, dass Schalck-Golodkowski Staatssekretär mit den Rechten eines Abteilungsleiters im Zentralkomitee war und einen sensiblen Bereich leitete. Als Mensch kannte ich ihn jedoch nur flüchtig. Wir hatten uns bei Empfängen gesehen, die Dynamochef Mielke gewöhnlich für seinen Fußball-Spitzenklub veranstaltete, wenn ein Fußballjahr zu Ende war.

Schalck war Mitglied aller Kommissionen, die Günter Mittag leitete, gewissermaßen sein Stabschef, der die praktische Arbeit erledigen musste. So auch in der Kommission für den Aufbau der DDR-Hauptstadt, zu der auch ich gehörte. Nach einer solchen Sitzung wurde ich Ohrenzeuge eines Gesprächs von Schalck mit Mittag. Er informierte seinen Chef über eine internationale Tagung der FDJ. Der Jugendverband, so Schalck, wolle seine Gäste aus dem Ausland im Palasthotel, einem Berliner Interhotel, unterbringen. Dies sei aber nur für Valuta möglich. Schalck bat Mittag, die Belegung zu bestätigen.

Ich mischte mich ein. »Wo kommen wir hin«, sagte ich, »wenn sich ein Mitglied des Politbüros um Hotelbetten kümmern muss?« Das sei eine rein technische Frage. Es sei eine Unsitte, solche Kleinigkeiten von Mitgliedern des Politbüros absegnen zu lassen.

Schalck wusste besser als ich, was sein Chef von ihm verlangte. In seiner ruhigen Art sagte er: »Genosse Krenz, ich möchte der FDJ helfen. Sonst könnte es passieren, dass ihr kurzfristig mit dem Argument rausgesetzt werdet, der Jugendorganisation stehen keine Plätze in einem Valuta-Hotel zu.«

Sein Einsatz für die FDJ machte mir den Mann sympathisch. Ich beobachtete ihn genauer und merkte, dass ihn ein für mich geheimnisvolles Flair umgab. Es hatte sich zudem herumgesprochen, dass der gerade Fünfzigjährige schon zweimal aus Honeckers Hand den Karl-Marx-Orden erhalten hatte. Es musste etwas Besonderes an diesem Manne sein. Ich war neugierig auf ihn geworden.

Nun saßen wir bei Junkers am Kaffeetisch. Ich sprach fast nur vom Wetter und vom guten Kuchen und starken Kaffee, den uns die Gastgeberin servierte. Mir war nicht klar, was ich hier Substanzielles sagen sollte in Anwesenheit eines Mannes, der als Paladin von Günter Mittag galt. Schalck merkte das und ging in die Offensive: »Weißt du eigentlich, worauf du dich mit deiner neuen Funktion eingelassen hast?«, fragte er.

»Ich denke schon«, sagte ich, immer noch etwas zugeknöpft.

Es sei aber nicht leicht, mit der Hinterlassenschaft fertig zu werden, die ich vorfinden würde, meinte er doppeldeutig. »Immerhin«, so ließ er mich wissen, »stehen wir im kapitalistischen Ausland in der Kreide. Die Exportgüter der DDR reichen nicht aus, um unsere Verbindlichkeiten abzubauen.«

»Hast du das schon Günter Mittag gesagt?«, fragte ich zurück.

Er lächelte in sich hinein und wechselte das Thema. Sein erster Versuch, mit mir in ein offenes Gespräch zu kommen, war gescheitert.

Am folgenden Montag schickte er mir, wie ich vermutete als Zeichen, dass ich ihm vertrauen könne, einen Kurier mit einem Kuvert, auf dem stand: »Streng geheim. Nur persönlich öffnen.« Es enthielt ein Papier, das von Erich Honecker schon am 25. Oktober 1983 abgezeichnet worden war und niemand im Politbüro kannte – außer Mittag natürlich. Darin war zu lesen: »Für die Entwicklung der Zahlungsbilanz, der Verschuldung und des Nationaleinkommens der DDR ist die Beschaffung von zwei Milliarden Valutamark über Finanzkredite mit fünf Jahren Laufzeit und marktgerechten Zinsen wesentlich effektiver als über kurzfristige jährlich zu wiederholende Warenoperationen. Bei unserer vorliegenden Rechnung wird unterstellt, dass die Lösung des Bargeldproblems in den nächsten fünf Jahren nicht materiell über die Erhöhung des Exports möglich ist. Die Kosten für die Rückzahlung der Finanzkredite betragen bei einer Laufzeit von fünf Jahren dreikommasechs Milliarden VM und bei Krediten über internationale Warenoperationen, die jährlich mit entsprechenden Kosten (ca. vierzig bis fünfzig Prozent) wiederholt werden müssen, achtkommaacht Milliarden VM.«

Damit kannte ich nun den Preis der Kredite und auch unseren Bedarf an Valuta. Dafür aber stellte ich mir die Frage, die mir wichtiger als alle Zahlen war: Warum eigentlich gehen solche Informationen am Politbüro vorbei? Es war keineswegs die Höhe unseres Bedarfs an Bargeld, die mich erschreckte. Diese Summe war zu beherrschen, wenn sie ökonomisch richtig angelegt würde. Im Vergleich zu anderen Staaten waren auch unsere Staats-Schulden eine relativ geringe Summe. Ärgerlich war, dass der Generalsekretär zuließ, Lebensfragen der DDR am Politbüro und an der Regierung vorbei zu entscheiden, während Kleinigkeiten in ihrer Bedeutung aufgebauscht wurden.

Ich habe in vielen Gesprächen versucht, Honecker zu bewegen, über unsere Verbindlichkeiten gegenüber dem Westen das Politbüro zu informieren. Vergebens. Schulden existierten für ihn nicht.

Es dauerte Jahre, bevor ich sein Motiv dafür begriff. Er wollte verhindern, dass unsere Schulden öffentlich bekannt würden. Er ging davon aus, dass wir die westlichen Banken täuschen könnten, um kreditwürdig zu bleiben. Außerdem wollte er, dass Moskau so wenig wie möglich über unsere Westschuld erfuhr. Moskau saß nämlich immer mit am Sitzungstisch unseres Politbüros. Die Sowjets hatten ihre Informanten in unseren Reihen. Sie wussten besser und auch oft früher Bescheid, was bei uns lief, als manche aus dem Politbüro selbst.

Durch das Verschweigen wichtiger Informationen gegenüber dem Politbüro hat Honecker die Bürde auf sich geladen, dass andere aus dem Politbüro sowie Gorbatschow und seine Mannschaft ihm allein die Verantwortung für Verbindlichkeiten der DDR im kapitalistischen Ausland anlasten konnten.

Mit dem Treffen bei Junkers begann zwischen Sigrid und Alexander sowie meiner Familie eine enge Freundschaft, die uns viele gemeinsame Gespräche und Erlebnisse brachte. Ich erhielt von nun an von Schalck die internen ökonomischen Analysen, die er für seinen Chef anfertigte und auch die Berichte über die Gespräche mit Bonn und München. Bei meinen Treffen mit dem sowjetischen Botschafter habe ich darüber stets Auskunft gegeben. Offen und ehrlich, so wie ich dies gegenüber Freunden für richtig hielt. Moskau war immer im Bilde, was zwischen Bonn und uns lief und wie die Zahlungsbilanz der DDR aussah.

Als Gorbatschow mir gegenüber 1989 behauptete, er habe die tatsächlichen ökonomischen Probleme der DDR und deren Beziehungen zur Bundesrepublik Deutschland nicht gekannt, hat er schlicht gelogen

Vermittler in Bündnisfragen

Anfang Januar 1985 war ich zur Staatsvisite in Nikaragua. Daniel Ortega übernahm das Amt des Präsidenten der Republik. Ich war sein Gast. Geplant war, anschließend nach Kuba zu fliegen, Fidel Castro über unsere Politik gegenüber der BRD zu informieren. Es kam etwas dazwischen.

Schon bei meiner Ankunft auf dem Flugplatz in Managua erhielt ich ein verschlüsseltes Telegramm von Honecker. Er bat mich, so schnell wie möglich nach Berlin zurückzukehren. Es sei überraschend eine Sitzung des Politisch Beratenden Ausschusses der Staaten des Warschauer Vertrages einberufen worden. Auf der Tagesordnung stehe die Verlängerung des Warschauer Vertrages, der 1955 abgeschlossen worden war und im Mai 1985 auslaufe.

Als ich in Berlin ankam, galt das alles schon nicht mehr. Der sowjetische Partei- und Staatschef Tschernenko sei schwer erkrankt, hieß es. Die Tagung müsse ausfallen. Der wahre Grund jedoch war der Streit der Vertragsstaaten mit Rumänien. Rumänien spielte im Interesse eigener Vorteile nach beiden Seiten. Es ließ sich im Westen seine Widerborstigkeit gegen die Sowjetunion gut bezahlen. Im Unterschied zu den anderen sozialistischen Ländern wurde Rumänien von den NATO-Staaten zu jener Zeit noch mit großzügigen ökonomischen Zugeständnissen und Krediten belohnt. So sollte die weitere Existenz des Bündnisses be-, wenn nicht sogar verhindert werden. Gleichzeitig aber forderte das Balkanland von der Sowjetunion als Preis für die Zustimmung zur Verlängerung des Warschauer Vertrages unerfüllbare ökonomische Geschenke. Es waren der Egoismus und das Wanken Rumäniens zwischen den Blöcken, das dazu führte, die Tagung des obersten Entscheidungsgremiums der sozialistischen Staaten zu verschieben.

Einige Tage später rief Tschernenko Honecker an. Man sei in Moskau besorgt, teilte er mit, weil »auf Grund der negativen Position der rumänischen Führung die weitere Arbeit zur Vorbereitung des Protokolls über die Verlängerung des Warschauer Vertrages faktisch lahmgelegt ist.«

Tschernenko sagte: »Sie, Genosse Honecker, haben von uns allen die besten Kontakte zu Genossen Ceaușescu. Wollen Sie nicht zu ihm fahren, um ihn zu überzeugen, sich der einheitlichen Position der Verbündeten sozialistischen Staaten anzuschließen?«, fragte der KPdSU-Generalsekretär seinen deutschen Genossen. Honecker sagte zu. Was ihn allerdings bewogen hat, nicht selbst zu fahren, sondern mich als Vermittler zum rumänischen Staats- und Parteichef zu schicken, behielt er für sich. Er verabschiedete mich mit dem Auftrag, dem ersten Mann Rumäniens unverblümt zu sagen, für die DDR sei es eine Existenzfrage, dass der Warschauer Vertrag ohne Vorbedingungen verlängert wird. Sollte Rumänien nicht zustimmen, müsse die DDR prüfen, ob die für Rumänien äußert vorteilhaften ökonomischen Beziehungen mit der DDR so weitergeführt werden können. Das bereits vorbereitete langfristige Handelsabkommen mit Rumänien könne die DDR erst dann unterschreiben, wenn der Warschauer Vertrag verlängert sei.

Ein so scharfer Ton im Verhältnis zu anderen Staaten des Bündnisses war für Honecker eine Ausnahme. Offensichtlich schickte er mich für das Grobe nach Bukarest. Würde es schief gehen, hätte er meine Unerfahrenheit in internationalen Angelegenheiten anführen können. Er hätte dann noch die Chance gehabt, die Sache selbst in die Hand zu nehmen.

Am 19. Februar 1985 traf ich Ceaușescu in seiner Residenz in Bukarest. Ich versuchte einen Spagat. Höflich in der Form, aber eindeutig im Inhalt. Nach der freundlichen Begrüßung kam ich sofort auf den Sinn meines Besuches: »Genosse Honecker bittet Sie nachdrücklich um Ihre Zustimmung zu dem bereits von allen anderen Vertragsstaaten fertig gestellten ›Protokoll über die Verlängerung der Gültigkeitsdauer des Warschauer Vertrages‹. Genosse Honecker ist der Meinung, dass dies die Grundlage für Ihren geplanten Besuch in der DDR ist. Auch der Abschluss des Abkommens über die wirtschaftliche Zusammenarbeit unserer Staaten bis zum Jahre 2000 hängt letztlich von der Haltung Rumäniens zum Warschauer Vertrag ab.«

Ich hatte erwartet, Ceaușescu würde ungehalten reagieren. Es kam aber zu einer äußerst sachlichen Aussprache. Siebzig Minuten stritten wir über Nach- und Vorteile des Bündnisses. »Historisch gesehen«, meinte er, »wäre es besser gewesen, wenn es den Warschauer Vertrag überhaupt nicht gegeben hätte«. Weder die NATO noch der Warschauer Vertrag sollten wegen ihrer Existenz gelobt werden. Es sei schlimm, dass es zu keiner Auflösung beider Militärblöcke komme. Wohl oder übel müsse Rumänien nun für die Verlängerung des Vertrages zum Warschauer Vertrag sein. Er wolle aber in aller Deutlichkeit sagen: Nicht zu den diktierten Bedingungen der Sowjetunion. Die Geltungsdauer solle nach deren Willen weit über das Jahr 2000 hinauslaufen.

»Das, lieber Genosse Krenz«, sagte Ceaușescu, »sollten nicht mehr wir, sondern erst die uns nachfolgende Generation entscheiden«. Er schaute auf und meinte gnädig: »Es ist doch sicher auch in Ihrem Interesse, dass die junge Generation die Möglichkeit haben sollte, ihr Schicksal selbst zu wählen«.

So sehr ich ihm zustimmte, dass jede Generation sich nur Aufgaben stellen kann, die sie auch zu lösen im Stande ist, so sehr widersprach ich, dass dies ein Grund sein könne, die Gültigkeit des Warschauer Vertrages in Frage zu stellen. Mir wurde klar, das der rumänische Staatschef eine neutrale Rolle zwischen NATO und Warschauer Vertrag einnahm, was gegen die Realitäten und die Interessen der anderen sozialistischen Staaten sprach.

»Richten Sie Genossen Honecker aus«, forderte mich Ceaușescu auf, »dass wir die Frage der Verlängerung des Warschauer Vertrages mit Vereinbarungen verbinden, zu denen Genosse Tschernenko uns Versprechungen gemacht hat, die er nicht einhält.«

Nun hatte er die Katze aus dem Sack gelassen.

Rumänien erwartete als Gegenleistung für die Vertragsunterzeichnung beachtliche Wirtschafts-Hilfe aus der UdSSR.

Als ich auf dem Rückflug nach Berlin im Flugzeug den Bericht meiner Gespräche diktierte, hatte ich ambivalente Gefühle. Einerseits hatte ich die Botschaft: Rumänien wird sich einer Verlängerung des Warschauer Vertrages nicht entziehen. Das war gut für uns. Wir konnten Moskau mitteilen, dass diese Aussage auch ein Verdienst der DDR sei. Andererseits sollte nach den Vorstellungen Rumäniens die Sowjetunion für unsere gemeinsame Sicherheit einen hohen Preis zahlen.

Es hatte sich unter den Bündnispartnern über Jahrzehnte eine eigenartige Mentalität herausgebildet. Jedes Land wollte von der Sowjetunion ökonomische Zugeständnisse. Meist kostenlose oder kostengünstige Rohstoffe, besonders Erdöl und Erdgas. Niemand wollte verstehen, dass dies auf Kosten des ohnehin bescheidenen Lebensstandards der Sowjetbürger gehen würde.

Rumänien ließ sich seine Politik doppelt honorieren: von den Freunden im Osten und von der NATO im Westen. Wenn es darum ging, zwischen den Bruderstaaten Zwietracht zu säen, scheute die NATO weder Geist noch Geld. So war es jedenfalls vor dem Erscheinen Gorbatschows auf der Bühne der Weltpolitik. Als er dann nur einen Monat später da war, ließen die westlichen Staaten Rumänien langsam fallen. Die Rumänen hatten ihre Schuldigkeit gegenüber dem Westen getan. Jetzt war Gorbatschow da, der der NATO gegenüber mehr als nur ein Zugeständnis machte.

Es dauerte noch drei Monate, bis der Warschauer Vertrag Ende April 1985 um zwanzig Jahre verlängert wurde. Er hielt aber nur noch fünf Jahre. Er verschwand aus der Geschichte, als die Sowjetunion und ihre Verbündeten den Kalten Krieg verloren hatten. Die Auflösung des östlichen Bündnisses wäre nicht zu bedauern gewesen, wenn sich gleichzeitig auch die NATO aufgelöst hätte. Dass in Europa wieder Kriege geführt würden, wie beispielsweise gegen Jugoslawien mit deutscher Beteiligung, wäre während der Blockkonfrontation bis 1989 undenkbar gewesen. Unbegreiflich auch, dass der Warschauer Vertrag aufgelöst und mit Verzögerung faktisch der NATO zugeschlagen wird. Die Russen verließen Mitteleuropa und die US-Amerikaner blieben.

Damit begannen die Konflikte, die schließlich zu dem gegenwärtigen Chaos in den globalen internationalen Beziehungen geführt haben.

Funkspruch aus dem Kreml

Am 11. März 1985 kam ich wie jeden Tag gegen 7.40 Uhr in mein Büro. Schon im Vorzimmer hörte ich, dass mein WTsch-Telefon ununterbrochen klingelte. Ich eilte in mein Arbeitszimmer, um den Hörer abzunehmen.

Erich Mielke war ungehalten. »Wie lange schläfst du denn?«

Es gehörte zu seinen Eigenarten, am Telefon seinen Namen nicht zu nennen. Er setzte wohl voraus, dass alle seine Stimme kannten. Mielke war nicht nur der an Jahren Älteste im Politbüro, sondern morgens auch der erste an seinem Arbeitsplatz. Er verließ Wandlitz, wenn sich die anderen noch einmal im Bett umdrehten. Mich traf er meist bei meinem Morgenlauf. Wenn der fast 80-Jährige in seinem PKW an mir vorbeifuhr, drehte er oft die Scheibe seines Dienstwagens herunter und rief stereotyp: »Nicht so lahm! Wenn die Jungen noch joggen, müssen wir Alten für sie die Arbeit machen.«

Ich hatte mich an solche und andere Sprüche Mielkes gewöhnt. Sie gehörten zu ihm. Er liebte es, andere zu foppen und sich selbst ins rechte Licht zu setzen.

Zu seinen Gewohnheiten gehörte auch, morgens gegen 9 Uhr, wenn der Generalsekretär an seinem Arbeitsplatz eingetroffen war, ihn anzurufen und telefonischen Rapport zu erstatten. Zuvor hatte er schon mit allen in Berlin anwesenden Mitgliedern des Politbüros, Ministern und mit seinen wichtigsten Dienststellenleitern in den Bezirken telefoniert. So konnte er Honecker kundig die besonderen Vorkommnisse im In- und Ausland, die sich nächtens zugetragen hatten, mitteilen. Er machte sich auf diese Weise für Honecker unabkömmlich.

An diesem 11. März 1985 wartete er nicht, bis Honecker ins Büro kam. Er wandte sich an mich. Mielke atmete tief, war erregt, fast fassungslos. Ich ahnte, dass etwas Außergewöhnliches passiert sein musste.

»Genosse Tschernenko ist verstorben.«

Wie das manchmal im Leben so ist, im ungeeigneten Augenblick rutscht einem ein unpassendes Wort über die Lippen. »Der Westen hat aber noch nichts berichtet«, sagte ich.

Mielke reagierte wütend. Er vermutete, ich unterstelle ihm, eine ungeprüfte Information zu verbreiten. Und überhaupt, was hieß: Der Westen habe noch nicht berichtet? Er sei immer schneller als der Westen.

Daran hatte ich nicht gezweifelt. Ich ging lediglich von der Erfahrung aus, dass wir uns oft mit der Zweitnachricht zufriedengeben mussten. Die Westmedien hatten es einfacher. Sie schickten Vermutungen in den Äther. Bei uns mussten es Tatsachen sein. Und die schien Mielke jetzt zu haben. »Was ich dir sage, darauf kannst du dich verlassen«, berichteter er. »Konstantin Ustinowitsch ist bereits gestern Abend verschieden. Sobald alle ZK-Mitglieder informiert und in Moskau zur Tagung eingetroffen sind, wird auch die offizielle sowjetische Mitteilung veröffentlicht.«

Mielkes Genossen vom KGB hatten ihn vorab ins Bild gesetzt, noch bevor das eigene Zentralkomitee und die ausländischen Parteiführungen informiert worden waren. Dies sprach für seinen ausgezeichneten Draht ins Hauptquartier des sowjetischen Bruderorgans.

Mir blieben jetzt noch knapp fünfundsiebzig Minuten, bis Honecker zur Arbeit kam. Ich bereitete eine Vorlage für eine bei solchen Anlässen übliche Sondersitzung des Politbüros vor. Als Honecker in sein Büro tritt, warte ich bereits im Vorzimmer mit dem Entwurf eines Nachrufes für den Verstorbenen. Honecker ist noch ahnungslos. Als ich ihm berichte, was geschehen ist, hört er sichtlich betroffen zu. Ich hatte damit gerechnet, er würde gleichgültiger reagieren. Schließlich hatten uns die beschränkte Handlungsfähigkeit und die Sprachlosigkeit, die seit Jahren in Moskau herrschten, in arge innen- und außenpolitische Schwierigkeiten gebracht. Ich hatte wohl unterschätzt, dass Honecker nur ein knappes Jahr jünger war als der Verstorbene. Möglicherweise wurde ihm bewusst, dass es auch ihn jeden Tag treffen könne. Als er sich gefasst hatte, sagte er leise, so als würde er nur vor sich herreden: »1982 Breschnew, 1984 Andropow und nun Tschernenko, innerhalb von nur drei Jahren drei Generalsekretäre zu verlieren, das wird auch die KPdSU nicht verkraften.«

Bevor Honecker und ich zur eiligst einberufenen Sondersitzung des Politbüros gingen, entschied er, dass ich ihn zu den Trauerfeierlichkeiten in Moskau begleite. Einen Tag später saß ich nun innerhalb nur eines Jahres zum zweiten Mal in einem Sonderflugzeug, das uns zur Beerdigung eines Generalsekretärs der KPdSU flog. Als wir in Berlin starteten, hatten wir keine Ahnung, wer der Neue im Kreml werden würde. Das hatte selbst Mielke nicht herausbekommen. Ein Zeichen dafür, dass die Sache vorab nicht entschieden war. Honecker ließ sich auf keinerlei Spekulation ein.

Um uns abzulenken, forderte er zu einer Skatrunde auf. Da Günter Mittag wegen der Folgen seiner Krankheit nicht mitfliegen konnte, musste ich als dritter Mann ran. Die Meisterspieler Honecker und Stoph machten sich über meine laienhafte Art, Skat zu spielen, ziemlich lustig. Als ich nach einer Stunde Flug in die Kabine der uns begleitenden außenpolitischen Experten ging, erlebte ich eine hitzige Diskussion. Fast jeder von ihnen glaubte an einen anderen Kandidaten.

Im Gespräch waren der Moskauer Parteisekretär Grischin, Ministerpräsident Tichonow, Außenminister Gromyko und die 1. Sekretäre aus Leningrad und der Ukraine, Romanow und. Stscherbitzki. Eigenartigerweise wurde einer nicht genannt: Gorbatschow.

Eine halbe Stunde vor unserer Landung in Moskau erhielt ich über Funk die Nachricht: »Gorbatschow zum Generalsekretär gewählt.«

Ich ging zurück in die Kabine von Honecker und Stoph und überbrachte ihnen die Neuigkeit. Mir lag daran, Honeckers Reaktion so genau wie möglich zu beobachten. Ich sah ihn an. Keinerlei emotionale Regung. Er sagte nur: »Hoffentlich geht das gut.«

Ich schob seine fast abweisende Haltung auf seine schlechte Erfahrung mit Gorbatschow im Sommer 1984. Umso mehr bemühte ich mich, positiv auf ihn einzuwirken.

Meine Mitarbeiter hatten mir vor dem Abflug aus Berlin eine Mappe mit den Biografien aller sowjetischen Spitzenpolitiker übergeben. Ich griff also in meine Aktentasche, nahm den Lebenslauf Gorbatschows heraus und las vor, was ich über den Neuen in den Akten hatte. Gorbatschow hatte eine makellose Karriere hinter sich. Leitende Funktionen im Jugendverband Komsomol und bis 1978 Parteisekretär der Region Stawropol am Rande des Kaukasus. 1978 holte Breschnew persönlich den hoffnungsvollen Kader nach Moskau, der eine besondere Förderung des KGB-Chefs Andropow genoss. Im Sekretariat der KPdSU trug er die Verantwortung für die Landwirtschaft. Schon wenige Monate später wurde er Kandidat und 1980 Mitglied des Politbüros der KPdSU, dem er unter drei Generalsekretären angehörte. In dieser Zeit wurden die folgenschweren Entscheidungen für den Krieg in Afghanistan und den politischen Druck auf die Spitzenfunktionäre in der Volksrepublik Polen zur Ausrufung des Kriegszustandes getroffen. Erinnert wurde an Gorbatschows Besuch in Großbritannien im Dezember 1984. Obwohl nur eines von elf Mitgliedern des Politbüros, wurde er auf der Insel wie der Staatschef der Sowjetunion empfangen. Über das Fernsehen kam ein neuer Typ sowjetischer Politiker in die Wohnstuben von Millionen Leuten. Das Charisma dieses Mannes lenkte die Aufmerksamkeit der Welt wieder stärker auf Vorgänge in der Sowjetunion. Ich erzählte Honecker, dass ich Gorbatschow das erste Mal auf einer Gedenkfeier für Lenin im April 1983 getroffen hatte. Seine Rede habe mich tief beeindruckt. Sie weise ihn als aufrechten Kommunisten aus.

Ohne Honeckers Reaktion abzuwarten, sagte ich mit voller Überzeugung: »Erich, das ist der Richtige!« Honecker schmunzelte, sagte kein Wort.

Auf dem Flugplatz in Moskau wartete an der Gangway Außenminister Andrej Gromyko. Er begrüßte uns herzlich, informierte, dass er Gorbatschow für die Funktion vorgeschlagen habe und das Plenum seinem Vorschlag gefolgt sei. Dann machte er eine Pause, wir bildeten einen Kreis um ihn herum, und er sprach ganz leise, flüsterte: »Eigentlich hätte man auch mich wählen können.« Doch, so der fünfundsiebzigjährige Politiker, der schon mit Stalin 1945 in Potsdam am Tisch gesessen hatte, er wolle uns nicht zumuten, in einem Jahr schon wieder zu einer Beerdigung nach Moskau kommen zu müssen.

Willi Stoph, einer der Treuesten der Treuen der Sowjetmacht, sagte in seiner trockenen Art: »Hast du das gehört? Der hat uns gerade erzählt, dass nicht der Beste, sondern der Jüngste gewählt worden ist.«

So hatte ich Gromyko zwar nicht verstanden, aber ich gebe zu: So konnte man es auch interpretieren.

Gromyko hatte fast dreißig Jahre lang in verschiedenen Funktionen gedient. Von Stalin bis Tschernenko. In seiner Rede vor dem ZK hatte er Gorbatschow einen »Menschen von starken kommunistischen Überzeugungen« und einen »Mann mit klarem und tiefem Verstand« bezeichnet, der das »Pulver trocken halten« würde.

Ich war voller Hoffnungen und auf der Seite Gorbatschows. Heute weiß ich: Nicht nur ich habe mich in diesem Mann getäuscht. Gromyko würde sich wohl im Grabe umdrehen, erführe er, dass die Sowjetunion sechs Jahre nach seinem Eintreten für Gorbatschow nicht mehr existierte. Doch das steht schon auf einem anderen Blatt.

Gegen 15.30 Uhr Moskauer Zeit trafen wir in unserer Residenz ein. Sie lag nahe dem Stadtrand Moskaus auf den Lenin-Bergen, unweit der legendären Lomonossow-Universität. Dort hatten auch die Partei- und Staatschefs der anderen sozialistischen Staaten Quartier bezogen. Kaum hatte ich meinen Mantel abgelegt, bat Honecker mich, in Berlin nachzufragen, ob es neue Nachrichten gebe. Ich nahm den Hörer seines WTsch-Anschlusses und verlangte die Zentrale, die die Gespräche vermittelte.

Doch auf der Gegenseite herrschte ein vielstimmiges Durcheinander. Plötzlich war nicht der Administrator, sondern der neue KPdSU-Generalsekretär persönlich am Apparat. Er wolle Honecker sprechen, sagte er.

Ich übergab diesem den Hörer. Über Lautsprecher hörte ich, wie ein Dolmetscher am anderen Ende übersetzte, was Gorbatschow sagt: »Ich begrüße, umarme und küsse Sie brüderlich, Genosse Honecker. Ich möchte Ihnen sagen, dass sich unser ZK entschieden dafür ausgesprochen hat, unseren politischen Kurs konsequent weiterzuführen. Die KPdSU verfügt über ein einheitliches Zentralkomitee mit einem einheitlichen Kern, dem Politbüro, sowie über die einmütige Unterstützung ihrer Politik durch alle Werktätigen. Das Plenum unterstrich die Kontinuität der politischen Linie, des strategischen Kurses der Partei.«

Dies hörte Honecker gern. Er versicherte Gorbatschow der Solidarität der SED. Der KPdSU-Generalsekretär ließ Honecker sofort seine Hauptsorge wissen: »Vielleicht sollten wir morgen nach der Beerdigung und nach dem Händeschütteln im Kreml ein kurzes Treffen der Führer der Parteien unserer Staaten durchführen. Ich betone das deshalb, damit wir auf diesem Treffen kurz, aber von einer prinzipiellen Position her, über die Frage des Warschauer Vertrages sprechen können.«

Honecker fühlte sich ins Vertrauen gezogen. Das liebte er.

Als Kohl Honecker noch vertraute

Einen Tag vor unserer Abreise zur Trauerfeier hatte Bundeskanzler Kohl telefonisch vorgeschlagen, sich mit Honecker in der sowjetischen Hauptstadt zu treffen. Niemand würde verstehen, meinte der Kanzler, wenn sie sich in Moskau aus dem Wege gehen würden. Honecker hatte keine rechte Lust. Eine Beerdigung sei kein guter Platz für Gespräche mit Kohl, meinte er. Ich unterstützte ihn in seiner Meinung. Das war am Morgen. Am Nachmittag ging Honecker noch einmal in den Wald auf Jagd. Sein Jagdfreund Mittag stimmte ihn um. So wurde zwischen den Unterhändlern vereinbart, dass sich die beiden deutschen Chefs am Abend des 12. März in der Residenz der DDR-Delegation in Moskau treffen sollten.

Hinter den Kulissen war der Teufel los: Als wir am späten Nachmittag in Moskau eintrafen, wusste die sowjetische Führung längst von dem geplanten deutsch-deutschen Gipfeltreffen in Moskau. Irgendjemand bei uns musste mal wieder gezwitschert haben. Ich bekam dadurch ein Problem. Zwei Mitarbeiter des neuen KPdSU-Generalsekretärs drängten zu mir in das Auto, das uns vom Flugplatz in die Residenz brachte. Sie redeten auf mich ein. Ich solle, so einer der beiden, »Genossen Erich Honecker überzeugen, sich in Moskau nicht mit Kohl zu treffen«.

Es könne nicht sein, meinte der andere, im Ausland so zu tun, als herrsche zwischen den beiden deutschen Staaten Normalität. Wenn sich Kohl mit Honecker treffen wolle, müsse er nach Berlin fahren. Kohl dürfe nicht dafür belohnt werden, dass er »die Geschäfte der USA in Europa« besorgte. Zudem habe der neue Generalsekretär noch keine Konzeption, wie es in der deutschen Frage überhaupt weitergehen sollte. Bevor diese Strategie nicht vorliege, sei ein Treffen zwischen Kohl und Honecker nicht wünschenswert. Dies sei die Meinung Gorbatschows. Der könne aber bei seiner ersten Begegnung als Generalsekretär nicht gleich mit einer Kritik an Genossen Honecker wegen dessen Westpolitik beginnen.

Im Zentralkomitee der KPdSU rechne man mit meiner Unterstützung, dass das Treffen nicht stattfinde.

Was die beiden sagten und Gorbatschow dachte, war auch meine Auffassung. Nach den unguten Erfahrungen der letzten Jahre sollten wir dem Rat für eine Denkpause in den deutsch-deutschen Angelegenheiten folgen.

Doch wie? Nachdem Honecker dem Treffen mit Kohl schon zugestimmt hatte, sah ich keine Möglichkeit mehr, Gorbatschows Bitte zu erfüllen.

»Und mit welchen Argumenten, meint ihr, soll ich meinen Generalsekretär überzeugen?«, fragte ich die beiden.

Sie hielten mir einen Vortrag, dessen Hauptpunkte ich mir einprägte, um sie notfalls auch Honecker vortragen zu können. »Wir haben im ZK der KPdSU noch unter Genossen Andropow die Beziehungen zwischen der BRD und der DDR analysiert. Eure Aktivitäten gegenüber Westdeutschland sind mit den Interessen der Sowjetunion nicht identisch. Ihr geht immer öfter eigene Wege, die wir nicht mehr verstehen. Ihr baut eure Beziehungen zu Westdeutschland aus, ohne klare politische Forderungen an Bonn zu stellen. Hat sich denn Bonn etwa bewegt in der Anerkennung der Staatsbürgerschaft der DDR? Nein. Trotzdem geht ihr Kohl auf den Leim.

Ihr verfolgt gegenüber der BRD egoistische Interessen. Offiziell redet ihr von Abgrenzung, tatsächlich aber rückt ihr immer näher an die BRD. Ihr sagt, dass ihr das deutsch-deutsche Verhältnis aus internationalen Krisen heraushalten wollt. Wahr ist aber, dass amerikanische Raketen von deutschem Boden die Sowjetunion erreichen können. Ihr seid dabei, unsere abgestimmte Politik aufzugeben. Die BRD verstärkt ihre nationalistischen Töne, was letztlich die Grundlagen der Existenz der DDR in Frage stellt. Eure Politik der Öffnung bringt dem Westen mehr Vorteile als euch.«

Das waren die gleichen Argumente, die wir von den Krimtreffen mit Breschnew kannten. Manches davon war auch meine Überzeugung. Doch mir missfiel die wiederholte Verdächtigung, wir könnten uns von der Sowjetunion lösen. Ich stellte mir vor, wie verärgert Honecker reagieren würde, wenn er diese Anklage selbst hätte anhören müssen. Nein, auf diese Art wollte und konnte ich Honecker nicht umstimmen. Es war nicht gerecht, was man da in den Führungsetagen der KPdSU über uns dachte. Ich versprach dennoch, Honecker die Bedenken der Freunde mitzuteilen.

Schon des Öfteren hatte ich erlebt, dass sich Honecker von Emotionen hinreißen ließ. Erfolgserlebnisse veranlassten ihn nicht selten zu Urteilen, die einem gründlichem Nachdenken nicht standgehalten hätten.

Als er nach unserem Eintreffen in unserem Quartier mit Gorbatschow telefoniert hatte, war er in Hochstimmung. Ich nutzte dies. Ich sagte ihm, dass die Umgebung von Gorbatschow nicht erfreut sei, dass er sich am Abend mit Kohl treffen wolle. Man vermute, dass Kohl das Treffen nutzen wolle, um zwischen uns und der Sowjetunion zu differenzieren. In den Überlegungen von Gorbatschow spiele die Bundesrepublik im Moment noch keine Rolle.

Zu meiner Überraschung hörte Honecker nicht nur aufmerksam zu. Er machte tatsächlich eine Wendung. Urplötzlich kehrte er zu seiner Idee zurück, die er schon in Berlin hatte: kein Treffen mit Kohl in Moskau. Er schlug vor, das Treffen abzusagen. Man solle dem Kanzler mitteilen, dass Gorbatschow Honecker völlig überraschend zu einem Abendessen in den Kreml geladen habe. »Wir können Gorbatschow jetzt nicht verstimmen. Er hat es schwer genug. Rede mit dem Protokollchef. Er soll Kohl mitteilen lassen, dass ich beim neuen Generalsekretär zu Gast bin.«

»Erich«, sagte ich, »das geht jetzt nicht mehr. Kohl wird jeden Moment hier sein«.

»Wieso«? fragte er, »wir haben noch zwei Stunden Zeit.«

Erst jetzt merkte ich, dass Honecker seine Uhr noch nicht auf Moskauer Zeit umgestellt hatte. Während es nach Berliner Zeit kurz vor 18 Uhr war, gingen hier die Zeiger schon auf 20 Uhr zu.

Das Treffen musste wohl oder übel stattfinden. Wie Zufälle doch Weltpolitik beeinflussen können!

Als Kohl in unserer Residenz eintraf, war Honecker in bester Stimmung. Hätte ich nicht gewusst, wer da wenige Minuten später auf Honeckers Couch im Wohnzimmer der Residenz saß, hätte ich ein Wiedersehen alter Freunde vermutet. Der Kanzler buhlte um die Gunst Honeckers. Er bescheinigte ihm Verlässlichkeit. »Sie, Herr Honecker, habe ich als Partner kennengelernt, auf den immer Verlass ist. Seit meinem Amtsantritt habe ich eine Reihe von Schritten getan, an die meine Vorgänger nicht zu denken gewagt, geschweige denn diese unternommen hätten. Diese Entwicklung hat mir nicht geschadet, im Gegenteil«, sagte Kohl sichtlich zufrieden. Er hatte auch allen Grund dazu.

Schließlich hatte er geerbt, wofür er selbst nichts getan hatte: die Früchte der Ostpolitik der SPD. Die DDR hatte sich auch nach dem Regierungswechsel in Bonn strikt an die Vereinbarungen gehalten, die Kohls Vorgänger Schmidt mit Honecker ausgehandelt hatte. Insofern war das Lob von Kohl für Honecker wohl ein Dankeschön dafür, dass die DDR auch ihr Wort gegenüber der CDU und FDP gehalten hatte.

Der Bundeskanzler versicherte Honecker, nicht »raketensüchtig« zu sein. Wo man auch immer politisch stehe, unterstrich er, ein Deutscher, der nicht den Verstand verloren habe, müsse nahe dem Ende dieses Jahrhunderts die Lektion der Geschichte begriffen haben. Die Frage sei, wie man sich unter verschiedenen ideologischen Verhältnissen, bei Respektierung des Standpunktes des anderen einrichten könne, um in einer menschlich vernünftigen Weise miteinander umzugehen. Jede Seite müsse für das

Sicherheitsverständnis der anderen Verständnis haben. Die Bundesrepublik Deutschland und die Deutsche Demokratische Republik hätten eine besondere Pflicht, wenn man an den Satz denke, von deutschem Boden soll nie wieder Krieg, sondern Frieden ausgehen, unterstrich der Kanzler. Diesen Satz sollte man ernst nehmen. An Honecker gewandt sagte er: »Ich glaube, wir beide tun das.«

Selbst zum niedrigen Intelligenzgrad des amerikanischen Präsidenten Reagan äußerte sich Kohl.

Wir hatten eine Pressemitteilung vorbereitet. Beide Politiker gingen an die Endredaktion in freundschaftlicher Atmosphäre.

Während Wolfgang Schäuble und Horst Teltschik sich diskret zurückhielten, gingen Honecker und Kohl jeden Satz des Entwurfs durch. Von unseren siebzig Zeilen blieben schließlich siebenunddreißig übrig. Die hatten es aber, aus unserer Sicht, in sich. Kohl vereinbarte mit Honecker die Formel: »Die Unverletzlichkeit der Grenzen und die Achtung der territorialen Integrität aller Staaten in Europa in ihren gegenwärtigen Grenzen sind eine grundlegende Bedingung für den Frieden.«

Damit anerkannte der CDU-Kanzler erstmals die Grenzen zwischen beiden Staaten als völkerrechtliche, wie es auch der Grundlagenvertrag von 1972 vorsah.

Es war darum so etwas wie ein Treppenwitz der Geschichte, dass zwölf Jahre später das Berliner Landgericht, das aus drei Richtern bestand, die 1972 vermutlich noch zur Schule gingen, diese Formel in einen »ideologischen Schießbefehl« umfunktionierten und mich dafür sechseinhalb Jahre ins Gefängnis schickten.

Als sich am Abend des 12. März 1985 kurz nach 22 Uhr die beiden deutschen Spitzenpolitiker voneinander verabschiedeten, sah es ganz so aus, als könnten sie gut miteinander. Entgegen den Bekundungen Kohls nach 1990 hatte er sich mit der Existenz der DDR wohl oder übel abgefunden. Er war bemüht, mit Honecker ein gutes menschliches Verhältnis zu pflegen. Zeitweilig gelang dies auch. Das war zweifelsfrei ein Gewinn. Es hat Bewegung in die deutsch-deutschen Gespräche gebracht.

Nach unserem Moskau-Besuch spannte Honecker einige Tage aus. In dieser Zeit, am 20. März, schickte Kohl seinen Ständigen Vertreter bei der DDR, Hans Otto Bräutigam, ins Außenministerium der DDR. Anlass war der Besuch von Günter Mittag zur Hannover Messe, der jährlich im Frühjahr, diesmal am 18. April 1985, absolviert wurde. Er wurde vorbereitet wie der Staatsbesuch eines ausländischen Regierungschefs. Kohl kümmerte sich persönlich darum und hatte Bräutigam beauftragt, seine Vorstellungen vorzutragen. Kohl selbst, Franz Josef Strauß, Philipp Jenninger und Lothar Späth würden die Gespräche mit dem Mitglied des Politbüros führen. Wir meinten, dies sei nicht ausgewogen. Unser Herz schlug ja immer noch für SPD-Oppositionsführer Jochen Vogel und für Ministerpräsident Johannes Rau, denen Honecker zugeneigt war.

Daraufhin ließ Kohl auf diplomatischem Wege mitteilen, es würde zu einer Verstimmung kommen, wenn nicht auch ein Gespräch mit dem Vorsitzenden der CDU/CSU-Bundestagsfraktion, Alfred Dregger, stattfände. In Bonn gab es seit Jahrzehnten einen amüsanten Wettbewerb, wer wohl der bessere bundesrepublikanische Gesprächspartner für die DDR ist. Die CDU/CSU oder die SPD? Manchmal nahm das seltsame Züge an. Oskar Lafontaine zum Beispiel hatte mich gebeten, Katarina Witt für eine Sportveranstaltung im Saarland zu gewinnen. Ich sprach darüber mit Katarina. Sie war einverstanden. Ihr Auftritt in der Heimat von Honecker und Lafontaine wurde ein großer Erfolg. Kohl wertete dies jedoch als Wahlpropaganda der SED für die SPD. Er hielt es für richtig, später seinem Gesprächspartner Mittag zu sagen, dass solcherlei Veranstaltungen eine Einmischung in die inneren Angelegenheiten der Bundesrepublik seien.

Die Außenpolitik werde nicht im Saarland, sondern durch ihn in Bonn bestimmt. Ich amüsierte mich über solche kleinlichen Eifersüchteleien, die im Gegensatz zu dem stehen, was die Akteure dieser Parteien nachträglich über ihr Verhältnis zur DDR sagen. Bräutigam jedenfalls nutzte die Atmosphäre nach dem Moskauer Treffen, um im Außenministerium einen ganzen Katalog von Anliegen der BRD vorzutragen. Dazu gehörte neben dem Umweltschutz, einem Kulturabkommen und dem Jugendtourismus auch der strittige Umgang mit Asylanten, die über Moskau und Berlin-Schönefeld nach Berlin-West kamen. Von dort aus reisten sie in die BRD weiter und beantragten Asyl. Die BRD-Regierung verlangte von der DDR, dass sie ihre Grenzen für diese Personen schließen, faktisch die Mauer auch für sie hochziehen sollte. Die BRD sah sich aus »Rechtsgründen« nicht in der Lage, die Einreisenden zurückzuweisen. Dies sollte also nun die DDR für sie übernehmen. Wir sagten zunächst: Nein. Einreisen in die Bundesrepublik oder nach Westberlin sind, so unsere Begründung, ausschließlich Sache der dortigen Organe, nicht der DDR.

Dieses Problem sollte noch viele Monate unsere Beziehungen belasten. Geklärt wurde es erst im Zusammenhang mit den Bundestagswahlen 1987. Obwohl Schäuble Monate hart mit uns verhandelt hatte, gaben wir das Wahlgeschenk letztlich dem Kanzlerkandidaten der SPD, Johannes

Rau. Die SPD hatte signalisiert, Rau könne mit diesem Zugeständnis den Sprung ins Kanzleramt schaffen. Das wäre in unserem Interesse gewesen. So ist unser Sinneswandel in der Asylfrage zu erklären.

Kaum hatte Bräutigam das Haus unseres Außenministeriums verlassen, klingelte mein WTsch-Apparat. Der sowjetische Botschafter teilte mir mit, er müsse mich sprechen. Als Vorwand nutzte Kotschemassow die Übergabe einer Niederschrift des Moskauer Gesprächs Gorbatschows mit Kohl. Er teilte mit: Die sowjetische Führung habe kein Interesse, mit dem »Raketenkanzler« ins Gespräch zu kommen. Ursprünglich geplante Verhandlungen zu einem Kulturabkommen, zu einem Abkommen über die wissenschaftlich-technische Zusammenarbeit, zum Sport- und Jugendaustausch zwischen Moskau und Bonn würden »auf kleiner Flamme gehalten«. Die eigentliche Frage aber, die der Botschafter von mir beantwortet haben wollte, lautete: »Wie wird sich die DDR verhalten? Was hat gestern das Politbüro zum Treffen Honecker/Kohl gesagt? Was wollte Bräutigam im Außenministerium?«

Ich informierte, dass im Politbüro alle Genossen das Gespräch sehr gelobt hätten. Mir war es inzwischen aber über, in solch delikaten Angelegenheiten immer zwischen dem Botschafter und meinem Chef zu stehen. Auf die Frage des Botschafters: »Wie denkt Genosse Honecker darüber, keine weiteren Aktivitäten mit der BRD auszulösen«, antwortete ich deshalb: »Fragen Sie den Generalsekretär selbst! Für Sie ist er immer zu sprechen« Honecker war natürlich nicht bereit, die Kontakte zu Bonn einzufrieren. Kohl hatte sein Wort, die Beziehungen auszubauen.

Honecker dachte nicht daran, sein Wort zu brechen. Bundeskanzler und Generalsekretär hatten Vertrauen zueinander gefunden. Das machte selbst Privatbesuche Kohls in der DDR möglich, bei denen sich der Kanzler von den von ihm später so gescholtenen Mitarbeitern des Ministeriums für Staatssicherheit bestens betreut gefühlt hatte.

Störenfriede

In den achtziger Jahren vermochten selbst bundesdeutsche Boulevardzeitungen Zwietracht zwischen Berlin und Moskau zu säen. Die *Bild* wurde nicht nur auf der zweiten Etage im Zentralkomitee der SED pedantisch ausgewertet. Auch im Kreml geschah das. 1984 hatte Gorbatschow seine Einschätzungen über die DDR diesem Blatt entnommen. Wahrscheinlich war den Machern bekannt, dass Geheimdienste in Ost und West ihre Zeitung nutzten, um Fehlinformationen unter die Leute zu bringen.

Am 14. Juni 1985 brachte die *Bild* die Meldung: »Krieg der Sterne: Europa streitet – Moskau handelt.« Der CDU/CSU-Abrüstungsexperte Jürgen Todenhöfer habe »enthüllt«, dass der sowjetische Verteidigungsminister schon am 26. April 1985 seinen Kollegen aus dem Warschauer Pakt diesbezügliche Geheimaufträge übergeben hätte. Auch die DDR habe »kräftig mitzumachen«. Sie sei angewiesen worden, »in den Bereichen Fotoelektronik (Laser), Messtechnik und Feinmechanik zuzuliefern«.

Ich las die Meldung und schmunzelte. Sicher, wir waren an der Forschung über die friedliche Nutzung des Kosmos beteiligt, die naturgemäß auch militärisch genutzt werden konnte. Erst kürzlich hatte Honecker eine diesbezügliche wissenschaftlich-technische Höchstleistung aus Jena direkt an Gorbatschow übergeben lassen. Sie war so geheim, dass das Anschreiben von Honecker an Gorbatschow unter meiner Aufsicht von einer Dolmetscherin im Arbeitszimmer des Generalsekretärs ins Russische übersetzt und geschrieben werden musste. (Bis 1989 befand sich das Duplikat in einem Panzerschrank meines Arbeitszimmers. Wer weiß, wer es dort klaute. Das Papier fehlt jedenfalls in meinen Akten im Bestand des Bundesarchivs.)

Die Meldung in *Bild* war frei erfunden. Sie diente offensichtlich dazu, dem Vorhaben Reagans zur Rüstung im Weltraum Unterstützung zu geben. Ich legte den Vorgang ab.

Das war verfrüht.

Am 9. Juli 1985, vier Monate nach seiner Wahl, schrieb Gorbatschow als Generalsekretär seinen ersten persönlichen Brief an Honecker. Streng geheim! Er bezog sich auf die Meldungen, die im Westen aufgetaucht waren, wonach »die sowjetische Seite bereits konkrete Verträge mit Betrieben der DDR über den Beginn gemeinsamer Entwicklungsarbeiten zur

Schaffung eines weltraumgestützten Raketenabwehrsystems abgeschlossen hat«. Gorbatschow mahnte Honecker, es sei notwendig, alles zu tun, damit keine Situation eintritt, »in der Washington und Bonn die Möglichkeit erhalten, die Rechtmäßigkeit der Beteiligung der BRD an der Realisierung der amerikanischen Weltraumpläne unter Berufung auf die Beteiligung der DDR an analogen Arbeiten gemeinsam mit der Sowjetunion zu begründen«.

»Das ist eine Provokation«, meinte Honecker, als ich ihm den Brief vorlegte. Obwohl er selbst gelegentlich auch Meldungen der *Bild*-Zeitung über die DDR durch mich überprüfen ließ, schimpfte er nun: »Die sind auf die Bildzeitung reingefallen. Unerhört, dass Gorbatschow sich das gefallen lässt.« Nicht nur er fühlte sich tief verletzt, dass Moskau die Quelle der im Westen aufgetauchten Gerüchte in der DDR vermutete. Auch ich hatte ein eigenartiges Gefühl. Schließlich war ich in die Angelegenheit unserer Kosmosforschung eingeweiht. Und jetzt das. Ich bekam den Auftrag, »den sowjetischen Botschafter zu bestellen und die Unterstellung Gorbatschows scharf zurückzuweisen«. Ich wollte nicht noch Öl ins Feuer gießen. Schließlich ging es wiederum auch um das Verhältnis zwischen Honecker und Gorbatschow. Mir lag viel daran, dass es nicht weiter getrübt würde. So rief ich, ohne die Protokollabteilung dazwischen zu schalten, Kotschemassow an. Ich sagte ihm, dass ich gern eine Tasse Tee mit ihm trinken und ihm dabei eine Mitteilung von Freund zu Freund machen würde.

Er nahm das wörtlich, kam in Feierabendstimmung zu mir und brachte zudem noch ein Packung echten russischen Teegebäcks mit. Wir plauderten über dies und das. Ich versuchte, eine freundschaftliche Atmosphäre zu schaffen, informierte meinen Gast über Neuigkeiten aus dem Politbüro. Erst zum Schluss sagte ich wie beiläufig: »Übrigens, was die Äußerungen von Todenhöfer in der *Bild*-Zeitung betrifft, so hat die DDR dazu keinen Anlass gegeben. Die Meldungen beziehen sich bekanntlich auf ›sowjetische Geheimdokumente‹. Die undichten Stellen liegen folglich in Moskau und nicht bei uns.«

Der Botschafter fragte : »Ist das die Meinung des Genossen Honecker?« Als ich bejahte, meinte er nur: »Ich werde Moskau informieren.«

So weit war es schon gekommen: Wir beschuldigten uns gegenseitig des Geheimnisverrats wegen einer Meldung in einer Boulevardzeitung. Gorbatschow und danach auch wir waren in eine Falle getapst, die uns Geheimdienste gestellt hatten. Das gegenseitige Misstrauen zwischen Moskau und uns ging weiter wie bisher, trotz des neuen Generalsekretärs in Moskau.

Kaffeetafel bei Honeckers

Am ersten Sonnabend im August 1985 lud Honecker mich zum Nachmittagskaffee ein. Sein Jahresurlaub ging zu Ende. Ich hatte ihn in den vergangenen vier Wochen vertreten. Nun wollte er von mir wissen, wie es gelaufen ist. Als mein Fahrer auf das Urlaubsdomizil des Staatsratsvorsitzenden zusteuert, spüre auch ich so etwas wie Neugier. Ich war noch nie hier. Es wurde manches gemunkelt. Sehr luxuriös solle das Anwesen sein. Gerüchten gegenüber war ich immer misstrauisch. Um so mehr interessierte mich: Wie macht Erich Urlaub?

Honecker ziehen die Schönheit und Stille der Natur an. Nirgendwo erholt er sich so gut wie hier am Döllnsee, nur eine Autostunde von Berlin entfernt. In der wald- und seenreichen Uckermark gibt es viele Möglichkeiten zum Wandern, zum Pilze sammeln, Baden und, was für den Weidmann Honecker wichtig ist, zum Jagen. Für mich wär's nichts. Ich brauche die Ostsee. Honecker aber fühlt sich hier in der Einsamkeit wohl.

Das Grundstück hatte nach dem Krieg dem Zentralrat der FDJ gehört. Später wohnte und arbeitete Präsident Wilhelm Pieck hier. Nach dessen Tod diente das Anwesen Walter Ulbricht als Gästehaus des Staatsrates. Dort versammelte er 1961, am Vorabend des Mauerbaus, die führenden Persönlichkeiten der DDR, um sie über die Beschlüsse des Warschauer Vertrages zu informieren, die Westgrenze der DDR unter Kontrolle zu nehmen.

In der Vergangenheit hatte ich manche Dienstvilla und Urlaubshäuser von Staatsoberhäuptern gesehen, im Westen wie im Osten. Im Vergleich dazu ist dieses Haus am Döllnsee bescheiden. Sicher, es ist gediegen. Im Stile eines Landhauses erinnert es schon an einen gehobenen Wohlstand. Alles ist da, was man zur Erholung braucht. Doch von Protz, wie später in Medien zu lesen war, keine Spur. Nein, im Pomp lebte Honecker nie, nicht privat und auch nicht dienstlich.

Ich traf ihn erholt an. Noch bevor seine Frau Margot uns bewirtete und sich danach zu uns an den Tisch auf der sonnigen Terrasse setzte, fragte er mich: »Na, wie war's? Sind dir alle im Politbüro und im Sekretariat gefolgt? Haben sie dich als Sitzungsleiter akzeptiert?«

»Ja«, sagte ich, »sie haben mich unterstützt«. Er lächelte in sich hinein und hakte nach: »Da war aber doch noch was mit Willi.«

»Ach so«, sagte ich. »du weißt schon Bescheid?«

Er schwieg.

»Nein«, antwortete ich, »mit Willi Stoph war da nichts. Mit Günter war da was.«

»So?«

»Ja«, sagte ich. »Es war mir peinlich, dass ich zwischen den beiden vermitteln musste, so, als handle es sich um Fremde, nicht um Weggefährten aus dem Politbüro.«

Honeckers Gesichtsausdruck verfinsterte sich. Ich hatte ihn an einem wunden Punkt getroffen. Günter Mittag, der zur gleichen Zeit wie Honecker Urlaub machte, telefonierte täglich mehrmals von der Ostseeküste, wo er sich erholte, mit seinem Freund Erich. Bevor Mittag mit mir irgendetwas besprach, hatte er sich schon bei Honecker rückversichert. So konnte ich davon ausgehen, dass Honecker längst Mittags Version unserer Meinungsverschiedenheit kannte. Das wollte ich so nicht stehen lassen und berichtete, was sich zugetragen hatte.

»Willi wollte, wie es der Urlaubsplan des Politbüros vorsah, seinen Jahresurlaub in der Sowjetunion verbringen. Kurz vor Urlaubsantritt erhielt er eine Einladung von Tichonow, dass er während seines Urlaubs in der Sowjetunion von der Krim zu schon lange geplanten offiziellen Gesprächen nach Moskau kommen möge. Willi informierte mich und bat um meine Zustimmung. Als Günter Mittag in seinem Urlaubsort von meiner Zustimmung erfuhr, rief er mich an und forderte von mir, Stoph davon abzubringen, während seines Urlaubs nach Moskau zu fliegen. Ich sagte: ›Günter, dies liegt nicht in meiner Kompetenz. Ich bin nicht der Vorgesetzte des Ministerpräsidenten.‹ Günter wurde laut, als ich ihm bedeutete, es sei doch wohl Sache von Stoph, seinen Terminkalender selbst zu führen. Wenn Genosse Mittag allerdings anderer Meinung sei, müsse er dies Stoph schon allein sagen. Ich sei kein Vermittler zwischen den beiden.«

Ich wollte Mittag keineswegs bei Honecker anschwärzen. Ränkespiele waren mir fremd. Doch mir missfiel, wie Mittag Honeckers Gunst nutzte, um sich als Zuchtmeister aufzuspielen. Er wollte unbedingt der heimliche Regierungschef sein. Nun ging er so weit, dass er dem Ministerpräsidenten nicht einmal gestatten wollte, selber zu entscheiden, ob er einen Termin in Moskau wahrnahm oder nicht. Das war für mich schon keine Kleinigkeit mehr. Ich hatte ein anderes Verständnis von der Rolle des Politbüros gegenüber der Regierung. Wir sollten sie nicht am Gängelband führen.

Honecker ging mit keinem Wort auf meinen Bericht ein. Dies ärgerte mich, weil ich darin eine stille Duldung des Verhaltens von Mittag zu erkennen glaubte. Was Mittag tat, hatte mit kameradschaftlichen Beziehungen führender Genossen untereinander nichts mehr zu tun. Wo immer er konnte, erniedrigte er Stoph in einer Weise, die mir peinlich war.

Ökonomische Erfolge der DDR schrieb er sich zu. Für Unzulänglichkeiten waren Stoph oder Schürer zuständig. Sein Verhalten anderen Mitgliedern des Politbüros gegenüber war eine Kombination von Unsicherheit und Arroganz. Wenn er schon nicht Ministerpräsident sein durfte, wollte er wenigstens die Industrieminister kommandieren können.

Honecker duldete dies nicht nur. Gewollt oder ungewollt förderte er die Anmaßung von Mittag sogar. Er nahm ihn auf Staatsreisen mit, wohin ihn eigentlich der Ministerpräsident hätte begleiten müssen. Er ließ Mittag Staatsverträge unterzeichnen, was nach der Verfassung nur dem Vorsitzenden des Ministerrates zustand. Er ließ Mittag Kommissionen leiten, die staatliche Kompetenzen hatten. Auf diese Weise wurde die Regierung ihrer eigentlichen Funktion bei der Planung und Leitung gesellschaftlicher, vor allem ökonomischer Prozesse beraubt.

Das Politbüro in Gestalt von Mittag übernahm immer mehr die Funktion einer Oberregierung.

Honecker hatte für diese Fragen bei unserem Kaffeekränzchen kein offenes Ohr. Er wollte darüber nicht sprechen. Er gab unserem Gespräch eine völlig andere Richtung. »Ich möchte, dass du dich mit der Vorbereitung der Besuche von Strauß und Brandt beschäftigst«, sagte er plötzlich. Was die bevorstehende Brandt-Visite betraf, hatte ich für Honecker schon seit einigen Wochen die organisatorischen Details abgesichert. Er wollte über jede Kleinigkeit Bescheid wissen. Nichts überließ er dem Zufall, selbst die Ausgestaltung der Verhandlungsräume nicht. Auch daran dachte er: »Für Frau Brandt muss ein wunderschöner Strauß Orchideen in einer Vase aus Meißener Porzellan bereitstehen.«

Obwohl es die strenge Order gab, dass das Gästehaus Schloss Niederschönhausen nur Staatsoberhäuptern vorbehalten sein sollte, bestand Honecker darauf, dass es Brandt und seiner Begleitung als Residenz zur Verfügung stand. Honecker lag daran, dass der SPD-Vorsitzende protokollarisch wie ein Staatsoberhaupt behandelt werde. Es war seine Art, Willy Brandt seine besondere Sympathie zu zeigen.

Dem Organisatorischen entsprach auch die Gesprächskonzeption. Was er Brandt sagen wollte, hatte er während seines Urlaubs handschriftlich zu Papier gebracht. Der Brandt-Besuch hätte schon an diesem Tage stattfinden können. So gut war Honecker vorbereitet. Die Beziehungen der SED zur SPD waren inzwischen Chefsache geworden. Er hatte sich dafür seit längerem einen persönlichen Vertrauten außerhalb des Parteiapparats ausgewählt. Es war Professor Otto Reinhold, der in seinem Auftrag die Verbindungen zu Brandt aufrechterhielt, ohne dass dessen Treffen mit dem SPD-Chef im Politbüro vorher bekannt waren. Parallel dazu liefen die jährlichen Gespräche Honeckers mit dem Fraktionsvorsitzenden der SPD im Deutschen Bundestag, Jochen Vogel. Herbert Wehner hatte nach seinem Ausscheiden aus dieser Funktion seinem früheren Genossen Honecker ans Herz gelegt, mit Jochen Vogel genauso vertrauensvoll zusammen zu arbeiten wie mit ihm. Honecker tat es. Vogel empfand dies als »wohltuend« und hat sich dafür wiederholt herzlich bedankt.

Während ZK-Sekretär Herbert Häber für die Gesamtbeziehungen der SED zu den Parteien in der Bundesrepublik zuständig war, kümmerte sich Günter Mittag in erster Linie um die Kontakte zu den Regierungsparteien CDU/CSU und FDP. Er sah das pragmatisch. »Die haben das Geld. Sie sind an der Macht, wohin die SPD in diesem Jahrhundert nicht mehr kommt«, pflegte er gelegentlich zu begründen, warum er die Kontakte zur SPD für vergeudete Mühe hielt. Mir schien dies zu kurzsichtig. Ich kannte die Bereitschaft der politischen »Enkelgeneration« von Willy Brandt, sich in ihrem Verhältnis zur DDR immer stärker vom Pfad des Kalten Krieges zu trennen. Sie waren bereit, uns bei solchen wichtigen Grundfragen wie der Respektierung der Staatsbürgerschaft der DDR, der Anerkennung der Elbgrenze auf Strommitte und der Auflösung der Erfassungsstelle Salzgitter weit entgegenzukommen. Durch meine Gespräche mit Gerhard Schröder, Wolfgang Roth, Karsten Voigt, Oskar Lafontaine und anderen war ich überzeugt, dass sie gut für die Zukunft unseres Landes sind. Honecker unterstützte mich darin. Mittag konnte sich in diesem Fall mit seiner Linie nicht durchsetzen.

Brandts Besuch in der DDR sollte nun nach dem Willen Honeckers der i-Punkt auf die bisherige Entwicklung werden. Honeckers Haltung zur SPD war in der Partei umstritten. Das geschichtliche Versagen der SPD 1914, 1918/19 und in der Weimarer Republik war bei vielen Genossen noch in Erinnerung. Nicht vergessen auch die Tätigkeit des Ostbüros der SPD gegen die SED. Schließlich die zwiespältige Haltung von Helmut Schmidt zur Stationierung neuer amerikanischer Atomraketen in der Bundesrepublik. Für Honecker war die SPD inzwischen aber mehr. Sein Kontakt besonders zu Wehner und zu Lafontaine, aber auch zu Bahr, war nicht ohne Folgen für sein Denken geblieben. Er bezog sich bei seiner praktischen Politik immer öfter auf die revolutionäre deutsche Sozialdemokratie, die nach unserem Parteiprogramm eine historische Quelle war, der sich die SED verpflichtet fühlte. Honecker war längst davon überzeugt, dass es zwischen Kommunisten und Sozialdemokraten wesentlich mehr Gemeinsamkeiten als Gegensätze gibt. Für ihn waren die Zeiten vorbei, da wir die Sozialdemokratie noch als politischen Feind definiert hatten. In diesen Fragen war ich voll auf seiner Seite.

Komplizierter war die Vorbereitung des Strauß-Besuchs. Der CSU-Chef wollte unbedingt zur Leipziger Messe kommen. Das war bekanntlich die Domäne von Günter Mittag. Der hatte schon Wochen vorher Staatssekretär Schalck beauftragt, die »Sache mit Strauß voll in die Hände zu nehmen«. Da war sie auch gut aufgehoben, und ich ließ die Finger davon! Trotzdem stellten das Außenministerium und der Parteiapparat ihre eigenen Papiere zusammen. Das konnte nach meinem Empfinden nicht gut sein. Es war leider eine belastende Arbeitsmethode in der Umgebung Honeckers, mit der ich Jahre zu kämpfen hatte. Mittag strebte danach, in den Augen von Honecker der Klassenbeste zu sein. Andere wollten ihm nicht nachstehen. Der Generalsekretär hatte den Schaden davon. Er wurde von allen Seiten mit Ausarbeitungen bombardiert. Niemand koordinierte sie. Er ließ es sich gefallen. Kein Mensch wäre in der Lage gewesen, alles, was auf dem Schreibtisch Honeckers landete, selbst zu lesen. So passierte es immer häufiger, dass er selbst nicht mehr wusste, wem er eigentlich was bestätigt hatte. Das früher entscheidende »Einverstanden, Erich Honecker« verlor immer mehr an Bedeutung.

Ich war schon im Begriff, von der Kaffeetafel aufzustehen und mich von den Honeckers zu verabschieden, da fiel meinem Chef noch ein: »Was ich dir noch sagen wollte, informiere bitte Kotschemassow nur, dass Brandt und Strauß uns besuchen. Weiter nichts. Aber mache es feinfühlig.« Solange Gorbatschow sich noch einarbeite, meinte er, müssten wir ihm das Gefühl geben, nichts ohne ihn tun. Sonst komme er zu Hause in Schwierigkeiten.

Honecker erinnerte mich an die unveröffentlichte Rede Gorbatschows auf der Frühjahrs-Tagung des Politisch Beratenden Ausschusses unseres Bündnisses. Bei seinem ersten großen Auftreten vor dem höchsten Gremium des Warschauer Vertrages hatte der KPdSU-Generalsekretär keinen Zweifel daran gelassen, dass er niemandem das Recht auf Extratouren gebe. Nichts war da von einer von ihm später behaupteten Souveränität der Bruderstaaten, nichts von der Aufhebung der so genannten »Breschnew-Doktrin«. »Wer glaubt«, hatte Gorbatschow formuliert, »eigene Positionen mit dem Westen einzugehen, wird verloren sein. Bei den Beziehungen zum Westen dürfen wir die Gesamtinteressen der sozialistischen Staatengemeinschaft nicht aus dem Auge verlieren.« Honecker hatte dies als eine Warnung an unsere Adresse verstanden. Er wollte keine Zuspitzung wie im Sommer 1984. Deshalb sollte ich Moskau im Voraus informieren. Kotschemassow nahm von mir zur Kenntnis, was ohnehin nicht mehr zu ändern war. Einverstanden war Gorbatschow mit diesen hochrangigen Kontakten zwischen den Spitzen der CSU, der SPD und der SED nie. Und auch in den eigenen Reihen gab es Zweifler. So schnell wie Honecker den CSU-Vorsitzenden vom Kalten Krieger zum Entspannungspolitiker beförderte, so schnell vermochten viele Bürger vor Ort nicht umzudenken.

Gorbatschow wird später behaupten, er habe bei seiner ersten Zusammenkunft nach seiner Wahl mit den Partei- und Staatschefs der sozialistischen Länder diese in die Freiheit entlassen, habe ihnen gesagt, jedes Land könne unabhängig von der Sowjetunion seinen Weg gehen. Aus eigenem Wissen – ich war bei dieser Beratung zugegen – hat er dies nie gesagt. Hätte er es getan, wäre dies naiv gewesen, denn eine gewachsene Zusammenarbeit und genseitige Abhängigkeit im Verlaufe von Jahrzehnten kann man nicht so nebenbei kündigen. Die DDR war bis in ihre letzten Tage mit der UdSSR verbunden. Obwohl die Fakten anderes belegen, schwafeln seit über dreißig Jahren bestimmte Historiker und sogenannte Aufarbeiter der DDR-Geschichte davon, Gorbatschow habe der DDR in die Freiheit entlassen.

Strauß und Brandt in der DDR

Strauß kam am 1. September 1985 nach Leipzig. Dies war eine knappe Woche vor seinem 70. Geburtstag. Obwohl nur Ministerpräsident eines Bundeslandes, wurde er empfangen, als wäre er der Bundeskanzler. Das hat Helmut Kohl uns noch Jahre später nachgetragen. Im Leipziger Gewandhaus wurde dem bayerischen Ministerpräsidenten ein Ständchen gebracht. Es wurde sogar im DDR-Fernsehen übertragen. Strauß revanchierte sich durch seine sachlichen und moderaten Ausführungen zur DDR. Honecker und Strauß, die sich in den zurückliegenden Jahren heftige Auseinandersetzungen geliefert hatten, zeigten plötzlich eine gewisse Altersweisheit. Nach ihrem Gedankenaustausch über die Gefahren der Militarisierung des Weltraumes durch die USA formulierte Strauß: »Der Abbau der Rüstungen auf der Erde ist die einzige Möglichkeit, den Aufbau der Rüstungen im Weltall zu verhindern.«

Mit dieser Feststellung reihte Honecker den Bayern in die Reihe der Kämpfer für Abrüstung ein. Strauß versuchte Honecker die Angst vor Reagan zu nehmen. »Der Mann«, sagte er, »kennt doch selbst nur die großen Verhandlungslinien. Im Detail steht er nicht im Stoff. Die Linie arbeiten vernünftige Leute aus, die auch Frieden wollen.«

Diese Art, mit Honecker über den ersten Mann der westlichen Führungsmacht zu sprechen, brauchte Strauß offensichtlich, um auch kritische Anmerkungen an die Adresse Moskaus zu machen. Das sowjetische Sicherheitsbedürfnis sei nach seiner Meinung übertrieben. An den vermeintlich falschen Zahlenangaben Moskaus zu den Mittelstreckenraketen seien bisher alle Abrüstungsschritte gescheitert. Beide Seiten würden vom strategischen Gleichgewicht sprechen, aber jede verstehe darunter etwas anderes. Honecker hatte dies mit wachem Verstand registriert. Von nun an nervte er seine sowjetischen Gesprächspartner, darunter auch Gorbatschow, die realen Zahlen der sowjetischen Raketen zu nennen. Als Gorbatschow dies Ende der achtziger Jahre tat, meinte Honecker: »Daran haben Strauß und ich auch unseren Anteil«, was wohl auch stimmte.

Strauß testete geschickt die Einstellung Honeckers zum KPdSU-Generalsekretär. Gorbatschow war da noch nicht einmal sechs Monate im Amt. Ohne Diplomatie fragte Strauß: »Wer eigentlich ist dieser Gorbatschow?

Was will er? Kann man ihm trauen?« Obwohl Honecker schon starke Vorbehalte gegen den Kremlchef hatte, ließ er sich dies nicht anmerken.

Es kamen die üblichen Politikerworte: Er kenne Gorbatschow gut. Beide verstünden sich ausgezeichnet. Gorbatschow wolle für sein Volk das Beste. Er wolle verhindern, dass die Welt einem atomaren Holocaust zum Opfer falle. Seit er im Kreml sitze, sei viel Gutes in Bewegung gekommen. Die Sprachlosigkeit habe aufgehört und »damit ein gefährlicher Abschnitt in der internationalen Entwicklung«.

Honecker hat sich nie verleiten lassen, gegenüber Westpolitikern auch nur ein schlechtes Wort über Gorbatschow zu sagen. Eher hat er es als unangenehm empfunden, wie Kohl und Strauß ihm gegenüber abfällig über den amerikanischen Präsidenten redeten.

Erstaunlich war, wie positiv der CSU-Vorsitzende die Beziehungen zwischen der BRD und der DDR bewertete: »Mit Anerkennung ist zu vermerken, dass die DDR trotz der Schwierigkeiten, die sich für sie ergeben, den Asylantenstrom gestoppt hat. Ein positives Signal ist die Erhöhung des Swing, für die ich mich stark eingesetzt habe«, stellte Strauß seinen persönlichen Beitrag heraus. Unerwartet positiv äußerte er sich zur Situation an der Grenze zwischen beiden deutschen Staaten: »Ich habe immer den Standpunkt vertreten«, sagte er, »dass von der DDR keine offene Grenze wie zwischen Bundesländern zu erwarten ist, weil sie ein anderes Gesellschaftssystem und andere Verbündete hat«. Festzustellen sei aber, dass die DDR keine Vereisung, keinen Rückfall in die Sprachlosigkeit wollte. In diesem Sinne äußerte er zum Thema Mindestumtausch: »Ich habe immer den Standpunkt vertreten, dass die DDR den Mindestumtausch nicht zur Drosselung des Besucherverkehrs, sondern zur Verhinderung der Schwarzmarktpreise eingeführt hat.«

Das war wohl die klarste Absage eines bundesdeutschen Politikers an die These von einer »innerdeutschen Grenze«. Strauß vertrat Positionen, die in vielem von der Kohl-Linie abwichen und dazu beitrugen, dass Honecker und Strauß bis zu dessen Lebensende ein sehr entspanntes Verhältnis pflegten.

Zwei Tage nach dem Treffen gab Honecker euphorisch seinen Bericht im Politbüro: »Strauß ist ein Realpolitiker. Zu den wichtigsten Fragen haben Strauß und ich Übereinstimmung. Zum Beispiel ist er von der Entwicklung unserer Volkswirtschaft beeindruckt. Er fragte mich, was wir unter Sozialpolitik verstehen. Meine Antworten hat er stenographiert. Das war meine dritte Unterredung mit ihm. So provokatorische Fragen wie der Schmidt hat Strauß nicht gestellt. Wir haben uns geeinigt: Das Wichtigste ist jetzt, den Weltraum nicht zu militarisieren und auf der Erde abzurüsten.«

Drei Wochen nach diesem Besuch des CSU-Chefs kam SPD-Vorsitzender Willy Brandt zu uns. Er hat wohl von bundesdeutschen Politikern am längsten gezögert, sich mit Honecker zu treffen. Die Guillaume-Affäre stand zwischen den beiden. Immer wieder wurde kolportiert, die DDR sei an seinem Sturz schuldig gewesen. Nun waren Jahre vergangen. Es hatte sich im Verhältnis der SED zur SPD und umgekehrt viel ereignet. In nicht wenigen Fällen konnte man schon von einem freundschaftlichen Kontakt zwischen Leuten aus den Führungen der SED und der SPD sprechen. Honecker hatte Gespräche mit Schmidt, Wehner, Wischnewski, Bahr, Rau, Lafontaine und anderen SPD-Aktivisten geführt. Jochen Vogel hatte als neuer SPD-Fraktionsvorsitzender schon das dritte Mal mit Honecker konferiert. Nun sollte ein Gespräch mit dem SPD Vorsitzenden das gute Einvernehmen beider Parteien besiegeln.

Honecker und Brandt waren mit den Ergebnissen ihres Berliner Treffens sehr zufrieden. Brandt sagte auf einer Pressekonferenz, dass er als Person und in seiner politischen Arbeit nur davon gewinnen würde, wenn der Meinungsaustausch auch zwischen Erich Honecker und ihm eine Fortsetzung finden könnte. Das sei angesichts der Rolle der DDR in Europa und angesichts der Bedeutung und der Erfahrungen Erich Honeckers von großem Gewicht. An Honecker gewandt, hob er hervor: »Ich fahre viel herum, war in Washington, London, Paris, Prag, Warschau, und daher hätte ich es für komisch empfunden, wenn ich, im Wissen um die Rolle der DDR in ihrem Bündnis und überhaupt, nicht hierhergekommen wäre. Heute werden die Dinge oft so dargestellt, als hätte Honecker in Helsinki unterschrieben, die eigene Ordnung aufzugeben, als wäre nie vereinbart worden, zur politischen und militärischen Entspannung zu kommen.«

Obwohl beide Politiker den ganzen Katalog weltpolitischer Fragen abarbeiteten, verweilten sie ausführlich bei zurückliegenden verpassten Gelegenheiten für die deutsche Zukunft. Brandt meinte, Helmut Schmidt habe sich seinerzeit verkalkuliert. Er habe geglaubt, etwas in Bewegung zu setzen, das eher zu Verhandlungen führen würde. Das habe sich als Fehleinschätzung erwiesen. Eine sozialdemokratische Bundesregierung werde alles daransetzen, um die stationierten Raketen wieder wegzuverhandeln, auf beiden Seiten. Schmidt habe ihm zwar nach seinem letzten Besuch beim DDR-Staatsratsvorsitzenden in einem Vermerk mitgeteilt, dass er für die Regierungsübernahme durch die SPD kein Chance vor 1991 oder 1995 sehe. Brandt dazu: »Dies ist unerlaubter Pessimismus. Ich habe nach den 83er Wahlen erklärt, dass ein langes Tal der Tränen vor der SPD liegt. Zwar gibt es für 1986 keine Garantie, es zu schaffen, aber es besteht jetzt eine andere Situation. Vielleicht kippt die SPD den Bundesrat noch vor der Bundestagswahl. Die Partei ist lebendig und organisatorisch dabei, vorwärtszukommen.«

Gerhard Schröder, so Brandt, gehöre zu den tüchtigen jungen Leuten, zur nachrückenden Generation der SPD, wie auch Oskar Lafontaine, Björn Engholm und Volker Hauff. Er, Brandt, würde es begrüßen, wenn sie die DDR besuchten und mit Honecker sprechen könnten. Honecker ließ Brandt wissen, dass die Kohl-Regierung im Vorfeld des Brandt Besuches Bedenken geäußert habe, »dass die Regierung der DDR an ihr vorbei Außenpolitik betreibe.« Das stimme nicht, erklärte Honecker. Er übergab Brandt einen Brief, den er am 26. Juni an Kohl geschrieben, aber noch keine Antwort erhalten hatte. Die DDR steht mit Bonn im engsten Kontakt. Die DDR hält Kurs. Alles, was sie damals mit Schmidt vereinbart hatte, verwirklicht sie jetzt mit Kohl. Dessen politisches Wortgeprassel aber bringe manches wieder in Gefahr. Honecker: »Ich mache aus dem Interesse auf unserer Seite kein Geheimnis daraus, dass die SPD die Bundestagswahlen gewinnt.«

Übrigens habe er beim Besuch des französischen Ministerpräsidenten, Laurent Fabius, in der DDR eine gewisse Furcht Frankreichs vor der Politik Helmut Kohls festgestellt. Fabius habe gesagt, für ihn sei »die Wiedervereinigung ein Schreckgespenst«. Brandt dazu: »Bei mir zu Hause sage ich immer: WIEDER wird nichts. Was die Zukunft bringt, kann niemand wissen. Wenn Europa im nächsten Jahrhundert mehr zusammenwachse, wäre möglicherweise auch die Frage, ob beide deutsche Staaten eine engere Verbindung eingehen könnten.«

Als ich Ende des Monats mit Honecker zur Staatsvisite in Jugoslawien war, sagte er zu mir: »Wirf ein Auge auf unseren Kontakt mit der Grundwertekommission der SPD. Da entwickelt sich etwas Interessantes. Brandt hat mir gesagt, dass historische Daten manchmal eine Last seien. 1986 würde die Erinnerung an 1946 bringen, dass sich die Entwicklung der Parteien in beiden Teilen Deutschlands sehr unterschiedlich vollzogen hat. Vielleicht könne man dreißig Jahre danach Schritte gehen, die das Gemeinsame unterstreichen.« Das war faktisch die Geburt einer Idee, die 1987 schließlich in Gestalt des Gemeinsamen Dokuments von SPD und SED das Licht der Welt erblickte. Wer immer die Vaterschaft dieses Dokuments beansprucht, die geistigen Förderer sind Brandt und Honecker.

Ohne dass dies so im gemeinsamen Kommuniqué gestanden hätte, war die Vereinbarung guter Zusammenarbeit beider Parteien das wichtigste

Ergebnis des Brandt-Besuches bei Honecker. Bei ihren politischen Gesprächen und während der Berlin Besichtigung, bei der Honecker Brandt begleitete, und bei einem gemeinsamen Essen fanden beide einen guten Draht zueinander. In einem Gespräch unter vier Augen begruben sie auch Belastungen der Vergangenheit. Wenn er nach bestimmten Nachrichtendiensten gefragt werde, meinte Brandt, wolle er sagen: »Dies sei nicht Gegenstand der Gespräche gewesen. Im Übrigen sei es so: Seit es Staaten gibt, gibt es auch immer wieder Versuche, militärisch gut unterrichtet zu sein.«

Honecker war zufrieden, dass zwischen ihm und Brandt nun keine Agentenaffäre mehr stand. Es hatte ihn politisch schwer belastet, dass in der Bundesrepublik immer wieder behauptet wurde, die DDR sei schuld gewesen, dass Brandt 1974 gestürzt wurde. Er war nach diesem Gespräch mehr denn je der Meinung, dass Brandt damals das Opfer einer Verschwörung in der Bundesrepublik selbst war, bei der Innenminister Genscher eine zwielichtige Rolle gespielt habe.

Das siegreiche China …

Schon in den siebziger Jahren hörte ich von einer Gruppe INTERKIT. Es handelte sich – sprachlich gesehen – um eine Abkürzung für eine china-unfreundliche Initiative. (»Kitai« ist die russische Bezeichnung für China.) Das Gremium war 1967 von der KPdSU ins Leben gerufen worden mit der Absicht, die sozialistischen Verbündeten in Moskaus Auseinandersetzung mit Mao Zedong und dessen Politik unter der sowjetischen Fahne zu versammeln. Die sowjetische Führung wollte die VR China wegen ihres eigenständigen Kurses international isolieren. Das SED-Politbüro teilte beileibe nicht alle Ansichten, die aus China kamen. Doch eine Kontrollfunktion darüber, ob die reine Lehre in Moskau oder Peking vertreten wurde, wollten auch wir nicht ausüben.

Immer öfter kam es vor, dass das Politbüro in den achtziger Jahren die Protokolle der Tagungen von INTERKIT nicht mehr bestätigte und sich auch nicht an der Verwirklichung der Vorgaben aus dem Kreml beteiligte. Das förderte einmal mehr Misstrauen nach innen und außen. Im Politbüro äußerten Stoph, Hoffmann, Mielke und andere ihre Bedenken gegen unseren Kurs, der von dem der sowjetischen Freunde abwich. Moskau war über unser neutrales Verhalten in Sachen UdSSR/China empört.

Ich hatte von Honecker seinen Jugendtraum »geerbt«. Er hatte die damals schon unrealistische Vision einer großen sozialistischen Völkerfamilie von der Elbe bis zum Gelben Meer. So, wie ich dies auch nach 1949 mit der Gründung der Volksrepublik China und der DDR erlebt hatte. Ich war davon überzeugt, dass der Bruch zwischen der VR China und der UdSSR ein strategischer Fehler war, gleich, ob dafür Mao oder Chruschtschow oder beide die Verantwortung trügen. So sehr wir es uns auch wünschten, so wie es einst war, würde es nie wieder werden. Dazu waren die ideologischen Gräben zu tief.

Nach den Jahren der Konfrontation zwischen der DDR und der VR China gab es zu Beginn der achtziger Jahre hoffnungsvolle Ansätze zum Neuanfang. 1983 besuchte der Chefredakteur der chinesischen Jugendzeitung, *She Shingung*, die DDR. Um unsere Führungsmacht in Moskau nicht zu verärgern, war er nicht offiziell eingeladen worden. Er war Gast des chinesischen Botschafters in der DDR. Sein wichtigster Gesprächspartner wurde die *Junge Welt.* Als ich Honecker beiläufig davon erzählte, fragte er: »Wann empfängst du ihn?«

»Ich habe es nicht vor«, antwortete ich. »Sprich mit ihm in deiner Eigenschaft als Kandidat des Politbüros«, legte er fest und fügte hinzu: »Aber in meinem Auftrag.« Als dies dem chinesischen Botschafter übermittelt wurde, gab es dort allgemeines Erstaunen. Dass jemand aus dem Politbüro mit dem chinesischen Gast sprechen würde, damit hatte niemand gerechnet. So gut waren unsere Beziehungen noch nicht.

Ich empfing den Abgesandten der Volksrepublik, der wie ich vom Alter her schon kein Jugendlicher mehr war, in der Überzeugung, einen wichtigen Schritt zur Verbesserung unserer gegenseitigen Beziehungen zu tun. Ich erinnerte bei der Begrüßung an eine Zeile aus einem Lied, das wir zu den III. Weltfestspielen der Jugend und Studenten 1951 in Berlin gesungen hatten. Darin heißt es: »Das siegreiche China ins Stadion zieht …«.

Dies gefiel meinem Gegenüber. Das Eis schien gebrochen. Mehr als zwei Stunden sprachen wir über die Lage in der Welt und den Zustand der internationalen Arbeiter- und Jugendbewegung. Honecker hatte mir ausdrücklich auferlegt, Streitfragen möglichst auszuklammern und dem Mann aus dem Reich der Mitte zu signalisieren, dass die DDR an einer Normalisierung der Beziehungen zu China und dessen Kommunistischer Partei interessiert ist. In der Folgezeit gab es einen intensiven Delegationsaustausch zwischen der DDR und China. Dies wurde in Moskau kritisch beäugt. Als Gorbatschow das Sagen bekam, hoffte Honecker auf Änderung. Doch er irrte. Gorbatschow führte die bisherige Polemik gegen die Volksrepublik China fort.

Honecker schickte im Juli 1985, vier Monate nach Gorbatschows Amtsantritt, den Planungschef der DDR, Gerhard Schürer, zu Wirtschaftsverhandlungen in die VR China. Seit Hu Yaobang Generalsekretär der KP Chinas geworden war, lebte Honecker in Bezug auf die Volksrepublik fast in einem Glücksgefühl. Er kannte den chinesischen Politiker aus seiner Jugendzeit. Beide waren in den fünfziger Jahren Chefs der Jugendorganisationen in ihren Staaten. Honecker lebte in der Vorstellung, dass die persönlichen Kontakte helfen könnten, die Beziehungen zu China zu normalisieren. Er hatte damit nicht Unrecht.

Der chinesische Spitzenmann empfing Schürer zu einem mehrstündigen Gespräch. Nachdem Schürer wieder in Berlin war, brachte er mir die umfangreiche wörtliche Niederschrift seiner Begegnung mit Hu direkt vom Flugplatz ins Zentralkomitee. Honecker war im Jahresurlaub. Ich vertrat ihn. So landete das Papier bei mir. Was Schürer da übergab, war spannender als jedes Dokument, das ich bisher im Politbüro gelesen hatte.

Darin standen Thesen von weltpolitischem Rang. Es war nach meiner Meinung der Versuch der chinesischen Führung, nach dem Machtantritt Gorbatschows die guten Dienste der DDR zu nutzen, um der UdSSR ein Gesprächsangebot für einen Neuanfang zu machen.

Hu hatte Schürer mit den Worten empfangen: »Sollten die sowjetischen Genossen sich für den Inhalt unseres Gesprächs interessieren, dann können Sie ihnen alles wahrheitsgemäß übermitteln.« Die DDR als Mittler zwischen Moskau und Peking, das war eine historische Aufgabe. Wie sich später herausstellte, war sie zu groß für unser kleines Land. Gorbatschow misstraute uns, wir würden hinter seinem Rücken im Westen mit Bonn und im Osten mit Peking neue politische Freunde gewinnen wollen. Absurd! Leider war die Zeit damals so.

Hu hatte in bekannter chinesischer Systematik zu fünf Komplexen Stellung bezogen: China werde am sozialistischem Weg festhalten und gleichzeitig mit alten Methoden brechen. Man dürfe seine eigene Lage nicht schön malen. Es bedarf der Arbeit von drei Generationen, um mit dem 100. Geburtstag der Volksrepublik bis zum Jahre 2049 zu den am stärksten entwickelten Ländern der Welt zu gehören. Die angestrebten Reformen haben eine sozialistische Zielrichtung und nichts mit einer Rückkehr Chinas zum Kapitalismus zu tun. China sei bereit, auf der Grundlage der Unabhängigkeit und der Selbständigkeit, völliger Gleichberechtigung, gegenseitiger Achtung und Nichteinmischung in die inneren Angelegenheiten die Beziehungen zu allen Kommunistischen Parteien wieder herzustellen. »Wir haben volles Verständnis für Ihre besonderen Beziehungen zur UdSSR. Wir hoffen, dass die SED und die KPdSU, die DDR und die UdSSR eng zusammenstehen und sich gegenseitig helfen. Die besonderen Beziehungen zwischen den osteuropäischen sozialistischen Ländern einerseits und der UdSSR andererseits werden wir voll respektieren. Wir werden niemals unlautere Absichten haben«, hatte der chinesische Politiker betont. Zum Verhältnis zwischen der BRD und der DDR meinte er: »Wir werden bei unseren Beziehungen zur BRD niemals die Interessen der DDR verletzen. […] Ich habe zum Beispiel Schmidt, Carstens, Kohl und auch Brandt gesagt, dass China für eine nationale Aussöhnung und für ein friedliches Nebeneinander beider deutscher Staaten ist. Ich habe diese Politiker davor gewarnt, die DDR schlucken zu wollen. Ich möchte den Genossen der DDR sagen, dass unsere Haltung […] tadelsfrei ist.«

Es sei der Wunsch Chinas, seine Beziehungen zur Sowjetunion genauso tadelsfrei zu gestalten. Er würde sich freuen, wenn die DDR dazu ihren Beitrag leisten könne.

Nach dem Lesen der zweiundzwangigseitigen Niederschrift rief ich Honecker an. Er war glücklich über die guten Nachrichten aus China. »Ich schicke gleich einen Kurier zu dir«, sagte ich.

»Nein, keinen Zeitverzug«, entschied er. »Übermittle das Protokoll mit meiner Visitenkarte direkt an Gorbatschow. Danach kannst du es auch mir zusenden«, schloss er unser Gespräch.

Ich ließ das Material ins Russische übersetzen, bat den sowjetischen Botschafter zu mir und übergab ihm im Auftrage Honeckers das aus meiner Sicht historische Dokument. Kotschemassow versprach, dass es noch am gleichen Abend auf dem Schreibtisch Gorbatschows sein werde. Nun begann die Zeit des Wartens. Täglich rief mich Honecker an. Immer die gleiche Frage: »Hat Gorbatschow sich schon gemeldet?«

Nach knapp vier Wochen bat mich der Gesandte der Botschaft der UdSSR in der DDR, Popow, um ein Gespräch. Ich ließ alle anderen Termine sausen, um den sowjetischen Diplomaten zu empfangen. Popow erklärte mir zu Beginn unseres Gesprächs, er habe eine mündliche Botschaft Gorbatschows an Erich Honecker zu übermitteln. Ich unterbrach ihn: »Das Thema ist mir zu wichtig, um mich mit einer mündlichen Übermittlung zufrieden zu geben. Ich werde meine Sekretärin rufen. Sie kann die Botschaft Gorbatschows stenographieren«. Der Gesandte war unsicher. Er hatte den Auftrag, nichts Schriftliches zu hinterlassen. Da ich aber darauf bestand, trug Popow Gorbatschows Botschaft so langsam vor, dass meine Sekretärin keine Mühe hatte, die sechsseitige Antwort Gorbatschows auf das Schürer-Protokoll zu Papier zu bringen. Während Popow den aus Moskau übermittelten Text in gutem Deutsch vorlas, wurde mir klar, dass es zwar eine schöne, aber eben eine Illusion gewesen war, anzunehmen, die DDR könne zwischen Moskau und Peking vermitteln. Hier ging es um Großmachtinteressen, die Gorbatschow zwar in eine neue Melodie brachte, deren Inhalt sich aber in keiner Weise von Lektionen Chruschtschows, Breschnews oder Tschernenkos unterschied.

Die Gorbatschowsche Belehrung lautete: »Wir möchten den deutschen Freunden sagen, dass es Gründe gibt, an der Aufrichtigkeit Chinas zu zweifeln. Aus der Umgebung von Deng Xiaoping ist beispielsweise bekannt geworden, dass er und seine Anhänger sich eine andere Aufgabe stellen, nämlich die Einheit der Bruderländer ins Wanken zu bringen.«

An anderer Stelle: »Hu Yaobang versuchte zu versichern, dass China eine konsequente Linie bei der Unterstützung der DDR in der so genannten deutschen Frage verfolgt. In der Tat aber sind sie öffentlich für die Wiedervereinigung Deutschlands eingetreten. [...] Nicht von ungefähr ruft eine solche Position Chinas Dankbarkeit seitens der BRD-Regierung hervor. So erklärte unverhüllt Bundeskanzler Kohl während seines Besuches ... in Peking, dass es für die BRD eine besondere Bedeutung hat, dass die Volksrepublik China für die Einheit Deutschlands eintritt. Mit einem Wort, wenn man die verbale und taktische Tarnung Pekings fallen lässt, so kann es nur eine Schlussfolgerung geben, die Position Pekings widerspricht den lebenswichtigen Interessen der Deutschen Demokratischen Republik als einem sozialistischen Staat.« Gorbatschows Botschaft schloss mit den Worten, dass es die chinesische Seite nicht an Demagogie in Bezug auf die Verbesserungen der Beziehungen zur UdSSR fehlen lasse und »die Politik des Versöhnlertums mit dem Imperialismus« betreibe.

Nun hatten wir es von Gorbatschow schwarz auf weiß: Wir wurden in eine Reihe mit jenen gestellt, die eine Politik des Versöhnlertums mit dem Imperialismus betreiben. So sah in der Praxis seine wortreiche Erklärung aus, er habe allen sozialistischen Ländern die Souveränität gegeben, über ihre Politik selbst zu entscheiden.

Ich schickte meinen Sicherheitsoffizier als Kurier mit der Botschaft Gorbatschows in Honeckers Urlaubsort. Als er sie gelesen hatte, rief er mich sofort an. Ich erlebte einen niedergeschlagenen Generalsekretär. Er hatte so viel Hoffnung, dass es wieder gut werden könnte in den Beziehungen Moskau/Peking/Berlin. Bis 1989 habe ich ihn nie wieder so enttäuscht erlebt wie nach dieser außenpolitischen Ohrfeige Gorbatschows im Sommer 1985.

»So darf man doch nicht mit einem Angebot eines gleichberechtigten Partners umgehen«, war sein Kommentar. Dann kam aus Honeckers Mund ein Urteil, das mir wehtat, weil es gegen die Sowjetunion gerichtet war: »Der denkt genau wie seine Vorgänger, wir sind seine Marionetten«. Natürlich wollte auch ich die Aussöhnung mit China. Gorbatschows Standpunkt schien mir dazu nicht geeignet. Es gab keine Anzeichen, dass er die dominierende Rolle der KPdSU gegenüber den Verbündeten in der Praxis lockern wollte. So sehr die Antwort zu bedauern war; es konnte dennoch nicht im Interesse der DDR sein, im Dauerstreit mit Gorbatschow zu liegen. Ich sah mehr denn je die Gefahr, dass wir eine neue ideologische Front eröffneten, an der wir von Moskau aus angreifbar waren: Eine den Interessen der DDR entsprechende Politik gegenüber der VR China, die von dem Herangehen der anderen sozialistischen Länder abwich.

Gegen »Brief zur deutschen Einheit«

Im Frühsommer 1985 erhielt ich ein streng geheimes Telegramm aus Moskau. Darin wurden wir über eine interne Konsultation des Leiters der 3. Europäischen Abteilung im Außenministerium der UdSSR mit Vertretern des Bundeskanzleramtes und des Außenministeriums der BRD informiert. Dies waren übrigens die ersten Gespräche, die nach dem Machtantritt Gorbatschows mit bundesdeutschen Politikern geführt wurden, wenn man von dem formalen Gespräch nach der Beerdigung Tschernenkos absieht. Das Telegramm enthielt die Botschaft Gorbatschows an unsere Adresse: »Unsere Politik gegenüber den beiden deutschen Staaten ändert sich nicht. Die DDR ist unser strategischer Verbündeter. Die Bundesrepublik einer unter vielen Staaten.«

Schon damals gab es bei uns Leute, die am Wahrheitsgehalt dieser Worte zweifelten. Ich will mit dem Wissen von heute nicht darüber urteilen, ob sie Recht hatten.

Damals jedenfalls ließ man uns wissen, dass sich die Bundesregierung von Moskau vernachlässigt fühle. Kohl und Genscher seien beleidigt, weil sie bisher keine Antwort erhalten hatten, ob der KPdSU-Generalsekretär ihre Einladung zu einem Besuch der BRD annimmt. Um der Sowjetunion die Nützlichkeit eines Besuchs von Gorbatschow in Bonn schmackhaft zu machen, hätten die Unterhändler durchblicken lassen, dass Genscher gegen die amerikanischen Pläne sei, den Kosmos zu militarisieren. Gorbatschow hätte bei einem möglichen Besuch in Bonn, so die Argumentation des Bundesaußenministeriums, gute Aussichten, Kohl im gleichen Sinne zu beeinflussen. Die Sowjetunion wies diese Position als Taktik zurück. Den Preis für eine Reise Gorbatschows in die Bundesrepublik formulierte die sowjetische Führung so: »Wenn die Bundesrepublik bei der Realisierung der US-Weltraumrüstung weiterhin die gleiche Vorreiterrolle wie bei der Stationierung amerikanischer Mittelstreckenraketen übernimmt, wird dies nicht wiedergutzumachende Folgen für die Beziehungen der UdSSR zur Bundesrepublik Deutschland haben.« Diese Position stimmte mit dem überein, was Gorbatschow schon am 26. April 1985 auf der Tagung des Politisch Beratenden Ausschusses des Warschauer Vertrages dargelegt hatte. Seine Kurzformel lautete: »Die Bundesrepublik ist für uns Luft, wenn sie sich weiter als Vasall der USA erweist.« Der neue KPdSU-Generalsekretär hatte diese Äußerung spontan gemacht, als er von den Plänen erfuhr, dass Präsident Reagan und Bundeskanzler Kohl auf dem deutschen Soldatenfriedhof in Bitburg, auf dem 49 Angehörige der Waffen SS begraben sind, gemeinsam einen Kranz niederlegen. Angesichts des bevorstehenden 40. Jahrestages des Sieges über den deutschen Faschismus empfand er diese Geste als »psychologische Kriegserklärung an die Sowjetunion«. Daraus erklärte sich die Kühle Gorbatschows gegenüber der Politik der Bundesrepublik. Alle Verbündeten unterstützten ihn in dieser Haltung. Am konsequentesten war Polens Repräsentant Jaruzelski.

Er hatte in seiner Rede auf dem Warschauer Gipfel am 26. April 1985 Bundeskanzler Kohl scharf angegriffen. Er sprach von dessen »unmoralischer Haltung, in Kürze eine Pilgerfahrt zu dem Müllhaufen der Geschichte zu unternehmen – zu den Gräbern von SS-Mördern und SS-Henkern«.

Das oben erwähnte Telegramm zur deutschen Frage enthielt einen wichtigen Fingerzeig an uns: Solange Gorbatschow zu Gesprächen mit Bonn nicht bereit ist, sollte sich auch Honecker zurückhalten. Wohl deshalb wurde der Bundesregierung ins Stammbuch geschrieben: Gorbatschow gehe davon aus, dass »der so genannte Brief zur deutschen Einheit weiter nichts als ein einseitiger BRD-Standpunkt ist, der keinerlei Anspruch hat, Bestandteil des Moskauer Vertrages zu sein«.

Honecker war damit sehr zufrieden. Er nahm diesen Standpunkt zum Anlass, einen Brief an Kohl zu schreiben. Darin forderte er den Bundeskanzler auf, anlässlich des zehnten Jahrestages der Sicherheitskonferenz von Helsinki gemeinsam mit der DDR die Schlussakte als Kodex der friedlichen Koexistenz zu bekräftigen. Nur in diesem gesamteuropäischen Zusammenhang, so Honecker, könnten die Beziehungen zwischen der Deutschen Demokratischen Republik und der Bundesrepublik Deutschland stehen. Wörtlich: »Durch das Europäische Vertragswerk wurde für die gegenwärtig bestehenden Grenzen in Europa eine verbindliche und dauerhafte Rechtsgrundlage geschaffen, aus der sich auch die logische Konsequenz von der Nichtexistenz des Deutschen Reiches in den Grenzen von 1937 mit allen daraus resultierenden Folgen ergibt.«

Diese Position legte Honecker dem Politbüro zur Bestätigung vor. Sie wurde nach Moskau übermittelt. Gleichzeitig aber relativierte er sie, indem er am Politbüro und an Moskau vorbei dem Bundeskanzler auf seinen Kanälen mitteilen ließ: »Wenn H. Kohl erklärt, dass er an einer Verhärtung in den Beziehungen zwischen beiden deutschen Staaten nicht interessiert ist, dann bitte ich, den Kanzler zu informieren, das gleiche trifft auf die DDR zu. Ich stimme mit Herrn Kohl überein, nicht Fragen in den Vordergrund zu stellen, die gegenwärtig nicht zu lösen sind, und die Bemühungen auf das Machbare zu richten.«

Damit hatte er faktisch den Inhalt seines Briefs wieder abgeschwächt. Wir hätten in dieser Zeit eine Möglichkeit gehabt, den Kurs von Gorbatschow gegenüber Bonn in unserem Interesse zu beeinflussen. Wir haben die Chance vertan, weil wir zwischen Bonn und Moskau umherirrten. Es war die Widersprüchlichkeit in Honecker selbst, die ihn ständig Grundsatzpositionen gegenüber der BRD intern relativieren ließ. Er wollte keinen neuen Streit mit Gorbatschow provozieren, aber auch keine Stagnation unserer Beziehungen zur Bundesrepublik zulassen. Er wollte mit deutschen, nicht mit sowjetischen Lösungen Politik machen. Westliche Politiker honorierten dies. Sie standen Schlange, um die DDR zu besuchen oder Honecker in ihr Land einzuladen. Er fühlte sich durch sie geschmeichelt. Alle wollten mit ihm reden. Selbst in den USA.

Moskaus Argwohn gegenüber der DDR indes wuchs weiter.

DDR-Bild in den USA

Die weltweite Anerkennung der DDR hatte noch immer einen Schönheitsfehler. Honecker war noch nicht zu einem Staatsbesuch in die USA eingeladen worden, obwohl beide Seiten dafür waren. Die USA hatten seit Aufnahme diplomatischer Beziehungen zwischen unseren Ländern immer hochbegabte Persönlichkeiten an die Spitze ihrer Botschaft in der DDR gestellt. Rozanne L. Ridgway, die später leitende Funktionen im Außenministerium ihres Landes übernahm, war eine charismatische Politikerin von internationalem Rang. Sie vertrat seit 1983 ihr Land in der DDR, zuvor war sie Botschafterin in Finnland gewesen. Wie oft im Leben: persönliche Sympathien können dazu beitragen, auch unter politischen Gegnern schwierige Problem zu lösen. Honecker und die USA-Botschafterin fanden einen guten Draht zueinander.

1985 wurde anlässlich des 40. Jahrestages der Zerstörung Dresdens durch angloamerikanische Bomber die durch die DDR wiedererrichtete Semper-Oper eingeweiht. Wir hatten dazu das in der DDR akkreditierte Diplomatische Corps eingeladen. Im Vorfeld ließen die amerikanische und die britische Botschaft recherchieren, ob den diplomatischen Vertretern der USA und Großbritanniens überhaupt zugemutet werden könne, zum Jahrestag der Zerstörung Dresdens zu erscheinen. Die Frage war sehr direkt gestellt worden: »Wird der Erinnerungstag an die Bombardierung Dresdens für eine Anklage der Alliierten des Zweiten Weltkrieges benutzt?«

Aus der Sicht beider Botschaften war dies verständlich. Seit Kriegsende versammelten sich an jedem 13. Februar Hunderttausende Dresdener, um der Opfer der Bombennächte zu gedenken. Dabei brachten sie auch immer wieder die Sinnlosigkeit des Bombardements für den Ausgang des Zweiten Weltkrieges zum Ausdruck. Ich war überzeugt, dies würde auch 1985 so sein. Honecker zeigte aber eine eigenwillige Flexibilität. Er differenzierte mehr, als wir vermuteten. Er teilte den Diplomaten mit, für ihn als Antifaschisten sei jedes Flugzeuggeräusch über Deutschland ein Hoffnungszeichen gewesen, dass Hitlers Ende naht – unabhängig, ob es sowjetische, amerikanische oder britische Flugzeuge waren. Der Luftkrieg der Amerikaner und Engländer sei lediglich die Antwort auf die Verbrechen der Nazis gewesen, meinte Honecker. Mein Einwand, dass die Zerstörung

Dresdens und der Tod so vieler unschuldiger Menschen kurz vor Ende des Krieges auch ein Verbrechen der Amerikaner und Engländer gewesen seien, überhörte er. Er fand ihn nicht passend. Als wir allein waren, meinte er nur: »Egon, du bist doch Dialektiker. Alles in der Welt hat seine Ursache und seine Wirkung.«

Auf der Großkundgebung in Dresden, zu der die Diplomaten erschienen waren, hielt er jedenfalls eine bemerkenswerte, international und national stark beachtete Rede, in der weder die Amerikaner noch die Briten kritisiert wurden. Das war angesichts der Opfer von Dresden schon ein politisch-diplomatisches und taktisches Meisterstück. Während SPD-Vorsitzender Jochen Vogel noch im Mai 1985 Honecker zu seiner »ausgezeichneten Rede in Dresden« beglückwünschte, gab es in unseren eigenen Reihen widersprüchliche, bis hin zu sektiererischen Reaktionen zum innenpolitischen Umfeld der Dresdener Manifestation. In seinem Monatsbrief an Honecker fragte der Parteichef von Dresden, Hans Modrow, ob denn durch die Teilnahme von Kirchenvertretern auf Ehrenplätzen an der Großkundgebung die Kirche nicht zu unzulässigen Ansprüchen ermuntert worden sei? Unsere außenpolitische Flexibilität fand nicht immer ihre Entsprechung auch in der Innenpolitik, bis in die Leitungen der SED hinein.

Die Amerikaner hingegen zeigten sich für unsere Toleranz ihnen gegenüber erkenntlich. Nur kurze Zeit nach der Dresdener Großkundgebung erhielt »Seine Exzellenz Erich Honecker« zwar nicht vom amtierenden, aber immerhin vom Ex-Präsidenten Jimmy Carter eine Einladung in die USA. Carter informierte das DDR-Staatsoberhaupt, dass er zusammen mit dem ehemaligen Präsidenten Gerald Ford im April 1985 eine Beratung über internationale Sicherheit und Rüstungskontrolle leiten werde. Zugesagt zu kommen hätten bereits die Senatoren Sam Nunn und Howard Baker, der Sonderbeauftragte des Präsidenten für Fragen der Nationalen Sicherheit, Robert McFarlane, der Chef des Gemeinsamen Generalstabs, General John Vessey, Henry Kissinger, Zbigniew Brzezinski, Cyrus Vance, Harald Brown und andere hochrangige Politiker.

Honecker reizte diese Einladung. Die Beziehungen zu den USA und das Friedensthema waren ihm so wichtig, dass er die gebotene Gelegenheit nicht ausschlagen wollte. Glücklicherweise haben ihm einige Mitglieder des Politbüros, auch Günter Mittag und ich, abgeraten, die Einladung anzunehmen. Wir waren der Meinung, dass es ungewöhnlich gewesen wäre, als Staatsoberhaupt ohne Einladung des amtierenden Präsidenten zu reisen. DDR-Staatssekretär Klaus Gysi, der schon längere Zeit persönliche Beziehungen zu Reagans Umgebung unterhielt, machte Honecker zudem große Hoffnung auf eine baldige offizielle Einladung in die USA. Dafür gab es 1985 verschiedene Signale.

Mitte des Jahres reiste eine DDR-Delegation zum *11. New Hampshire Symposium* über die DDR am *World Fellowship Center* in Conway. An dieser Begegnung von Germanisten, Literaturwissenschaftlern, Soziologen, Historikern, Ökonomen und Politikwissenschaftlern nahm die DDR seit elf Jahren teil. 1985 fiel auf, dass erstmals zwei Vertreter des USA-Außenministeriums anwesend waren, und zwar der für die DDR zuständige Referent Keith McCormick und der bis 1984 an der USA-Botschaft in Berlin tätige Walter Andrusyszyn. Auch der Mitarbeiter der Ständigen Vertretung der BRD in der DDR, Manfred Ackermann, war zugegen.

Die US-Politiker wollten nach eigenem Bekunden unterhalb des offiziellen Rahmens die DDR wissen lassen, welche Interessen die USA ihr gegenüber haben. Sie signalisierten uns, dass für die USA die Wiedervereinigung Deutschlands kein Thema mehr sei. Das war – wie gesagt – 1985! McCormick informierte, dass die bisherige Botschafterin, Mrs. Ridgway, die Funktion als Unterstaatssekretär für Europa übernommen habe. Sie sei Initiatorin der Neueinschätzung der Politik der USA in Bezug auf die DDR. Kern dieser Politik sei die Einsicht, dass die DDR zu den politisch und wirtschaftlich stabilsten Ländern der Welt gehöre und engster Partner der Sowjetunion sei. Daraus sei die Schlussfolgerung gezogen worden, dass die Politik der USA in Bezug auf die DDR langfristiger Natur sein muss. Die DDR sei gegenüber den USA jederzeit berechenbar. Doch im State Department mache man sich Gedanken darüber, ob die DDR ihren seit den siebziger Jahren erkennbaren Kurs der Stabilität, Kontinuität, Stetigkeit und Berechenbarkeit auch unter einem Nachfolger Erich Honeckers beibehalten werde. Möglicherweise sei damit zu rechnen, dass, wenn die Führung von Honecker auf eine andere Persönlichkeit übergehe, zunächst eine Periode der Instabilität und Unsicherheit eintrete, was sich störend auf die Beziehungen zu den USA auswirken würde. Nach Einschätzung des State Department behalte sich Erich Honecker die Entscheidungen in den Bereichen Innere Sicherheit, Ideologie und Außenpolitik vor. Dies habe sich positiv auf die Berechenbarkeit der DDR ausgewirkt. Sollten diese Bereiche bei einem Nachfolger nicht an der Spitze vereinigt, sondern auf mehrere Mitglieder der Führung aufgeteilt werden, sei mit Unberechenbarkeiten zu rechnen. Die USA seien sowohl an der Beibehaltung der politischen und wirtschaftlichen Stabilität der DDR wie an engeren Beziehungen zwischen der DDR und der Bundesrepublik interessiert. Beides gehöre zusammen, da nur eine stabile DDR bereit sei, die Beziehungen zur Bundesrepublik Deutschland zu entwickeln. In dieser Richtung sei auch der neue US-Botschafter in der BRD, Richard Burt, unterrichtet worden.

Andrusyszyn wurde in seiner Einschätzung noch deutlicher: Wenn man Ideologie weglasse und über reale Interessen spreche, meinte er, dann sei die DDR für Washington nur als eigenständiger Partner von Bedeutung. Wenn die USA etwas mit der Sowjetunion zu besprechen hätten, dann bräuchten sie dazu weder die DDR noch die BRD als Vermittler. Das habe man auch Koschnick und Stobbe deutlich gemacht, die sich gerade in Washington aufhielten, um über die Gespräche Willy Brandts mit Gorbatschow zu berichten. Koschnick sei als eine Art Schattenaußenminister der SPD aufgetreten, was den Amerikanern nicht sympathisch gewesen sei. Washington strebe mit der DDR langfristige stabile Beziehungen auf bilateraler Ebene an. Das erfordere einen langen Atem und viel Geduld. Wenn überhaupt, seien die seitens Washingtons gewünschten langfristigen stabilen Beziehungen zur DDR jedoch nur möglich, wenn sich die politischen Führungspersönlichkeiten beider Staaten genau kennen würden und wüssten, inwieweit die jeweils andere Seite berechenbar sei. In dieser Hinsicht sei man mit der DDR in den mehr als zehn Jahren seit der Aufnahme diplomatischer Beziehungen leider keinen Schritt vorangekommen. Die US-Botschafterin habe im Grunde nur bei Neujahrsempfängen oder anlässlich der Leipziger Messe die Gelegenheit, mit Erich Honecker ein paar Worte zu wechseln.

Mit dieser Art von Kontakten komme man jedoch nicht weiter. Washington sei sehr daran interessiert, Erich Honecker und Egon Krenz zu ernsthaften Gesprächen in den USA zu haben. Es bestehe großes Interesse daran, Egon Krenz zu einem Besuch in den USA zu bewegen. Über Egon Krenz als zweiten Mann und mutmaßlichen Nachfolger Erich Honeckers wisse man in Washington wenig. Zugleich wisse auch Egon Krenz nichts über die USA, die er noch nie gesehen habe. Egon Krenz kenne zwar die Sowjetunion und andere sozialistische Länder, sei aber nicht aus eigener Anschauung mit den westlichen Ländern vertraut. Das sei ein Hindernis für die Entwicklung langfristiger Beziehungen zwischen der DDR und den USA. Eine Möglichkeit zu seinem Besuch sei die kommende Herbsttagung der UNO. Wenn die DDR den Vorsitz der Tagung der UNO erhalte, womit man im State Department rechne, biete das dem Staatsratsvorsitzenden die Möglichkeit, an der UNO Vollversammlung teilzunehmen. In Begleitung Erich Honeckers, so meinte der Amerikaner, könnte auch Egon

Krenz reisen. So könnte man mit Erich Honecker und Egon Krenz gleichzeitig Gespräche führen. Was die konkreten Schritte für die Entwicklung langfristiger Beziehungen zwischen den USA und der DDR betreffe, so habe Unterstaatssekretärin Ridgway einen Plan vorgeschlagen, der im State Department und im Weißen Haus im Prinzip Zustimmung gefunden habe. Zunächst müsste eine Einigung über humanitäre Fragen herbeigeführt werden. Darunter würden die Familienzusammenführungen und ähnliches verstanden. Das betreffe nach Schätzungen etwa vierzig bis sechzig Fälle. Der zweite Schritt wäre die Entschädigung für die Verfolgung der jüdischen Bürger und für andere Opfer der Nazizeit. Als dritter Schritt könnte die Erweiterung der Handels- und Wirtschaftsbeziehungen erfolgen, wobei Aussichten bestünden, dass der Kongress nach der Lösung der humanitären und Entschädigungsfragen der Meistbegünstigung im Handel zustimmen würde. Generell biete sich durch Frau Ridgway für die DDR die Möglichkeit, in Washington mehr Interesse und Gehör zu finden.

Was immer auch die Motive der US-Politiker gewesen sein mögen, sie zeigten, dass wir 1985 vor dem Durchbruch in den Beziehungen USA-DDR standen. Honeckers Position als Gesprächspartner war international stark. Sein Selbstbewusstsein gegenüber Gorbatschow stieg. Leider hatte dieser Bericht auch eine negative Seite, die mich betraf. Dass selbst die Amerikaner mich als seinen vermutlichen Nachfolger sahen, gefiel Honecker natürlich nicht. Darüber wollte nur er entscheiden.

Nachdenklich machte mich, dass Manfred Ackermann von der Ständigen Vertretung der BRD in der DDR zu dem New Hampshire Symposium über die DDR gereist war. Er gab dort laut zu bedenken, was sein Chef Bräutigam in Berlin wahrscheinlich nicht sagen wollte. Seitens der Bundesrepublik, so ihr Diplomat, werde der Besuch Honeckers in der BRD als unumgänglich betrachtet. Käme er nicht zustande, würde dies vor allem der BRD schaden. Angesichts der Besuche anderer hoher Politiker des Westens in der DDR und der Besuche Honeckers im Westen könnte die BRD isoliert werden. Die SPD, der er angehöre, erwarte von einer Begegnung Honeckers mit Bundespräsident von Weizsäcker eine politische Symbolisierung von langer Dauer. In der Person von Weizsäcker als Bundespräsident und eines Politikers mit hohem Ansehen finde, wenn er mit Erich Honecker zusammentrifft, die nicht mehr rückgängig zu machende Anerkennung der DDR ihren eigentlichen Ausdruck. Kohl habe Furcht vor einem Zusammentreffen Honeckers mit von Weizsäcker, da er dann wegen der Ausstrahlung beider Persönlichkeiten im Schatten stehe. So sah man Honecker und die DDR noch 1985!

Politisches Spiel um einen »deutschen Nobelpreis«

Während ich den aufschlussreichen Bericht über amerikanische und westdeutsche Sichten auf die DDR las, wurde ich an ein Gespräch erinnert, in das mich vor einigen Wochen Honecker zog. »Was hältst du von Christa Wolf?«, hatte er sich erkundigt. Diese Frage kam für mich völlig überraschend. Ich hatte vor Jahren ihr Buch »Der geteilte Himmel« gelesen, wusste, dass sie einige Jahre dem SED-Zentralkomitee angehört und sich einen Namen in der nationalen wie internationalen Literatur gemacht hatte. Mit ihren Büchern mischte sie sich in gesellschaftliche Prozesse in der DDR ein. Das fand neben Zustimmung auch Kritik, so wie es in der Kunst und Literatur eben ist.

Honecker unterbrach mich. »Leute vom Nobelpreiskomitee haben vertraulich angefragt, ob die DDR für den Fall, dass Christa Wolf den Nobelpreis erhalten würde, ihr zur Entgegennahme dieses Preises die Ausreise gestatten würde.«

»Was für eine Frage! Das wäre doch eine großartige Sache für Christa Wolf wie für die DDR.«

»Ja«, entgegnete Honecker. »Ich habe wohl den Fehler gemacht, genauso zu denken wie du. Ich hätte Nein sagen sollen.«

»Wieso?«, erkundigte ich mich verwundert.

»Dann wäre ihr der Preis wahrscheinlich sicher gewesen.« Aus Honeckers Worten sprachen Enttäuschung, aber auch Sarkasmus. Er hätte es gern gesehen, wenn Christa Wolf mit dem Preis ausgezeichnet worden wäre. Aber gerade weil daraus kein Kapital gegen die DDR zu schlagen war, verzichteten bestimmte Leute darauf. Kalte Krieger hatten wohl damit gerechnet, die DDR würde ihr keine Ausreise geben. Jetzt, beim Lesen des Berichts über das Symposium in den USA, erfahre ich, wie Recht Honecker mit seiner Annahme hatte, als er fürchtete, dass politische Gesichtspunkte, nicht literarische einer Auszeichnung von Christa Wolf im Wege stünden. Der bundesdeutsche Vertreter auf dem Symposium, Manfred Ackermann, teilte im Gespräch mit, dass er von einem Vertreter des schwedischen Nobelpreiskomitee wegen der möglichen Verleihung des

Literatur-Nobelpreises an Christa Wolf aufgesucht worden war. Ackermann meinte, er habe die Verleihung des Preises befürwortet, aber erklärt, dass Christa Wolf nicht als deutsche, sondern als DDR-Schriftstellerin ausgezeichnet werden müsse. Das sei die einzige Chance, in späteren Jahren Günter Grass als BRD-Schriftsteller für den Nobelpreis einzureichen. Würde Christa Wolf als »Deutsche« ausgezeichnet, so seine Begründung, hätte für die nächsten Jahrzehnte kein Schriftsteller aus der Bundesrepublik Deutschland Aussicht, den Nobelpreis zu erhalten.

Es kam, wie es in Zeiten des Kalten Krieges kommen musste: Die DDR-Schriftstellerin erhielt den Preis nicht. Über die spätere Auszeichnung von Günter Grass habe ich mich zwar gefreut. Doch die Argumentation eines Offiziellen aus der alten Bundesrepublik machte mich wütend. Jene, die uns in der Propaganda stets ihre »Brüder und Schwestern« nannten, befürchteten, dass die Auszeichnung der »DDR-Deutschen« Christa Wolf dem »BRD-Deutschen« Günter Grass die Ehre nimmt.

Diese Art der Einteilung in »Wahre Deutsche« und »DDR-Deutsche« habe ich leider oft erlebt. Je nachdem, ob es zum Vorteil oder zum Nachteil der alten Bundesrepublik war, wurden wir entweder als »Brüder und Schwestern« umarmt oder als »abweichende« Deutsche ausgegrenzt. Die heutige Behandlung Ostdeutscher hat ihre geschichtlichen Wurzeln in der alten Bundesrepublik schon lange vor der staatlichen Vereinigung.

Kartoffeln für Leningrad

Anfang Oktober 1985 rief Honecker mich in sein Büro. Leningrad sei in Not, sagte er. Die Sowjetunion habe eine schlechte Kartoffelernte. Der Kartoffelvorrat sei schon verbraucht und der Winter stehe erst vor der Tür. Gorbatschow habe um Hilfe gebeten. »Organisiere«, sagte Honecker, »dass wir noch vor Einbruch des Winters eine Million Tonnen Kartoffeln nach Leningrad liefern«.

»Eine Million Tonnen?«, fragte ich. Ich vermutete, er habe sich versprochen. Ich stellte mir vor, was da auf uns zukommen würde. Eine Million Tonnen! Eine solche Menge musste erst einmal aufgebracht und vor allem transportiert werden.

Aber Honecker wiederholte: »Ja, um eine Million Tonnen hat Gorbatschow gebeten«.

Kein Wort über die Bezahlung, über den Transport und woher wir innerhalb so kurzer Zeit diese große Menge Kartoffeln nehmen sollen. Bei der Entscheidung über die Lieferung siegten verständliche Emotionen. Schließlich ging es um jene Stadt, in der während der deutschen Blockade Menschen elend verhungert waren. Dieses deutsche Kriegsverbrechen dürfe niemals vergessen werden – das gehörte zum kollektiven Gedächtnis der DDR-Bürger. Man wusste in der Sowjetunion auch, dass selbst bundesdeutsche Spitzenfunktionäre wie Richard von Weiszäcker und Helmut Schmidt als Angehörige der faschistischen Wehrmacht an der Umlagerung beteiligt waren. Und Honecker wollte zugleich gegenüber Gorbatschow ein Zeichen setzen, dass die DDR, wenn es um die Verbesserung der Versorgung der Bevölkerung geht, mit ihm solidarisch ist. In der Bevölkerung hatten wir bei solchen Aktionen Rückhalt. Die Überzeugung, dass die Freundschaft zur Sowjetunion Herzenssache sei, war bei sehr vielen Bürgern echt.

Aus der Million wurden glücklicherweise auf Arbeitsebene 500.000 Tonnen, aber auch das war eine Menge! Die »Kartoffelaktion« funktionierte bei uns wie eine militärische Operation. Ich leitete einen Stab. Der zuständige Sekretär für Landwirtschaft hatte in kurzer Zeit die landwirtschaftlichen Betriebe ausgewählt, die Kartoffeln liefern konnten. Armeegeneral Hoffmann mobilisierte seine militärischen Transportkapazitäten zu Wasser und zu Lande. Alexander Schalck importierte die Säcke, um die Kartoffeln ohne Transportschäden an den Bestimmungsort zu bringen. Dass wir diese aus der Bundesrepublik tun mussten, schmerzte, weil es Devisen kostete. Wenn es aber um die Freunde ging, nahmen wir auch das in Kauf.

Alles schien glatt zu gehen. Unsere und die sowjetischen Militärs in Wünsdorf überprüften auf diese Weise zugleich ihre verfügbaren Transportkapazitäten und die Häfen an der Ostsee und am Bodden für den Verteidigungsfall. Innerhalb weniger Tage hatten wir die Kartoffelaktion für Leningrad, die wir zugleich als Unterstützung für Gorbatschow werteten, der ja erst ein halbes Jahr im Amt war, abgeschlossen. Wir waren stolz, dass alles so reibungslos gelaufen war.

Schon nach wenigen Tagen folgte der Skandal. Die von uns auf Fahrt geschickte Fracht lag tagelang vor Leningrad auf Reede. Es war schon Frost. Die Liegeplätze im dortigen Hafen reichten nicht. Es konnte nur schleppend entladen werden. Aus Leningrad kamen die ersten Meldungen, die Kartoffeln würden verfaulen. In dieser Zeit, genau am 21. Oktober 1985, flog ich mit Honecker, Stoph, Sindermann und Mittag zu einer Tagung des Politisch Beratenden Ausschusses der Warschauer Vertragsstaaten nach Sofia, auf der wir natürlich auch Gorbatschow treffen würden.

Höchste Zeit also für mich, Honecker auf dem Flug dorthin über den katastrophalen Ausgang unserer Kartoffelaktion zu informieren. Wie zu erwarten, reagierte er empört. »Statt den Alkohol zu verbieten« – Honecker spielte auf einen von Gorbatschow inspirierten Beschluss an, den Alkoholkonsum in der Sowjetunion einzuschränken – »sollte er sich lieber um die Versorgung der Bevölkerung kümmern.« Als wäre ich für den Anti-Alkoholbeschluss des KPdSU-Politbüros zuständig.

Als wir einen Tag später im Vestibül des Tagungsgebäudes in Sofia saßen, traf auch die sowjetische Delegation ein. Honecker ging stracks auf Gorbatschow zu. Beide begrüßten sich herzlich mit Bruderkuss. Dann Honecker: »Michail Sergejewitsch, du hast mich um eine Million Tonnen Kartoffeln gebeten, wir haben sie geschickt und nun verfaulen sie vor Leningrad.«

Gorbatschow: »Ich weiß davon nichts.« Gab mit die Hand und verschwand in den Tagungssaal. Er ließ uns wie begossene Pudel stehen. Das hatte niemand von uns erwartet. Es war für uns alle starker Tobak.

Ich wollte die Situation etwas entspannen und brach das Schweigen: »Die Sowjetunion ist eben etwas größer als die DDR. Er kann nicht alles wissen.«

Honecker ließ seinen Gedanken freien Lauf. »Du mit deinen ständigen Entschuldigungen für Gorbatschow ... Wie willst du unseren Bauern erklären, dass eine Million Tonnen Kartoffeln, die eine Solidaritätsgabe sein sollten, wegen Schlamperei verfaulen, obwohl die Leningrader nichts zu essen haben?« Und schob nach: »Was ist denn das für ein Verhältnis zwischen Freunden? Erst schickt er seinen Botschafter zu mir, und nun will er von der Sache nichts wissen?«

Natürlich hatte Honecker Recht. Mir lag aber viel daran, nicht noch Öl ins Feuer zu gießen. Von dem persönlichen Verhältnis der beiden hing eine Menge für unsere Länder ab.

Honecker ließ aber nicht locker. In der ersten Tagungspause wandte er sich erneut an Gorbatschow. »Es muss etwas getan werden, damit nicht noch der Rest der Kartoffeln erfriert.«

»Ich kümmere mich«, sagte Gorbatschow, er werde Gaidar Alijew in Moskau anrufen. Der Aserbaidschaner war Mitglied des Politbüros und vertrat aktuell den ebenfalls in Sofia weilenden Regierungschef Ryschkow.

Wenig später kam Ryschkow mit einer handgeschriebenen Liste zu mir. Darauf standen die Entladungskapazitäten in sowjetischen Ostseehäfen. »Vergleichen wir unsere Angaben miteinander«, sagte er sachlich.

Ryschkow war ein hochgebildeter, erfahrener und zugleich bescheidener Politiker und Wirtschaftsfachmann. Wir fanden schnell zu sachlicher Klärung. Dass wir aber auf dieser hohen Ebene Kartoffeln und Schiffe zählen mussten, weil andere Ebenen versagt hatten, war mir durchaus unangenehm. Wie zwei Exportkontrolleure gingen wir die Häfen der DDR durch, aus denen Frachten abgegangen waren. Es war beschämend, dass sich zwei Generalsekretäre, ein Ministerpräsident und zwei Politbüromitglieder mit einer Aktion beschäftigen mussten, die allein durch Schlamperei entstanden war. Ich spürte allerdings auf sowjetischer Seite keine Entschlossenheit, den Dingen auf den Grund zu gehen. Alles wurde auf die »Disziplin der Leiter« geschoben.

Als wir zum Jahresende die Aktion endlich abschlossen, errechneten unsere Fachleute die Kosten für den Kartoffelbrei vor der Stadt an der Newa. Die Aktion war sehr teuer geworden. Bestraft wurde für die Vergeudung niemand.

Und dennoch hatten wir keinen Grund, uns über solche Nachlässigkeit lustig zu machen. Auch bei uns gab es Verantwortungslosigkeit. Im Politbüro beschäftigten wir uns mehr mit ökonomischen Detailfragen, die eigentlich von Ministerien hätten gelöst werden müssen, statt mit den Gründen, weshalb die Wirtschaftsführung als Ganzes nicht funktionierte.

Große wirtschaftliche Objekte wie beispielsweise die gemeinsame Produktion eines PKW durch die ČSSR und die DDR oder die Modernisierung eines Stahlwerkes in Eisenhüttenstadt durch die Sowjetunion wurden auf Zuruf zwischen Honecker und Mittag entweder in den Plan genommen oder wieder entfernt. Manchmal sagte ich zu meinen Mitarbeitern, eigentlich hätten wir kein PB (was für Politbüro stand), sondern ein ÖB, ein Ökonomisches Büro,. Damit meinte ich, dass wir uns selbst die Fähigkeit nahmen, die Gesellschaft politisch zu führen, weil wir wie Kleinkrämer Aufgaben erfüllen wollten, die uns gar nicht zustanden.

Aus dem Mangel an politischer Führungsqualität erwuchs schließlich ein Defizit an Vertrauen in die Kraft des Volkes.

Gorbatschows Strategie

Spannung war im Sitzungssaal in Sofia. Ob Kádár, Husák, Jaruzelski, Ceaușescu, Shiwkow oder Honecker, wir alle waren neugierig, was uns Gorbatschow sagen würde. Es war seine Jungfernrede auf einer ordentlichen Sitzung der Leitungsorgane des Warschauer Vertrages. Die bisherigen Treffen mit ihm im März in Moskau und im April in Warschau hatten weitgehend Feiertags- oder Gedenkcharakter. Nun standen wir vor der ersten Arbeitsberatung mit dem neuen KPdSU-Generalsekretär.

Mir gefiel seine Art, wie er Probleme anging. Nicht lebensfremd, sehr aktuell. Vor allem war ich froh, dass er nicht so tat, als müsse man nach dem Tod seines Vorgängers wieder von vorn anfangen. Er guckte in die Zukunft. Inzwischen sind viele Jahre vergangen und Gorbatschow erklärt immer öfter, er habe 1985 allen Parteiführern gesagt, dass von nun an jedes sozialistische Land souverän sei und im Übrigen seine Strategie darin bestanden habe, den Kommunismus zu beseitigen.

Ich habe seit seinem Machtantritt bis zum 4. Dezember 1989 an allen Beratungen des Warschauer Vertrages auf höchster Ebene teilgenommen. Erlebt habe ich immer das Gegenteil von dem, was Gorbatschow jetzt behauptet. Er erwies sich zum Anfang als Musterschüler seines Förderers Andropow, er war gewissermaßen kommunistischer Anwalt der gemeinsamen Politik der sozialistischen Länder. Wenn es je eine Breschnew-Doktrin der beschränkten Souveränität der europäischen sozialistischen Staaten gegeben haben soll, dann hat Gorbatschow sie zu dieser Zeit besonders gepflegt, jedenfalls gegenüber der DDR. Er hatte uns fest im Griff, bis zum Schluss. Eigene Schritte gegenüber der Bundesrepublik waren verboten.

In Sofia informierte er uns, dass die sowjetische Führung im Besitz eines streng geheimen Dokuments der US-Regierung sei. Daraus ginge hervor, dass die USA eine ständige Strategie der Destabilisierung der sozialistischen Länder betreiben. Die USA wollen, so der KPdSU-Generalsekretär, »Unruheherde in der Sowjetunion und anderen sozialistischen Ländern schaffen. Sie wollen uns das Handeln diktieren. Sie wollen uns beseitigen«. Fast beschwörend meinte er: »Wir alle sitzen in einem Boot, sind eine Mannschaft. Der Kurs und das Ziel sind klar. Jetzt gilt es, einheitlich zu handeln.«

Die Suche nach neuen Wegen berge aber die Gefahr einer Abkehr von den Prinzipien des Sozialismus und der »Überschätzung nationaler Spezifika eines sozialistischen Landes in sich«. Das müsse verhindert werden. Der Westen bediene sich der Wirtschaft, der Kredite, der Meistbegünstigung, spekuliere auf »nationale Modelle« des Sozialismus und stelle die Bruderländer einander gegenüber.

Bei diesen Worten richtete Gorbatschow seinen Blick auf Honecker und meinte: »Nicht wahr, Genosse Honecker, der Westen teilt uns in ›flexible‹ und in ›dogmatische‹ Staaten ein. Die Sowjetunion wird des Dogmatismus bezichtigt, während man die DDR zu den ›Flexiblen‹ zählt. Der Westen provoziert nationalistische Stimmungen und versucht, unser Zusammenwirken zu schwächen, um einen Schlag gegen den Sozialismus zu führen.«

Gorbatschow schlussfolgerte: »Bei aller Schärfe der Probleme gibt es für kein Land Grund zu Panik. Vielmehr verfügen wir über alle Voraussetzungen, um einen kühlen Kopf zu bewahren und unser gemeinsames Potenzial noch besser zu nutzen. Voraussetzung dafür ist, dass niemand aus unserer Familie ausschert.«

Er begründete seine Politik der »sozialökonomischen Beschleunigung«. So nannte er zunächst seine Strategie. Von Perestroika war noch keine Rede. Gorbatschow übergab uns die noch unveröffentlichte Fassung des dritten Parteiprogramms der KPdSU. Dazu sagte er: »Man darf sich nicht in technologische und finanzielle Abhängigkeit vom Kapitalismus begeben. An den Grundwerten und Idealen des Sozialismus muss festgehalten werden. Für den sozialistischen Markt sind die Grenzen durch das sozialistische Eigentum, die sozialistische Wirtschaftsführung gesetzt.« Gorbatschow leitete daraus die Aufgabe ab, »keine Lösungen außerhalb des Sozialismus zu suchen. Worauf es ankomme, ist, das Potenzial des Sozialismus zu nutzen.« Er forderte uns auf, »nicht die Augen vor negativen Einflüssen der westlichen Lebensweise zu verschließen«. Offen sprach er über die Lasten der Sowjetunion für die Aufrechterhaltung des militärischen Gleichgewichtes in der Welt. Die Sowjetunion trage die Hauptlast. Ihre Militärausgaben schmälern den Lebensstandard der sowjetischen Bevölkerung. Hinzu komme, dass die UdSSR allein 1984 an Kuba, Vietnam und die Mongolei Hilfe im Umfang von elf Milliarden Rubel gewährt hat. Er fügte für uns die bittere Wahrheit hinzu: »Die Möglichkeiten der Sowjetunion, Rohstoffe gegen Verarbeitungsprodukte zu liefern, sind erschöpft.«

Ich war mit der Rede zufrieden. Sicher, es waren wieder Sticheleien gegen die DDR enthalten. Nicht etwa wegen Dogmatismus. Auch nicht, weil wir Bremser von Reformen gewesen wären. Nein, die Sticheleien galten der

DDR als Vertreter einer flexiblen Dialogpolitik zum Westen und einer realistischen Politik gegenüber der Volksrepublik China. Beides passte Gorbatschow nicht. Im Prinzip war seine neue Strategie gegenüber der DDR im Grunde die alte, wie sie die Sowjetunion mit unterschiedlichen Nuancen seit Gründung der DDR betrieb: Soweit es nicht die Interessen der Sowjetunion berührte, waren wir souverän. In allen Fragen der Sicherheitspolitik, der Beziehungen der DDR zur BRD und zu Westberlin hatte die DDR keine andere Wahl, als ihrem großen Bündnispartner zu gehorchen.

Außenpolitisch allerdings gab es in Sofia noch etwas Neues, bisher Unvorstellbares in den Beziehungen unserer Staaten. Gorbatschow erhielt das gemeinsame Mandat aller unserer Staaten für seine ersten Gespräche mit US-Präsident Reagan. Diese Art der kollektiven Beratung der Warschauer Vertragsstaaten über bevorstehende Verhandlungen brachte Gorbatschow bei seinen osteuropäischen Kollegen viel Lob ein. Als er dann noch einige Zeit später, am 21. November 1985, von Genf kommend, in Prag Zwischenstation machte, um die Spitzen seiner Bündnispartner über sein Treffen mit dem amerikanischen Präsidenten zu informieren, herrschte bei uns allen beste Stimmung. So schnell und direkt waren wir bisher nie über Verhandlungsergebnisse Moskaus informiert worden. Gorbatschow setzte die Verbündeten früher ins Bild als sein eigenes Politbüro in Moskau.

Zum ersten Mal erfuhren wir aus berufenem Mund, wie die Gespräche in Genf tatsächlich gelaufen waren. Gorbatschow hatte »vier große und zwei kurze Gespräche unter vier Augen« mit Reagan geführt.

»Ich«, so Gorbatschow, »bin mit einem offensiven Friedensprogramm nach Genf gefahren. Ich habe die Fragen der Nuklear- und Weltraumwaffen sofort in den Mittelpunkt gerückt. Mein Ziel war, dem amerikanischen Präsidenten keine Möglichkeit zu geben, an der Oberfläche zu bleiben, nur mit Händeschütteln und Lächeln davon zu kommen. Reagan habe das Ziel gehabt, die Überlegenheit der NATO über den Warschauer Vertrag zu erlangen. Ich war von der Inhaltslosigkeit der Ausführungen des Präsidenten und den vorgetragenen Banalitäten entmutigt. Längere Zeit hat Reagan nur Zettel für Zettel vorgelesen. Es kam kein wirkliches Gespräch zustande«, resümierte Gorbatschow.

Und er schilderte die Atmosphäre: Erst nach einem Spaziergang am Genfer See und nach einem Verweilen am Kamin sei ein menschlicher Kontakt entstanden. Die Amerikaner hätten große Furcht vor Vieraugengesprächen gehabt, weil ihr Präsident nicht im Stoff stand.

Gorbatschow berichtete, wie der Dialog mit Reagan verlaufen sei:

Gorbatschow: »Herr Präsident, Sie haben nichts nach Genf mitgebracht, weder Impulse noch Hoffnungen.«

Reagan: »Doch, die strategische Verteidigungsinitiative.«

Gorbatschow: »Was wird, wenn Sie und wir in den Kosmos gehen? Es werden dramatische, unvorhergesehene Situationen entstehen. Die Politik wird völlig ausgeschaltet. Zu den bereits heute vorhandenen Bergen von Waffen kommen neue Waffen hinzu.«

Reagan: »Wir wissen noch nicht, was aus den Forschungen rauskommt. Es geht nicht um Waffen. Glauben Sie etwa nicht, dass wir Ihnen unsere Forschungsergebnisse übergeben werden?«

Gorbatschow: »Die Sowjetunion hat erklärt, sie wird nicht als erste Nuklearwaffen anwenden. Sie wird keinen Krieg gegen die USA beginnen. Glauben Sie uns das?«

Reagan: »Ich glaube das nicht.«

Gorbatschow: »Warum sollen wir Ihnen mehr glauben als Sie uns?«

Daraufhin seien die Amerikaner wie erstarrt gewesen. In der folgenden Pause sei nicht einmal ein Gespräch über persönliche Dinge möglich gewesen. Gorbatschow habe geglaubt, nun sei alles zu Ende.

Nach dieser Konfrontation zeigten die Amerikaner plötzlich Interesse am Verhandlungserfolg. So sei dann die gemeinsame Erklärung zustande gekommen.

Ich schilderte hier diese Passagen aus dem Gesprächsprotokoll in meinen Aufzeichnungen so ausführlich, weil Gorbatschow später erklären sollte, Reagan sei sein Vorbild gewesen.

Ich war nach diesem Treffen guter Dinge. Honecker begann zumindest in außenpolitischen Fragen zu Gorbatschow ein gewisses Vertrauensverhältnis aufzubauen. Gorbatschow revanchierte sich. Er überschüttete Honecker mit allerlei Lob. Die DDR, so Gorbatschow, habe ihre Reformen mit der sozialökonomischen Umgestaltung bereits auf dem VIII. Parteitag der SED 1971 vollzogen. Das sei das Verdienst Honeckers gewesen.

Das hörte Honecker gern. Mit dieser Formel lebten beide bis 1989.

Ein Brief vom Roten Baron

Meine Sekretärin hatte ihn mir ganz nach oben in die Mappe mit der wichtigsten Post gelegt. Einen Brief von Manfred Baron von Ardenne, den er am 31. Oktober 1985 geschrieben hatte . Ich schob das Schreiben tagelang wie eine heiße Kartoffel vor mir her. Der »Rote Baron«, wie der Wissenschaftler in Dresden respektvoll genannt wurde, teilte mir von Zeit zu Zeit seine Ansichten über unsere Politik mit. Vor Jahren hatte er mir seine Autobiographie »Ein glückliches Leben für Technik und Forschung« geschenkt. In der Widmung äußerte er den Wunsch, mit mir in Kontakt zu bleiben, was ich ihm auch gern versprach. Mir imponierte dieser Mann. Aus dem bürgerlichen Lager kommend, hatte er seinen Platz in der DDR gefunden und ihren Weg stets kritisch begleitet, auch als langjähriger Parlamentarier in der Volkskammer der DDR. 1945 war er als »Gast der Siegermacht« in die Sowjetunion gebracht worden. Er beteiligte sich dort an der Entwicklung der sowjetischen Atombombe. Er half, das Atomwaffenmonopol der USA frühzeitig zu durchbrechen. Die UdSSR verlieh ihm dafür den Stalin-Preis, damals die höchste Auszeichnung, die sie einem ausländischen Wissenschaftler zueignen konnte.

Nach seiner Heimkehr in die DDR 1954 hatte Walter Ulbricht den Spitzenmann der Wissenschaft oft konsultiert, wenn es um die Wirtschafts- und Wissenschaftsstrategie der DDR ging. Beide, wie man so sagt, konnten gut miteinander. Das hat wohl dazu beigetragen, dass Ulbricht vor Parteifunktionären einmal gesagt hatte, er brauche nicht die Abteilungen des Zentralkomitees zu befragen, wenn er wissen wolle, wie die Lage in der DDR sei. Manfred von Ardenne würde ihm dies viel besser und ehrlicher mitteilen. Dies hatte Ulbricht von manchen im Parteiapparat den Vorwurf eingebracht, er unterschätze die führende Rolle der Partei. Nachdem Honecker 1971 der erste Mann der SED geworden war, formulierte er zur Korrektur des Ulbricht-Kurses: Nicht der »Weiße Hirsch«, sondern der Prenzlauer Berg sei für ihn das Wichtigste.

Diese Gegenüberstellung entsprach seinem Naturell. Honecker war im proletarischen Milieu groß geworden. Er hatte eine Vorliebe, seine Verbundenheit zu seinen sozialen Wurzeln auch öffentlich zu zeigen. Doch die Gegenüberstellung von Prenzlauer Berg und Weißer Hirsch war für einen Spitzenfunktionär engstirnig. Die DDR brauchte sowohl die Verbindung zu den arbeitenden Menschen wie auch zu den Intellektuellen.

1981 hatte mich Ardenne in sein Dresdner Institut eingeladen. Während des Gesprächs zeigt, er sich enttäuscht, dass die Parteiführung unter Honecker nur noch selten seinen Rat suche. Er betrachtete mich gewissermaßen als seinen Vertrauensmann im Politbüro. Ich nahm diese Rolle gern wahr. Sein Brief vom 31. Oktober 1985 allerdings bereitete mir Sorgen. Er war von grundsätzlicher Art. Er enthielt Ansichten eines Mannes, der einerseits eng mit der DDR verbunden war, andererseits aber frei von Ideologie sein wollte. Gleich zu Beginn seines Briefes meinte er: »Der Brief richtet sich ganz persönlich an Sie, lieber Herr Krenz, als Vertreter der jungen Generation im Politbüro. Der Brief, der in einer ruhigen Stunde gelesen werden sollte, dient nur einem Ziel, dem Wunsch, zu helfen. Die Zeit reift unerbittlich heran, wo wir, um den Kalten Krieg der USA und der wachsenden Konkurrenz auf dem Weltmarkt wirksamer zu begegnen, gezwungen sein werden, auf neuen Wegen die sehr großen noch latent im sozialistischen System liegenden Reserven umfassend zu aktivieren.«

Offensichtlich hatten ihn Erfahrungen abgehalten, sich mit seinen Ideen direkt an Honecker zu wenden. Dass er mir vertraute, ehrte mich. Dass er aber zwischen den »Alten« und den »Jungen« im Politbüro differenzierte, machte meinen Umgang mit seinem Brief nicht einfach. Honecker war im Allgemeinen sehr misstrauisch. Seit in Moskau der jüngere Gorbatschow regierte, vermutete er offensichtlich, dass sich Gorbatschow und ich schon aus Gründen des Alters verbünden könnten. Früher hatte ich ähnliches nicht bemerkt. Jetzt stellte sich bei Honecker plötzlich so etwas wie Eifersucht auf Jüngere ein. Ich musste halt auf der Hut sein.

Wie es Ardennes Art war, nannte er in seinem Brief ohne Umschweife die Dinge beim Namen und nannte seine Forderungen:

»1. Wandlung der gegenwärtig in sehr vielen Betrieben und Einrichtungen völlig unzureichenden Arbeitsmoral eines jeden Staatsbürgers.

2. Schaffung von Bedingungen und Strukturen für die Erzeugung von hohem Leistungswillen bei jedem Staatsbürger.

3. Schaffung von in sich geschlossenen Basisstrukturen (Betrieben, Einrichtungen), die unter hoher Eigenverantwortung ihre Effizienz selbst optimieren und bei Nichtfunktionieren untergehen.«

Über die Konsequenzen, die sich daraus ergeben würden, schrieb er: »Die notwendige Aktivierung dürfte sich nur durch Maßnahmen erreichen lassen, die eine stärkere Anpassung der marxistisch-leninistischen Ideologie an die in unserem Jahrhundert so tiefgreifend veränderten Zeitverhältnisse und an das kaum veränderbare Durchschnittsprofil des menschlichen Charakters zur Grundlage haben.«

Als Aktivierungsmaßnahmen nannte er:

»1. Fachliche Leistung als Hauptmaßstab für Entlohnung, berufliche Stellung, Anerkennung (Parteizugehörigkeit erwünscht, aber nicht Bedingung).

2. Kündigungsrecht bei Personen, die auf Kosten von Arbeitskollegen oder der Gesellschaft leben. Folge wäre das Entstehen von Arbeitslosen, denen nur ein mäßiges Unterstützungsgeld gegeben werden sollte, auch um den Anreiz für Rückkehr in produktive Tätigkeiten mit hohem Lohnniveau zu geben.

3. Beseitigung heutiger Missverhältnisse zwischen den produktiven und unproduktiven Kräften in Betrieben und Einrichtungen. Höhere Gehälter im produktiven Bereich, Prämiierung von Umschulungen.

4. Das von frühester Kindheit im Menschen ausgeprägte Streben nach Besitz könnte dadurch berücksichtigt werden, dass kleinere Privatbetriebe in größerer Zahl zugelassen werden.

5. Allmähliche Zurückfindung zum Geld als Maßstab für Leistung, wirtschaftlichen Erfolg oder Misserfolg.«

Professor Ardenne schloss seinen Brief mit den Worten: »Sollten Sie, lieber verehrter Herr Krenz, den Inhalt dieses Briefes als (noch) zu weitgehend einschätzen, so legen Sie ihn auf Eis oder erinnern Sie sich bitte an den einen oder anderen Vorschlag, wenn die Zeit herangereift ist.« Als Anhang fügte er eine Ausarbeitung bei: »Systemtheoretische Gedanken zum Problem der gesellschaftlichen Leistung«.

Wie gesagt: Ich drehte den Brief wie eine heiße Kartoffel. Ich wollte dem Mann, der über zahlreiche wissenschaftliche und technische Patente verfügte, eine überzeugende und für ihn befriedigende Antwort geben. Doch wie? Ich stand im Widerspruch zu mir selbst. Mir war wohl bewusst, dass Dinge in dem Brief standen, die längst auf die Tagesordnung des Politbüros gehört hätten. Zum Beispiel die konsequente Anwendung des Leistungsprinzips. Ich dachte aber auch an den Gedanken von Marx, dass gleiche Rechte unter ungleichen Bedingungen ungleiches Recht sind.

Ich war von der Lauterkeit des Briefschreibers absolut überzeugt. Er wollte Veränderungen zum Nutzen der DDR, nicht gegen sie. Ich fürchtete aber auch, wir könnten uns in die Nähe einer »Konvergenz der beiden Systeme« begeben. So schrieb ich ihm, dankte für seine Vorschläge und empfahl, uns gelegentlich zu treffen. Ich unterließ, was ich hätte tun müssen: Ich hätte mit eigener Stellungnahme den Brief ins Politbüro geben und damit eine inhaltliche Debatte auslösen müssen. Dass ich es nicht tat, hat nichts mit Feigheit zu tun. Mir ist eine Spekulation darüber, was wohl aus mir geworden wäre, wenn ich mich hinter Ardennes Anregungen gestellt hätte, zu dümmlich, um sie als Erklärung für mein damaliges Verhalten zu nehmen. Es gibt schon zu viele aus dem Politbüro, die nach solchem Modell nachträglich ihr Verhalten in bestimmten Situationen deuten. So etwas ist mir fremd. Mit Sicherheit wäre weiter nichts passiert, als dass mir Honecker Naivität und falsche Verbündete bei der Lösung gesellschaftlicher Probleme unterstellt hätte. Ich wäre wahrscheinlich weder aus dem Politbüro geflogen noch wäre ich verhaftet worden. Möglich, dass es mir wie Geißler oder Biedenkopf aus der West-CDU gegangen wäre, die Kohl wegen ihres eigenständigen Denkens in die Provinz geschickt hatte. Das war aber nie meine Furcht. Wenn ich damals nicht anders reagierte, als ich reagiert habe, hängt das damit zusammen, dass ich mir selbst im Wege stand. Wie hätte ich bei meinen Vorstellungen von sozialer Gerechtigkeit für eine »bestimmte Arbeitslosigkeit« sein können?

Wie sollte ich mein Bild vom sozialistischen Menschen mit der These vom »kaum veränderbaren Durchschnittsprofil des menschlichen Charakters« in Übereinstimmung bringen? Wie hätte ich mir selbst erklären sollen, dass es im Sozialismus von Staats wegen Sozialempfänger geben sollte? Wie hätte ich, der selbst von Beruf Lehrer ist, einer gewissen »Elitetheorie« folgen sollen?

Es waren sachliche, nicht ideologisch begründete Einwände, die mich zur Zurückhaltung trieben. Zum Beispiel die Überzeugung, dass gesellschaftliche Entwicklungen sich in ihrer Vielfalt nicht kybernetisch regeln lassen. Auf Wandel war ich eingestellt, nicht aber auf die Aufgabe marxistisch-leninistischer Grundsätze. Bei allem, was ich an Veränderungen wollte, sie lagen nie außerhalb meiner sozialistischen Überzeugungen. Zwar war auch ich der Meinung, dass sich das Bewährte wandeln muss, um das gute Alte zu bleiben. Doch die Wandlung durfte die sozialistische Denkart nicht in Gefahr bringen. So blockierte ich mich selbst. Manche Vorschläge Ardennes hätten realisiert werden können, manche wären sicher berechtigt auf der Strecke geblieben, andere hätten zum Nachdenken angeregt und neue Wege inspiriert. Dass ich solche Potenzen ungenutzt ließ, ärgert mich noch heute. Die Dialektik, die Marx bei seiner ökonomischen Analyse des Kapitalismus als scharfe Waffe handhabte, gehörte bei uns leider schon lange nicht mehr zu unseren Arbeitsmitteln.

Monate vergingen seit meiner Antwort an Ardenne. Eines Tages bekam er Besuch aus Moskau. Es war Wladimir Krjutschkow, zweiter, später erster Mann des sowjetischen Komitees für Staatssicherheit. Wie mir Ardenne danach, am Rande einer Volkskammersitzung, erzählte, habe sich Gorbatschows Geheimdienstmann für unseren Briefwechsel interessiert.

Ardenne hatte wohl geglaubt, mit Hilfe des KGB den Boden für die Verwirklichung seiner Ideen lockern zu können. Und Gorbatschow wollte testen, wo die »Reformatoren« in der DDR zu finden sind.

Reformen, ja, die wollte ich. Nicht aber den Sozialismus weg reformieren.

Eingabe einer Frauenkommission

Im ZK gehörte ich zu jenen, die die meisten Eingaben von Bürgern erhielten. Es hatte sich herumgesprochen, dass meine Mitarbeiter gewissenhaft kontrollierten, ob und wie die zuständigen Organe den Bürgern helfen. In den Eingaben baten Leute um Reisemöglichkeiten zu ihren Verwandten in den Westen, beschwerten sich über schlechte Wohnverhältnisse, kritisierten herzloses Verhalten von Funktionären, baten um Unterstützung für einen Urlaubsplatz, wollten schneller ein Auto kaufen, fragten nach modernen Konsumgütern wie Videorecordern und Farbfernsehern, beanstandeten die Versorgung mit Ersatzteilen, baten um Überprüfung gerichtlicher Entscheidungen, machten Vorschläge zur Konsumgüterproduktion, wollten mehr Mitsprache in kommunalen Angelegenheiten oder einfach ihre Meinung zu politischen und persönlichen Problemen mitteilen. Die meisten Briefe enthielten Namen und Adresse, die wenigsten waren anonym. Aus den Eingaben ließ sich oft die Stimmung der Bevölkerung besser herauslesen als aus Informationsberichten.

Zudem waren sie nicht selten Anlass, generelle Schlussfolgerungen für die eigene Arbeit zu ziehen. Mit einer Eingabe konnte mitunter mehr erreicht werden als mit allgemeinen Beschlüssen. Nach dem Gesetz hatten die Bürger Anspruch auf die schnelle Erledigung ihrer Anliegen. Eingaben waren auch eine Möglichkeit, Verwaltungsentscheidungen überprüfen zu lassen. Die DDR hatte keine Verwaltungs- und Verfassungsgerichte. Dem lag der Gedanke zugrunde, dass gerade diese Gerichte in der Weimarer Republik einen reaktionären Charakter hatten und zu ihrem Untergang beitrugen. Zudem sollte ausgeschlossen werden, dass eine kleine Gruppe von Richtern politische Entscheidungen von gewählten Volksvertretern außer Kraft setzt. Kein Gericht sollte sich über ein Parlament hinwegsetzen können. Mir scheint, ein Gedanke, der auch im Gerichtsstaat Bundesrepublik zu bedenken wäre.

Oft wurden Eingaben auch direkt in der Parteiführung behandelt. Die Frauenkommission eines Landmaschinenkombinats aus dem Bezirk Dresden zum Beispiel hatte sich bei Honecker über die mangelhafte Fleischversorgung in ihrer Heimat beschwert. Das Schreiben wurde auf die Tagesordnung des Sekretariats gesetzt. Der zuständige Sekretär für Landwirtschaftsfragen, Werner Felfe, wurde von Honecker heftig angegriffen. Er ließ die Kritik nicht auf sich sitzen. Er nannte als Ursache dieses Missstandes auch außerplanmäßige Exporte von Fleisch in die Bundesrepublik Deutschland, ungenügende Investitionen für die Lebensmittelindustrie und ausbleibende Unterstützung für private Handwerksbetriebe.

Günter Mittag war daraufhin beleidigt. Er hatte die außerplanmäßigen Exporte von Fleisch in die Bundesrepublik veranlasst. Er fühlte sich zudem als Herr über alle Investitionen. Für ihn gab es in der Regel nur zwei Möglichkeiten für Verantwortliche: Entweder die Regierung oder die Bezirke. Nie er selbst oder Honecker. Nun beschuldigte Mittag die SED-Bezirksleitung Dresden, die es nicht verstehen würde, sich den Alltagsproblemen der Menschen zuzuwenden.

Felfe widersprach energisch. Nicht der Bezirk, sondern die Zentrale sei schuld, meinte er engagiert und belegte dies mit Fakten. Honecker spürte, dass es zu einer Grundsatzdiskussion kommen könne, bei der Mittag den Kürzeren zieht.

Er unterbrach deshalb die Diskussion. Sie könne erst weitergeführt werden, begründete er den Abbruch, wenn auch der 1. Sekretär der SED-Bezirksleitung Dresden dabei sei.

Nach der Sitzung kam Werner Felfe wütend in mein Arbeitszimmer. Wir waren seit Jahren auch familiär befreundet. Ich mochte seine sympathische Art. Zudem hatten wir gemeinsame Wurzeln in der FDJ. Er war einst Stellvertreter Honeckers, als dieser noch die FDJ leitete. Danach wurde er als Vorsitzender eines Kreisrates in die Provinz geschickt. Dort sammelte er nicht nur wichtige Leitungserfahrungen. Er studierte später auch Ökonomie, praktisch und in der Theorie. Er war sachkundig, umgänglich, offen und kritisch. Er gehörte zu den wenigen im Politbüro, die alle Leitungsebenen vom Kreis über den Bezirk bis hin zur Zentrale hinter sich hatten. Sein Sachverstand galt etwas. Er hatte mich gleich nach meinem Amtsantritt in einer diffizilen Situation bei Honecker in Schutz genommen. Ich hatte damals eine Rede vor Staatsfunktionären gehalten. Honecker hatte sie mir vorher ohne Veränderungen bestätigt. Alles schien in Ordnung zu sein. Die Rede kam auch gut an.

Doch dann wurde im Westen kommentiert. Die Springer-Zeitung *Die Welt* veröffentlichte am 5. März 1984 einige Passagen unter der Überschrift »SED tritt jetzt für privaten Handel ein«. Berichtet wurde, ich hätte mich auf einer Konferenz zu Versorgungsmängeln geäußert, eine Lanze für private Einzelhändler und Gastronomen gebrochen und gar das von Politikern in der Bundesrepublik geschätzte Wort »bürgernah« benutzt. Meine

Rede sei, meinte die Zeitung, weniger als üblich »von Parteifloskeln« überfrachtet gewesen. Indirekt sei ich auch »als erster DDR-Politiker auf das Problem wachsender Arbeitslosigkeit eingegangen.« Statt bei mir nachzufragen, was ich wirklich gesagt hatte, sah Mittag seine Chance, mich bei Honecker anzuschwärzen. Er ließ meine Rede von seinen Mitarbeitern nach Abschnitten aufteilen und den ihm unterstehenden Abteilungen des Zentralkomitees zur Stellungnahme geben. Diese kannten zwar nicht die Zusammenhänge, urteilten aber trotzdem: Das Material, gemeint war meine Rede, stimme nicht mit der Linie des X. Parteitages überein. Das war ein schlimmer Vorwurf, der, wenn er denn gestimmt hätte, auch zu Konsequenzen gegen mich hätte führen müssen. Ohne mein Wissen gab Mittag diese Beschuldigung an Honecker weiter. Der war überrascht, dass ausgerechnet er mir eine Rede bestätigt haben sollte, die nicht mit der Linie der Partei übereinstimme. Er bat Felfe, ihn zu beraten. Felfe verteidigte mich und bezeichnete Mittags Meinung als »unbegreiflich«.

An diesen Vorgang musste ich denken, als Werner Felfe nach der Sekretariatssitzung in meinem Arbeitszimmer stand und seinem Herzen Luft machte: »Diese Selbstgerechtigkeit von Mittag! Woher nimmt er sie nur?«, schimpfte er.

Als ich einwandte, Honecker habe ja gut reagiert, hielt er mir entgegen: »Siehst du denn nicht, wie die beiden zusammenspielen? Das ist doch unerträglich. Jede Kritik wird unter den Teppich gekehrt. Wer sich dagegen wehrt, wird sogar beleidigt. Beide spielen sich die Bälle zu und machen sich anschließend noch lustig über uns.«

So dramatisch sah ich das noch nicht.

Als wir eine Woche später im Sekretariat des ZK gemeinsam mit Hans Modrow diskutierten, kapitulierte Modrow. Statt offen die Ursachen schlechter Versorgung im Bezirk zu nennen, waren seine Argumente wenig überzeugend. Als Rechtfertigung für die schlechte Versorgung mit Fleisch brachte er allen Ernstes vor, dass in dem Ort, über den die Eingabe geschrieben worden war, ein Fleischermeister gestorben war. Durch solcherlei Entschuldigung war es für Honecker ein Leichtes zu erwidern: »Wir diskutieren hier nicht um einen Fleischermeister, sondern wie die Bezirksleitung sich um die Anliegen der Bevölkerung kümmert.«

Es war wie oft: Es gab eine Scheindiskussion, aber keine Lösung. Mangels Alternativen schwiegen auch Felfe und ich. Wir verpassten eine Chance, offen zu analysieren, wo die Ursachen für angesprochene Mängel lagen.

Wieder in Dresden, schrieb Hans Modrow am 6. September 1985 einen Brief an Honecker: »Das Anliegen der Beratung des Sekretariats des

ZK ist auf Grundfragen des Vertrauens der Werktätigen zur Politik der Partei, auf die Verwirklichung der Kernfrage des X. Parteitages der Einheit von Wirtschafts- und Sozialpolitik gerichtet. [...] Deine Worte: ›Wir kommen aus dem Volk und haben dem Volk zu dienen‹, haben uns bewegt [...]. Ich möchte dir versichern, dass ich ohne Vorbehalte zur Kritik des Sekretariats des ZK stehe und unser Kollektiv seine Kraft einsetzen wird, Lehren aus der Kritik zu ziehen und konsequent die Beschlüsse des ZK zu verwirklichen.«

So war es bei uns oft: Hinter vorgehaltener Hand wurde viel gemeckert. Wenn es auf Mut ankam, wurden Ausreden gesucht und auch gefunden.

Ärger über die Regierung

1984 hatte ich einen Vertrauensmann aus der Abteilung für Staats- und Rechtsfragen beauftragt, regelmäßig an den Sitzungen des Ministerrats, so hieß unsere Regierung, teilzunehmen. Ich war mir sicher, dass Günter Böhme gewissenhaft und ohne Befangenheit die Arbeit der Regierung über eine längere Frist analysieren kann. Während Honecker und Mittag die Regierung faktisch als Apparat der Partei betrachteten, setzte ich mich ein, dass sie, wie in der Verfassung vorgesehen, als Organ der Volkskammer die einheitliche Durchführung der Staatspolitik leitet. Es ging dabei nicht nur um Kompetenzfragen. Nach meiner Meinung musste die Verantwortung der Regierung im politischen System der DDR gestärkt werden. Das war insofern eine komplexe Frage, weil sie auch das Verhältnis des Apparats des ZK gegenüber den Ministern betraf.

Im Grunde ging es auch darum, wie die Partei ihre führende Rolle gegenüber dem Staat wahrnimmt. In den zurückliegenden Jahren war eine fehlerhafte Doppelstruktur entstanden. Partei- und Staatskompetenzen waren in der Praxis nicht mehr scharf genug voneinander getrennt. Abteilungen des Zentralkomitees kommandierten nicht selten die Ministerien. Das widersprach sowohl dem Parteiprogramm wie dem Parteistatut. Nach meinem Empfinden war ein klares Wort des Politbüros zugunsten der Regierung notwendig. Ich wollte dies erreichen, indem ich eine Analyse über die praktische Arbeit der Regierung vorlegte und daraus Schlussfolgerungen ableitete.

Nach dreiunddreißig Sitzungen, das heißt nach mehr als dreiunddreißig Wochen, fasste Günter Böhme seine Eindrücke von der Arbeit der Regierung in einem Brief an mich zusammen. Neben Gutem enthielt seine Bilanz sehr viel Kritisches: Die Regierung vernachlässige die kollektive Arbeit. Wichtige Entscheidungen würden ohne die zuständigen Minister vorbereitet. Während der Sitzungen gebe es kaum Diskussionen. Besonders der Erste Stellvertreter des Ministerpräsidenten setze auf Administration, wo Diskussion notwendig wäre. Die Minister seien nur ungenügend über Beschlüsse der Parteiführung informiert. Beschlussentwürfe, die einzelne Minister für das Politbüro vorbereiten, seien der Regierung nicht bekannt. Viele Minister hätten die Meinung, auf wesentliche innen- und außenpolitische Beschlüsse selbst keinen Einfluss zu haben. Entscheidungen, die sich auf Städte, Kreise und Bezirke auswirken, würden ohne deren Einbeziehung getroffen. Kontrollberichte der Arbeiter- und Bauerninspektion dürften nur vorgelegt werden, wenn dies die zuständigen wirtschaftspolitischen Abteilungen des Zentralkomitees genehmigen.

Der Apparat des Ministerrats beschäftige die Regierung mit unnötiger Bürokratie. Dies behindere schnelles Reagieren auf Probleme, die im Leben entstünden.

Aus meinem Kontakt mit Wolfgang Junker wusste ich, dass die Ursache für diese Mängel weniger bei der Regierung als mehr im Politbüro lagen. Als Günter Mittag 1976 von seiner Regierungsfunktion als Erster Stellvertreter des Ministerpräsidenten wieder als Sekretär des ZK, zuständig für Wirtschaftspolitik, ins Sekretariat des ZK zurückgekehrt war, schlug er dem Politbüro vor, dass ohne seine Zustimmung keine grundlegenden wirtschaftspolitischen Beschlüsse durch die Regierung gefasst werden dürfen. Er wolle so verhindern, dass die Regierung falsche Beschlüsse fasse. So wurde die Regierung auf wirtschaftspolitischem Gebiet faktisch entmündigt. Auf dieser Grundlage entwickelte sich die Wirtschaftskommission des Politbüros zum eigentlichen Wirtschaftskabinett der DDR. Was dort beschlossen wurde, ging in der Regel selbst im Politbüro ohne Diskussion über die Bühne.

Diese Arbeitsweise förderte nicht nur Subjektivismus. Sie trug zu erheblichen Fehlentscheidungen bei, die volkswirtschaftliche Verluste in Größenordnungen verursachten. Planungschef Gerhard Schürer hatte zum Beispiel nach Beschluss durch die Regierung mit Moskau ein vernünftiges Großprojekt für unser bedeutendstes Eisenhüttenkombinat in Eisenhüttenstadt ausgehandelt. Es sah unter anderem vor, dass sowjetische Spezialisten dort eine Warmbandwalzstraße bauen. Sie war notwendig geworden, um – wie die Fachleute sagten – den »metallurgischen Zyklus« zu schließen. Bisher fehlte eine entsprechende Verarbeitungsstufe. Die in Eisenhüttenstadt produzierten Brammen mussten zum Umwalzen quer durch das Land in die alte Bundesrepublik transportiert werden. Von dort wurden sie zurück zur Weiterverarbeitung nach Eisenhüttenstadt geschickt. Das war für die DDR mit hohem Aufwand und erheblichen Valutamitteln verbunden. Für die Westkonzerne allerdings ein lukratives Geschäft auf Kosten der DDR. Alle sachlichen Argumente sprachen für den Vorschlag von Planungschef Schürer. Zudem hatte die DDR in dieser Zeit eine positive Zahlungsbilanz mit der Sowjetunion, so dass das Geschäft auch für die DDR gut gewesen wäre.

Trotz dieser Vorteile lehnte Günter Mittag eigenmächtig das schon so gut wie vereinbarte Geschäft mit der Sowjetunion ab, was dort nicht nur als Vertragsbruch, sondern auch als Beweis für die verstärkte Westorientierung der DDR angesehen wurde. Honecker und Mittag wollten sich das Wohlwollen japanischer Wirtschaftskreise sichern und entschieden, dass Japan den Auftrag für Eisenhüttenstadt bekommt. Schließlich platzte auch dieses Geschäft, weil nach Einflussnahme aus Bonn die Japaner wegen der Embargopolitik gegen die DDR keine Hochtechnologie an die DDR liefern durften. Das Ausschalten der Regierung bei so lebenswichtigen Entscheidungen hat nicht nur Fehlleistungen in der Ökonomie begünstigt. Es war Ausdruck einer falsch verstandenen führenden Rolle der Partei. Nach meiner Meinung war es höchste Zeit, der Regierung wieder ihre verfassungsmäßigen Kompetenzen zu geben.

Mit diesem Motiv schickte ich den Bericht meines Mitarbeiters über die Regierungstätigkeit an Honecker. Ich schlug ihm vor, dass ich ihn in einem persönlichen Gespräch mit Stoph auswerte. Weiß der Teufel, was meinen Chef geritten hatte, jedenfalls schrieb er – ohne mich zu informieren – auf den Bericht: »Genossen Stoph zur Kenntnis.«

Das hätte nun – wenn Stoph Honecker nicht genau gekannt hätte – zu einem Zerwürfnis zwischen dem Regierungschef und mir führen können. Einige Wochen ließ er mich im Unklaren. Eines Tages rief er mich an und meinte sachlich: »Lass uns mal miteinander reden.«

Stoph hatte – wie ich später von ihm erfuhr – angenommen, ich würde hinter seinem Rücken mit Honecker gegen ihn arbeiten. Wahrscheinlich hatte er sich inzwischen überzeugt, dass es mir nicht um Ränkespiele ging, sondern um die Sache. So wurden mein Bericht und die Art, wie Honecker mit ihm umging, Ausgangspunkt für ein enges Arbeitsverhältnis zwischen Stoph und mir. Stoph war mit kurzer Unterbrechung über zwei Jahrzehnte Regierungschef. Unmittelbar davor, ich war damals noch Soldat in Prora auf Rügen, war er Verteidigungsminister der DDR und auch Erster Stellvertreter von Ministerpräsident Grotewohl. Er war ein alter Fuchs, preußisch diszipliniert und trotzdem mit allen Wassern eines erfahrenen Taktikers gewaschen.

Vor allem aber war er ein Mann Moskaus in der DDR-Führung. Es dauerte lange, bevor er sich anderen öffnete, weshalb ihm gelegentlich Kontaktarmut nachgesagt wurde. Zwischen uns entstand langsam ein Vertrauensverhältnis, das schließlich dazu beitrug, die Veränderungen 1989 im Politbüro gemeinsam vorzubereiten.

Krankheit und Politik

Am 29. Oktober 1985 flog Honecker für einen Tag nach Budapest. Es war ein unüblicher Besuch: Kein diplomatisches Protokoll. Keine offizielle Verabschiedung. Kein Begrüßungskommando bei der Rückkehr. Kádár und Honecker wollten sich ohne Begleitung und ohne vorher festgelegte Tagesordnung treffen. Die beiden alten Kampfgefährten wollten einfach, wie es hieß, von Mensch zu Mensch miteinander reden. Beide hatten in den letzten Jahren ein gutes Verhältnis zueinander aufgebaut. Sie mochten sich, was man in den ersten Jahren nach Honeckers Amtsantritt nicht sagen konnte. Während der Zeit der Moskauer Sprachlosigkeit in der ersten Hälfte der achtziger Jahre spielten sie sich gelegentlich die Bälle zu. Das *Neue Deutschland* veröffentlichte zum Beispiel Artikel aus ungarischen Medien, die nicht so ganz auf sowjetischem Kurs lagen. Wenn es dafür Kritik aus Moskau gab, antworteten wir, dass wir ja nur über den ungarischen Standpunkt informiert hätten. Wo es den beiden Chefs möglich schien, betonten sie die nationalen Besonderheiten unserer Länder. Auch unter Gorbatschow wurde dies mit Argwohn beäugt.

Honecker hatte festgelegt, dass nur ich zum Flugplatz komme und ihn morgens verabschiede und abends empfange. Als das Flugzeug in die Luft stieg, konnte ich nicht ahnen, welche einschneidenden Folgen dieser Kurzausflug nach Budapest haben würde. Dort sprachen Kádár und Honecker bei einem Spaziergang auch über ihre politische Zukunft. Sie versicherten sich gegenseitig, den Acker bestellt und für ihre Nachfolge gesorgt zu haben. Dabei überraschte der Ungar Honecker mit der Frage: Wie er es denn mit Leuten wie Konrad Naumann halte?

Honecker war erstaunt, verstand zunächst die Frage des Ungarn nicht. Der erzählte ihm, dass ein ungarischer Gasthörer an der Akademie für Gesellschaftswissenschaften beim ZK der SED in Berlin einen Bericht über einen Vortrag von Naumann an der höchsten akademischen Einrichtung der Partei geschrieben hatte, der auf seinem Schreibtisch gelandet war.

Honecker wusste nichts vom »Fehltritt« des Berliner Bezirkssekretärs. Naumann hatte vor einiger Zeit im angetrunkenen Zustand in der Akademie einen Vortrag gehalten, in dem er Grundfragen der Politik der SED und ihrer Führung in Frage stellte. Inhaltlich waren da interessante Sachen drin: Qualität der Arbeit des Politbüros, Medienpolitik, Blockpolitik, Kulturpolitik und unser Verhältnis zur Sowjetunion. Naumann tat dies aber so rüpelhaft und anmaßend, beleidigend gar für die Vorsitzenden der mit der SED verbündeten Parteien, dass er bei seinen Zuhörern auf Protest stieß. Obwohl Extratouren Naumanns allgemein bekannt waren und in Berlin auch über sein Auftreten in der Akademie allerlei gemunkelt wurde, hatte offensichtlich niemand Honecker darüber informiert. Wer konnte auch ahnen, auf welchen Umwegen er von Naumanns Entgleisung erfahren würde? Besonders peinlich war, dass ausgerechnet ein ausländischer Staats- und Parteichef Honecker ins Bild setzte.

Ich kann nur ahnen, wie es um seinen Seelenzustand in dem Moment bestellt war, als er von seinem Freund Janos über die Taktlosigkeit eines der wichtigsten Mitglieder des SED-Politbüros informiert wurde.

Als ich ihn am Abend in Berlin auf dem Flugplatz abholte, ließ er sich zunächst nichts anmerken. Ob Mielke schon wusste, was sich in Budapest ereignet hatte, kann ich nicht sagen. Jedenfalls war er gegen jede Absprache zum Flugplatz gekommen. Wie immer in solchen Fällen versuchte er, mit in das Auto von Honecker einzusteigen und gemeinsam mit ihm nach Hause zu fahren. Honecker gab ihm jedoch diesmal einen Korb und bat mich, in sein Auto zu steigen. »Wir fahren noch ins ZK.«

Das war gegen seine Gewohnheit. Nach Auslandsreisen fuhr er sonst gleich nach Hause.

Im Auto spannte er mich auf die Folter. Er schwieg. Erst in der Innenstadt fragte er plötzlich: »Hast du davon gewusst?«

»Wovon?«

Honecker erzählte nun, was er von Kádár über Naumann gehört hatte. Er wirkte verbittert.

Natürlich hatte ich es gewusst. Ich wollte mich aber da raushalten, weil Konrad Naumann und ich nicht gerade gute Freunde waren. Naumann (1928-1992) hatte es nie verkraftet, dass ich Sekretär des ZK geworden war – gleichsam an ihm vorbei, schließlich gehörte er seit 1976 ebenfalls dem Politbüro an und stand an der Spitze der Berliner Parteiorganisation. Ich wollte nicht den Eindruck erwecken, hinter seinem Rücken etwas gegen ihn zu tun. Zudem hatte ich angenommen, Kurt Hager hätte Honecker ins Bild gesetzt.

Honecker ging auf meine Erklärung nicht ein. »Mach dir Gedanken«, sagte er nachdrücklich, »wer sein Nachfolger in Berlin wird«.

Ich war trotz des Vorgefallenen erstaunt, dass Honecker den Schnitt wagen wollte. Bisher hat er immer gezögert, wenn es um Weggefährten ging, mit denen er zusammen in der FDJ gearbeitet hatte. Solche Genossen ließ er in der Regel nicht fallen. Zur Erklärung sagt er nur: »Es ist schade um Konny. Er ist talentiert. Aber er ist größenwahnsinnig. Was er mit dem Kopf aufbaut, reißt er mit dem Hintern wieder ein. Er ist unberechenbar. Seine Lebensgefährtin Vera ist bei mir gewesen. Er soll ein Verhältnis mit ihrer Tochter haben, die in der Sowjetunion studiert. Nun will auch er nach Moskau zur Parteihochschule. Er hofft darauf, dass er nach dem Schulbesuch Sekretär des ZK wird. Sein eigentliches Ziel ist, Generalsekretär zu werden.«

Mit seiner Rede in der Akademie, so Honecker, habe er nun das Fass zum Überlaufen gebracht. Honecker bat mich, zusammen mit Günter Mittag am nächsten Tag zu ihm zu kommen, um zu besprechen, wer der neue Mann an der Spitze der SED-Bezirksleitung in Berlin wird.

Einen Tag später saßen wir pünktlich um 15 Uhr zu dritt im Arbeitszimmer Honeckers. Er hinter seinem Schreibtisch, Mittag und ich davor. Zuerst erhielt ich das Wort. Ich schlug Siegfried Lorenz, den 1. Sekretär im Bezirk Karl-Marx-Stadt, vor. Ich war überzeugt, Honecker würde zustimmen. Lorenz sollte ohnehin auf der bevorstehenden ZK-Tagung ins Politbüro gewählt werden. Wir beide gehörten zu Honeckers politischen Ziehkindern. Er vertraute uns und wir ihm.

Honecker winkte jedoch ab. Karl-Marx-Stadt sei sein Wahlkreis und nicht weniger wichtig als Berlin. Mir schien dies nicht überzeugend. Seine Ablehnung hing wohl mehr damit zusammen, dass Lorenz und ich enge persönliche Freunde waren.

Als weiteren Vorschlag nannte ich Helmut Müller, seit Jahren zweiter Mann hinter Naumann. Müller kannte ich als begabten und umgänglichen Genossen. Angesichts der rüden Art Naumanns wäre dieser bescheidene und in Berlin beliebte Mann sicher der Richtige gewesen. Aber auch damit hatte ich kein Glück. Offensichtlich hatte Müller irgendwann eine Kontroverse mit Honecker, die dieser ihm nachtrug.

Nun war Mittag am Zuge. Auch er nannte Müller. Jedoch nicht Helmut, sondern Gerhard, Parteichef im Bezirk Erfurt.

Als Honecker auch diesen Vorschlag ablehnte, war klar, er hatte einen eigenen. Er saß hinter seinem Schreibtisch, guckte aus den Fenstern seines Arbeitszimmers auf den Marx-Engels-Platz mit dem Palast der Republik, während Mittag und ich vor ihm saßen und uns erwartungsvoll ansahen, so, als wolle jeder von uns fragen: Was wird jetzt auf uns zukommen?

Als sei ihm eine Erleuchtung gekommen, sagte Honecker überraschend: »Günter«.

Er merkte wohl, wie Mittag zusammenzuckte, weil er wohl annahm, dasss er gemeint sei.

»Nein, nein«, sagt Honecker schnell, »ich meine Schabowski.«

Mittag, der sonst in Anwesenheit Dritter Honeckers Vorschläge nie in Frage stellte, reagierte ganz spontan: »Doch nicht diesen Choleriker!«

Honecker sah Mittag tadelnd an.

Ich hielt mich zurück. Ich kannte Schabowski seit 1967, als wir kurze Zeit gemeinsam an der Parteihochschule der KPdSU in Moskau studiert hatten. Ich war weder für noch gegen ihn. Honecker lobte ihn über den grünen Klee. Er sei der beste Chefredakteur des *Neuen Deutschland*, den er seit 1946 kenne. Er sei ein erprobter Kommunist, der konsequent die Parteilinie vertritt. Meckerei lasse er in der Redaktion nicht zu. Er trete gegen das »intellektuelle Geschwätz der Besserwisser« auf. Nie habe er geschwankt, wenn die Kritikaster unsern Weg beschmutzten. Er sei absolut zuverlässig.

Da widersprach nun auch Mittag nicht mehr. So wurde Schabowski zum ersten Mann der SED von Berlin befördert. Als das Politbüro kurz darauf den Vorschlag bestätigte, beugte sich mein rechter Sitzungsnachbar, Werner Felfe, zu mir und sagte etwas brummig: »Egon, da hast du nicht aufgepasst.«

»Warum?«, fragte ich.

»Berlin braucht einen besonnenen Mann, keinen Karrieristen«, sagte Werner Felfe.

»Du tust ihm unrecht«, antwortete ich.

Als ich jedoch im Laufe der Zeit erlebte, mit welchen fraglichen Methoden Schabowski sich das Wohlwollen Honeckers sicherte, war ich geneigt, meinem Sitzungsnachbarn Recht zu geben. Beispielsweise bei einer der Frühjahrsmessen in Leipzig. Nach einem Messerundgang legte der für Medien zuständige Sekretär Joachim Herrmann in Anwesenheit von Schabowski und mir den Vorschlag vor, wie am folgenden Montag das *Neue Deutschland* gestaltet werden sollte. Honecker stellte wider Erwarten die Frage: »Brauchen wir morgen so viele Bilder von mir in der Zeitung?« Eine Frage übrigens, die sich massenhaft nach jeder Messe gestellt hatte. Manche verglichen an diesen Tagen das *Neue Deutschland* mit einer Bilder-Zeitung. Von jedem Messestand war ein Foto von Honecker abgedruckt. Diesmal hatte offensichtlich Margot ihren Mann darauf aufmerksam gemacht, dass sich die Leute über die Anzahl der Bilder lustig machen. Selbst Honecker schien davon beeindruckt und wollte die absurde Praxis ändern. Bevor Herrmann jedoch auf Honeckers Frage reagieren konnte, mischte sich Schabowski ein, ohne gefragt zu sein: »Aber Erich«, hob er an, »es geht doch gar nicht um dich. Die Botschafter sind doch beleidigt, wenn sie morgen nicht nach Hause berichten können, dass sie auf einem Bild mit dir im Zentralorgan sind. Ein Bild mit dir, das ist für sie doch so etwas wie eine Empfehlung für ihre diplomatische Beförderung.«

Ich war meinem Chef gegenüber wirklich ergeben. Aber diese Art widerte mich an. Das Urteil des ehemaligen *ND*-Chefs überzeugte Honecker. Er glaubte, dies sei die Stimmung der Berliner. Schabowski hatte wieder Punkte bei Honecker gesammelt, indem er ihn noch weiter von der Realität wegzog, als er ohnehin schon war.

Auf der November-Tagung des ZK 1985 schied zusammen mit Naumann auch Herbert Häber (1930-2020) aus dem Politbüro aus. Er hatte nur anderthalb Jahre eine Gastrolle gegeben. So unterschiedlich Häber und Naumann auch waren, durch unsere unsinnige Informationspolitik schlugen wir sie ungewollt über einen Leisten. Es seien gesundheitliche Gründe, ließen wir verkünden, die dazu führten, dass beide um ihr Ausscheiden aus dem Politbüro gebeten hätten. So gaben wir Platz für Spekulationen, die es schon gleich danach und erst recht nach 1989 gab. Während es sich bei Naumann um politische und moralische Verfehlungen handelte, die zu seinem Ausschluss aus dem Politbüro führten, waren es bei Häber ausschließlich persönliche Gründe.

1984 war Häber überraschend auf Vorschlag Honeckers ins Politbüro gekommen. Er war durch seine aussagekräftigen Analysen über die Bundesrepublik aufgefallen, die er als verantwortlicher Abteilungsleiter für die Westarbeit der SED regelmäßig nach Gesprächen mit hochrangigen Politikern der Bundesrepublik anfertigte. Er sprach mit Bundespräsidenten, Bundeskanzlern sowie Bundesministern und informierte darüber detailliert das Politbüro. Seine Berichte machten Eindruck. Im Westen schätzte man ihn als intelligenten Gesprächspartner und bei uns galt er als kluger und linientreuer Parteimann, der besser als viele andere verstand, originelle Gedanken zu formulieren. Ich kannte ihn recht gut. Bei der FDJ hatte ich ihn oft konsultiert, wenn es um unsere Arbeit mit Jugendorganisationen der BRD ging. Später nahmen wir gemeinsam an Parteitagen von DKP und SEW teil. Nachdem wir beide im Politbüro saßen, teilten wir uns sogar ein gemeinsames Vorzimmer. Wir sahen uns täglich, diskutierten miteinander und tauchten gegenseitig Informationen aus. Es blieb nicht aus, dass wir dabei auch einander gerieten. Im Sommer 1984 hatte Honecker mir einen vertraulichen Auftrag gegeben. Ich sollte ohne Hinzuziehung der Sicherheitsorgane nur für ihn Vorschläge unterbreiten, wie die gesetzlichen Bestimmungen für Westbesuche in dringenden Familienangelegenheiten erweitert werden könnten. Honecker wollte vor einem eventuellen Staatsbesuch in Bonn alle Möglichkeiten für Reiseerleichterungen von DDR-Bürgern prüfen. Ich machte meine Vorschläge. Vertrauensselig zeigte ich sie auch dem Westfachmann Häber. Ich bat ihn, niemandem davon etwas zu sagen. Honecker hatte mir ausdrücklich auferlegt, bei der Suche nach Verbesserungen keinen Dritten einzubeziehen. Mich interessierte jedoch, welchen Widerhall die Substanz der Reiseerleichterungen auch bei Westpolitikern finden könnte. Häber verwendete meine Empfehlungen an Honecker jedoch in Gesprächen mit westdeutschen Politikern, als wären diese Vorschläge seine und schon Verhandlungsgegenstand.

Dies wurde dem Generalsekretär durch die entsprechenden Gesprächsprotokolle bekannt. Das trug mir einen gehörigen Rüffel ein. Das trübte zwar zeitweilig meine Arglosigkeit gegenüber Häber. Ansonsten aber arbeiteten wir gut zusammen.

Eines Tages, es war im Mai 1985, wir verabschiedeten in Schönefeld das Staatsoberhaupt Rumäniens, verpasste Honecker fast den Abflug. Er war nervös, unsicher und mit ganz anderen Sachen beschäftigt als mit Rumänien. Als die Maschine abrollte, standen wir beide allein zusammen. Er sagte mir: »Stell dir vor, der Vater von Herbert Häber soll an Kriegsverbrechen der Nazis beteiligt gewesen sein. Ich habe das nicht gewusst, obwohl dies schon seit langem bei der Parteikontrollkommission bekannt sein soll. Wenn das die Westmedien mitkriegen, dann machen die aber wieder ein Theater.«

Honecker erinnerte an einen Fall aus den sechziger Jahren, als ein Landwirtschaftsfachmann ins Politbüro gewählt worden war, der kurz danach vom Westen als Angehöriger der NSDAP entlarvt worden war, obwohl er zu jener Altersgruppe gehörte, die faktisch automatisch von der Hitlerjugend in die Nazipartei aufgenommen worden war. Nichts war uns und besonders Honecker, der bei den Nazis gesessen hatte, unangenehmer als der Vorwurf, wie würden leichtfertig die Nazivergangenheit von Führungskadern übersehen. Ich wandte ein: »Hier geht es doch nicht um Herbert, sondern um seinen Vater. Was kann Herbert für seinen Vater?«

»Hast du eine Ahnung, die werden über uns herfallen, als wären wir selbst Kriegsverbrecher. Und außerdem wird Herbert für sie erpressbar.«

Ich sagte darauf: »Es wird uns nichts anderes übrigbleiben, als mit ihm zu reden«. Bewusst sagte ich »uns«, um nicht Honecker in Verlegenheit zu bringen, es selbst tun zu müssen. Ich hätte ihm diese Arbeit abgenommen.

Honecker wollte es aber unbedingt selbst tun. Er ließ jedoch viel Zeit verstreichen. Ihm war es unangenehm, einen Mann aus dem Politbüro zu nehmen, den er erst vor einigen Monaten selbst für diese Aufgabe vorgeschlagen hatte. Es war eine Art Feigheit, die über ihn siegte. Häber spürte jedoch, dass irgendetwas nicht in Ordnung war. Er bekam keine wichtigen Aufträge mehr, seine Genossen im Politbüro verhielten sich zurückhaltend.

Nach einer Veranstaltung im Sommer 1985 brach dann eine Nervenkrankheit neu auf, die ihn schon vor Jahren gezwungen hatte, ein Studium in Moskau abzubrechen. Nun wurde sie Anlass, nicht Ursache für sein Ausscheiden aus dem Politbüro. Honecker schien dies bequemer als die unangenehme Sache mit dem Vater, die möglicherweise wieder Reaktionen im Westen ausgelöst hätte. Eine sehr bizarre Mischung von Umständen, für die Häber nur mittelbar etwas kann. Gerüchte, er sei wegen politischer Meinungsverschiedenheiten oder gar auf Druck Moskaus aus dem Politbüro ausgeschieden, entbehren jeder sachlichen Grundlage. Ich glaube, die Leute im Moskauer Politbüro des Jahres 1985 haben ihn wohl nicht einmal persönlich gekannt.

Es gab keine inhaltlichen Konflikte mit Häber. Die Politik, die er gegenüber der Bundesrepublik Deutschland vertrat, war identisch mit der, für die Honecker und das Politbüros einstanden. Nach 1989 hörte ich, dass es unter den Tarnnamen »Länderspiel« und »Zürcher Modell« vermeintliche Absichten gegeben haben soll, in der Schweiz eine deutschdeutsche Bank zu gründen, aus der sich die DDR hätte mit Krediten bedienen können, wenn sie denn die Grenze zwischen den beiden deutschen Staaten durchlässiger gemacht hätte. Angeblich sollen solche Gedankenspiele auch mit der Idee einer deutschen Konföderation verbunden gewesen sein. Häber soll davon gewusst haben.

Ich kann nicht ausschließen, dass in Flur- oder Vorzimmergesprächen solches Geflüster stattgefunden hat. Aber: Seit ich dem Politbüro angehörte, das heißt seit 1976, war dort von solchen Plänen nie die Rede gewesen. Seit 1984 vertrat ich Honecker in seiner Abwesenheit in Partei- und Staatsämtern. Nicht einmal, auch nicht in persönlichen Gesprächen mit dem Generalsekretär, habe ich von solchen Ideen gehört. Im Politbüro oder in der Umgebung Honeckers haben sie keine Rolle gespielt, waren also niemals praktische Politik der DDR. Ich kenne viele Unterhändler der DDR, so Schalck-Golodkowski und Rechtsanwalt Wolfgang Vogel sowie politische Beauftragte Honeckers für den direkten Kontakt mit Spitzenpolitikern aller damals im Bundestag vertretenen Parteien. Nie jedoch habe ich davon gehört, dass ein Professor Jürgen Nitz (1927-2017) im Dienste der DDR Vollmachten eines Unterhändlers gehabt hätte. Wer sich nur einigermaßen an die Realitäten der ersten Hälfte der achtziger Jahre erinnert, muss auch die Idee einer deutschen Konföderation in das Reich von Märchen verbannen. Nicht nur weil sie schon in den fünfziger Jahren von Ulbricht besetzt und seitdem für die Bundesrepublik unannehmbar geworden war. Eine Konföderation setzt mindestens eine gemeinsame Wirtschafts-, Sicherheits- und Militärpolitik voraus. Wie diese unter den Bedingungen von zwei Weltsystemen und zwei sich feindlich gegenüberstehenden Militärblöcken hätte erreicht werden sollen, kann wohl niemand ernsthaft erklären. Offensichtlich werden hier Kooperation, für die wir immer waren, und Konföderation, die zu dieser Zeit unrealistisch schien, miteinander verwechselt.

Das Ausscheiden Häbers aus dem Politbüro mag wegen der besonderen Umstände ungewöhnlich gewesen sein. Politische Meinungsverschiedenheiten hatte das Politbüro mit Häber nicht. Dass er gar wegen seiner Politik in der DDR in Lebensgefahr gewesen sein soll, halte ich eher für eine Einbildung. Nach meiner Kenntnis ist dies durch nichts bewiesen. Als ich im Herbst 1989 Generalsekretär geworden war, bekam ich einen Vorschlag zur Rehabilitierung von Häber auf den Tisch. Darin wurde behauptet, er sei seinerzeit gegen seinen Willen mit Psychopharmaka vollgestopft, in eine Psychiatrie eingewiesen und von der Außenwelt isoliert worden. Ich kannte die Ärzte im Regierungskrankenhaus. Keinem von ihnen traute ich eine solche kriminelle Tat zu. Die Psychiatrie wurde in der DDR auch nicht für politische Zwecke missbraucht. Da war ich mir sicher. Wäre Häbers Behauptung korrekt, hätte die Angelegenheit vor Gericht gehört.

Ich übergab sie deshalb dem Generalstaatsanwalt der DDR zur Prüfung. Als die SED schon nicht mehr existierte, entnahm ich einer *ADN*-Meldung vom 2. Februar 1990, dass nach den Ermittlungen der Staatsanwaltschaft die Gutachten zu den Krankenhausunterlagen ergeben hätten, dass die Behandlung Häbers nicht gegen seinen Willen erfolgt und medizinisch begründet gewesen sei.

Makler zwischen Staat und Kirche

Manche von uns nannten ihn »Schlitzohr«, andere »Makler« oder auch nur »Unser Mann in der Kirche«. Was Manfred Stolpe wirklich war, weiß wohl nur er. Das gehässige Etikett »Spitzel« gaben ihm nach 1990 Leute, die nie in der DDR gelebt haben oder von Hass auf alle loyalen DDR-Bürger erfüllt sind.

Im Sommer 1985 traf ich Stolpe auf einem Empfang in der jugoslawischen Botschaft in Berlin. Er vertrat dort die Kirche und ich den Staat. Solche Empfänge boten gute Möglichkeiten für Gespräche ohne Aktennotizen. Da wird etwas gesprochen, was später nicht schwarz auf weiß existiert. Deshalb überließen wir es nie dem Zufall, wer uns bei solchen Gelegenheiten vertritt. Im Politbüro wurde jede Woche am Ende der Sitzung beschlossen, wer an welchem Empfang in welcher Botschaft teilnimmt. An dem Rang des teilnehmenden Politikers der DDR lasen die Diplomaten in der Regel ab, wie gut oder wie schlecht die gegenseitigen Beziehungen sind. Jugoslawien stand bei uns hoch im Kurs. So wurde ich als Stellvertreter Honeckers im Staatsratsamt zum Empfang abkommandiert. Wie die Kirchenleitung entschied, weiß ich nicht. Beobachtet habe ich aber über die Jahre: Wo das Politbüro vertreten war, kam in der Regel auch der Konsistorialpräsident der Evangelischen Kirche, Manfred Stolpe. Am häufigsten sah ich ihn in der sowjetischen Botschaft. Wie eng die dortigen Diplomaten mit ihm verbunden waren, erkannte ich auch daran, dass wir von ihnen oft wesentlich mehr über interne Angelegenheiten der Kirche erfuhren, als wir selbst wussten.

Während des Empfangs in der jugoslawischen Botschaft arbeitete sich Stolpe Stück für Stück in meine Nähe. Plötzlich, fast wie zufällig, stand er neben mir. In seiner moderaten Art ging er mir um den Bart. »Ich gratuliere Ihnen«, sagte der Kirchenmann, »zu Ihrer interessanten Rede«.

Er meinte mein Referat, das ich auf einer Rechtskonferenz des Zentralkomitees gehalten hatte. Dort hatte ich vom »sozialistischen Rechtsstaat DDR« gesprochen, die Gleichheit aller vor dem Gesetz hervorgehoben, die Rechtssicherheit in der DDR gelobt und die Gemeinsamkeit aller politischen Kräfte des Landes betont. Stolpe meinte, er habe mit Befriedigung aufgenommen, dass ich die DDR einen »sozialistischen Rechtsstaat«

genannt hatte. Daran wolle er anknüpfen und mir ein Problem vortragen, das ihn in diesen Tagen stark bewege. Er berichtete mir, dass ihm bekannt geworden sei, dass der Staat etwa fünfzig junge Männer in Haft nehmen wolle, weil sie den Wehrdienst verweigern.

Auf meinen Einwand, dass sie doch die Möglichkeit hätten, als Bausoldaten zu dienen, entgegnete er, dass es sich um Totalverweigerer handle.

»Solche«, sagte ich »verstoßen gegen das Gesetz. Meines Wissens werden auch in der Bundesrepublik solche Verweigerer strafrechtlich verfolgt.«

Das träfe zu, meinte Stolpe. Doch werde man dort die Verhaftung von DDR-Bürgern mit anderer Elle messen. Man werde die DDR wieder diskreditieren. Ein solches Geschrei brauche bei uns niemand. Deshalb wolle er mich bitten, meinen Einfluss geltend zu machen, dass die Verhaftungen nicht stattfinden.

Offensichtlich glaubte selbst Stolpe, dass über Verhaftungen von DDR Bürgern im Politbüro entschieden würde. Ähnliche Vermutungen hatte ich schon im Januar 1984 von Juso-Chef Hartung gehört. Nach einem Gespräch bei mir erwartete er, dass ich mich im Politbüro für die inhaftierten Mitglieder der Gruppe »Frauen für den Frieden« – Bärbel Bohley und Ulrike Poppe – einsetzte. Auch er wollte nicht glauben, dass dem Politbüro von deren Verhaftung nichts bekannt war. Während meiner Mitgliedschaft im Politbüro hatte ich nie erlebt, dass dort über Verhaftungen entschieden wurde. Niemand aus der Führung – Mielke ausgenommen – wusste damals, wer die beiden Frauen überhaupt waren. Erst aus Berichten der westdeutschen Medien wurden sie uns bekannt.

Ich konnte zwar mit Hilfe Honeckers erreichen, dass die Staatsanwaltschaft der DDR die Angelegenheit prüfte und ihre Freilassung veranlasste. Doch das waren Ausnahmen. Eingriffe in die Justiz, zu denen weder Honecker noch ich laut Gesetz berechtigt waren, habe ich immer vermieden. Wie dies in den fünfziger und sechziger Jahren gehandhabt wurde, weiß ich nicht.

Sollte Stolpes Information zutreffen, wäre es einfach ungeschickt von uns gewesen, eine »Verhaftungsaktion« zu starten. Wehrdienstverweigerung war in der DDR keine massenhafte Erscheinung. Es wäre ein bloßes Säbelrasseln ohne erkennbaren Nutzen geworden. Wir würden unnötigerweise einen demonstrativen Akt durchziehen, der uns nur Ärger bringen würde. Ich sprach mit Honecker, dem die Generalstaatsanwaltschaft der DDR unterstand. Die Aktion wurde abgeblasen.

Seitdem hat es meines Wissens in der DDR nie wieder Haftstrafen gegen Wehrdienstverweigerer gegeben.

Stolpe hat nie mit Lob für Honeckers »Politik der Vernunft und des Realismus« gespart. Wo sich Konflikte zwischen Staat und Kirche anbahnten, bot Stolpe sich immer als erfolgreicher Vermittler an. Er war nicht der Mann der Eindeutigkeiten. Manchmal machte er ambivalente Anmerkungen und überließ die Auslegung seinem Gesprächspartner.

Mir kamen dennoch nie Zweifel, dass er sich als Mann der Kirche bei Konfliktlösungen mit dem Staat sah. Dazu brauchte er das Vertrauen des Staates. Er hatte es. Ich habe ihn immer als loyalen Staatsbürger der DDR erlebt. Nicht selten überbrachte er Botschaften von Persönlichkeiten aus dem Lager der Regierenden oder der Opposition der Bundesrepublik. Ich sah in ihm einen ehrlichen Makler zwischen Staat und Kirche und zwischen den politischen Seiten.

Zwischen den Stühlen

Seit zwei Jahren machte mir meine Galle zu schaffen. Die Ärzte hatten zur Operation geraten. Die Zeit eines Krankenhausaufenthaltes musste nach meinem Wunsch so kurz wie möglich sein. Von Mitte Dezember bis zum Jahresanfang wollte Honecker Urlaub nehmen. Das hieß, ich würde ihn in dieser Zeit vertreten.

Am 2. Dezember 1985 zog ich ins Krankenhaus ein. Mein Arzt hatte mir bereits eine Beruhigungsspritze gegeben, da klingelte in meinem Zimmer im Regierungskrankenhaus mein WTsch-Apparat. Am anderen Ende Honecker. Mir schien, er war etwas durcheinander. Vielleicht bildete ich es mir auch nur ein, denn meine Beruhigungsspritze zeigte schon ihre Wirkung. Ich verstand ihn schlecht. In seiner Stimme lag Bestürzung. »Kannst du deine Operation noch verschieben?«, fragte er.

»Natürlich«, antwortete ich, ohne zu wissen, was die Ärzte dazu meinen würden. »Wenn du mir diese Frage stellst, muss es ja etwas Besonderes geben.«

»Ja«, bestätigt er, »ich habe eben die Nachricht erhalten, dass Heinz Hoffmann auf dem Wege zur Arbeit umgefallen ist und sofort tot war. Eigentlich müsste ich die Trauerrede halten. Dies fällt mir gerade bei Heinz sehr schwer. Ich würde es weder psychisch noch physisch durchstehen. Kannst du sprechen?«

Ich fühlte mich geehrt. Verteidigungsminister Hoffmann war eine der herausragenden Persönlichkeiten der DDR mit einer bewundernswerten Biografie. Im Spanischen Bürgerkrieg schwer verwundet, in der Sowjetunion geheilt, nahm er danach aktiv am Kampf gegen Hitler teil und war zeitweilig persönlicher Mitarbeiter des ersten DDR-Präsidenten, Wilhelm Pieck. Seit über zwanzig Jahren stand er an der Spitze der Nationalen Volksarmee. Wir standen uns auch menschlich sehr nahe. Er gehörte zu jenen Genossen des Politbüros, mit denen ich privat und politisch eng verbunden war.

Obwohl ich unter Beruhigungsmitteln stand, sagte ich, ich könne in etwa einer Stunde im Hause des Zentralkomitees sein. Bis zur Sitzung des Politbüros, auf der Hoffmanns Nachfolger bestimmt würde, würde ich es schaffen. Nachdem ich den Hörer aufgelegt hatte, marschierte ich schnurstracks in das Ärztezimmer. Dort tagte das Konzil, das meine Operation vorbereitete. Ich sagte den versammelten Ärzten nur: »Heute klappt es nicht. Vielleicht nächste Woche.« Sie erstarrten und nahmen wohl an, dass bei mir nicht alles in Ordnung sei. Erst als ich erklärte, was geschehen war, einigten wir uns auf die Verlegung der vorbereiteten Operation.

Am Tage, als Hoffmann starb, waren die Verteidigungsminister der Warschauer Vertragsstaaten in Strausberg bei Berlin eingetroffen. Die Nationale Volksarmee war Gastgeber für eine Sitzung des Komitees der Verteidigungsminister, dem militärischen Führungsorgan des Politisch Beratenden Ausschusses unserer Militärkoalition. Schon dadurch war es geboten, dass Honecker als Vorsitzender des Nationalen Verteidigungsrates der DDR noch am gleichen Tage den neuen Verteidigungsminister ernannte. Seine Wahl fiel auf Heinz Keßler (1920-2017). Keßler war vom Reichskriegsgericht in Abwesenheit zum Tode verurteilt worden, weil er nach dem faschistischem Überfall auf die Sowjetunion als Gefreiter der Wehrmacht zur Roten Armee übergelaufen war. Er kam als Mitglied des Nationalkomitees »Freies Deutschland« gemeinsam mit Walter Ulbricht in das zerstörte Berlin zurück.

Zusammen mit Honecker und anderen gründete er 1946 die Freie Deutsche Jugend. Seit den fünfziger Jahren war er in Führungsfunktionen der NVA tätig. Mit seiner Biografie stand er in gleicher antifaschistischer Tradition wie sein Vorgänger Heinz Hoffmann.

Nach der Ernennung Keßlers beauftragte mich Honecker, nach Strausberg ins Verteidigungsministerium zu fahren. »Führe den neuen Minister in sein Amt ein!«

Vorher wollte ich, so schlug ich vor, die Marschälle Sokolow und Kulikow informieren. Sokolow war Verteidigungsminister der UdSSR und Kulikow Oberkommandierender der Vereinten Streitkräfte des Warschauer Vertrages, die beiden ranghöchsten Militärs der Sowjetunion. Ich hielt es aus grundsätzlichen Erwägungen für eine Selbstverständlichkeit, dass sie vor allen anderen von der Ernennung Keßlers erfuhren. In den wichtigsten Führungsebenen der DDR-Armee saßen sowjetische Berater, Militärspezialisten oder Vertreter des Oberkommandos des Warschauer Vertrages. Es konnte nach meinem Verständnis nicht richtig sein, dass man in Moskau aus zweiter Hand erfahren würde, wer der neue Verteidigungsminister der DDR ist.

Honecker jedoch erwiderte zu meiner Überraschung: »Nein, Gorbatschow sagt uns auch nicht, wenn er einen neuen Minister ernennt.« Dies schien mir kein treffender Vergleich, zumal sich der KPdSU-Generalsekretär seit seiner Wahl bemühte, geplante Veränderungen in wichtigen Funktionen der Sowjetunion mit Honecker am Telefon zu besprechen. Für mich war die Reaktion Honeckers kleinlich. Sie musste die Atmosphäre der Zusammenarbeit mit den sowjetischen Militärs trüben. Gleichzeitig vergaß Honecker, dass nach einer Entscheidung des Politisch Beratenden Ausschusses der Warschauer Vertragsstaaten aus dem Jahre 1980 der KPdSU-Generalsekretär zugleich der Oberste Befehlshaber der Vereinten Streitkräfte der Teilnehmerstaaten war.

Wenn Honecker schon nicht seinen Obersten Befehlshaber Gorbatschow anrufen wollte, dann sollte nach meiner Meinung wenigstens der sowjetische Verteidigungsminister Bescheid wissen. Ich suchte nach einem Weg, die sowjetische Militärführung zu informieren, ohne Honecker zu desavouieren. Zugute kam mir, dass niemand außer mir die Vorbehalte des Generalsekretärs kannte.

Heinz Keßler, Wolfgang Herger und ich fuhren gemeinsam von Berlin nach Strausberg, um den neuen Verteidigungsminister in sein Amt einzuführen. Gegenüber dem Verteidigungsministerium befand sich das Gästehaus der NVA, in dem die sowjetischen Armeeführer Sokolow und Kulikow Quartier bezogen hatten. Als wäre mir gerade der Gedanke gekommen, schlug ich vor, bei Sokolow und Kulikow vorbeifahren und ihnen den neuen Minister vorzustellen. Herger kannte meine Gedanken und teilte sie. Wir entschieden uns dafür. Ob es Honecker je erfahren hat, weiß ich nicht. Die Sowjets jedenfalls hielten es für die normalste Sache der Welt, dass wir zu ihnen kamen.

Als hätte er die Entscheidung zu bestätigen, sagte Kulikow: »Sagen Sie Genossen Honecker, wir sind einverstanden.«

Ich lebte in dieser Zeit oft im Spannungsfeld zwischen Vertrauen und Misstrauen. Honecker hatte mir vertraut, in seinem Namen den Verteidigungsminister in sein Amt einzuführen. Gleichzeitig aber sollte ich die Sowjets nicht vorab informieren, wer unser Verteidigungsminister wird. Mir wurde der Platz zwischen den Stühlen immer unbequemer.

Besuch im Krankenhaus

Mitte Dezember 1985 – ich hatte die Operation an der Galle inzwischen überstanden – besuchte mich Honecker im Hospital. Als er ins Krankenzimmer kam, las ich gerade die Bismarck-Biografie von Ernst Engelberg, was Honecker mit der Bemerkung kommentierte, es gebe den Vorschlag, den Autor mit dem Nationalpreis der DDR zu ehren. Was ich davon hielte.

Das Buch sei ausgezeichnet, antwortete ich, mir sei kein besseres über Bismarck bekannt. Engelberg sei einer der Großen unter den marxistischen Historikern unserer Zeit, er habe die Auszeichnung verdient.

»Ja«, entgegnete Honecker, »wir dürfen Preußen nicht der Reaktion überlassen«.

Diesen Gedanken äußerte er nicht zum ersten Mal. Diesmal hatte die Bemerkung einen konkreten Anlass. Er habe die Information erhalten, dass Nachfahren der Hohenzollern interessiert seien, die sterblichen Überreste von Friedrich dem Großen nach Potsdam-Sanssouci zu überführen. »Meinst du, dass wir das machen sollten?«

Für mich sei das keine Frage, antwortete ich, womit ich sagen wollte: nur zu.

»Du in deinem jugendlichen Leichtsinn«, entgegnete er. »Was werden die Polen dazu sagen?«

Ich verstand den Zusammenhang nicht.

Es habe mit Warschau Ärger gegeben, als wir das Denkmal des Preußenkönigs in Berlin Unter den Linden aufgestellt haben, klärte er mich auf.

»Mein freundschaftliches Verhältnis zu Polen ist durch die Oder-Neiße-Grenze, nicht aber durch Friedrichs schlesische Kriege geprägt«, antwortete ich.

Ich würde die Kraft der Geschichte unterschätzen, meinte Honecker und erinnerte an den autobiografischen Roman Hermann Kants, »Der Aufenthalt«, in welchem dieser seine vierjährige polnische Kriegsgefangenschaft verarbeitet hatte. Die polnische Führung hatte moniert, dass darin die Rolle Polens im Zweiten Weltkrieg nicht richtig wiedergegeben worden sei. Und als die von Frank Beyer von der DEFA realisierte Verfilmung

1983 auf der Berlinale in Westberlin laufen sollte, protestierte Warschau derart energisch, dass die DDR den Film aus dem Wettbewerb zurückziehen musste. In der DDR durfte der preisverdächtige Film mit Sylvester Groth nur noch in kleinen Studiokinos gezeigt werden. Dieser Vorgang fügte allen Beteiligten, insbesondere aber der DDR, beträchtlichen Schaden zu, zumal Honecker, um nicht antipolnische Ressentiments zu schüren, es unterließ, die Intervention publik zu machen. So konnte der DDR vor allem im Westen unterstellt werden, den wirklich guten Film zu sanktionieren, was niemals der Fall war.

Und da war noch die Fährverbindung zwischen Mukran auf Rügen und Klaipeda in der Sowjetunion, die 1982 von der Paritätischen Regierungskommission DDR-UdSSR empfohlen und von Berlin und Moskau beschlossen worden war. Im Hafen Mukran sollten, wenn er denn im Oktober 1986 in Betrieb genommen werden würde, an jedem Tag bis zu 1.250 Eisenbahnwaggons verschifft werden. Etwa zwanzig bis dreißig Prozent des Güterverkehrs zwischen der DDR und der Sowjetunion sollten künftig über diese Verbindung laufen. Die Entscheidung war sowohl aus strategischen wie auch aus ökonomischen Gründen getroffen worden. Zum einen entfielen die hohen Transitgebühren, zum anderen gab es ein Risiko wegen innenpolitischer Konflikte in Polen. So hatte von 1981 bis 1983 dort Kriegsrecht gegolten. Auch aus militärischer Erwägung war eine solche Fährverbindung sinnvoll, die umfangreichen Militärtransporte zwischen der UdSSR und der DDR sollten besser nicht mehr über Land gehen.

Warschau ärgerte sich, dass wir diese Fährverbindung – die in ihrer Wahrnehmung zu ihren Lasten ging, denn sie wurden um Einnahmen gebracht – auch noch »Brücke der Freundschaft« nannten …

Schließlich, fast am Ende unseres freundlichen Austausches über Preußen und Polen, Engelberg und Kant kam Honecker auf die soeben beendete RGW-Tagung in Moskau zu sprechen.

»Stell dir vor«, sagte er, »der Gorbatschow hat beim Empfang den Stoph zur Seite genommen und ihm gesagt: Seid vorsichtig in eurer Außenpolitik. Erich, soll er gesagt haben, lasse sich von Kohl lobhudeln und auch von den Chinesen. Beide wollen die DDR in der Umarmung erdrücken. Das wäre zum Schaden der DDR. Die Beziehungen der DDR zu China dürften auf keinen Fall besser sein als die Beziehungen der Sowjetunion zu China. Und Stoph habe dazu noch genickt.

Wäre Günter Mittag nicht dabei gewesen, hätte ich von dieser Frechheit nichts erfahren.«

Honecker erwartete offensichtlich von mir, dass ich ihm beipflichtete, was ich jedoch nicht tat. Stattdessen sagte ich – vom Charakter unseres Gespräches und der augenblicklichen Atmosphäre zur uneingeschränkten Offenheit verführt – zu ihm: »Vielleicht wäre es gut, wenn du Gorbatschow anrufst und ein Gespräch unter vier Augen mit ihm vereinbarst. Was er will, ist doch vernünftig.«

Honeckers Gesicht wurde ernst. Damit hatte er wahrscheinlich nicht gerechnet, dass ich »vernünftig« nannte, was Gorbatschow anstellte.

»Ach, so denkst du«, sagte er und verstummte für eine Weile.

Ich sah, wie es in ihm arbeitete und hatte den Eindruck, dass für ihn eine Welt zusammengebrochen war.

»Na«, sagte er schließlich, »dann werde mal bald gesund.« Er erhob sich und verabschiedete sich auffällig schnell.

War diese Reaktion an meinem Krankenbett nur eine akute Verstimmung, oder hatte sie langfristige Folgen? Begann er mit mir zu brechen? Fortan begann er mich kritisch zu beäugen. Zunächst wurde ich von der Liste der Teilnehmer am bevorstehenden Parteitag der KPdSU in Moskau gestrichen. Ich spürte, dass unser Vertrauensverhältnis nicht nur litt, sondern augenscheinlich zu schwinden begann. Er verstand nicht, dass es mir nicht um die Person Gorbatschow, sondern um unser Verhältnis zur Sowjetunion ging, ohne die es für die DDR keine Zukunft geben würde.

Wenn ich bis dahin tatsächlich Honeckers »Kronprinz« gewesen sein sollte, so hatte sich dies nunmehr erledigt. Honecker entzog mir mit dem Vertrauen auch seine Gunst.

Zwischen Honecker und Gorbatschow

Der Jahresbeginn 1986 war ernüchternd. Seit zehn Jahre hatten Honecker und ich zum Jahreswechsel miteinander telefoniert. Immer war er gut drauf, hatte einen Spaß parat und persönliche Worte. Als hätte Erika es geahnt. Noch bevor ich zum Telefonhörer griff, hatte sie gerufen: »Lass das. Er hat auch ein Recht, ungestört Silvester zu feiern!«

Ich hörte nicht auf sie. Nach unserer Begegnung im Krankenhaus, die Honecker so abrupt beendet hatte, wollte ich nicht derjenige sein, der schmollte und mit Gewohnheiten brach.

Einer seiner Sicherheitsbegleiter meldete sich am Telefon. »Verbinden Sie mich bitte mit Genossen Honecker«, sagte ich.

»Einen Moment bitte«, antwortet er. Kurze Zeit meldete er sich wieder: »Der Generalsekretär ist nicht zu sprechen.«

Wäre Honecker nur im Augenblick verhindert gewesen, er hätte, so kannte ich ihn jedenfalls, zurückgerufen. Dass er es nicht tat, zeigte: Er wollte es nicht. Zu tief muss seine Enttäuschung gewesen sein, dass ausgerechnet ich, auf den er so große Hoffnung setzte, Gorbatschows Politik »vernünftig« fand. Heute höre ich von Weggefährten den Vorwurf: »Du musst ja auch naiv gewesen sein, wenn du Gorbatschow vertraut hast.« Nachträglich ist man klüger. Ich verfügte nicht über die hellseherischen Fähigkeiten jener, die heute meinen, sie hätten schon immer gewusst, dass Gorbatschow ein Verräter sei.

Für mich spielte er seinerzeit keineswegs falsch. Er war Generalsekretär der Kommunistischen Partei jenes Landes, das mir seit frühester Jugend so etwas wie meine zweite Heimat war. Wenn Gorbatschow später Lobreden auf den Kapitalismus hielt, seine einstigen politischen Feinde lobte oder davon faselte, die »Vernichtung des Kommunismus« sei immer sein Lebensziel gewesen, sagte er schlicht die Unwahrheit. Ich habe ihn 1985 als einen Bilderbuchkommunisten kennen gelernt.

In der DDR gab es nach seiner Wahl schon bald eine Gorbi-Euphorie, die bis ins Jahr 1989 andauerte. Wer das vergessen hat, erinnert sich wohl auch nicht mehr daran, dass mit seinem Auftreten auf der Bühne der Weltpolitik antikommunistische und antisowjetische Bastionen ins Wanken gerieten. Jugendliche in kapitalistischen Ländern gingen mit Hammer-

und Sichel-Symbolen zur Schule und gar in die Disco. Das war weit mehr als Mode.

Später ist ihm die Sache aus dem Ruder gelaufen. Er war offensichtlich für seine hohe Funktion weder politisch, moralisch noch charakterlich befähigt. Seine Eitelkeit hob ihn von den Realitäten ab. Seine Eigenliebe versperrte ihm den Blick dafür, dass die Hofierung durch westliche Politiker weiter nichts bezweckte, als den Staat, den er führte, in der Umarmung zu erdrosseln. Damals jedoch war seine Politik für mich so etwas wie eine Hoffnung. Eine Hoffnung auf Russisch, dass es gelingen könnte, den Sozialismus von Stagnation und Verkrustung zu befreien, die Lasten der stalinschen Vergangenheit abzuwerfen und in die Zukunft zu schauen. Nichts wünschte ich mir sehnlicher, als dass Honecker und Gorbatschow sich dafür verbünden würden. Dies war auch mein Motiv, als ich mich fortan oft auf den sehr unbequemen Stuhl zwischen Gorbatschow und Honecker setzte. Auch wenn manche heute meinen, Gorbatschow sei immer der Reformer und Honecker stets der Dogmatiker gewesen, so zeigen Tatsachen, dass diese Rollen manchmal durchaus vertauschbar waren.

Nach dem missglückten Anruf bei Honecker überfiel mich ein eigenartiges Gefühl. War ich ärgerlich auf mich, weil ich nicht auf meine Frau gehört hatte? Oder auf Honecker, weil er sich verleugnen ließ? Vor wenigen Jahren noch wäre ich darüber entsetzt gewesen, hätte mich wahrscheinlich über sein Verhalten gegrämt. Inzwischen hatte ich die Erfahrung gemacht, dass auch er gefühlsmäßig überreagieren konnte. Launen sind eben auch menschlich. In meinem Fall war er einfach sauer, dass ich mich bei der Beurteilung Gorbatschows nicht auf seine Seite gestellt hatte. Nirgendwo funktionieren menschliche Beziehungen konfliktlos. Wieso sollte es ausgerechnet bei DDR-Politikern anders sein? Aus negativen Gefühlsregungen Honeckers mir gegenüber abzuleiten, er hätte mich kränken wollen, weil ich zu ihm in Opposition gestanden hätte, wäre absurd. Honecker hatte auch in jener Zeit in mir einen ehrlichen Mitstreiter, selbst wenn ich ihm gegenüber kritischer und er mir gegenüber misstrauisch geworden war.

Ich hätte diese Episode wohl schon längst vergessen, wenn sie nicht Auswirkungen auf meinen Alltag gehabt hätte. Hatte ich bisher das Privileg, dass Honecker meine Vorschläge in der Regel befürwortete, wurde er mir gegenüber von nun an misstrauisch. Ich erinnere mich, dass mir Wolfgang Herger einmal vorschlug, dem Ausschuss der Volkskammer für Nationale Verteidigung, den er leitete, größere Rechte einzuräumen. Grundfragen der Sicherheitspolitik der DDR, für die die Ministerien für Verteidigung, für Staatssicherheit und des Innern zuständig waren, sollten durch diesen Ausschuss parlamentarisch kontrolliert werden können. Die Öffentlichkeit habe ein Recht darauf, begründete Herger seine Idee. Zudem würden damit auch die mit der SED verbündeten Blockparteien mehr Verantwortung für Sicherheitsfragen der DDR bekommen. Dies wäre eine grundlegende Reform auch im Sinne von mehr Transparenz unserer parlamentarischen Arbeit gewesen. Ich war mir eigentlich sicher, Honecker würde diesem Gedanken gegenüber aufgeschlossen sein. Er hatte sich mir gegenüber in der Vergangenheit oft mokiert, dass die Parteiführung vieles aus dem Sicherheitsbereich nicht kennt. Honecker glaubte damals, Mielke entziehe sich der Kontrolle durch das Politbüro, führe sein Ministerium wie einen »Staat im Staate«.

Diese Haltung nutzte ich, um ihm Hergers Vorschlag schmackhaft zu machen. Ich schlug ihm eine entsprechende Formulierung für ein Grundsatzreferat vor. Honecker lehnte ab. Meine Ausarbeitung, so seine Begründung, würde nicht den Sicherheitsinteressen der DDR entsprechen. Die Sowjetunion würde dem ohnehin nicht zustimmen, selbst Ulbricht sei bei der Gründung des Nationalen Verteidigungsrates bei Chruschtschow damit gescheitert, die Vorsitzenden der Blockparteien in dieses Gremium aufzunehmen. Äußere Sicherheitsfragen der DDR seien Sache des Nationalen Verteidigungsrates und nicht eines Ausschusses der Volkskammer.

Noch vor Monaten hätte Honecker mit großer Wahrscheinlichkeit meinen Vorschlag unterstützt. Er konnte sich immer sicher sein, dass ich ihm kein Kuckucksei ins Nest legen würde. Nun aber prüfte er alles, ob eventuell die geistige Urheberschaft bei Gorbatschow liegen könnte. Je älter er wurde, umso stärker wurde diese Neigung. Er versuchte sogar, eigene Fehlentscheidungen meinem Arbeitsbereich anzulasten. Interna des Verteidigungshaushaltes zum Beispiel kannten außer ihm und Mittag im Politbüro nur noch der Verteidigungsminister und ich. Unerwartet beauftragte er mich, kurzfristig zwei Milliarden Mark aus dem Etat der NVA für zivile Zwecke locker zu machen. An sich ein Vorhaben, das ich unterstützte. Jedenfalls setzten sich Kessler, Streletz, Herger und ich fast eine ganze Nacht zusammen, um Vorhaben der NVA im Umfang von zwei Milliarden Mark aus dem Haushalt zu streichen.

Als ich Honecker davon informierte, machte er sich lustig. »Was ist das für ein Haushalt?«, fragte er, »den man über Nacht um Milliarden zusammenstreichen kann«.

Recht hatte er. Allerdings hatte er selbst diesen Haushalt bestätigt.

Es war Anfang des Jahres, als Honecker und ich von Berlin gemeinsam in seinem PKW zu einer Sitzung des Nationalen Verteidigungsrates nach

Strausberg fuhren. Er wollte unterwegs einige Fragen für die Sitzung mit mir abstimmen. Als wir die Frankfurter Allee in Berlin verlassen hatten, kamen wir an dem neu errichteten Gebäudekomplex der Bezirksverwaltung des Ministeriums für Staatssicherheit vorbei. Ein protziger Bau! Viele Berliner hatten sich abfällig darüber geäußert. Der Neubau hatte beträchtliche Summen verschlungen. Angesichts unserer Wirtschaftslage war es mehr als peinlich, dass wir für ein Verwaltungsgebäude so viel Geld ausgegeben hatten.

»Welcher Idiot hat nur diesen unsinnigen Bau genehmigt?«, fragte mich Honecker.

In der Tat: Der Bau war unsinnig.

Genehmigt hatte ihn Honecker.

Ich überhörte den »Idioten« und reagierte höflich-diplomatisch: »Erich, vielleicht ist es besser, dass du überhaupt keine Einzelbauten im Verteidigungsbereich bestätigst und ich dir jährlich nach gründlicher Prüfung durch den Bauminister und die zuständige Abteilung vorschlage, was wir bauen können und was nicht.«

Er reagierte schroff. »Das ist Sache des Vorsitzenden des Verteidigungsrates.«

Offensichtlich befürchtete er, ich könne ihm Kompetenz streitig machen. Das lag mir fern. Ich wollte einfach Schluss machen mit der bedauerlichen Praxis, dass Entscheidungen über große Bauvorhaben von seiner Tagesstimmung abhing. So leid es mir auch tat, Honecker hatte nicht mehr die Kraft, die vielen Einzelheiten, die ihm andere Politbüromitglieder antrugen, zu entscheiden. Und selbst wenn er die geistige und physische Vitalität dazu gehabt hätte – kein Mensch war in der Lage, sich in so vielen Details auszukennen, wie es Honecker versuchte.

Zum ohnehin schädlichen Subjektivismus kam nun noch ein gewisser Altersstarrsinn, den ich heute mit meinen 86 Jahren besser verstehe als damals als knapp Fünfzigjähriger

Kontinuität kontra Erneuerung

Der XXVII. Parteitag der KPdSU fand Ende Februar 1986 statt. Es war der erste unter Gorbatschow. In unserem Politbüro waren alle gespannt, unabhängig davon, ob man zu seinen Sympathisanten zählte oder nicht, was der neue Mann im Kreml bieten würde. Ich wünschte, er möge erfolgreich sein. Andere waren skeptisch, trauten ihm nach dem Fehlstart mit dem widersinnigen Alkoholverbot nicht zu, dass er ein inhaltlich fundiertes Reformprogramm entwickeln könne. Dies war schon eine eigenartige Situation für eine Partei wie die unsere, die sich Jahrzehnte an der KPdSU orientiert hatte und nun Wege nach verstärkter Eigenständigkeit suchte. Kritiker aus dem Westen, die uns immer vorgeworfen hatten, nur Moskaus verlängerter Arm zu sein, griffen uns jetzt an, weil wir nach ihrer Meinung auf Distanz zu Moskau gingen.

Honecker war Gast des Parteitages. Ich blieb in Berlin. Obwohl ich gern im Kremlpalast dabei gewesen wäre, freute ich mich, einige Tage über meine Zeit selbst bestimmen zu können. Ich nutzte sie, um mich auf unseren Parteitag vorbereiten zu können. Er war für April vorgesehen. Im Politbüro war bisher nur über organisatorische Einzelheiten gesprochen worden. Wenn man von allgemeinen Floskeln absah, gab es keinen theoretischen Vorlauf, keine solide Aussprache über unseren weiteren Kurs. Ich hatte zwar seit 1958 schon an sechs Parteitagen teilgenommen, doch als Mitglied des Politbüros erlebte ich die Parteitagsvorbereitung zum ersten Mal. Noch hatte ich die Illusion, wir würden im Politbüro eine Strategiedebatte haben, wenn Honecker vom Parteitag in Moskau zurück ist.

Folglich las ich zu meiner Vorbereitung Analysen von Wissenschaftlern, Briefe von Bürgern, soziologische Untersuchungen, traf mich mit Wählern in meinem Wahlkreis an der Ostseeküste, diskutierte mit Wissenschaftlern und Parteifunktionären. Sprach mit den Schriftstellern Hermann Kant (1926-2016), Gerhard Holtz-Baumert (1927-1996) und Günter Görlich (1928-2010). Viele Stunden verbrachte ich mit Staatssekretär Alexander Schalck-Golodkowski (1932-2015) und Bauminister Wolfgang Junker (1929-1990). Sie rüsteten mich mit Fakten unserer Wirtschaftsentwicklung aus. Ich war überzeugt, auf diese Weise ein ausgewogenes Bild über unsere erreichten Erfolge, aber auch über die Widersprüche und Fehlleistungen in der DDR-Gesellschaft zu erhalten. Während in Moskau das Wort Erneuerung Konjunktur hatte, verlegten wir uns auf den Begriff Kontinuität. Honecker trennte diese beiden Begriffe undialektisch. Wir hätten beides gebraucht – und zwar zuerst die Erneuerung.

Unter den Materialien, die ich damals las, war ein vierzehnseitiger Brief einer vermeintlich »Unabhängigen Friedensbewegung« an Erich Honecker. 200 autonome Friedensgruppen sollen ihn unterstützt haben. Bärbel Bohley und Werner Fischer waren die Initiatoren, die das Schreiben auch unterzeichnet hatten. Je nachdem, welchen Standpunkt man selber hatte, konnte man ihn gehässig als »Oppositionsmanifest« verstehen oder auch als »kritische Wortmeldung besorgter Bürger«. Ich entschied mich für Letzteres, obwohl die Autoren die DDR nur mit anderen Vorzeichen als wir beurteilten: Wir redeten vieles schön und sie machten es umgekehrt, sie redeten alles schlecht. Ich habe beim Schreiben dieser Zeilen den Brief vor mir und denke: Nein, so war die DDR auch nicht. »Schlagzeilen und markige Losungen«, schrieben die Verfasser, würden das gewohnte Bild der Selbstzufriedenheit vermitteln. »Für den Parteitag tanzen Pudel, wirbeln Jongleure und singen Schlagerbarden ihr schönstes Lied«, hieß es. Die Partei, so wurde gesagt, erhebe den Anspruch, alle Bereiche des staatlichen, gesellschaftlichen und öffentlichen Lebens allein zu beherrschen und zu kontrollieren. Parteiideologie sei Staatsideologie, Parteiräson sei Staatsräson. Parteidisziplin bedeute, den Beschluss der Partei unter allen Umständen, gewissermaßen als Befehl, zu befolgen.

Die in den letzten fünf Jahren erfolgten 63.000 Ausschlüsse und die 25.000 Austritte aus der SED würden zeigen, dass alle, die dem Anspruch der Partei entgegenstünden, bewusst kriminalisiert und asozialisiert würden. »Mit den alltäglichen Problemen der meisten Menschen hat das alles nur wenig zu tun. Die Widersprüche und Konflikte, die sie erleben und die ihr gesellschaftliches Bewusstsein prägen, scheinen zu einer anderen Welt zu gehören und sind aus der öffentlichen Diskussion ausgeblendet.« Weder innerhalb noch außerhalb der Betriebe, so schrieben sie, stünden die Entscheidungen über bestimmte Wirtschaftszweige, die Verteilung der Investitionen, das Produktionsprofil, über Planvarianten und -alternativen zur Diskussion. Mit der simplen Losung »Alles für das Wohl des Volkes« werde die Frage verbaut, wer denn nun über wessen Wohl entscheidet und woher er weiß, was für den anderen gut ist. Wörtlich: »Nicht die Konsumgier der Bevölkerung treibt die Partei zur Einrichtung von Devisenhotels, Delikat-Ladenketten und Renommierpalästen, sondern ihr eigenes Konzept, die Bevölkerung über gesteigerten individuellen Verbrauch ruhig zu stellen, politisch zu entmündigen.« »Stiller Konsumvertrag« nannten die Briefautoren dies. Die Berlinförderung, die medizinische Versorgung der Bevölkerung, die Wissenschaftspolitik und das Bildungswesen, die Kultur- und Jugendpolitik – alles sei dazu angetan, die Menschen »zu entmündigen und zu bevormunden«.

Sehr kritisch, aber auch ziemlich selbstgerecht, dachte ich, nachdem ich das Pamphlet wiederholt aufmerksam gelesen hatte. Manches darin entsprach auch meinen Erfahrungen. Mir missfiel aber die Pauschalkritik. Auch der im Brief enthaltene Zynismus war mir fremd. Mein Urteil war deshalb auch widerspruchsvoll. Ich sträubte mich gegen die Unterstellung, wir würden Politik machen, um die Bürger »ruhig« zu stellen, um sie »zu entmündigen«, sie »zu bevormunden«. Das war nie Intention meines politischen Handelns, wenngleich ich wusste, dass bürokratisches und herzloses Verhalten von Partei- und Staatsfunktionären im Alltag solche Meinungen begünstigen konnten. Der Beweggrund des Handelns von Staat und Partei war nie, Bürger zu beschwindeln oder zu hintergehen

Und dennoch: Wir hatten kein Recht, die im Brief genannten Missstände zu negieren und die Träger solcher Meinungen auszugrenzen. An der Basis schlugen sich selbst Parteifunktionäre mit ähnlichen Gedanken herum. Ich erhielt auch einen Brief aus Radebeul. Der Absender war Parteisekretär eines Betriebes. Seine Botschaft war nicht weniger kritisch als die oben zitierte. »Solange wir nur von Reserven reden, Fehler nicht als Fehler und Mängel nicht als Mängel ansprechen, solange wir keinem wehtun möchten, alles nur umschreiben, solange wird es kein Vertrauen zur Partei geben«, schrieb mir der Genosse. Und er resümierte: »Wenn unser Parteitag so stattfindet wie bisher, könnte man die Zeit sparen.« Er forderte, unsere Selbstzufriedenheit aufzugeben, eine Verjüngung im Politbüro herbeizuführen, Kontinuität in der Produktion zu gewährleisten, Fragen der Bevölkerung nach Preisgestaltung, Konsumgütern und Reisen offen zu beantworten und die Privilegien für Funktionäre einzuschränken.

In beiden Briefen spiegelte sich die komplizierte Lage der DDR wider.

Sie zeigten, dass innerhalb der Partei nicht weniger kritisch diskutiert wurde, als außerhalb unserer Reihen. In den offiziellen Informationsberichten an das Zentralkomitee waren allerdings solche Probleme nur selten enthalten. Wir hatten uns gewissermaßen eine Selbstzensur auferlegt. Von Leitungsebene zu Leitungsebene wurden die kritischen Töne schwächer. Selbst Briefe von 1. Bezirkssekretären an Honecker waren oft von »kritischen Problemen gereinigt«. Wer Kritik übte, galt beim Chef nicht selten als Miesmacher. Und wer wollte das schon sein? Grundorganisationen hatten daher immer öfter den Eindruck, die Probleme der Basis fallen »oben« unter den Tisch, und manche meiner Genossen im Politbüro glaubten tatsächlich, die schöngefärbten Berichte seien die tatsächliche Lage.

Unsere politischen Lehrer, so Rosa Luxemburg, hatten wiederholt darauf verwiesen, dass für Führer einer Massenpartei ein überaus empfindliches Ohr für alles notwendig ist, was sich »regt in der Seele der Menschen«. Hatten wir dieses empfindliche Ohr überhaupt noch? Von mir glaubte ich es. Ich billigte dies auch den mir unterstellten Abteilungen zu. Zu ihnen hatte ich ein vorurteilsfreies Verhältnis. Wolfgang Herger, Klaus Sorgenicht, Günter Böhme und Rudi Hellmann waren mir dabei wichtige Weggefährten. Wir sprachen offen miteinander. Die Lage, wie sie in der DDR war, kannte ich aus vielen Quellen, nicht zuletzt aus Forschungsergebnissen des Zentralinstituts für Jugendforschung Leipzig. Auch aus Informationsberichten des Ministeriums für Staatssicherheit, die in der Regel ungeschminkt waren. Den Mitarbeitern dort ist kein Vorwurf zu machen, wenn das Politbüro ihre Lageeinschätzung nicht kannte. Seit Honecker Mielke gegenüber einmal meinte, diese Berichte seien weiter nichts als eine »Sammlung von gehässigen Meldungen der Westpresse gegen die DDR«, hatte gelegentlich selbst den Staatssicherheitsminister der Mut verlassen, die Einschätzungen an Honecker weiterzugeben, geschweige denn an das Politbüro. So wurden wir im Laufe von Jahren Opfer einer selbstverschuldeten Schönfärberei.

Die oben genannten Briefe nahm ich mit zu einer Sitzung des Politbüros, die ich leitete. Ich wertete sie als Eingabe an den Generalsekretär und legte sie zum Nachlesen in die Umlaufmappe für die Politbüromitglieder und bat sie, sie mit den ihnen zugeordneten Abteilungen auszuwerten. Als Honecker aus Moskau zurück war, übergab ich sie auch ihm. Noch immer in der Meinung, sie könnten nützlich sein für eine reale Einschätzung unserer Lage. Die Briefe verschwanden bald aus der Umlaufmappe. Honecker legte dem Politbüro zwar seinen Redeentwurf für den Parteitag vor. Auch der neue Fünfjahrplan stand auf der Tagesordnung. Es gab einzelne Formulierungsvorschläge, jedoch nichts Grundsätzliches, was im Sinne einer kritischen Auseinandersetzung mit der widersprüchlichen Situation im Lande gewesen wäre.

So verrückt es klingen mag, Gorbatschow selbst hat diese Situation gefördert. Am letzten Tag seines Parteitages hatte er Honecker zu einem ausführlichen Gespräch empfangen. Er war bemüht, eine freundschaftliche Atmosphäre zu schaffen. Kurz zuvor hatte Gorbatschow schon Ärger mit Kádár und Shiwkow. Der Ungar hatte diplomatisch angefragt, ob Gorbatschow sich mit seiner Politik nicht »zu sehr beeile«. Und der Bulgare hatte ihn listig gewarnt, »den Bogen nicht zu überspannen«. Gorbatschow wollte nun auf jeden Fall vermeiden, dass ihn auch Honecker attackiert. Noch saß er nicht fest genug im Sattel, um sich mit allen Verbündeten anzulegen. So ging Gorbatschow Honecker um den Bart. Er redete ihm ein: Was wir in der Sowjetunion jetzt tun, das habt ihr in der DDR schon 1971 mit dem VIII. Parteitag getan. Ihr seid uns weit voraus. »Man stelle sich vor«, sagte er, »was man erreicht hätte, wenn die UdSSR und die anderen Bruderstaaten bereits vor zwölf bis fünfzehn Jahren diese Aufgaben in Angriff genommen hätten.« Er sage dies auch, so Gorbatschow, damit man, wenn aus Berlin auf die Sowjetunion geschaut werde, diese »Korrekturkoeffizienten« beachten solle.

Das war Wasser auf Honeckers Mühlen. Es bestärkte ihn in seiner Position, dass die DDR aus der Innenpolitik, die der KPdSU-Parteitag formuliert hatte, nicht viel lernen könne. Hochmut kommt eben vor dem Fall.

Wir beurteilten, was aus Moskau kam, allzu oft mit einer Selbstschmeichelei, für die es absolut keinen Grund gab. Selbst wenn es richtig war, die Politik Gorbatschows nicht zu kopieren, so war es doch falsch, uns selbst zu betrügen. Sicher, es gab inzwischen in der Sowjetunion eine Menge Tatsachen, die Honecker in seinen Vorbehalten recht zu geben schienen. Statt zu Aufschwung führte Gorbatschows Politik bald zum wirtschaftlichen und politischen Chaos. Die Produktion in der Sowjetunion erreichte einen absoluten Tiefpunkt. Das hatte negative Auswirkungen auf die DDR. Ausbleibende Rohstofflieferungen mussten wir allzu oft durch Importe für Devisen aus westlichen Ländern ersetzen. Und dennoch: Damals suchte Gorbatschow noch einen Weg aus der politischen Krise. Er brauchte die Hilfe aller Verbündeten. Niemand vermag heute zu sagen, wie sich die Welt und die DDR entwickelt hätten, wenn die sozialistischen Staaten eine gemeinsame Konzeption für eine wirkliche sozialistische Erneuerung entwickelt hätten. Was die SED betrifft, haben wir diese Chance mit unserem XI. Parteitag verpasst.

Die DDR war in der sozialistischen Gemeinschaft das Land mit der höchsten Arbeitsproduktivität und den besten Arbeits- und Lebensbedingungen. Unser Problem war nur: Die Bürger maßen uns nicht am Lebensstandard der Sowjetunion, nicht an Polen oder Ungarn, sondern an der BRD. Als stärkste ökonomische Macht Westeuropas hatte sie Schaufensterfunktion gegenüber der DDR. Die ökonomische Kraft der Bundesrepublik beeinflusste maßgeblich Bedürfnisse, Lebensgewohnheiten und Erwartungen von DDR-Bürgern. Der vorhandene Produktivitätsrückstand der DDR gegenüber der BRD wurde bei den DDR-Bürgern vielfach als Mangel des Sozialismus reflektiert. Ebenso die Tatsache, dass kaum Arbeitslose aus der BRD in die DDR kamen, wohl aber Bürger der DDR in die BRD ausreisen wollen. Während wir darum kämpfen mussten, jährlich zwischen drei und acht Milliarden Valutamark Exportüberschüsse zu erwirtschaften, um unsere Zahlungsbilanz in Ordnung zu halten, hatte die BRD seit 1980 ihre Exportüberschüsse auf dem Weltmarkt von fast neun Milliarden DM auf über einhundertfünfzehn Milliarden DM erhöht. Sie wurde die größte Exportnation der Welt. In unserer Informationspolitik taten wir aber so, als lebten wir auf einer Insel der Glückseligen. Selbst solche Tatsachen, dass wir 1970 für eine Tonne Erdöl dreizehn Rubel, 1980 schon siebzig Rubel und 1985 gar einhundertachtundsechzig Rubel zahlen mussten, wurden fast nur parteiintern vermittelt. Dabei war die Bevölkerung der DDR gebildet genug. Sie hätte die harten Tatsachen nicht nur verstanden. Sie wäre auch bereit gewesen, wenn sie über unsere tatsächliche Lage wahrheitsgemäß informiert gewesen wäre, sich für Veränderungen zu engagieren. Uns fehlte offensichtlich die Fähigkeit zu einem konstruktiven Dialog selbst in der Partei und erst recht in der Gesellschaft. Das sollte sich in der Krisensituation im Herbst 1989 bitter rächen.

So hatten sich am Vorabend unseres Parteitages viele komplizierte Probleme angesammelt. Es hätte uns angestanden, den kritischen Blick auf unser eigenes Haus zu werfen, statt immer wieder die sowjetischen Mängel zu publizieren. Selbst wenn sich die ideologische und politische Bindung der DDR an die Sowjetunion hätte lockern lassen, was selbstverständlich eine Illusion war, ohne die UdSSR, besonders auch ohne ihre Rohstofflieferungen, war die DDR nicht lebensfähig. Schon das verbot uns, auf Abstand zu Moskau zu gehen.

Am 15. Januar 1986 hatte Gorbatschow weitgehende sowjetische Vorschläge zur weltweiten Abrüstung unterbreitet. Wir beklatschten sie. Doch ihre Konsequenzen wurden durch die Warschauer Vertragsstaaten nicht zu Ende gedacht. Faktisch bedeuteten sie, dass sich die Systemauseinandersetzung objektiv vom militärischen Gebiet auf das der Technologie und Ökonomie verlagerte. Auf ein Gebiet also, auf dem es im Unterschied zum militärischen kein strategisches Gleichgewicht gab. Kein RGW-Mitglied konnte je den Rückstand in der Arbeitsproduktivität, den wir gegenüber den westlichen Industrieländern hatten, verringern. Wir waren in einer Defensivposition. Hinsichtlich der Menge und Qualität technischer Konsumgüter vergrößerte sich unser Abstand zur Weltspitze. Das betraf vor allem elektronische Konsumgüter, Autos und ökologisch verträgliche

Haushaltsgroßtechnik. Das alles hatte zwar politische, ökonomische und wissenschaftlich-technische Ursachen, die zwar nicht nur im Innern lagen, aber im Wesentlichen doch.

Gemeinsame Strategien der sozialistischen Länder fehlten. Erscheinungen des Nationalismus und nationaler Überheblichkeit nahmen zu. Gab es vor 10 Jahren noch Träumereien über schnelle Entwicklungsmöglichkeiten des Sozialismus in einigen Ländern bis hin zur weltfremden Aufgabe, schrittweise den Kommunismus zu errichten, so traten in den RGW-Ländern jetzt Illusionen über den Markt, über freie Preisbildung, über Joint Ventures und Kapitalmärkte, über Gewerkschaftspluralismus sowie informelle Gruppen und Oppositionsparteien zutage. Selbst eine dem Sozialismus fremde Arbeitslosigkeit wurde von einigen nicht mehr ausgeschlossen. In Ländern wie Polen und Ungarn, die trotz ihrer Verschuldung am meisten träumten, nahmen die politischen und ökonomischen Schwierigkeiten zu. Sie suchten den Ausweg in den »Selbstheilungskräften des Marktes«. Das trug letztlich dazu bei, vielen Menschen die Hoffnung auf eine bessere Zukunft im Sozialismus zu nehmen. Diesen Weg wollten wir nicht gehen. Für einen anderen hatten wir leider keine Konzeption.

In dieser Situation wäre eine Verständigung auf höchster Ebene notwendig gewesen. Dazu aber fehlten schon die notwendige politische Atmosphäre und wohl auch die menschliche Qualität und die physische Kraft der amtierenden Generalsekretäre. Wir hätten unsere Kräfte bündeln müssen und können, um beispielsweise die leistungsfähige Forschungs- und Entwicklungsbasis, über die die Sowjetunion auf militärischem Gebiet verfügte, für zivile Aufgaben zu nutzen. Ein Vergleich zwischen der UdSSR und den USA ergab, dass der Abstand zwischen den Ergebnissen der militärischen Forschung und der zivilen Anwendung in der Sowjetunion mindestens acht bis zehn Jahre betrug, während in den USA eine fast gleichzeitige Überführung mit minimalem Zeitverlust erfolgte.

Wir waren am Vorabend unseres Parteitages nicht zur grundlegenden Kurskorrektur bereit. Keiner von uns Politbüromitgliedern forderte sie. Nachträglich entschuldigen sich einige meiner Weggefährten mit der Dominanz von Honecker und Mittag im Politbüro. Das ist mir zu einfach. Keiner von uns wäre nach Sibirien geschickt worden. Keiner wäre für seine Kritik ins Gefängnis gegangen. Keiner hätte seine wirtschaftliche Existenz verloren. Wohl aber hätte es sein können, dass man sich irgendwo in einem Betrieb oder einer Schule zur Bewährung wiedergefunden hätte. Mit einem solchen Risiko muss man als Politiker rechnen, wenn man kein Emporkömmling sein will. Meine damalige Zurückhaltung mag mit meinem zu stark ausgeprägten Harmoniebedürfnis zusammenhängen, auch mit meinem überzogenen Respekt vor den Biografien der alten Garde, die für ihre Ideale einst ihr Leben eingesetzt hatten, und schließlich mit meiner Überzeugung, dass Fraktionsbildungen wegen der Gefährdung der Einheit der Partei zerstörerisch sind. Vor allem aber ist Kritik nur eine Seite. Eine Konzeption zur Veränderung die andere. Die hatte auch ich nicht.

Stoph verhielt sich taktisch anders als ich. Er ging Umwege. Er brachte seine kritische Sicht auf unsere Politik in einer Analyse zum Ausdruck, die er schon Wochen vor unserem Parteitag an Gorbatschow übermittelte, allerdings ziemlich konspirativ. Das Material, in dem es um unsere angespannte Zahlungsbilanz und unsere eigennützige Politik gegenüber der BRD ging, hatten Verbindungsleute des KGB, die in der DDR tätig waren, Gorbatschow direkt zugespielt. Stoph hatte mir davon erzählt. Er meinte, es sei besser, mich aus der Angelegenheit rauszuhalten. Ich solle aber wissen, dass Gorbatschow über alles informiert sei. Als der KPdSU-Generalsekretär zum Parteitag anreiste, hatte er Stophs Papier in seinen Akten. Er kannte auch die Mitautoren Mielke und Krolikowski. Selbst Stoph und seine Verbündeten scheuten die offene Auseinandersetzung.

Gorbatschow hat das kritische Memorandum von Stoph nicht genutzt, weder in seinem Vieraugengespräch mit Honecker noch bei seiner Begegnung mit dem gesamten SED-Politbüro. Später wird er sagen, er habe sich nicht in die souveränen Angelegenheiten der DDR einmischen wollen. Lächerlich! Wenn es ihm diente, hat er dies bis 1990 nach Belieben getan.

Ein Telefonat mit Folgen

Als ich auf dem Flugplatz unsere Delegation zum Parteitag nach Moskau verabschiedete, nahm Honecker mich zur Seite. »Sorge dafür«, sagte er, »dass während meiner Abwesenheit der Fußbodenbelag auf der Politbüroetage erneuert wird.«

Ich glaubte nicht richtig gehört zu haben. Die textile Auslegeware hatte zwar schon einige Jahre auf dem Buckel, aber war noch lange nicht erneuerungsbedürftig. »Der hat vielleicht Sorgen«, dachte ich und schob das auf sein fortschreitendes Alter, das er bisher ganz gut kaschieren konnte. Honecker hatte sich über die Jahre erstaunlich fit gehalten. Seine wöchentlichen Jagdausflüge wirkten wie eine Verjüngungskur. Er war stolz, wenn ausländische Gesprächspartner seine Kondition lobten. In Punkto gesunder Lebensführung hätte er vielen als Beispiel gelten können. Er rauchte nicht, vermied, wo immer es möglich war, Alkohol, trank höchstens mal ein Bier und bei besonderen Anlässen einen Wodka, mehr nur selten. Er wirkte keineswegs wie ein Vierundsiebzigjähriger. Nach meiner Beobachtung trainierte er sein Gedächtnis. Er hatte den Ehrgeiz, sein wirkliches Alter nicht zu zeigen. Mit der Zeit war schon zu bemerken, dass ihm Großes und Kleines, Wichtiges und Unwichtiges durcheinandergerieten. Dies machte mir Sorgen. Häme empfand ich nicht. Ich nahm die Sache mit dem Fußbodenbelag als das, was sie aus meiner Sicht war, eine Bagatelle.

Während des Moskauer Parteitages rief Honecker mich in der Regel jeden Abend an. Entgegen seinen üblichen Gewohnheiten interessierte er sich nicht dafür, welche Materialien des Parteitages bei uns veröffentlicht werden. So konnte ich unbehindert Einfluss nehmen, dass Gorbatschows Ausführungen in DDR-Medien im Wortlaut erschienen. Am 24. Februar 1986, dem ersten Tag des Parteitages im Kreml, überraschte mich Honecker mit einer wirklichen Neuigkeit.

Er rief gegen 22 Uhr an, in Moskau ging es schon auf Mitternacht zu. »Egon«, sagte er ins Telefon, »ruf bitte Oskar Fischer an. Er soll über seinen Kanal den Termin für meinen Besuch in Bonn bestätigen.«

Im Politbüro hatten wir über keinen konkreten Termin gesprochen. Um den Besuch ging es nun schon Jahre hin und her. Ich empfand das nervend. Niemand wusste mehr so recht, fährt Honecker nun oder fährt er nicht? Es war schon peinlich für alle Seiten, die mit den Besuchsplänen zu tun hatten.

Jochen Vogel und Egon Bahr von der SPD hatten Honecker intern vorgeschlagen, erst nach den Bundestagswahlen 1987 zu fahren. Sie wollten vermeiden, dass die CDU/CSU den Besuch für sich als Hilfe im Bundestagswahlkampf nutzt. Die SPD, so ihr Standpunkt, wäre bei einem Wahlsieg ohnehin ein besserer Gastgeber für Honecker als die CDU/CSU.

Die mögliche Honeckervisite war inzwischen nicht nur ein Streitpunkt mit Moskau und Bonn, sondern beeinflusste auch innenpolitische Entscheidungen der beteiligten Staaten. Während mir diese Zusammenhänge durch den Kopf schwirrten, fragte ich Honecker: »Wann soll denn der Besuch sein?«

Als würde ich dies wissen müssen, sagt er: »Na, wie besprochen, am 12. Mai diesen Jahres.«

Besprochen worden war die Sache wohl mit Schäuble, nicht mit dem Politbüro.

Mich interessierte aber, ob Honecker den Termin auch mit Gorbatschow abgestimmt hatte. Ich fragte ihn: »Also ist er einverstanden?«

»Wer«?«

»Na Gorbatschow«, antworte ich.

»Egon, der ist jetzt mit seinem Parteitag beschäftigt. Und wenn er damit fertig ist, ist alles entschieden.«

Honecker hatte also vor, nicht auf das Einverständnis von Gorbatschow zu warten. Damit hatte ich ein gewaltiges Problem. Ich gehörte zwar noch immer zu jenen, die für den Besuch waren. Allerdings nicht zum Preis einer erneuten Verstimmung mit der sowjetischen Führung. Eine Situation, wie wir sie 1984 hatten, würden wir nach meinem Empfinden jetzt nur schwer überstehen. Der 12. Mai 1986 als Besuchstermin, das wäre drei Wochen nach unserem Parteitag gewesen. Es wäre die erste außenpolitische Aktivität des wiedergewählten Generalsekretärs geworden. Das hätte nicht nur Moskau als falsches Signal verstanden, sondern auch unsere Nachbarstaaten Polen und die Tschechoslowakei, die ohnehin unsere Politik gegenüber Bonn misstrauisch beäugten. Was also tun? Würde ich Außenminister Fischer anrufen, ging mir durch den Kopf, dann werden die Vorbereitungen in Bonn auf Hochtouren laufen. Dann gibt es unsererseits kein Zurück mehr ohne Gesichtsverlust. Sollte ich bis zum anderen Tag warten? Das machte keinen Sinn. Ich war ohnehin nicht befugt, die Politbüromitglieder zu informieren oder sie um ihre Meinung zu bitten.

Ich ärgerte mich, dass Schäuble und wahrscheinlich auch schon Kohl über alles informiert waren, während das Politbüro wieder einmal ahnungslos blieb.

Trotz der späten Stunde ließ ich mich deshalb telefonisch mit Kotschemassow verbinden: »Wjatscheslaw Iwanowitsch«, sage ich, »weißt du, dass Erich am 12. Mai in die Bundesrepublik fährt?«

Kotschemassow und ich hatten zu verschiedenen Gelegenheiten Brüderschaft getrunken. Dennoch blieb ich aus Höflichkeitsgründen und in Kenntnis der russischen Sitten in der Regel beim förmlichen Sie. Diesmal aber wollte ich den inoffiziellen Charakter meines Anrufs betonen und gebrauchte das vertrauliche Du.

Wie ich vermutete, auch Kotschemassow wusste nichts von dem Besuchstermin. »Wenn ich Michail Sergejewitsch informiere, kann ich mich dann auf dich berufen?«, fragte er.

»Ja«, sage ich, »aber nur ihm gegenüber. Für andere hat dieses Gespräch nie stattgefunden.«

Was in den folgenden Stunden in Moskau passierte, weiß ich nicht. Honecker hat darüber nie gesprochen. Jedenfalls fragte er mich am nächsten Abend: »Hast du Fischer informiert?«

»Nein, ich konnte ihn noch nicht erreichen.«

»Gut so«, antwortete er, »die Sache hat sich für dich erledigt.«

Ich war erleichtert. Doch Honecker hatte noch nicht aufgegeben. Der 12. Mai als Besuchstermin kam noch einmal zur Sprache. Und zwar als Günter Mittag nach der Hannover-Messe zu einem Gespräch bei Helmut Kohl war. Dort sagte er dem Kanzler, der Termin für Honeckers Visite gehe in Ordnung. Mielke war der erste, der davon erfuhr. Er informierte mich postwendend.

»Woher weißt du das?«, fragte ich, wohl wissend, dass er seine Quellen nie preisgab. Diesmal antwortete er aber stolz: »Von einem Patrioten«. Er meinte damit einen seiner Leute im Bundeskanzleramt.

Endgültig begraben wurde der Besuchstermin für 1986 erst, nachdem Gorbatschow bei einem Gespräch mit unserem Politbüro am 21. April 1986 eindeutig »Njet« gesagt hatte. Aber darüber später.

Meine Frau, die mein Telefongespräch mit Kotschemassow mitgehört hatte, provozierte mich. »Hast du wegen deines Anrufs beim sowjetischen Botschafter kein schlechtes Gewissen?« Ich hatte es nicht. Ich fühlte mich eher von einer Last befreit. Nach meinem Empfinden wäre es für die DDR eine politische Katastrophe geworden, wenn Honecker zu diesem Zeitpunkt ohne Abstimmung mit der sowjetischen Führung den Besuch gemacht hätte. Das hätte vorhandenes Misstrauen nur weiter angeheizt. Unter Freunden, meinte ich, sei Vertrauen notwendig. Noch dazu, wenn man sich Freundschaft auf Ewigkeit geschworen hat.

Noch wusste ich nicht, dass Gorbatschow derart lautere Motive wie ich nicht hatte.

Der letzte Parteitag

Letzter ordentlicher Parteitag – dies ist natürlich ein rückblickendes Urteil. Damals trieben mich solche Gedanken nicht um. Ich glaubte, die SED und mit ihr die DDR würden eine historische Perspektive haben. Dass wir den XII. Parteitag nicht mehr erleben könnten, solche Ahnungen hatte ich nicht.

Sicher, Widersprüchliches gab es viel in diesem April 1986. Einerseits hatten wir Errungenschaften, die in der deutschen Geschichte bisher einmalig sind. Der Sozialismus war trotz aller Unvollkommenheiten die Freiheit von Ausbeutung, von Unterdrückung und Erniedrigung des Volkes, von Arbeitslosigkeit, von sozialer und geistiger Verelendung. Vollbeschäftigung, nur wenige Staaten auf der Welt kannten das. Bei uns war sie Realität. Bildung für alle Kinder des Volkes. Nicht der Geldbeutel der Eltern entschied, sondern die eigene Leistung, ob die Türen der hohen Schulen offenstanden. Niemand wuchs mit der Angst auf: Weil du arm bist, musst du früher sterben. Es gab ein leistungsstarkes Gesundheitswesen. Die Theater und Kulturstätten standen allen weit offen. Kultur war bezahlbar. Jugend und Sport wurden gefördert. Menschliche Beziehungen galten mehr als das Scheckbuch. Jung und alt wuchsen in einem Lande auf, in dem die Kriminalität rückläufig war. Das waren schützenswerte Güter.

Andererseits hatten wir zu wenig beachtet, dass inzwischen neue Jahrgänge herangewachsen waren. Für sie waren Zukunftsfragen attraktiver, als sich von den Älteren die Errungenschaften der Vergangenheit preisen zu lassen. Für viele von ihnen waren unsere Thesen und Losungen oft Gemeinplätze; so, als der Parteitag wiederholte, wir seien für »Kontinuität und Erneuerung«. Oder: »Wir müssen in Ordnung bringen, was noch nicht in Ordnung ist.« Oder: »Wir gestalten die Einheit von Wirtschafts- und Sozialpolitik.« Zweifellos richtige inhaltsreiche Thesen. Doch junge Leute hatten oft das Gefühl, dass ihre Ideen, ihre Leistung, ihr Wissen und ihr Können nicht gefragt waren. Sie wollten keine fertigen Lösungen, sondern einbezogen sein. Sie wollten mitreden.

Formal verlief die Parteitagsvorbereitung wie die vorangegangenen. Seit freilich bekannt war, dass Gorbatschow unser Gast sein würde, entstand im Politbüro Hektik. Ich wurde mit der Vorbereitung seines Aufenthaltes betraut. Fast täglich hatte Honecker neue Ideen. Lernen sollte Gorbatschow, meinte er, »wie die Geschichte der DDR seit ihrer Existenz eine Geschichte von Reformen war, wie wir die Schlüsseltechnologien, besonders die Mikroelektronik, beherrschen und wie dynamisch unser System der Planung und Leitung funktioniert«. Ich weiß nicht mehr genau, wie viele meiner Entwürfe für das Aufenthaltsprogramm in den Papierkorb wanderten. Erfurt, Jena, Karl-Marx-Stadt, Dresden, Berlin und Potsdam sollte er besuchen. Mein Einwand, dass er dafür kaum Zeit haben würde, wurde vom Tisch gewischt. Gorbatschow selbst hatte gegenüber Honecker irgendwann diese Städte ins Gespräch gebracht. Er hatte ihn erinnert, dass seit 1979 kein Generalsekretär des ZK der KPdSU mehr in der DDR gewesen war. Jetzt müsse man viel nachholen.

Auch aus Moskau erhielten wir fast täglich neue Direktiven. Die Zusammensetzung der Delegation, die Gorbatschow begleitete, wurde mehrmals geändert. Die Sicherheitsorgane teilten mit, der KPdSU-Chef werde seine gepanzerte Limousine aus Moskau einfliegen lassen, damit er aus ihr ungestört von einem Spezialtelefon mit Moskau telefonieren könne. »Völlig ungewöhnlich«, polterten einige von uns. So etwas habe es nicht einmal gegeben, als Stalin 1945 in Potsdam gewesen sei. »Vielleicht bringt er auch noch einen eigenen Gärtner mit«, tadelte selbst Stoph.

Zu allem Unglück kam kurz vor dem Parteitag auch noch die Mitteilung, dass Raissa ihren Ehemann begleiten werde. So etwas sei völlig ungewöhnlich. Bei Staatsbesuchen ja, aber bei Parteitagen, so Honecker, habe er noch nie erlebt, dass ein Parteichef mit Ehefrau anreist.

Mir war dieses Gerede zu viel. Es hielt uns nur von sachlicher Arbeit ab. Ich stellte die letzte Fassung des Aufenthaltsprogramms der beiden zusammen. Offen ließ ich, wer Ehrenbegleiter für Gorbatschow wird. Für die Begleitung von Raissa Maximowna schlug ich Margot Honecker vor. Ich kannte zwar ihre Abneigung, als Ehefrau protokollarische Verpflichtungen an der Seite ihres Mannes wahrzunehmen. Schließlich war sie Ministerin und ZK-Mitglied. Im Interesse einer herzlichen Atmosphäre hoffte ich dennoch, sie würde über ihren Schatten springen können.

Ich ging zu Honecker und bat ihn, den Programmentwurf zu bestätigen. Er sah ihn durch, legte ihn zur Seite und sagte: »Wir sprechen morgen darüber.«

Dies war an einem Mittwoch. Er war schon auf dem Sprung zum Jagdausflug. Mir war klar, er wollte erst mit Günter Mittag und abends vielleicht auch mit Margot darüber sprechen, bevor er mir seine Zustimmung erteilte.

Anderntags hatte er zwei Vorschläge. Er setzte Günter Mittag als Ehrenbegleiter ein. Günter sprach weder russisch noch war er wegen der Amputation seiner Unterschenkel gesundheitlich in der Lage, das geplante Programm körperlich durchzuhalten. Offensichtlich wollte Honecker nur seine absolute Vertrauensperson in der Nähe Gorbatschows haben. Dass dies ein Zeichen dafür gewesen sei, dass er mich dort nicht haben wollte, ist Spekulation, jedoch nicht auszuschließen.

Ich machte mir darüber schon deshalb keine Gedanken, weil mich sein zweiter Vorschlag regelrecht verwunderte.

»Ich habe als Ehrenbegleiterin für Raissa deine Frau eingesetzt«, sagte er.

»Was? Wen?«, frage ich zurück.

»Na, deine Frau« wiederholte er, als glaube er, ich hätte ihn akustisch nicht verstanden.

»Ich hab das schon gehört«, antworte ich, »doch das kann ich ohne meine Frau nicht entscheiden. Sie arbeitet als Lehrerbildnerin. Sie hat keinen Urlaub.«

Meinen Einwand hatte er nicht erwartet. Er war ihm auch nicht willkommen, denn das Aufenthaltsprogramm, einschließlich der Ehrenbegleitung, war schon in der sowjetischen Botschaft.

Mit meiner Frau hatte ich dann auch mehr Diskussionen, als ich befürchtet hatte. Keine Frage, es war für sie eine ehrenvolle Aufgabe, die sie auch mit viel Fingerspitzengefühl erfüllte. Doch sie reagierte nicht als Politikerin.

»Stell dir vor«, sagt sie, »du wärst Ehrenbegleiter für Gorbatschow und Günter Mittags Frau würde Raissa begleiten. Wäre dir das recht? Was soll Genossin Mittag von mir denken? Nein, das geht mir gegen den Strich. Was hat sich Erich Honecker dabei gedacht? Und überhaupt«, so ihre Frage, »wieso macht das Margot nicht? Sie muss es ja nicht als Ministerin tun, sondern einfach als Genossin Honecker.«

Meine Frau vertrat ihre Meinung, unabhängig davon, ob sie damit ankam oder nicht. Sie hatte sich ihre Offenheit und Ehrlichkeit bewahrt, ohne zu überlegen, ob ihr Standpunkt ihr nützlich ist oder nicht. Ich hatte Mühe, sie zu überzeugen. Letztlich half nur, dass ich sagte, sie würde einen politischen Eklat auslösen, wenn sie ablehne.

Sie fand einen guten Draht zu Raissa, aber auch zu ihrem Mann, was bei deren Verhältnis zueinander wohl ein und dasselbe war. Um einen Programmpunkt der Gorbatschows gab es viel Hin und Her. Auf sowjetischen Wunsch hatte ich einen Besuch der beiden am Brandenburger Tor, an der Grenze zu Berlin-West, vorgesehen. Der Stadtkommandant von Berlin war gut vorbereitet. Unerwartet, ohne Begründung, strich Günter Mittag kurz vorher diesen Programmpunkt. Er fürchtete wohl, dass er durch seine gesundheitlichen Probleme den Weg vom Auto bis zum Podest für Besucher am Brandenburger Tor nicht schaffen könne. Als Kotschemassow davon erfuhr, kam er zu mir ins Zentralkomitee und teilte mit: Gorbatschow wolle »auf jeden Fall den antifaschistischen Schutzwall« besuchen. Er sei das erste Mal in seiner neuen Funktion Gast der SED. Seit 1961 sei es Sitte gewesen, dass sich die jeweiligen Generalsekretäre der KPdSU über die konkrete Situation an der Grenze informiert hätten. Die Grenzsoldaten und auch die sowjetischen Streitkräfte in Deutschland würden es ihm nicht verzeihen, wenn er die Grenze meide. Seinem Wunsch wurde entsprochen. Am Vorabend unseres Parteitages besuchten die beiden Gorbatschows das Brandenburger Tor. Sie erhielten detailliert Auskunft über das Regime an der Grenze. Gorbatschow war tief beeindruckt, lobte die DDR wegen ihrer Festigkeit gegenüber den »Provokateuren aus dem Westen« und meinte, man dürfe in der Wachsamkeit nicht nachlassen. Er schrieb ins Gästebuch der Grenztruppen der DDR: »Am Brandenburger Tor kann man sich anschaulich davon überzeugen, wie viel Kraft und wahrer Heldenmut der Schutz des ersten sozialistischen Staates auf deutschem Boden vor den Anschlägen des Klassenfeindes erfordert. Die Rechnung der Feinde des Sozialismus wird nicht aufgehen. Das Unterpfand dessen sind das unerschütterliche Bündnis zwischen der DDR und der UdSSR sowie das enge Zusammenwirken der Bruderländer im Rahmen des Warschauer Vertrages. Ewiges Andenken an die Grenzsoldaten, die ihr Leben für die sozialistische DDR gegeben haben. 16.04.1986 M.S. Gorbatschow.«

Jahre später wird er bei einem Besuch vor Schülern der Hildegard-Wegscheider-Oberschule in Berlin sagen: »Wenn ich mich an die Mauer in Berlin erinnere, spüre ich heute noch Entsetzen über dieses Bauwerk.« Als er Macht über die Mauer hatte, hat er dieses vermeintliche Entsetzen ganz offensichtlich vor uns »versteckt«.

Anfang der neunziger Jahre trafen Erika und ich die Gorbatschows erneut. Diesmal im Hotel Kempinski im Westteil der Stadt. Als ich ihm von der Anklage gegen mich wegen des Regimes an der Grenze erzählte, fragte der Mann allen Ernstes: »Egon, wurde denn an der Grenze wirklich geschossen?«

Gespielte Ahnungslosigkeit zog sich offensichtlich durch sein ganzes Leben. Er erinnerte sich nur an das, was ihm dienlich erschien.

Selbst Raissa war an jenem Abend über seine Frage empört. Sie erinnerte ihn an seinen Besuch bei den Grenztruppen der DDR am Brandenburger Tor und daran, was er dort gesagt hatte. Seinerzeit, auf dem Parteitag der SED, bemühte sich Gorbatschow allerdings, jede Irritation über seine Politik zu vermeiden. Sein freundliches Zugehen auf die Genossen, seine Gespräche in den Pausen, vor allem aber sein Diskussionsbeitrag, hinterließen bei den Delegierten einen tiefen Eindruck. Diese spürten den Unterschied im Herangehen an die Wirklichkeit zwischen ihm und Honecker. Während wir unsere Erfolge hochleben ließen, benannte er ungeschminkt die Defizite der Sowjetunion. Und er berief sich zur Legitimierung dieser kritischen Methode auch auf Marx und Lenin.

Seine ungezwungene Art trug ihm viel Sympathie ein. Er bemühte sich auch um die Gunst von Erich Honecker. Einen »anerkannten Partei- und Staatsführer« nannte er ihn in seiner Rede. Nicht enden wollte der Beifall, als er ausrief: »Wir waren treue Freunde und Verbündete … und wir bleiben es für alle Zeiten.« Auch wenn sich die Dinge anders entwickelt haben, glaube ich, Gorbatschow hat seinerzeit so gedacht.

Und er war zu diesem Zeitpunkt auch noch lernfähig. Im Präsidium des Parteitages hatte ich meinen Platz in seiner Nähe. Nur Willi Stoph saß zwischen uns. Gorbatschow fragte, während Honecker sprach. Da Stoph kein Russisch sprach, wandte er sich an mich. »Egon, ich habe hier zwei Notizbücher. In das eine schreibe ich den Ablauf des Parteitages, in das andere alles, was ich auf dem Parteitag lerne. Letzteres ist bald voll.«

Immer wieder wollte Gorbatschow von mir wissen, wie der Parteienpluralismus in der DDR funktioniere. »Wie macht ihr das mit der CDU, wie mit der DBD, mit der LDPD und der NDPD? Wie organisiert ihr die Einheit von Wirtschafts- und Sozialpolitik? Wie arbeiten Kombinate? …«

Es war anstrengend für mich. Ich fürchtete auch, unser Geflüster könne Honecker beim Reden stören. Das Rednerpult war nur wenige Meter von uns entfernt. Ich wusste aus eigener Erfahrung, wie unangenehm es für einen Redner sein kann, wenn hinter seinem Rücken gebrabbelt wurde.

Und tatsächlich erhielt ich in der Konferenzpause einen Rüffel. »Du sollst nicht hinter meinem Rücken sprechen!«, mahnte mich Honecker vieldeutig.

»Ich rede nie Schlechtes hinter deinem Rücken.« Ich berichtete, dass Gorbatschow sich für Hintergrundinformationen interessierte und ich nur seine Fragen beantwortete.

»Na, dann ist es ja gut«, lenkte Honecker ein.

Fast eine Woche saßen die beiden Generalsekretäre nebeneinander. Alles schien gut zu gehen. Bis zum 20. April, der vorletzten Sitzung. An diesem Abend trafen sich die beiden zu einem vertraulichen Vieraugengespräch.

Dass es nicht gut gelaufen war, erfuhr ich schon am gleichen Abend von meiner Frau. Sie war von Gorbatschow und seiner Gattin zu einem Abendessen in einem ungewöhnlichen Kreis eingeladen worden.

Es sollte unmittelbar nach dem Treffen Honecker/Gorbatschow im Gästehaus Schloss Niederschönhausen, der Residenz der Gorbatschows, stattfinden. Von deutscher Seite sollten nur Honecker, Mittag und meine Frau dabei sein. Und natürlich die Dolmetscher. Raissa hatte das Abendessen auf russische Art vorbereitet. Das Gespräch der beiden Chefs dauerte wesentlich länger, als ursprünglich geplant. Raissa, Günter Mittag und meine Frau warteten in einem anderen Zimmer. Als Honecker und Gorbatschow schließlich kamen, war meine Frau Zeuge des folgenden Dialogs:

»Erich«, sagte Gorbatschow, »wir laden dich herzlich zum Essen ein.«

»Ich habe keine Zeit. Morgen ist noch Parteitag«, antwortete Honecker, ging zum Ausgang und ließ Gorbatschow stehen.

Meine Frau berichtete dies empört. »Ich weiß nicht«, sagte sie, »was die beiden hatten. So aber benimmt man sich dem ersten Mann der Sowjetunion gegenüber nicht.«

Solches Verhalten kannte ich nicht von Honecker. Gästen gegenüber hatte sich Honecker immer als höflicher, ja charmanter Gastgeber gezeigt. Er hatte sich nach meiner Wahrnehmung immer unter Kontrolle. Es musste etwas vorgefallen sein, dass er gegen seine Natur gehandelt hatte.

Aber was?

Ich ging am nächsten Tag in aller Frühe in sein Büro, noch bevor Mielke mit ihm reden konnte. Das Büro befand sich während des Parteitages im Palast der Republik, im Volkskammerflügel. Als Honecker kam, war er mürrisch. Aschfahl sah er aus, so, als hätte er die Nacht durchgemacht. »Ihr müsst euch einen anderen suchen. So nicht mit mir«, zürnte er. Solches hatte er mir gegenüber nie zuvor und auch nie später wieder geäußert. Die ganze Nacht habe er kein Auge zubekommen, klagte er. Alles sei ihm noch einmal durch den Kopf gegangen.

Ich stand betroffen da. Ich wollte ihn einfach reden lassen, um auch zu erfahren, was sich tatsächlich zugetragen hatte. Er redete, um seinem Herzen Luft zu machen. Er war tief verletzt, bis ins Innerste. Gorbatschow hätte ihn gefragt, woher seine Reserviertheit gegenüber der Sowjetunion komme. Er habe »dem« klar gesagt, er sei gegenüber der Sowjetunion niemals reserviert gewesen. Sein Lebensmotto sei immer gewesen: Von der Sowjetunion lernen, heißt siegen lernen. Das galt bei Stalin, Malenkow, Chruschtschow Breschnew, bei Andropow und auch noch bei Tschernenko. Aber nicht mehr bei »ihm«.

Gorbatschow habe versucht zu drohen. Man wisse vom Plan der BRD, bei internationalen Banken die Verpflichtungen der DDR aufzukaufen, um die DDR zu erpressen. Belehrt habe er ihn, wie die DDR die Politik in Bonn einschätzen muss. Und kategorisch verlangt, dass er, Honecker, nicht in die Bundesrepublik fährt.

Da lag also das Problem. Nicht Perestroika, nicht Glasnost waren der Streitpunkt. Es ging wieder einmal um die BRD und um unser Verhältnis zu ihr. In dieser Frage verstand Gorbatschow damals keinen Spaß. Er billigte der DDR keinesfalls die berühmte Souveränität zu, die er angeblich bei seinem Amtsantritt allen sozialistischen Staaten versprochen hatte. Ob Honecker die BRD besucht oder nicht, darüber wollte schließlich Gorbatschow das letzte Wort haben. Es rächte sich, dass Honecker mit Bonn schon Absprachen über seinen Besuch hinter dem Rücken des Politbüros und der Sowjets getroffen hatte. Es war eine merkwürdige Situation. Vieles, was Gorbatschow über die Bundesrepublik und ihr Verhältnis zu uns sagte, war korrekt und zum Teil auch meine Meinung. Die beiden redeten aneinander vorbei. Beide waren besserwisserisch.

Während Honecker mir über seine abendliche Begegnung mit Gorbatschow berichtete, war für mich erstaunlich, wie schnell er wieder seine Fassung zurückgewann, jedenfalls für Außenstehende. Er gab mir seine Notizen, die er sich wahrscheinlich nachts gemacht hatte. Darin zitierte er Gorbatschow mit den Worten: »Kádár hat einen Brief vom Internationalen Währungsfonds erhalten. Darin sind an Ungarn erpresserische Forderungen gestellt worden. Wir wollen euch vor einem ähnlichen Schicksal bewahren. Anhand von Tatsachen können wir dir, Erich, beweisen, dass die BRD versucht, diese Erpressung auf die DDR auszudehnen. Die BRD kauft DDR-Verpflichtungen im Ausland auf, nutzt den Swing und andere Verbindungen, um die DDR politisch zu erpressen. Erich, wer erpressbar ist, kann keine Politik mehr machen. Ihr müsst begreifen, dass Entspannung keine Sache nur eines Landes ist. Ihr könnt nicht aus der Reihe tanzen. Man darf die BRD aus dem Entspannungsprozess nicht entlassen. Kohl verhält sich gegenüber den USA wie ein Lakai. Seine Politik ist eine Kreuzung aus Revanchismus und Globalismus. Das darf durch dich nicht noch belohnt werden.«

Ich sah es wie Gorbatschow, doch Honecker wollte es nicht wahrhaben.

Als wir gemeinsam zur letzten Sitzung des Parteitages gingen, hatte Honecker sich gefasst, war er kämpferisch wie sonst immer. Die Delegierten gaben bei seinem Erscheinen starken Beifall. Er hob seinen rechten Arm, ballte die Hand zur Faust und grüßte wie einst Ernst Thälmann mit

»Rot Front!«. Er brauchte diese Geste. Sie stärkte ihn in seiner Überzeugung, dass seine Politik die einzig richtig ist.

Noch stand uns einiges bevor. Ein Treffen des gesamten Politbüros mit Gorbatschow. Als wir dazu zum Tagungsort Schloss Niederschönhausen fuhren, ging mir durch den Kopf: Wird Gorbatschow das von Stoph übermittelte Papier benutzen? Wird es dadurch gar zu einer Konfrontation mit Honecker kommen? Schließlich hatte Stoph das Papier hinter dem Rücken des Politbüros nach Moskau gegeben. Selbst wenn Gorbatschow nur einzelne Fakten als Beispiele nennt, wird Honecker merken, dass es sich um Informationen handelt, die nur Eingeweihte kennen. Zudem wusste außer mir und Mittag niemand aus dem Politbüro, wie das abendliche Treffen zwischen den beiden Generalsekretären verlaufen war. Ich ging ziemlich entmutigt in die Sitzung.

Wie bei solchen Gelegenheiten üblich, hoben Honecker wie Gorbatschow hervor: Nie zuvor sei unsere Freundschaft so stark wie jetzt. Im Strategischen, so unser Gast, seien wir uns völlig einig, während es im Taktischen gewisse Nuancen gebe. Honecker sagte mir später, er sei sich angesichts des Verlaufs seines Gespräches am Vorabend »veräppelt« vorgekommen. Spannend wurde die Sache noch einmal, als es wieder um die Reisepläne Honeckers ging. Gorbatschow fuhr die ganze Autorität des Politbüros des ZK der KPdSU auf. Dort sei man sich einig, dass die Beziehungen der DDR zur Bundesrepublik nur im Kontext der Beziehungen der USA und der UdSSR gesehen werden dürfen. Die USA würden auf »Militarismus und Expansionismus« setzen.

Man wolle die BRD zwar nicht nur schwarzweiß malen, aber Fakt bleibe, die Bundesrepublik sei ein Vasall der USA. Man wisse zwar, dass Genscher dagegenhält und in entscheidenden Fragen Kohls Politik nicht mitträgt, doch dies sei für die UdSSR kein Grund, die Bundesrepublik mit guten Beziehungen zu belohnen. Die Beziehungen der UdSSR zur BRD würden nicht forciert. Zudem sei bei einem Treffen in Moskau mit Egon Bahr die Bitte von Willy Brandt übermittelt worden, jetzt nicht zu reisen. Es dürfe keine Wahlhilfe für Kohl geben. Und dann kam die Charmeoffensive Gorbatschows: »Der Teufel soll sie holen, diese BRD! Mir macht am meisten Sorge, was ich den sowjetischen Menschen erklären soll, wenn jetzt Erich Honecker in die BRD fährt. Man wird sagen, man habe sich doch auf dem Parteitag so gut verstanden und jetzt fährt er trotzdem nach Bonn.«

Diese Klarstellung, dass eine mögliche Reise Honeckers nach Bonn öffentlich zeigen würde, dass es zwischen der DDR und der UdSSR keine gemeinsame Strategie mehr gebe, hat dann dazu geführt, dass Honecker seine Reise wieder verschob. Er wehrte sich allerdings noch einmal. Mannhaft, wie ich meine. In Anknüpfung an Gorbatschows Frage, was soll ich meinem Volke sagen?, erkundigte sich Honecker: »Und was soll ich meinem Volk sagen, das gute Beziehungen zur Bundesrepublik und keine Raketen auf deutschem Boden will, wenn ich nicht fahre?« Die Frage blieb im Raum, bis Honecker 1987 reiste!

Irgendwie lag nach unserer Begegnung mit Gorbatschow Nervosität über uns allen. Ich jedenfalls war äußerst unzufrieden. Es blieb zu viel unausgesprochen. Auf beiden Seiten. Nach der Rückkehr ins Gebäude des ZK fuhren Honecker, Schabowski und ich gemeinsam mit dem Fahrstuhl in die zweite Etage. Schabowski wollte bei Honecker Eindruck machen. Er fand deftige Worte über Gorbatschow: »Erich, was will dieser Jüngling vom Kaukasus eigentlich von dir? Der kann dir doch nicht das Wasser reichen. Wir haben schon neu gedacht, da war dieser Knabe noch in der Schule.«

Diese Kraftmeierei war selbst Honecker zu viel. Er antwortete nur: »So einfach ist die Sache nicht, lieber Günter.«

Übrigens: Ob Gorbatschow es bewusst tat oder aus Unkenntnis, weiß ich natürlich nicht. Zum ersten Mal aber berief er sich in einem so großen Kreis wie dem bei uns auf einen »geheimen Kanal«, den Egon Bahr mit Moskau unterhielt. Über diesen geheimnisvollen Weg tauschte die sowjetische Führung mit Hilfe des KGB jenseits offizieller Politik wichtige Informationen mit bundesdeutschen Politikern aus. Andropow hatte vor Jahren Honecker darüber informiert. Ich wusste es seit 1984. Inzwischen war Honecker sich aber schon nicht mehr ganz sicher, ob dieser Kanal nicht auch genutzt würde, um gegen die DDR Politik zu machen. Je älter er wurde, umso mehr spielte in seinem Denken eine Rolle, dass Geheimdienste am Werk waren, zwischen der Sowjetunion und der DDR einen Keil zu treiben.

Wie die späteren Ereignisse zeigten, war sein Misstrauen nicht unberechtigt.

Mal schmusen, mal stänkern

Nach dem Parteitag übertrug Honecker mir auch sensible deutsch-deutsche Angelegenheiten, die eigentlich Chefsache waren. Ich erhielt auf diese Weise detaillierte Einblicke auch in das so genannte nicht offizielle Denken der politischen Kaste der Bundesrepublik. Alle dort etablierten Parteien wetteiferten um die Gunst der DDR. Je mehr sie den Eindruck hatten, Honecker und Gorbatschow könnten nicht miteinander, desto eifriger schmeichelten sie Honecker. Westpolitiker aller Couleur waren glücklich, wenn sie beim DDR-Staatsoberhaupt einen Fototermin erhielten. Ein Foto mit ihm in ihren Zeitungen, ja, das war schon etwas wert im Wahlkampf, damals in der Bundesrepublik Deutschland.

Außenminister Genscher zierte sich lange Zeit, mit der DDR öffentliche Kontakte zu pflegen. Lieber kam er privat in seine alte Heimat nach Halle. Die DDR gehörte nach seiner Diktion nicht ins Außenamt. Sie war gewissermaßen »innerdeutsch«, Sache des Kanzleramtes also. Das genügte ihm Mitte der achtziger Jahre nicht mehr. Er wollte eigenen Einfluss, ohne des Kanzlers Segen. 1986 bat er um einen Direktkontakt zur DDR-Führung: »Außerhalb der staatlichen und diplomatischen Verbindungen«, versteht sich, »wo Meinungen und Positionen ausgetauscht werden, und wo es möglich ist, über wichtige Schritte zu sprechen.« Wer in Bonn auf sich hielt, hatte inzwischen Verbindungen bis ins Politbüro hinein. Der SPD-Vorsitzende Jochen Vogel genoss das Privileg, einmal jährlich mit Honecker zusammenzukommen. Für Genscher wählte Honecker einen unserer besten Leute aus, erfahren schon im Umgang mit SPD-Politikern, das ZK-Mitglied Otto Reinhold. Was Schalck für Strauß und Schäuble war, was Wolfgang Vogel für die Bundesregierung, was Günter Mittag für Helmut Kohl und was Hermann Axen für Egon Bahr war, wurde Otto Reinhold nun für den Bundesaußenminister. Immer wenn Genscher das Bedürfnis hatte, »laut zu denken« und uns daran teilhaben zu lassen, bestellte er Reinhold zu sich nach Bonn.

So auch im Juni 1986. Er überraschte mit der Frage: »Welche Vorstellungen oder Visionen hat die DDR für ein Europa im Jahre 2000?« Nicht nur, dass diese Fragestellung so gar nicht mit den Sonntagsreden der Bonner Politiker korrespondierte, die permanent die deutsche Einheit beschworen. Vielmehr zeigte sie auch, dass die Spitzenpolitiker des anderen deutschen Staates davon ausgingen, dass es im geschichtlich absehbaren Zeitraum nicht zur deutschen Einheit kommen werde. Alles Gerede von der »Einheit in Freiheit« war weiter nichts als Propaganda.

Interessanter weise sorgte sich Genscher um die innere Stabilität der DDR. Ohne sie, resümierte er, würde es keine Fortschritte auf dem Gebiet der Entspannung geben. Er warb für eine Zusammenarbeit mit der DDR auf dem Gebiet der Hochtechnologien. Das war für uns schon deshalb interessant, weil der bundesdeutsche Außenminister natürlich genau wissen musste, dass es nicht die DDR war, die hier bremste. Vielmehr war es die NATO-Embargopolitik, die verhinderte, dass die DDR von den neuesten Ergebnissen des Westens auf dem Gebiet von Wissenschaft und Technik profitieren konnte. Genscher informierte uns offen, dass es bei der Beurteilung der Weltlage Meinungsverschiedenheiten zwischen den USA und der BRD gebe. Die Kohl-Regierung nehme in Fragen der Abrüstung keineswegs identische Positionen mit den USA ein. Ein andermal beklagte er, dass ihn der US-Außenminister nach seinem Gespräche mit Gorbatschow zum Rapport nach Washington bestellt habe. Die USA seien wegen der Bonner Entspannungspolitik gegenüber der Sowjetunion misstrauisch geworden. Er habe Shultz klar gesagt, dass die Sowjetunion auf Grund ihrer historischen Erfahrungen ein besonderes Sicherheitsinteresse habe. Sie werde auf keinen Fall eine Situation zulassen, in der sie militärstrategisch in irgendeine gefährliche Situation kommen würde. Gorbatschow sei äußerst flexibel. Dies dürfe man nicht als Schwäche auslegen. Gorbatschow könne niemand in die Ecke manövrieren. Die Vorstellung der USA, die Sowjetunion totrüsten zu können, sei eine der größten Illusionen. Das sagte Genscher noch im Sommer 1986!

Kurze Zeit später gab Kohl dem amerikanischen Magazin *News Week* ein Interview, in dem er Gorbatschow mit Goebbels verglich. Es war Genscher, der in Bonn als erster den politischen Zündstoff erkannte, der in diesem absurden Vergleich lag. Umgehend bat er Reinhold zu sich, wissend, dass seine Botschaft über uns auch Gorbatschow erreichen würde. Er sei von der Äußerung Kohls bitter enttäuscht, sagte er zu Reinhold. Kohl habe alles in Frage gestellt, was er, Genscher, bei seinem kürzlichen Sowjetunionaufenthalt erreicht habe. Er habe dem Bundeskanzler empfohlen, einen persönlichen Brief an Gorbatschow zu schreiben, um sich zu entschuldigen. Kohl sei zunächst damit auch einverstanden gewesen. Aber das »Küchenkabinett«, offensichtlich eine CDU-Runde in der Koalition, habe ihm das ausgeredet. Dies sei ein großer Fehler gewesen. Das »Küchenkabinett« spiele ohnehin, meinte der Außenminister, eine unheilvolle Rolle. Dem FDP-Vorsitzenden stand sein Misstrauen gegenüber seinen CDU-Kollegen buchstäblich im Gesicht.

Genscher äußerte sich im Zusammenhang mit dem Goebbels-Vergleich durch Kohl auch freimütig zu den Defiziten der Bundesrepublik bei der Diskussion über die jüngste deutsche Geschichte. Die Bundesrepublik habe im Unterschied zur DDR, sagte er, einen großen Nachholbedarf. Man müsse noch viel tun, damit der Gedanke vom 8. Mai 1945 als Tag der Befreiung, wie das Bundespräsident von Weizsäcker ausgedrückt habe, überall verstanden werde.

Mir machte es Freude, die Berichte Reinholds über seine Treffen mit Genscher zu lesen. Ich lernte auf diese Weise einen etwas anderen Genscher kennen, als er mir von seinen öffentlichen Reden her bekannt war. Manche damaligen Erkenntnisse über die DDR haben er und andere bundesdeutsche Politiker 1989 schnell aus ihrem Gedächtnis gestrichen. Ich wundere mich nicht darüber. Ich finde nur bestätigt, dass politische Interessen stärker sind als moralische Grundsätze wie Ehrlichkeit und Aufrichtigkeit .

In der Nacht zum 1. März 1986, Honecker war noch auf dem Parteitag der KPdSU in Moskau, kam aus Stockholm die Nachricht, dass Schwedens Ministerpräsident Olof Palme auf offener Strasse heimtückisch ermordet worden war. Es war kurz vor Mitternacht. In Moskau schon fast 2.00 Uhr. Ich überlegte: Rufst du trotz der späten Stunde Honecker noch an?

Ich tat es. Als er den Telefonhörer abnahm, schien er leicht benommen. Er hatte geschlafen. Ich berichtete, was in Stockholm geschehen war. Todesnachrichten, selbst wenn sie nicht das persönliche Umfeld betrafen, ververursachten bei Honecker stets eine niedergedrückte Stimmung. Er war auch jetzt tief betroffen. Seit Palmes Staatsbesuch in der DDR, es war 1984 in Stralsund gewesen, verband die beiden ein Vertrauensverhältnis. Die Meinungen des schwedischen Ministerpräsidenten zur Abrüstung waren in vielen Punkten mit denen Honeckers identisch.

So entschied Honecker: »Sollte ich noch hier in Moskau sein, fährst du als mein Stellvertreter zur Beisetzung. Findet sie später statt, fahre ich selbst.«

Die Trauerfeier fand erst zwei Wochen später in Stockholm statt. Honecker nahm daran teil. Es war an jenem Tag, an dem im Gewandhaus die Leipziger Frühjahrsmesse eröffnet wurde. Dort erhielt ich die Nachricht, dass er beim Rückflug aus Schweden gegen 21 Uhr auf dem Leipziger Flugplatz landen werde. Er ließ mir mitteilen, ich solle allein zum Flughafen kommen. Kein anderer aus dem Politbüro. Als wir im Auto vom

Flugplatz zum Gästehaus der Regierung saßen, war er auffallend gesprächig. Er war aufgekratzt. Alles, was aus Regierung und Opposition der BRD Rang und Namen habe, sei beim Trauerakt in Stockholm gewesen. Er hob hervor, dass er seinen Platz zwischen Bundeskanzler Kohl und US-Außenminister Shultz gehabt habe. Alle hätten sie mit ihm reden wollen. Jeder habe den Wunsch gehabt, sich mit ihm fotografieren lassen. »Der Wahlkampf für den Bundestag im Januar 1987«, so Honecker, »lässt schon grüßen. Da kommt noch allerhand auf uns zu.«

Während er mit mir spricht, schaut er in seine Notizen, macht eine kurze Pause und sagt: »Egon, da läuft etwas schief in der ›Asylantenfrage‹.« Kohl und Brandt hätten ihn deshalb auf dem Empfang »angequatscht«. Und dann ganz klar: »Egon, bring das in Ordnung!«

Das war leichter gesagt als getan. Im Politbüro gab es zu dem Problem äußerst widersprüchliche Meinungen. Sie reichten von Günter Mittag, der im Interesse guter ökonomischer Beziehungen für weitgehende Zugeständnisse an die BRD eintrat, bis hin zu Willi Stoph, der aus völkerrechtlichen und bündnispolitischen Gründen für die Zurückweisung der bundesdeutschen Wünsche war. Zudem gab es noch, ich will es zurückhaltend ausdrücken, so etwas wie Geheimdiplomatie. In den Berichten von Mittag an das Politbüro über seine jährlichen Gespräche mit Bundeskanzler Kohl stand immer nur, er habe konsequent die Linie der DDR vertreten. Was er tatsächlich gesagt hatte, erfuhr nur Honecker.

Auffallend war, dass Westpolitiker Mittag oft ganz anders »verstanden« hatten, als er nach seinen Gesprächsnotizen hätte verstanden werden wollen oder sollen. Kungelte Mittag in Absprache mit Honecker?

Mielke vermutete, Mittag würde sein eigenes Süppchen kochen. Diesen Mut traute ich ihm nicht zu. Das wäre für ihn selbstmörderisch gewesen. Ich sah in Mielke mehr den Enttäuschten. Er hatte zur Asylantenfrage viele Stellungnahmen an Honecker geschrieben, die dieser nicht beachtet hatte.

Nach dem Willen Honeckers musste nun auch ich mich mit der »Asylfrage« befassen, obwohl Günter Mittag, Erich Mielke, Oskar Fischer, Alexander Schalck und entsprechende Spezialisten seit langem daran arbeiteten. Viele Köche verderben bekanntlich den Brei. Honecker wollte, dass die Asylantenfrage zur Entscheidung kommt.

Die Sache selbst schien mir überschaubar: Die Bundesrepublik wollte ihre innenpolitischen Probleme auf Kosten der DDR lösen. Als es ihr wirtschaftlich sehr gut ging, holte sie ausländische Arbeitskräfte ins Land. Inzwischen wurden sie in dieser Größenordnung nicht mehr gebraucht. Sie kamen aber dennoch. Aus verschiedenen Ländern. Auch aus Asien, besonders aus Bürgerkriegsgebieten. Die flüchtenden Tamilen aus Sri Lanka genossen laut Grundgesetz in der Bundesrepublik Asylrecht. Nur eine Verfassungsänderung hätte das ändern können. An das Grundgesetz wollte Bonn jedoch nicht ran. Stattdessen erinnerte sich die Bundesregierung, dass viele der Flüchtlinge über Berlin-Schönefeld einreisten. Sie verlangte von der DDR, die Einreise aus Sri Lanka zu unterbinden und die Asylsuchenden zurückzuweisen. Damit wären die Bonner Politiker »sauber« geblieben, die DDR hätte am Pranger gestanden. Wir sollten quasi den Grundsatz der Transitfreiheit verletzen.

Das taten wir zunächst nicht. Deshalb gab es in bundesdeutschen Medien eine maßlose Hetze gegen die DDR. Bonn verband die von uns verlangte Zurückweisung der Asylsuchenden sogar mit Boykottdrohungen im Handel zwischen beiden deutschen Staaten. Sollte sich die DDR weiterhin weigern, die Einreisenden zurückzuschicken, hätte das negative ökonomische Auswirkungen auf den Handel. Politischer Druck auf uns mit Hilfe der harten Währung! Es war nicht das erste und nicht das letzte Mal. Die Frage war nur, ob wir uns erpressen lassen.

In dieser Situation funktionierte ein einfaches Muster, das Bonn schon kannte: Mittag überredete Honecker. Er nannte das eine »technische Lösung«. Welchen Deckmantel wir der Entscheidung auch geben würden, sie war nach meiner Meinung der DDR unwürdig. Wir erteilten von nun an Transitreisenden aus Sri Lanka nur noch dann ein Durchreisevisum, wenn sie auch ein Einreisevisum für die Bundesrepublik vorweisen konnten. Damit rückten wir vom Völkerrechtsprinzip der Transitfreiheit ab. Faktisch halfen wir der Bundesrepublik, sich schrittweise vom ihrem Prinzip der Asylfreiheit zu lösen.

Ich bin überzeugt, Honecker war von Mittag überrumpelt worden.

Wo einmal geltende Prinzipien aufgegeben werden, da folgen häufig dem ersten weitere negative Schritte. Die »Tamilen-Regelung« wurde Anfang 1986 auf weitere Länder ausgedehnt. Die Sowjets haben uns dafür scharf kritisiert: Die DDR sei der BRD ohne Not in einem Punkt entgegengekommen, der Grundfragen unserer abgestimmten Politik berührte, hieß es aus Moskau.

Nach meiner Meinung hatten die Freunde Recht. Im Grunde war es Opportunismus, den wir praktizierten, um die BRD bei Laune zu halten.

Und dennoch war sie gleichzeitig unzufrieden mit uns. Sie wollte mehr. Sie forderte von uns, auch Westberlin in diese Regelung einzubeziehen. Damit waren Statusfragen der Stadt berührt. Berlin (West), so war unser Standpunkt, sei kein Bestandteil der Bundesrepublik Deutschland, dürfte von ihr nicht regiert werden und stehe unter Besatzungsrecht. Also: Fragen der Einreise nach Berlin (West) konnten kein Gegenstand der Erörterung mit der Bundesregierung sein. Während man uns vorwarf, unser Grenzregime verstoße angeblich gegen internationales Recht, wollte Bonn jetzt, da es um bundesdeutsche Interessen ging, die Grenze der DDR zu Westberlin faktisch noch undurchlässiger machen als sie schon war. Und dieses sollten nicht die Westberliner Behörden besorgen, sondern die DDR. Und noch dazu ohne Gegenleistung! Das ging zu weit.

Kohl, Strauß, Genscher, Brandt, alles, was Rang und Namen in der bundesdeutschen Politik hatte, bemühte sich in dieser Frage um Honeckers Unterstützung. Monatelang verhandelte Schäuble darüber mit Schalck. Mit dem Thema wurde Wahlkampf gemacht. Die DDR war der böse Geist, der nicht nach der Bonner Pfeife tanzte. SPD und CDU wetteiferten, wer gegenüber der DDR wohl die besseren Karten haben würde. Die Kanzlerkandidaten beider Parteien buhlten um die Gunst der DDR.

In dieser Situation erklärte Honecker: »Unserer Politik liegt der Grundsatz ›Nie wieder Krieg von deutschem Boden‹ zugrunde. Ob wir dieses Ziel mit Kohl oder Rau erreichen, ist uns egal.« Einige Monate später schon – auf einer Tagung der Partei- und Staatschefs des Warschauer Vertrages in Budapest – änderte er dies. Jetzt meinte er, in diesem Punkt voll auf der Linie Gorbatschows liegend: »Wir werden Kohl nicht fördern. Stattdessen leisten wir aktive Arbeit mit der SPD, mit Rau und auch mit Genscher.« Mittag war über diesen Schwenk nicht glücklich. Ich schon. Ich rechnete wie Honecker bei den Bundestagswahlen mit einem Sieg der SPD und ihres Kanzlerkandidaten Johannes Rau. Ihm sollte nun unsere Unterstützung in der Asylantenfrage gelten.

Brandt schickte im September 1986 Egon Bahr, Prinzipal in Fragen der Geheimdiplomatie, zu Honecker. Seine Frage: »Gibt es eine Möglichkeit, eine Reglung in der ›Asylfrage‹ zu erreichen, die für das Wahlergebnis am 25. Januar 1987 günstig ist?« Als Gegenleistung bot Bahr an, im Falle einer Regierungsübernahme durch die SPD die Staatsbürgerschaft der DDR zu »respektieren«.

Ich war an diesem Tag, es war Freitag, der 5. September 1986, noch im Urlaub. Honecker rief mich nach dem Treffen mit Bahr triumphierend an: »Stell dir vor, was uns der Bahr im Namen von Willy Brandt und Johannes Rau angeboten hat!« Er nannte Einzelheiten und fragte: »Wie denkst du darüber?«

Ich teilte seine Freude über diesen Erfolg. Hier ging es nicht wie bisher um Politik gegen Geld oder Geld gegen Politik, sondern um eine alte, eine grundlegende Forderung der DDR gegenüber der Bundesrepublik Deutschland. Dafür, so mein Standpunkt, habe es sich gelohnt, Kompromisse zu schließen. Ich fand die Absprache in Ordnung und ermunterte Honecker bei seinem Vorgehen.

Selbst Moskau schwieg diesmal dazu, obwohl unser Westberlin betreffender Standpunkt nicht korrekt war. Aber auch Moskau wollte Rau und nicht Kohl als Bundeskanzler. Eine Folge der Kohläußerung zu Gorbatschow. So kam es, dass Johannes Rau, der SPD-Kandidat für das Amt des Bundeskanzlers, von der DDR mit Moskauer Billigung sehr fassbare Wahlhilfe erhielt: Rau konnte im Vorfeld der Wahlen erklären, er habe von der DDR-Führung die Zusage, dass nur noch solche Personen im Transit befördert würden, die über ein Anschlussvisum anderer Staaten verfügen. Wir schlossen dabei statuswidrig Westberlin ein. Wir gingen gewissermaßen in Vorleistung, die über unsere Befugnisse hinaus reichte. Wir hofften, Rau würde es uns honorieren. Es kam jedoch anders. Unsere Wahlhilfe für die SPD reichte nicht.

Die Bundestagswahlen gewann noch einmal Helmut Kohl.

Manöver der Schlapphüte

Die *Bild* berichtete es als erste: Der Stellvertreter des Generalsekretärs der Akademie der Wissenschaften der DDR sei beim Ladendiebstahl in Westberlin erwischt worden, der DDR-Professor habe eine Duschbrause im Wert von 26,50 DM geklaut! Und das am Berliner Ku'damm.

Was für eine Schlagzeile!

Unsinn, dachte ich und legte die Zeitung zur Seite. Ein Mann in seiner Stellung macht so etwas nicht. Da steckt anderes hinter, vermutete ich.

Als am gleichen Tage noch die Meldung nachgeschoben wurde, in Westberlin würden jährlich etwa viertausend DDR-Besucher beim Stehlen erwischt, war mir klar: Hier war nicht der Zufall am Werk.

Das bundesdeutsche Zentralorgan für Desinformation spekulierte: Jetzt gibt es für DDR-Bürger Reiseverbot in den Westen!

So ist das also, ging mir durch den Kopf: Dort drüben nehmen sich jetzt politische Störenfriede den Reiseverkehr aufs Korn. Denen passt es nicht, dass es auf diesem Gebiet behutsame Fortschritte gibt, lange noch nicht genug, aber eben kleine Fortschritte.

Das Thema »Westreisen« war nicht nur in unserer Innenpolitik brisant. Seit immer mehr Politiker der DDR in den Westen fuhren und Westpolitiker zu uns kamen, nahmen die Fragen in der Bevölkerung zu, wann endlich alle reisen können. Jede Behinderung des ohnehin eingeschränkten Reiseverkehrs wurde sehr kritisch beäugt. Das wussten auch die Stänkerer in den deutsch-deutschen Beziehungen. Wenn man uns zu unüberlegten Reiseeinschränkungen provozieren könnte, so ihre Rechnung, hätten wir Ärger mit den Betroffenen. Der DDR zu schaden, das war diesen Leuten immer wichtiger als menschliche Erleichterungen.

Vor einigen Monaten wäre ihnen das fast gelungen. Nachdem sie in bundesdeutschen Medien die Meldung lanciert hatten, das DDR-Territorium sei nach den Ereignissen im ukrainischen Kernkraftwerk Tschernobyl radioaktiv verseucht, untersagte das Kultusministerium von Baden-Württemberg zehn Jugendreisegruppen eine mit dem Jugendreisebüro der DDR fest vereinbarte Reise durch die Republik. Honecker war über die Lüge vom verseuchten DDR-Territorium so verärgert, dass er mir telefonisch eine Meldung für unsere Nachrichtenagentur ADN diktierte. Darin machte er die antikommunistische Hysterie in der Bundesrepublik für die Belastung des deutsch-deutschen Reiseverkehrs verantwortlich. Lothar Späth war es, der diese Situation entschärfte. Er war an diesem Tage zu einem Treffen mit Honecker in Berlin. Honecker und Späth hatten wohl Sympathie füreinander. Der Schwabe kam ohne Vorurteile in die DDR und bot sich als der beste Gesprächspartner aus den Reihen der CDU an. Stehenden Fußes machte er die Entscheidung seines Kultusministeriums rückgängig. Die Provokation war mißgelungen.

Nun die Sache mit dem Professor. Der war schon viele Male im Westen. Wieso sollte er ausgerechnet jetzt ausrasten? Wer auch immer der Auslöser war, ich war überzeugt: Es handelt es sich um eine Provokation. Das Timing haute genau hin. Honecker war in Urlaub, ich vertrat ihn. Jedes Mal, wenn ich amtierte, passierte irgendetwas, was die sensiblen Beziehungen zur Bundesrepublik oder zu Westberlin tangierte. Ich hatte schon den Eindruck, irgendwer prüft, ob ich diese Beziehungen fördere oder störe, ob ich in dieser Frage Falke oder Taube sei. War die »Prüfungskommission« im Westen oder gar bei uns im Hause des ZK?

Ich hatte nicht viel Zeit, darüber zu sinnieren. Die Meldungen überschlugen sich. Der Professor war inzwischen in Westberlin verhaftet worden, unter Psychopharmaka gesetzt, ins Hauptquartier des BND nach Pullach gebracht worden, wurde dort verhört, konnte sich von seinen Bewachern befreien und kam – wie Mielke es später nannte – mit Unterstützung von Patrioten in die Ständige Vertretung der DDR in Bonn. Dort bat er um Schutz. Er wolle zurück in die DDR. Das Sommertheater hatte nun seine Darsteller. Zusammen mit unseren Ministerien für Auswärtige Angelegenheiten und für Staatssicherheit bemühte ich mich, die Angelegenheit unterhalb der Regierungsebene zu halten. Ich hoffte, Bonn würde eine stille Lösung bevorzugen. Eigentlich konnten verantwortungsbewusste Politiker nicht interessiert sein, den Reiseverkehr zwischen der DDR und der BRD sowie Westberlin, der ohnehin auf schwachen Füßen stand, zu stören. Offensichtlich irrte ich. Die Bundesregierung lehnte die unverzügliche Rückkehr des Professors in die DDR ab. Sie bestand auf ihre »Fürsorgepflicht« für alle Deutschen. Damit wurde das Sommertheater zu einer hochpolitischen Angelegenheit. Bonn verging sich nach unserer Meinung gegen Abmachungen im Reiseverkehr. Dazu kam der vorauseilende Gehorsam des Generalbundesanwaltes.

Er verdrehte den korrekten Sachverhalt in sein Gegenteil und erließ Haftbefehl gegen den Professor. Jetzt war eine diplomatische Lösung so gut wie blockiert. Aus einem vermeintlichen kleinen Ladendiebstahl wurde eine Krise der deutsch-deutschen Beziehungen, die zeitweilig den Reiseverkehr zwischen den beiden Staaten in Gefahr brachte.

Honecker rief mich aus seinem Urlaubsort an. Barsch fragte er: »Was ist da los bei euch in Berlin? Warum lässt du zu, dass ein Bürger der DDR verschleppt wird, ihm seine DDR-Reisepapiere abgenommen werden und er der bundesdeutschen Justiz überstellt wird?«

Ich druckste herum. Sprach von einer beabsichtigten ruhigen Lösung, die irgendwer in Bonn nicht wolle.

Im Grunde hatte Honecker Recht. Ich hatte mir zwar vorgenommen, in keine Falle zu gehen, war jetzt aber mittendrin. Was da in Bonn praktiziert wurde, war ein Rückfall in die Zeit vor dem Grundlagenvertrag von 1973. Nach Honeckers Eingreifen wurde die gegenseitige Polemik schärfer und öffentlich. Jede Seite protestierte gegen das Vorgehen der anderen. DDR-Bürger erfuhren aus einem Interview des Professors, das das DDR-Fernsehen aus den Räumen der Ständigen Vertretung der DDR in Bonn übertrug, Einzelheiten der Entführung. Aus dem vermeintlichen Ladendiebstahl war nun ein plumper Propagandakrieg geworden.

Sachkundigen Deutschlandpolitikern in Ost und West musste die ganze Angelegenheit rätselhaft sein. Der *Spiegel*, der seit Wiedereröffnung seines Berliner Büros, honeckerfreundlich berichtete, versuchte eine Erklärung in seiner Ausgabe 30/1986: »SED-Chef Honecker, ein Freund pragmatisch-stiller Reglungen, macht Urlaub. Die Geschäfte führt sein voraussichtlicher Nachfolger Egon Krenz, im Politbüro zuständig für die Sicherheit – möglich, dass der eine Gelegenheit sah, den Bonnern mal Zähne zu zeigen.«

Zwar stimmte, dass ich kein besonderer Freund der Herrschenden in Bonn war. Ein Abenteurer aber war ich nicht. Ich wollte nicht kaputt machen, was wir in vielen Verhandlungsrunden mühsam aufgebaut hatten. Ich hatte auch kein Interesse, mein ohnehin inzwischen etwas belastetes Verhältnis zu Honecker noch zu verschlechtern.

Als der Akademie-Professor wieder in der DDR war, setzte der BND seine Attacken fort. Springers Zeitungen veröffentlichten angebliche Vernehmungsprotokolle beim BND. Es waren Pullacher Märchen. Von einem Staatsstreich gegen Honecker war die Rede, den Naumann und Häber angeführt hätten, um »Krenz (ebenfalls auf Moskau-Kurs) zum neuen Partei- und Staatschef zu küren«.

Um mich zu neutralisieren, habe Honecker nach dem Staatsstreich ihm ergebene Funktionäre wie Schabowski, Böhme und Lorenz ins Politbüro berufen. Sie seien jetzt die neuen Kronprinzen. Mich, so wurde berichtet, wolle Honecker zur Bewährung in das Amt des Ministerpräsidenten hieven. Das sei aber am Starrsinn von Stoph gescheitert, der nicht zurücktreten wolle. Der habe geäußert, Honecker sei so alt wie er und trete auch nicht zurück.

So die *Welt* am 1. August 1986.

Meine Mitarbeiter hatten mir die Presse zusammengestellt. Ich schickte sie Honecker. Als er mich Wochen später nach meiner Meinung fragte, hatte ich keine Lust, das alles aufzuwärmen. Ich wich auf Gemeinplätze aus: »Über die Ammenmärchen des BND habe ich mich mächtig amüsiert.«

Honecker feixte. Dann fragte er: »Woher weißt du eigentlich, dass das der BND war?«

»Wer wohl sonst?«

»Na, denk mal nach!«

Ich brauchte keine Fantasie, um seine Vermutung zu ahnen. Honeckers Misstrauen gegen das KGB wurde von Jahr zu Jahr größer. Ich erklärte es mir mit seinen Erfahrungen, die er mit den sowjetischen Sicherheitskräften hatte. Für ihn schien die »Diebesgeschichte« mit ihren Folgen klar zu sein: Es war ein Störfeuer aus Moskau gegen unsere Westpolitik.

Ich bat den amtierenden Stellvertreter Mielkes, Generaloberst Rudi Mittig, für das Sekretariat des ZK, das ich zu diesem Zeitpunkt leitete, eine exakte Dokumentation des »Entführungsfalls und seiner Folgen« zu erarbeiten. Als er mir die Vorlage für das Sekretariat in mein Arbeitszimmer brachte, fragte ich ihn geradewegs: »Rudi, auf Herz und Gewissen, was habt ihr damit zu tun?«

Mit Mittig konnte ich so sprechen. Wir hatten ein überaus gutes, vertrauensvolles Verhältnis. Ich schätzte seine Offenheit. Ich war überzeugt, dass das, was er mir sagen würde, stimmt. Was er mir offenbarte, machte mich nachdenklich: Für seinen Verantwortungsbereich lege er die Hand ins Feuer, beschwor er. »Allerdings«, so fuhr er fort, »weiß ich nicht, ob die Aufklärung ihre Finger im Spiel hat.«

Honecker hatte ein verdammt gutes Gedächtnis. Nicht nur, dass er sich Fakten lange merken konnte. Ihm fielen auch Ereignisse wieder ein, wenn er meinte, sich irgendwo und irgendwann revanchieren zu müssen. Nach den Vorkommnissen mit dem Professor setzte sich in seinem Kopf fest, dass der BND einfach die Ausweispapiere des DDR-Bürgers eingezogen hatte, so als wäre der Professor Bürger der Bundesrepublik. Als ich ihm, wie seit Jahren üblich, die monatliche Liste jener DDR-Bürger zur Bestätigung vorlegte, die die Genehmigung zur legalen Ausreise aus der DDR erhalten hatten, schrieb er darauf: »Man muss damit endlich Schluss machen. E.H.« Ich weiß nicht mehr genau, wie viele Jahre es diese Liste schon gab. Ich weiß aber, dass 1973 selbst Herbert Wehner in die DDR kam, um mit Honecker auch über diese Art menschlicher Erleichterungen zu sprechen. Seitdem war Honecker diese Liste immer sehr wichtig. Es handelte sich um eine rosarote Aktenmappe mit den Personalien jener DDR-Bürger, die von den staatlichen Organen die Genehmigung zur ständigen Ausreise aus der DDR erhalten sollten. Jährlich waren es zwanzigtausend, die legal ausreisten. 1984 sogar über vierzigtausend. Amtlich wurden die Zahlen nie veröffentlicht. So war es den bundesdeutschen Medien ein Leichtes, Zahlen von Ausreisewilligen in die Welt zu setzen. Von Hunderttausenden, sogar von Millionen war die Rede. Tatsächlich hielt sich die Zahl der Antragsteller konstant bei etwa einhunderttausend.

Auch das war kein Ruhmesblatt für uns. Doch gegenüber den übertriebenen Veröffentlichungen in der Bundesrepublik eine überschaubare Zahl. Als ich meine Arbeit im ZK begann, hatte ich Honecker vorgeschlagen, ihm die Liste nicht mehr vorlegen zu müssen. Ich meinte, er müsse sich als Staatsoberhaupt mit den Details nicht belasten. Ich wollte ihn von übermäßigem Papier und Bürokratie befreien.

Sein Schreibtisch war ohnehin übervoll davon. Er lehnte ab. Er wollte das Thema Reisen und Ausreisen unter persönlicher Kontrolle behalten. Die Missachtung der Personalpapiere der DDR durch die BRD war ihm jetzt Anlass, diese Art der Familienzusammenführung zu beenden. Das passte eigentlich nicht zu ihm. Er wusste genau, dass er damit nicht die BRD, sondern DDR-Bürger bestraft, die aus humanitären Gründen auszureisen beabsichtigten. Herger und ich rätselten, weshalb er mit den Listen Schluss machen wollte. Einen einleuchtenden Grund fanden wir nicht. Es war eine stimmungsabhängige Entscheidung. Als er einen Monat später die neue Liste erhielt, stand darauf wieder: »Einverstanden! E.H.« Stimmungen, positive wie negative, spielten im Entscheidungsmechanismus meines Chefs eine immer größere Rolle. Ich bin glücklicherweise nie der Versuchung erlegen, dies gegen ihn auszunutzen. Mit Sorge sah ich allerdings, dass immer öfter Entscheidungen spontan, auf Zuruf getroffen wurden, vor allem ökonomische mit negativen volkswirtschaftlichen Auswirkungen. Manche Politbüromitglieder, die Diskussionen im Politbüro aus dem Wege gehen wollten, schickten ihre Vorlagen direkt an Honecker. Mittag war darin Meister.

Wenn es später Ärger über seine Entscheidung gab, konnte sich Honecker oft nicht mehr an seine Zustimmung erinnern.

Endlich Urlaub

Seit 1984 ging ich in den Jahresurlaub, wenn Honecker von seinem zurück war. Dies war in der Regel Mitte bis Ende August. Ich blieb dann noch einige Tage im Büro, um die Amtsgeschäfte an ihn zu übergeben. 1986 sehnte ich meinen Urlaub geradezu herbei. Dafür gab es mehrere Gründe. Im Januar war ich zum ersten Mal Opa geworden. Meine Enkelin Catharina war inzwischen ein Dreivierteljahr. Meine Frau und ich freuten uns auf den ersten gemeinsamen Urlaub mit ihr. Zugleich brauchte ich dringend Ausspannung. Viel Ärger, Spannungen und Streit, manchmal um große Fragen, wesentlich öfter um des Kaisers Bart, hatten einfach an der Substanz gezehrt.

Schwer nur waren die Tage nach der Katastrophe von Tschernobyl zu ertragen gewesen. Am 26. April, es war ein Sonnabend, hatte sich im Kernkraftwerk im Norden der Ukraine der bisher schwerste Unfall in der Geschichte der friedlichen Nutzung der Atomenergie ereignet. Ein Reaktorkern wurde zerstört, radioaktive Strahlung freigesetzt. Die bundesdeutschen Medien verbreiteten die Nachricht, gespickt mit Spekulationen und Halbwahrheiten, noch bevor wir intern aus Moskau informiert worden waren. Unsere Medien waren in solchen Situationen angehalten, westliche Meldungen nicht ungeprüft zu übernehmen. Schließlich ging es um lebensbedrohliche Fragen, mit denen nicht leichtfertig umgegangen werden durfte. Nicht Vermutungen, sondern gesicherte Erkennisse sollten verbreitet werden. Ich meine, dass dies nicht eine Frage von Zensur ist, wohl aber der Verantwortung.

Doch Moskau blieb stumm. Keine Information. Honecker rief mich aus seiner Jagdhütte besorgt an und beauftragte mich, beim sowjetischen Botschafter nachzufragen. Auch der wusste nur, was die Westnachrichten verbreiteten. Als dann die ersten offiziellen Meldungen aus dem Kreml kamen, waren sie – wie sich später herausstellte – ungenau, teilweise sogar falsch. Den Vogel schoss KPdSU-Politbürokandidat Jelzin ab. Er nahm Anfang Mai am Parteitag der DKP in Hamburg teil. Dort behauptete er allen Ernstes, Tschernobyl sei eine Erfindung des Klassenfeindes.

Wir waren angesichts möglicher Auswirkungen auf unser Territorium äußerst beunruhigt. Die DDR hatte glücklicherweise ein gut funktionierendes Amt für Strahlenschutz mit ausgezeichneten Spezialisten. In der DDR – so ihre Berichte – hat es zu keinem Zeitpunkt nach dem 26. April 1986 Anzeichen von radioaktiven Verseuchungen gegeben. Spitzenwerte mit verunreinigter radioaktiver Luft gab es lediglich am 30. April und am 4. Mai. Sie hatten jedoch keinerlei negative Auswirkungen auf Lebensmittel wie zum Beispiel Milch, Blattspinat, Pilze und andere Waldfrüchte. Honecker war dennoch skeptisch. Er glaubte den Berichten aus Moskau nicht. Er ließ sich Messgeräte besorgen und versuchte, in seinem Jagdgebiet selbst zu messen. Manche, die davon erfuhren, haben sich abwertend darüber geäußert. Ich meine eher, es passt zu seiner Sensibilität Kindern gegenüber. Um die Sauberkeit der Milch ging es in diesen Tagen auch. Sein Misstrauen richtete sich in erster Linie gegen die Informationspolitik Gorbatschows. »Wo ist nun Gorbatschow? Wann sagt er etwas zu Tschernobyl? Wie steht es denn nun mit seinem Umbau? Warum begibt er sich nicht an den Unglücksort und schickt nur seine Mitarbeiter dort hin?« fragte er. Gorbatschow brauchte tatsächlich sehr lange, um sich zu Wort zu melden. Und als er es tat, war es wenig überzeugend. Ich mutmaße, Tschernobyl hat ihn stark verändert. Mit der Havarie kamen gravierende Leitungs- und Sicherheitsmängel, Sorglosigkeit, Unordnung, Korruption, Vernachlässigung des wissenschaftlich-technischen Fortschritts und Fehlen eines notwendigen Informationssystems an die Öffentlichkeit. Seine gespielte Ahnungslosigkeit und seine Passivität haben seinem Ansehen geschadet.

Kurze Zeit später hatte ich Scherereien einer anderen Art. Bondarenko, einer der wichtigsten Leute im sowjetischen Außenministerium, kam nach Berlin, um uns über den Besuch Genschers in Moskau und dessen Gespräche mit Gorbatschow zu informieren. Seine Botschaften an uns waren widersprüchlich, teilweise sogar wirr. Da wir ihn jedoch seit Jahren als qualifizierten Mitarbeiter Gromykos kannten, entstand der Eindruck, er rede von etwas, wovon er selbst nicht überzeugt war. Dass, was uns »vertraulich« über Genscher mitgeteilt wurde, konnte man in jeder bundesdeutschen Zeitung nachlesen. Einen besonderen Eindruck habe der bundesdeutsche Außenminister weder bei Gorbatschow noch bei Schewardnadse hinterlassen. Im Zusammenhang mit einem Besuch von Ministerpräsident Rau in Moskau wurde uns gesagt, dass dieser nicht den Eindruck eines entschlossenen Wahlkämpfers gemacht habe. Er sei politisch sehr schwach. Was er sage, sei nicht sehr gewichtig. Die SPD, so der Vertreter Moskaus, kämpfe nicht ernsthaft um die Wähler. Die Sowjetunion setze auf die Grünen. Dort gebe es mutige Leute, auch wenn in dieser Partei eine amerikanische Agentur existiert. Wenn schon die Kommunisten nicht in den Bundestag kämen, dann sei es gut, dass wenigstens die Grünen dort vertreten seien. Was Westberlin betreffe, wurde uns zum x-ten Male auf den Weg gegeben: Keinerlei Zugeständnisse. Westberlin falle nicht in die Kompetenz der DDR. Ich fand das alles nicht sehr neu, war aber gehalten, es Honecker zu übermitteln.

Der wiederum nahm das alles anders auf als ich. Er betrachtete die Information als einen neuen Angriff auf unsere Zusammenarbeit mit der SPD. Und noch mehr: Moskau hatte erfahren, dass Honecker für 1987 plane, zur 750-Jahrfeier Berlins nach Westberlin zu fahren und den Regierenden Bürgermeister Diepgen im Gegenzug zum Staatsakt in die DDR-Hauptstadt einzuladen. Dies wäre ein Balanceakt in der Frage Westberlin geworden, den uns Gorbatschow nie hätte durchgehen lassen können. Immerhin bestand Moskau darauf, wenn seine Interessen im Spiel waren, dass Westberlin Besatzungsgebiet ist.

Als ich Honecker zurückhaltend bat, seine Position noch einmal zu überdenken, reagierte er gereizt: »Egon, merk dir, unsere Außenpolitik wird nicht in Moskau gemacht.«

Mir war das alles suspekt. Unsere innenpolitischen Versäumnisse häuften sich. Aber wir führten einen Kleinkrieg, wo Schulterschluss notwendig gewesen wäre. Diesen Ärger wollte ich nun zeitweilig hinter mir lassen und mich lieber mit meiner Enkelin beschäftigen. Endlich ging die Fahrt in Richtung Ostsee, in mein vertrautes Dierhagen. Kaum war ich dort, rief mich Wadim Medwedew an, ZK-Sekretär und im Politbüro einer der engsten Vertrauten des KPdSU-Generalsekretärs. Er wollte im Auftrage seines Chefs eigentlich Honecker konsultieren. Der war für ihn jedoch nicht zu sprechen, obwohl er sich in seinem Büro befand. Medwedew versuchte es bei anderen Sekretären, die in Berlin waren. Keiner ließ sich verbinden. Schließlich landete er bei meinem persönlichen Mitarbeiter Egon Dobias. Der kannte meine Einstellung zur Sowjetunion und folglich auch zu Gorbatschow. Er teilte Medwedew mit, dass ich in Dierhagen Urlaub mache.

Wenig später klingelte nun bei mir der WTsch-Apparat. Ich gehörte damals zu jenen im Politbüro, die Tag und Nacht erreichbar sein mussten. Folglich begleitete mich auch im Urlaub eine kleine Equipe von Spezialisten des MfS, die diese komplizierte und abhörsichere Technik bediente. Als ich die Stimme meines alten Bekannten aus Moskau hörte, ahnte ich nichts Unerfreuliches.

»Genosse Egon«, so Medwedew, »eigentlich wollte ich im Auftrage von Michail Sergejewitsch Genossen Erich sprechen. Ich kann ihn leider nicht erreichen. Ich bitte dich, dir drei Fragen zu notieren, die Michail Sergejewitsch an Genossen Honecker hat.«

Das wird großen Ärger geben, dachte ich. Mich als Vermittler zwischen Honecker und Gorbatschow einzuschalten, war die denkbar schlechteste Idee, noch dazu im Urlaub. Das würde Hintergedanken mobilisieren.

»Wadim«, sagte ich auf russisch, »mir Fragen zu stellen, die für Genossen Honecker bestimmt sind, ist keine gute Idee.«

Medwedew ließ sich von mir nicht ablenken. Er diktierte:

»1. Wir haben gehört, dass du, lieber Erich, nach China fährst. Stimmt das? Wenn ja, dann wäre es zweckmäßig, dass wir uns darüber abstimmten. Als Termin schlagen wir den 2. oder 3. Oktober vor. Geht das?

2. Wir haben gehört, dass der Termin deiner Reise in die BRD inzwischen feststehen soll. Ist das richtig?

3. Wir schlagen vor, dass am 10. und 11. November ein Treffen aller Generalsekretäre der Kommunistischen und Arbeiterparteien sozialistischer Länder stattfindet. Falls die SED damit einverstanden ist, bitten wir um deine Zustimmung.«

Die ersten beiden Fragen betrafen die bekannten Meinungsverschiedenheiten, die Honecker und Gorbatschow in Bezug auf die BRD und die VR China seit Jahren trennten. Ungeachtet dessen war es ein Unding, dass Moskau erst aus Presseberichten von unseren nächsten außenpolitischen Aktivitäten erfahren hatte. Das war kein solider Umgang unter Bündnispartnern.

Obwohl mir klar war, dass Honecker auf die Übermittlung der Fragen durch mich sauer reagieren würde, blieb mir nichts anderes übrig, als ihn anzurufen.

Meine Frau saß mir gegenüber und merkte, dass ich ein Problem hatte. Ich sagte ihr nur: »Pass auf, jetzt gibt's Ärger«.

Ich wählte 2266. Das war die Telefonnummer von Honeckers WTsch-Apparat in seinem Büro. »Erich«, begann ich, »hier ist eben ein Anruf aus Moskau angekommen, der fehlgelaufen ist«.

»So«, reagiert Honecker, »warum hast du ihn dann angenommen?«

Eins zu null für ihn, denke ich, überhörte aber die Zwischenbemerkung und nannte ihm einfach die drei Fragen.

Er sagte nur: »Sprich langsam!«

Als ich mit der Durchsage fertig war, sagte ich noch: »Medwedew erwartet meine Antwort«.

Honecker darauf: »Für dich ist die Angelegenheit beendet.«

Er legte auf.

Das war der Beginn meines Urlaubs.

Wie ich später erfuhr, bestätigte Honecker lediglich den Termin der geplanten Beratung in Moskau. Seine Reisen in die BRD und nach China ließ er sich durch Gorbatschow nicht mehr abnicken. Er nahm Gorbatschow beim Wort, dass jede Partei ihre Politik selbst bestimme. Gorbatschow hatte eine solche Aussage aber nur für die Propaganda gemacht. An die DDR hat er am allerwenigsten gedacht. Auch er blieb der DDR gegenüber in der Tradition seiner Vorgänger: Nichts Wesentliches darf ohne Zustimmung aus Moskau geschehen. Wenn es wirklich eine Breschnew-Doktrin der begrenzten Souveränität der sozialistischen Staaten gegeben haben soll, dann hatte Gorbatschow sie gegenüber der DDR bis zu deren Ende nicht aufgehoben.

Kaum war das Telefonat mit meinem Chef beendet, rief mich Mielke an: »Hattest du Streit mit Erich?«

»Wieso sollte ich?«

Mielke: « Er hat mich eben beauftragt, dass die WTsch-Leute während deines Urlaubs keine Gespräche aus Moskau verbinden sollen.«

»Na, bitte«, sage ich, »Erich sorgt sich eben um meine Erholung.«

Mielke wollte seinen Leuten eine solche Weisung nicht geben. »Tu mir den Gefallen«, bat er, »und sage der WTsch-Zentrale selbst, sie möge keine Auslandsgespräche zu dir durchstellen.«

Ich tat es gern. Ich wollte Urlaub machen. Geärgert habe ich mich dennoch. Ich wollte nicht verstehen, dass meine Grundhaltung zur sowjetischen Führung bei Honecker so starke Gefühle des Misstrauens auslöste. Meine Sympathie für Moskau war keineswegs Antipathie gegen Honecker. Es entsprach wohl eher seiner vereinfachten Denkweise: Bist du für Gorbatschow, dann bist du gegen mich. Irgendwo hatte ich den Spruch gelesen: »Gib mir die Gelassenheit, Dinge hinzunehmen, die ich nicht ändern kann; gib mir den Mut, Dinge zu ändern, die ich ändern kann, und gib mir die Weisheit, das eine vom anderen zu unterscheiden.«

Ich bat meine Sekretärin, mir diesen Spruch auf eine Karteikarte zu schreiben. Von nun an wurde diese mein Lesezeichen in meinem Terminkalender.

Gorbatschow, Kohl und Helga Hahnemann

Als Gorbatschow Mitte Oktober 1986 zum Gipfeltreffen mit US-Präsident Reagan nach Reykjavik ins Flugzeug steigt, hat er eine brisante Information seines Geheimdienstes in den Akten. Darin steht, dass im Sicherheitsrat der USA ausgerechnet worden sei, dass die Sowjetunion zwischen 300 und 400 Mrd. Rubel benötigen würde, um eine Antwort auf SDI finden zu können. Man sei dort der Meinung, die UdSSR werde dazu nur in der Lage sein, wenn ihr Nationaleinkommen mindestens 4,5 % wächst, sich das Lebensniveau der Bevölkerung weiter verschlechtert und die zivile Industrie auch künftig hinter der Verteidigungsindustrie zurück bliebe. SDI werde so zu einem Instrument, um die Sowjetunion daran zu hindern, ihre sozialökonomischen Ziele erreichen zu können. Gorbatschow war zu diesem Zeitpunkt fest entschlossen, sich dem zu widersetzen. Er war zu großzügigen Zugeständnissen in allen Fragen der Abrüstung nur bereit, wenn es gelingen könnte, die USA zu zwingen, auf SDI zu verzichten. Die Sowjetunion sollte nach seiner Meinung nie wieder in eine Situation kommen wie 1945, als die USA die Atombombe besaßen und die Sowjetunion dem nichts entgegenzusetzen hatte. Das militär-strategische Gleichgewicht – so Gorbatschow – dürfe nicht verletzt werden. Aber genau in diese Lage wollten die USA die Sowjetunion bringen. Daran scheiterten schließlich die Gespräche in Reykjavik.

Nach dem Treffen berichtete uns Gorbatschow, Reagan wäre intellektuell nicht in der Lage gewesen, den Abrüstungsvorschlägen der Sowjetunion zu folgen. Er sei »zerstreut und verwirrt« gewesen. Er, Gorbatschow, habe ihm vorgeschlagen, den Gesamtbestand aller Kernwaffen der UdSSR und USA um fünfzig Prozent zu reduzieren. Und was SDI betreffe, so dürfe diese nicht über Laborversuche hinausgehen. »Sie sind nur drei Schritte davon entfernt«, hatte der sowjetische Politiker seinem Gegenüber gesagt »als großer Präsident nicht nur in die Geschichte der USA, sondern der Weltgeschichte einzugehen.«

Doch dieser ließ die Chance zu einer Abrüstung in bisher ungekanntem Ausmaß verkommen. Reagan habe sich, so Gorbatschows Information an uns, wie ein »kleiner Händler benommen, der durch Feilschen versucht, sein Ziel zu erreichen«. Reykjavik war dafür ein Durchbruch Gorbatschows auf der internationalen Bühne. Die Welt sah auch den intellektuellen Unterschied zwischen Gorbatschow und Reagan, der eindeutig zu Gunsten des sowjetischen Repräsentanten ausfiel. Gorbatschow war international im Aufwind.

Dies alles war noch taufrisch, da flatterte mir im wahrsten Sinne des Wortes eine Agenturmeldung aus den USA auf den Tisch, deren Inhalt ich zunächst nicht glauben wollte. Honecker war nicht im Hause, und der für Medien zuständige Joachim Herrmann glaubte eine Falschmeldung bekommen zu haben. Da sie aber den deutschen Bundeskanzler betraf, wollte er sich mit mir beraten, wie unsere Medien damit umgehen sollten, ohne politisches Porzellan zu zerschlagen. Ich nehme die Meldung und lese: »In einem Interview mit dem US-Nachrichtenmagazin *Newsweek* stellt Bundeskanzler Helmut Kohl den sowjetischen Parteichef Michail Gorbatschow in einen engen Zusammenhang mit NS-Propagandaminister Joseph Goebbels: Er ist ein moderner kommunistischer Führer, der sich auf Public Relations versteht. Goebbels, einer von jenen, die für die Verbrechen der Hitler-Ära verantwortlich waren, war auch ein Experte für Public Relations.«

Ich war sprachlos. Nein, einen solchen Fehltritt traute selbst ich dem Historiker und Bundeskanzler der BRD nicht zu. So geistesarm und dreist kann doch kein Politiker sein, glaubte ich. »Legen wir das Ding zur Seite«, sage ich zu Herrmann, »das ist eine Provokation! Da wollen uns Leute in die Suppe spucken und unsere Beziehungen zu Bonn stören.«

Doch ich irrte. Kohl hatte diesen entehrenden Vergleich angestellt. Und was bis heute verschwiegen wird, er hat dadurch nicht nur die Beziehungen zwischen Bonn und Moskau belastet. Sein Vergleich hat eine Reihe von schon vereinbarten Projekten zwischen beiden deutschen Staaten unmöglich gemacht. Dazu gehörten auch vorgesehene humanitäre Erleichterungen im Reiseverkehr, die nun erst später wirksam werden durften. Nicht nur Gorbatschow war gekränkt. Honecker war ob dieser antikommunistischen Attacke Kohls empört. Wir stimmten aus Überzeugung den sowjetischen Forderungen zu, wegen der Entgleisung Kohls die Kontakte zwischen uns und Bonn zunächst auf Eis zu legen. Wohl wissend, dass dadurch der vorgesehene Honecker-Besuch in der BRD wieder einmal in Gefahr geriet. Auch Honeckers Absicht, den Regierenden Bürgermeister von Berlin Diepgen 1987 zum Staatsakt der DDR zur 750-Jahrfeier von Berlin einzuladen, musste aufgegeben werden. Diepgen wird froh darüber gewesen sein. Denn er befand sich ohnehin in einer Zwickmühle. Gern wäre er zum Staatsakt in die DDR-Hauptstadt gekommen und hätte Honecker aus gleichem Anlass in Westberlin begrüßt. Doch: Für seine Teilnahme am Staatsakt in der DDR-Hauptstadt und für die Einladung Honeckers nach Berlin-West hatte er nicht die Genehmigung der Westalliierten erhalten. Nun blieb ihm wenigstens diese Blamage erspart. Kohls Goebbels-Vergleich beeinflusste die Vorbereitung des Berlin Jubiläums aber äußerst negativ. Die Sowjets nahmen ihre Rolle als Teilnehmerstaat des Vierseitigen Abkommens wahr und erwarteten von der DDR, dass der vereinbarte Kulturaustausch mit Berlin-West ausgesetzt wird.

Politisch war das korrekt. Die Leidtragenden aber waren die Westberliner und unsere Kulturschaffenden. Ich gehörte zu den ersten, die mit dieser Situation konfrontiert wurden. Noch aus FDJ-Zeiten kannte ich viele Künstler, mit denen ich jetzt noch verbunden war, auch privat. Eines Tages rief mich Helga Hahnemann an, die beliebte Entertainerin, eine Institution der Unterhaltungskunst der DDR. »Ejon«, sagt sie in ihrer unverwechselbaren Berliner Art, »ick muss dir sprechen«.

Wir verabredeten uns in meinem Büro.

Als sie zwei Tage später kam, überfiel sie mich mit der Frage: »Sag mal, traut ihr mir nicht zu, dass ick die DDR genau so gut vertreten kann wie Horst Sindermann?«

Sie spielte auf einen Besuch unseres Volkskammerpräsidenten bei SPD-Fraktionschef Jochen Vogel in der BRD an, bei dem er durch seine schlagkräftigen und überzeugenden Antworten auf Pressekonferenzen aufgefallen war. Ich will wissen, wie sie auf diesen Vergleich kommt. Aufgebracht berichtet sie, dass ihre schon zugesagten Gastspiele zum Berlinjubiläum in Westberlin ersatzlos gestrichen wurden. »Wieso habt ihr kein Vertrauen zu mir? Ick bin doch nicht schlechter als Sindermann. Ick komme auf jeden Fall zurück, du kennst mich doch«, gab sie es mir.

Immer wieder das Gleiche, denke ich, Nichtreisen wird als Misstrauen verstanden. Niemand aber misstraute Helga. Sie war kritisch, ja, stand aber loyal zur DDR. Die Streichung ihres Gastspiels in Westberlin, wo die Sowjetunion noch ein Mitspracherecht hatte, war Teil der sowjetischen Reaktionen auf Kohls Entgleisung gegenüber Gorbatschow.

Ich schenkte ihr reinen Wein ein. Versprach, dass sie in die Schweiz oder nach Österreich zu Gastspielen reisen könne. Doch die »Berliner Schnauze«, wie sie oft liebevoll genannt wurde, meinte: »Wat soll ick dort? Dort versteht mich niemand.«

Sie wollte dort auftreten, wo ihre Berliner Mundart zu Hause ist.

Ich versuchte alles, für diese talentierte Künstlerin eine Ausnahme zu erwirken. Selbst bei einem Gespräch unter vier Augen mit Botschafter Kotschemassow gelang mir das nicht. Die Beleidigung Gorbatschows durch Kohl saß zu tief, als dass jemand eine Abweichung vom Grundsatz hätte gestatten können. Es dauerte bis 1988. Erst dann konnte Helga Hahnemann wieder zu Gastspielen in den Westteil der Stadt reisen.

Man mag heute über solche Begebenheiten den Kopf schütteln. Aber so waren die Zeiten des Kalten Krieges: Auf Gehässigkeiten der einen Seite folgten Reaktionen der anderen und umgekehrt. Jahre später, Berlin und Deutschland sind staatsrechtlich inzwischen eins, stiftet eine Illustrierte in Berlin zu Ehren der großartigen Künstlerin Helga Hahnemann, die inzwischen verstorben ist, einen Preis, die »Goldene Henne«. Er wird jährlich an Persönlichkeiten verliehen. Preisträger sind inzwischen auch Gorbatschow und Kohl.

Wie ich Helga Hahnemann kannte, dies wäre ihre Wahl nicht gewesen.

Seit Dezember 1983 Staatsmann. Aufnahme vom 50. Geburtstag, 1987

Mit Sigmund Jähn auf dem Kongress der Sozialistischen Deutschen Arbeiterjugend (SDAJ) im März 1982 in Düsseldorf. Wolfgang Gehrcke (links) war von 1974 bis 1979 Bundesvorsitzender der Jugendorganisation

Rechts: Bei den Jusos am Rhein; hier mit Gerhard Schröder in Bonn, 1980

1979 hatten die Sandinisten unter Commandante Daniel Ortega die Somoza-Diktatur gestürzt. Zwei Jahre später, im Oktober 1981, besuchte eine Delegation der FDJ Nikaragua. Der Delegationsleiter stand noch unter der Dusche, als Ortega ihn im Hotel aufsuchte – daher die nassen Haare. Egon Krenz sollte den Wunsch Ortegas nach einem Besuch Honeckers in Nikaragua übermitteln.
In der DDR waren in einer Solidaritätsaktion »Brillen für Nikaragua« gesammelt worden, mit der die Alfabetisierungskampagne unterstützt wurde. Die ersten Lesehilfen wurden im Oktober 1981 übergeben

Reise einer FDJ-Delegation nach Vietnam im April 1980. Dang Quoc Bao, 1. Sekretär des Kommunistischen Jugendverbandes »Ho Chi Minh«, zeigte Egon Krenz und Wolfgang Herger (r.) Ruinen des US-Krieges

Unterwegs nach Moskau, wo der 70. Jahrestag der Großen Sozialistischen Oktoberrevolution gefeiert wurde, machte Fidel Castro Station in Berlin, 1987. Unten: Besuch mit Raúl Castro, dem jüngeren Bruder Fidels, und dem Komsomolchef Jewgenij Tjaschelnikow im Revolutionsmuseum in Kuba

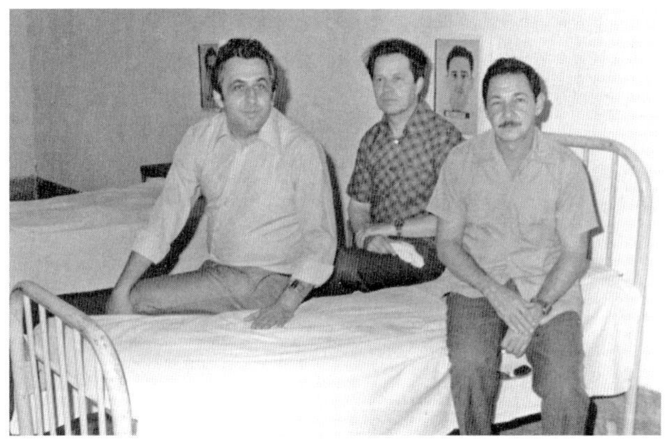

Gladys Marin, Generalsekretärin des Kommunistischen Jugendverbandes, war im Juli 1974 in der DDR, um für die Solidarität zu danken, die das Volk von Chile seit dem faschistischen Putsch am 11. September 1973 erfuhr. Unten: Im September 1976 besuchte der aus Pinochet-Haft freigekämpfte KP-Chef Luis Corvalan die DDR. Die FDJ ehrte ihn mit der Artur-Becker-Medaille

Begrüßung des Weltstars Harry Belafonte in der DDR, 1983

*»Für Egon Krenz.
Ich freue mich auf meinen
nächsten Besuch in Ihrem Land.
Peace Harry Belafonte«*

Begegnung mit dem Präsidenten der Volksrepublik Mosambique. Samora Machel starb 1986 bei einem Flugzeugabsturz, die Ursache wurde nie aufgeklärt. 1999 enthüllte Nelson Mandela, Südafrikas Präsident, an der Absturzstelle ein Denkmal

Mit Manolis Glezos, dem griechischen Antifaschisten, der 1941 die Hakenkreuzfahne von der Akropolis holte

Empfang für den sowjetischen Staats- und Parteichef und seine Frau Raissa. Die beiden versahen das Foto für Erika und Egon Krenz mit ihren Autogrammen, 1986

Auch wenn Erika Krenz es richtiger gefunden hätte, dass Margot Honecker die Ehrenbegleiterin von Raissa Gorbatschowa gewesen wäre, hat sie ihre Aufgabe augenscheinlich so gut erfüllt, dass Gorbatschow dies in seiner Autobiografie erwähnte. Rechts außen: Wladimir Kotenjow, Mitarbeiter der sowjetischen Botschaft. Er sollte von 2004 bis 2010 Botschafter Russlands in der Bundesrepublik Deutschland werden

Zum Ball der Jugend im Palast der Republik, 1986

Die FDJ feiert mit ihren Gründern 1986 ihren vierzigsten Geburtstag. Von rechts nach links: Herrmann Axen, Egon Krenz, Eberhard Aurich, Erich Honecker, Horst Sindermann, Kurt Hager und Werner Jarowinsky

KRENZ
Name, Geburtsname
EGON RUDI ERNST
Vorname
19. MÄRZ 1937
Geburtsdatum
KOLBERG
Geburtsort
VERHEIRATET
Familienstand
Wohnanschrift (Hauptwohnung)
in BERLIN-PANKOW
TSCHAIKOWSKISTR. 01/05
Personenkennzahl
1 9 0 3 3 7 4 3 0 2 7 0
2
UNGÜLTIG

Unterschrift des Bürgers
Ausgestellt am 05.02.1981
in BERLIN
Gültigkeit zwanzig Jahre vom Tage der Ausstellung gerechnet.
Unterschrift
UNGÜLTIG
3

Der Personalausweis von 1981

Feierliche Aufnahme des Bürgers Krenz in die Schützengilde seines Heimatortes Ribnitz-Damgarten, 1983

Links: Startschuss in Dierhagen für einen Schwimmwettbewerb in der Ostsee

Autogramme für die Sieger vom Politbüromitglied, das nicht minder sportlich aktiv ist

Eine Lanze für die Kunst: ob für den russischen Dramatiker Schatrow auf der Bühne oder bei der Ehrung von Schauspielern – hier Wolf Kaiser, dem 1986 die Ehrenspange zum Vaterländischen Verdienstorden in Gold verliehen wurde. Kaiser nahm sich 1992, fünf Tage vor seinem 76. Geburtstag, aus Protest gegen die unmenschliche Abwicklung der DDR das Leben

Natürlich macht es auch Spaß, einmal den Takt vorzugeben.
Zum Beispiel beim Zentralen Musikkorps der FDJ.
Rechts Generalmusikdirektor Hans-Helmut Hunger, der den einmaligen Klangkörper von seiner Gründung 1969 bis zu dessen erzwungener Auflösung 1990 leitete

Erika und Egon Krenz, 1985

Zehn Milliarden Mark und doch kein neues Auto

Irgendwann im Frühsommer 1986 hatte es beim Mittagessen eine gereizte Diskussion gegeben. Honecker und Mittag schwärmten von einer Reise, die sie in die Bezirke Erfurt und Gera unternommen hatten, um sich vor Ort über die Stimmung der Bevölkerung zu informieren. Es sei ein »großes Volksfest« gewesen, urteilten sie. Überall hätten sie eine »Bombenstimmung« erlebt. Keine »Nörgelei, keine intellektuelle Spinnerei«. Sie hätten sich überzeugen können, meinten sie, dass die DDR in der Mikroelektronik einen Spitzenplatz in der Welt einnehme. Selbst als Nichtökonom wusste ich, dass diese Einschätzung doch wohl etwas lebensfern war. »Die haben keine Ahnung«, flüsterte mir Werner Jarowinsky zu, der auf Grund seiner akademischen Bildung und Weiterbildung das Weltniveau auf diesem Gebiet gut einschätzen konnte. Ich vermutete, Honecker und Mittag wollten lediglich klarstellen, dass sie den aufgekommenen Pessimismus über unser Mikroelektronikprogramm nicht dulden würden. Einige Wirtschaftsfunktionäre, darunter auch der Vorsitzende der Plankommission, waren nämlich der Meinung, unser Ziel, 1988/89 256 Kilobit- und im Jahr darauf einen 1-Megabit-Speicher zu produzieren, sei nicht realistisch. Das Ganze sei zu teuer. Die DDR könne sich einen solchen Aufwand nicht leisten.

Ich gehörte zu jenen, die das aus der politischen Perspektive beurteilten. Ich glaubte, dass uns kein anderer Weg als die Eigenentwicklung der mikroelektronischen Basis bleiben würde. Wir standen schließlich auf der Embargo-Liste des Westens. Von dort konnten wir nur etwas bekommen, wenn es uns gelingen würde, die Embargobestimmungen der NATO zu unterlaufen. Das war nicht leicht. Die Kooperation mit der Sowjetunion war zudem nicht sonderlich effektiv. Das hatte eine Studie ergeben, die die zuständigen Minister und der Kombinatsdirektor von Zeiss Jena erarbeitet hatten. Ohne eigene Leistungen würden wir von Spitzentechnologien abgeschnitten bleiben. Und das, so meine Überlegung, konnten wir uns nicht leisten. Was mich an der Diskussion aber störte, war der Anspruch von Honecker und Mittag, selbst erstklassige Fachleute der Mikroelektronik sein zu wollen. Das waren sie genauso wenig wie ich. Sie setzten sich aber mit anderen als ihren eigenen Argumenten nicht mehr auseinander. Wer nicht dachte wie sie, hatte nach ihrer Lesart die Parteibeschlüsse nicht verstanden.

Meine Hoffnung, bei den Besuchen an der Basis würden Honecker und Mittag mit tatsächlichen Problemen konfrontiert, erfüllte sich leider nicht. Die zuständigen Bezirksleitungen hatten sich auf das Prinzip der potjomkischen Dörfer eingelassen. Was nicht in die Konzeption passte, wurde weder gezeigt noch gesagt. Realitäten wurden verdrängt. Beide nahmen das Vorgeführte als Allgemeingut. Sie verwechselten Sonntagsstimmung mit Alltagsstimmung, schätzten die Lage vom Vorgeführten her ein. Ich versuchte, ihr Hochgefühl mit einer von mir erlebten Episode ein bisschen zu relativieren. Ich berichtete von einer Veranstaltung in meinem Wahlkreis Rügen. Ein Fischer, der sehr gutes Geld verdiente, hatte für Heiterkeit gesorgt, als er verkündete, er habe zu viel von den großen Scheinen. Ich hatte daraufhin gescherzt: »Dann kannst du ja etwas für die Solidarität spenden!«

»Nein, nein«, antwortete der Fischer. »Du verstehst mich nicht. Ich habe viel Geld und kann mir trotzdem kein Auto kaufen.«

Während ich erzählte, unterbrach mich Mittag und fragte allen Ernstes: »Wieso nicht? Wir produzieren doch jährlich mehr als 150.000 Stück.« Ich denke, das kann doch nicht wahr sein. Er weiß genau, wie es um Angebot und Nachfrage steht. Von seinen Leuten hatte ich doch die Zahlen: Anmeldungen für 5,6 Millionen PKW. Die Wartezeiten betrugen zwischen zehn bis siebzehn Jahre. Auf dem Schwarzmarkt wurden beängstigende Preise gezahlt. Viele hatten das lange Warten auf ein Auto satt. Das verschlechterte die ohnehin nicht gute Stimmung. Wieso stellt Mittag jetzt solche Fragen? Will er mich herausfordern? Will er Honecker zeigen, dass ich wieder »Panik mache«?

Die überhöhte Nachfrage komme, so Mittag, weil die Medien falsche Bedürfnisse propagierten. Die Leute sollten lieber mit den öffentlichen Verkehrsmitteln fahren. Diese seien billiger und umweltfreundlicher. Sicherlich, umweltmäßig hat er nicht unrecht, doch vom Leben ist er weit entfernt. Denkt der das wirklich? Warum macht er das? Wovon will er ablenken? Ich konnte mir diese Fragen nicht beantworten.

Manchmal tat Mittag mir leid. Er litt an Diabetes. Seine Unterschenkel waren amputiert. Sein Fleiß und sein Einsatz für die Partei hatten seine Gesundheit ruiniert. Er war energiegeladen wie kaum ein anderer und zeigte nach außen keinen Schmerz. Mir schien, seine einzige Lebensfreude war die Freundschaft mit Erich Honecker. Ihn zu beeinflussen, darin sah Mittag wohl noch den Sinn seines Lebens. Möglich, dass aus dieser psychologischen Situation heraus sein irrationales Denken entstand.

Dies aber war gefährlich, denn Mittag beanspruchte die Allmacht des Wirtschaftsapparates. Obwohl wir ausgezeichnete Industrieminister, über zweihundertfünfundzwanzig Kombinatsdirektoren und fachlich überdurchschnittlich ausgebildete Wirtschaftsfunktionäre hatten, die ihm an Bildung überlegen waren, schienen sie oft wie gelähmt, wenn sie in seiner Nähe waren. Mittags Autophilosophie war nach meiner Meinung ein Fehlurteil. Mir wäre es peinlich gewesen, wenn diese Argumente auch noch parteiamtlich geworden wären. Honecker bemerkte meine Angriffslust. Er achtete darauf, dass Mittag und ich uns nicht in die Haare kriegten. Diesmal stellte er sich aber nicht auf dessen Seite. Honecker forderte Mittag auf, endlich die längst fällige Vorlage über die »PKW-Frage« ins Politbüro einzubringen.

Als es so weit war, gab es einen heftigen Krach: Dieter Voigt, Generaldirektor des VEB IFA-Kombinats Personenkraftwagen, ein talentierter und sachkundiger Ökonom, informierte, dass die ursprünglichen Berechnungen über die Kosten der Einführung eines VW-Motors weit überschritten waren. Daraufhin forderte Mittag ihn auf, sich wieder hinzusetzen und zu schweigen. Offensichtlich fürchtete er sich vor unangenehmen Fragen.

Vor Jahren war eine Kooperation mit Skoda vorgesehen, um gemeinsam ein neues Auto zu entwickeln. Sie fiel leider einer deutsch-deutschen Variante zum Opfer, die kein neues Auto, sondern nur einen neuen Motor von VW vorsah. Beschlossen war damals, ab Oktober 1988 einen Viertakt-Otto-Motor mit 1,3 Litern in den PKW »Wartburg« und ab August 1989 den Viertakter mit 1050 Kubikzentimeter Hubraum in den PKW »Trabant« einzubauen. Das war nicht nur ökonomisch, sondern auch politisch fragwürdig. Nicht nur unsere Freunde im RGW waren darüber enttäuscht. Auch im Politbüro gab es Gegner. Sie erhielten jetzt Aufwind, als sie erfuhren, dass die ursprünglich geplanten Investitionskosten von 4,8 Milliarden Mark auf 9,68 Milliarden Mark, davon allein ein Valutaaufwand von 2,13 Milliarden VM, steigen sollten, ohne dass es sich um ein grundsätzlich neues Auto gehandelt hätte.

Vor diesem Hintergrund sollte sich der eigentliche Fachmann, der zuständige Kombinatsdirektor, hinsetzen und schweigen. Dieses Ansinnen verhinderte Honecker. Er wollte genau wissen, was Dichtung und was Wahrheit ist. Und er wollte erfahren, wer für diese Schlamperei verantwortlich ist. Dabei schaute er auf den langjährigen zuständigen Minister

Kleiber, der wie die Unschuld vom Dorfe dasaß und wie immer über Gemeinplätze nicht hinaus kam.

Siegfried Lorenz hatte sich gründlich auf die Diskussion vorbereitet. Im Bezirk Karl-Marx-Stadt, in dem er 1. Sekretär der SED-Bezirksleitung war, befand sich das Sachsenwerk, wo der Trabant produziert wurde.

Lorenz brach eine Lanze für die Automobilbauer der DDR. Wenn es Unzufriedenheit über die PKW-Produktion gebe, unterstrich er, dann liege das nicht an den Automobilbauern. Ob in Eisenach, wo der »Wartburg« gebaut werde, oder in Zwickau, der Heimat des »Trabant«, an beiden Standorten gebe es ausgezeichnete Fachleute mit großer Erfahrung oder höchster Motivation. Das eigentliche Problem sei, dass das PKW-Programm seit langem eine verfahrene Sache war. Es habe in der Zentrale von Anfang an Fehleinschätzungen über den Motoreneinbau von VW gegeben. Erst tropfenweise wäre die Wahrheit auf den Tisch gekommen. Jetzt könne dies nicht mehr rückgängig gemacht werden. Entscheidend sei aber eine Gesamtkonzeption des PKW-Baus. Allein ein neuer Motor sei noch kein neues Auto. Die Bevölkerung werde das zu Recht als unverständliche Halbheit ansehen. Angesichts dieser Diskussion schien Honecker äußerst entmutigt. Er brach die Diskussion ab.

Monate vergingen. Der »Wartburg« mit dem neuen Motor kam auf den Markt. Nach meiner Erinnerung lag der Preis wohl bei 35.000 Mark. Viele Bürger waren unzufrieden. Beschwerden darüber häuften sich. Statt uns Gedanken zu machen, wie wir die Ursachen für die Unzufriedenheit beseitigen können, verhöhnten wir die Fragesteller noch. Auf einer Tagung in Berlin versuchte Günter Schabowski die Schuld den Betrieben in die Schuhe zu schieben, obwohl ihm gut bekannt war, dass die Verantwortung im zentralen Wirtschaftsbereich lag. Natürlich wusste auch er, dass der »Wartburg« neben dem neuen Motor zwar noch einige andere Verbesserungen hatte, aber im Wesentlichen dennoch ein »Wartburg« blieb. Wider besseres Wissen sprach er von einem »neuen« Auto. Zynisch fügte er hinzu: »Fünf Räder, eins davon als Reserve, sind im Preis inbegriffen.«

Als ich ihm einige Tage danach beiläufig sagte: »Na, Günter, da haste aber was losgelassen«, meinte er stolz: »Erich fand das gut!«

Ja, so war Günter: Hauptsache, Erich fand gut, was er sagte!

Es gab vieles, was wir in dieser Zeit objektiv nicht ändern konnten. Unsere sinkende Investitionskraft hatte dazu geführt, dass wir immer mehr exportieren mussten, um dringend benötigte Ausrüstungen, technische Konsumgüter sowie Roh- und Werkstoffe importieren zu können. Das vergrößerte die Versorgungslücken. Mal fehlte dieses, mal jenes. Die Spareinlagen der Bevölkerung wuchsen, während das Warenangebot nicht Schritt hielt. Das Wort von der »Mangelwirtschaft« machte seine Runde. Einiges war der Tatsache geschuldet, dass die Volkswirtschaft der DDR eine ungenügende eigene Rohstoffbasis hatte, die Lieferungen aus dem RGW-Bereich immer öfter ausblieben oder verspätet kamen und das Embargo des Westens uns im Griff hatte. Und dennoch: Die Bevormundung der Industrieminister, der Kombinats- und Betriebsdirektoren durch das Politbüro, die Wirtschaftskommission und den zentralen Wirtschaftsapparat von Günter Mittag hemmte viel Initiative. Die Automobilbauer der DDR – wie viele andere Branchen – hatten Tradition und auch die Fähigkeit, Produkte mit Weltniveau zu bauen. Manche Spitzenentwicklung blieb leider in den Schubladen der Konstrukteure, weil uns die Mittel zur Realisierung fehlten. Für die mehr als neun Milliarden Mark aber, die das PKW-Programm der DDR kostete, hätten in Eisenach und Zwickau ausgezeichnete Autos produziert werden können, wenn es nicht so viele zentrale Fehlentscheidungen gegeben hätte. Nicht die zentrale Planung an sich war das Übel. Die Entartungen dieser Planung, der Versuch, ökonomische Gesetze durch Subjektivismus zu überlisten und die Tatsache, dass sich das Politbüro viel zu oft als Kommandozentrale der Wirtschaft verstand, hat zu solchen Fehlentscheidungen beigetragen. Es wurden Mittel in volkswirtschaftlichen Größenordnungen vergeudet, ohne dass dafür jemand in der Zentrale geradestehen musste. Die Verträge mit bundesdeutschen Konzernen wurden ein Flop.

Warum VW dem Gemeinschaftswerk mit der Tschechoslowakei vorgezogen wurde, ist mir bis heute ein Rätsel.

Entweder – oder

Vor mir lag das Geheime Protokoll einer Tagung, die am 10./11. November 1986 in Moskau stattfand. Versammelt waren die Partei-, Regierungs- und Staatschefs aller RGW-Staaten. Gorbatschow wollte zu diesem Zeitpunkt noch eine gemeinsame Strategie des Bündnisses erreichen. In seiner Eröffnungsrede kam er sofort zur Sache. »Unsere Länder«, so der Generalsekretär der sowjetischen Kommunisten, stünden vor einer »unerbittlichen Alternative«: »Entweder beschleunigt der Sozialismus stark seinen Schritt, stößt schnell auf moderne Positionen in Wissenschaft und Technik vor und demonstriert überzeugend die Überlegenheit seiner Lebensweise. Oder aber er bleibt in Schwierigkeiten und Problemen stecken und verliert an Dynamik. Dann wird man ihn in die Ecke drängen. Wird man versuchen, den Sozialismus zurückzuwerfen, mit allen Folgen für ihn selbst und für die Welt.«

Er nannte Fakten: Die sozialistischen Länder seien seit der zweiten Hälfte der siebziger Jahre gegenüber den kapitalistischen Ländern in ihrem Entwicklungstempo immer stärker zurückgeblieben. 1984 habe sich das Nationaleinkommen der RGW-Länder lediglich um 3,7 Prozent erhöht, während die Steigerung in der EG 4,5 Prozent betragen habe. In den letzten zehn bis fünfzehn Jahren sei in den sozialistischen Ländern der Verbrauch schneller gewachsen als die Arbeitsproduktivität, wodurch das Nationaleinkommen einfach »aufgegessen« wurde. Man lebe auf Kosten der Zukunft. Dafür müssten alle sozialistischen Länder früher oder später bezahlen. Schlimm sei vor allem, dass es nicht gelinge, eine gemeinsame Einschätzung zu treffen, woran dies liege. Falsch sei, dass in manchen Ländern geglaubt werde, die Probleme könnten mit Krediten und Technologien aus dem Westen gelöst werden. Ein Drittel der zur Produktion vorgesehenen Erzeugnisse und Technologien in unseren Ländern würden nicht dem Weltniveau entsprechen. Es werde immer klarer, dass die »Verlangsamung des Entwicklungstempos des Sozialismus einer der Faktoren ist, welche die herrschenden Kreise der USA zu einem härteren Kurs und zum Versuch der sozialen Revanche im globalen Maßstab veranlassten«, so Gorbatschow. Seit Ende der siebziger Jahre hätten sich die Probleme in all unseren Ländern, ohne Ausnahme, angehäuft. Die Suche nach Lösungen aber sei immer wieder aufgeschoben worden. Wenn wir sie jetzt nicht finden, würden wir im Wettbewerb mit dem Imperialismus keine Chance haben.

Zugegeben: So dramatisch, dass die Existenz des sozialistisches Systems auf dem Spiel stehen könnte, habe ich die Situation damals nicht gesehen. Ich will auch nicht hineindeuten, dass Gorbatschow schon im Blick hatte, was dann 1989/90 geschah. Mit den Augen von heute gesehen, bin ich aber überzeugt: Gorbatschows Entweder Oder sollte die Parteichefs unserer Länder aufrütteln, sich der Vereinigung von Sozialismus und wissenschaftlich-technischer Revolution zu stellen. Doch es gelang nicht. Der nationale Egoismus einerseits und der Hochmut einiger Parteichefs, die alle einer anderen Generation als Gorbatschow angehörten, waren so groß, dass sie zu Selbstkritik nicht mehr fähig waren. In ihren Diskussionsbeiträgen gaben sie lediglich bekannt, dass sich ihre Länder gut entwickelt hätten und die Situation der Sowjetunion auf sie nicht zuträfe. Später hat mir Gorbatschow einmal gesagt, er sei verzweifelt gewesen, wie uneinsichtig und inkompetent sich seine Kollegen verhalten hätten.

Nach seiner Rückkehr aus Moskau legte Honecker allen ZK-Mitgliedern das Protokoll vor. Niemand von uns kann sagen, er habe nicht gewusst, was da in Moskau besprochen worden war. In Worten gab er zu, dass die Moskauer Beratung offen, herzlich und konstruktiv gewesen sei wie keine vor ihr. Seine entscheidende Schlussfolgerung jedoch war wiederum: Wir müssen nichts verändern. Wir haben alles auf unserem XI. Parteitag beschlossen. Wir kopieren die Sowjetunion nicht.

Solche Sätze wurden nun immer stärker zu einer geistigen Bremse, unsere eigenen Probleme konkret beim Namen zu nennen. Honecker war in seiner Denkweise mehr in der Vergangenheit als in der Zukunft. Mir wurde dies seit Mitte der achtziger Jahre nur allmählich bewusst. So bei einer Kundgebung mit Angehörigen der Kampfgruppen der Arbeiterklasse im August 1986. Wolfgang Herger und ich hatten unserem Chef eine Rede vorbereitet, von der wir meinten, dass sie dem Anlass gemäß sehr gut war. Unter dem emotionalen Eindruck der Veranstaltung legte Honecker sein Manuskript jedoch beiseite, zeigte mit beiden Händen in Richtung der neuen Wohnblöcke der Berliner Karl-Marx-Allee und rief aus, dass sich seine Stimme überschlug: »Wer konnte sich zu Kaisers Zeiten vorstellen, dass wir einmal für Arbeiter so schöne Wohnungen bauen würden.« Natürlich hatte er Recht. Glücklich war, wer eine solche Wohnung bewohnte. Vor ihm standen jedoch jüngere und mittlere Jahrgänge, die Kaisers Zeiten nicht mehr erlebt hatten. Es waren Vertreter einer neuen

Generation, die Honeckers Ideale aus dem bekannten Arbeiterlied »Arbeit, Brot und Völkerfrieden« verteidigten, aber darüber hinaus wissen wollten, wie es mit dem Sozialismus weitergeht.

Es fiel Honecker zunehmend schwerer, sich Gedanken zu machen, welche Schritte notwendig seien, um die DDR zukunftsfähig zu gestalten. Mittag nutzte das bedenkenlos aus. Er verharmloste beim Generalsekretär unsere »Westabhängigkeit« und versuchte ihn fest auf »Westkurs« zu halten, was Gorbatschows Misstrauen weiter beförderte.

Betroffen von Mittags Intrigen war auch mein Freund Werner Felfe. Ihm oblag die Verantwortung für die Landwirtschaft. Er hatte schon Kontakte zu Gorbatschow, als dieser noch sein Amtskollege in Moskau war. Anfang November 1986, am Vorabend einer Politbürositzung, die ich leiten sollte, lud Werner mich auf ein Bier in seine Wandlitzer Wohnung ein. »Hier«, sagte er ärgerlich, »guck dir das an!« Er gab mir ein vierseitiges Papier, das eine Abteilung aus dem Bereich von Günter Mittag ausgearbeitet hatte. Darin wurde behauptet, ein Grundsatzdokument, das Felfe für den Bauernkongress vorbereitet hatte und unter meiner Leitung im Politbüro erörtert werden sollte, stimme nicht »mit den Beschlüssen des XI. Parteitages überein«. Ein schlimmer Vorwurf, noch dazu gegen ein Mitglied des Politbüros. Es wäre eine Art Vertrauensentzug für Felfe gewesen, wenn das Politbüro dem zugestimmt hätte. Statt die Meinungsverschiedenheiten sachlich miteinander zu besprechen, schickte Mittag seine Anklage an Honecker. Der las sie und gab sie ohne Kommentar an « Gen. W. Felfe zur Prüfung und Erledigung«. Was sollte der nun aber prüfen? Sollte er zugeben, dass er die Beschlüsse des Parteitages nicht verstanden hatte? Dafür gab es keinen Anlass. Sollte er vielleicht vor Mittag kapitulieren? Nachdem auch ich das Pamphlet gelesen hatte, sagte ich zu Felfe: »Werner, das sind doch Kindereien. Da will uns jemand nur von der Arbeit abhalten. Der will uns auseinander dividieren und bei Erich in Misskredit bringen. Die Vorlage kann erst behandelt werden, wenn Erich wieder da ist.« Ich rief Mittag an und teilte ihm mit, dass ich die Landwirtschaftsvorlage von der Tagesordnung genommen hätte. Ich wolle nicht Schiedsrichter sein, wenn zwei Sekretäre unterschiedliche Interpretationen von Parteitagsbeschlüssen haben. Mittag war offensichtlich überrascht. Er schwieg kurz. Dann sagte er: »Wenn du meinst.« Er musste sich notgedrungen mit meiner Entscheidung abfinden. Mir war klar, dass seine Revanche nicht lange auf sich warten lassen würde.

Im Herbst 1986 hatte Mittag sich offensichtlich in den Kopf gesetzt, ein für alle Mal Klarheit darüber zu schaffen, dass er und niemand anders

Honeckers rechte Hand ist. Dass Siegfried Lorenz und ich wie zwei Kletten zusammenhingen, missfiel ihm schon lange. Vor allem auch deshalb, weil wir beide viele Jahre unter dem Schutz Honeckers standen. Da war viel Eifersüchtelei im Spiel. Nun sah er seine Zeit gekommen, gegen uns zu agieren. Anlass war eine Veranstaltung in Karl-Marx-Stadt, auf der die Technische Hochschule den Status einer Technischen Universität erhielt. Lorenz hatte Honecker gebeten, dass ich dort die Festrede halte und als Stellvertreter des Vorsitzenden des Staatsrates auch den Staatsakt der Namensverleihung vornehme. Das war schon ein Wagnis an sich. Karl-Marx-Stadt war die Domäne Honeckers. Hier war sein Wahlkreis für die Volkskammer. Hier im Arbeiterzentrum fühlte er sich wohl. Vielleicht wäre es taktisch richtiger gewesen, ihm vorzuschlagen, selbst die Festrede zu halten. Wir hatten es versäumt. Honecker bestätigte dennoch, dass ich statt seiner die Namensgebung vornehme.

Ich freute mich. Ich sah die Chance, Grundsätzliches zur Verbindung von Sozialismus und wissenschaftlich-technischer Revolution zu sagen. Meine Mitarbeiter Egon Dobias, Hans-Gert Schubert und ich bastelten lange an einer Rede, die mehr sein sollte als ein Festvortrag. Ohne Gorbatschow zu zitieren, griff ich seinen Gedanken auf, dass wir den Wettlauf mit der Zeit nur gewinnen können, wenn wir durch Spitzenleistungen in Wissenschaft und Technik und ihre breite volkswirtschaftliche Anwendung einen Aufschwung der Arbeitsproduktivität erreichen. Ich wollte nie als Technokrat verstanden werden. Deshalb brach ich eine Lanze für Schöpfertum, Flexibilität und Disponibilität in Ausbildung und Beruf. Ich berief mich auf Karl Marx, »dass der Mensch das höchste Wesen für den Menschen sei«. Selten habe ich eine Rede so gründlich vorbereitet. Ich konsultierte mich mit Wissenschaftlern wie Professor Manfred von Ardenne und Professor Klaus Fuchs, mit dem Minister für Wissenschaft und Technik, Herbert Weiz, sprach mit Hochschullehrern und Studenten, mit Absolventen und Praktikanten. Schließlich war ich der Meinung, eine gute Rede zu haben. Ich legte sie dem Politbüro vor. Sie wurde ohne Veränderungen bestätigt. Beschlossen wurde, sie im Wortlaut im *Neuen Deutschland* zu veröffentlichen, so wie dies meist auch mit Reden Mittags geschah. Lorenz und ich waren zufrieden, die Veranstaltung verlief gut, die Karl-Marx-Städter waren stolz auf ihre neue Universität.

Noch am selben Tag kam der Wermutstropfen: Als Lorenz und ich beim Mittagessen saßen, erschien ein *ADN*-Mitarbeiter und teilte mit, dass in Berlin sei entschieden worden sei, nur eine kurze Nachricht zu veröffentlichen. Auch die Bezirkspresse solle die Rede nicht publizieren.

Da waren also zwei Politbüromitglieder und wurden auf diese Weise informiert, dass in Berlin »jemand« entschieden habe, dass die Gründung einer Universität in Karl-Marx-Stadt nur eine kurze Zeitungsmeldung wert sei. Da im Rundfunk schon ausführlich informiert worden war und die Agenturen Bescheid wussten, dass meine Rede veröffentlicht werden sollte, wurde ich durch die Berliner Absage brüskiert. Die Entscheidung konnte niemand anderes als Honecker getroffen haben.

Nachdem ich wieder in Berlin war, ging ich zu ihm. Ich tat so, als habe er mit der Sache nichts zu tun. Ich beschwerte mich über den Medienverantwortlichen des Politbüros. So lockte ich Honecker aus der Reserve.

Er habe meine Rede gar nicht gekannt, meinte er. Günter Mittag habe ihm gesagt, dass es nicht richtig sei, wenn ich kurz vor einer geplanten ZK-Tagung eine Grundsatzrede halten würde, in der noch dazu Formulierungen seien, die dem XI. Parteitag widersprächen. Das würde die bevorstehende ZK-Tagung entwerten.

Es war für mich inzwischen unerträglich geworden, dass ein einziger Mann aus dem Politbüro sich die Deutungshoheit über die Einhaltung von Parteitagsbeschlüssen durch die anderen Politbüromitglieder anmaßte und wir anderen wie die Kaninchen vor der Schlange saßen und die Intrigen hinnahmen. Willi Stoph hatte mich gewarnt, niemals zu versuchen, Mittag im Alleingang frontal zu kritisieren. Honecker würde dies nicht zulassen. Ich würde zwangsläufig den Kürzeren ziehen, so Stoph.

Ich war so verärgert, dass ich die Mahnungen von Stoph in den Wind schlug. Ich sagte Honecker: »Genosse Mittag soll lieber dafür sorgen, dass die Zementversorgung in Ordnung kommt.«

Der Hintergrund dazu war folgender: Es gab ernsthafte Störungen in der Zementversorgung. Alle merkten es, doch niemand sagte es offen. Günther Jahn hatte die beneidenswerte Fähigkeit, auch die schwierigsten Fragen mit einer Anekdote zu mischen. Auf diese Weise gelang es ihm oft, Lösungen zu erreichen. So auch dieses Mal. Er nutzte seine Berichterstattung vor dem Politbüro und meinte ironisch, dass Betriebe und Datschenbauer es noch nicht gelernt hätten, ohne Zement auszukommen.

Auf Nachfrage hatte Jahn aussagekräftige Zahlen dabei, die belegten, dass die Zementbilanz hinten und vorne nicht stimmte. Er erreichte, dass Mittag beauftragt wurde, einen Beschlussentwurf einzubringen, wie die Zementversorgung stabilisiert werden sollte. Mittag jedoch drückte sich. Er setzte darauf, dass die Sache vergessen würde. Er nämlich hatte veranlasst, dass der Zementexport in die Sowjetunion gesenkt, aber ins nichtsozialistische Wirtschaftsgebiet erheblich erhöht worden war. Er tat dies gegen den ausdrücklichen Protest von Bauminister Junker. Nun hätte er Selbstkritik üben müssen. Doch das war seine Sache nicht. Erst auf mein Drängen bequemte er sich, eine Stellungnahme einzureichen. Darin machte er Wolfgang Junker zum Sündenbock.

Daran erinnerte ich nun Honecker, als ich sagte, Mittag solle sich lieber um die Zementproduktion kümmern als um meine Rede in Karl-Marx-Stadt.

Wider Erwarten entgegnete Honecker: »Wenn das so ist, sage es im Politbüro.« So vom Chef ermuntert, griff ich in einer Sitzung des Politbüros die Stellungnahme der Bauabteilung an und stellte mich vor den aus meiner Sicht ausgezeichneten Minister Wolfgang Junker.

Mittag rastete aus, verbat sich jede Einmischung in seinen Bereich. Nach einem gegenseitigen Wortgefecht unterband Honecker die Diskussion, ohne sich auf eine Seite zu stellen.

Sofort nach der Sitzung suchte Mittag Honecker auf. Über zwei Stunden saßen beide zusammen.

Danach rief Honecker mich zu sich und empörte sich über meine Kritik an Mittag. »So etwas wie heute habe ich im Politbüro seit dreißig Jahren nicht erlebt. Das war skandalös. Gehe jetzt zu Günter Mittag und entschuldige dich. Er wartet in seinem Büro.«

»Das werde ich nicht tun. Ich habe mich korrekt verhalten. Wenn Günter das nicht versteht, muss er damit leben«, verteidigte ich mich.

Honecker war verärgert. Wenige Tage später, auf einer ZK-Tagung, entschied er höchstrichterlich den Streit auf Kosten des Bauministers. In seinem Schlusswort schob er alle Schuld auf Wolfgang Junker. Mittag hatte einen zeitweiligen Sieg errungen. Für mich wurde der Spielraum kleiner.

Stoph nahm mich nach der Sitzung zur Seite und dozierte: »Du hast natürlich Recht. Doch du musst besonnener sein. Sonst gewinnst du hier keinen Blumentopf.«

Mag sein, dass daraus seine Lebenserfahrung sprach. Ich wollte und konnte es dennoch nicht verstehen. Hätte ich eine Parteiopposition angeführt, wäre mir die Aufregung verständlich gewesen. Ich habe aber lediglich im Sinne der Parteibeschlüsse in einer ganz normalen Sachfrage eine andere Meinung vertreten. Ich verstand nur allmählich, dass es wohl auch eine Generationsfrage war, die das unterschiedliche Reagieren auf solche Sachfragen begründete.

Prüfungen im Fach Perestroika

Gerade hatte ich im Büro meine Sachen zusammengepackt, um nach Oberwiesenthal zu fahren, zur Zentralen Kinder- und Jugendspartakiade in den Wintersportarten. Siegfried Lorenz und ich hatten uns dort vereinbart, am Wochenende Sportler in ihren Quartieren zu besuchen, ihnen beim Training zuzuschauen, mit ihnen zu sprechen und auch zu feiern. Die Kinder- und Jugendspartakiaden waren immer wieder anziehende Höhepunkte. Republikweit nahmen daran mehr als zwei Millionen Kinder und Jugendliche teil. Auf Kreis- und Bezirksolympiaden wurden die jeweils Besten ermittelt. Alle zwei Jahre fanden die zentralen Spartakiaden in den Sommer- und Wintersportarten statt. Hunderte von Olympiasiegern, Welt- und Europameistern aus der DDR verdanken der Spartakiadebewegung ihren Weg nach ganz oben. Ich freute mich auf dieses Wochenende.

Ich war im Begriff, mein Arbeitszimmer zu verlassen, da klingelte das Telefon. Ich nahm noch den Hörer ab. Am anderen Ende Honecker. Er hatte sich einige Tage in das Gästehaus am Döllnsee zurückgezogen. Er fragte mich ganz entspannt: »Kannst du zu mir kommen?«

Was blieb mir anderes übrig. Ich änderte meinen Plan und fuhr am Freitagnachmittag zu ihm.

14 Uhr traf ich dort ein. Honecker bestellte Kaffee. Er war gut drauf, erzählte von seinen Enkeln, plauderte über die Jagd und interessierte sich für alles Mögliche. Wiederholt kam er auf seine Reise nach China sprechen. Das volkreichste Land der Erde hatte ihn beeindruckt. Man merkte ihm den Stolz an, dass er nach so vielen Jahren Bruderzwist der erste europäische Partei- und Staatschef gewesen war, der in Peking empfangen wurde. Und, das war ihm wichtig, ohne Gorbatschows Segen.

»Erinnerst du dich noch«, fragt er mich, »dass kurz vor mir Jaruzelski in China war?« Er wartete meine Antwort nicht ab und resümierte: »Gorbatschow wollte auf diese Weise verhindern, dass die DDR als erster sozialistischer Staat in Beijing empfangen wurde. Deshalb hatte er Jaruzelski gedrängt, vor mir dort Station zu machen. Die Chinesen haben das jedoch durchschaut. Sie behandelten den dreitägigen Aufenthalt des polnischen Staats- und Parteichefs im September protokollarisch als Arbeitsbesuch, meiner im Oktober war ein Staatsbesuch.«

So sehr auch mir gute Beziehungen zu China am Herzen lagen, so war mir doch nicht wohl bei dem Gedanken, dass sie gegen den Einspruch Moskaus gestaltet wurden. Mir schien sogar, dass Honecker der Annahme war, er hätte mit seinem Alleingang Gorbatschow eine Nase gedreht. Letztlich, so meine Überlegung, würde die DDR dabei den Kürzeren ziehen. Selbst wenn Honecker schon damals gesehen haben wollte, dass Gorbatschows Politik in den Ruin führen würde, wäre es aus vielerlei Gründen eine Illusion, dass China im Verhältnis zur DDR die Rolle der Sowjetunion ausfüllen könnte oder wollte. Zudem war es mir völlig egal, wer zuerst in Peking war, ob nun Honecker, Gorbatschow oder Jaruzelski.

Ich hatte schon auf den Lippen, dass ich eigentlich bei den Sportlern auf dem Fichtelberg sein wollte, da erhob sich Honecker, holte ein Paket weißer *ADN*-Mitteilungen und breitete sie vor mir aus. Es waren die vollständigen Materialien des Januarplenums 1986 des ZK der KPdSU, jener Tagung, auf der es nicht mehr nur um die »sozialökonomische Beschleunigung« – wie die bisherige Strategie in Moskau hieß –, sondern um die »Perestroika« als geschlossenes Konzept ging. Mir schwante schon: Jetzt hieß das Thema wieder Gorbatschow.

Honecker kannte meine Meinung. Ich hatte keine Lust, sie stereotyp zu wiederholen.

»Hast du das gelesen?«, fragt er mich.

»Ja.«

»Gut« antwortete er: »Ich möchte, dass du eine Analyse des Plenums vornimmst.«

Auf solche Schularbeiten war ich nicht vorbereitet.

Überrascht sagte ich: »Ich? Wir haben doch Parteiinstitute, die dafür genügend Leute haben.«

»Nein«, beharrte Honecker, »ich möchte, dass du selbst die Analyse machst.«

»Soll das eine Prüfung sein?«, fragte ich widerborstig.

Honecker lächelt in sich hinein. »Du machst das schon.«

Am Abend saßen Lorenz und ich in einem kleinen Gästehaus am Rande des Fichtelbergs und diskutierten über den Sinn dieses Auftrages, Gorbatschows Rede zu interpretieren. Wir waren uns einig, Honecker wollte genau wissen, ob ich unterstützte, was der sowjetische Generalsekretär vorhatte. Zu jener Zeit gab es im Lande noch eine Gorbatschow-Euphorie. Es war aber bei weitem nicht die Mehrheit der Bevölkerung, die meinte, wir müssten Gorbatschow nachmachen. Bei vielen trat ein Schock ein, als sie aus Gorbatschows Reden von unglaublichen Zuständen erfuhren, die sie der Sowjetunion schon nicht mehr zugetraut hatten. Jahrzehnte hatten wir ein Idealbild von der Sowjetunion gemalt. Das hing damit zusammen, dass wir gegenüber dem Land unserer Befreier Dankbarkeit empfanden und selbst anfangs keine Erfahrung hatten, die sozialistische Gesellschaft aufzubauen. Nun zerstörte Gorbatschow unser in Jahrzehnten gewachsenes Bild von der Sowjetunion. Das mussten viele erst verkraften. Diesen Widerspruch galt es aufzulösen. Lorenz und ich waren uns einig, dass dies schwierig werden würde. Wir sahen jedoch eine Chance, dass eine solide Analyse dazu beitragen könnte, aus dem Januarplenum der KPdSU DDR-spezifische Schlussfolgerungen zu ziehen.

Angesichts meines vollen Terminplanes und der Tatsache, dass ich Honecker in der Tagespolitik zu vertreten hatte, konnte ich eine solide Analyse unmöglich allein erarbeiten. Den Parteiapparat wollte ich nicht einbeziehen. Mir lag daran, Leute einzusetzen, die, ohne politisch eingeengt zu sein, frei dachten. Ich bat Hartmut König und Jochen Willerding, beide Sekretäre des Zentralrates der FDJ, in Klausur zu gehen. Sie gehörten zu meinem engeren Freundeskreis. Ihnen vertraute ich. Sie waren zudem jünger als ich, gehörten schon einer anderen Generation an. Willerding hatte in Moskau studiert, russisch beherrschte er wie seine Muttersprache. Sie erarbeiteten in zwei Wochen eine fundierte Analyse, für die ich nach gemeinsamer Diskussion meinen Namen gab. Sie verglichen die Aussagen des SED-Parteitages mit denen des Januarplenums. Bei aller Unterschiedlichkeit der Formulierungen und bestehender nationaler Besonderheiten kamen wir zu der damals nicht unproblematischen Schlussfolgerung: Die Gemeinsamkeiten in der Strategie von KPdSU und SED überwiegen.

Wir übersahen nicht, dass mit Begriffen wie »Umgestaltung«, »Selbstverwaltung«, »Neues Denken« und »Glasnost« spekulativ und willkürlich umgegangen wurde. Sie hatten in der marxistisch-leninistischen Terminologie keinen eindeutig definierten Bedeutungsinhalt. Unsere Kritik setzten wir besonders bei dem Punkt »Neues Denken« an. Neues Denken als Reaktion auf eine neue, tödlich zugespitzte Lage in der Welt? Unbedingt! Neues Denken als Begreifen der Verantwortungsgemeinschaft für den Ausstieg aus dem atomaren Wettrüsten? Ja! Aber Neues Denken als Eingeständnis einer Schuldgemeinschaft für die explosive internationale Lage? Nein!

In diesem Sinne müsse sich die Forderung nach Neuem Denken in erster Linie an die Protagonisten der imperialistischen Überlegenheits- und Drohpolitik richten.

Kritisch äußerten wir uns auch zum Geschichtsbild der KPdSU. Sicher, auch die SED-Führung hatte gesündigt. Es gab auch bei uns weiße Flecken und zu einseitige Darstellungen. Das übersahen wir nicht. Wir wussten, dass sich DDR-Historiker gegen allzu grobe Vorgaben durch das Politbüro wehrten. Mit ihren Forschungen zur Geschichte der deutschen Arbeiterbewegung trugen sie dazu bei, Subjektivismus aus unserer Geschichtsbetrachtung herauszuhalten, auch wenn das nicht immer gelang. Anders war es in Moskau, von wo aus natürlich auch unser Geschichtsbild beeinflusst wurde.

Seit dem Zweiten Weltkrieg bewertete die sowjetische Führung etwa alle zehn bis fünfzehn Jahre die Geschichte der Sowjetunion neu. Eine Abrechnung erfolgte mal mit dieser, mal mit jener Persönlichkeit. Stalin stand zwischen Glorifizierung und Verteuflung. Gorbatschow stand mit seiner Geschichtsdeutung in dieser unseligen Tradition. Nun mischte er sich zu meinem Bedauern auch noch mit angreifbaren Thesen in die Bewertung der Komintern ein. Hier hätte er schweigen sollen, mindestens so lange, bis diese Frage mit jenen Parteien abgesprochen worden wäre, die einst der Komintern angehörten. Der SED zum Beispiel war der Zugriff auf die Akten der Komintern in Moskau lange Zeit verwehrt. Obwohl Gorbatschow immer die Gleichberechtigung aller im Munde führte, maßten sich einige sowjetische Historiker an, an der DDR vorbei die Tätigkeit von Thälmann und Dimitroff einseitig nach den Kriterien und Quellen bürgerlicher Geschichtsschreibung zu beurteilen. Beide Persönlichkeiten aber waren Symbolfiguren der Arbeiterbewegung im Kampf gegen Faschismus und Krieg. Thälmann wurde von den Nazis ermordet. In manchen sowjetischen Veröffentlichungen wurden sie nun aber zu Mitschuldigen an der braunen Pest. Das hatte mit geschichtlicher Wahrhaftigkeit nichts mehr zu tun. In diesen Punkten trafen sich meine Ansichten mit denen Honeckers.

Ich legte die siebenundsiebzig Seiten der Analyse eigenhändig in eine Klemmmappe und brachte sie meinem Chef. Auf seine Reaktion war ich äußerst gespannt. Was würde er mit ihr machen? Mir ging durch den Kopf: Wenn er sie wenigstens zu einer Diskussion im Politbüro nutzen würde. Doch Honecker schwieg. Wochen vergingen. Als er und ich einmal zeitgleich von einer Veranstaltung zu einer anderen mussten, fuhren wir gemeinsam in seinem PKW. Ich fragte ihn, ob er die Analyse gelesen habe. »Ja«, antwortet er und fasst sein Urteil knapp und spitz zusammen: »Mich wundert, dass du als Parteihochschüler der KPdSU der Meinung bist, Gorbatschow wolle zurück zu Lenin.«

Damit hatte er sein Urteil über die Analyse gesprochen und das Manuskript blieb in seinem Panzerschrank.

Damals, davon bin ich überzeugt, hatte Gorbatschow noch keine Ambitionen, Lösungen für sein Reformprogramm außerhalb des Sozialismus zu suchen. Er hatte für mich überzeugend begründet, dass die Perestroika inhaltlich die Fortführung der Oktoberrevolution sei.. Bei Lenin hatte ich den Gedanken gefunden, dass Frankreich nach der Großen Französischen Revolution von 1789 bis 1793 drei weiterer Revolutionen bedurfte – 1830, 1848 und 1871 –, um die Ziele der Großen Französischen Revolution zu erreichen. Wieso, so meine Überlegung, sollte der Übergang vom Kapitalismus zum Sozialismus weniger revolutionär verlaufen als bürgerliche Revolutionen? Insofern sah ich damals die Perestroika als eine Revolution zur Weiterführung der Oktoberrevolution von 1917 oder, wie Gorbatschow es nannte, die Revolution in der Revolution. Dies um so mehr, da die Machtfrage von Gorbatschow nicht in Frage gestellt wurde – jedenfalls damals nicht. Ich bin mir nicht sicher, warum sich Honecker für diese Interpretation nicht interessierte. War es seine politische Erfahrung, dass ein solcher Weg in die Irre führen muss? War es nur Eitelkeit, vom Jüngeren nicht lernen zu wollen? Oder war es dogmatisches Denken, das sich noch an den vier Stalinschen Grundzügen der Dialektik orientierte? Ehrlich gesagt, ich habe es damals nicht herausgefunden.

Auf jeden Fall spielte etwas eine Rolle, was mit Gorbatschow gar nichts zu tun hatte. In der Bundesrepublik wurde parteiübergreifend das Wort »Reform« spezifisch für die DDR neu entdeckt. Man sprach jetzt nicht mehr so grob davon, dass der Sozialismus in der DDR nichts tauge. Man müsse ihn nur reformieren – und das bedeutete nach bundesdeutscher Sicht – ihn wegreformieren. Das machte unser Verhältnis zu dem Begriff Reformen so widersprüchlich.

Die Ereignisse vom Sommer 1987 jedenfalls haben sich bei mir sehr tief eingeprägt. Honecker unterzog mich nämlich einer weiteren »Perestroika-Prüfung«. Irgendwann im Frühjahr hatte Kurt Hager dem *Stern* ein Interview gegeben. Darin reagierte er auf eine Frage des Journalisten nach dem Verhältnis der DDR zu Perestroika und Glasnost mit der Gegenfrage: »Würden Sie, wenn Ihr Nachbar seine Wohnung neu tapeziert, sich verpflichtet fühlen, Ihre Wohnung ebenfalls neu zu tapezieren?«

Es kam, wie es kommen musste: Hagers Vergleich wurde als offene Ablehnung Gorbatschows durch die SED interpretiert.

Entgegen dem Bild, das in der bundesdeutschen Öffentlichkeit über Hager verbreitet wurde, war dieser nicht nur ein hochintelligenter, sondern auch ein äußerst sensibler Genosse und stets ein konzentrierter wie aufmerksamer Gesprächspartner, der sehr überlegt formulierte. Hatte er das wirklich so gesagt?

Der Tapetenvergleich war nicht von ihm. Honecker hatte ihn in das Hager zur Autorisierung vorgelegte Interview hineingeschrieben. Hager hat das nie öffentlich eingestanden – auch nicht, als man ihn »Tapeten-Kutte« oder »Tapeten-Hager« beschimpfte. Er schwieg dazu in der Wende- und in der Nachwendezeit. Was er nach außen sagte, verteidigte er stets als seine Meinung. Das hing mit seiner eisernen Disziplin zusammen. Er hat im Politbüro oft wider den Stachel gelöckt. Ihm wäre es aber nie in den Sinn gekommen, außerhalb des Politbüros damit zu prahlen. Was beschlossen war, war durchzuführen. So war er, einer aus der alten Schule der Partei. Unabhängig, wer nun der Urheber des Vergleichs war, Hager hat das Bild vom Tapetenwechsel stehen lassen, um die unterschiedlichen Bedingungen in beiden Ländern darzustellen, nicht aber um Gorbatschow abzulehnen. Er war viel zu erfahren, um nicht genau zu wissen, dass es für die DDR lebensgefährlich gewesen wäre, sich öffentlich von der Sowjetunion abzukoppeln. Er konnte sich bei der Betonung von Einheit und Unterschieden zwischen unseren Ländern auch auf einen engen Mitarbeiter des KPdSU-Generalsekretärs stützen. Wadim Sagladin hatte in einer Zeitschrift Spekulationen über Unstimmigkeiten zwischen Moskau und Berlin zurückgewiesen: »Was die DDR betrifft, so ist sie ein sozialistischer Staat auf deutschem Boden. Sie hat viel erreicht. In manchen Bereichen hat sie mehr erreicht als andere sozialistische Länder. Sie hat die Frage der Modernisierung und Effektivität der Produktion, der Verbindung von Wirtschafts- und Sozialpolitik als Einheit früher als wir angepackt und bemerkenswerte Erfolge erreicht. Wir erkennen dies nicht nur an, sondern wir lernen auch von den Genossen der DDR. Ich sehe hier keinen Anlass zu Spekulationen.«

Nach dem Hager-Interview kam es zu einer ziemlich breiten Diskussion in der Bevölkerung über die Haltung der SED zur sowjetischen Politik. Die Vorwürfe an uns, wir würden sie falsch beurteilen, nahmen zu. Zum ersten Mal bemerkte auch ich, dass sich neben der »Gorbi- Euphorie« besorgte Stimmen artikulierten, ob der Mann im Kreml seine Politik durchhalten kann und ob sie überhaupt realisierbar ist. In dieser Zeit schrieb die SED-Grundorganisation des Staatstheaters Dresden einen Brief an Kurt Hager. Darin warfen die Künstler dem Politbüro vor, den Charakter der Umgestaltung in der Sowjetunion zu verkennen. Die SED, so die Dresdener Genossen, würde die nationalen Besonderheiten der DDR überbewerten und sich von der Entwicklung in der Sowjetunion abgrenzen. Die SED würde die sowjetischen Anregungen für die Gestaltung der sozialistischen Demokratie missachten. Das Politbüro solle dafür Sorge tragen, dass in der DDR aus Gorbatschows Politik Lehren gezogen würden. Solche Meinungen gab es zwar landauf und landab. Die Dresdener machten ihre Wortmeldung aber parteioffiziell. Sie brachten ihren Brief in einem offenen Briefumschlag zu Hans Modrow in die Bezirksleitung. Sie wollten, dass er sich für sie in der Zentrale stark macht.

Modrow fuhr nach Berlin und gab den Brief im Vorzimmer von Kurt Hager ab. Er wisse nicht, so teilte er mit, was darin stehe.

Hager las den Brief. Er fühlte sich zu Unrecht als Bremser von Reformen kritisiert, setzte sich hin und antwortete den Dresdner Künstlern.

Damit hätte die Sache beendet sein können, wenn, ja wenn nicht, wie so oft, die Macht der Medien auf der anderen Seite eingegriffen hätte. In einer Westzeitung standen Auszüge aus der Antwort von Hager. Und die wiederum las Honecker, als er auf der Insel Vilm Urlaub machte. Nun war ich an der Reihe. Er rief mich an.

»Welchen Quatsch verbreitet denn der Kurt da?«

Ich ahnte zwar, wovon er redete, stellte mich aber unwissend. Nachdem er es mir erklärt hatte, empfahl ich ihm, doch Hager anzurufen. Ich hatte keine Lust, zwischen die beiden zu geraten. Mir war ohnehin aufgefallen, dass Honecker sich ungern mit Hager persönlich anlegte. Lieber schickte er Dritte vor. Schon darum hielt sich meine Bereitschaft zu vermitteln in Grenzen.

Nachdem Honecker sich bei Hager kundig gemacht hatte, rief er mich erneut an. »Sag mal, Egon, wieso macht sich Hans Modrow zum Briefträger? Es kann doch nicht wahr sein, dass er als 1. Bezirkssekretär nach Berlin fährt, um im Vorzimmer von Kurt einen offenen Brief abzugeben, dessen Inhalt er angeblich nicht kennen will. Er muss doch wenigstens eine Meinung dazu haben.«

In diesem Punkt gab ich Honecker Recht. Ich wollte jedoch nicht noch Öl ins Feuer gießen. Deshalb sagte ich: »Warum er das machte, kann ich mir auch nicht erklären.«

»Das wirst du aber müssen«, antwortete Honecker und beauftragte mich, die Angelegenheit auf die Tagesordnung einer Sekretariatssitzung des ZK zu setzen. Anschließend forderte er mich auf, nach Dresden zu fahren, »um alles parteilich zu klären. Du hast alle Vollmachten.«

Darauf hatte ich absolut keine Lust. Ich versuchte, mich mit einigen Ausreden zu drücken. Darunter auch der, dass Modrow im Ausland zur Kur sei. Honecker ließ das nicht gelten, forderte von mir, den 1. Sekretär aus der Kur zu rufen und im Dresdner Sekretariat die Aussprache zu führen. Wäre er im Dienst, so seine Erklärung, würde er selbst nach Dresden fahren. Jetzt müsse ich es tun.

Obwohl ich von diesem Telefonat nur meinen engsten Vertrauten berichtet hatte, kam schon wenige Stunden später Sowjetbotschafter Kotschemassow zu mir. Er war bereits voll im Bilde. Er suchte mich in meiner Wohnung auf. »Genosse Egon«, begann er vertrauensvoll, »ich besuche Sie als Freund. Seien Sie wachsam! Es geht nicht um Dresden, es geht auch nicht um Hans Modrow. Es geht um Sie. Genosse Honecker will Ihre Einstellung zur Perestroika prüfen.«

Er sagte mir nichts Neues. Ich konnte mich dieser Prüfung ja nicht entziehen.

Ich musste den Spagat wagen, unsere eigene Politik so darzustellen, dass zwischen uns und Gorbatschow auch nicht der geringste Spalt zu finden war. Ich musste einen Unterschied machen einerseits zwischen Fragen, die es in der Partei und in der Bevölkerung zur Perestroika gab, und andererseits der Fähigkeit der Bezirksleitung, auf solche Fragen einfühlsam einzugehen. Ich wollte, dass Modrow dabei keinen Schaden nimmt. Aus Erfahrung wusste ich: Modrow gehörte zu jenen Weggefährten Honeckers aus FDJ-Zeiten, die der Generalsekretär nie vorzeitig in die Rente schicken würde. Modrow hatte Honecker schon in den fünfziger Jahren geholfen, die Auseinandersetzung mit Schirdewan zu gewinnen. Zu den ersten wesentlichen Personalentscheidungen Honeckers, nachdem er Generalsekretär geworden war, gehörte, Modrow die Verantwortung für einen der wichtigsten und zugleich schwierigsten Bezirke der DDR zu übertragen. Modrow hat dieses Vertrauen gerechtfertigt. Es machte für mich keinen Sinn, dass nun ausgerechnet ich die Vollmacht haben sollte, ihn möglicherweise von der Funktion abzulösen. Glücklicherweise wusste ich zu diesem Zeitpunkt noch nicht, dass der Anlass, weshalb Honecker mich in der Sache überhaupt angerufen hatte, eine erfundene Meldung der *Bild*-Zeitung war. Er hatte sie mir einen Tag später mit anderen Materialien, wahrscheinlich unbeabsichtigt, aus dem Urlaub geschickt. Darin hieß es, Honecker denke an Rücktritt. »Als mögliche Nachfolger«, so verbreitete das Blatt »werden Egon Krenz (50) und der sächsische SED-Chef Hans Modrow (59) gehandelt.« Solche Meldungen mochte Honecker nicht. Sie reizten ihn. Wollte ich nicht stolpern, musste ich verdammt aufpassen, was da eigentlich gespielt wurde.

Ich fuhr auftragsgemäß nach Dresden. Auf der Fahrt dorthin ging mir so manches durch den Kopf. Einst habe ich zu Modrow hochgeschaut. Er war Landeschef der FDJ in Mecklenburg, kurze Zeit auch in Rostock, als ich dort noch Junger Pionier war. Anfang der sechziger Jahre arbeiteten wir als 1. Sekretäre von FDJ-Bezirksleitungen zusammen. Er in Berlin. Ich in Rostock. Unter den Berlinern war er beliebt. Später, als ich die FDJ leitete, schien mir, dass er etwas eifersüchtig auf uns Jüngere war. Wir konnten in der FDJ machen, was wir wollten, Hans wusste von höherer Warte immer alles besser. Zum »Besserwisser« kam dann bald noch der »Eigenbrötler«. Er war mit sich und der Umwelt oft unzufrieden. Das mag daran gelegen haben, dass Honecker ihn nicht ins Politbüro berufen hatte. Warum? Das blieb auch mir ein Rätsel. Modrow war immer Parteisoldat, der wie ich Verfechter der Politik Honeckers war. Aufgemuckt hat er manchmal bei Kleinigkeiten. So zum Beispiel, als es darum ging, 1984 dem Indianermuseum in Radebeul wieder den alten Namen »Karl-May-Museum« zu geben. Dies schien in Gefahr, weil ihm die Kosten für die Renovierung der Villen »Shatterhand« und »Bärenfett« zu hoch waren. Wir haben wegen einer solchen Kleinigkeit über ein halbes Jahr korrespondieren müssen. Aber wenn es um die Parteilinie ging, unterschied Modrow sich nicht von den anderen 1. Bezirkssekretären.

Nun trafen wir uns in Sachen »Brief des Staatstheaters« und »Perestroika Gorbatschows«. Bevor wir beide in die Sitzung mit den Bezirkssekretären gingen, lud Modrow mich zu einem Vorgespräch in einen modern gestalteten Frühstücksraum hinter seinem Sitzungszimmer ein. Sieh da, dachte ich so bei mir, so etwas Luxuriöses hat nicht einmal Honecker. Wir setzten uns so, dass jeder dem anderen in die Augen sehen konnte. Während ich mein Anliegen vortrug, beobachtete ich jeden Gesichtszug meines Gegenübers. Ich informierte Modrow, dass es Honecker nicht um den Inhalt des Briefes des Staatstheaters gehe, sondern darum, dass er als 1. Sekretär der BL keine Meinung dazu habe. Hans schien mir gedanklich abwesend zu sein. Ihn bewegte mehr die Fragen: »Was denkt Erich über mich? Kann er überhaupt noch Vertrauen zu mir haben? Soll ich abgelöst werden?«

Er unterbreitete einen Vorschlag – für mich völlig überraschend –, mit dem er Honeckers Vertrauen wieder gewinnen wollte. Er informierte, dass der Intendant des Staatsschauspiels Gerhard Wolfram zur Auszeichnung mit dem Nationalpreis der DDR vorgeschlagen sei und das Ensemble des Theaters vor einem vierzehntägigen Gastspiel in Jugoslawien stünde.

»Nach all dem, was hier passiert ist«, meinte er, »sollten wir da nicht besser die Auszeichnung zurückstellen und das Gastspiel in Jugoslawien absagen?«

Es handle sich um völlig unterschiedliche Probleme, entgegnete ich. Der Brief betreffe die Rolle des 1. Sekretärs, der sich nicht nur nicht zum »Briefträger« herabwürdigen lassen dürfe, sondern *inhaltlich* führen müsse. Die Würdigung des Gesamtwerkes des verdienstvollen Theatermanns sei eine andere Sache. Und wegen der politischen Haltung der Grundorganisation dürfe es auf keinen Fall zu einer kollektiven Bestrafung des Ensembles kommen. Dieser Gedanke war mir über Dresden hinaus wichtig. In den Leitungen der Partei gab es noch viel zu viele Genossen, die an die Stelle von politischer Auseinandersetzung administrative Strafen setzten. Das war für viele einfacher, als Menschen zu überzeugen.

Die Sitzung in Dresden verlief sehr widersprüchlich. Am meisten war ich überrascht, dass es zwischen Modrow und den anderen Mitgliedern des Sekretariats kein Vertrauensverhältnis gab. Sie kritisierten ihn heftig, weil er sie ungenügend in Leitungsentscheidungen einbezog. Dennoch teilte ich Honecker schriftlich mit, Modrow sei selbstkritisch gewesen und habe versprochen, alles zu tun, das Vertrauen des ZK und Honeckers zu rechtfertigen. Was ich nicht wusste, dass sich Honecker das Wortprotokoll der Sitzung schicken ließ, von dessen Existenz ich keine Ahnung hatte. So gab es im Endergebnis doch erhebliche Differenzen zwischen meinem positiven persönlichen Brief an Honecker und dem realen Wortprotokoll, das ein etwas anderes Bild bot. Honecker mag sich darüber seine Gedanken gemacht haben. Er fasste jedoch nicht mehr nach. Eine Ablösung Modrows von seiner Funktion als 1. Sekretär – wie Westmedien behaupteten – hat jedoch nie zur Debatte gestanden.

Ostgipfel und Westprovokation

Es war wohl die nobelste Geste unserer Verbündeten zum 750. Geburtstag Berlins, den Gipfel der Staaten des Warschauer Vertrages Ende Mai 1987 in der DDR-Hauptstadt abzuhalten. Unweit vom Brandenburger Tor, gegenüber dem »Palast der Republik«, war das »Palasthotel« Tagungs- und Übernachtungsstätte der Partei- und Staatschefs der sozialistischen Länder Europas. Nur Gorbatschow entschloss sich aus Sicherheitsgründen, nicht im Hotel, sondern im stark bewachten Schloss Niederschönhausen im Berliner Stadtbezirk Pankow zu nächtigen. Es hatte sich nämlich herumgesprochen, dass im Zentrum lediglich der Bürgersteig unmittelbar vor dem Hotel abgesperrt sein würde. Auf der Karl-Liebknecht-Straße und auf dem Fußgängerweg auf der anderen Seite bewegte sich der normale Großstadtverkehr. Das schien den sowjetischen Sicherheitskräften zu wenig zu sein, um den Schutz ihres ersten Mannes zu garantieren. Uns lag daran, Berlin als gastfreundliche, weltoffene und sichere Stadt zu präsentieren. Das Stadtzentrum sollte keine militärische Festung sein. Und es gelang. Es war eine Glanzleistung der Staatssicherheit und des Innenministeriums, Sicherheit zu garantieren, ohne dass die Präsenz der erforderlichen Kräfte das normale Leben der Stadt wesentlich gestört hätte. Ich hatte seit 1984 alle Spitzentreffen erlebt. Das hatte es bisher noch nicht gegeben: Die Staatschefs aus Osteuropa machten in den Konferenzpausen ohne besondere Absperrungen im Stadtzentrum ihre Spaziergänge. Nur gut zwei Wochen später hielt sich der amerikanische Präsident Reagan in Westberlin auf. Westberlin glich einem militärischen Aufmarschgebiet!

Es gab den Brauch, bei Besuchen von Staats- und Parteichefs ein Politbüromitglied als Ehrenbegleiter einzusetzen. Mittag war für den sowjetischen Chef, ich für den polnischen Präsidenten eingeteilt. Zwischen uns beiden hatte sich mit den Jahren ein sehr persönliches Verhältnis entwickelt. Ich mochte den General. Das Bild, das jenseits unserer Westgrenze über ihn verbreitet war, unterschied sich grundsätzlich von dem, wie ich ihn kennen und schätzen gelernt hatte: intelligent, geradlinig und emotional, abwägend, konsequent und dennoch äußerst sensibel. Alles in allem ein Mann, dem stets die Interessen Polens das Wichtigste waren. Als wir beide am Vorabend des Gipfels einen Spaziergang bis in die Nähe des Alexanderplatzes machten, schien er innerlich sehr beunruhigt zu sein, mit seinen Gedanken mehr in Warschau als in Berlin. In Polen wurde in wenigen Tagen der Papst zu einem Staatsbesuch erwartet. Unsere polnischen Genossen hatten zu ihrem Papst eine grundsätzlich andere Meinung als wir. Sie war weniger politisch begründet, dafür stark national und emotional. Für sie war er in erster Linie ein Pole, zu dem man hochschauen musste. Sie waren stolz auf ihn. Erhofften von ihm gar Hilfe bei der Aussöhnung zwischen den polnischen Kommunisten und den Solidarność-Anhängern. Sie hörten es nicht gern, wenn wir sie in dieser Beziehung vor Illusionen warnten. Sie betrachteten dies gar als Einmischung in ihre inneren Angelegenheiten. Jaruzelski erzählte mir an diesem Abend zukunftsgläubig, dass der Papst diesmal nach Polen, »in ein Land ohne Solidarność, mit einem gefestigten Sozialismus und der PVAP als führender Partei« komme. Der Papst müsse, ob ihm dies gefalle oder nicht, allein durch seine Anwesenheit dieser Situation den Segen geben. Die Dissidenten in Polen würden es bedauern, dass der Papst kommt, den Vertretern der Staatsmacht seine Aufwartung macht und mit ihnen spricht, darüber hinaus aber keinen anderen politischen Partner in Polen mehr hat. Es stand mir nicht zu, mit dem polnischen Präsidenten darüber zu streiten. Mir schien diese Bewertung jedoch sehr unwirklich. Der Papst stand, nach allem, was ich kannte, weiter auf der Seite der Solidarność, auch wenn diese zeitweilig nicht die Ausstrahlungskraft hatte wie zu Beginn des Jahrzehnts.

Hauptanliegen unserer Tagung war die Verabschiedung einer gemeinsamen Militärdoktrin der Warschauer Vertragsstaaten. Sie sollte dem Neuen Denken Gorbatschows entsprechen. Wie sich jedoch herausstellte, unterschied sie sich inhaltlich in nichts von dem, was der Warschauer Vertrag militärpolitisch auch bisher vertrat: Den Krieg ein für allemal aus dem Leben der Menschheit zu verbannen, die Anwendung militärischer Gewalt nicht zuzulassen sowie die allgemeine und vollständige Abrüstung herbeizuführen. Kernstück der Militärdoktrin sollte das Prinzip sein, die militärische Stärke des Warschauer Vertrages auf einem ausschließlich für die Verteidigung ausreichenden Niveau zu gewährleisten. Der Warschauer Vertrag verlangte kein höheres Niveau in der zahlenmäßigen Stärke, der Bewaffnung und Ausrüstung als die Streitkräfte der NATO. In seiner streng geheim gehaltenen Information hatte Gorbatschow ausgeführt, dass es in der Welt und auch zwischen den beiden militärischen Blöcken ein annähendes militärisches Gleichgewicht gebe. Er nannte Zahlen, die bis dato nur die Militärs kannten: »Geht man von Gesamteuropa, vom Atlantik bis zum Ural, aus, so hat der Warschauer Vertrag 3.380.000 und die

NATO 3.370.000 Mann, also fast bis auf den Mann gleich. Die NATO besitzt eine Überlegenheit von über eintausend Flugzeugen bei den Stoßkräften und bei Kampfhubschraubern eine dreifache Überlegenheit, eine zweifache bei Panzerabwehrmitteln und bei den Seestreitkräften. Der Warschauer Vertrag dagegen hat bei operativ-taktischen und taktischen Raketen eine siebenfache Überlegenheit, bei Panzern eine 1,7-fache.

Wir sehen die Differenzen, aber wir müssen die Kräftekonstellation der beiden Gruppierungen im Gesamtzusammenhang sehen«, fasste der Oberste Kommandierende der Streitkräfte des Warschauer Vertrages, Michail S. Gorbatschow, zusammen.

Zu diesen Überlegungen gab es im Vorfeld und während des Gipfels zwischen den Vertragsstaaten unterschiedliche Interpretationen. Während der sowjetische Entwurf der Doktrin einige unklare Formulierungen über die Aufrechterhaltung der militärischen Parität als Garantie für die Verhinderung eines Krieges enthielt, betonte die DDR, dass alle Anstrengungen unternommen werden müssten, »um das annähernde militärstrategische Gleichgewicht auf immer niedrigerem Niveau aufrechtzuerhalten«.

Auf stundenlangen Sitzungen der Redaktionskommission setzte sich DDR-Verteidigungsminister Kessler mit dem DDR-Standpunkt durch. In Fragen der Abrüstung entsprach das Denken der DDR-Führung spätestens seit 1983, als Honecker im Zusammenhang mit der Raketenstationierung in beiden deutschen Staaten seinen bekannten Satz prägte: »Weg mit diesem Teufelszeug vom deutschen Boden«, eher dem geforderten Neuen Denken als das von Gorbatschow selbst.

Gorbatschow machte auf dem Gipfel noch einmal einen vergeblichen Versuch, die DDR von ihrer »egoistischen Linie« gegenüber der Bundesrepublik Deutschland abzubringen. Längst wusste er, dass Günter Mittag kürzlich während einer Visite bei Bundeskanzler Kohl mitgeteilt hatte, dass der Honeckerbesuch in der Bundesrepublik stattfinden wird, obwohl das im Politbüro noch nicht einmal beschlossen war und Moskau nach wie vor prinzipielle Einwände hatte. Folgerichtig gab Gorbatschow auf dem Gipfel für die anderen Staaten die sowjetische Ansicht bekannt, dass in der Bundesrepublik ein »Ansteigen nationalistischer, pangermanischer Stimmungen« zu erkennen sei.

»Wir«, so Gorbatschow, »erteilen den großdeutschen Illusionen Bonns eine Abfuhr, seiner Anmaßung, im Namen ›aller Deutschen‹ zu sprechen, und seinen Versuchen, die souveränen Rechte der DDR zu beeinträchtigen.« Obwohl wir verbal keine andere Meinung hatten, war den Sowjets natürlich nicht entgangen, dass wir in diesen Fragen intern längst unsere Polemik gegen Bonn eingestellt hatten. Der Staatsbesuch Honeckers in der BRD war uns wichtiger, obwohl Schewardnadse Honecker erst bei seinem Besuch in Berlin unmissverständlich mitgeteilt hatte: »Infolge der feindlichen Ausfälle Kohls gegen die UdSSR und die DDR sind die Beziehungen zwischen der Sowjetunion und der BRD im gewissen Sinne eingefroren.« Aus Gorbatschows unmittelbarer Umgebung, von seinem Verantwortlichen für Internationales, Wadim Medwedew, kam der massive Vorwurf gegen uns: »Wir haben den Eindruck, dass die DDR den Revanchismus in der BRD nur propagandistisch versteht. Sie setzt sich nicht damit auseinander.«

So unrecht, dachte ich, hatte der sowjetische Funktionär nicht.

Am 28. Mai kurz nach 17 Uhr Berliner Zeit brach im Sitzungssaal eine eigenartige Geschäftigkeit bei der sowjetischen Delegation aus, nachdem ein Bote, offensichtlich ein Sicherheitsmann, Gorbatschow einen Zettel gereicht hatte.

Ich beugte mich zu Honecker und scherzte: »Erich, da drüben scheint etwas los zu sein.«

Gemeinsam beobachteten wir, wie Gorbatschow mit versteinerter Miene, die nichts Gutes verriet, die Nachricht las. Dann gab er sie an Gromyko, Schewardnadse und danach an Verteidigungsminister Sokolow weiter. Alle schienen fassungslos. Sokolow stürzte aus dem Sitzungssaal. Wir glaubten zunächst, in Moskau sei jemand gestorben. Doch schon kurze Zeit später klärte Gorbatschow uns auf: Im Zentrum der sowjetischen Hauptstadt, unweit des Kreml, sei kurz nach 19 Uhr Moskauer Zeit ein bundesdeutsches Flugzeug gelandet. In Moskau! Ein deutsches Flugzeug! Und das nach sechshundert bis siebenhundert Kilometer Flug über sowjetischem Territorium! Das sei unerhört und durch nichts zu rechtfertigen, sagte Gorbatschow wütend. »Ich glaube nicht, dass das Zufall ist. Wie 1983 im Osten mit der koreanischen Maschine wird es ein Versuch gewesen sein, unsere Luftabwehr aufzuklären. Unsere Militärs spielen das herunter. Wenn ich wieder in Moskau bin, werde ich die Sache selbst in die Hand nehmen. Es muss harte Schlussfolgerungen geben. Härtere noch als nach Tschernobyl.«

Noch wusste niemand von uns, dass es sich um ein Sportflugzeug handelte, mit dem ein Jugendlicher aus der Bundesrepublik die sowjetische Staatsgrenze verletzt hatte. Ungeachtet dessen, waren alle Delegationen zutiefst betroffen, fühlten mit Gorbatschow und waren sich auch der Gefahren bewusst, die ein solcher Zwischenfall hätte auslösen können. Und dazu die Blamage für die Sowjetarmee und die Demütigung Gorbatschows. Nein, das war kein »dummer Jungenstreich«, wie er später dargestellt wurde. Das hätte schreckliche Folgen haben können.

Als Gorbatschow am nächsten Tag die Heimreise antrat, waren in Berlin-Schönefeld vier große sowjetische Regierungsflugzeuge aufgefahren. Für DDR-Verhältnisse undenkbar, dass jedes Delegationsmitglied mit einem »eigenen« Flugzeug flog: Gorbatschow stieg ins erste, Gromyko ins zweite, der Regierungschef ins dritte und der Verteidigungsminister schließlich ins vierte. Falls ein Flugzeug abstürzen würde, hieß es zur Erklärung, wäre die sowjetische Führung weiter handlungsfähig.

Als Verteidigungsminister Sokolow uns noch am Freitagabend von der Gangway freundlich zuwinkte, meinte Honecker: »Das war sein letzter Flug mit Gorbatschow. Eigentlich schade, denn er ist ein anständiger Kerl!«

Honecker behielt Recht. Schon am Sonntag erhielten wir die Nachricht, dass Verteidigungsminister Sokolow pensioniert worden war.

So schnell ließ Gorbatschow seine Leute fallen.

Die Berliner Tagung verschärfte unsere Konflikte mit Gorbatschow weiter. Honecker hatte mit ihm in einem Konferenzzimmer des Hotels noch kurz vor Abfahrt zum Flugplatz unter vier Augen eine scharfe Auseinandersetzung. Gorbatschow warf der DDR vor, die Weiterentwicklung des RGW zu behindern. Die DDR bremse vor allem bei sowjetischen Vorschlägen zur Modernisierung des RGW. Gereizt fragte Gorbatschow Honecker: Wollt ihr mit uns zusammenarbeiten oder nicht? Er habe den Eindruck, die DDR setze an die Stelle ihrer bisherigen Beziehungen zu den sozialistischen Ländern lieber ihre Westorientierung. Den Nachteil davon habe die Sowjetunion, deren Schulden bei der DDR sich schon der Grenze von vier Milliarden Mark nähern würden. Honecker hielt dagegen. Daraufhin benutzte Gorbatschow eine Formulierung, die so prinzipiell wie beängstigend war, dass Honecker darüber das Politbüro nur mündlich informierte: Wenn die DDR ihre Position nicht ändere, so Gorbatschow, müsse die Sowjetunion sich anders orientieren. Die beiden hatten sich auf diese Weise derart in Rage geredet, dass sie, als sie in der Hotelvorhalle aus einem Fahrstuhl stiegen, noch tiefrot im Gesicht waren, so, als würde ihr Blutdruck ganz oben sein.

Für mich hatte der Gipfel noch eine persönliche Überraschung gebracht. Ein Mann aus dem Beraterstab von Schewardnadse war vor Jahren einer meiner Kollegen beim Komsomol. Er arbeitete später bei Jelzin, als der Parteichef von Moskau war. Als er von den Saufereien des 1. Sekretärs der KPdSU von Moskau genug hatte, meldete er sich freiwillig für eine Aufgabe im sowjetischen Außenministerium. Nun blieb er einen Tag länger in Berlin. Wir hatten uns zum Abendessen vereinbart. Ich freute mich riesig, obwohl das, worüber wir dann sprachen, durchaus nicht Anlass zur Freude war. Was ich da aus dem engeren Machtzirkel um Gorbatschow erfuhr, schien Honecker in seiner Beurteilung des KPdSU-Generalsekretärs Recht zu geben. »Gorbatschow«, so mein Freund, »gibt es in Varianten. Er versteht, alles, was nicht gut läuft, zu seinen Gunsten umzufunktionieren.« Damals fand ich diese beiden Sätze ungerecht. Sie passten so gar nicht in mein Gorbatschow-Bild. Heute begreife ich die Beobachtungen meines Freundes besser. Die Zahl der Rätsel, die Gorbatschow inzwischen auch mir aufgab, wächst in dem Maße, wie das Bild über ihn differenzierter wird. Die volle Wahrheit erfahren wir wahrscheinlich erst, wenn alle Archive – auch die der Geheimdienste – in Russland und den USA geöffnet sind.

Kaum hatte ich mich von den Strapazen des Gipfels etwas erholt, da bestimmte Honecker mich zum Verantwortlichen für alle Fragen, die für die DDR mit dem Aufenthalt des amerikanischen Präsidenten in Westberlin zusammenhingen.

Der Politische Berater der amerikanischen Militärmission in Westberlin, Williams, hatte – wie zu Zeiten, als die vier Besatzungsmächte noch über Berlin allein bestimmten – die sowjetische Botschaft in Berlin aufgesucht. Dort teilte er mit, dass die US-Behörden vom 11. bis 13. Juni 1987 auch die Sicherungsanlagen der DDR zu Westberlin nach Sprengkörpern, Waffen, Geschossen u. a. absuchen würden. Während des gesamten Aufenthalts von Reagan würden auf dem Berliner Reichstag Scharfschützen postiert sein, die mit Maschinenpistolen bewaffnet seien und die Bewachung im Umkreis von 360 Grad vornehmen würden. Die amerikanische Seite würde keine Ausschreitungen zulassen – unabhängig davon, von welcher Seite sie kämen.

Obwohl Honecker die geltenden Regeln bestens kannte, ärgerte er sich darüber, dass die Amerikaner nicht uns, sondern die Sowjets informiert hatten. Zudem war er ungehalten, dass die sowjetische Botschaft ohne Protest zur Kenntnis nahm, dass am 12. Juni neben Reagan auch Kohl und Diepgen am Brandenburger Tor sprechen würden. Das widersprach dem Vierseitigen Abkommen, nach dem Westberlin weder Teil der Bundesrepublik sei noch von ihr regiert werden dürfe.

Eigentlich war es wie immer gewesen: Wenn die Amerikaner etwas in Berlin wollten, klingelten sie nicht beim DDR-Außenminister an, sondern bei der sowjetischen Botschaft. Nicht nur, wenn es um Absprachen ging, sondern auch dann, wenn sie einen Protest loswerden wollten, der mit unserer Staatsgrenze zusammenhing. So erlebte ich in diesen Junitagen direkt, wie es um die Souveränität der DDR stand. Wenn es um Interessen der Großmächte ging, hatten sie das Sagen – nicht wir.

Es fiel mir sehr schwer, mir diese Tatsache einzugestehen.

Reagan wusste damals genau, wer tatsächlich das Sagen hatte. Er kam am 12. Juni 1987 nach Westberlin. Mit der Bevölkerung wollte sich der amerikanische Präsident nicht treffen. Sein Verkehrsmittel war angesichts des Belagerungszustandes in Westberlin ein Militärhubschrauber. Auf der Westseite des Brandenburger Tores wurde eine Kundgebung mit handverlesenem Publikum veranstaltet. Wer erwartet hatte, dass er sich von dort aus an den Nachbarn DDR, mit der die USA diplomatische Beziehungen unterhielten, gewandt hätte, wurde enttäuscht. Nein, er richtete eine Botschaft an Gorbatschow. »Herr Gorbatschow«, rief er aus, »öffnen Sie dieses Tor! Herr Gorbatschow, reißen Sie diese Mauer ein!«

Es gibt nicht wenige, die später meinten, dies sei eine strategische Voraussicht des alternden Präsidenten gewesen, und dazu noch in Absprache mit Gorbatschow. Ich teile diese Ansicht nicht. Ich traute Reagan diesen Weitblick und Gorbatschow diese Intrige nicht zu. Schließlich war es Reagan, der noch am 13. August 1984 bei einer Mikrofonprobe formuliert hatte: »Ich freue mich, Ihnen mitteilen zu können, dass ich gerade ein Gesetz unterzeichnet habe, das Russland für immer vogelfrei erklärt. Die Bombardierung beginnt in fünf Minuten.«

Zudem hatte uns Egon Bahr nach einer seiner Amerika-Reisen informiert, dass die USA mit der UdSSR und Gorbatschow ein teuflisches Spiel trieben. Jedes Mal, wenn der Kreml einen neuen Friedensvorschlag unterbreitet hatte, reagierte man negativ und provokativ, um danach zu erklären: Seht, wie schwach die UdSSR ist. Wir müssen nur weiter drücken, und werden immer mehr erreichen.

Ich stufte Reagans Rede zum 750. Jahrestag von Berlin als Provokation ein, der man politische Ernsthaftigkeit nicht bescheinigen sollte. Ernster war, dass Kohl und Diepgen ins gleiche Horn stießen. Allerdings mit dem Unterschied, dass Kohl seinen Fehltritt nachträglich »korrigierte«. Er ließ Honecker noch aus Westberlin eine persönliche Botschaft übermitteln. Darin tat er kund, der Generalsekretär möge sich durch die Medien nicht beirren lassen. Die Medien seien das eine, die praktische Politik das andere. So war es oft: Nach außen wurde provoziert, intern gab es versöhnliche Töne. Um Honeckers Ärger zu mindern, teilte Kohl gleichzeitig mit, dass die Zeremonie beim Honecker-Besuch in Bonn die gleiche sein werde wie bei allen anderen Staatsoberhäuptern der Welt auch. Und um der Sache dann noch eine ganz persönliche Note zu geben, bat Kohl Honecker um Zustimmung, einen Privatbesuch in der DDR machen zu können, zu den gleichen Bedingungen wie vorher schon die Bundesminister Bangemann und Genscher. Dem wollte Honecker angesichts der Propagandaschau am Brandenburger Tor nicht zustimmen. Er teilte Kohl mit, dass ein Privatbesuch zu einer späteren Zeit geplant werden sollte. Alles andere zwischen Bonn und Berlin lief normal weiter. Honeckers Staatsbesuch in der Bundesrepublik sollte nicht mehr gefährdet werden. Unsere Innenpolitik wurde leider immer stärker den außenpolitischen Repräsentationen des Staatsratsvorsitzenden untergeordnet.

Im Politbüro deutete Honecker Reagans Auftritt als Rückfall in schlimmste Zeiten des Kalten Krieges. Er wurde in dieser Bewertung von uns allen unterstützt. Wir waren überzeugt, dass die Rede ein Versuch war, die Festigkeit der Nachkriegsordnung in Europa zu testen.

Wie häufig bei Diskussionen im Politbüro, wurden leider wiederum die wichtigen und weniger wichtigen Fragen undifferenziert in einen Topf geworfen. Auf der DDR-Seite des Brandenburger Tors war während Reagans Rede gerufen worden: »Macht das Tor auf!« und »Nieder mit der Mauer«! Ähnliches war Unter den Linden ein Wochenende zuvor während einer Rockveranstaltung vor dem Reichstag passiert. Schuld dafür bekamen erneut die Sicherheitsorgane, die »nicht präsent und hart genug gewesen wären«, die FDJ, die »den Schreihälsen kein Paroli geboten« habe, und der Jugendsender »DT64«, der die »westliche Masche« noch popularisiere.

Als ich einwarf, man möge doch junge Leute, die von bestimmten politischen Kräften ausgenutzt würden, nicht mit ihren Hintermännern verwechseln, rief Mittag: »Hört, hört!« und »Wehret den Anfängen!«

Er bezog seine Kritik auch auf meine vermeintliche Großzügigkeit gegenüber der FDJ, die nach seiner Meinung ihre ideologische Arbeit vernachlässigen würde. Es kam ihm gerade recht, dass die Kritisierten in Bereichen tätig waren, für die ich dem Politbüro gegenüber verantwortlich war. Sie ließen außer Acht, dass politische Überzeugungen kaum durch Administration verändert werden. Aus Untersuchungen, die mir auch diesmal vom Institut für Jugendforschung Leipzig vorlagen, wusste ich, dass zu diesem Zeitpunkt die Forderung »Die Mauer muss weg!« in der DDR keineswegs mehrheitsfähig war. Im Gegenteil: Die Grenze war im Großen und Ganzen akzeptiert. Anders verhielt es sich mit den Reisemöglichkeiten in die BRD. Unser offizielles, zeitweilig fast kritikloses Verhalten gegenüber der Bundesrepublik und die vielen Politikerreisen von Ost nach West führten dazu, dass immer häufiger gefragt wurde: Und warum dürfen wir nicht reisen? In unseren politischen Wertungen schwankten wir zwischen der Umarmung unserer politischen Gegner einerseits und ihrer ideologischen Verteufelung andererseits. Diese Taktik war für den Bürger schwer zu durchschauen.

Todesstrafe, Gefängnis, Amnestie

»Das darfst du nicht zulassen! Denk doch an deine Enkel«, rief mir Erich Mielke zu, als er kurz vor den Sommerferien 1987 in mein Arbeitszimmer stürmte. Die Vorzimmertür und die zu meinem Büro ließ er offen. Meine Sekretärin war konsterniert, dass er sie überging, sie nicht fragte, ob ich überhaupt zu sprechen sei. So aufgeregt hatte ich den Staatsicherheitsminister noch nie gesehen. Ich konnte mich auch nicht erinnern, dass er jemals zuvor in mein Büro gekommen wäre. Er war äußerst nervös, schimpfte darüber, dass es noch immer nicht gelungen sei, einen Kindermörder zu stellen, der in der näheren Umgebung Berlins sein Unwesen treibt. »Wer Kinder mordet, hat die Todesstrafe verdient, « schrie er mich an. »Aber du«, fuhr er fort, »willst die Todesstrafe abschaffen. Denkst du denn überhaupt nicht daran, dass solche Bestien auch deine Enkel treffen könnten?« Erst jetzt begriff ich, was er von mir wollte.

Im Auftrage Erich Honeckers arbeitete ich an einer wichtigen Reform auf dem Gebiet der Justiz. Sie umfasste die Abschaffung der Todesstrafe, die Bildung einer zweiten Instanz für Rechtsmittel gegen Entscheidungen der Senate des Obersten Gerichts der DDR und eine umfangreiche Amnestie für Straftäter. Noch war das nicht im Politbüro erörtert worden. Nur Honecker, meine unmittelbaren Mitarbeiter und ich wussten von dem Vorhaben. Irgendwer musste Mielke im Voraus informiert haben. Er mutmaßte, ich wolle im Alleingang vorschlagen, die Todesstrafe in der DDR abzuschaffen. Er redete auf mich ein, auf keinen Fall einen solchen Vorschlag ins Politbüro einzureichen. Als Begründung nannte er immer wieder, dass nach seiner Meinung schwerste Verbrechen wie Mord mit der Todesstrafe geahndet werden müssten.

Ob das vorgeschoben war und ob er andere Motive hatte, kann ich nur vermuten. Wahrscheinlich hatten ihn seine sowjetischen Freunde vorgeschickt. Gorbatschow machte nämlich trotz Perestroika keine Anstalten, in der UdSSR die Todesstrafe abzuschaffen. Solange die USA hinrichteten, solange wollte Gorbatschow auch für sein Land die Todesstrafe erhalten. Man fürchtete in Moskau, dass die Initiative der DDR zur Abschaffung der Todesstrafe in anderen sozialistischen Staaten Schule machen könnte. Auch Honecker war sich nicht sicher, wie das Politbüro seine Gesetzesinitiative aufnehmen würde. Die Leute um Stoph, Mielke und Krolikowski, ließ er mich wissen, würden wahrscheinlich denken, er sei für die Abschaffung der Todesstrafe nur, um der Bundesrepublik entgegenzukommen. Schließlich stand sein Staatsbesuch in der BRD vor der Tür. Honecker wartete mit seiner Initiative wohl auch deshalb seinen Urlaub ab. Er ließ die Vorlage erst einreichen, als nicht er, sondern ich die Sitzung des Politbüros leitete. Hätte das Politbüro abgelehnt, hätte nicht er, sondern ich den Schwarzen Peter in der Tasche gehabt. Das störte mich aber nicht, denn die Sache, um die es ging, war es wert, ein Risiko einzugehen.

Ich war von dem Vorhaben überzeugt, unabhängig davon, ob SPD-Vogel oder CDU-Kohl Honecker dazu animiert hatten oder nicht. Ich teilte ohnehin die Meinung vieler, dass die Bundesrepublik 1949 auf die Todesstrafe auch deshalb verzichtet hatte, um die Nazigrößen vor ihr zu schonen. In der DDR dagegen war 1949 die Todesstrafe in die Verfassung aufgenommen worden, um die Nazi- und Kriegsverbrechen, Verbrechen gegen den Frieden, die Menschlichkeit und schwerste Verbrechen gegen die Souveränität der DDR und gegen das Leben der Bürger auch mit dem Tode strafen zu können. Die DDR, so meine Überzeugung, ist bisher ihrer nationalen und internationalen Verantwortung zur Bestrafung von Nazi- und Kriegsverbrechen gerecht geworden. Jetzt war der Zeitpunkt gekommen, dieser Aufgabe auch ohne Todesstrafe nachzukommen. Zudem gehörte die DDR inzwischen zu jenen Ländern in der Welt mit der niedrigsten Kriminalitätsrate. Auf einhunderttausend Einwohner kamen sechshundertneunzig Straftaten. Die Mehrzahl der in der DDR begangenen Straftaten war weniger schwerwiegend. Tötungsverbrechen und andere gefährliche Gewaltdelikte hatten einen äußerst geringen Anteil an den Straftaten. 1987 gab es dreiundzwanzig Kindestötungen während und unmittelbar nach der Geburt durch die Kindesmutter. Die Statistik wies aus, dass fast die Hälfte aller Straftaten Eigentumsdelikte waren und insgesamt die Zahl der Wiederholungstäter zunahm. Unsinn waren die Behauptungen im Westen, in DDR-Gefängnissen säßen überwiegend politische Häftlinge.

Wir hatten in der DDR einunddreißig Strafvollzugseinrichtungen und fünf Jugendhäuser. 1987 gab es 27.523 erwachsene sowie 837 jugendliche Strafgefangene. Dreiundfünfzig Prozent von ihnen befanden sich im erleichterten und siebenundvierzig Prozent im allgemeinen Vollzug. In über einhundertachtzig Betrieben wurde jedem arbeitsfähigen Strafgefangenen ein Arbeitsplatz garantiert. Im Durchschnitt wurde jeder sechste Strafgefangene vorzeitig aus der Haft entlassen. Die ambulante und stationäre medizinische Behandlung der Gefangenen wurde durch siebenundneunzig hauptamtliche Ärzte des medizinischen Dienstes und weitere einhundertfünfundsechzig Vertragsärzte garantiert. Ungeachtet dessen war Gefängnis, wie wahrscheinlich in jedem Land, auch in der DDR kein Zuckerlecken.

Die DDR hatte wie kein anderes Land damit zu tun, dass in bundesdeutschen Medien fortwährend Berichte über vermeintlich unmenschliche Bedingungen in DDR-Gefängnissen veröffentlicht wurden. 1986 erhielt ich den »Menschenrechtsbericht« des US-State Departments über die DDR. Darin war die Rede von »grausamen Behandlungen durch Strafvollzugsbeamte«. Ich bat Fritz Dickel zu mir. Er war DDR-Innenminister, ein integrer Charakter, Kommunist seit seiner Jugend. Er kannte die Gefängnisse dreier Regime von innen: Dickel saß in der Weimarer Republik, bei Hitler und kurzzeitig auch bei Stalin. Wenn mir jemand die Wahrheit sagen würde, davon war ich überzeugt, dann er. Trotz unseres Altersunterschiedes waren wir Freunde geworden.

»Fritz«, sagte ich, als wir in meinem Arbeitszimmer saßen, »warum werden bei uns Gefangene misshandelt?« Er schaute mich an und schwieg. An seinem Gesicht erkannt ich, dass er, wie man so sagt, auf einhundertachtzig war. Er bemühte sich um Fassung und fragte leise zurück: »Egon, traust du mir zu, dass ich so etwas dulden würde?«

»Es geht nicht darum, was ich dir zutraue«, entgegnete ich. »Im Westen wird behauptet, in unseren Gefängnissen werde geschlagen. Wenn es wahr ist, müssen wir die Verantwortlichen bestrafen. Wenn es gelogen ist, müssen wir die Lügen öffentlich entlarven.«

Fritz Dickel antwortete erregt. »Ich kann nicht garantieren, dass irgendwann und irgendwo nicht einmal einem Wachtmeister die Hand ausrutscht. Der Dienst im Strafvollzug ist hart. Und nicht immer haben wir das beste Personal. Wenn wir aber von Misshandlungen erfahren, wird das hart bestraft. Im Übrigen sind unsere Gefängnisse keine Bauten des Sozialismus. Wir haben sie aus kapitalistischer Zeit übernommen und gestalten die Bedingungen so aus, wie es unsere finanziellen Möglichkeiten erlauben. Eins kann ich dir aber garantieren: Solange ich Innenminister bin, wird kein Gefangener geschlagen! Und wenn es dennoch in Einzelfällen geschehen sollte, werden die Verantwortlichen hart bestraft.«

Ich hatte keinen Grund, an den Worten des Innenministers zu zweifeln. Dennoch dachte ich an die Regel, die immer auch ihre Ausnahmen hat. Er muss meine Bedenken bemerkt haben. »Schicke deine Leute in Gefängnisse deiner Wahl. Sie sollen, ohne dass wir dies vorher wissen, mit

Gefangenen sprechen, die sie selbst auswählen. Danach können wir unser Gespräch fortsetzen«, sagte Dickel und erhob sich.

Ich ließ mir die Genehmigung vom Staatsratsvorsitzenden geben, Inspektoren in ausgewählte Einrichtungen des Strafvollzugs zu schicken. Wolfgang Herger und ich stellten Arbeitsgruppen zusammen, die die Haftanstalten Bautzen I, Hoheneck und die Untersuchungshaftanstalt des MfS in Berlin-Magdalenenstraße kontrollierten. Die Arbeitsgruppen bestanden aus Juristen, Volkskammerabgeordneten, einem Staatsratsmitglied sowie aus Mitarbeitern der Abteilungen Staat und Recht sowie für Sicherheitsfragen des ZK der SED. Die Berichte der Inspektoren stellten eine Reihe Mängel fest: Die Obst- und Gemüseversorgung funktionierte nicht; es gab Mängel bei Hygieneartikeln, der Ton mancher Aufseher sei rüde und die Freizeitgestaltung sei zu eintönig. Doch niemand hatte Anlass, über Menschenrechtsverletzungen zu berichten, obwohl mit sehr vielen Gefangenen ohne Anwesenheit von Angestellten des Strafvollzugs gesprochen worden war.

Anfang 1987 begehrten mehrere Vertreter von Zeitungen und Zeitschriften aus der BRD, eine Strafvollzugsanstalt der DDR zu besichtigen. Die westdeutschen Journalisten Pragal (*Stern*) und Gorski (*Bunte*) erhielten im Januar 1987 diese Möglichkeit. Sie besuchten die Strafvollzugsanstalt Brandenburg, die größte in der DDR. Mir liegt beim Schreiben dieser Zeilen der Bericht über ihren dreistündigen Rundgang vor. Sie konnten sich überzeugen, dass in den Strafvollzugseinrichtungen der DDR die »Standardminimalregeln für die Behandlung von Gefangenen« und die Empfehlungen der »Internationalen Konvention über zivile und politische Rechte« der UNO galten. Am Schluss ihres Besuches baten sie für ihre »manchmal komischen Fragen« um Verständnis. Sie hätten bisher nur mit ehemaligen Strafgefangenen aus der DDR gesprochen, die nach ihrer Haft in die BRD ausreisen durften. Diese hätten den Strafvollzug in der DDR naturgemäß schlecht gemacht. Auch das Nachrichtenmagazin *Spiegel* schickte Mitarbeiter nach Brandenburg. Man wolle eine ausführliche Biografie zum fünfundsiebzigsten Geburtstag von Erich Honecker schreiben, so die Begründung. Die Spiegelleute interessierten sich nicht für das Schicksal der Gefangenen. Sie wollten jene Zelle fotografieren, in der Honecker während der Nazizeit zehn Jahre gesessen hatte. Ihr Interesse erlahmte, als sie erfuhren, dass die Honecker-Zelle nicht mehr existiert. Sie war Modernisierungsarbeiten des alten Zuchthauses zum Opfer gefallen.

In dieser Situation hatte ich die Verantwortung für die Durchführung der umfassendsten Amnestie in der DDR-Geschichte. Von den 27.523 Häftlingen, die Mitte 1987 einsaßen, wurden 24.621 aus der Haft entlassen. Nicht betroffen waren weniger als dreitausend Häftlinge. Ausgenommen waren zum Beispiel Nazi- und Kriegsverbrechen, Verbrechen gegen die Menschlichkeit, Mord, schwerwiegende Verbrechen gegen die Landesverteidigung sowie schwere Gewalt- und Sittlichkeitsverbrechen. Unter den Nichtamnestierten befanden sich hohe SS-Offiziere und KZ-Aufseher, die persönlich für Massenerschießungen oder an Massakern in Oradour und anderen Orten verantwortlich waren. Sie wurden zum Teil nach dem Ende der DDR von bundesdeutschen Gerichten rehabilitiert.

Im Herbst 1987 plagte mich ein überaus brisantes politisches Problem, das auch zu einem juristischen wurde. Es beschäftigt mich bis heute. Sieben Jahre danach, also 1993, hat die Staatsanwaltschaft bei dem Kammergericht von Berlin ein Ermittlungsverfahren gegen mich wegen »Rechtsbeugung und Freiheitsberaubung« eingeleitet. Der Hintergrund ist schnell erzählt: Seit Mitte der achtziger Jahre nahmen Erscheinungen des Rowdytums unter jungen Leuten zu, meist unter Alkoholeinwirkung. Die Zahl der Straftaten war verhältnismäßig niedrig, ihre Wirkung auf die Bevölkerung jedoch ziemlich groß. Das hing damit zusammen, dass es gelegentlich zu gewaltsamen Auseinandersetzungen zwischen verschiedenen Jugendgruppen kam, so zwischen Skins, Punks, Gruftis, Heavy Metal-Anhängern und anderen. Glücklicherweise hatte sich die FDJ seit den siebziger Jahren mit ihrer Haltung durchgesetzt, dass das Tragen von Jeans, von langen oder kurz geschorenen Haaren, von »Bomberjacken oder Schnürstiefeln«, die Vorliebe für eine bestimmte westliche Musik oder für extreme jugendkulturelle Stile nicht gleichbedeutend ist mit einer politischen Überzeugung gegen die DDR. Nicht Äußerlichkeiten, so war unsere Meinung, sondern Inhalte sollten unser Verhältnis zu Jugendlichen bestimmen, die anders waren als die Mehrheit junger Leute. Nicht alle im Politbüro teilten diesen Standpunkt.

Inzwischen hatte sich einiges in den Jugendgruppen politisiert. Manche Skins, die früher einfach ihren Spaß daran hatten, auf dem Fußballplatz zu randalieren, verbreiteten nun faschistisches oder neonazistisches Gedankengut und entsprechende Symbole. Unsere Sicherheitsorgane hatten 1987 siebenundfünfzig solche Gruppierungen ausgemacht, hatten dort ihre Informanten, waren über die Situation im Bilde und meinten zu Recht, dass diese Jugendlichen kein relevantes Sicherheitsproblem für die DDR seien. Für die Bevölkerung wurden sie jedoch zu einem politischen Problem, das nicht die Sicherheitsorgane, sondern die Gesellschaft lösen musste. Immer öfter sah man an Wänden faschistische Schmierereien, die bei vielen Bürgern Unruhe und Empörung hervorriefen. Schon im Sommer hatte Stefan Hermlin bei Erich Honecker vorgesprochen und beklagt, dass zu wenig unternommen werde, um den Schmierfinken das Handwerk zu legen. Dabei wies er darauf hin, dass es nicht Sache der Kirche sein könne, solche Leute unter ihrem Dach zu sammeln.

Am 17. Oktober 1987 fand in der Berliner Zionskirche ein Rockkonzert statt. Es waren wohl über fünfhundert Jugendliche anwesend. Eine Gruppe von dreißig bis vierzig Skinheads, angeführt von Westberliner Rädelsführern, schlug rücksichtslos auf sie ein. Die Schwarzuniformierten brüllten faschistische und rassistische Parolen. So »Juden raus aus deutschen Kirchen«, »Sieg heil!« und »Rot Front, verrecke!«. Sie sangen das »Horst-Wessel-Lied«. Die Anführer entkamen nach Westberlin. Die Volkspolizei griff nicht ein. Eine Woche später beschwerten sich Teilnehmer einer Veranstaltung in der Umweltbibliothek der Zionskirche in einer Eingabe an Honecker über die Passivität der Volkspolizei.

Ich erfuhr von dem Zwischenfall aus einem Brief, den ein Lehrling aus dem Warenhaus am Berliner Alex an die Abteilung für Sicherheitsfragen des ZK geschrieben hatte. Es war wohl nicht nur Zufall, dass inzwischen auch Westmedien berichteten. Dort wurde das Vorkommnis in eine »Protestveranstaltung der Jugend gegen die SED« umfunktioniert. Die Öffentlichkeit bei uns erfuhr das Vorkommnis durch Gerichtsverhandlung in Berlin. Das Berliner Stadtgericht wertete es aber lediglich als »Rowdytum« und sprach nur geringe Strafen aus.

Nun setzte in der DDR ein Proteststurm ein. Parteilose und SED-Mitglieder, DDR-Oppositionelle, jüdische Mitbürger, so der Vorsitzende der Jüdischen Gemeinde von Berlin, Heinz Galinski, Kirchenvertreter, wie Bischof Forck und Konsistorialpräsident Stolpe, Schriftsteller wie Stephan Hermlin und viele andere wandten sich direkt an Honecker. Sie meinten, das Gerichtsurteil zeige, dass auch in der DDR Neonazismus und Antisemitismus verharmlost würden. Eine Jugendgruppe aus der kirchlichen Friedensarbeit schrieb dem Staatsratsvorsitzenden: »Sie wissen aus eigenem Erleben, was Verharmlosung oder Verschweigen, was Passivität an sich bedeutet. Das und Ihre führende Position in unserem Staat sind uns Anlass, Sie zu bitten, gemeinsam mit uns zu einer Zusammenarbeit aller antifaschistischen Kräfte aufzurufen, damit alle Maßnahmen schnellstmöglich zur Wirkung kommen, die uns jederzeit sagen lassen können: Wir haben den Anfängen gewehrt.«

So erfuhr Honecker von den Vorfällen in der Zionskirche. Als dann noch bekannt wurde, dass auf einem Berliner Jüdischen Friedhof Gräber geschändet wurden, war Honecker außer sich. Er, der den Berliner Gestapo-Keller aus eigenem Erleben kannte, war bitter enttäuscht, dass er im

Alter noch erleben musste, dass es in der antifaschistischen DDR junge Leute gab, die faschistische Parolen grölten und Nazizeichen verbreiteten. Sicher: Es waren wenige. Die Mehrheit der DDR-Bürger, auch der jungen, hatte den Antifaschismus verinnerlicht. Die DDR hatte seit ihrer Existenz alles getan, um nazistisches Gedankengut von der Wurzel her auszurotten. Auch wir Jüngeren, die noch enger mit der Jugendarbeit verbunden waren, nahmen die neonazistischen Ausschreitungen ernst. Doch wir sahen auch, dass sich jede heranwachsende Generation die antifaschistische Gesinnung neu erarbeiten muss. Insofern setzten wir uns nicht nur für administrative Maßnahmen gegen die Verirrten ein, sondern für verstärkte Erziehung zum Antifaschismus in der Gesellschaft.

Honecker nutzte im Dezember 1987 eigens eine Sitzung des Staatsrates, um dort die Frage zu stellen: Ist es richtig, dass die Justiz in der DDR neonazistische und rassistische Erscheinungen lediglich als Rowdytum qualifiziert? Der Staatsratsvorsitzende war zwischen den Tagungen der Volkskammer zuständig für die Aufsicht über die Verfassungsmäßigkeit und die Gesetzlichkeit der Arbeit des Generalstaatsanwalts. Er beauftragte ihn, zu prüfen, ob das milde Urteil des Berliner Gerichts überhaupt den Verfassungsgrundsätzen der DDR entspricht. Der oberste Hüter der Gesetzlichkeit kam zu der Auffassung, dass es der Verfassung der DDR widerspreche, nazistische und rassistische Ideologie zu verharmlosen.

Ich berief daraufhin als Stellvertreter Honeckers im Staatsratsvorsitz eine Beratung ein, an der die Chefs des Justizministeriums, des Obersten Gerichts und der Generalstaatsanwaltschaft teilnahmen. Thema: Auswertung der Staatsratssitzung über Erscheinungen von Neonazismus in der DDR. Der Generalstaatsanwalt hatte inzwischen beim Obersten Gericht der DDR gegen das milde erstinstanzliche Urteil des Berliner Stadtgerichts Beschwerde eingelegt. Es kam zu einer Neuverhandlung, in deren Ergebnis wegen der Schwere der Tat hohe Freiheitsstrafen ausgesprochen wurden. Sechs Jahre später, im März 1993, wirft eine Sonderstaatsanwaltschaft bei dem Kammergericht Berlin allen Teilnehmern der Beratung bei mir Anstiftung zur Rechtsbeugung und Freiheitsberaubung vor. Die sachunkundigen Staatsanwälte aus der alten Bundesrepublik witterten eine Möglichkeit, mich im Zusammenhang mit dem so genannten »Skinhead-Prozess« gemeinsam mit den Vertretern aller Justizorgane der DDR vor Gericht zu stellen, um zu »beweisen«, dass die DDR-Führung Gerichtsurteile selbst festgelegt habe. Nun konnte ich zwar kein Zeitzeuge für die frühen Jahre der DDR sein. Aber: Für die Zeit, die ich zur DDR-Führung angehörte, weiß ich aus eigenem Wissen, dass das Politbüro und der Staatsrat zu keinem Zeitpunkt

Gerichtsurteile beeinflusst haben. Gerichtsurteile haben auch in der DDR ausschließlich die dafür zuständigen Gerichte gesprochen. Das musste später selbst die Sonderstaatsanwaltschaft bei dem Kammergericht von Berlin einsehen. Das Ermittlungsverfahren gegen mich wurde eingestellt.

Es wäre auch peinlich gewesen, so bekannte Männer wie den inzwischen zum Ministerpräsidenten Brandenburgs aufgestiegenen früheren Konsistorialpräsidenten Manfred Stolpe, der die Maßnahmen der DDR gegen die Angeklagten unterstützt hatte, mit »DDR-Unrecht« in Verbindung zu bringen. Viel wichtiger aber war für mich, dass es für die Strafverfolger unmöglich wurde, ihre absurden Behauptungen zu beweisen, die DDR habe Antisemitismus gefördert. Kein Staat, auch die DDR nicht, ist davor gefeit, dass junge Leute von Ewiggestrigen zu antisemitischen Aktivitäten verführt werden. In der DDR wurden solche Untaten nicht nur politisch verurteilt, sondern auch strafrechtlich. Heinz Galinski, der Vorsitzende der Jüdischen Gemeinde von Berlin, hat sich mir gegenüber am 8. November 1988 sehr anerkennend darüber geäußert. Die Volkskammer der DDR gedachte an diesem Tage der Opfer der faschistischen Pogromnacht vom 9. November 1938. Wir mieden das Wort »Kristallnacht«. Dieser Begriff konnte jungen Leuten nicht vermitteln, was vor fünfzig Jahren tatsächlich geschehen war. Das war ein antisemitisches Pogrom. Es war der Beginn des Massenmordes an jüdischen Menschen. Allein 281 Synagogen wurden in Brand gesteckt und etwa siebentausendfünfhundert jüdische Geschäfte geplündert und zerstört.

Als die Volkskammer daran erinnerte, saß Heinz Galinski zwischen Honecker und mir im Präsidium der Volkskammer im Palast der Republik. Ich konnte erleben, wie tief er emotional betroffen war von der Art, wie der Staat DDR den Antifaschismus pflegt. Er erinnerte wiederholt an den Satz, den Edgar Bronfman, der Präsident des Jüdischen Weltkongresses, bei seinem Besuch in der DDR im Gespräch mit Erich Honecker geäußert hatte: »Dieses Land hat es auf sich genommen, seine Verantwortung für die Vergangenheit zu tragen.« Übrigens: Es war noch die DDR, die 1988 mit dem Wiederaufbau der Synagoge in der Oranienburger Straße in Berlin begann. Wir gingen davon aus, dass die »Neue Synagoge« eine »zentrale Stätte des Andenkens der sechs Millionen jüdischen Opfer des Faschismus, der Würdigung und Wertschätzung der Leistungen der jüdischen Bürger, der Pflege und Fortsetzung der Traditionen, des Brauchtums und der Geschichte der Jüdischen Gemeinden in der DDR sowie eine Begegnungsstätte mit Gästen des In- und Auslandes« werden würde.

Ohne Reiseerlaubnis

Anfang Juli 1987 war ich Gast des amerikanischen Botschafters in der DDR. Er gab einen Empfang zum amerikanischen Nationalfeiertag. Ich erinnere mich so genau, weil mich Honecker kurz zuvor davon informiert hatte, dass ich dort möglicherweise auch einige DDR-Bürger treffen würde, die als Agenten für die CIA arbeiten. Er nannte Namen, darunter einen Pfarrer aus Berlin. Mielke habe ihm von entsprechenden Erkenntnissen des MfS berichtet. »Aber«, so der Kommentar Honeckers, »was sollen die schon auskundschaften? Man will sie als Provokateure nutzen, um unsere immer besser werdenden Beziehungen zu den USA zu stören und unser Verhältnis zur Kirche zu belasten. Ich habe Mielke strengstens verboten, gegen diese Leute vorzugehen. Wir dürfen uns nicht provozieren lassen.«

Wir rechneten mit einem baldigen Besuch Honeckers in den USA. Da konnten wir keinerlei Störenfriede gebrauchen, auch nicht, wenn sie sich strafrechtlich der Agententätigkeit schuldig gemacht hatten und noch dazu Pfarrer waren. Zudem wollten wir den Eindruck vermeiden, wir würden gegen bestimmte Amtsträger der Kirche Vorwände zu ihrer Inhaftierung suchen. Honecker hatte schon die NATO-Staaten Italien, Griechenland und die Niederlande besucht, war in Japan und beim Papst. Frankreichs Premierminister und der britische Außenminister waren in der DDR. Ein Besuch Honeckers in den Vereinigten Staaten, das wäre der Höhepunkt gewesen. Auch um für diese Visite zu werben, schickte Honecker mich in die amerikanische Botschaft.

Ich fühlte mich in der Residenz des US-Botschafters wie der Hahn im Korbe. Ich war den ganzen Abend von einer Schar amerikanischer Diplomaten umgeben. Sie ließen mich nicht einmal allein auf die Toilette gehen. Auch, als ich mir etwas vom Büffet holen wollte, ließen sie mich nicht aus dem Auge. Eigentlich wollten alle das Gleiche von mir wissen: Wie bewerten Sie die Beziehungen der Sowjetunion zur Bundesrepublik? Eigenartig denke ich. Keiner interessiert sich für das, was ich am besten kenne, die DDR. Eine junge Frau sagte mir dann auch frank und frei, worum es ihr eigentlich geht: »Wir versuchen, Licht in die Deutschlandfrage zu bringen.« Allen Ernstes wurde ich gefragt, ob es wohl denkbar sei, dass die DDR ihre aktuelle Politik »auf ein einheitliches sozialistisches Deutschland« umgeschaltet habe?« Ich fragte mich: »Sind die so naiv oder tun sie nur so? Trauen die uns eine so lebensfremde Politik zu?« Bald stellte sich aber heraus, dass hinter diesen naiven Fragen ernsthafte Sorgen steckten. Gorbatschows Politik des Gesamteuropäischen Hauses hatte bei Diplomaten der USA Erinnerungen an die Deutschlandpolitik Moskaus in den fünfziger Jahren hervorgerufen, die auf ein einheitliches neutrales Deutschland orientiert war. Nun beobachteten sie mit Sorge, dass sich die UdSSR und die BRD schrittweise annäherten. Offensichtlich hatten sie wenig Vertrauen in die Bündnistreue der Bundesrepublik. Sie befürchteten, dass die Zusammenarbeit der Sowjetunion mit der Bundesrepublik die Beziehungen Bonns zu Washington beinträchtigen könnte. Ich muss gestehen, dass mir solche Gedankenspiele damals ziemlich fremd waren. Rückschlüsse darauf, dass es schon 1953 nach dem Tode Stalins in der sowjetischen Führung Pläne gab, die DDR aufzugeben, zog ich zu diesem Zeitpunkt nicht.

Zwischen Bonn, Moskau und Berlin war inzwischen einiges in Bewegung geraten. Viel Widersprüchliches, nicht immer einfach zu Deutendes. Noch im Mai 1987 hatte Gorbatschow auf dem Gipfel des Warschauer Vertrages in Berlin gesagt, in den obersten Schichten der BRD sei »ein Ansteigen pangermanischer Stimmungen« zu erkennen. Man müsse die großdeutschen Illusionen Bonns zurückweisen. Nachdem Moskau erfahren hatte, dass Honecker hinter dem Rücken der Sowjets und des SED-Politbüros dem Bundeskanzler längst den Besuchstermin für seine Reise verbindlich bestätigt hatte, fühlte sich auch Gorbatschow nicht mehr daran gebunden, seine Politik gegenüber der BRD mit der DDR-Führung abzustimmen. Es begannen sowjetische Aktivitäten mit der Bundesrepublik, von denen wir erst erfuhren, als ihre Ergebnisse unumstößlich waren. In dieser Zeit kam eines Tages Kotschemassow zu mir und teilte mit, Kohl habe Gorbatschow gebeten, »streng vertrauliche Kontakte zwischen hochrangigen Militärvertretern der BRD und der Sowjetunion aufzunehmen«. Man sei in »Moskau bereit, Ende Juni/Anfang Juli einen militärischen Vertreter aus Bonn zu empfangen«. Das war neu. Auf militärischem Gebiet hatte die Abstimmung bisher immer bestens funktioniert. Nun erhielten wir auf diese Weise eine Retourkutsche auf unsere Alleingänge gegenüber Bonn.

Aus protokollarischen Gründen hätte damals eine Reise Gorbatschows in die BRD angestanden. Das wollte Gorbatschow auf keinen Fall. Noch hatte er Kohl nicht verziehen, dass der ihn mit Goebbels verglichen hatte. Es war für Gorbatschow auch noch nicht akzeptabel, Kohl nach Moskau einzuladen. So kam es zu einem »Ersatzbesuch«. »Ersatzmann« war Bundespräsident von Weizsäcker. Protokollarisch hätte es genügt, wenn der Bundespräsident in Moskau von Gromyko, dem Staatsoberhaupt der UdSSR, empfangen worden wäre. Doch es kam anders als ursprünglich vorgesehen. Am 7. Juli 1987 empfing der KPdSU-Generalsekretär den Bundespräsidenten. Richard von Weizsäcker sprach dabei auch das damals für uns fremdartige Thema »deutsche Nation« an.

Gorbatschow hielt dagegen. Er verteidigte die bisherige Deutschlandpolitik der UdSSR. Dennoch löste er Irritationen in der DDR-Führung aus. Seit Jahrzehnten hatte Moskau permanent darauf bestanden, dass die deutsche Frage abgeschlossen ist, nichts an ihr mehr offen sei. Es gebe zwei deutsche Nationen, die sozialistische und die kapitalistische. So solle es auch für alle Zeiten bleiben. Das war so absolut, weshalb die DDR Anfang der Siebziger dieses Bekenntnis zum Verfassungsgrundsatz gemachte hatte. Nun aber fügte Gorbatschow gegenüber dem Bundespräsidenten eine Nuance hinzu. Beide deutsche Staaten, so Gorbatschow, hätten Lehren aus der Geschichte gezogen. Was allerdings in hundert Jahren sein werde, meinte er, werde die Geschichte entscheiden.

Ich hielt diese dialektische Betrachtung für korrekt. Honecker hingegen sah darin ein Abgehen von der gemeinsamen Deutschlandpolitik. Der Hinweis, was in hundert Jahren sein könnte, bewegte ihn so sehr, dass er diesen Zeitraum noch zwei Jahre später nannte, um auszudrücken, wie lange die Mauer noch stehen könnte, wenn sich die Bedingungen nicht änderten, die zu ihrer Entstehung geführt hatten. Er befürchtete, Gorbatschow habe im Gespräch mit dem Bundespräsidenten die »deutsche Frage« wieder für »offen« erklärt. Mir schien jedoch, Gorbatschow wollte damals die DDR lediglich warnen, die UdSSR könne ihre Deutschlandpolitik nach eigenem Ermessen ändern, wenn die DDR ihre Eigenmächtigkeiten gegenüber der BRD übertreibe.

Gorbatschow war einfach verärgert, dass Honecker seine Reisepläne für die BRD ohne seine Zustimmung gemacht hatte. Daran änderte auch die Tatsache nichts, dass Gorbatschow, als alles längst entschieden war, seine Glückwünsche zum fünfundsiebzigsten Geburtstag Honeckers mit dem Wunsch verband, dass die »Reise zu Kohl« erfolgreich sein möge. Vorher hatte er jedoch noch seinen Freund, KPdSU-Politbüromitglied Jakowlew, zum Urlaub in die DDR geschickt. Der redete noch bei der Verabschiedung auf dem Flugplatz auf mich ein, wir sollten auf keinen Fall »Kohl auf den Leim« gehen. Ein Besuch Honeckers in der BRD, so der »Perestroika-Erfinder«, sei ein falsches Signal an Bonn. Er hoffe sehr, dass ich Honecker beeinflussen könne, die Reise noch abzusagen. Ich schmunzelte. Erstens wollte ich Honecker in dieser Richtung nicht beeinflussen. Und zweitens wäre jeder Versuch dazu vergebens gewesen.

Interne Kenner unserer BRD-Politik werden einwenden: Für DDR-Eigenmächtigkeiten, wie ich sie sehe, habe es überhaupt keinen Spielraum gegeben. Es hätten regelmäßige Konsultationen stattgefunden, auch auf Politbüroebene und selbst zwischen Honecker und Gorbatschow. Das SED-Politbüro habe noch 1987 eine Analyse zur Lage in der BRD behandelt, die auch Gegenstand einer einvernehmlichen Besprechung im KPdSU-Politbüro war. Ja, das stimmt. Dennoch habe ich in der Praxis immer wieder erlebt, dass Deklarationen das eine und praktische Politik das andere waren. Während Gorbatschow seine ausgleichenden Reden hielt, ließ er gleichzeitig ZK-Sekretär Wadim Medwedew, einst Rektor der Akademie für Gesellschaftswissenschaften beim ZK der KPdSU und nun verantwortlich für die Beziehungen mit den verbündeten Staaten, in einem Gespräch mit Hermann Axen erklären, die KPdSU-Führung habe »den Eindruck, dass die DDR den Revanchismus in der BRD lediglich als innere Angelegenheit der BRD betrachtet«. Es sei nicht zu verstehen, dass die DDR der Bundesregierung gegenüber so ergeben sei.

Nur eine gute Woche nach dem Treffen Gorbatschows mit Weizsäcker meldete *ADN* endlich, was seit Monaten intern bereits vereinbart war: Vom 7. bis 11. September 1987 wird Erich Honecker auf Einladung Helmut Kohls die Bundesrepublik besuchen. So kurz war die Meldung nicht. Die Aufzählung aller Titel von Gast und Gastgeber war länger als das, was wirklich neu war. Mir war dennoch wohler. Dies aus mehreren Gründen. Als Honecker Anfang Juli in Urlaub fuhr, hatte er mir die mit der bundesdeutschen Seite vereinbarte Mitteilung übergeben. Sie dürfe auf keinen Fall früher als vereinbart veröffentlicht werden, hatte er mir auferlegt. Ich konnte das garantieren und legte die Meldung in den Panzerschrank.

Aber was, wenn Bonn nicht dicht hält? Dass dort entgegen den sonstigen Gepflogenheiten nichts im Voraus bekannt wurde, kann ich mir nur damit erklären, dass man aus Erfahrung bis zuletzt nicht sicher war, ob der Besuch tatsächlich stattfinden würde. Schließlich war er seit 1983 dreimal abgesagt worden.

Inzwischen gab es auch Sperrfeuer aus den eigenen Reihen. Ob bewusst oder als Panne, das vermag ich nicht zu sagen. Günter Mittag, der die negative Wirkung einer solchen Maßnahme hätte am ehesten einschätzen müssen, hatte vor Wochen einen Beschluss des Sekretariats des ZK über den Umtausch von Mark der DDR in DM für Westreisende veranlasst. Danach durften den Reisenden nur noch weniger Mark der DDR als bisher in DM umgetauscht werden. Dieser Beschluss sollte nach Meinung von Mittag intern bleiben, nicht veröffentlicht werden. Es genüge, meinte er, ihn in den Sparkassen auszuhängen. Die Einfältigkeit, man könne einen Beschluss, der einige Millionen Reisende betrifft, geheim halten, löste selbst im Sekretariat einige Lacher aus. Mittag hatte darauf gereizt entgegnet: »Wir haben nicht mehr DM«, womit er zweifellos die Wahrheit sagte. Unser politischer Spielraum nach Westen war permanent eingeengt, weil wir keine konvertierbare Währung hatten. Statt das offen zu sagen, suchten wir nach Ausreden oder glaubten, dem Bären das Fell waschen zu können, ohne es nass zu machen.

Der Beschluss über den Geldumtausch hing gerade mal einen Tag in den Sparkassen aus, da konnte man ihn auch schon in Westzeitungen nachlesen. Das alarmierte meinen Chef. »Wer hat denn solchen Unsinn beschlossen?« fragte er mich am Telefon. »Das Sekretariat«, antwortete ich. Er will wissen: »Wann?« Ich: « Einige Wochen vor Deinem Urlaub, noch unter deiner Leitung.« Ich habe Honecker selten toben gehört oder gesehen. Meist war er schweigsam, wenn er wütend wurde. So auch diesmal, bis er endlich sagte: »Bring das mit Günter in Ordnung!«

Gut gesagt. Der war wie Honecker in Urlaub. Mir fiel nur eine Adresse ein: Alexander Schalck, der in diesen Tagen ununterbrochen mit Bonn verhandelt hatte. Da wir gut befreundet waren, wusste ich, dass auch er auf gepackten Koffern saß, um tags darauf nach Jugoslawien in Urlaub zu fahren. Telefonisch konnte ich ihn schon nicht mehr erreichen. Ich bat meinen Sicherheitsbegleiter, herauszufinden, wo sich Schalck aufhalte. Er sei zu Hause, informierte er mich.

»Gut«, sagte ich, »dann fahren wir jetzt dort hin«.

»Genosse Krenz«, antwortete er, »das geht nicht!«

»Wieso?«, fragte ich etwas verdutzt.

»Bei Genossen Schalck befindet sich Bundesminister Schäuble.«

Wie ich später hörte, war Schäuble in gleicher Mission bei Schalck, in der auch ich den Staatssekretär sprechen wollte. Die Bundesregierung war nämlich der Meinung, die Reduzierung des Geldumtausches sei ein Vorbote dafür, dass Honeckers Besuch in Gefahr geraten könne. Ich musste mit meiner Visite bei Schalck also warten, bis Schäuble ihn verlassen hatte.

Wie hätte Schäuble heute dagestanden, wenn man ihn eines Geheimtreffens mit Krenz in der Wohnung eines Offiziers im besonderen Einsatz (OibE) bezichtigt hätte?

Wichtig war mir, dass ich mit Schalck erreichen konnte, dass die Reduzierung der Umtauschsumme rückgängig gemacht wird. Ein innenpolitischer Stolperstein für den Honeckerbesuch war aus dem Wege geräumt.

Nachdem nun endlich bekannt geworden war, dass Honecker in die BRD kommt, überschlugen sich im westdeutschen Blätterwald die Kommentare. Die Zeitung *Die Welt* veröffentlichte Umfrageergebnisse, nach denen fünfundsiebzig Prozent der Westdeutschen Honeckers Politik »friedliebend« nannten. Kohl erinnerte sich, dass er Honecker als »Partner kennengelernt habe, auf den Verlass sei«.

Strauß bekannte, die Signale aus der DDR für guten Willen, »so die Reisegenehmigungen, die Amnestie für Straftäter, die Abschaffung der Todesstrafe, zu der sich nicht einmal Frankreich habe entschließen können, sind verstanden worden«. Dregger nannte Honecker einen »deutschen Kommunisten, mit dem er als deutscher Demokrat Gemeinsamkeiten« habe.

Überhaupt gab es Töne, die Gorbatschows Misstrauen uns gegenüber stärken mussten. Etwa, dass »Honecker weniger ein Mann Moskauer Prägung, dafür mehr ein Deutscher« sei. Er sei wohl mehr ein »kommunistisch überzeugter Deutscher« als ein »deutscher Kommunist«. Je älter Honecker würde, umso deutscher seien seine Gefühle geworden.

Genscher wünschte sich Kontakte zu jemandem aus der DDR, dem er Dinge sagen könne, die »nur für das Ohr des Staatsratsvorsitzenden bestimmt seien«. Und Altkanzler Schmidt veröffentlichte einen Artikel, in dem es hieß: »Auch wenn wir politisch nie Freunde werden können, lasst uns ihn würdig empfangen – empfangt ihn als einen unserer Brüder.«

Mich freute das Lob für Honecker, trotz des Ärgers, den ich zunehmend mit ihm hatte. Die Anerkennung seiner politischen Gegner war für ihn auch ein Geschenk zu seinem fünfundsiebzigsten Geburtstag. Eine angenehme Atmosphäre für seinen bevorstehenden Besuch im Westen!

Bevor sich Honecker mit seiner Delegation am Morgen des 7. September in die IL 62 der DDR-Regierungsstaffel begab, um in Richtung Bonn zu starten, beauftragte er mich, in der Zwischenzeit die Arbeit des Politbüros, des Sekretariats und des Staatsrates zu leiten. Er werde abends nach seinen offiziellen Aktivitäten bei mir zu Hause anrufen, damit ich im Bilde bin und aktuell reagieren könne.

Honecker war sich des historischen Augenblicks seiner Reise bewusst. Aufgeregt war er nicht. Er wirkte souverän. Es war wohl eher Stolz. Endlich wurde der i-Punkt auf die jahrzehntelangen Anstrengungen zur internationalen Anerkennung der DDR gesetzt. Hallstein würde sich im Grabe umdrehen.

Ich regierte in den folgenden fünf Tagen zwischen Fernseher und Telefon. Das Fernsehprogramm ließ ich bei jeder anderen Aktivität weiterlaufen. Ich wollte nichts verpassen, was in Bonn passiert. Ich erlebte am Fernseher, wie Honecker vor dem Bundeskanzleramt empfangen wurde, wie die Nationalhymne der DDR gleichberechtigt mit der der bundesdeutschen erklang und die Nationalfahne der DDR neben der der BRD gehisst wurde. Ich sah, wie Kohl und Honecker gemeinsam die Front der Ehrenkompanie des Bundesgrenzschutzes abschritten. Ich verhehle nicht, dass mir warm wurde ums Herz. Für viele DDR-Bürger war der Empfang vor dem Kanzleramt das Emotionalste des Besuches. Es hat mehr Wirkung hinterlassen als die offiziellen Reden der beiden. Kohls Auftritt empfand wohl nicht nur ich als unpassend. Als ich Honecker dies sagte, entgegnete er, Kohl habe sich nach seinem Trinkspruch zu Tisch gesetzt und gemeint: »So, Herr Honecker, das war zum Fenster hinaus. Jetzt können wir sachlich miteinander reden.« Es war das altbekannte Lied, das immer wieder gesungen wurde: Harte Töne für das Wahlvolk und eine harmonische Melodie für die Realpolitik. Mit solcher Doppelzüngigkeit konnte ich mich nur schwer anfreunden, wohl wissend, dass Politik überall so ist.

Als ich Honeckers Empfang in Bonn sah, erinnerte ich mich an Erfurt und Kassel, an die beiden Treffen zwischen Brandt und Stoph am Anfang der neuen Ostpolitik. In Kassel verbrannten aufgehetzte Jugendliche noch die DDR-Fahne. Die Treffen waren nicht mehr als ein gegenseitiges Abtasten. Auch die Visite von Altkanzler Schmidt am Werbellinsee stand unter keinem guten Stern. Die Ausrufung des Kriegszustandes in Polen hing als Damoklesschwert über uns.

Mir ging allerdings auch durch den Kopf, dass Ulbricht über Erfurt und Kassel politisch gestolpert war, weil unsere sowjetischen Verbündeten diese »gesamtdeutschen Verbrüderungen« nicht guthießen. Als sich ein Jahrzehnt später – 1981 – Honecker und Schmidt trafen, fiel der sowjetische Einspruch geringer aus. Die Freunde in Moskau hatten mit Afghanistan und Polen andere Sorgen. Zudem war Breschnew schon nicht mehr im Vollbesitz seiner Kräfte. Protokollarisch hat die BRD damals alles getan, um den Schmidt-Besuch lediglich als Arbeits- und nicht als Staatsbesuch zu deklarieren. Kohl war der erste Kanzler, der das Staatsoberhaupt der DDR zu einem offiziellen Staatsbesuch empfing. Wie viel Veränderung des Kräfteverhältnisses lag in den protokollarischen Ehrungen? Niemand konnte damals voraussehen, wie sich die Dinge zwei Jahre später entwickeln würden. Kohl, das ist meine Überzeugung, hätte sich auf dieses Protokoll niemals eingelassen, wenn er damals die deutsche Einheit vor Augen gehabt hätte. Wahr ist vielmehr, dass auch die Politiker der BRD von einer langen Zweistaatlichkeit auf deutschem Boden ausgingen.

Honecker machte wahr, was er angekündigt hatte. Er rief fast jeden Abend an. Er ließ mich teilhaben an seinen Erlebnissen. So glaube ich zu wissen, dass es neben den Verhandlungen vor allem drei Dinge gibt, die ihn emotional am meisten berührten: Da war zunächst in Bonn sein Treffen mit Herbert Wehner. In seiner Erinnerung war frisch, dass er 1933/34 zusammen mit dem damaligen Mitstreiter Thälmanns, dem KPD-Politbürokandidaten Wehner, im Saarland den antifaschistischen Widerstandskampf organisiert hatte. Ihm lag viel daran, dem todkranken Weggefährten aus schweren Zeiten, der für ihn bis zum Lebensende sein Genosse blieb, Respekt zu erweisen. Und dann war da die symbolträchtige Villa Hügel in Essen, das Haus der Krupps. Krupp-Manager Berthold Beitz hatte ihn eingeladen. Gut 150 Industriemanager erwiesen Honecker die Ehre. Er, der Bergarbeitersohn und Dachdecker aus dem Saarland, in der Hochburg der Krupps, das war für ihn ein Zeichen, wie sich die Welt verändert hatte. Und dann: Wie begeistert erzählte er vom Saarland!

An diesem Abend hätte ich mir gewünscht, er hätte nicht angerufen. Ich hatte nämlich kurz zuvor ein Treffen mit Kotschemassow. Der sowjetische Botschafter war im Auftrage Gorbatschows gekommen, um Auskunft über eine Rede zu erhalten, die Honecker nur einige Stunden zuvor gehalten hatte. Die Agenturen hatten sie als Spitzenmeldung in die Welt gesendet. In Neuenkirchen hatte Honecker in einer freien Rede über den Charakter der Grenzen zwischen beiden deutschen Staaten u. a. gesagt: »Wenn wir gemeinsam entsprechend dem Kommunique handeln, das wir in Bonn vereinbart haben …, dann wird der Tag kommen, an dem die Grenzen uns nicht trennen, sondern vereinen, so wie uns die Grenze zwischen der Deutschen Demokratischen Republik und der Volksrepublik Polen vereint.«

Das betrachtete Moskau als Abgehen von der vereinbarten Außenpolitik. Die Grenze zwischen beiden deutschen Staaten sei schließlich die Außengrenze des Warschauer Vertrages. Und diese sei Sache aller Vertragsstaaten. Damit hatte Moskau absolut Recht. Ich wollte an diesem Abend Honecker nicht die Stimmung verderben. Zudem brauchte er seine Kraft für den letzten Tag der Reise. So unterschlug ich ihm die Information über den Besuch des sowjetischen Botschafters bei mir. Ich sagte ihm erst, nachdem er wieder in Berlin war, wie Gorbatschow seine Grenzäußerung wertete. Er war ärgerlich, wobei er offen ließ, ob er Gorbatschows Verhalten oder meine verspätete Information meinte.

Die Begegnung mit seiner Schwester und der Besuch der Gräber seiner Eltern waren zweifellos der persönlichste und wahrscheinlich zugleich heikelste Programmpunkt. Ich versuchte mich beim Betrachten der Fernsehübertragung in die Gefühle des Fünfundsiebzigjährigen hineinzuversetzen, der seit 1950 nicht mehr an den Orten seiner Kindheit und Jugend war. Ich freute mich für ihn. Zugleich spürte ich eine gewisse Beklemmung. Wir hatten eine Menge erreicht. Bis Ende August reisten 3,2 Millionen DDR-Bürger privat in die Bundesrepublik, darunter 866 000 unterhalb des Rentenalters. Das Problem waren aber immer wieder jene, die nicht reisen durften oder die ausreisen wollten. Viele von ihnen würden durch Honeckers Besuch, so meine Überlegung, Hoffnungen schöpfen, auch zu ihren Verwandten reisen oder ausreisen zu können. War es da angesichts unserer Reisepraxis, die wir zwar von Jahr zu Jahr großzügiger gestalteten, aber die wir aus vielerlei Gründen allein nicht grundlegend ändern konnten, für unseren ersten Mann im Staate moralisch vertretbar, ins Saarland zu fahren? Als er das erste Mal reisen wollte, hatte er mich noch gefragt, wie ich darüber denke. Ich bin einer ehrlichen Antwort ausgewichen. Ich habe ihm lediglich berichtet, dass auch ich eine Schwester im Westen habe, in Westerland auf der Insel Sylt.

Solange meine Mutter gelebt habe, hätte ich ihr von einer Besuchsreise zu ihrer Tochter abgeraten. Es sei mir klar gewesen, dass dies für die alte Frau unerklärlich blieb. Ich wollte aber nicht mit der doppelten Moral leben, mir zu gestatten, was anderen nicht möglich war. Und genau dieser Gedanke war es, der mich zu der Überzeugung brachte, dass der Abstecher ins Saarland aus Gründen unserer Innenpolitik bedenklich gewesen wäre. Ich habe bei seinen Entscheidungen über Reisen wiederholt erlebt, dass Honecker in Einzelfragen sehr großzügig war, aber letztlich nicht dazu bereit, die Reiseproblematik grundsätzlich im Politbüro zu diskutieren und Gesetzesänderungen vorzuschlagen. Das ist heute leichter gesagt, als es damals getan gewesen wäre.

Noch 1988 hatte ich auf einer Tagung aller sozialistischen Länder auf höchster Ebene in Warschau einen Disput darüber zwischen Gromyko und Honecker erlebt. In einer Konferenzpause standen beide Politiker zusammen. Honecker bat mich, ihr Gespräch zu übersetzen. Gromyko sagte: »Genosse Honecker, wir sind besorgt, dass so viele DDR-Bürger in die BRD fahren dürfen und viele nicht zurückkommen.«

Honecker: »Da staune ich aber. Von den Millionen Reisenden sind im vergangenen Jahr lediglich 0,0002 Prozent nicht in die DDR zurückgekehrt.« Ich nahm an, Honecker hätte sich versprochen. Seine Standardzahl für Gespräche mit ausländischen Politikern lautete eigentlich 0,2 Prozent, die im Westen blieben.

Honecker aber bestand darauf, dass ich 0,0002 Prozent übersetzte.

Gromyko war auch diese Zahl noch zu hoch. Man sei in Moskau der Meinung, dass die DDR der BRD viel zu viele Zugeständnisse mache. Als wir wieder im Sitzungssaal waren, gestand mir Honecker zwar zu, dass ich kein Dolmetscher bin. Dass ich aber nicht erkannt hätte, dass man im Interesse des Reiseverkehrs die Zahl der Überläufer so gering wie möglich halten müsse, wundere ihn schon.

Ich wusste natürlich, dass selbst die 0,2 Prozent keine konstante Größe waren. Es wurden jährlich mehr: 1988 waren es schon 0,35 Prozent und im ersten Halbjahr 1989 bereits 0,61 Prozent. Für kein anderes Land in Europa waren Entscheidungen über den Reiseverkehr und über ständige Ausreisen mit so vielen Konsequenzen verbunden wie für die DDR. Immerhin waren 1987 von den rund 112.000 DDR-Bürgern, die einen Ausreiseantrag gestellt hatten, 52.800 Facharbeiter und 11.500 Personen mit abgeschlossener Hoch- und Fachschulbildung, darunter 1.142 Ärzte und Zahnärzte.

Es gab folglich nicht nur politische und sicherheitspolitische Gesichtspunkte zu beachten. Nicht zu unterschätzen waren die ökonomischen und finanziellen Schäden, die uns entstanden. Die Bundesrepublik ihrerseits bot sehr attraktive wirtschaftliche und soziale Anreize, um DDR-Bürger abzuwerben. Unsere ökonomischen Verluste waren ihre Gewinne, die sie mit gut ausgebildetem Personal aus der DDR machte. Die Frage »Westreisen« war nie nur ein humanitäres Problem. Die DDR stand stets unter mehrfachem Druck: In Bonn nutzte man es, um die DDR der Menschenrechtsverletzung anzuklagen. In Moskau sah man im zunehmenden Reiseverkehr ein Abgehen der DDR von der vereinbarten Politik. Und in der DDR wollten die Leute reisen. Das Thema stand immer als Verhandlungsgegenstand mit der BRD ganz oben auf unserer Tagesordnung. Es war gekoppelt an die Frage der Respektierung der Staatsbürgerschaft der DDR durch die BRD. Der Bundesrepublik war ihr Festhalten an Prinzipien wichtiger als das Reisen von DDR-Bürgern in den Westen.

Nach 1990 wird Honecker schreiben, er habe schon 1986 aus dem Weißen Haus Informationen erhalten, dass die Sowjetunion die »Überwindung der deutschen Zweistaatlichkeit als politische Tagesaufgabe, als Voraussetzung zur Herausbildung des Europäischen Hauses« betrachte. Tatsächlich gab es damals einige Irritationen. Auf einer Veranstaltung in Westberlin hatte der sowjetische Dichter Jewtuschenko den »Wunsch der Deutschen nach Einheit« unterstützt. Als er deshalb von der sowjetischen Botschaft zur Rede gestellt wurde, sagte er nur, er sei Optimist und meine selbstverständlich ein einheitliches »sozialistisches Deutschland«. Ob dies zutraf, sei dahingestellt. Sein öffentlicher Auftritt in Westberlin hatte auf jeden Fall im Politbüro den Eindruck verstärkt, dass der Dichter nur ausplaudere, was im Kreml gedacht wurde. Gorbatschow verwahrte sich später in einem Vieraugengespräch mit Honecker entschieden gegen diese Interpretation.

Wohl auch deshalb gab es im Oktober 1987 in den Amtszimmern der sowjetischen Führung eine übersteigerte Hektik. Dort hatte man erfahren, dass das *ZDF* am 13. Oktober eine Sendung mit dem Titel »Fernsehbrücke Mainz-Leningrad« ausstrahlen würde. Irgendwer aus Leningrad muss nach Moskau, und zwar nach ganz oben, gemeldet haben, dass in dieser Sendung erneut Illusionen über eine mögliche Wiedervereinigung Deutschlands verbreitet würden. Der sowjetische Moderator soll in der Sendung erwähnt haben, dass der Schlüssel für die deutsche Einheit nicht in Moskau, sondern in der DDR liege.

Wenige Stunden, bevor die »Fernsehbrücke« in beiden Ländern ausgestrahlt wurde, rief mich der sowjetische Botschafter an. Honecker konnte er nicht erreichen, weil dieser im Ausland war. Kotschemassow schien ziemlich erregt. Ich möge, so bat er, so schnell wie möglich Erich Honecker informieren, dass Gorbatschow über die »Fernsehbrücke« äußerst verärgert sei. Er habe persönlich angewiesen, dass in der sowjetischen Variante der Sendung die »unreifen Äußerungen über die deutsche Einheit« nicht ausgestrahlt werden.

Da aber zu erwarten sei, so der oberste sowjetische Diplomat in der DDR, dass das *ZDF* alles sende, auch die Aussagen zur deutschen Einheit, wolle Gorbatschow Honecker auf diesem Wege mitteilen, dass er sich vom Inhalt der Fernsehsendung distanziere. Sie entspreche nicht den außenpolitischen Zielen der UdSSR und sei nur darauf gerichtet, Zwietracht zwischen der UdSSR und der DDR zu stiften. Die sowjetische Seite werde jede Spekulation über die deutsche Einheit zurückweisen.

Der Vorgang war insofern ärgerlich, weil immer wieder aus der Sowjetunion Spekulationen über die Beendigung der deutschen Spaltung zu uns drangen. Das wäre alles kein Problem, wenn wir uns entschlossen hätten, dazu öffentlich Stellung zu nehmen. Das war erstens in Moskau nicht erwünscht und zweitens bei uns nicht gewollt. Auch die Führung unter Gorbatschow gestattete uns trotz Glasnost und Perestroika nicht, über strategische Fragen, die auch sie betrafen, öffentlich zu diskutieren. Wir unsererseits hatten politische Disziplin genug, uns öffentlich nicht mit unserer Führungsmacht anzulegen. Noch dazu, weil dies bedeutet hätte, ideologisch eine zweite Front zu eröffnen.

Mich haben Diskussionen von sowjetischen Künstlern und Wissenschaftlern über die deutsche Einheit nie wirklich aufgeregt. Ich kannte solche Töne aus den Jahren meines Studiums in Moskau. Trotz der deutschen Verbrechen im Zweiten Weltkrieg hatte sich bei ihnen eine solche Hochachtung vor Lessing und Heine, Schiller und Goethe, Kant und Hegel, Marx und Engels, vor den Leistungen der deutschen Kultur, Kunst und Wissenschaft erhalten, die letztlich dazu führte, entkrampfter auf Deutschland zu schauen als die Politiker. Ich überschätzte daher die Philosophien über die deutsche Einheit nicht. Ich schließe nicht aus, dass manche Aussagen der sowjetischen Intelligenz von einer ganz bestimmten Gruppe im Kreml inszeniert worden waren. Auch, um der DDR nach dem Honecker-Besuch in Bonn die Konsequenzen eigenständigen politischen Handelns aufzuzeigen.

Und dennoch: Obwohl ich fast alles auf den Tisch bekam, was auch Honecker erhielt, ich habe vor 1989 trotz aller Irritationen keine zuverlässige Nachricht gehört oder gelesen, dass die sowjetische Führung schon zu diesem Zeitpunkt bereit gewesen wäre, die DDR aufzugeben. Dies geschah erst später, als Gorbatschow seine Politik aus dem Ruder gelaufen war. Wenn Honecker tatsächlich gewusst haben sollte, dass Moskau bereit gewesen wäre, die DDR fallen zu lassen, dann kann ich ihm nicht verzeihen, dass er dies damals für sich behalten hat. Warum, so frage ich mich, hat er darüber nicht im Politbüro gesprochen? Warum hat er versäumt, über eine so existenzielle Frage auf einer Beratung des Warschauer Vertrages zu informieren? Warum wurde diese Information nicht an das ZK der KPdSU herangetragen, denn dort gab es starke Kräfte gegen Gorbatschow? Wenn er damals tatsächlich Kenntnis gehabt hätte, was die Gorbatschow-Führung mit der DDR plane, dann hätte er mit einer ganz anderen Konzeption zu seinem Staatsbesuch in die Bundesrepublik fahren müssen. Ich stelle mir vor, er hätte damals im Wissen um die vermeintlichen sowjetischen Pläne Bundeskanzler Kohl vorgeschlagen, in Verhandlungen über eine deutsche Konföderation (ob sie überhaupt möglich gewesen wäre, darauf werde ich später eingehen) einzutreten. Damit hätte er den Westen in eine verdammt schwierige Position gebracht.

Wie immer die Sache ausgegangen wäre, selbst wenn es zur deutschen Einheit gekommen wäre, sie hätte auf gleicher Augenhöhe beider deutscher Staaten verhandelt werden müssen. Sie wäre für DDR-Bürger weit weniger brutal geworden, als sie es jetzt ist. Ich weiß, dass dies alles Spekulationen sind. Wichtig ist mir, dass ich aus eigenem Wissen nicht bestätigen kann, dass die Gorbatschow-Führung schon 1986 abgesprochene Pläne für die deutsche Einheit gehabt hätte, die der SED-Führung damals angeblich aus den USA bekannt geworden sind.

Der große internationale Erfolg der Honecker Reise nach Bonn hatte nicht nur Sonnenseiten. Honecker bezog die Anerkennung der DDR durch Bonn sehr stark nur auf sich. Sein Interesse an der DDR-Innenpolitik wurde geringer, obwohl hier die Widersinne unserer Entscheidungen von Tag zu Tag zunahmen. Sein Verständnis für Realitäten ging zurück. Er verlor Boden unter den Füßen, wenn es um konzeptionelle Überlegungen für unser Land ging. Alle, die im Politbüro Mängel in der DDR kritisierten, und wenn dies noch so zurückhaltend war, wurden als »Nörgler, Panikmacher oder gar Kapitulanten« abgestempelt. Ihnen wurde entgegengehalten, dass Westpolitiker von Kohl über Strauß und Genscher bis hin zu SPD-Vogel und den Ministerpräsidenten der Bundesländer die DDR besser einschätzen würden als die Stänkerer bei uns.

Wie eng selbst menschliche Bande zwischen Honecker und Funktionsträgern der Bundesrepublik wurden, zeigt, dass Honecker – als Strauß ein Jahr später verstarb – zunächst erwog, an den Trauerfeierlichkeiten in München teilzunehmen. Heute denke ich: Hätte er es mal getan. Die Bilder darüber wären der Öffentlichkeit in Erinnerung geblieben. Nur zwei, drei Jahre später waren es einstige westliche »Honecker-Verehrer«, die ihn in jene Gefängniszelle von Moabit beförderten, in der er schon zu Nazizeiten gesessen hatte. Seitdem habe ich verinnerlicht: Wo die Interessen unterschiedlich sind, zählen unter Politikern weder Charakter, Anständigkeit noch Glaubhaftigkeit. Das einzige, was zählt, ist Machtbesessenheit.

Wenige Monate nach dem Honecker-Besuch, vom 27. bis 29. Mai 1988, kam Kohl zusammen mit seiner Ehefrau, einem seiner Söhne und in Begleitung seines Regierungssprechers privat in die DDR. Er besuchte Gotha, Erfurt, Weimar, Gera und Dresden.

Honecker war interessiert, dass keiner »unserer Dogmatiker«, wie er zu mir sagte, »dem Kohl durch Engstirnigkeit seinen Urlaub verdirbt.« Er traute wohl einigen Genossen bei uns zu, im vorauseilenden Gehorsam irgendwelche Bosheiten gegen den Kanzler zu organisieren. Er wolle, dass Kohl »ungestört und unbehelligt« seinen Privatbesuch machen kann. »Und wenn ihn Leute hochleben lassen, soll er doch seine Freude haben«, meinte er gönnerhaft. Kohls Wünsche sollten erfüllt werden. Politische Gespräche mit Partei- oder Staatsfunktionären in den Bezirken könnten stattfinden, wenn Kohl dies ausdrücklich wünsche. Honecker erkundigte sich selbst am Sonntag bei mir, ob alles zur Zufriedenheit des Bundeskanzlers verlaufe. Ich konnte bejahen. Ich stand mit den Bezirken, die Kohl besuchte, im Kontakt. So erfuhr ich auch, dass er in Dresden bei einem Fußballspiel von »Dynamo« war.

Auf der Stadiontribüne soll er sich, wie es in einem Bericht der dortigen SED-Bezirksleitung hieß, »wie ein Gockel verhalten« haben. Er sei oft von seinem Platz aufgestanden, auf der Tribüne hin und her gelaufen, um gesehen zu werden. Nur wenige hätten Notiz von ihm genommen.

Über welche Art von »politischen Vorkommnissen« da berichtet wurde, darüber konnte ich nur schmunzeln. Lachen musste ich allerdings Jahre später, als offiziell berichtet wurde, Kohl habe während seines Besuches unter ständiger Kontrolle von Spitzeln der Staatssicherheit gestanden. Na, und? Was ist daran verwerflich? Was hätte es wohl in der Welt für ein Geschrei gegeben, wenn die DDR nicht einmal in der Lage gewesen wäre, die Sicherheit des Kanzlers zu garantieren? Aus eigener Erfahrung wusste ich zudem, dass ich bei jedem meiner BRD-Besuche unter Kontrolle der dortigen Sicherheitskräfte gestanden habe. Wieso sollte sich die DDR anders verhalten? Das MfS hat in erster Linie für die Sicherheit von Kohl gesorgt. Sollte es dabei auch interessante nachrichtendienstliche Erkenntnisse gewonnen haben, so läge das wohl im Rahmen dessen, was Aufgabe von Sicherheitsorganen in jedem Land ist.

Die unvollendete Souveränität

Mir war in fast vierzig Jahren nie in den Sinn gekommen, zu fragen, wie souverän die DDR ist. Wir waren Teil eines Bündnisses. Wir waren durch Freundschafts- und Beistandsverträge gebunden. Ich glaubte, wir hätten gemeinsame Ideale und Interessen. Wir wollten so etwas wie eine Familie sein. Dass die Sowjetunion dabei das Familienoberhaupt war, gehörte für mich zu den politischen Selbstverständlichkeiten. Ich hatte mich nie daran gestört, dass Moskau in dieser Familie die Richtlinienkompetenz hatte. Nicht nur in der Außenpolitik, sondern auch bei grundlegenden innenpolitischen Vorgängen. Das mag man nachträglich als Vasallentreue bezeichnen. Ich habe es so nie gesehen. Es war für mich normal, dass wir souveräne Rechte nur als Teil eines Ganzen wahrnehmen konnten. Ich sah die DDR nicht eingeengt in ihrer staatlichen Souveränität. Die Anwesenheit sowjetischer Truppen gehörte für mich unzweifelhaft zu den Folgen des Zweiten Weltkrieges.

Honecker war in dieser Frage sensibler als ich. Nachdem Gorbatschow öffentlich davon gesprochen hatte, alle sozialistischen Länder seien in ihren Entscheidungen völlig frei, stellte Honecker seinen Moskauer Vorgesetzten wiederholt auf die Probe. Gorbatschow verhielt sich gegenüber der DDR nicht anders als seine Vorgänger: Die DDR wurde trotz des »Neuen Denkens« fest am Gängelband gehalten. Wenn es jemals eine Breschnew-Doktrin der begrenzten Souveränität gegeben haben sollte, dann wurde sie gegenüber der DDR als »Gorbatschow-Doktrin« weitergeführt.

Ich erinnere mich an viele solcher Tatsachen: 1987 zum Beispiel hatten die SED und die SPD das Dokument »Der Streit der Ideologien und die gemeinsame Sicherheit« veröffentlicht. Es ging darin um so wichtige Fragen wie die Friedenssicherung durch gemeinsame Sicherheit, den friedlichen Wettbewerb der Gesellschaftssysteme, die Notwendigkeit einer Kultur des politischen Streits und des Dialogs, die Grundregeln einer Kultur des politischen Streits, um Neues Denken und Neues Handeln. Ich hatte die Sitzung des Politbüros geleitet, die das Dokument absegnete. Sein Hauptautor seitens der SED war Professor Otto Reinhold. Er hatte die Ausarbeitung zuvor an Erich Honecker geschickt. Als Antwort von ihm erhielt er: »Das ist ein historisches Dokument.« Obwohl es im Politbüro auch unterschiedliche Bewertungen gab, zum Beispiel von Alfred Neumann, wurde das Dokument dennoch einstimmig beschlossen. Wir waren überzeugt, dies würde dem Neuen Denken Gorbatschows entsprechen. Um so erstaunter war ich, dass sein Vertrauter Jakowlew mir am Ende seines Sommerurlaubs 1987 in der DDR deswegen gehörig den Kopf wusch. Er habe seinen Aufenthalt genutzt, um das Dokument zu lesen. Inhaltlich laufe es darauf hinaus, dass »sowjetische Machtansprüche kritisiert würden, während die US-amerikanische Konfrontations- und Hochrüstungsstrategie gegen die sozialistischen Länder nicht einmal erwähnt werde«. Da ich dies zu widerlegen versuchte, meinte er verärgert, er habe von der SED erwartet, dass sie mit der SPD auf marxistischer und nicht auf vulgär-marxistischer Grundlage rede. »Versuchen Sie, Genosse Krenz, dieses Manko auszugleichen. Sonst ist das Dokument das Papier nicht wert, auf dem es gedruckt wurde.« Das war starker Tobak. Aber so war es eben: Was der sowjetischen Führung nicht passte, war antimarxistisch, auch unter Gorbatschow. Ganz in diesem Sinne besuchte mich Anfang November Botschafter Kotschemassow. Wie immer die Höflichkeit in Person, in der Sache korrekt, aber konsequent. Das Politbüro der KPdSU habe sich mit dem Dokument befasst, teilte er mit. Es sei der Meinung, die SED habe zugelassen, die prinzipiellen Widersprüche, die es zwischen Kommunisten und Sozialdemokraten gibt, zu verwischen. Das Dokument suggeriere, dass es Koexistenz zwischen sozialistischer und kapitalistischer Ideologie geben könne.

Er hinterließ mir eine etwas mehr als zwei Seiten lange Mitteilung der sowjetischen Bruderpartei. Sie war diplomatisch verklausuliert, aber ließ keinen Zweifel daran, das Moskau etwas dagegen hatte. Das Dokument enthalte »Mängel«, »die nach unserer Meinung hätten vermieden werden können. Wir sind bereit, unseren Standpunkt dazu beim bevorstehenden Meinungsaustausch mit den Genossen der SED darzulegen.«

Die Hauptsorge der sowjetischen Führung bestand augenscheinlich darin, dass Sozialdemokraten das Dokument nützen würden, »um ideologisch in die DDR einzudringen«.

Diese Sorge war nach meiner Meinung nicht unbegründet, weil verschiedene Kräfte in der BRD und der DDR das SED/SPD-Papier nicht nur als Vereinbarung über den Dialog zwischen unterschiedlichen gesellschaftlichen Systemen interpretierten, sondern für mehr. Als ich Honecker über mein Gespräch mit dem sowjetischen Botschafter informierte, meinte er: »Das geht Gorbatschow überhaupt nichts an.«

Später taten einige in der SPD und in den Medien so, als hätte das Politbüro nicht gewusst, was es da mit dem Papier beschlossen habe. Die klugen Wessis hätten die Deppen in Ostberlin überlistet. Einer dieser Interpreten war der Journalist Norbert F. Pötzl.

Obwohl ich ihn in Briefen am 16. Januar 2002 und am 10. April 2002 auf seinen Irrtum aufmerksam machte, blieb er bei seiner kruden Auffassung: Der Ablauf der Politbüro-Sitzung lasse sich nicht objektiv rekonstruieren, weil es keine wörtliche Mitschrift gebe, sondern nur ein dürres Beschlussprotokoll. Die Quelle sei ausschließlich Egon Krenz.

Es traf zu: Ich leitete in Vertretung Erich Honeckers diese Sitzung und habe als Einziger den Verlauf der Sitzung ausführlich dokumentiert – um Erich Honecker im Detail über die Diskussion informieren zu können. Es bestand keine Notwendigkeit, diesen Bericht in irgendeiner Weise zu frisieren, zu schönen oder einzelne Wortmeldungen zu entstellen. Sowohl meine Kladde wie auch meine Mitteilung an Honecker befinden sich im Bundesarchiv. Diese Zeugnisse, wenngleich die einzigen, geben den Verlauf der Sitzung wahrheitsgemäß wieder. Offenkundig störte sich Pötzl daran, dass ich Zeuge war, welchem er Objektivität absprach.

Das SED-Politbüro war sich durchaus der Bedeutung des Dokuments und möglicher Implikationen sehr wohl bewusst. Darüber berichtete auch Prof. Erich Hahn – einer der Beteiligten an den Gesprächen – in einem Buch, das 2002 in der edition ost erschienen war (»SED und SPD. Ein Dialog«). Der einstige SPD-Vorsitzende Jochen Vogel reagierte auf diese Publikation nach deren Erscheinen. »Nachdem ich inzwischen Zeit gefunden habe, Ihr Buch über das gemeinsame Papier der Akademie für Gesellschaftswissenschaften beim ZK der SED und der Grundwertekommission der SPD ›SED und SPD. Ein Dialog‹ mit einiger Sorgfalt zu lesen, möchte ich Sie wissen lassen, dass Ihre Publikation meine Kenntnisse über eine ganze Reihe wichtiger Details in dankenswerter Weise ergänzt und konkretisiert hat. Das gilt insbesondere für die Behandlung des Papiers in der Sitzung des SED-Politbüros vom 28. Juli 1987. Außerdem beeindruckte mich die Sachlichkeit und Gründlichkeit Ihrer Darstellung.«

Als ich 2022 einen Artikel zum Jahrestag des Dokuments in der *Berliner Zeitung* veröffentlichte, polterte der Honeckerbiograf Pötzl, es sei pervers, dass ich die Parteichefs »Willy Brandt (SPD) und Erich Honecker (SED), des Friedensnobelpreisträgers und des Schießbefehl-Erfinders«, auf eine Stufe gestellt habe. Ich stellte die beiden nicht auf eine Stufe. Das hatte Willy Brandt selbst getan, indem er auf der Pressekonferenz nach einem Berlin-Besuch empathisch erkärte: »Erich Honecker als der erste Mann der DDR hat sich viel Zeit für unsere Unterhaltungen genommen. Ich sehe ihn als einen erfahrenen, gewichtigen, um Frieden und Zusammenarbeit bemühten Gesprächspartner. Ich weiß es zu schätzen, dass er mich auch auf einer Rundfahrt durch die Stadt begleitet hat.« So wurde Brandt am 21. September 1985 in verschiedenen Zeitungen zitiert.

Das war vergessen und das Feld gehörte Demagogen und Geschichtsklitteren, die nichts so sehr hassen wie Dokumente und Belege, weil diese ihre irrwitzigen Behauptungen widerlegen.

Die Widersprüche zwischen dem, was Gorbatschow öffentlich verkündete und dem, wie er sich zur DDR und anderen sozialistischen Ländern verhielt, waren 1988 besonders krass, alles andere als vom Geist gegenseitigen Vertrauens getragen.

Die rumänische Führung hatte zum Beispiel eine grundlegende Reform des Warschauer Vertrages vorgeschlagen. Sie wollte die militärischen und die zivilen Funktionen des Bündnisses trennen. Der Politisch Beratende Ausschuss sollte sich künftig nur noch mit politischen, wirtschaftlichen und sozialen Fragen befassen. Die militärischen Angelegenheiten sollten Sache eines »Verteidigungsausschusses« werden, der aber nur beratende Funktion hätte. Der Vorsitz in den Spitzengremien sollte auf der Grundlage jährlicher Rotationen erfolgen. Damit wäre verbunden gewesen, dass der Oberkommandierende des Warschauer Vertrages, der seit 1955 ein sowjetischer Militär war, alle ein bis zwei Jahre wechselt. Generale oder Offiziere aller Paktstaaten hätten abwechselnd den Oberbefehl übernehmen sollen. Auch die Funktion des Obersten Befehlshabers der Streitkräfte des Warschauer Vertrages, die der jeweilige KPdSU-Generalsekretär ausgeübt hatte, wäre vakant geworden. Die Rumänen hatten Gorbatschow mitgeteilt: »Die Reformen berücksichtigen die Wandlungen in Europa. Der Warschauer Vertrag kann sich auf diese Weise künftig auf die wirtschaftlichen, politischen und sozialen Fragen konzentrieren«.

Gorbatschow, Außenminister Schewardnadse und KPdSU-Politbüromitglied Wadim Medwedew versuchten Anfang Juli 1988 in Moskau Druck auf Rumänien auszuüben. Sie forderten die Zurücknahme der Vorschläge. Sie erwarteten, Rumänien solle gegenüber den anderen Bündnispartnern die Reformvorschläge verschweigen. Die Rumänen blieben hart. Sie bestanden darauf, dass ihre Vorschläge auf einer Sitzung des Politisch Beratenden Ausschusses in Warschau behandelt werden. Gorbatschow war strikt dagegen. Er teilte seine Ablehnung in einer geheimen Botschaft an die Bündnispartner mit, natürlich außer Rumänien und zunächst auch ohne die DDR. Er fürchtete, Rumänien könne diese Vorschläge auf der Tagung des Bündnisses am 15. und 16. Juli 1988 in Warschau präsentieren und dafür die Unterstützung der DDR erhalten. Er witterte einen Eklat.

Nun begann etwas, was ich kaum für möglich gehalten hatte. Gorbatschow glaubte tatsächlich, die DDR könne sich mit Rumänien solidarisieren. Niemals hätte Honecker das getan, jedenfalls nicht in politischen Grundfragen. Er war zwar manchmal sauer auf Gorbatschow, nicht aber auf den Warschauer Vertrag. Das verwechselte unser Oberster Befehlshaber. Gorbatschows Botschaft an die Bündnispartner wurde an die DDR erst übermittelt, nachdem Honecker seinen Sommerurlaub angetreten hatte. Kaum hatte Honecker sein Büro verlassen, erschien Kotschemassow bei mir. Der sowjetische Botschafter übergab mir das Schreiben aus Moskau. Er erläuterte dazu: Genosse Gorbatschow gehe davon aus, dass die Information bei mir in den richtigen Händen sei. Es müsse verhindert werden, dass die rumänischen Vorschläge in Warschau auf die Tagesordnung kämen. Der sowjetische Botschafter informierte ferner, er wisse, dass sein rumänischer Kollege in der DDR in diesem Zusammenhang dringend um ein Gespräch bei Genossen Honecker nachgesucht habe. Kotschemassow dazu: »Genosse Krenz, können wir davon ausgehen, dass es vor dem Abflug der DDR-Delegation nach Warschau nicht mehr zu einem solchen Treffen bei Erich Honecker kommt? Genosse Gorbatschow bittet Sie darum.«

Ich unterdrückte meinen Unmut darüber, dass Gorbatschow uns zutraute, in Bezug auf die militärische Sicherheit der Bündnispartner zu schwanken. Dennoch hatte ich verstanden: Ich sollte verhindern, was ich eigentlich nicht zu verhindern brauchte, weil in diesem Punkt Gefahr nicht bestand: Honecker sollte sich nicht mit Ceaușescu verbünden. Auch ich hielt die rumänischen Vorschläge für falsch. Sie wären angesichts der Strukturen der NATO für die DDR unannehmbar gewesen. Das war letztlich auch der Grund dafür, dass ich mich an den Moskauer Rat hielt, Honecker vorab keine Information in seinen Urlaubsort schicken. Mein Gewissen hat diese Hinterhältigkeit der sowjetischen Partner schon belastet.

Als unsere Delegation einige Tage später im Flugzeug saß und in Richtung Warschau startete, informierte ich Honecker über die rumänischen Vorschläge. Wie immer bei Flügen ins Ausland, saß er auf einem Sessel in der vorderen Kabine der Regierungsmaschine und spielte Skat mit Stoph und Mittag. Ich zog mir den Zorn der Mitspieler zu, als ich um Aufmerksamkeit für eine Information bat.

»Erich«, sage ich, »der rumänische Botschafter wollte dich unbedingt noch vor dem Gipfeltreffen sprechen. Er hat wohl Vorschläge von Ceaușescu zur Reform des Warschauer Vertrages. Ich wollte dich während deines

Urlaubs nicht damit belästigen. Hier ist die Botschaft Gorbatschows zu den rumänischen Vorschlägen.«

Honecker las. Er schwieg. Ich hatte den Eindruck, er durchschaute, was da gelaufen war. Inhaltlich sprach er sich gegen Rumäniens Vorgehen aus. Was immer er über mein Verhalten in dieser Frage dachte, er behielt es für sich. Die Art, wie Gorbatschow mit seinem Bündnispartner umging, hatte weder etwas mit Neuem Denken noch mit der versprochenen Souveränität der sozialistischen Staaten zu tun. Für mich war Gorbatschows Täuschung auch deshalb belastend, weil ich mich in einer Sache zum Bremser gemacht hatte, deren Klärung Honecker seit Jahren von mir gefordert hatte: Eine Veränderung des Stationierungsabkommens sowjetischer Streitkräfte auf dem Territorium der DDR vom 12. März 1957 zu unseren Gunsten. Er erinnerte mich häufig daran, dass es eigentlich keinen völkerrechtlich bindenden Status für eine »Gruppe der Sowjetischen Streitkräfte in Deutschland« gebe, es sei denn, die DDR werde weiter als Besatzungszone betrachtet. Im »Warschauer Vertrag« sei schon 1955 eindeutig geregelt worden, dass es sich um einen » zeitweilig im Hoheitsgebiet der DDR stationierten Teil der dem Vereinten Kommando unterstellten Sowjetischen Streitkräfte« handelt. Die Bezeichnung »Gruppe der Sowjetischen Streitkräfte in Deutschland« (GSSD, so Honecker, erinnere ihn an die Besatzungszeit. Er bestand auf einer Umbenennung in »Gruppe der sowjetischen Streitkräfte in der DDR«.

Ich verstand diese Argumentation nicht. Schließlich hatte die UdSSR nie darauf verzichtet, ihre noch geltenden Rechte in Bezug auf Deutschland als Ganzes wahrzunehmen. Ich wertete zudem die zunehmenden widersprüchlichen Äußerungen von sowjetischen Persönlichkeiten zur deutschen Einheit und zum Regime an der Systemgrenze zwischen Warschauer Vertrag und NATO als öffentliche Warnung Moskaus an uns, den Bogen in Bezug auf unsere Forderungen nach voller staatlicher Souveränität der DDR nicht zu überspannen.

Gorbatschow hatte sich offensichtlich entschieden, nach dem Grundsatz zu handeln: »Wenn ihr nicht wollt, können wir auch andere Hebel ansetzen«. Dieser Hebel war das inszenierte Rollenspiel mit der deutschen Einheit. So hatte der Historiker Wjatscheslaw Daschitschew (1925-2016), der in bundesdeutschen Medien als persönlicher Berater Gorbatschows für die Deutschlandpolitik firmierte, dies allerdings nie war, »die Mauer als Relikt des Kalten Krieges« bezeichnet. Ein sowjetischer Diplomat hatte sich sogar zu der Lüge verstiegen, »dass es für das Grenzregime aus Moskau keinerlei Befehle gebe«.

Offiziell wurden solche Äußerungen von Gorbatschow oder seinen Leuten immer dementiert. Selbst bei Staatsbesuchen. So sagte Gorbatschow im Oktober 1988 zu Kohl: »Es gibt zwei deutsche Staaten. Diese Situation resultiert aus der Geschichte. Jeder Versuch, das durch die Geschichte Hervorgebrachte umzustoßen oder die Entwicklung durch unrealistische Politik zu forcieren, sind ein unkalkulierbares und sogar gefährliches Unterfangen.« In der Öffentlichkeit jedoch blieb meistens haften, dass Moskau seine Deutschlandpolitik überdenkt. Und gerade das brachte immer neue Zwietracht zwischen Gorbatschow und Honecker. Ich fürchtete, dass durch unsere Diskussion über das Stationierungsabkommen die Kluft zwischen ihm und uns unnötigerweise verschärft würde. Außerdem glaubte ich, dass in einer Zeit, da in Ungarn, Polen und in der ČSSR die Frage diskutiert wurde, ob die sowjetischen Truppen abgezogen werden sollen, unser Vorpreschen in Moskau falsch interpretiert werden könnte. Deshalb versuchte ich, eine offizielle Behandlung dieser Frage im Politbüro hinauszuzögern. Dies gelang mir jedoch nur bis zu jenem unglücklichen Ereignis am 19. Januar 1988. An diesem Dienstag fuhren ein Fahrlehrer und ein Fahrschüler aus einer sowjetischen Militäreinheit mit einem Panzer vom Typ T 64 auf ein Gleis der Eisenbahnstrecke Leipzig-Berlin. Auf dem Hauptgleis drosselte der Fahrschüler den Motor ab, der Panzer kam zum Stehen und die Sowjetsoldaten verließen ihn. Mit 120 km/h stieß die Lokomotive gegen den Panzer der Sowjetarmee. Es war eine Katastrophe, ausgelöst durch menschliches Versagen. Es gab Tote und Verletzte, materielle Schäden in vielfacher Millionenhöhe.

Als ich Honecker dies telefonisch mitteilte, reagierte er noch zurückhaltend. »Ich sage ja immer«, kommentierte er, »Katastrophen gibt es in jedem System.«

Kurze Zeit danach bat er mich in sein Arbeitszimmer. Es war schon nach 19.Uhr. Irgendjemand hatte ihn an mir vorbei unterrichtet, dass die sowjetische Seite bereits protestierte, weil wir unmittelbar nach dem Unglück die Medien informiert und die sowjetischen Unfallverursacher in Haft genommen hatten. »Ist das Gorbatschows Glasnost?«, fragte er mich, als wüsste ich dies besser als er. Er war außer sich. »Die können doch hier nicht machen was sie wollen! Und dann beschweren sie sich auch noch, dass wir unsere Gesetze anwenden.«

Er erteilte mir den Auftrag, darauf zu dringen, dass dem Politbüro so schnell wie möglich eine Analyse des Stationierungsabkommens vom 12. März 1957 vorgelegt werde. Dies war schwieriger, als ich vermutet hatte. Das Abkommen war inzwischen über dreißig Jahre alt. Es war nie im vollen Wortlaut veröffentlicht worden. Alle Verantwortungsträger hielten es politisch für unantastbar, dass niemand außer Honecker selbst jemals auf die Idee gekommen wäre zu fragen, ob es überhaupt noch zeitgemäß ist. Ich spürte auch bei mir eine ideologische Bremse im Kopf. Ich war mit dem Stationierungsabkommen quasi aufgewachsen. Die Anwesenheit sowjetischer Truppen in der DDR und ihre Rechte waren für mich nie ein Problem. Und wo ich dennoch Fragen hatte, konnte ich sie positiv klären.

In meinem Wahlkreis, zu dem auch Ribnitz-Damgarten mit einem großen Standort der Sowjetarmee gehörte, gab es zum Beispiel viele Beschwerden über Fluglärm, verursacht durch sowjetische Militärflugzeuge vom Flugplatz Pütnitz. Auch Urlaubsgäste auf dem Fischland und dem Darß schrieben mir darüber. Ich konnte beeinflussen, dass ein Flugverbot ausgesprochen wurde zwischen Sonnabend 16.00 Uhr und Montag 6.00 Uhr. Außerdem waren Überschallflüge über festgelegte Großstädte und über Erholungsgebiete der Ostsee zwischen 22.00 Uhr und 6.00 Uhr seit Anfang 1988 verboten. Allerdings hatte auch ich Erfahrungen machen müssen, dass die sowjetischen Militärs hinter unserem Rücken Bauvorhaben in Größenordnungen planten, von denen niemand bei uns wusste. Der Parteisekretär des Kreises Ribnitz-Damgarten hatte bei einer Feier auf dem Pütnitzer Flugplatz zufällig erfahren, dass eine neue Start- und Landebahn gebaut werden solle, die weit in den Bodden reichen und die wunderschöne Natur dieser Gegend zerstören würde. »Das wird einen Unmut der Bevölkerung auslösen, wie wir ihn noch nicht gehabt haben«, sagte mir Werner Fehling. Weder in unserem Verteidigungsministerium noch in der Plankommission waren diese Pläne bekannt.

Glücklicherweise konnte ich durch meine freundschaftliche Beziehungen zur sowjetischen Generalität und zum militärischen Chef der Militärkoalition, Marschall der UdSSR Kulikow, erreichen, dass dieser Umweltskandal zunächst aufgeschoben und dadurch schließlich verhindert wurde. Das jedoch waren zufällige Ereignisse. Honecker wollte mehr. Ihm lag daran, grundsätzliche Regelungen zu treffen, die den souveränen Rechten der DDR entsprachen. Verteidigungsminister Heinz Keßler reichte Ende 1988 eine Analyse des Stationierungsabkommens ein. Tatsächlich erwies sich, dass sich wesentliche Dinge aus der Besatzungszeit erhalten hatten. Neben politischen Unkorrektheiten wurde dies besonders spürbar auf ökonomischem Gebiet. Durch allerlei Sonderkoeffizienten gab es bei der Umrechnung von Mark der DDR in transferable Rubel eine ziemlich hohe versteckte Beteiligung der DDR an den Stationierungskosten der sowjetischen Truppen. Bis zum Ende der DDR hat sich daran nichts geändert. Und was die politische Seite betrifft, gab es keine Diskussionen, sondern einseitige Festlegungen der sowjetischen Führung.

Ende Juni 1989 – mitten in der Urlaubsvertretung – erhielt ich eine Mitteilung an Honecker auf Deutsch und auf Russisch. Ohne vorherige Konsultation ließ Gorbatschow uns wissen: »Die Gruppe der Sowjetischen Streitkräfte in Deutschland ist in *Westgruppe der sowjetischen Streitkräfte* umbenannt worden. Der Status dieser Truppen, wie er im Vertrag über die Beziehungen zwischen der UdSSR und der DDR vom 20. September 1955 und in den anderen bilateralen Vereinbarungen bestimmt wird, sowie die Rechte und Verantwortung, die sich aus den in der Kriegs- bzw. Nachkriegszeit erzielten und heute noch gültigen Vereinbarungen und Beschlüssen der UdSSR, der USA, Großbritanniens und Frankreichs ergeben, bleiben unverändert.« Diese Nachricht konnte eindeutiger nicht sein: Die Sowjetunion dachte zu Recht nicht daran, ihre Rechte aus der Nachkriegszeit aufzugeben. Das ist mir plausibel. Die Westalliierten gaben ihre Rechte auch nicht ab. Die Bundesrepublik ist nicht souveräner als die DDR. Die Botschaft über die Westgruppe ist aber alles andere als eine »Gorbatschow-Doktrin« für die Selbständigkeit der DDR. Noch 1989 wurde der Nachkriegsstatus durch Moskau bekräftigt, ohne vorherige Konsultation mit der DDR.

Das Kuriose: Während Gorbatschow mit Kohl die Aufnahme von Beziehungen zwischen dem Generalstab der sowjetischen Streitkräfte und der Bundeswehr vereinbart hatte, gab es von beiden Vorbehalte zu dem Vorschlag von DDR-Verteidigungsminister Keßler, sich mit dem Bundesverteidigungsminister Scholz (CDU) zu treffen. Dass Scholz ablehnte, war verständlich. Ein solches Treffen hätte in der Öffentlichkeit das Feindbild der NATO über die DDR in Frage stellen können. Dass aber Gorbatschow seinen Verbündeten nicht zugestehen wollte, gegenüber Bonn gleiches zu tun, was er tat, die Militärdoktrin des Warschauer Vertrages zu vertreten, war mir unverständlich. Trotz sowjetischer Bedenken gab Keßler den Journalisten Marlies Menge und Theo Sommer von der Hamburger Wochenzeitung *Die Zeit* ein Interview über die sicherheitspolitischen Vorstellungen der DDR. Offensichtlich glaubte man in der Bundesrepublik, die DDR von einem Treffen der Verteidigungsminister beider deutscher Staaten wegen ideologischer Vorbehalte abschrecken zu können.

Die Journalisten fragten Keßler nämlich, ob er nicht befürchte, dass Herr Scholz auf die Zustände an der Grenze eingehen werde. Keßler erläuterte anhand von Fakten, dass es nie einen so genannten »Schießbefehl« gegeben habe. »Das Schießen war nur erlaubt«, so der DDR-Verteidigungsminister, »beim gewaltsamen Überwinden der Grenze von beiden Seiten und beim

Angriff auf denjenigen, der von der DDR den Auftrag hat, die Grenze zu schützen, auf seine eigene Person.«

Die Zeit wollte nun wissen, warum die Vorschrift, die Keßler zitiere, nicht veröffentlicht sei. »Sie ist veröffentlicht, aber man nimmt sie einfach nicht zur Kenntnis«, antwortete der DDR-Politiker. Darauf die Journalisten: »Dieses Thema können die beiden deutschen Verteidigungsminister nicht umgehen.« Keßler: »Natürlich nicht!« Interessant, dass Bonn für ein solches Gesprächsthema nie bereit war. Dabei hätte ein Konflikt an der Systemgrenze Millionen Deutsche das Leben kosten können. Solche Wahrheiten wollte man in Bonn nicht zur Kenntnis nehmen.

Im Sommer 1988 begleitete ich Honecker zu einer Besprechung mit seinem polnischen Kollegen Jaruzelski. Sie fand anlässlich eines deutsch-polnischen Jugendtreffens in Wrocław statt, zu dem auch Eberhard Aurich flog. Über unseren Beziehungen mit der Volksrepublik lag ein Schatten. Für uns war im Verhältnis zu Polen nichts heiliger als die Oder-Neiße-Grenze. Wir haben sie seit ihrer staatlichen Fixierung durch Polen und die DDR im Jahre 1950 gegen alle Angriffe verteidigt, obwohl dies gerade zu Anfang von der Bevölkerung nicht immer verstanden wurde. Seit einigen Jahren war ein kompliziertes völkerrechtliches Problem entstanden, das eben diese Grenze betraf. Nachdem die Seerechtskonferenz der Vereinten Nationen die Möglichkeit der Ausdehnung der Territorialgewässer auf zwölf Seemeilen eingeräumt hatte, machten zunächst Polen und 1982 auch die DDR Gebrauch davon. Dabei kam es zur Überschneidung hinsichtlich der zu beanspruchenden Gebiete. Polen sprach von Rechten in der Pommerschen Bucht, wir nannten sie die Oderbucht.

Den Polen ging es um den freien Zugang zu ihren Ostseehäfen Szczecin und Świnoujście. Unsere Seite nannte andere Gründe für die Berechtigung unseres Anspruches. So Fischereirechte oder auch zu erwartendes Erdöl im Meeresboden.

Der eigentliche Grund – aus Bündnisverpflichtungen resultierend – wurde verschwiegen. In dem besagten Gebiet gab es wichtige sowjetische Militärinteressen: Ein Unterseekabel, das die Gruppe der sowjetischen Streitkräfte in Deutschland mit ihrer Heimat verband. Wir wurden von sowjetischer Seite informiert, dass dies angesichts der seit 1980 unsicheren Landverbindung zwischen der UdSSR und der DDR strategische Bedeutung habe und deshalb vor unangenehmen Überraschungen geschützt werden müsse.

Bevor das Politbüro davon erfuhr, gab es bereits auf unteren Ebenen einen ärgerlichen Streit zwischen beiden Seiten, der dem Grundsätzlichen unserer sonst sehr guten Beziehungen widersprach. Als der Zwist eskalierte, gab Honecker mir den Auftrag, alle kleinlichen Streitereien aus dem Wege zu räumen und die Sache selbst in die Hand zu nehmen. »Wir wollen«, so sein Motiv, »keinen Grenzstreit mit Polen«. Tatsächlich widersprachen die gegenseitigen Beschuldigungen unserer prinzipiellen Haltung, Grenzstreitigkeiten zwischen sozialistischen Ländern grundsätzlich auszuschließen. Wir hegten gegenüber Polen keinerlei nationalistische Gefühle. Aber: Trotz Perestroika und Glasnost war es die Führung unter Gorbatschow, die gegen eine einvernehmliche Lösung, wie sie Volkspolen vorgeschlagen hatte, anging.

Nun saß ich mit Honecker im Flugzeug. Es mag heute seltsam anmuten, wenn ich sage: Unsere Gedanken waren auf die Zukunft gerichtet.

Auf dem Freundschaftstreffen der Jugend sollte ein Vertrag über ein großes deutsch-polnisches Jugendwerk unterzeichnet werden, in seinem Ausmaß einmalig in Europa. Kurz vor unserer Landung kam Honecker auch auf die Oderbucht zu sprechen. »Was sagen wir Jaruzelski dazu?« fragte er. »Die Sache ist zu heikel«, antworte ich, »um sie dem Apparat zu überlassen. Wir können nicht den Blick der Jugend auf das Jahr 2000 lenken und uns selbst auf das Niveau der Vertriebenenverbände in der BRD begeben.« »Recht so«, kommentierte Honecker.

Es kam so: Jaruzelski und Honecker setzten sich über die sowjetischen Bedenken hinweg. Sie vereinbarten, dass die Grenze in der Oderbucht so gezogen werden soll, dass die Nord-Fahrrinne und der Ankerplatz Nr. 3 auf der polnischen Seite der Grenze liegen und Świnoujście und Szczecin freien Zugang zur offenen See haben. Der entsprechende Vertrag wurde noch 1989 in Berlin unterzeichnet. Niemand von uns ahnte, wie nahe der Anschluss der DDR an die Bundesrepublik war. Wenn im Grenzvertrag zwischen Deutschland und Polen vom 14. November 1990 ausdrücklich auch auf den damaligen Vertrag über die Abgrenzung der Seegebiete in der Oderbucht hingewiesen wird, so zeigt dies, dass die DDR dem vereinigten Deutschland keine ungeregelten Grenzfragen hinterlassen hat. Angesichts der leidvollen Erfahrungen in Grenzfragen ist dies für das heutige Europa von unschätzbarem Wert. Ich bin froh, dass wir damals eine politische Lösung fanden. Mehr noch. Es ist meine Überzeugung: Ohne die Lösung von Jaruzelski und Honecker wäre diese Grenzziehung angesichts des schwierigen Verhältnisses der BRD zur Oder-Neiße-Grenze bis heute ein Streitfall.

Nur wenige Wochen nach unserer Polen-Visite meckerte Mielke mit mir, dass ich Honecker falsch beraten hätte. »Die Freunde«, so Mielke, »sehen diese Entwicklung mit Sorge«.

Unser Staatssicherheitsminister war gerade von einer geheimen Visite bei Gorbatschow zurückgekehrt, von der nicht einmal Honecker informiert worden war. Zu seinem achtzigsten Geburtstag am 28. Dezember 1987 hatte der Kreml Erich Mielke, nach meiner Erinnerung zum fünften Mal, manche meinen gar zum siebten Mal, mit dem Lenin-Orden ausgezeichnet. Niemand aus der DDR war durch die Sowjetunion jemals so oft und so hoch geehrt worden wie Erich Mielke. Gorbatschow wusste offensichtlich, warum er Mielke so schätzte. Noch im November 1989 empfahl er, mit »Genossen Mielke ordentlich umzugehen«.

Nach der Auszeichnungsveranstaltung im Sommer 1988 im KGB-Gebäude in Moskau wurde Mielke von Gorbatschow im Kreml empfangen.

Was dort besprochen wurde, hat das Politbüro nie erfahren.

Akute Boykottgefahr

Den Olympia-Boykott hatten die USA begonnen. Auf ihren Druck hin waren westliche Länder den olympischen Spielen von Moskau 1980 fern geblieben. Vier Jahre später revanchierte sich die Sowjetunion. Sozialistische Länder, die DDR widerwillig, solidarisierten sich mit ihr und fuhren nicht in die USA. Ein Grundsatz des Kalten Krieges »Wie du mir, so ich dir« hatte wieder einmal funktioniert. Den Schaden hatten der Sport und die Sportler.

Beide Seiten hatten boykottiert, aus unterschiedlichen Motiven zwar, aber die jeweiligen Spiele fanden ohne sie statt. Eigentlich seien sie nun quitt, meinten wir. Das Damoklesschwert des Boykotts schwebte jedoch auch über den dritten Spielen dieses Jahrzehnts. Das IOC hatte die südkoreanische Hauptstadt Seoul als Austragungsort für 1988 bestimmt. Keine gute Entscheidung: Wieder waren politische Interessen im Spiel. Korea, damals wie heute ein gespaltenes Land, war im Fokus der Weltpolitik. Hier prallten gegensätzliche weltpolitische Interessen aufeinander. Das konnte dem Sport nicht gut tun. Der Norden verstand die Vergabe der Spiele an den Süden als Provokation gegen seine Politik der Wiedervereinigung des Landes. Im Unterschied zur DDR, die die deutsche Zweistaatlichkeit als endgültig ansah, ging und geht der nordkoreanische Staat von dem Ziel eines einheitlichen Korea aus. Die KDVR, wie die nördliche Republik heißt, protestierte gegen die IOC-Entscheidung, die Spiele nur im Süden auszurichten. Für den Fall, dass das IOC seinen Beschluss nicht zurück nehmen würde, riefen die nordkoreanischen Sportverantwortlichen die sozialistischen Länder zur Solidarität auf.

Zu Ende gedacht hätte das bedeutet, Olympia wäre in den achtziger Jahren zum dritten Mal boykottiert worden. Kuba setzte sich für einen konstruktiven Kompromiss ein: Seoul, die Hauptstadt des Südens, und Pjöngjang, die Hauptstadt des Nordens, sollten gemeinsam die olympischen Spiele ausrichten. Die KDVR war mit dieser Idee einverstanden. Sie schlug die Bildung einer gemeinsamen Olympiamannschaft aus beiden koreanischen Staaten vor. Wissend, dass die Weltfestspiele der Jugend und Studenten natürlich kein Ersatz für Olympische Spiele sein können, setzte sich die DDR dennoch dafür ein, die 13. Weltfestspiele 1989 der Jugend und Studenten in der Hauptstadt der KDVR durchzuführen. Wenn beide koreanischen Hauptstädte in kurzer Zeitfolge Veranstaltungen von Weltbedeutung haben würden, so unsere Überlegung, könnten wir vielleicht die Entscheidung Pjöngjangs für die Olympiade im Süden positiv beeinflussen. Zunächst schien es so zu kommen. Es gab jedoch in den USA und bei ihren Verbündeten starke Kräfte, denen der Kompromiss nicht passte. Unsere Sportler wurden unsicher. Sie fürchteten, zum dritten Mal bei Olympia vor den Sportstätten stehen zu müssen.

In dieser Situation kamen Manfred Ewald, der damalige Präsident der DDR-Sportorganisation, und Rudi Hellmann, der Leiter der Sportabteilung im ZK der SED, zu mir. Sie trugen mir Pro- und Contra- Argumente zur Olympiade vor. Politische Bedenken schoben sie vom Tisch. Würden die Spiele wieder boykottiert, redeten sie auf mich ein, würde die olympische Idee Schaden nehmen. Die DDR habe immer gesagt, erinnerten sie, für sie gelte im Sport nur die Olympische Charta. Sie erwarteten von mir die Entscheidung, mich im Politbüro und im Staatsrat ohne Wenn und Aber für die Teilnahme an den Spielen auszusprechen, gleich, wo die Olympiade stattfinden werde. Sie rannten bei mir offene Türen ein. Ich hatte die Enttäuschung unserer Sportler wegen der Nichtteilnahme 1984 in frischer Erinnerung. Damals hatte ich mir selbst das Versprechen gegeben, nie wieder einen Olympiaboykott zu rechtfertigen. Ich kannte die Mühen des sportlichen Alltags unserer Spitzensportler und ihre Freude, international ihre Kräfte messen zu können. Manchmal schaute ich ihnen auch zu, wenn sie in der Sportschule in Kienbaum, unweit von Berlin, trainierten. Wer diese Härten des Trainings auf sich nimmt, der konnte kein Verständnis für einen Olympiaboykott haben, gleich, von wem er ausging. Bei der Entscheidung, die Ewald und Hellmann von mir erwarteten, musste vieles beachtet werden, leider nicht nur Sportliches. Auch Weltpolitisches. Das sowjetische NOK verhielt sich schwankend. Was, wenn es entscheiden würde, keine sowjetischen Sportler nach Seoul zu schicken? Würde die DDR es durchstehen, in diesem Fall trotzdem zu fahren? Nach bisherigen Erfahrungen nicht. Zudem: Die DDR hatte sehr gute Beziehungen zur KDVR, Honecker plante für 1986 einen Staatsbesuch bei Kim Il Sung. Es galt für uns genau abzuwägen, wie wir uns entscheiden.

Noch während des Gesprächs in meinem Arbeitszimmer mit Ewald und Hellmann rief ich meine Sekretärin hinzu und diktierte ihr eine Mitteilung an Erich Honecker. Darin schlug ich vor, dass die DDR, »falls es nicht gelingt, einen anderen Ort als Seoul festzulegen, dennoch für die Teilnahme an der Olympiade in Seoul eintritt.« Schon am 4. Oktober

1984 bekam ich mein Schreiben mit dem bekannten »Einverstanden. E.H.« zurück. Das bedeutete Planungssicherheit für das Nationale Olympische Komitee der DDR und für die Vorbereitung unserer Sportler. Ein Rest Unsicherheit blieb dennoch. Hinter vorgehaltener Hand sagten uns die Sportfunktionäre der anderen sozialistischen Länder zwar, dass sie sich über unsere Entscheidung freuen. Selbst hingegen wurden sie nicht aktiv. Die sowjetische Führung hielt sich noch lange Zeit – auch noch unter Gorbatschow – alle Möglichkeiten offen, selbst die des Boykotts.

Die Hürden, die den sozialistischen Staaten aufgebaut wurden, waren enorm. Wollten wir ihnen nicht erlegen sein, mussten wir vollendete Tatsachen schaffen und sie öffentlich machen. Im Juni 1985 fand in Berlin die 90. IOC-Session statt. Auf einer Festveranstaltung im wieder aufgebauten Schauspielhaus am Gendarmenmarkt verlieh IOC-Präsident Samaranch den Olympischen Orden in Gold an Erich Honecker.

Das war ein Paukenschlag. Honecker war bisher der erste und einzige deutsche Politiker, der diese hohe Auszeichnung erhalten hatte. Seine Ehrung schuf zugleich eine sehr angenehme persönliche Atmosphäre zwischen der DDR-Führung und dem IOC. Auf einem Empfang des IOC lernte ich Berthold Beitz kennen, eine schillernde Persönlichkeit aus der Bundesrepublik Deutschland. Er war nicht nur Aufsichtsratsvorsitzender der Friedrich Krupp AG, nicht nur gelegentlicher Jagdgast von Erich Honecker, sondern auch Mitglied des IOC und IOC-Vizepräsident. Wir fanden sehr schnell eine gemeinsame Sprache. Er hatte sich als Pommer aus der Nähe von Greifswald über die Jahrzehnte seinen klaren norddeutschen Akzent bewahrt, den er auch bei mir festzustellen glaubte. Es war wohl in Erinnerung an seine Kindheit, als er mich darauf hinwies, dass sein Elternhaus im Nord-Osten unserer Republik in keinem guten Bauzustand sei.

So peinlich mir dies auch war, so großzügig versprach ich ihm Abhilfe. Mit Unterstützung von Bauminister Wolfgang Junker gelang es mir später, dass das Elternhaus des Krupp-Vertreters wieder ordentlich hergerichtet wurde. An diesem Abend jedenfalls klönten wir beide lange und ziemlich ungezwungen über alles Mögliche, bis ich auf das heikle Thema Olympiade zu sprechen kam. Ich sah den Moment gekommen, gewissermaßen inoffiziell, eine Information loszuwerden, die noch nicht öffentlich werden sollte, aber dennoch für das IOC aus verlässlicher Quelle stammt. Ganz nebenbei, so, als wäre es das Normalste von der Welt, sagte ich Herrn Beitz: »Die DDR nimmt an den Spielen in Seoul teil.«

Damit war unser Gespräch beendet. Beitz eilte auf dem schnellsten Wege zu seinem Präsidenten, um die taufrische Information weiterzugeben. Die DDR war damit zu einem zuverlässigen Partner des IOC für die Olympiade 1988 geworden.

Es gab Wochen und Monate, da wollte ich selbst nicht mehr an meine Zusage glauben. Zu groß waren die Sperrfeuer der Entspannungsgegner, denen ein Boykott der Spiele durch sozialistische Länder gelegen gewesen wäre. Ganz heikel wurde es nach der Rede von US-Präsident Reagan am 12. Juni 1987 am Brandenburger Tor. Er brachte dort die damals völlig unreale Idee »von Olympischen Spielen in naher Zukunft in beiden Teilen Berlins« ins Gespräch. Während die USA in Korea gegen die Einbeziehung beider Staaten waren, sagten sie für Deutschland das Gegenteil. In der sozialistischen Welt wurde dieses Vorgehen wohl nicht zu Unrecht als Missbrauch der olympischen Bewegung bewertet.

Unser Rückzug aus unserer Pro-Olympia-Position wäre zu diesem Zeitpunkt ohne Gesichtsverlust für die DDR nicht mehr möglich gewesen. Honecker nutzte selbst eine Beratung der RGW-Länder auf höchster Ebene am 10. und 11. November 1986 in Moskau, um die Führungen der verbündeten Staaten auf den Austragungsort der Olympiade festzulegen. Es war damals schon Aufsehen erregend, dass die Partei- und Staatschefs der meisten sozialistischen Länder eine Beratung, die der Verständigung ihrer weltpolitischen Strategie diente, benutzten, um sich über ihre Haltung zu den Spielen 1988 abzustimmen. Gorbatschow hatte sich im eigenen Wortgeprassel verfangen. Während der Sitzung hatte er gleich drei Thesen zur Olympiade parat. Einerseits meinte er, dass ein Boykott der Spiele unter den gegenwärtigen Bedingungen nicht real sei. Interessant aber, dass er die Vokabel vom Boykott einführte. Offen ließ er auf jeden Fall, unter welchen Bedingungen er sich einen Boykott vorstellen könnte. Dafür sagte er, wenn die Spiele überhaupt stattfinden sollten, dann nur in Seoul und Pjöngjang. Das war unrealistisch. Schließlich forderte er, »man muss die Frage noch einmal gründlich durchdenken«. Er ließ seine Kollegen wissen, dass die Sowjetunion bisher nicht erklärt habe, an den Spielen in Seoul teilzunehmen. Bei diesem Hin und Her des Sitzungsleiters platzte Honecker der Kragen. Er rief laut und verärgert dazwischen: »Wir haben erklärt, dass wir teilnehmen.«

Stille im Saal, bis Fidel Castro konstruktiv reagierte und vorschlug, vielleicht könne Erich Honecker im Namen der sozialistischen Gemeinschaft mit Samaranch sprechen. Wichtig sei, dass die KDVR eine gewisse Anzahl von Disziplinen erhalte. Honecker nahm den Auftrag an.

Schon drei Tage später trafen sich Honecker und Samaranch im Gebäude des DDR-Staatsrates. Honecker appellierte an den IOC-Präsidenten, »alles zu tun, damit es nicht wieder wie 1980 in Moskau und 1984 in Los Angeles zur Nichtteilnahme einer Reihe bedeutender Nationaler Olympischer Komitees an den Olympischen Spielen kommt«. Dem folgte ein inhaltsreicher Dialog über die internationale olympische Bewegung. Frank und frei erzählte Honecker seinem Gast, dass er in Moskau der einzige gewesen sei, der gesagt habe, dass das olympische Komitee der DDR bereits zugesagt habe, an den Spielen in Seoul teilzunehmen. Er habe sich dort in einer schwierigen Situation befunden. Samaranch würdigte das, indem er Honecker als seinen Gast zu den Olympischen Winterspielen nach Calgary einlud. Honecker wiederum informierte in Briefen seine Kollegen der sozialistischen Ländern über das Gespräch mit dem IOC-Präsidenten. Er setzte sich dafür ein, dass alle sozialistischen Länder an der Olympiade teilnehmen.

Zwischen Samaranch und Honecker entstand ein wechselseitiges Vertrauensverhältnis. Bester Beweis dafür war eine Rede des IOC-Präsidenten auf einem internationalen Treffen am 22. Juni 1988 in Berlin. Er wandte sich direkt an Honecker mit den Worten: »Ich möchte einem Mann, der sich im Sinne der olympischen Ideale verdient gemacht hat und uns sehr nahe steht, eine verdiente Ehrung zuteil werden lassen. Ich meine den Vorsitzenden Erich Honecker. Seitdem Sie das Schicksal Ihres Staates in Ihre Hände genommen haben, zeugen Ihre Handlungen immer von dem tiefen Verständnis und der Wertschätzung, die Sie, wie ich zu wissen glaube, unserer olympischen Bewegung entgegenbringen. Sie waren es, der als erster ohne Winkelzüge einen Schritt nach vorn getan hat, als es für Sie darum ging, bei der Wiedervereinigung der olympischen Bewegung zur Durchführung der Olympischen Spiele von 1988 zu helfen.«

Nach allem, was ich weiß, ist es nicht übertrieben zu sagen: Ohne den Einsatz von Erich Honecker hätte es 1988 wiederum nur olympische Rumpfspiele gegeben. Auch das soll heute nicht mehr wahr sein, weil es nicht in das Geschichtsbild der Bundesrepublik passt.

Seoul wurde für die DDR zwar die letzte, zugleich aber auch eine sehr erfolgreiche Olympiade. Sportler der DDR erkämpften 37 Gold-, 35 Silber- und 30 Bronzemedaillen. Von den 283 Aktiven der DDR-Mannschaft errangen 138 Sportler Medaillen. Wir kamen in der Länderwertung zum zweiten Mal auf einen Platz vor den USA. Die DDR war im besten Sinne des Wortes ein Sportland. Und ich wiederhole, was ich schon an anderer Stelle bewies: Es ist nicht wahr, dass die Sporterfolge der DDR darauf zurückzuführen seien, dass in der DDR angeblich flächendeckend gedopt worden sei. Flächendeckend war die Sportförderung der DDR von der Auswahl von Talenten schon im Kindergarten, über den Sportunterricht in den Schulen bis hin zum organisierten Leistungssport, der seine Quelle im Massensport hatte. Der Leistungssport der DDR hat seine Potenzen nicht aus einem Dopingarsenal geschöpft, sondern aus dem wissenschaftlich begründeten und effektiv organisierten Fördersystem.

Kummer machte uns die weitere weltweite Professionalisierung und Kommerzialisierung des Sports. Kritiker des DDR-Sports haben behauptet, unsere Sportler seien »Staatsamateure« und somit Profisportler. Wahr ist, dass sich der Staat um die Schul- und Berufsbildung, um die Weiterbildung und die berufliche Sicherheit der Sportler kümmerte. Was die Sportler an materiellen und finanziellen Vorteilen erhielten, war im Verhältnis zum Profisport mehr als bescheiden.

In unserer Sportführung gab es zunehmend Auseinandersetzungen über die Frage, ob sich die DDR angesichts der Entwicklung im Weltsport überhaupt noch einer gewissen Professionalisierung entziehen könne. Sozialistische Bruderstaaten hatten längst begonnen, Trainer und Sportler ins Ausland zu verkaufen. Wir meinten, Sportler seien keine Ware und nicht käuflich. Im Zusammenhang mit den Olympischen Winterspielen von Calgary drang diese Diskussion schlagartig aus den Amtsstuben der Sportfunktionäre in die Öffentlichkeit.

Katarina Witt, die ein Jahrzehnt in der Welt die Entwicklung im Eiskunstlauf geprägt hatte, war 1988 zum zweiten Mal Olympiasiegerin geworden. Zu der Pressekonferenz mit ihr waren über 600 Journalisten erschienen. Katarina stand ihnen Rede und Antwort, nicht nur bei Sportfragen, sondern auch in der großen Politik. Intelligent und charmant bekannte sie sich als DDR-Bürgerin. Dementsprechend unterschiedlich waren die Reaktionen der Medien in Ost und West. Während die DDR-Presse sie feierte, machten sich bestimmte Zeitungen der Bundesrepublik lustig über sie. »Gold-Kati – Neues Leben für Honecker« titelte das Blatt mit den vier großen Buchstaben aus Hamburg. Nicht ihre sportlichen Leistungen standen im Mittelpunkt, sondern Erfindungen, die sie diskreditieren sollten. »Das schönste Gesicht des Sozialismus«, so wurde berichtet, »soll für die DDR Millionen scheffeln«. Die westlichen Boulevardjournalisten wollten sogar wissen, dass sie »auf die Parteischule muss und künftig als Botschafterin der DDR« tätig sein werde. Man erfand für sie das Wort »Devisenbringerin«.

An dieses Märchen knüpfte noch 1991 eine Burda-Postille an, die in Berlin herausgegeben wurde und sich *Super!* nannte. Sie behauptete wider besseres Wissen: »Egon Krenz: 1 Million für Kati Witt.«

All das hat in der DDR-Führung nie eine Rolle gespielt. Die Fakten sind wie folgt: Als unsere Olympiamannschaft am 1. März 1988 aus Calgary zurückkehrte, empfing ich sie auf dem Flugplatz in Berlin-Schönefeld. Dabei erfuhr ich von Katarina, dass sie sich mit dem Gedanken trägt, nach den Weltmeisterschaften im Eiskunstlauf Ende März in Budapest mit dem aktiven Leistungssport aufzuhören. »Das Eiskunstlaufen ist mein Leben«, sagte sie mir, »Ich kann mir nicht vorstellen, dass ich von heute auf morgen ganz aufhören kann«, ergänzte sie und schloss daran ihre Frage: »Ist es denkbar, dass ich künftig in einer Show auftreten kann?«

Show, das war Geschäft. So etwas hatte es in der DDR bisher nicht gegeben. Das würde ein Umdenken in unserer Sportpolitik bedeuten. Andere Sportler und Sportarten würden folgen wollen. Wir würden faktisch der Tendenz der Kommerzialisierung erliegen. Ich gebe zu, dass mir die Antwort nicht leicht fiel. Dies um so mehr, da mir von der Sportführung jemand gesagt hatte, dass ein Umsteigen auf das Showgeschäft zunächst Kosten in Höhe einer sechsstelliger DM-Größe verursachen würde, die Katarina vom Staat als Kredit bekommen müsste. Ich sah aber auch keine vernünftige Alternative, es sei denn, wir würden uns im Weltsport isolieren wollen. Das war für mich undenkbar. Ich machte Katarina Mut und sagte ihr: »Ich lade dich und Jutta Müller zu einem Abendessen nach Berlin ein. Dann können wir über alles sprechen.«

Bei unserem Sportbund gab es wegen meiner Kompromissbereitschaft weiterhin geteilte Meinungen. In dieser Pattsituation kam ein Brief aus Amerika. Absender war der bekannte amerikanische Milliardär Armend Hammer, der als junger Mann schon mit Lenin gesprochen, sich zu allen Zeiten für den Handel der USA mit Sowjetrussland und später mit den sozialistischen Ländern eingesetzt hatte und sich nun an Honecker mit der Bitte wandte, Katarina Witt möge in die USA kommen, unter anderem auch zu Filmaufnahmen. Honecker fragte mich nach meiner Meinung. Dabei informierte ich ihn über meinen Standpunkt zur Profikarriere von Katarina Witt. Sagte ihm, dass dies der Lauf der Dinge sei, den wir nicht aufhalten könnten, es sei denn wir wollten Don Quichotte gleichen. Auch eine Tournee in Amerika sollte genehmigt werden. Honecker bestärkte mich. Gleichzeitig jedoch bekam ich eins gegen das Schienbein. Honecker vermutete, dass mein Eintreten für die Entlastung des verdienstvollen Sportpräsidenten Manfred Ewald und für die Wahl des 1. Vizepräsidenten, Klaus Eichler, zum Präsidenten des DTSB mit einer von mir inszenierten Kursänderung unseres Leistungssports in Richtung Kommerzialisierung zusammenhing. »Mit Ewald wirst du keinen Profisport durchsetzen können«, unterstellte er. Das war auch nie meine Absicht. Ewald hatte tatsächlich außerordentliche Verdienste, inzwischen aber war er erkrankt. Eichler wurde ssein Nachfolger. Klaus war dreizehn Jahre jünger als Ewald, und Ewald vierzehn Jahre jünger als Honecker. Der war nach Honeckers Meinung weiterhin fähig, an der Spitze des DDR-Sports zu stehen. Er unterstellte mir, Ewald aus dem Amt drängen zu wollen, um eine Kursänderung in der DDR-Sportpolitik durchsetzen zu können. Das ärgerte mich, weil es falsch war. Ich wusste wie Honeckert, dass Ewald als Person an den Erfolgen des DDR-Leistungssports einen hohen Anteil hatte.

Siegfried Lorenz und ich kannten Katarina und ihre Trainerin recht gut. Wir hatten sie beim Training in Karl-Marx-Stadt besucht, wiederholt miteinander gesprochen, ihre Wettkämpfe bei Meisterschaften gesehen und als Zuschauer auch an ihren Schaulaufveranstaltungen teilgenommen. Wir luden sie, Jutta Müller und Manfred Ewald zu einem Abendessen in Berlin ein. Wir hatten dabei eine freimütige Diskussion, hörten uns die Wünsche unserer Ausnahmesportlerin an und unterstützten sie bei ihrem Wunsch, nach Beendigung der aktiven Zeit gewissermaßen eine Profikarriere zu wagen.

Hauptsächlich aber ging es um ihre berufliche Ausbildung – nicht, wie Schreiberlinge meinten, als DDR-Botschafterin oder als SED-Parteischülerin, sondern auf der Schauspielschule. Alles andere war Angelegenheit der zuständigen Sport- und Staatsorgane. Katarina bekam den notwendigen Kredit, den sie meines Wissens auf Heller und Pfennig zurückgezahlt hat. Mir war bewusst, dass diese Weichenstellung nicht ohne gesellschaftliche Auswirkungen sein würde.

Ich wurde früher damit konfrontiert, als ich annehmen konnte. Katarina Witt wurde Ende März 1988 in Budapest zum vierten Mal Weltmeisterin. Es gab einen bisher nie gekannten Trubel um sie. Sie machte nun auch öffentlich, was bisher nur wenige kannten: »Es ist vorstellbar«, sagte sie den Medien, »dass ich künftig auch bei einer Eisrevue auftreten werde«. Das machte auch einige im Politbüro mobil, denn bis dahin hat dies im Politbüro keine Rolle gespielt. Als wir nach dem erfolgreichen Sportwochenende wieder einmal gemeinsam zu Mittag aßen, sagte Schabowski so ganz nebenbei: »Den Berlinern geht der Rummel um die Witt auf die Nerven.« In der Freude über die sportlichen Erfolge hatten die Medien wohl in bezug auf Katarina überzogen. Obwohl in der DDR die Leistungen des Einzelnen immer hoch gewürdigt wurden, hatte die Bevölkerung ein feines Gespür dafür, wenn wir übertrieben. Der Starkult, wie er im Kapitalismus zu Hause ist, gehörte nicht zu unseren Werten. Es ist zwar Unsinn, wenn uns vorgeworfen wird, der Sozialismus sei die »Gesellschaft der Vermassung«. Die Individualität war uns immer sehr wichtig. Doch stets in ihrer engen Wechselwirkung mit den vielen anderen Menschen, die am eigenen Erfolg Anteil hatten. Solche moralischen Diskussionen konnten nach meiner Meinung nur fruchtbringend sein. Doch Schabowskis Anmerkung diente Günter Mittag dazu, eine Grundfrage zu stellen. Barsch warf er ein: »Wer hat denn überhaupt gestattet, dass es in der DDR künftig Profisportler gibt?« Alle Blicke gingen auf mich. Ich dachte bei mir: »Soll Erich antworten. Der kennt die Zusammenhänge.«

Doch der tat es nicht. Und ich hatte keine Lust, mich zu rechtfertigen. So antwortete ich etwas demagogisch: »Wenn Katarina jetzt in Budapest in eine Lufthansamaschine steigt, braucht sie niemanden mehr bei uns zu fragen, ob sie Profi werden kann oder nicht.«

Das saß.

Honecker: »Egon hat Recht.«

Ich habe nie einem unserer Leistungssportler misstraut. Glücklicherweise haben nur ganz wenige von ihnen die DDR verlassen. Ich habe Katarina weder zugetraut noch unterstellt, aus ihrer Heimat, der DDR, in die Bundesrepublik zu gehen. Sie war mit ihrem Vaterland so fest verbunden, dass sie diesen Schritt nie gegangen wäre. Zur Wahrheit gehört allerdings auch, dass es für sie alle ein Leichtes gewesen wäre, einfach in ein bundesdeutsches Flugzeug zu steigen und der DDR den Rücken zu kehren. Auch das veranlasste mich, in der Angelegenheit Katarina nicht nur die Weltoffenheit des Sports zu beschwören, sondern auch zu praktizieren.

Der Druck nimmt zu

Es war der erste Januar-Montag 1988. Werner Felfe wurde sechzig. Nach der offiziellen Gratulation saßen wir im Kreis von engen Freunden in gemütlicher Runde beisammen. Wie bei solchen Gelegenheiten üblich, gab es auch Trinksprüche. Als der Jubilar selbst an der Reihe war, einen Toast auszubringen, sagte er unvermittelt: »Trinken wir auf die politische Zukunft von Egon.«

Nachdem wir uns wieder gesetzt hatten, erkundigte sich Landwirtschaftsminister Bruno Lietz (1925-2005): »Wann setzt sich denn Erich zur Ruhe?«

Betroffenes Schweigen. So offen hatte das noch niemand gefragt. Manchem in diesem Kreis schien die Frage unangenehm, mindestens despektierlich, zumal sie nach Felfes Toast gestellt worden war. Dabei schwang kein Hauch von Gehässigkeit mit. Allenfalls die Erkenntnis: Es wird Zeit. Erich hat sich seinen Ruhestand verdient.

So oder ähnlich hatten mich in den letzten Monaten nicht nur Genossen angesprochen. Ganz offen, ohne irgendwelche Hintergedanken. Eigenartigerweise tat mancher, als wüsste ich die Antwort. Als gebe es zwischen Honecker und mir diesbezügliche Absprachen.

Dergleichen gab es. Auch Werner Felfe wusste das. Er äußerte sich dennoch so, als wäre auf der morgigen Politbürositzung etwas zum Thema zu erfahren. Woher er diese Überzeugung nahm, behielt er für sich. Honecker werde die erste Politbürositzung des Jahres nutzen, um Spekulationen über seine Nachfolge zu beenden. Äußerte er. Und bestimmt werde er den Staffelstab an mich weiter geben. Spekulationen? Ja, die gab es zur Genüge. Nach Honeckers fünfundsiebzigstem Geburtstag sogar ziemlich offen. Als er im September 1987 seine Westreise gemachte hatte, glaubten selbst Stoph und Mielke, dass Honecker sich nach dieser Krönung seines politischen Lebens zumindest aus seinen Parteifunktionen verabschieden würde.

Doch Honecker tat dergleichen nicht. Sein Rückzug, dessen war er sich bewusst, wäre kein einfacher Wechsel an der Spitze. Mit ihm würde auch die »alte Garde« gehen. Jene Generation, die für ihre Überzeugung unter Hitler gekämpft und gelitten hatte. Den Nachgeborenen, uns Jüngeren, traute er diese Standhaftigkeit nicht zu. Ein Generationswechsel schien ihm angesichts seiner Erfahrungen mit Gorbatschow riskant, sie gefährdete nach seiner Überzeugung die von ihm angestrebte Kontinuität.

Für einen normalen, kontinuierlichen Wechsel an der Spitze von Partei und Staat gab es in unserem Gesellschaftssystem keine Regularien. Entweder man starb im Amte oder wurde mit Schimpf und Schande vom Hof gejagt. Generalsekretäre hielten sich für unersetzlich. Honecker hatte 1986 vage angedeutet, sich schrittweise zurückziehen zu wollen. Diese Meinung korrigierte er um die Jahreswende 1987/88 grundsätzlich.

Das geschah auf der ersten Sitzung des Politbüros im Januar 1988, zu der Werner Felfe auf seinem Geburtstag Überlegungen angestellt hatte. Doch die Erklärung war nicht in dem Sinne, wie er vermutet hatte. Honecker überraschte uns mit einem Vorschlag außerhalb der Tagesordnung, den XII. Parteitag der SED um ein Jahr vorzuziehen und schon 1990 durchzuführen.

Auf den ersten Blick schien seine Begründung schlüssig: der Fünfjahrplan 1990 bis 1995 könne nicht erst 1991 beschlossen werden.

Und: Im gültigen Parteiprogramm und Parteistatut stünden Dinge, die nicht mehr zeitgemäß seien. Dies betreffe vor allem die führende Rolle der Sowjetunion. Sie lasse sich nicht weiter aufrechterhalten. Unser Parteitag müsse zeitlich vor dem der KPdSU stattfinden. So würden wir, wie Honecker sagte, »uns mit dem ganzen Quatsch von dort nicht mehr befassen müssen«. Er hielt mit seiner Überzeugung nicht hinterm Berg, dass Gorbatschow scheitern würde. Reformen seien auch bei uns nötig. Aber nicht auf diese Weise.

Keineswegs nebensächlich jedoch war die erkennbare Intention, sich auf diesem Parteitag sich in seiner Funktion bestätigen zu lassen. Er hielt sich dafür fit genug. Strauß zum Beispiel hatte ihm mitteilen lassen, er sei froh, dass ein »Mann wie Erich Honecker die Geschicke der DDR leitet«. Der SPD-Vorsitzende Vogel hatte ihm im Interesse der Kontinuität der deutsch-deutschen Beziehungen noch »viele Jahre im Amt bei bester Gesundheit« gewünscht. Der Vize-Chef der CDU-Fraktion im Deutschen Bundestag, Volker Rühe, hatte öffentlich erklärt: Ein Gespräch mit Honecker sei »angenehmer und konstruktiver als ein Gespräch mit der britischen Regierungschefin«. Auch die Grünen Petra Kelly und Gert Bastian sahen in Honecker einen »Mann des Ausgleichs und des Friedens«, der in der Politik benötigt würde.

Vor wenigen Wochen, im Dezember 1988, war Klaus Höpcke, unser »Literaturminister«, in München gewesen. Max Streibl, der neue bayerischen Ministerpräsident, Strauß war am 3. Oktober verstorben – hatte ihm mit Blick auf die Sowjetunion und Polen gesagt: »Das darf doch nicht sein, dass sie (*die DDR und ihre Bürger – E. K.*) auch noch in die Anarchie gehen.« Honecker sah sich als Stabilitätsanker in Europa und sich darum verpflichtet, auf seinem Posten zu bleiben.

Mehr als Westpolitiker es nachträglich wahrhaben wollten, waren sie ebenfalls an Stabilität interessiert. Gorbatschows Experimente schienen auch ihnen nicht geheuer, weil sie nicht genau wussten, was daraus werden würde. Hier trafen sich ihre Positionen mit denen Honeckers. Inzwischen hatte sich gezeigt, dass Gorbatschow mit der Perestroika nicht vorankam. In Moskau, wo selbst in der harten Nachkriegszeit die Versorgung unter Stalin funktioniert hatte, waren vierzig Jahre später die Geschäfte unter Gorbatschow leer, den Sowjetbürgern ging es wirtschaftlich schlechter als jemals zuvor.

Trotz der Tatsache, dass Honecker nach seinem BRD-Besucher fester denn je im Sattel saß, fragten bundesdeutsche Medien regelmäßig: Wann tritt er zurück, und wer wird sein Nachfolger?

Der Altersdurchschnitt des Politbüros betrug inzwischen vierundsechzig Jahre. Mielke war schon über achtzig, vier gingen auf die Achtzig zu und drei weitere hatten die Siebzig überschritten. Das Wort von der Gerontokratie, von der Herrschaft der Alten, machte die Runde. Besonders junge Leute machten ihre Witze darüber. Dabei waren viele der Mitglieder und Kandidaten des Politbüros durchaus leistungsfähig.

Die Generation darunter, die zwischen fünfzig und sechzig Jahre alt war und nachfolgen sollte, hatte sich allerdings nicht ernsthaft auf den Generationswechsel vorbereitet. Ich selbst verspürte noch keine große Bereitschaft, Honecker politisch zu beerben. Meinen Freunden sagte ich in der Regel, wer nach Honecker komme, der würde scheitern müssen. Nicht etwa, weil ich die Entwicklung von 1989/90 geahnt hätte. Nein, hellseherische Fähigkeiten besaß ich nicht. Außerdem glaubte ich an die Lebensfähigkeit der DDR.

Ich meinte damit auch nicht, dass die Fußstapfen, die Honecker hinterlassen würde, zu groß für den Nachfolger sein würden. Ich fürchtete die wirtschaftlichen Folgen, die ursächlich Mittags Politik geschuldet waren.

Diskutiert haben wir solche Fragen allerdings nur hinter vorgehaltener Hand. Zwar war ich mir mit Willi Stoph, Siegfried Lorenz, Achim Böhme, Werner Felfe, Werner Jarowinsky und Gerhard Schürer einig, dass es höchste Zeit sei, dass Honecker einem Jüngeren Platz machen und diese verhängnisvolle Poltik der Verschuldung und Abhängigkeit korrigieren müsse. Doch zur Tat schritten wir nicht.

Daran hinderte uns auch eine Erfahrung anderer sozialistischer Länder: Erzwungene Veränderungen an der Spitze waren immer mit folgenschweren gesellschaftlichen Erschütterungen verbunden. Solche politischen und sozialen Verwerfungen und Erschütterungen wollte niemand von uns. Eine »Palastrevolution« verbot sich jedoch auch deshalb, weil wir ausnahmslos loyal zu Honecker standen – bei allem Wenn und Aber.

Selbstkritisch bekenne ich: Ich setzte zu lange – wie auch Siegfried Lorenz und Wolfgang Herger, mit denen ich oft über diese Frage diskutierte – auf Honeckers Altersweisheit. Nämlich dass dieser von sich aus die richtigen Entscheidungen treffen werde.

Mitte 1988 suchte mich Alexander Schalck-Golodkowski in meinem Büro auf, ohne sich vorher angemeldet zu haben. Es musste etwas Besonderes vorgefallen sein, denn er war die Korrektheit in Person und kam nie ohne Termin. Er wirkte nervös, obgleich er sonst die Ruhe in Person war. Er schob mir einen Zettel über den Tisch. Darauf stand handschriftlich: »Der Generalsekretär hat wahrscheinlich Krebs.«

Dass er diese Mitteilung so konspirativ machte, offenbarte mir, dass diese Erkenntnis streng geheim und nicht für fremde Ohren bestimmt war. Ich fragte folglich auch nicht nach seiner Quelle, Schalck war kein Gerüchtemacher. Wenn er Informationen unter dem Siegel der Verschwiegenheit teilte, konnte man ihnen auch Glauben schenken.

Mit diesem Wissen ging ich fortan von einem Rücktritt Honeckers aus gesundheitlichen Gründen aus. Und die waren, wie gemeinhin üblich, nicht vorgeschoben.

Stoph, Mielke und Krolikowski meldeten Moskau derweil weiter ihre kritische Sicht auf Honeckers Politik und warteten auf einen Fingerzeig Gorbatschows. Doch der kam nicht. Nicht weil Gorbatschow sich nicht bei uns einmischen wollte, wie er später erklärte. Der Generalsekretär war nach der eindrucksvollen Honecker-Visite in Bonn der Meinung, dass man »nach einem solchen Erfolg die Pferde nicht wechseln sollte«.

Werner Felfe schlug mir vor, dass wir nach den Sommerferien im Politbüro eine Grundsatzdiskussion über die aktuelle Lage anregen sollten. Anlass dafür sollte eine Analyse sein, die er über die bisherige Erfüllung des laufenden Fünfjahrplanes angefertigt hatte. Wir waren in der Mitte des Planjahrfünfts angekommen. Felfe hatte mit Experten errechnet, dass es trotz großer Anstrengungen nicht mehr möglich sein würde, die angestrebten Ziele zu erreichen. Das würde das gesamte Gebäude der Einheit von Wirtschafts- und Sozialpolitik negativ beeinflussen. Kurskorrekturen seien unvermeidlich.

Mit der Verabredung, für die Debatte fundiertes Material vorzubereiten, verabschiedete ich Werner in seinen Jahresurlaub. Er kehrte nicht mehr zurück. Er starb nach einer schweren Herzattacke während eines Jagdausfluges bei Strasburg in der Uckermark am 7. September 1988. Die Nachricht erschütterte mich tief. Er war mir nicht nur ein guter Freund. Mit ihm verlor ich auch einen politischen Mentor. Aus der Parteiführung schied ein Genosse aus, der nicht nur einen exzellenten politischen Verstand besaß, sondern auch über ausgezeichnete ökonomische Kenntnisse und wertvolle Leitungserfahrungen verfügte. Ich will nicht spekulieren, wie sich manche Dinge im Politbüro hätten entwickeln können, wenn wir ihn nicht verloren hätten. Seine Urne wurde in der Gedenkstätte der Sozialisten in Berlin-Friedrichsfelde beigesetzt – es sollte das letzte Politbüromitglied sein, dem diese Ehre zuteil wurde. Aber auch das konnte keiner damals wissen.

Nach dem unerwarteten Tod von Felfe wollte Honecker von mir Vorschläge, wer dessen Funktion übernehmen könnte und wer für die Besetzung der inzwischen durch Krankheit oder Tod vakanten Funktionen der 1. Sekretäre in den Bezirken Gera, Leipzig und Frankfurt/Oder infrage käme. Ich erbat Bedenkzeit.

Am Wochenende setzte ich mich zu Hause hin und schrieb in Schönschrift, die mir selten gelingt, einen persönlich-vertraulichen Brief an Honecker. Meine Favoriten für Felfes Amt waren Erich Postler oder Werner Walde (1926-2010). Postler war als junger Mann Einzelbauer gewesen, hatte sich zunächst nur schwer für den genossenschaftlichen Weg in der Landwirtschaft durchringen können, studierte später Agrarwirtschaft, war einige Jahre mein Stellvertreter im FDJ-Zentralrat gewesen und arbeitete seit Jahren erfolgreich als 2. Sekretär der Partei im Landwirtschaftsbezirk Schwerin. Walde war bereits Kandidat des Politbüro und seit 1969 im Bezirk Cottbus 1. Sekretär der Partei. Er war dort sehr geachtet, weil er Sachverstand mit Feinfühligkeit im Umgang mit Menschen verband.

Für die Funktionen als 1. Bezirkssekretär schlug ich Helga Labs und Helmut Müller sowie frühere FDJ-Bezirkssekretäre vor, die inzwischen in verschiedenen Parteifunktionen Erfahrungen gesammelt hatten. Überdies: Es waren Vertreter einer anderen Generation. Sie zu wählen bedeutete einen Verjüngungsschub. Deshalb nahm ich an, Honecker würde meine Vorschläge annehmen, denn er selbst hatte wiederholt auf einen Artikel verwiesen, den die Springer-Zeitung *Die Welt* schon vor einiger Zeit unter der Überschrift veröffentlicht hatte: »Mit der jungen Garde will Honecker sein Erbe sichern.«

Ich irrte.

Honecker reagierte auf bekannte Weise: keine Experimente!

Er holte Werner Krolikowski, den Ersten Stellvertreter von Stoph im Ministerrat, zurück ins Sekretariat, wo er schon einmal gescheitert war. Der bis 1976 für die Wirtschaft zuständige ZK-Sekretär Krolikowski wurde nun für die Landwirtschaft verantwortlich gemacht. Eine klare Fehlentscheidung.

Fehlbesetzt wurde auch die Funktion des 1. Stellvertreters von Ministerpräsident Stoph, wogegen ich vergebens Einspruch erhob. Günther Kleiber (1931-2013) gehörte seit Mitte der sechziger Jahre dem Politbüro an. Zudem war er seit 1973 Minister für Allgemeinen Maschinen-, Landmaschinen- und Fahrzeugbau. Durch Leistung war er allerdings nie besonders aufgefallen.

Nichts war mit Hoenckers Personalentscheidungen gewonnen: keine Verjüngung, keine fachliche Qualifizierung des Führungsgremiums. Wir traten weiter auf der Stelle und verloren Zeit. Junge, befähigte Nachwuchskader blieben unberücksichtigt. Funktionäre, die längst das Rentenalter erreicht hatten, bestimmten weiter das Erscheinungsbild des Politbüros.

In den bundesdeutschen Medien gingen die Personal-Spekulationen unverdrossen weiter. Der Kreis der Kandidaten änderte sich von Woche zu Woche. Viele favorisierten Schabowski, der in letzter Zeit mehr als alle anderen durch öffentliche Treuschwüre für Honecker aufgefallen war. Andere nannten Siegfried Lorenz. Auch der Hallenser Hans-Joachim Böhme (1929-2012) war im Gespräch. Genannt wurden auch Personen, die dem Politbüro nicht angehörten, zum Beispiel Hans Modrow in Dresden und der ehemalige Chef der Auslandsaufklärung Markus Wolf.

Interessanterweise hieß es nun auch, ich hätte inzwischen die Nachfolge durch »ein zu wenig diszipliniertes Leben verspielt«. Mir wurden »Alkoholmissbrauch«, »Diabetes« und allerlei »moralische Ausschweifungen« angedichtet. Dabei war ich kerngesund und in meiner Lebensweise äußerst diszipliniert. Ich habe leider unterschätzt, wie schnell sich Gerüchte verbreiteten und wie oft ihnen geglaubt wurde.

Die *Frankfurter Allgemeine Zeitung* stachelte in jener Zeit Honeckers Misstrauen an. Sie stellte im Zusammenhang mit einigen innenpolitischen Vorgängen, bei denen die Sicherheitsorgane hart durchgegriffen hatten – es handelte sich um die Verhaftungen am Rande der traditionellen Liebknecht-Luxemburg-Demonstration im Januar 1988 –, in einem gut platzierten Artikel die Frage, ob das »Ende der Ära Honecker« nahe. Im Untertitel fragte die Zeitung scheinheilig: »Ist auf das Wort des SED-Generalsekretärs noch

Verlass?« Und antwortete darauf selbst und brachte mich erneut ins Gespräch: »Es könnte sein, dass der sich in der Vergangenheit gegenüber seinem Mentor loyal verhaltende Krenz sich nun, da auch andere sich für die Honecker-Nachfolge zu interessieren beginnen, gegenüber dem bisher unbestritten herrschenden Generalsekretär als starker Mann profilieren will.«

Fortan war ich also für die *FAZ* Hardliner und Reformgegner, indem man mich verantwortlich machte für das Agieren der Sicherheitsorgane, für administrative Maßnahmen gegen Kirchenzeitungen, repressive Entscheidungen bei Ausreiseanträgen, für Behinderung der politischen Opposition und ähnlich unangenehme Entscheidungen.

Honecker kam dies zupass: Er wurde von dieser Verantwortung freigesprochen. Ich trug dies mit Fassung. Ich wusste ja, dass es sich um meine politischen Gegner handelte, die mich treffen wollten. Zornig hingegen machte mich allerdings, als eine Zeitung meinen Sohn Carsten attackierte. Springers *Welt* machte am 24. November 1988 auf Seite 1 mit der Überschrift auf: »Krenz-Sohn als Spitzel«. Es hieß dort: »Aus verlässlichen Parteikreisen (wurde) bekannt, dass ein Sohn von Egon Krenz die vier Schüler der Carl-von-Ossietzky-Schule verriet, die nach dem Sinn der DDR-Militärparaden gefragt hatten und daraufhin von der Schule verwiesen worden waren.«

Meinem Sohn wäre nie in den Sinn gekommen, Mitschüler zu verraten, was ihm unterstellt worden war. Und natürlich galt auch bei dieser Tatarenmeldung: Man prügelte den Sack, meinte aber den Esel. Dennoch war für mich nicht hinnehmbar, dass die von der West-Gazette verbreitete Lüge auch von Kanzeln in Berliner Kirchen verbreitet wurde, was wahrlich nichts mit Religionsfreiheit zu tun hatte. Ich beschwerte mich darüber bei Bischof Gottfried Forck und Konsistorialpräsident Manfred Stolpe.

Die Vorgänge an der Carl-von-Ossietzky-Schule waren komplexer Natur, und die Beteiligten – bis hinauf zur Volksbildungsministerin – verhielten sich mehr oder weniger irrational. Ausgangspunkt war eine relativ unbedeutende Sache. An einigen Schulen, auch an der Berliner Ossietzky-Oberschule, war es inzwischen üblich, an einer sogenannten »Speakers Corner« – früher hießen die »Wandzeitung« – Artikel anzuheften, die zur Diskussion anregen sollten. Während die FDJ diese Praxis unzensierter Meinungsäußerung guthieß und darum auch förderte, äußerte Volksbildungsministerin Margot Honecker grundlegende Vorbehalte. Wahrscheinlich sprach sie darüber auch mit ihrem Mann. Der jedenfalls attackierte mich eines Tages, weil die FDJ angeblich ungenügende politische Arbeit an den Schulen leistete.

Am 12. September 1988 hing ein Beitrag am Brett, überschrieben mit: »So sehe ich das: Anmerkungen zur derzeitigen Situation in der VR Polen.« Die Autoren waren zweifellos Leser der *Jungen Welt*, denn unter der Dachzeile »So sehe ich das« veröffentlichte die FDJ-Zeitung an jedem Samstag einen sehr subjektiven Kommentar. Mein Sohn Carsten, der viele meiner politischen Ansichten teilte, meinte darauf reagieren zu müssen, weil seine Sicht eine andere war: Er heftete anderntags seine Meinung daneben. Einen weiteren Tag später hängte ein anderer Schüler einen neuen Beitrag an die Speakers Corner, in dem es nicht um Polen und Solidarność ging, sondern um die geplante Militärparade zum 40. Jahrestag der DDR.

Ich erzähle deshalb so detailliert, um zu zeigen, wie aktiv und lebendig die Diskussionsplattform genutzt wurde.

Allerdings richtete der Autor, der über Sinn und Notwendigkeit von Militärparaden geschrieben hatte, seine Frage an alle Schüler. Achtunddreißig (von insgesamt einhundertsechzig) teilten mit Unterschrift seine Ablehnung von Militäraufmärschen. Das schien sich irgendwie herumgesprochen zu haben, jedenfalls schritt am 17. September die Pankower Stadtbezirksschulrätin ein. Und es begann eine interne Diskussion, Aussprachen mit den beteiligten Schülern, mit Lehrern und Eltern.

Der Direktor der Schule zeigte sich verständnisvoll. Dabei wurde er von dem mir unterstellten Leiter der Abteilung Jugend im ZK, Gerd Schulz, unterstützte – dessen Sohn besuchte mit meinem Sohn Carsten eben diese Einrichtung, wir waren also beide als Väter involviert. Allerdings galt für uns beide: Wir trennten scharf Privates von Dienstlichem.

Allerdings setzten sich die Scharfmacher durch. Margot Honecker, was mich verwunderte, da sie bis dato für eine behutsame politische Überzeugungsarbeit bei den Heranwachsenden eingetreten war, forderte ein hartes Durchgreifen. Dabei wurde sie vom Berliner SED-Chef Schabowski befeuert. Das Politibüromitglied hatte gefordert: »Es ist eine eindeutige Atmosphäre im gesamten FDJ-Kollektiv zur Ablehnung der Handlungsweise der provozierenden Schüler herauszubilden, die bis zum Punkt geführt werden sollte, dass die FDJler der Auffassung sind, dass die betreffenden Schüler nicht an eine EOS gehören.« Am Ende wurden vier Schüler von der EOS geworfen, zwei an eine andere Schule versetzt und zwei weitere mit einem Verweis bestraft.

Das fand nicht meine Billigung, und zwar aus verschiedenen Gründen. Vor allem aber ärgerte mich, dass hier auf dem Rücken von Schülern ein Problem ausgetragen und administrativ entschieden worden war, was in der Gesellschaft hätte diskutiert werden müssen. Was an der Carl-von-

Ossietzky-Schule demonstriert wurde, war eine politische und pädagogische Dummheit, die dazu beitrug, die politische Stimmung im Lande weiter zuzuspitzen.

Ein Jahr später, als ich inzwischen die Richtlinienkompetenz in der Partei- und Staatsspitze hatte, war es eine meiner ersten Empfehlungen, die ausgesprochenen Schulstrafen aufheben zu lassen. Dazu, das will ich nicht bestreiten, hat mich – entgegen meiner sonstigen Gewohnheit, Arbeit und Privates zu trennen – auch mein Sohn Carsten angestiftet.

1988 blies uns der Wind aus allen Richtungen schärfer ins Gesicht. Wir seien reformunwillig, hieß es nicht nur in der BRD. Jeder verstand darunter etwas anderes. Ich sah in Reformen die Möglichkeit, den Sozialismus voranzubringen. Unsere politischen Gegner meinten seine Abschaffung. Der Begriff »Reformen« war zu einem Schlagwort für sehr gegensätzliche Inhalte geworden. In dieser Situation schuf Otto Reinhold (1925-2016), Rektor der Akademie für Gesellschaftswissenschaften beim ZK der SED, Klarheit. Anfang Oktober hatte in Moskau auf Einladung der dortigen Akademie eine Konferenz mit etwa vierhundert Gesellschaftswissenschaftlern aus zwölf Ländern stattgefunden, bei der es um aktuelle Probleme der weiteren Entwicklung des Sozialismus gegangen war. Dort und in begleitenden Veröffentlichungen hatte Prof. Reinhold unmissverständlich gesagt, dass zwei kapitalistische Staaten in Deutschland nicht notwendig seien. Ein Wegreformieren des Sozialismus in der DDR würde zwangsläufig zu einer kapitalistischen DDR und damit zur deutschen Einheit führen. Mit dieser Prognose, die man damals nicht so ernst nahm, behielt er Recht. Genau zwei Jahre später hatte sie sich erfüllt, ein einziges kapitalistisches Deutschland war Realität geworden..

Zu Reinholds Voraussage passten auch Stimmen aus Moskau, die den Status quo infrage stellten. Ein Mitarbeiter der sowjetischen Botschaft in Bonn behauptete bar jeglicher Kenntnis historischer Fakten, dass die Blockgrenze in Gestalt der Berliner Mauer eine Erfindung der DDR gewesen sei. Moskau habe damit nichts zu tun gehabt. Auch wenn dieser Mann auf Weisung Gorbatschows sofort nach Moskau strafversetzt wurde, hatte diese Äußerung das Misstrauen zwischen Berlin und Moskau weiter angeheizt.

Aus Ungarn kam zudem die für uns beunruhigende Nachricht von der Entmachtung János Kádárs (1912-1989): Im Mai 1988 war er bereits als Generalsekretär der Ungarischen Sozialistischen Arbeiterpartei zurückgetreten, im November wurde Miklós Németh neuer Ministerpräsident. Das alles roch nach einer »Palastrevolution« relativ unbekannter »reformorientierter« Leute. Spiritus rector war ein alter Bekannter von mir, den ich als linientreuen Parteisoldaten kennengelernt hatte, ein treuer Verbündeter aller sowjetischen Führungen: Gyula Horn. Er wurde unter Németh Außenminister und 1994 ungarischer Ministerpräsident. Ich habe mich in meinem Leben nicht nur einmal gefragt, was in Menschen vorgeht, die ihre Überzeugungen so wie Horn nach der Wetterfahne richten. Mit aufrichtigem Charakter kann das nicht zusammenhängen.

Gleich zu Beginn des Jahres 1988 sollte die FDJ vor dem Zentralkomitee der SED Bericht erstatten. Honecker wünschte vor allen Kreis- und Bezirkssekretären des Jugendverbandes über Jugendpolitik zu sprechen. Die geladenen Teilnehmer waren bereits angereist, als in aller Frühe mein Telefon klingelte. Als ich den Hörer abnahm, hatte ich zunächst den Eindruck, ich sei falsch verbunden worden. Am anderen Ende schien jemand zu sein, der die Nacht durchgezecht hatte. Doch weit gefehlt. Es war Honecker. Es folgte das wohl emotionalste und zugleich schmerzlichste Telefonat, das ich je mit Erich Honecker geführt habe. So aufgelöst und erschüttert hatte ich ihn noch nie erlebt. Nur mit Mühe verstand ich, dass seine jüngste Enkelin gestorben war und er deshalb seine Teilnahme an der Veranstaltung mit der FDJ absagen müsse. Das war in diesem Moment unwichtig. Ich versetzte mich in die Lage von Erich, dem Großvater, und war angerührt, als hätte mich selbst dieser Schicksalsschlag getroffen.

Wer, wie ich, jahrelang miterlebt hatte, wie Honecker mit seinen beiden Töchtern und seinen Enkeln umging, konnte nachempfinden, was er in diesem Moment durchmachte. Ich litt mit ihm. Inzwischen war ich selbst Opa geworden. In diesem Augenblick war er mir wieder nahe wie in unseren besten Zeiten.

In der Folgezeit versuchte ich Honecker zu entlasten und nahm ihm jede routinemäßige Tagesarbeit ab.

Der Tod der Enkelin Mariana Yanez am 29. Januar hinterließ Spuren.

Tochter Sonja zeigte den behandelnden Arzt wegen Totschlags an.

Honecker selbst verhielt sich offiziell korrekt. Er ließ durch mich dem Generalstaatsanwalt mitteilen, dass die Anzeige von seiner Tochter, nicht von ihm stamme. Er legte Wert darauf, dass die Justizorgane objektiv untersuchten und sich nicht dadurch beeinflussen ließen, dass es sich um seine Enkelin handelte. Es war wohl auch nicht in seinem Sinne, dass die Ermittlungsorgane aktiv wurden.

Die Staatsanwaltschaft stellte die Ermittlungen bald ein.

Dennoch beschäftigte Familie Honecker die Frage unverändert, warum die am 13. Oktober 1985 geborene Mariana, zweites Kind ihrer Tochter Sonja Yanez, in den Armen eines Arztes gestorben war. Dazu gab es widersprüchliche Gutachten von verschiedenen Ärzten.

Bei der Frage, ob Dr. Busch-Petersen, den behandelnden Kinderarzt, eine persönliche Schuld träfe oder nicht, kam unfreiwillig auch ich ins Gespräch. Dr. Busch-Petersen war leitender Kinderarzt im Regierungskrankenhaus. Er gehörte fast zur Familie – unser Sohn Carsten litt seit frühester Kindheit an schwerem Asthma. Wir lernten Busch-Petersen als zuverlässigen und hochqualifizierten Facharzt kennen und schätzen. Ein Mann mit besten menschlichen und fachlichen Eigenschaften. Pflichtverletzung schloss ich aus eigenem Wissen bei diesem Tag und Nacht im Einsatz befindlichen Mann aus.

Mutter Sonja veranlasste immer wieder neue Untersuchungen, die schließlich – jedenfalls nach meiner Meinung – zu einer ungerechten Entlassung des Arztes aus dem Regierungskrankenhaus führten.

Honecker veränderte sich zusehends. Nicht nur äußerlich, auch im Wesen. Doch wie oft in der Vergangenheit, wenn er nicht in seinem Büro war, kamen Entscheidungen auf mich zu, die ich eigentlich hätte allein nicht treffen sollen. So auch Ende März 1988. Ich erhielt über Nachrichtenagenturen einen Artikel aus Moskau, der die Überschrift trug »Ich kann meine Prinzipien nicht preisgeben«. Geschrieben hatte ihn die Leningrader Dozentin Nina Andrejewa. Veröffentlicht hatte ihn die Zeitung *Sowjetskaja Rossija*. Ohne Gorbatschow beim Namen zu nennen, rechnete die Autorin mit den Sozialismusvorstellungen des KPdSU-Generalsekretärs ab. Kaum lag der Artikel in deutscher Sprache vor, berichteten bundesdeutsche Medien, dass es sich um ein »übles Dokument des Stalinismus« handele. So sah ich das keineswegs. Kampfbegriffe, auch der des Stalinismus, eigneten sich zudem nicht für eine geschichtliche Bewertung. Sie sind einfach zu schwammig. Solange sich zudem hierzulande Nazi- und Kriegsverbrecher als »Opfer des Stalinismus« bezeichneten, gebrauchte ich diese Vokabel nicht.

Ich fand beim Lesen des Artikels manchen Gedanken wieder, der auch mir durch den Kopf ging. Zum Beispiel: Wohin treibt die Sowjetunion, wenn Gorbatschow scheitert? Ich wusste von sowjetischen Freunden seit Oktober 1987, dass es im Kreml erhebliche Meinungsverschiedenheiten gab. Jelzin hatte Gorbatschow scharf angegriffen, weshalb er aus dem Politbüro der KPdSU ausgeschlossen worden war. Inzwischen agierte er als prinzipienloser Blender, fast immer alkoholisiert, und mobilisierte seine

Anhänger gegen Gorbatschow. Auf das Schicksal der Sowjetunion nahm er dabei keine Rücksicht. Es war nicht das erste Mal in der Geschichte, so meinte ich, dass Ehrgeizlinge wie er berechtigte Kritik anderer aufgriffen, um eigene egoistischen Interessen durchzusetzen. Jelzin gegen Gorbatschow unterstützen? Niemals.

Ich entschied mich, dass wir Andrejewas Artikel nicht veröffentlichten. Dafür hatte ich auch einen zusätzlichen persönlichen Grund. Die Autorin hatte in der Vergangenheit einige Theaterstücke des Dramatikers Michail Schatrow wegen vermeintlicher Geschichtsfälschung scharf kritisiert. Ich kannte Schatrow (1932-2010) sehr gut, wir hatten vor drei Jahren gemeinsam Urlaub in Bulgarien gemacht und standen seitdem in freundschaftlicher Verbindung. Zu Beginn der achtziger Jahre hatte ich mich dafür stark gemacht, dass sein Stück »Blaue Pferde auf rotem Gras« in Berlin aufgeführt werden konnte. Über der Bühne des BE war ein Transparent mit einem vermeintlichen Lenin-Zitat angebracht, dessen tieferen Sinn ich heute besser verstehe als damals: Der Kommunismus sei so gut, stand auf rotem Fahnenstoff, dass ihn niemand kaputt machen könne – es sei denn, die Kommunisten besorgten es selbst. Ich konnte darin keine Entstellung der geschichtlichen Rolle Lenins erkennen, was Kritiker meinten anmerken zu müssen. Für mich war dies gutes zeitgenössisches Theater. Ich fürchtete, wenn wir die globale Kritik an Schatrow veröffentlichen würden, könnte dies Dogmatiker bei uns auf den Plan rufen, die gegen seine Stücke auftraten. Deshalb engagierte ich mich für die Kunst, für Schatrow.

In einem anderen Fall verhielt ich mich anders. Ich meine den sowjetischen Film »Die Reue« des georgischen Regisseurs Tengis Abuladse, der 1987 in die Kinos kam. Nicht in unsere, wohl aber bei unseren westlichen Nachbarn, im Oktober 1987 lief er sogar im *ZDF*. Ich lehne aus Prinzip jede Form von Geschichtspessimismus ab. In diesem Film, der sich als Auseinandersetzung mit dem Stalinismus gerierte (NKWD-Chef Berija trägt einen Hitler-Bart und das schwarze Hemd der italienischen Faschisten), war diese denunziatorische Geschichtsklitterung besonders augenfällig und erklärte, warum der Film selbst unter Gorbatschow verboten war. Ich verleitete meinen ehemaligen Redenschreiber, der inzwischen Chefredakteur der *Jungen Welt* geworden war, zu einer kritischen Rezension, die mich bis heute nicht reut. Dafür aber ihn umso mehr.

Mit gleicher Überzeugung war ich gegen den Artikel aus der *Sowjetskaja Rossija*. Das mag man heute als Verstoß gegen die Freiheit der Information bezeichnen, als Zensur und Dirigismus. Das akzeptiere ich, weil es zutrifft. Damals jedoch stand viel auf dem Spiel. Jede kritische Anmerkung zur sowjetischen Politik wurde uns ausgelegt als Angriff auf Gorbatschow. Ich wollte alles verhindern, was dazu beitragen könnte, Zwietracht zwischen unseren Staaten zu säen. Ich wollte nicht, dass wir durch unbedachte öffentliche Schritte gar Jelzin unterstützten.

Ich teilte Honecker meine Entscheidung mit. Er stimmte mir zu.

Allerdings kam dann Marschall Viktor Kulikow, der Oberkommandierende des Warschauer Vertrages, am 1. April 1988 an den Werbellinsee. Er informierte Honecker über die Anforderungen des gemeinsamen Oberkommandos an die Nationale Volksarmee für das laufende Jahr.

Als wir damit fertig waren, kamen wir auch auf Gorbatschow zu sprechen. Kulikow nahm kein Blatt vor den Mund. Gorbatschow mache den USA unnötige Zugeständnisse. Das militärstrategische Gleichgewicht in der Welt werde dadurch zuungunsten der UdSSR verändert. Das sei gefährlich. Im ZK der KPdSU gebe es starke Kräfte, die Gorbatschows Politik nicht mehr mittragen würden. Es ginge nicht gegen die Perestroika, sondern gegen die Konzeptionslosigkeit Gorbatschows. So der Marschall der Sowjetunion Kulikow.

Und er endete mit der Feststellung: Für diejenigen in der UdSSR, die wirklich nach einer Konzeption für mehr Sozialismus in der Sowjetunion suchen, wäre es eine große moralische Unterstützung, wenn die DDR den Artikel aus der *Sowjetskaja Rossija* – der Armeezeitung – veröffentlichten.

»Egon, wir haben uns geirrt«, meinte Honecker und beauftragte den Agitationschef des ZK zu veranlassen, dass das *Neue Deutschland* den Artikel nachdruckte. Dies geschah am Ostersamstag, ohne dass jemand von uns wusste, dass das Parteiorgan *Prawda* schon drei Tage später eine Replik auf die *Sowjetskaja Rossija* bringen würde.

Noch heute äußern einige Historiker, dass unser Verhältnis zu beiden Artikeln den offenen Übergang der SED-Führung auf die Positionen der Gorbatschow-Gegner markiert habe. Wer jedoch weiß, wie die Veröffentlichung zustande gekommen war, wird die Publikation ein wenig differenzierter beurteilen. Es ging uns weniger um Gorbatschow, sondern um die Sowjetunion und deren Schicksal, mit dem das der DDR verbunden war. Wenn die Sowjetunion verlöre, verlor auch die DDR.

Wir berauschten uns an den Erfolgen unserer Außenpolitik. Wir freuten uns über die Abrüstungsschritte, zu denen wir nicht wenig beigetragen hatten. Wir waren beglückt, dass unsere Vorschläge für atomwaffenfreie Zonen die Unterstützung der bundesdeutschen Sozialdemokraten genauso fanden wie die der Kirchen in der DDR. Pfarrer Rainer Eppelmann aus Berlin lobte Honecker für dessen Initiative zum beginnenden Abzug sowjetischer Raketen aus der DDR. Er hob hervor, dass es dadurch eine »reale Chance für ein atomwaffenfreies Europa« gebe. An dem von der SED organisierten internationalen Treffen für kernwaffenfreie Zonen im Juni 1988 nahmen Delegationen aus 111 Ländern teil. Alle dort gehaltenen Reden wurden in unseren Medien im Wortlaut veröffentlicht, unabhängig davon, ob die dort geäußerten Positionen uns gefielen oder nicht. Die internationalen Nachrichtenagenturen meldeten: »Vor mehr als 1.000 Politikern sagte Honecker, ein kernwaffenfreier Korridor würde die militärische Konfrontation in Europa spürbar vermindern. Der SED-Chef schlug ferner die ›Einrichtung von Mechanismen zur friedlichen Krisenregulierung und Verhinderung militärischer Zwischenfälle in Mitteleuropa‹ vor. Er sagte: ›Das könnte zum Beispiel ein heißer Draht zwischen Prag, Berlin und Bonn sein.‹ An dem dreitägigen Treffen im Ost-Berliner Palast der Republik nehmen auch bundesdeutsche Politiker von FDP, SPD und den Grünen teil.«

In unserer Innenpolitik blieben wir hinter der außenpolitischen Dynamik, die weltweit anerkannt wurde, auffällig zurück. Das Problem der Ausreisen in die BRD begann uns politisch zu entgleiten. Zwar blieben die Ausreisewilligen weiterhin überschaubar. Ihre Aktivitäten aber wurden demonstrativer, manchmal auch aggressiver. Sie drohten mit öffentlichen Aktionen. Darüber informierten sie vorher bundesdeutsche Medien, deren Unterstützung sie auch bekamen. Nachdem diejenigen, die am Rande der Ehrung für Luxemburg und Liebknecht im Januar 1988 ihre Ausreise gefordert hatten, auch ausreisen durften, sagten diejenigen, die raus wollten und die Genehmigung nicht erhielten: »Wir erzwingen unsere Ausreise.« Der Staat wurde erpressbar, weil es für solche Fälle keine grundsätzlichen, also gesetzlichen Lösungen gab.

Die Gründe für den Weggang aus der DDR waren keineswegs, wie oft behauptet wird, nur politischer Natur. Eine Rolle spielten die ungenügende Versorgung mit hochwertigen Konsumgütern und Dienstleistungen, Verärgerungen über ungelöste Wohnungsfragen und auch herzlose Entscheidungen staatlicher Organe.

Die Mehrheit der Ausreisewilligen hatte Illusionen über einen wirtschaftlichen Neuanfang im Westen. Sie wurden genährt von der Reklamewelt des bundesdeutschen Fernsehens und den Privilegien, die prominente Aussiedler in der BRD erhielten. Unsere Argumente reichten nicht, um solche Wunschbilder zu entkräften. Vielmehr entstand der Eindruck: Je erpresserischer die Aktion, umso schneller die Genehmigung der Ausreise.

Kompliziert wurde auch unser Verhältnis zu den Kirchen. Grundsätzlich war ein Kirchenkampf unsere Sache nicht. Er hätte zudem unsere Politik des Miteinanders von Christen und Marxisten infrage gestellt. Wir hätten damit jene Kräfte in der Kirche vor den Kopf gestoßen, die »mit der Kurzformel ›Kirche im Sozialismus‹ beschrieben: Wir wollen Gottes Willen annehmen, in einer sozialistischen Gesellschaft mit einem sozialistischen Staat als Kirche Gott zu dienen. […] Wir sehen unsere Aufgabe nicht darin, eine Oppositionspartei zu sein«, hatte der Thüringer Landesbischof Werner Leich gesagt. Und damit auch aus unserer Sicht die Realität beschrieben. Obwohl die wenigsten Ausreisewilligen einer Religionsgemeinschaft angehörten, suchten viele von ihnen den Schutz der Kirche. Selbst Kirchenbesetzungen kamen vor.

Ich verhehle nicht, dass es im Politbüro auch einige Hitzköpfe gab, die unbotmäßiges Verhalten der Kirche mit Einschränkungen von deren Tätigkeit beantworten wollten und – wie ihr Umgang mit Kirchenzeitungen zeigte – teilweise auch taten. Honecker, den ich unterstützte, setzte sich für ein Gespräch mit den Kirchenoberen ein. Gegen anfängliche Widerstände einiger im Politbüro kam es am 3. März 1988 zu einem Grundsatzgespräch zwischen dem Vorsitzenden der Konferenz der Evangelischen Kirchenleitungen in der DDR, Landesbischof Dr. Werner Leich, und Erich Honecker. Es war sicherlich nicht der von der Kirche erhoffte Dialog, wohl aber ein inhaltsreicher und offener Austausch von Standpunkten. Der Landesbischof nannte zunächst, was in den letzten Jahren erreicht worden war: »Wir konnten Gemeindehäuser oder Kirchen in Neubaugebieten bauen, die Seelsorge in Pflegeheimen erweitern, das Lutherjahr 1983 mit weit beachteten öffentlichen Veranstaltungen durchführen, die Kirchentage mit spürbarer Unterstützung des Staates abhalten und geregelte Sendezeiten im 2. Programm des Fernsehens erhalten. Wir sehen auch dankbar das Bemühen, den Grundsatz der Gleichberechtigung und Gleichachtung des Bürgers mit christlichem Bekenntnis auf allen Ebenen zur Geltung zu bringen«, resümierte er.

Es hängt vom Standpunkt des Betrachters ab. Aber solcherlei Zusammenarbeit zwischen Staat und Kirche, selbst wenn sie der Kirche noch nicht genügte, gab es im Perestroika-Land Gorbatschows nicht. Und auch in anderen sozialistischen Ländern kaum.

Zwar hatte der Landesbischof einen breiten Forderungskatalog an den Staat aufgemacht, aber auch Signale für die Zukunft gegeben: »Der Sinn des Lebens«, sagte er zu Honecker, »dieses Wissen ist bewährten Kommunisten und Christen gemeinsam – erfüllt sich nicht nur durch die ökonomische Steigerung des Lebensniveaus, sondern durch menschliche Werte. Sie sind in unserer Gesellschaft vorhanden und können aufgerufen werden. Dazu brauchen wir die lebensnotwendige Zukunftserwartung: Es geht voran, in der Sicherung des Friedens, der Bewahrung der Lebensbedingungen, in der Pflege des menschlichen Umgangs und menschlicher Beziehungen.«

Wir haben diese Töne leider viel zu oft überhört. Auch wenn ich schon damals wusste und heute noch viel besser weiß, dass etliche Pfarrer uns gegenüber unaufrichtig waren und ihre vermeintliche Dialogbereitschaft weiter nichts war als ein Feigenblatt für ihre Arbeit gegen die DDR, meine ich doch, dass diese Kräfte nicht die Mehrheit in der Kirche waren.

Eines Tages im Sommer ließ mir Honecker einen ganzen Packen Briefe übergeben. Es waren, wenn ich mich recht erinnere, etwa fünfzig Beschwerden, die er als Staatsoberhaupt von Rostocker Bürgern erhalten hatte. Die Absender fühlten sich vom Kirchentag belästigt, der in Rostock stattfand. Zum Ärger der Fans war seinetwegen ein Fußballspiel der DDR-Oberliga verlegt worden. An öffentlichen Plätzen Rostocks, wo sonst die Staatsflagge und die rote Fahnen wehten, sah man nur noch Kirchentagsfahnen. Die Eingabenschreiber meinten, das öffentliche Bild Rostocks gebe Anlass zur Sorge, dass der Kirche zu viel Spielraum gegeben werde und die staatlichen Organe vom Grundsatz der Trennung von Staat und Kirche abgewichen seien.

Honecker vermutete, dass da einige Dogmatiker Widerstand gegen den Geist seines Gesprächs mit Bischof Leich organisiert hätten. Ich schickte daraufhin einige meiner Mitarbeiter nach Rostock, die an Ort und Stelle in Gesprächen mit den Briefeschreibern den Hintergrund der Beschwerde prüfen sollten.

Nach einigen Tagen teilten sie mir mit, dass »alle Fragen des Kirchentages, die von Rostockern kritisiert worden waren, durch zentrale Entscheidungen« geregelt worden seien. Von »Beschlüssen« sprachen wir, wenn es sich um Partei- und Staatsorgane handelte – »zentrale Entscheidungen« waren in der Regel Festlegungen des Ministers für Staatsicherheit. Die Verantwortlichen für Kirchenfragen im Mielke-Ministerium waren nach dem Spitzengespräch zu Recht großzügig gegenüber den Organisatoren des Kirchentages. Sie genehmigten in der Regel, was die Kirche wollte. Darüber hatte es vor Ort mit örtlichen Organen wohl Streit gegeben, der sich in dieser Korrerspondenz niedergeschlagen hatte.

Ich rief Mielke an und bat ihn um Aufklärung, was einige Rostocker Bürger auf den Plan gerufen haben könnte. Der Minister berichtete mir unter anderem, dass der Rostocker Pfarrer Joachim Gauck ganz ausgezeichnet mit seinen Leuten zusammengearbeitet habe. Man solle ihn in Ruhe lassen.

Er, Mielke, werde veranlassen, dass sich Pfarrer Gauck öffentlich für die Unterstützung bedanke.

Und so geschah es. Am 20. Juni 1988 las ich in der Zeitung *Neues Deutschland* auf der Seite 2: »Der Vorsitzende des Landesausschusses der Landeskirche Mecklenburg, Joachim Gauck, dankte den staatlichen Organen für die großzügige Unterstützung des Kirchentages und sprach sich für ein engagiertes Wirken der Christen in der Gesellschaft aus.«

So viel zum oppositionellen Pfarrer Gauck, der den Schutz des Staatssicherheitsministers genoss. Es war im Übrigen meine erste »Bekanntschaft« mit meinem mecklenburgischen Fast-Nachbarn, mit dem ich den wunderschönen Blick vom Deich auf den Kirchturm von Wustrow teile.

Nur wenige Tage später landete auf meinem Schreibtisch ein Brief, der viel politischen Konfliktstoff enthielt. Es ging um die Wiedereinreise von Bärbel Bohley (1945-2010) und des Bürgerrechtlers Werner Fischer, denen im Februar 1988 bei Vermeidung von Strafverfahren ein befristeter Auslandsaufenthalt vermittelt worden war. Gerichtet war der Brief an Erich Honecker. Geschrieben vom Bischof Dr. Gottfried Forck. Postbote war Manfred Stolpe gewesen. Eigenhändig hatte er das Schreiben im Staatsrat abgegeben. Von dort gelangte es in die Postmappe Honeckers, die er mir überließ, als er seinen Jahresurlaub begann. Hatte er den Brief vergessen? Schien ihm das Problem nicht wichtig genug, um sich damit zu befassen? Wollte er mir eine unangenehme Entscheidung überlassen, um sie, falls ich nicht in seinem Sinne gehandelt hätte, korrigieren zu können? Ein Rechtsgutachten ging davon aus, dass es für die DDR völkerrechtlich keine Verpflichtung gebe, die im Ausland befindlichen Bürger wieder einreisen zu lassen. Wie auch immer: Nach meiner Meinung wäre eine derartige Ausbürgerung innen- und außenpolitisch ein Skandal geworden. Hier trafen sich meine und die Ansichten von Bischof Forck, der dies auch so geschrieben hatte.

Mir war der Brief so wichtig, dass ich Honecker informierte. Ich schickte ihm Forcks Anschreiben und Mielkes Rechtsgutachten in seinen Urlaubsort und empfahl, Forcks Vorschlag, die beiden wieder einreisen zu lassen, zu folgen. Schon einen Tag später stimmte er zu. Bohley und Fischer versprachen, die Gesetze der DDR nicht zu verletzen. Stolpe nahm beide in Empfang. Es gab schließlich gemeinsame Interessen von Staat und Kirche. Für mich war entscheidend, dass wir diesmal in keine Falle gegangen waren. Eine Ausbürgerung wäre nicht nur juristisch, sondern auch politisch ein großer Fehler gewesen. Es ist schon interessant, dass die – um es freundlich zu sagen – von der DDR nicht gerade freundlich behandelte Bärbel Bohley schon 1991 kurz nach der staatlichen Vereinigung über die neue Zeit sagte: »Die geheimen Verbote, das Beobachten, der Argwohn, die Angst, das Isolieren und Ausgrenzen, das Brandmarken und Mundtotmachen derer, die sich nicht anpassen – das wird wiederkommen, glaubt mir. Man wird Einrichtungen schaffen, die viel effektiver arbeiten, viel feiner als die Stasi. Auch das ständige Lügen wird wiederkommen, die Desinformation, der Nebel, in dem alles seine Kontur verliert.«

Nicht genug damit, dass wir viele Probleme hatten, deren Lösung nicht nur von uns abhing, machten wir uns durch Fehlentscheidungen auch noch hausgemachten Ärger. Von einem solchen Ärgernis erfuhr ich am Morgen des 19. November 1988. Ich war unterwegs in meinem Wahlkreis Ribnitz-Damgarten. Auf dem Programm stand auch eine Jagd. Obwohl ich kein Waidmann war, ließ ich mich in meinem Heimatkreis schon mal dazu verführen. Es war einfach angenehm, bei dieser Gelegenheit mit vielen Menschen zu sprechen und Probleme zu erfahren, die mir in Berlin vielleicht verschwiegen worden wären. Ich ging dennoch missgelaunt zum Treffpunkt, weil ich in den Morgennachrichten gehört hatte, dass die sowjetische Zeitschrift *Sputnik* von der Postzeitungsliste gestrichen worden war. Die Begründung war kurz und leider nicht bündig: Die Zeitschrift, so hieß es, bringe keinen Beitrag zur Festigung der deutsch-sowjetischen Freundschaft. Stattdessen würden darin verzerrende Beiträge zur Geschichte veröffentlicht. Konkreter Anlass waren Beiträge zum sogenannten »Hitler-Stalin-Pakt«.

Harry Tisch, der wie ich Gast des Kreisrates war, kam mir griesgrämig entgegen und rief: »Der Postminister muss doch wohl nicht ganz dicht sein.« Ich wunderte mich über die Naivität von Harry. Ich hatte inzwischen mit dem Postminister Rudolf Schulze telefoniert. Er war ein geachteter Mann, der der CDU angehörte und der sein Ressort besonnen und politisch klug leitete. Er hätte einen solchen Entschluss nie, schon gar nicht allein getroffen.

»Harry«, sage ich, »der Postminister hat auch aus den Medien erfahren, was er angeordnet haben soll. Die Verfügung hat Erich diktiert.«

Honecker hatte mit seiner einsamen Entscheidung nicht nur das Politbüro desavouiert. Er verschärfte die ohnehin angespannte politische Lage. Die erregten Debatten fanden innerhalb und außerhalb der Partei statt. Grundorganisationen der SED wandten sich an das ZK, die Entscheidung rückgängig zu machen. Honecker zeigte keine Einsicht, setzte noch eins drauf. Er übergab die Beschwerdebriefe der Zentralen Parteikontrollkommission (ZPKK). So entstand die absurde Situation, dass Genossen, die ihr im Statut der SED garantiertes Recht wahrnahmen, Kritik zu üben, von ihrer eigenen Partei zur Rechenschaft gezogen werden sollten.

In den Diskussionen ging es kaum noch um den Inhalt der Zeitschrift. Vielmehr wurden Grundfragen nach dem Verhältnis von Demokratie und Sozialismus aufgeworfen. Nicht nur unter dem Dach der Kirche, sondern in den Gliederungen der Partei wurde gefragt, wer denn eigentlich entscheidet, was ein DDR-Bürger lesen dürfe und was nicht. Das Wort von der »Entmündigung« machte die Runde. Das Vertrauensverhältnis zwischen SED-Führung und Basis erfuhr einen tiefen Knacks.

Meine Frau berichtete mir von einer Zusammenkunft an ihrem Lehrerbildungsinstitut, an dem politisch erprobte Lehrerbildner tätig waren, die immer, auch unter schwierigsten Bedingungen, zur Partei gestanden hatten. Jetzt aber fragten sie kopfschüttelnd, ob die alten Herrschaften im Politbürs überhaupt noch wüssten, was im Lande los sei. Wie könne man noch Öl ins Feuer gießen?

In dieser Situation ging ich mit einer Information, die mir der Zentralrat der FDJ über Reaktionen junger Leute zur *Sputnik*-Diskussion geschickt hatte, zu Erich Honecker. Die FDJ-Führung hatte auf acht Seiten ungeschminkt aufgeschrieben, wie empört junge Leute über die Bevormundung durch die Partei- und Staatsführung waren. Ich wollte Honecker nicht im Unklaren lassen, welche negativen politischen Folgen seine einsame Entscheidung ausgelöst hatte. Er las die Information in meinem Beisein. Er strich ihm wichtige Zeilen an. Betroffen schien er nicht zu sein. Ich fand in dieser Frage keinen Zugang zu ihm. Er versicherte mir, es ginge ihm weder um die sowjetische Reformpolitik noch um Gorbatschow, die Sache habe weder mit Glasnost noch mit der Perestroika etwas zu tun. Ihm sei auch egal, was die Leute lesen würden. Nicht egal sei ihm jedoch, wenn Sozialismus und Faschismus auf eine Stufe gestellt würden. Er fragte mich sehr erregt, ob es denn etwa der Demokratie entspreche, wenn durch den *Sputnik* die Lüge verbreitet werde, ohne Stalin hätte es Hitler nicht gegeben? »Oder kannst du mir erklären«, fragte er mich, »wie man auf die irrsinnige Idee kommen kann, dass Stalin eine Marionette Hitlers gewesen sei? Hier geht es gar nicht um Stalin, hier geht es darum, die Verbrechen Hitlers zu relativieren. Und das mache ich nicht mit.«

Ich hätte gern geantwortet, dass dies in der Diskussion der Bevölkerung kaum eine Rolle spiele. Es ginge einzig und allein um das Problem, dass die Menschen den Eindruck hatten, sie würden durch die Partei- und

Staatsführung bevormundet. Er ließ mich nicht zu Worte kommen. Seine Gedanken kreisten nur um die Geschichte.

Die Veröffentlichungen im *Sputnik* hatten ihn persönlich verletzt. Er erinnerte sich, wie er als junger Mann mit dem Gruß »Heil Moskau! Es lebe Stalin!« in Hitlers Zuchthaus Brandenburg gegangen war. Er konnte und wollte nicht akzeptieren, dass die historische Wahrheit über diese Zeit entstellt werde. Und es schmerzte ihn besonders, dass die Lüge aus jenem Lande kam, das durch die Verbrechen Hitlers Millionen Menschen verloren hatte und das er als Jungkommunist als sein Vaterland gesehen hatte. Ich konnte seine Gedankengänge zur Geschichte nachvollziehen. Nicht verstehen konnte ich, dass er es rigoros ablehnte, dass sich Historiker der DDR mit den absurden Geschichtsinterpretationen öffentlich auseinandersetzten. Nach seiner Meinung würde uns das nur davon ablenken, unsere eigene Politik zu verwirklichen.

Es rächte sich wieder einmal, dass wir uns nie grundsätzlich mit Stalin und seiner Zeit auseinandergesetzt hatten. Honecker war zwar der Meinung, dass die SED nach dem XX. Parteitag der KPdSU 1956 mit dem Stalinismus gebrochen habe, weil man auf einer SED-Parteikonferenz das Referat Chruschtschows zur Abrechnung mit Stalin wörtlich vorgelesen bekommen habe. Aber das kannte ja nicht einmal meine Generation, geschweige denn die nachfolgenden.

Dass Honecker absolut nicht zu bewegen war, in der *Sputnik*-Affäre einzulenken, hatte weniger mit Gorbatschow als damit zu tun, dass seine Denkweise stärker als die meiner Generation noch von Stalin beeinflusst war, was übrigens auch noch auf Gorbatschow zutraf. In seiner Rede zum siebzigsten Jahrestag der Oktoberrevolution hatte der sich für eine historisch gerechte Beurteilung Stalins eingesetzt und ausdrücklich betont, dass dieser auch große Verdienste habe. Gorbatschow rechnete zu dieser Zeit noch scharf mit jenen Leuten ab, die die Geschichte des Sozialismus verunglimpften. Insofern gab es zwischen Gorbatschow und Honecker in der Geschichtsbetrachtung zu diesem Zeitpunkt keineswegs einen grundsätzlichen Dissens.

Als ich nach Honeckers Ausflügen in die Geschichte sein Arbeitszimmer verlassen wollte, bemerkte er ziemlich herablassend, dass er von der FDJ, für die ich zuständig war, immer mehr enttäuscht sei.

Ich nahm an, er bezog dies auf die *Sputnik*-Information, die ich ihm übergeben hatte.

Nein, es ging um einen Brief, den ihm Schabowski am 25. Oktober 1988 geschrieben hatte. An der Sektion Gartenbau der Berliner Humboldt-Universität hatte eine FDJ-Gruppe Direktwahlen des Zentralrats der FDJ begehrt, da, wie es in ihrem Positionspapier hieß, »das Prinzip des demokratischen Zentralismus in ungenügender Weise zur Entfaltung der Machtausübung der breiten Massen« geführt habe.

Als Eberhard Aurich mir davon erzählte, hatte ich geantwortet, solche Fragen kommen immer wieder vor. Man müsse mit den Studenten darüber reden. Die FDJ tat es. Schabowski hingegen hatte übereifrig von der vermeintlich ideologischen Abweichungen der Studenten an Honecker berichtet. Er bauschte die Sache derart auf, dass Honecker den Eindruck bekommen musste, die FDJ organisiere an der Universität eine Konterrevolution. Schabowski wusste genau, wenn er die FDJ denunziert, dann fiel das auf mich zurück. (Nicht zu vergessen: Erst wenige Wochen zuvor hatte es den Eklat an der Ossietzy-Oberschule gegeben, in welchem Schabowski ebenfalls herumgerührt hatte.)

Seine Rechnung ging auf. Honecker forderte von der FDJ, nicht Berichte zu schreiben, sondern politisch mit der Jugend zu arbeiten. Und ich gehörte zu jenen, die nach Honeckers Lesart »Panik verbreiten würden, statt die FDJ auf den richtigen Weg zu führen«.

Die *Sputnik*-Angelegenheit machte sichtbar, dass wir uns in der Partei- und Staatsführung weit weg von dem befanden, was viele Bürger tatsächlich bewegte.

Wir gingen inzwischen schon auf das Jahresende zu. Herger drängte mich, dass wir noch 1988 dem Politbüro eine Reiseregelung vorlegten, die den Kreis der Reiseberechtigten wesentlich erweiterte. Zugleich sollte jenen, die keine Genehmigung erhielten, offiziell der Grund dafür mitgeteilt werden. Die Ablehnungsgründe sollten gerichtlich nachprüfbar sein. Damit befanden wir uns in Übereinstimmung mit vielen Bürgern, einschließlich der Mitglieder der Synode der Evangelischen Kirche. Die gerichtliche Nachprüfbarkeit von Verwaltungsentscheidungen gab es meines Wissens in keinem anderen sozialistischen Land. Sie war für die DDR ein wirklicher Reformschritt. Als die Dokumente über Reisen und gerichtliche Nachprüfbarkeit ausgearbeitet und zum Teil veröffentlicht worden waren, brachte die *Die Welt* einen Leitartikel mit der Überschrift »Ein (K)Grenzfall«. Darin hieß es, der »Falke Egon Krenz« habe diesmal in Reisefragen mehr wagen wollen als die alten Herren. Und dann: Er »forcierte den erweiterten Katalog als ›Meisterstück‹ für die Honecker-Nachfolge auf dem Parteitag im April 1990.« Krenz könnte auf diese Weise seine »Mitbewerber um die Nachfolge in den Schatten stellen, falls die Neuregelung zur inneren Befriedung beiträgt.«

Die Welt schätzte jedoch zutreffend ein: »Die Risiken der kontrollierten Öffnung sind allerdings hoch.« Sollte die Umsetzung der Verbesserungen scheitern, dann sei die Verordnung das Papier nicht wert, auf dem sie gedruckt worden war.

Und der Autor schlussfolgerte: »Ein (K)Grenzfall also – so oder so.«

In den Redaktionsstuben der BRD hatte man offensichtlich gut beobachtet, welche Wirkungen Artikel über die DDR bei uns auslösten. Westredakteure hatten es leicht, durch gezielte Informationen oder Fehlinformationen unsere Politik zu »beeinflussen«. Als sich Wochen später der Eindruck verbreitete, dass weniger Bürger reisen konnten als zuvor, ließ Honecker seinen Frust darüber nicht bei Stoph oder Mielke ab, die von sich aus Bremsen eingebaut hatten, sondern bei mir.

Die Lage im Lande spitzte sich unablässig weiter zu. Viel Vertrauen war in diesem Jahr verloren gegangen. An der Basis brodelte es. Das Politbüro aber tat, als sei alles in bester Ordnung. Als Wolfgang Herger und ich zusammensaßen, um unsere Vorhaben für 1989 abzustimmen, sagte er mir: »Wenn Erich Honecker Altersweisheit besäße, würde er jetzt zurücktreten. Wenn er auf der nächsten ZK-Tagung nichts unternimmt, werde ich ihn dazu auffordern.«

Herger war frei von Machtambitionen. Gerade deshalb wäre er zu einem solchen Schritt legitimiert, er besaß zudem die Kompetenz. Ich wollte ihn aber als Weggefährten nicht verlieren. Vielmehr glaubte ich, dass er in der Zeit nach Honecker eine wichtige Funktion im Politbüro übernehmen müsse. Deshalb riet ich ihm von einem Alleingang ab. Noch gab es in der Führung keine Mehrheit für ein Politbüro ohne Honecker. Auch im Sozialismus brauchte man Mehrheiten, um etwas zu erreichen. Dennoch: Es brodelte an der Basis. Die Zeichen standen auf Sturm.

Dieser und vieles andere ist Gegenstand des dritten Bandes meiner Erinnerungen, der bis in die Gegenwart führt.

Teil 1
der Erinnerungen von Egon Krenz –
die Jahre von 1937 bis 1973

286 Seiten, mit 32 Seiten Bildteil, Lesebändchen und Personenregister

Buchausgabe: ISBN 978-3-360-02805-1, 24,00 €
Ebook: ISBN 978-3-360-51052-5, 19,99 €

Bildnachweis:
Privatarchiv Egon Krenz

edition ost im Verlag Das Neue Berlin –
eine Marke der Eulenspiegel Verlagsgruppe Buchverlage

ISBN 978-3-360-02811-2

1. Auflage 2023

Umschlaggestaltung: Buchgut, Berlin,
Druck und Bindung: Printed in the EU
www.eulenspiegel.com